强港之路

唐国治 编著

国际航运中心建设中的上海港

中西書局

内容提要

铸就东方大港是世代中华儿女的心愿。经过几代人的艰苦奋斗，今天，梦想成真了。

本书从 2003 年上海港体制改革叙起，展示了上海港改革开放、"出江入海"、建成国际航运中心的全过程，展示了上海建设世界强港方方面面的发展变化，从而使读者对"城以港兴，港为城用"，对上海港口在上海经济建设过程中所起的作用有更深入、全面的了解。

希望本书对下一代海港人有所启迪，在建设港口枢纽中心、建成交通强国的伟大征程中，不断奋进。

　　唐国治，1950 年 7 月生，上海市人，高级政工师。曾任中国港口协会协调联络部主任、《上海市志·交通运输分志·港口卷（1978—2010）》上港集团编纂办公室副主任。现为《上海港史 (1978—2020)》编写组成员、四川省泸州集装箱公司顾问，兼任辽宁省党的建设研究所特约研究员。

　　发表关于港口建设、改革、发展的论文七十多篇。参与编写《上海市志·交通运输分志·港口卷》，著有《上海港今昔》《走向辉煌——上海港在"十三五"规划中前进》及小说《岁痕》等。业绩载入《中国专家大辞典》。

上海国际航运中心洋山深水港自动化码头

上海国际航运中心洋山深水港自动化码头堆场

上海国际航运中心盛东国际集装箱码头有限公司

上海国际航运中心冠东国际集装箱码头有限公司

洋山深水港区夜景

上海国际航运中心外高桥港区振东集装箱码头分公司

集装箱码头机械

集装箱码头机械

上海国际航运中心吴淞港区宜东分公司

上海国际航运中心吴淞港区张华浜分公司

上海国际航运中心罗泾港区罗泾分公司

上海国际航运中心龙吴港区龙吴分公司

上海海通国际汽车码头有限公司

上海洋山保税港区

上海国际航运中心拖轮

上海长江口深水航道整治

上海国际客运中心

上海吴淞口国际邮轮港

序 一

在上海国际航运中心建成之际,《强港之路——国际航运中心建设中的上海港》一书正式付梓了,这是件值得庆贺的事。

我和作者相识于20多年前,当时我在上海西南角的龙吴港务公司工作,作者在上海东北角的宝山港务公司工作,虽说同在一个港务局,但是见面机会不多,只是偶尔碰见,也没有详谈过。

前些日子,作者捧着厚厚的书稿来找我,请我提供修改意见并为此书写一篇序言。对于如此大的选题,让我来写序言,觉得力有不逮,应当请更权威的领导来写更好。但当我得知眼前的书稿是作者花了十年心血,前前后后改了七稿的成果,我被深深地打动了。当我问及为什么要花这么多精力写此书时,他答道:"让后人知道建设国际航运中心的艰辛历程是我们的责任。"短短的一句话,道出了爱港的真情,道出了敬业的精神,我为之动容,并深有同感。

为写就此书,作者在近十年时间里收集资料,咨询朋友,解决难题。支持者甚多,鼓励者不少,不理解者也有之,但他都坚定信念扎实地朝前走,从不气馁,从不后退。

我读此书稿,上海港体制机制的改革,"出江入海"的再造,科技兴港的历程,一幕幕像电影一样浮现在眼前。上海港有美好的今天是一代又一代海港人扎扎实实奋斗的结果。每前进一步,都流淌着奋斗者的汗水,都印刻着奋斗者的足迹。

有道是:"人在干,天在看。"世上要真正干好一件事是不容易的,尽管书中内容不是尽善尽美,我还是希望大家能够在阅读此书时,提出意见和建议,若日后再版,能改进和提升,让上海港的建设历程留在大家心中。

我真心地祝贺此书的出版。

2020 年 10 月 28 日

序 二

喜闻虢智兄《强港之路》将杀青付印，高兴万分。我与兄深交多年，知此书动笔至今已有十载，正是功夫不负有心人。

昔，吾与兄小酌于南郊宾馆牡丹厅，得书稿一份，细读之，感悟颇深。

一是在上海港已基本建成国际航运中心的今天，阅之能真正领悟到上海建设国际航运中心进程之艰巨、壮阔和伟大，深感党中央战略之英明、宏伟。建设上海国际航运中心系无数仁人志士之心愿，如今梦想成真，可喜可贺！

二是此书综述了上海港建设国际航运中心方方面面的史实、涌现于港口各处的改革创新事例，系统全面地记录了2003年上海港体制改革至今的发展，尽显海港人自立于世界民族之林之雄心，定能振奋人心，鼓人斗志，催人向前。

三是书中有关全国劳模包起帆科技创新、为上海港强大繁荣努力奋斗的业绩，阅后更觉先进人物之伟大。包起帆2011年任市政府参事后，还努力致力于上海横沙岛港口开发之研究和北斗卫星在海港的实际应用，联合众多著名科学家研课题、建模型、精测算，从发明抓斗到现在，一直专注于我国的港口事业，令人肃然起敬。

四是书中较详细地介绍了全国最大的港口上市公司——上海国际港务（集团）股份有限公司成立以来所走的创业之路和发展业绩，向世人展示了海港人的豪迈气概，对后来者承接历史具有重要之意义。

五是此书纵不断线，横不缺项。章节述事清晰，数据支持事例，语言精练易懂，难能可贵。

此书着重于记述上海港在建设国际航运中心中的地位、作用和大事件，所述之事涉及海事、航道、打捞、船检等行业不多，如今后再版时能增补之，则更完美。

2020 年 8 月 30 日

目　录

凡　例

一、本书记述内容的时限，上起 2003 年，下迄 2019 年，从多角度反映了上海港改革、发展、前行的全貌。为保持内容记述的完整性，略有少数内容上溯 2003 年前，下延至 2019 年后。

二、本书记述地域范围，以上海市行政区划为主，兼及上海港投资经营所及地区。

三、本书所指"上港集团下属单位"，以上海国际港务（集团）股份有限公司通讯录所示下属单位为准。上海国际港务（集团）股份有限公司的三级（含）以下公司本书不作介绍。这些下属单位的名称，在正文中除各章第一次出现时采用全称外，其余均采用简称。单位简称见附录。

四、本书资料来源主要为上海港口行业协会、上海国际港务（集团）股份有限公司等相关单位机构公布的《上海市港口与航运发展报告》《上海港口行业发展报告》《上海现代服务业发展报告》《上海港运营报告》《上海港口信息》《上港集团可持续发展报告》《上海海港报》《上港集团改革开放 30 年大事记》等资料及相关成果汇编。所引材料均经考证核实，一般不注明出处。

总　述

上海港位于我国 18 000 公里大陆海岸线中部、长江入海口，地处长江东西运输通道与海上南北运输通道的交汇点，自然条件优越，腹地经济发达，集疏运渠道畅通。

2003 年港口体制改革后，上海港在中共上海市委、市政府的领导和支持下，坚决执行党中央的路线、方针和政策，全面贯彻落实建设上海国际航运中心的国家战略，紧紧抓住重要战略机遇期，不断深化改革，实施创新驱动，加快转型发展。经过多年艰苦奋斗，跨越了"五大步"：一是抓住港口体制改革的重大契机，建设智慧政府、效率政府、廉洁政府和法治政府，实现企业资产的证券化，建立起健全的法人治理结构和完善的公司制管理架构，为港口企业在更高层面的发展提供了体制机制上的保证；二是抓住世界航运运输方式重大转变的机遇，集中力量发展集装箱装卸优势产业，实现上海港出江入海的历史性跨越，走在国内沿海港口发展的前列，取得建设上海国际航运中心的先发；三是抓住上海城市发展规划和世博会黄浦江两桥间老港区功能调整的重大机遇，加快产业结构优化调整，聚集新的发展内生动力，实现了上海港的"再造"；四是抓住上海市努力争做改革创新、转型发展排头兵的机遇，整合资源，调整结构，一业为主，多元发展，开源节流，稳中求进，港口企业每年都实现了生产经营"稳增长"的目标；五是抓住新一轮科技革命和产业变革的历史性机遇，创新驱动、转型发展，以建设"智慧港口、绿色港口、效率港口、平安港口"为目标，不断激发政府主管单位和企业的创新意识和创新潜力，先行先试，科技创新，提质增效，努力从传统增长动力向新的创新增长动力转换，有效提升企业的核心竞争能力，实现了可持续发展。

上海国际港务(集团)股份有限公司(以下简称"上港集团")是上海港主要的公共码头运营商，成立以来，已形成港口装卸、港口物流、港口服务和港口商务四大业务板块。港口装卸板块的集装箱生产区域主要分布于洋山、外高桥、吴淞三大区域，2019 年共有集装箱泊位 49 个，泊位总长度 15.4 公里；散杂货生产区域主要分布在罗泾、吴淞、龙吴、外高桥港区和北外滩地区，包括散货、件杂货、特殊货种的装卸业务及汽车滚装和邮轮客运业务，共有生产用泊位 97 个，泊位总长度 13.5 公里。港口物流业务板块注重利用港口优势，集中物流资源的优势力量，在工程物流、化工物流、第三方物流、汽车物流等领域形成了以上海港为枢纽的物流服务网络,正加速实现从传统物流向现代物流的转变。港口服务板块包含了引航、拖轮、理货等港口辅助作业和其他服务产业,服务区域以上海为中心,辐射至国内沿海和长江中下游港口,紧紧围绕板块产业之间互动联动的要求,为集装箱、散杂货和物流产业的发展提供了重要的支持保障作用。港口商务板块已发展成包括港口商务、房地产、筑港、保险、金融等"多元"产业,在发展港口装卸主业生产的同时,转型发展,不断进步。作为全国第一家港口类整体上市公司,2006 年 10 月整体上市以来,集团总资产从 2006 年的 514.80 亿元递增到 2019 年的 1 421.77 亿元,增长了 2.8 倍,已成为我国最大的港口集团,给"以港兴市"赋予了新的内涵。

随着上海国际航运中心建设的推进,上海港以港口装卸业务为核心,以港口物流业务为基础,以港口服务业务为保障,以港口商务业务为重点,形成各大业务板块协调发展的局面,并将转变发展方式作为工作的重中之重,建立以集团为主导、客户为中心、物流产品为主要内容的市场营销体制机制。通过发展四大业务板块,在深化改革、加快发展中着力推进强港建设,上海港的整体业务和经济效益得到了快速增长。

上海港口体制改革以来,港口吞吐量大幅递增,经济效益显著。2003～2005 年,合计完成货物吞吐量 11.38 亿吨,完成集装箱吞吐量 4 392 万标准箱。"十一五"(2006～2010 年)计划期间,合计完成货物吞吐量 29.26 亿吨,完成集装箱吞吐量 12 995 万标准箱。"十二五"(2011～2015 年)计划期间,合计完成货物吞吐量 37.12 亿吨,完成集装箱吞吐量 16 986 万标准箱。"十三五"(2016～2020 年)计划期间,合计完成货物吞吐量 36.20 亿吨,完成集装箱吞吐量 20 618.24 万标准箱。连续十一年位居世界集装箱装卸港口第一位。

上海港致力于发展低碳经济和绿色环保型港口,把科技创新和节能减排作为自身转变发展模式的重要推动力,积极推进环境和谐型和资源节约型企业的建设,拥有自主知识产权的科技创新项目取得了标志性的成果。港口企业致力于建设"上港和谐家园",同时感恩社会,努力践行"发展自身,回报社会"的理念,以高度的使命感和责任感,将企业建设强港目标与履行社会责任相结合,倡导员工参与社会公益性志愿者活动,投身于实现中国梦;致力于不断加强党的领导,加强企业文化建设,承接历史、承载使命,积极践行"海纳百川、追求卓越、开明睿智、大气谦和"的上海城市精神,持之以恒地践行党的群众路线,把改革发展成果不断惠及全体员工。

新的历史时期,在习近平新时代中国特色社会主义思想指引下,上海港按照当好全国改革开放排头兵、创新发展先行者的要求,服务上海,服务长三角,服务全国,在巩固母港核心竞争力的前提下,提升港口参与建设丝绸之路经济带和 21 世纪海上丝绸之路的能力,稳步走向世界,不懈奋斗,努力实现把上海建设成为国际航运中心、把上海港建成世界强港的愿景目标!

第一章 体制改革和机构

第一节 体制改革

一、上海港务局体制改革

(一) 港口体制改革和组织机构

2003年1月,根据国务院《关于深化中央直属和双重领导港口管理体制改革意见的通知》,交通部、国家计委、国家经贸委、财政部中央企业工委《关于深化中央直属和双重领导港口管理体制改革的意见》和《中共上海市委、上海市人民政府关于上海港口体制改革有关问题的批复》,上海港务局彻底下放上海市,并剥离行政管理职能,整体改制为上海国际港务(集团)有限公司。企业性质变更为国有独资有限责任公司,注册资本50亿元人民币,由上海市国有资产管理办公室(现名"上海市国有资产监督管理委员会")授权经营。原上海港务局质监站等行政职能部门人员及资产划转给新成立的上海市港口管理局,主体资产和全部债务留在上港集团。

1. 上海市港口管理局体制改革

上海市港口管理局为市政府直属机构。2008年,根据《中共中央办公厅、国务院办公厅关于印发〈上海市人民政府机构改革方案〉的通知》(厅字〔2008〕17号)的规定,上海市设立上海市交通运输和港口管理局。上海市港口管理局改称为上海市交通运输和港口管理局。

2014年,根据《上海市人民政府办公厅关于印发上海市交通委员会主要职责内设机构和人员编制规定的通知》(沪府办发〔2014〕26号)规定,上海市设立上海市交通委员会,原上海市交通运输和港口管理局的职责,划入上海市交通委员会。上海市交通委员会的主要职责是:

(1) 贯彻执行有关交通运输、港口和航运行业的法律、法规、规章和方针、政策;研究起草有关交通运输、港航管理的地方性法规、规章草案和政策,并组织实施。

（2）根据本市国民经济和社会发展总体规划，负责制定交通运输、港口等发展战略，编制交通运输专业规划和行业中长期规划并组织实施，编制上海港口（含洋山新港区）的总体规划，并组织实施；根据有关法律、法规和规章的规定，负责港口的岸线、陆域、水域行政管理，负责上海港引航监督管理；负责浦东国际机场、虹桥国际机场等空港地区有关行政管理。

（3）会同市有关部门，组织实施交通运输、港航体制改革工作，研究提出本市交通运输、港航发展的相关政策，参与制定与交通运输、港航相关的经济政策和调控措施；负责编制交通运输、港航年度供应计划、重点基本建设和技术改造计划、科技和信息化发展计划，并监督实施；组织实施国家有关技术标准，起草有关地方技术标准。

（4）会同市有关部门，参与城市道路、公路路政管理；负责协调推进交通枢纽、道路客货运场站、公共交通站点、公共停车场（库）等的规划建设；负责道路停车管理相关职责；负责上海港口公用基础设施、内河航道的规划和管理工作，负责内河航道建设立项预审工作；负责客货运输市场的建设和管理。

（5）负责征缴、代征国家和本市规定的涉及交通运输、港口和航运的有关规费和其他费收；提出市管交通运输、港口和航运行业的运价和收费标准，经批准后组织实施；参与对交通运输、港口、内河航道建设市场秩序的监管。

（6）负责对交通运输、港口和航运的行业管理工作，研究制定全市交通运输、港口和航运市场的交易规则、管理制度和管理办法；负责交通运输企业经营资质、新增运力、线路资源配置的审核、审批和招投标管理工作；负责属于地方政府管理权限的国际海上运输、沿海运输和长江运输的行业管理工作；负责沿海、国际航线的备案受理工作。

（7）承担交通运输、港口和航运行业的安全质量监管责任，组织对交通运输、港口和航运行业服务质量的监督检查，对港口建设项目的工程质量、安全实施监督；负责地方海事工作；组织协调交通运输、港口重大突发事件、重大灾害事故和重大服务供应事故的应急处置；承担交通运输、港口和航运行业的经营秩序、安全生产，以及所辖通航水域的卫生防疫、船舶污染防治的监管责任。

（8）负责组织协调本市交通运输、港口和航运设施、机场的配套工作；对交通运输、港口和航运行业市政府实事工程项目实行全过程管理；会同有关部门，组织协调交通运输、港口和航运、机场有关基础设施项目的建设管理；对轨道交通、港口、机场等规划控制区域范围内新建、改建、扩建项目提出意见。

（9）负责专项客货运输的组织协调；负责协调推进联合运输、多式联运等综合运输工作；承担全市无人看守铁路道口监管责任；参与有关国家重点物资和紧急、特种物资以及军事、抢险救灾物资交通运输的组织协调；参与市域和对外交通以及"春运"期间交通的综合协调。

（10）组织、指导、协调并监督交通运输、港口和航运行业的行政执法工作，组织实施路政执法；加强交通运输、港口和航运行业的国际交流与合作。

（11）承担有关行政复议受理和行政诉讼应诉工作。

（12）承办市政府交办的其他事项。

上海市交通委员会内设 18 个机构，分别是：办公室、信访办公室、研究室、组织人事处、法规处、计划财务处、安全监督管理处、轨道交通处、货运处、港务监管管理处、综合规划处、交通建设处、科技信息处、社会宣传处、审计处、综合交通处、铁路处、交通战备处。

2. 上港集团体制改革及部室设置

2003 年 1 月 27 日，上海国际港务（集团）有限公司正式挂牌成立（图 1-1-1）。公司注册地址：上海市浦东新区丰和路 1 号，办公地址：上海市杨树浦路 18 号。

上港集团成立后，为不断提高经济效益，根据"精简、高效、协调"的原则，集团总部管理机构从原上海港务局的 21 个缩减至 12 个，即总裁事务部、投资发展部、资产财务部（含资金结算中心）、工程技术部（含技术中心）、生产业务部、安全监督部（含海监室）、审计部、人事组织部、党委工作部（含武装部、老干部部）、纪委（含监察室）、工会、团委（见图 1-1-2）。管理人员从 298 名减少到不足 130 名（编制为 130 名），实行竞聘上岗。

图 1-1-1　2003 年上海国际港务（集团）有限公司成立

为建设国际强港、实现集团战略发展目标，上海国际港务（集团）有限公司积极推进集团投资主体多元化改制，以实现体制机制和管理方式的根本转变。2005 年 5 月，国家商务部批准同意上海国际港务（集团）有限公司改制为中外合资股份有限公司，公司更名为上海国际港务（集团）股份有限公司，正式注册资本增至 185.69 亿元。5 月 24 日公司取得由国家商务部颁发的《中华人民共和国外商投资企业批准证书》和由上海市工商行政管理局换发的《企业法人营业执照》。6 月 28 日，上海国际港务（集团）股份有限公司（以下简称"上港集团"）正式成立。公司股权结构为：上海市国有资产监督管理委员

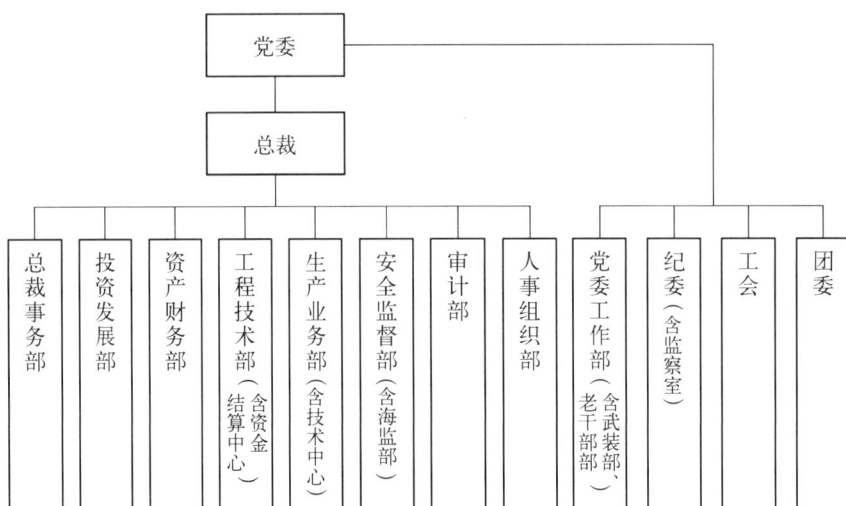

图 1-1-2　2003 年上海国际港务(集团)股份有限公司总部组织架构图

会、上海同盛投资(集团)有限公司(上海市市级国有多元投资控股公司)、上海国有资产经营有限公司(直属于上海市国资委的国有独资公司)和上海大盛资产有限公司(直属于上海市国资委的国有独资综合性投资控股公司)。以上海国际港务(集团)有限公司经评估后的净资产 1 299 828.81 万元出资,分别持股 50%、19%、0.5%、0.5%;招商局国际码头(上海)有限公司(香港上市公司)以外币现汇折合人民币 557 069.49 万元出资,持股 30%。上海市国有资产监督管理委员会是公司的实际控股人。

改制后,上港集团精简管理层次,缩小投资跨度,突出主营业务,实施资产整合,将集团所属的 14 家子公司转制为分公司;以轮驳分公司、海湾分公司和港湾公司为主,分别构建了人员安置、物业整合和多种经营企业管理等三个平台;对下属 139 家多种经营企业实施了歇业或转让。集团突出集装箱、散杂货、物流和港口服务等产业板块的发展趋于清晰。至 2005 年底,集团拥有分公司 15 家,全资子公司 7 家,控股公司 6 家,参股公司 14 家。

2005 年 12 月,上港集团港口经营许可证经营人名称变更,根据经营许可,准予上港集团从事:① 码头和其他港口设施经营;② 港口旅客运输服务经营;③ 在港区内从事货物装卸、驳运、仓储经营;④ 港口拖轮经营;⑤ 船舶港口服务业务经营(限为船舶提供岸电、生活用品供应服务);⑥ 港口机械、设施、设备租赁和经营。另外,根据对所属单位的整合安排,原下属上海港仓储投资管理中心已撤销建制,歇业清算,该企业原经营的平凉、共青码头已由集团直接管理,据此,原上海港仓储投资管理中心获准的平凉、共青码头港口经营许可证业务变更至上港集团名下。

经商务部 2006 年 9 月 4 日批准、中国证券监督管理委员会于 9 月 18 日核准,上海国际港务(集团)股份有限公司首次公开发行股票暨换股吸收合并上海港集装箱股份有限公司(以下简称"上港集箱")。10 月 26 日,公司股份变动等吸收合并工作完成,在上海证券交易所挂牌上市,股票以"上港集团"(股票代码 600018)在上海证券交易所整体上市。发行普通股 2 421 710 550 股,并以发行的股份全部作为合并对价,换取上港集箱除上港集团所持股份外的全部股份,发行价格为每股 3.67 元。12 月 12 日,上港集箱注销终止法人资格。12 月 18 日上港集团取得由上海市工商行政管理局换发的变更后企业法人营业执照,法定代表人为陆海祐,注册资本人民币 20 990 693 530 元,取代上港集箱挂牌上市。

2008 年,上港集团增设了战略研究部和监事会办公室。

2009 年 3 月 10 日,上港集团申请增加注册资本人民币 106 602 元,变更后的注册资本为人民币 20 990 800 132 元。2009 年 5 月,上海国际港务(集团)有限公司办公地点迁至上海市东大名路 358 号。9 月,注册地址变更为上海市芦潮港镇同汇路 1 号。

到 2010 年底,上港集团主要股东情况如下:上海市国有资产监督管理委员会持股 44.23%,亚吉投资有限公司(招商局国际有限公司的全资子公司,境外法人)持股 26.54%,上海同盛投资(集团)有限公司(国有法人)持股 16.81%,上海国有资产经营有限公司(国有法人)持股 1.40%,上海大盛资产有限公司(国有法人)持股 0.44%,上海久事公司(国有法人)持股 0.44%,上海交通投资(集团)有限公司持股 0.14%,中国银行—嘉实沪深 300 指数证券投资基金持股 0.11%,东方国际(集团)有限公司持股 0.10%,中国工商银行股份有限公司—华夏沪深 300 指数证券投资基金持股 0.08%。

上港集团股东大会下设监事会和监事会办公室。董事会下设战略委员会、预算委员会、审计委员会及提名、薪酬与考核委员会,并设有董事会办公室。截至 2014 年底,上港集团总部管理机构为:战略研究部、总裁事务部、投资发展部、资产财务部(含资金结算中心)、工程技术部(含技术中心)、生产业务部、安全监督部(含海监部)、审计部、人事组织部、党委工作部(含武装部、老干部部)、纪委(含监察室)、工会和团委。

截至 2014 年底,上港集团主要股东情况如下:上海市国有资产监督管理委员会持股 40.80%;亚吉投资有限公司(招商局国际有限公司的全资子公司,境外法人)持股 24.84%;上海同盛投资(集团)有限公司(国有法人)持股 23.26%;上海国有资产经营有限公司(国有法人)持股 0.85%;上海久事公司(国有法人)持股 0.41%;上海交通投资(集团)有限公司持股占比 0.13%;中国工商银行股份有限公司—上证 50 交易型开放式指数证券投资基金持股 0.13%;中国农业银行股份有限公司—富国中证国有企业改革指数分级证券投资基金持股 0.12%;中国银行股份有限公司—嘉实沪深 300 交易型开放式指数证券投资基金持股 0.1%;南方东英资产管理有限公司—南方富时中国

A50ETF 持股 0.09%。

2016 年,随着企业改革的不断深化,根据集团发展战略与经营管理需要,是年 9 月 8 日经董事会讨论通过,上港集团把人事组织部更名为人力资源部,保留原人事组织部的劳动人事管理、薪酬管理、教育培训管理 3 个管理室。同时,组建成立了上港集团党委干部部,原人事组织部的干部管理职能划转至党委干部部,党委干部部下设高级管理人员管理室和综合管理室。撤销集团老干部部,在集团党委工作部内增设老干部室,具体负责老干部日常服务事宜。

截至 2019 年,上港集团主要股东情况如下:上海市国有资产监督管理委员会持股占比 31.36%,前十名股东中,同盛集团持股 4.86%,上海城投持股 4.21%,上海国际集团有限公司持股 3.2%,国资经营公司持股 0.75%。同盛集团、上海城投、上海国际集团和国资经营公司的实际控制人均为上海市国有资产监督管理委员会,因此上海市国有资产监督管理委员会直接及间接持有上港集团 44.38% 的股权,为上港集团的实际控制人。此外,亚吉投资有限公司(招商局国际有限公司的全资子公司,境外法人)和中国远洋海运集团有限公司均持股 10% 以上。

3. 上港集团部室设置变更

截至 2019 年,上海国际港务(集团)股份有限公司总部组织机构共设有 12 部 1 室及纪委、工会和团委(见图 1-1-3)。机关共有工作人员 173 人。

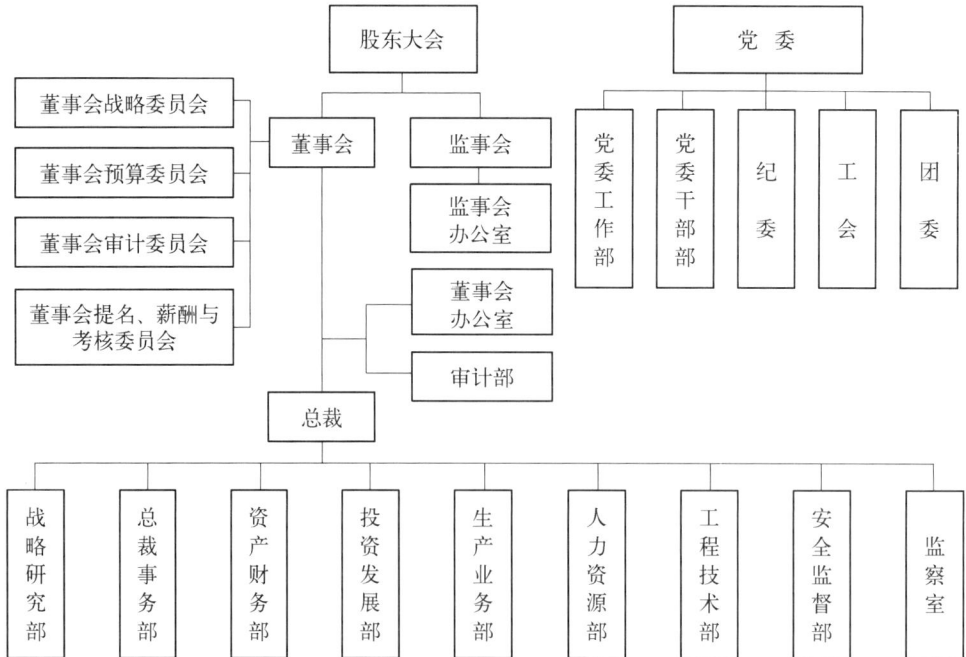

图 1-1-3　2019 年上海国际港务(集团)股份有限公司总部组织架构图

（二）上港集团董事会、监事会、股东大会

上港集团第一届董事会由 6 名董事和 3 名独立董事组成，其中，4 名由上海市国有资产监督管理委员会推荐（包括 1 名董事长），2 名由招商局国际码头（上海）有限公司推荐（包括 1 名副董事长）。按照相关要求，保证独立董事占董事会三分之一以上。监事会由 5 名监事组成，其中 2 名由上海市国有资产监督管理委员会推荐（包括 1 名监事会主席），2 名经公司职工代表大会选举产生，1 名由招商局国际码头（上海）有限公司推荐。到 2017 年，上海国际港务（集团）股份有限公司共有 9 名董事，其中职工代表董事 1 名，独立董事 3 名。

2005 年 6 月 27 日，上港集团创立大会暨第一次股东大会、第一届董事会第一次会议、第一届监事会第一次会议召开。根据《公司章程》，股东大会选举陆海祜、陈戌源、李宝生、王晓华、王宏、刘云树等六人为公司第一届董事会董事；选举肖义家、周源康、刘杰等三人为公司第一届监事会监事。余缺二位监事于下一次股东会增补。经上港集团第一届董事会第一次会议审议，全体董事一致同意决议如下：选举陆海祜为集团第一届董事会董事长，选举王宏为副董事长，聘任陈戌源为集团总裁，聘任包起帆、陈立身、黄新、张加力为集团副总裁，聘任方怀瑾为集团财务总监，聘任王琳琳为集团财务副总监，聘任王庆伟为集团董事会秘书。在集团第一届监事会第一次会议上，全体监事一致同意选举肖义家为集团第一届监事会主席。

2011 年 4 月 8 日，上港集团 2011 年公司债券（第一期）在上海证券交易所挂牌交易。本期债券简称为"11 上港 01"，上市代码"122065"。债券发行规模为 50 亿元，票面利率为 4.69％。本期债券为 5 年期债券，附第 3 年末发行人上调票面利率和投资者回售选择权，债券评级为 AAA 级。

2005～2011 年间，上海国际港务（集团）股份有限公司共召开董事会 44 次、监事会 21 次。

2011 年 4 月 19 日，上港集团召开第二届董事会第一次会议和第二届监事会第一次会议。经本次董事会、监事会审议通过，陈戌源为第二届董事会董事长、苏新刚为第二届董事会副董事长，叶明忠为第二届监事会主席，诸葛宇杰为集团总裁，黄新、严俊、张加力为集团副总裁，方怀瑾为集团财务总监，姜海涛为集团董事会秘书，王琳琳为集团副财务总监。

2014 年 11 月 17 日，上港集团召开二届六次职工代表大会，会议以无记名投票表决方式，审议通过了《集团 2014 年度员工持股计划（草案）（认购非公开发行股票方式）》。

2015 年 1 月 30 日的第二届监事会第 19 次会议上，审议并通过了《关于选举第二届监事会主席的议案》，全体监事一致推选高亢担任集团第二届监事会主席。

2015 年 6 月，上港集团以非公开发行方式实施员工持股计划，参与员工共 16 053 人，参与度达到 72％，合计认购数量 418 495 000 股，占集团总股份的 1.81％，认购总金额

17.49亿元,持有期36个月(2018年3月14日,上港集团员工持股管理委员会召开2018年第一次会议,根据中国证监会和上海证券交易所的相关规定,上港集团员工持股计划无法在存续期届满前全部减持。后经2018年3月26日召开的第二届董事会第64次会议审议通过,同意上港集团2014年度员工持股计划存续期展期一年,即本次员工持股计划存续期由48个月延长至60个月)。会议通过持有人会议选举产生了由31名委员组成的管理委员会,监督员工持股计划的日常管理和行使股东权利,负责与资产管理机构的对接等。

2017年11月20日,上港集团召开2017年第二次临时股东大会,审议并通过了《关于修订〈上海国际港务(集团)股份有限公司章程〉的议案》,把党的建设工作要求写入了《公司章程》。

2019年7月29日,上港集团召开2019年第一次临时股东大会,会议审议通过关于修订《上海国际港务(集团)股份有限公司章程》《股东大会议事规则》和《董事会议事规则》的议案,关于董事会换届选举第三届董事会董事的议案,关于董事会换届选举第三届董事会独立董事的议案等事项。选举顾金山为第三届董事会董事长,白景涛为上港集团第三届董事会副董事长。董事会同意聘任严俊为公司总裁,聘任方怀瑾、王海建、丁向明、王琳琳、杨智勇、张欣、张敏为公司副总裁,余伟为公司副财务总监。聘任丁向明为公司董事会秘书。(见表1-1-1)

表1-1-1　2005～2019年上海国际港务(集团)股份有限公司董事会和监事会主要领导任职情况表

职务	姓名	任职年月
董事长	陆海祜	2005.06—2010.12
董事长	陈戌源	2011.01—2019.07
董事长	顾金山	2019.07—
副董事长	王宏	2005.06—2009.10
副董事长	苏新刚	2009.10—
副董事长	白景清	2019.07—
监事会主席	肖义加	2004.02—2011.03
监事会主席	方怀瑾	2011.01—2013.07
监事会主席	叶明忠	2013.07—2015.01
监事会主席	高亢	2015.01—
董事会秘书	王庆伟	2005.06—2008.10

职务	姓名	任职年月
董事会秘书	姜海涛	2008.10—2011.10
董事会秘书	张　欣	2011.10—2013.09

二、上港集团下属单位体制改革

(一)下属单位设置概况

2003年1月,上海国际港务(集团)有限公司成立时,其下属主要单位共有37个(见图1-1-4),其中主要从事装卸和客运业务的企业有17个。

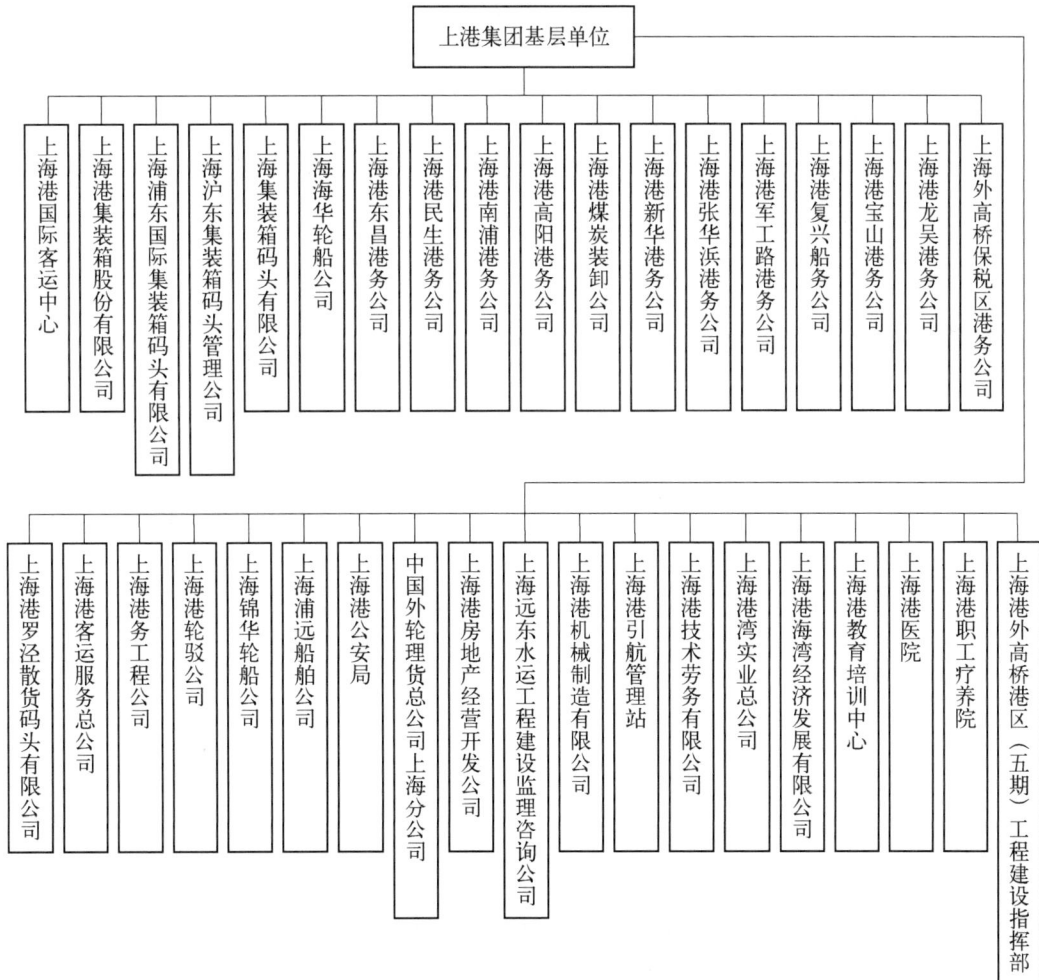

图 1-1-4　2003 年上海国际港务(集团)有限公司基层单位示意图

上港集团成立后,立足建设上海国际航运中心的国家战略和建成全球卓越的码头经营商目标,以集装箱产业为核心,以散杂货产业为基础,以港口物流产业为重点,以港口服务业为保障,精简管理层次,突出主营业务,实施资产整合,对集团机构和企业不断调整,逐步形成了港口装卸、港口物流、港口服务、港口商务四大板块。

到 2019 年,上港集团港口集装箱装卸企业有 8 个,分别是上海浦东国际集装箱码头有限公司、上港集团振东集装箱码头分公司、上海沪东集装箱码头有限公司、上海明东集装箱码头有限公司、上海盛东国际集装箱码头有限公司、上海冠东国际集装箱码头有限公司、上港集团宜东分公司和上港集团尚东分公司。

港口散杂货及汽车装卸企业有 6 个,分别是上港集团张华浜分公司、上港集团煤炭分公司、上港集团罗泾分公司、上港集团龙吴分公司、上海海通国际汽车码头有限公司和上海罗泾矿石码头有限公司。

主要的港口物流企业有 11 个,分别是上港集团物流有限公司、上港集团长江港口物流有限公司、上海锦江航运(集团)有限公司、上海海华轮船有限公司、上海浦远船舶有限公司、上海海通国际汽车物流有限公司、上港集团冷链物流有限公司、上海深水港国际物流有限公司、上海外高桥物流中心有限公司、上海港城危险品物流有限公司和上海港浦东集箱物流有限公司。

主要的港口服务和商务企业(单位)有 24 个,分别是上海港引航站(业务管理)、上海外轮理货有限公司、上海港复兴船务公司、上海远东水运工程建设监理咨询公司、中建港务建设有限公司(上海港务工程公司)、上海海勃物流软件有限公司、上海港国际客运中心开发有限公司、上海港技术劳务公司、上港集团瑞泰发展有限责任公司、上海国际航运服务中心开发有限公司、上港集团工程建设指挥部、上港集团海湾分公司、上海港教育培训中心、上港集团轮驳分公司、上港盛港能源投资有限公司、上海新海龙餐饮有限公司、上海东方饭店管理有限公司、上海港航投资有限公司、东海航运保险股份有限公司、上海上港集团足球俱乐部有限公司、上港集团港口业务受理中心有限公司、上海同盛投资(集团)有限公司、上海星外滩开发建设有限公司和上海港公安局。

(二)引航管理体制改革

2001 年,我国开始新一轮港口管理体制改革,决定给予港口引航管理体制改革三年的过渡期。

2003 年,上海港口体制改革后,按照上海市政府"政企分开、一港一引、统一高效、平稳过渡"的原则,上海港引航管理站进行了引航管理体制改革。

2005 年 10 月,交通部下发《关于我国港口引航管理体制改革实施意见的通知》,全面启动港口引航管理体制改革。要求各地港口从 2006 年 2 月份开始用半年的时间完成这次改革任务。建立一个管理统一、安全引领、公平服务、高效廉洁的具有中国特色的港口引航管理体制,使引航效率更高,服务质量更好,安全更有保障,促进我国港口事业又快又好地健康发展。改革的主要内容是:将沿海港口的引航机构从港口企业中分离出来,按照"一个港口一个引航机构"的原则,成立具有独立法人资格的事业单位。2006年2月15日,交通部在广东南海召开全国港口引航管理体制改革会议,就港口引航管理体制改革作出部署。

从2006年11月开始,上海港引航管理站实施和推进改革,建立和实现"管理统一、安全引领、公平服务、高效廉洁"的引航管理体制,进行了职能调整、机构调整、人员划转、资产划转等四方面改革。根据交通部要求,2007年2月,上海市政府常务会议通过了上海市引航体制改革方案,将上海港船舶引航职能划转到市港口管理局。市港口管理局增设引航管理处,负责引航管理。2月7日,改制后的上海港引航站正式挂牌。

2007年5月,上海市机构编制委员会以沪编(2007)〔54号〕文,同意上海港引航管理站改制,上海港引航站成建制从上港集团划至市港口管理局。划转后,上海港引航站为事业单位,隶属于市港口管理局。编制核定为538人。

2009年2月19日,上海市交通运输和港口管理局与上港集团就上海港引航站体制改革交接后的有关工作达成一致意见。2009年3月,上海市交通运输和港口管理局办公室印发《关于上海港引航站管理体制改革的会谈纪要》,主要内容为:(1)引航站成建制划转至市交通港口管理局,改制为事业单位,依法开展上海港引航业务。引航站党政领导班子调整由上港集团提出建议方案、市交通港口管理局发文任免,上港集团负责日常管理工作。(2)根据市国资委批复,引航站固定资产划转市交通港口局并办理产权登记手续,由市交通港口管理局按国有资产管理规定实施日常监管。(3)引航站改制为事业单位后实行自收自支财务制度。(4)由市交通港口管理局牵头与上港集团一起共同组建上海港引航管理办公室负责上海港口日常引航业务协调与管理工作。日常引航业务工作由上港集团负责,并由引航站每天向市交通港口管理局报引航业务计划及引航安全报告。至此,本轮上海港引航管理体制深化改革任务完成。

(三)外轮理货体制改革

2002年5月15日,财政部下发《关于原中央直属和双重领导港口外轮理货公司股权划转问题的通知》。《通知》要求各港口外轮理货公司应从港口企业中分离出来,作为独立的企业法人,实行自主经营和独立核算。同时,将中国外轮理货总公司向各港外轮理货公司收取管理费的方式,改为持有各港外轮理货公司16%的股权。

2002年7月8日,交通部下发《关于组建第二家外轮理货公司有关问题的通知》,交通部研究决定,原中央直属和双重领导港口可根据本港理货业务需要,除原各港外轮理货公司外,可再组建第二家理货公司。为了建立适度的理货市场竞争机制,各港的两家理货公司不能由完全相同的投资主体控股经营。第二家全国性理货总公司的组建主体为中央国有大型海运企业或其海运辅助企业和中国外轮理货总公司。各港第二家理货公司的投资主体,以新组建的第二家全国性理货总公司和各港口企业共同组成。7月10日,交通部办公厅又下发《关于原中央直属和双重领导港口外轮理货公司改制工作有关问题的通知》,要求各港口企业与中国外轮理货公司分别到当地财政部门和财政部办理资产产权登记手续。同时,各港口企业与中国外轮理货总公司,应就改制所涉及的有关问题进行磋商。

2003年1月,上海港口体制改革时,上海外轮理货公司隶属于上海国际港务(集团)有限公司。上港集团成立后,按照交通部要求对外轮理货进行了管理体制改革。

2003年7月2日,按照理货体制改革精神,交通部批复同意中国外轮理货总公司上海分公司改制,外轮理货上海分公司从上港集团分离出来,作为国内合资自主经营的独立的企业法人,改称为上海外轮理货有限公司,同时将中国外轮理货总公司原向上海港外轮理货公司收取管理费的方式,改为持有上海外轮理货有限公司16%的股权。随后,上海国际港务(集团)有限公司与中国外轮理货总公司签订了《中国外轮理货总公司上海分公司改制协议》,由上港集团和中国外轮理货总公司共同投资组建。新公司于9月25日完成变更登记,于10月8日正式对外挂牌营业。公司注册资本5000万元,职工1300余人,下辖8个船舶理货部、2个集装箱装拆箱理货部。经营范围除经营国际、国内航线船舶的理货业务,国际、国内集装箱理箱业务,集装箱装、拆箱理货业务,货物的计量、丈量业务外,还涉及监装、监卸业务和货损、箱损检定等业务。

是年,具有中外运集团、中远集团和中海集团三大航运集团背景的中联理货有限公司成立。经交通部批准,由中联理货有限公司在沪设立的中联理货有限公司上海分公司于2004年6月2日正式注册成立。

至此,中外理企业独家垄断的局面被打破,行业放开,装拆箱理货申请方式变强制理货为自由委托理货,上海港理货体制改革圆满完成。

(四)上海港公安局体制改革

上海港公安局是国家派驻上海港口的专门公安机关,主要负责上海港港区、货物及客运码头的全部治安保卫工作以及黄浦江和长江口水域消防监督、火灾扑救及港区道路的交通管理等工作。行政属上港集团建制,公安业务受交通部公安局和上海市公安局双重领导。

2017年10月13日,中央机构编制委员会办公室、中共中央政法委员会、公安部、财政部、人力资源和社会保障部、交通运输部、国家公务员局联合下发了中央编办发

(2017)〔327 号〕文《关于印发〈关于深化港航公安机关管理体制改革方案〉的通知》,根据中央推进司法体制改革和港口管理体制改革的总体要求,按照政企分开,精简、统一、效能的原则,理顺港航公安管理体制,决定把上海港公安局从所属交通港航单位中分离,纳入国家司法管理体系,移交地方人民政府管理,由地方公安机关直接领导。

上海港公安局于 2018 年完成管理体制改革,与上海市公安局水上公安局、上海海事公安局合并,由上海市公安局直接领导,更名为上海市公安局港航公安局,于 2019 年 4 月 11 日揭牌成立。

(五)房地产企业体制改革

2003 年上港集团成立后,根据市委、市政府和市国资委确定的上海国际港务(集团)有限公司整体改制方案,于 2003 年 5 月 27 日以沪港务投发(2005)〔0206 号〕文发出《关于划转上海港海湾经济发展有限公司部分国有产权并变更为国有独资公司的通知》,对集团房地产企业体制进行改革,决定将上海港房地产经营开发公司所持上海港海湾经济发展有限公司(以下简称"海湾公司")26.67%产权全部划转集团公司,以适应集团公司投资主体多元化改制需要。

产权划转后,上港集团持有海湾公司全部股权,海湾公司变更为上港集团所属国有独资公司。海湾公司原董事、监事人选不变。产权划转前海湾公司的债权债务,由变更后的海湾公司承继,并立即由上海港房地产经营开发公司和上海港海湾经济发展有限公司办理相关变更手续。2005 年 6 月,上海港海湾经济发展有限公司改称为上港集团海湾分公司。6 月 29 日港湾公司、海湾公司举行港务大厦物业管理交接仪式。从 7 月 1 日起,将港湾公司所属港务大厦物业管理业务划归海湾分公司。双方领导分别签署了物业管理交接协议书。

此后,上港集团又于 2005 年 7 月、2010 年 9 月、2012 年 1 月、2014 年 4 月先后决定把上海港房地产经营开发公司下属勤民物业有限公司、上海港湾实业总公司、航交实业公司(合资公司)和上海东点企业发展有限公司(原"上海东点房地产有限公司")归并于海湾分公司,集中财力,加强管理,搞好集团的房产经营和物业管理。

上海港房地产经营开发公司于 2012 年 6 月归并给上港集团瑞泰发展有限责任公司,进一步经营开发房地产。

上港集团在房地产管理体制改革过程中,建立了物业管理平台。按照"有所为和有所不为""有进有退"的指导思想,变分散管理为集中管理,继续接受集团部分功能转换单位的非生产性物业资源,扩大了管理规模。

(六)集团下属单位资源整合

上港集团成立后,按"精简、高效、效益"原则对下属单位进行了资源整合。

2003 年 7 月 28 日,上港集团重组上海港技术劳务有限公司。8 月 8 日,重组后的上海港技术劳务有限公司正式运转。

同年 8 月 8 日,上港集团发出沪港务投发(2003)〔0307 文《关于下发〈环保中心、物资公司、交进公司划入复兴船务公司管理改革方案的实施意见〉的通知精神》,决定从 2003 年 8 月 1 日起,环保中心、物资公司、进出口公司全部划入复兴船务公司,撤销环保中心的建制,暂时保留物资公司、进出口公司牌子;环保管理职能由集团公司总部工程技术部承担;三个单位现有人员全部划入复兴船务公司,由复兴船务公司统一安排调整;从 2003 年 8 月份起,复兴船务公司(包括物资公司、进出口公司)按照上级有关规定,按调整后的资料向集团公司编报各类报表。

是年 8 月 22 日,上港集团决定撤销信息中心基层单位建制,管理职能归总裁事务部,在总裁事务部内增设信息化管理室。

2003 年 10 月,对原上海港口设计研究院实施重组改制。10 月 28 日,由中交水运规划设计院、上港集箱和港务工程公司共同发起并投资建立的上海中交水运设计研究有限公司正式成立,该公司按照现代企业的经营管理模式运作。

2005 年 5 月 27 日,上港集团调整轮驳公司、锦华公司、机械分公司行政管理关系。一是锦华公司、机械分公司行政关系转变为轮驳公司统一管理。锦华公司、机械分公司现有体制目前暂予保留。二是轮驳公司、锦华公司、机械分公司经济关系、资产、财务管理暂不作调整,三家公司仍独立编制各类报表并上报集团公司。三是轮驳公司、锦华公司、机械分公司行政管理关系调整后,除集团公司管理的干部外,全部人员由轮驳公司统一管理。7 月,轮驳、锦华、机械分公司完成整合,重新整合后的轮驳公司开始运作。

2005 年 7 月 25 日,上港集团撤销上海港仓储投资管理中心和上海锦华轮船公司建制,进行歇业清算,注销工商登记。原债权债务由上港集团保结。

(七) 社会职能剥离

上港集团成立后,在对所属单位的整合过程中,本着加快发展主业生产,提高经济效益的原则,对原上海港务局所属承担社会职能的下属单位进行了剥离。

1. 关闭上海港职工疗养院

成立于 1987 年 10 月 17 日的上海港职工疗养院,共有医师和员工 87 人,设有职工疗养床位 100 张,位于上海市浦东新区凌桥乡三叉港新沙泥滩 120 号。主要从事上海港职工的疗休养,为职工提供医疗保健服务,其财政来源基本上来自上港集团的拨款。随着现代生活节奏的加快和卫生保健意识的增强,人们对医疗保健的需求日益迫切,社会上从事定期健康体检、提供优质医疗保健服务的医院和机构层出不穷,上海港职工疗养院入不敷出,经营状况越来越差。2012 年,上港集团决定关闭职工疗养院,该院资产和土地全部划归上港集团海湾分公司,由海湾分公司开发房地产。

2. 上海港医院歇业

上海港医院是原上海港务局所属的一所综合性医院,创建于 1975 年 10 月。坐落在上海市中山东二路 466 号外滩金融区和南外滩结合部,紧靠十六铺客运码头和国内外驰名的豫园商城。(图 1-1-5)

图 1-1-5 原位于上海外滩的上海港医院

据 1979 年底统计,全港共有卫生站 43 个,医务人员 280 人(其中医师 64 人),上海港医院有 152 张床位。

到 2004 年,上海港医院共有医生和员工 413 人(其中有高级职称医务人员 28 人,中级医务人员 82 人)。主要承担上海港务局职工、家属以及社会医疗保健任务。

上海港医院专业科室齐全,有全身 CT、彩超、电子胃镜、肠镜、脑电图、心电图、平板运动测试仪、500 毫安电视 X 机、超声乳化仪、体外反搏机和流动诊疗车等先进医疗设备。住院部设有 7 个病区 311 张住院床位。另设有"中日合作东海血液透析诊所""上海市男性病专家咨询会诊中心"等。医院还与市一、仁济、瑞金、胸科等市级医院建立了医疗合作关系,专门聘请专家、顾问来院开展各项医疗业务。

上港集团成立后,在不断深化内部体制、机制改革,以适应市场需求的过程中,考虑到上海市政建设及外滩地块开发,决定剥离集团承担的社会医疗保健职能。2004 年 3 月 15 日,上港集团与上海中房置业股份有限公司、上海市两岸办签订上海港医院三林城地块用地协议。2005 年,上港集团决定上海港医院歇业,地块整体移交给上海市有关部门。医院医生和员工分散到市一、仁济、瑞金等医院就业。在此同时,上港集团还对下属企业单位原来设置的 2 个独立门诊部、8 个保健站、13 个卫生所的医疗单元进行了改革,使之更好地服务于企业生产。

2007 年 12 月 28 日,上港集团纪委书记张有林受集团董事长、总裁的委托出席由上港集团和浦东新区联合召开的上海港医院划转浦东新区的上海港医院职工大会。会议决定上海港医院人员、资产移交浦东新区,上海港医院的大部分医务人员均去上海市仁济医院所属浦东三林塘医院就职。

第二节　上港集团下属单位

一、装卸企业

(一)集装箱装卸企业

1. 上海浦东国际集装箱码头有限公司

上海浦东国际集装箱码头有限公司的前身为上海港外高桥保税区港务公司。2000 年 3 月,上海港外高桥保税区港务公司、香港和记港口浦东有限公司、中远太平洋(中国)投资有限公司和上实基建控股有限公司达成四方合资经营管理原外高桥保税区港务公司的共识,并签署合资合同。合资期限为 50 年,总投资 30 亿元人民币,四方出资比例分别为上海港务局 40%、和记黄埔 30%、中远集团 20%、上海实业 10%,合资经营管理。四方充分利用上海港外高桥港区一期集装箱码头的实有资产,进一步盘活存量,拓宽融资渠道,吸收和利用境外大公司的雄厚资金和管理技术来加快上海港集装箱运输的发展。企业以"上海浦东国际集装箱码头有限公司"名称对外经营。设址于浦东新区杨高北一路 88 号。

2002 年 12 月 30 日,中华人民共和国对外贸易经济合作部批复同意设立上海浦东国际集装箱码头有限公司。2003 年 3 月,该合资公司正式成立,注册资本 19 亿元,外高桥保税区港务公司代表上海国际港务(集团)有限公司作为合资控股单位,占有 40% 股权。2006 年 12 月 20 日,上海国际港务(集团)股份有限公司第一届董事会第八次会议通过议案,董事会同意上港集团受让全资子公司上海外高桥保税区港务公司所持有的上海浦东国际集装箱码头有限公司全部股权。受让完成后,上海浦东国际集装箱码头有限公司股东为:上港集团持有 40% 股权;和记港口浦东有限公司持有 30% 股权;中远太平洋(中国)投资有限公司持有 20％股权；COSCO Port（Pudong）Limited 持有 10％股权。

上海浦东国际集装箱码头有限公司地处长江南岸、外高桥保税区 A 区,毗邻上海外环线、浦东杨高路和沪、崇、苏越江通道,水、陆交通,集、疏、运条件极其优越。拥有靠泊能力 10 万吨级的码头 3 个,集装箱堆场 30.7 万平方米,设计年通过能力 135 万标准箱。拥有集装箱岸边起重机 11 台,集装箱轮胎式龙门吊 42 台及牵引车、集装箱空箱堆高机、集装箱正面吊、集装箱叉车等各类装卸专用机械 133 台。（图 1-2-1）

图 1-2-1　上海浦东国际集装箱码头有限公司

该公司 2003 年共有员工 977 人,2005 年有员工 939 人,2010 年为 790 人,2014 年为 695 人,2019 年共有员工 618 人。

2. 上港集团振东集装箱码头分公司

上港集团振东集装箱码头分公司的前身为 2000 年 2 月成立的上港集箱外高桥码头分公司。2001 年 6 月,上海港集装箱股份有限公司完成股份增发收购正在建设的外高桥港区三期码头,并将其纳入外高桥码头分公司管辖,与外高桥港区二期码头统一调度管理。2002 年底,外高桥港区三期工程建成运营。由上港集箱外高桥码头分公司负责经营管理上海外高桥港区二期和三期工程。

2005 年,上海港集装箱股份有限公司被上港集团吸收合并整体上市后,2006 年 12 月 5 日,上海市港口管理局批复同意上港集团设立振东集装箱分公司,以承继原上港集装箱外高桥码头分公司对外高桥港区二、三期码头的经营管理。2007 年 3 月,上港集装箱外高桥码头分公司更名为上港集团振东集装箱码头分公司,并完成工商注册登记正式成立。上港集团振东分公司完整承继原上海港集装箱股份有限公司外高桥码头分公司的所有资产和业务。公司设址在浦东新区港华路 1299 号。

上港集团振东集装箱码头分公司地处上海市浦东新区高桥镇,西距吴淞口约 6 公里,东距长江入海口约 85 公里,是上海港开埠以来建成的第一个全集装箱装卸码头。拥有靠泊能力 10 万吨级的码头 5 个,内支线泊位 3 个,码头岸线总长 1 984 米,码头陆域总面积 165.26 万平方米,集装箱堆场 102.6 万平方米,设计年通过能力 250 万标准箱。拥有集装箱岸边起重机 27 台、集装箱轮胎式龙门起重机 69 台,轨道吊 6 台和其他集装箱装卸机械设备共计 122 台(套)。(图 1-2-2)

图 1-2-2　上港集团振东集装箱码头分公司

该公司 2000 年员工总数 240 人,2007 年为 815 人,2010 年为 766 人,2015 年为 733 人,2019 年共有员工 716 人。

3. 上海沪东集装箱码头有限公司

上海沪东集装箱码头有限公司的前身为上海沪东集装箱码头管理有限公司。2002 年 8 月,上海市外国投资工作委员会批复同意上海港务局与 APM Terminals (China) Limited 合资设立"上海沪东集装箱码头管理有限公司",经营管理外高桥港区四期工程。合营公司投资总额 1 500 万元人民币,其中上海港务局出资占 51%,港方出资占 49%。

2002 年 9 月 12 日,公司正式成立。公司获准经营国际国内航线的集装箱装卸、中转、仓储、分送,集装箱清洗及维修,相关的技术咨询以及其他与国际国内航运相关的业务(涉及许可经营的凭许可证经营)。公司注册地为浦东新区高东镇珊黄村仓头宅 88 号。公司负责经营管理的外高桥四期码头位于外高桥五号沟地区,长江口南岸,距吴淞口灯桩 14.5 公里,与长兴岛隔江相望,西北与外高桥造船基地相距约 300 米。

2003 年 9 月 3 日，经上海港集装箱股份有限公司第二届董事会第八次会议审议通过，同意上海港集装箱股份有限公司向母公司上港集箱收购外高桥四期集装箱码头资产，并将外高桥四期码头资产租赁给沪东公司经营。上港集箱向港务集团收购的外高桥四期码头资产主要包括港务设施、库场设施及相关的房屋建筑物等，不包括运营码头所需要的装卸设备，装卸设备由沪东公司自行购买，其在整个码头资产中的比重占 30%左右。上港集箱将四期码头资产租赁给沪东公司以后，在整个租赁期内关于运营码头的所有费用，包括房屋、设施的维护、维修等全部由沪东公司负责。购买资产的价值约为人民币 23 亿元。租赁期加有权展续期总计为 50 年，其中前 30 年租赁费为每年 2.95亿元，后 20 年租赁费为每年 2.1 亿元。

2004 年 4 月，国家商务部批复同意上海沪东集装箱码头管理有限公司的企业名称变更为上海沪东集装箱码头有限公司。同意公司的注册资本从 1 500 万元人民币增加至 11 亿元人民币，投资总额增加至 33 亿元人民币。公司的注册资本中，上港集团仍然占注册资本的 51%，APM Terminals Shanghai Co. Limited 占注册资本的 49%。公司地址在上海市浦东新区港建路 1 号。

上海沪东集装箱码头有限公司拥有靠泊能力 10 万吨级的码头 4 个，集装箱堆场98.1 万平方米，码头岸线长 1 250 米，设计年通过能力 180 万标准箱。拥有集装箱岸边起重机 17 台、集装箱轮胎式龙门起重机 48 台和其他集装箱装卸机械设备共计 122 台（套）。（图 1-2-3）

图 1-2-3　上海沪东集装箱码头有限公司

该公司 2002 年共有员工 246 人，2010 年底为 612 人，2014 年为 647 人，2019 年共有员工 636 人。

图 1-2-4　上海明东集装箱码头有限公司

4. 上海明东集装箱码头有限公司

上海明东集装箱码头有限公司由上港集团与香港和记黄埔港口集团有限公司共同组建,2004 年 9 月 29 日,上港集团与和记黄埔港口集团举行外高桥港区五期码头合资合同签字仪式,共同投资人民币 40 亿元,合资双方各占 50% 股份。

2005 年 12 月 10 日,上海明东集装箱码头有限公司正式成立。经营管理外高桥港区五、六期工程。公司注册地址:上海市浦东新区洋山保税区顺通路 5 号上海深水港商务广场 A 座。公司地址在上海市浦东新区港建路 999 号。

公司经营范围为:投资、建设、经营和管理上海外高桥五、六期码头以及该码头作业所需的所有辅助设施;国际国内航线的集装箱和件杂货装卸、中转、仓储、分送、集装箱清洗及维修、拆装箱、堆存、保管、货运站及港区运输,上述业务相关的技术咨询及提供信息咨询服务。

上海明东集装箱码头有限公司拥有靠泊能力 10 万吨级的码头 7 个,码头岸线长 2 068 米,集装箱堆场 119.6 万平方米,设计年通过能力 280 万标准箱。拥有集装箱岸边起重机 28 台、集装箱轮胎式龙门起重机 87 台、集装箱叉车和其他集装箱装卸机械设备 91 台(套)。(图 1-2-4)

明东公司 2005 年共有员工 351 人,2010 年末为 486 人,2014 年共有员工 935 人,2019 年共有员工 901 人。

5. 上海盛东国际集装箱码头有限公司

上海盛东国际集装箱码头有限公司成立于 2005 年 5 月,为上港集团全资子公司,负责洋山深水港区一期码头运行前的生产准备和码头投入使用后的经营管理。2005 年 6 月 9 日公司挂牌。公司注册资本 50 亿元,注册地址在浦东新区芦潮港镇同汇路 1 号。2005 年 12 月 10 日,洋山深水港区一期码头正式开港并投入试运行。

上海盛东国际集装箱码头有限公司拥有靠泊能力 10 万吨级的集装箱深水泊位 9 个,码头岸线长 3 000 米,集装箱堆场 147.9 万平方米,设计年通过能力 430 万标准箱。拥有岸边集装箱起重机 35 台(其中 13 台双起升双 40 英尺集装箱岸边起重机)、集装箱轮胎式龙门起重机 89 台、集装箱牵引车 68 台、集装箱叉车和其他集装箱装卸机械设备 32 台。可全天候接纳世界最大型 3E 级集装箱船靠泊作业,是全球最大的现代化集装箱单体码头之一。(图 1-2-5)

图 1-2-5 上海盛东国际集装箱码头有限公司

该公司 2005 年末员工总数 579 人,2010 年为 1 003 人,2015 年为 1 098 人,2019 年共有员工 1 043 人。

6. 上海冠东国际集装箱码头有限公司

上海冠东国际集装箱码头有限公司是上港集团投资组建的专业集装箱码头公司。2007 年 4 月,上港集团申请设立上海冠东国际集装箱码头有限公司,负责洋山深水港区二、三期码头运行前的生产准备和码头投入使用后的经营管理。5 月 11 日,上海市港口管理局批复同意,上海冠东国际集装箱码头有限公司正式成立。公司注册资本 3 000 万元;公司性质为一人有限责任公司,由上港集团全额出资设立。公司经营范围包括集装箱装卸、储存、拆装箱;货运代理、船务代理;港口设施、设备和机械的租赁、维修;集装箱修理、清洗及租赁;对港口码头的投资、建设、管理及相关信息咨询和技术服务;从事货物及技术的进出口业务。注册地址在上海市浦东新区芦港潮镇同汇路 1 号。

上海冠东国际集装箱码头有限公司拥有靠泊能力 15 万吨级的码头 7 个,码头岸线长 2 600 米,集装箱堆场 143.3 万平方米,设计年通过能力 500 万标准箱。拥有集装箱岸边起重机 32 台、集装箱轮胎式龙门起重机 76 台以及集装箱牵引车、集装箱叉车和其他集装箱装卸机械设备。(图 1-2-6)

该公司 2007 年员工总数 85 人,2010 年末 743 人,2019 年共有员工 833 人。

7. 上港集团宜东分公司

上港集团宜东分公司由原军工路分公司的集装箱码头和张华浜分公司的集装箱码

图 1-2-6　上海冠东国际集装箱码头有限公司

图 1-2-7　上港集团宜东分公司

头合并组建而成,于 2014 年 4 月成立,是上港集团主要从事近洋班轮航线和内贸航线船舶的集装箱装卸作业专业码头。(图 1-2-7)

该公司下辖张华浜、军工路两个专用集装箱码头作业区,共有 7 个万吨级泊位,其中 5 万吨级的码头 1 个,3 万吨级的码头 6 个,码头岸线总长 1 641 米,集装箱堆场 36.6 万平方米,设计年通过能力 180 万标准箱。拥有集装箱岸边起重机 14 台、集装箱轮胎式龙门起重机 49 台、集装箱正面吊 7 台及其他集装箱装卸机械设备。公司与中谷海运、泛亚航运、泉州安通物流、海南福海、信风等多家国内规模一流的内贸船公司建立了业务往来,并拥有中日客货班轮、"上广快航"、"上海—厦门天天班"等精品航线,与船公司共同搭建内贸集装箱高效率、高质量的港口物流平台。同时,公司积极改变以内贸装卸为主的传统运营模式,创新开拓了内贸拆装箱、CTC(驳—船)直取、内河水运品牌服务等内贸延伸业务,实现内贸多元化产业链的价值。

2015年上港集团宜东分公司共有员工436人,2019年共有员工399人。

8. 上港集团尚东分公司

上港集团尚东分公司(即洋山四期集装箱全自动码头)于2014年12月23日开工建设,该码头港区陆域位于东海大桥以南,依托颗珠山岛及大、小乌龟岛,围海填筑形成,平均陆域纵深约500米,总用地面积223.16万平方米。该工程包括集装箱码头生产作业区、工作船码头基地、港外道路及支持系统等,工程总投资约139亿元。泊位岸线长2 770米(其中码头2 350米),建有5个5万吨级和2个7万吨级集装箱泊位,1个工作船泊位及必要的配套设施。集装箱堆场面积73.5万平方米。该码头最终有26台集装箱岸边起重机、120台轨道吊和130辆AGV(自动导引小车)投入使用,全部使用清洁能源,是上海港第一个具有世界先进技术水平的集装箱全自动装卸码头。(图1-2-8)

图1-2-8　上港集团尚东分公司

上港集团于2016年12月成立上港集团尚东分公司,为上港集团的全资专业集装箱码头子公司,负责洋山深水港区四期码头工程运行前的生产准备和码头投入使用后的经营管理。

经过近三年的建设,该自动化码头于2017年12月10日正式开港运营,部分设备投入使用。2018年12月25日,该工程通过上海市交通委组织的竣工验收,码头靠泊能力核定为15万吨级,标志着相关建设目标全部实现,码头将步入正式生产阶段,远期通过能力将达到630万标准箱。

上港集团尚东分公司2019年共有员工213人。

(二)散杂货装卸企业

1. 上港集团张华浜分公司

上港集团张华浜分公司的前身为上海港张华浜港务公司,成立于1959年11月,地处吴淞工业区,南与东海船厂为邻,北依蕰藻浜,背靠逸仙路,是上海港主要外贸装卸作业区之一。主要业务是对外贸易件杂货、散货,以及超长、超重、超高特殊大件设备的装卸、仓储经营和船舶港口服务业务经营,现为上海港历史最悠久的件杂货装卸企业。

2005年8月,该公司更名为上港集团张华浜分公司。2014年4月,上港集团决定把张华浜分公司的集装箱装卸生产业务和军工路分公司的集装箱装卸生产业务合并,组建成上港集团宜东分公司。军工路分公司的件杂货生产业务并归到张华浜分公司,组建成新的"张华浜分公司",为散杂货内外贸货物(含集装箱)进出口装卸海铁联运作业的专业港区,是长三角地区及内陆省市内外贸货物的重要集散地。

该公司拥有靠泊能力2万吨级装卸件杂货的泊位7个,码头前沿水深达-10.5米,其中张华浜码头3个泊位,540米;军工路码头4个泊位,743米。码头岸线长1283米,堆场28块,25.19万平方米,仓库4座,总面积近5.35万平方米。设计泊位年通过能力350万吨。配备各类装卸机械200多台,岸边龙门式起重机最大负荷40吨,能满足港口各类货物装卸运输需求。(图1-2-9)

图1-2-9　上港集团张华浜分公司

上港集团张华浜分公司2003年有员工1165人,2010年为755人,2015年为870人,2019年共有员工641人。

2. 上港集团煤炭分公司

上港集团煤炭分公司的前身为上海港煤炭装卸公司,是上海港最大的煤炭装卸专业企业,承担上海市工业生产,人民生活用煤的装卸储存和江、浙、闽等省用煤的中转任务。公司原设址在浦东塘桥路78号。2004年开始,因上海市南浦大桥建设和黄浦江两岸开发,南栈码头、张家浜码头和北栈码头前后分批移交给申江两岸开发公司。2005年6月30日,煤炭公司更名为上港集团煤炭分公司。

2007年,为配合黄浦江两岸开发,煤炭分公司所属浦西的北票码头和浦东的老白渡、中栈等码头又陆续停产,上港集团对煤炭分公司资产进行重组,除保留原朱家门煤码头外,将新建成的罗泾煤炭码头划归该公司经营。2007年10月,煤炭分公司迁址至宝山区川念路888号原上港集团罗泾一期矿石码头公司,专业从事上港集团的煤炭装卸作业。

上港集团煤炭分公司码头由上海港罗泾一期(包括罗泾二期扩建部分)煤码头和朱家门煤码头组成。港区面积62.98万平方米;码头总长2 230米,建有16个泊位,其中万吨级泊位4个;堆场28块,堆场面积20.75万平方米。设计泊位年通过能力3 147万吨。(图1-2-10)

图1-2-10　上港集团煤炭分公司

码头采用20世纪90年代"分散控制、分层管理、系统开放"的原则进行设计,用最先进的分布式控制系统对煤炭的卸船、装船、堆场作业和装车进行自动控制。共配备装卸机械设备27台/套,其中有每小时可卸1 250吨的桥式、链斗式连续卸船机3台,配备有每小时可装1 500吨煤炭的装船机2台,每小时可取1 250吨、堆3 000吨的斗轮机4

台,配备有1.4~1.6米宽的带式输送机8 840米等,实现了高度的煤炭装卸现代化。

2008年后,上海对煤炭的需求逐年减少。煤炭分公司的煤炭接卸吞吐量逐年下降,根据这一态势,上港集团从保护上海市自来水取水口环境出发,2017年决定将下属煤炭分公司的罗泾煤炭码头关闭,只保留煤炭分公司的朱家门煤码头进行煤炭接卸。

该公司2003年员工有2 688人,2010年为872人,2019年共有员工559人。

3. 上港集团罗泾分公司

上港集团罗泾分公司的前身是1996年11月成立的上海港罗泾散货码头有限公司。2005年7月更名为上港集团罗泾分公司,设址宝山区川念路888号。

2007年6月,上港集团决定将军工路分公司成建制迁至罗泾二期港区港杂码头营运,并负责原罗泾分公司的罗泾一期散杂货码头经营管理,由原军工路分公司延用"上港集团罗泾分公司"的名称。2007年底,原军工路分公司完成搬迁,变身为罗泾分公司。

上港集团罗泾分公司拥有装卸件杂货的泊位17个,码头岸线长2 460米,堆场12块,35.32万平方米,仓库4座。设计泊位年通过能力860万吨。(图1-2-11)

图1-2-11 上港集团罗泾分公司

该公司2008年员工总数为1 109人,2010年958人,2014年为791人,2019年共有员工384人。

4. 上港集团龙吴分公司

上港集团龙吴分公司前身是上海港龙吴港务公司,位于黄浦江上游,坐落在闵行、漕河泾、虹桥开发区东翼，是上海港务局下属进行内贸集装箱装卸、各类内外贸货物进出口、散杂货装卸、堆存、仓储的综合性港口企业，设址闵行区龙吴路 3010 号。港区建设工程于 1990 年全面建成开港。公司主要经营国内、外贸易钢材、化肥、粮食、建材的装卸储存，同时兼营长江、内河船舶的装卸。2005 年 7 月更名为上港集团龙吴分公司。

上港集团龙吴分公司是上港集团旗下进行各类内外贸进出口散杂货装卸、堆存、仓储的综合性港口企业之一。该公司拥有装卸件杂货的泊位 29 个，其中靠泊能力 1.5 万吨的泊位有 8 个，码头岸线长 2 484.6 米，设计泊位年通过能力 522 万吨。海轮作业岸线全长 1 425 米。有一个上海港唯一的挖入式全天候内河港池，港池岸线长 1 060 米，可同时停靠五百吨级以下船舶 20 艘。陆域总面积 63.06 万平方米，拥有堆场 32 块，19.1 万平方米，仓库 8 座。拥有 40 吨多用途门机、50 吨轮胎吊、装载机、铲车、牵引车等装卸机械近 180 台。（图 1-2-12）

图 1-2-12　上港集团龙吴分公司

该公司 2003 年员工总数 726 人，2010 年共为 675 人，2014 年为 566 人，2019 年共有员工 384 人。

5. 上海海通国际汽车码头有限公司

2003 年 12 月 9 日，上海市外国投资工作委员会批复同意设立上海海通国际汽车码头有限公司，经营码头装卸（含汽车滚装）和仓储。上海海通国际汽车码头有限公司由上港集团、上海汽车工业销售总公司、日本邮船株式会社、上港集箱（澳门）有限公司、上海汽车工业香港有限公司及上海高东投资经营管理中心合资设立。合资公司总投资为 1 200 万美元，注册资本为 800 万美元，合资六方分别占股份的 18%、19%、5%、9%、

11％和38％。公司设址在浦东新区洲海路3988号。12月23日,上海海通国际汽车码头有限公司正式成立。

上海海通国际汽车码头有限公司经营管理外高桥港区四期工程的汽车滚装码头,是中国第一个也是上海口岸唯一专业从事汽车滚装业务的公共码头。上港集团将外高桥海通码头资产租赁给参股公司上海海通国际汽车码头有限公司,首期租赁期限从2006年1月1日至2007年12月31日,租金为每年2 200万元。租期届满后,从2008年1月1日起续租,至任何一方提前30日书面通知对方终止租赁时结束,租金为每年2 200万元。

2005年12月,上港集团在外高桥港区六期工程中开工建设海通公司滚装码头。该码头建有2个5万吨级汽车滚装泊位,长530米,宽60米,下游内侧建有2个靠泊5 000总吨级汽车滚装船长江驳泊位艉直跳泊位,前沿岸线长225米。设计年汽车通过能力73万辆。于2010年底开港运营。

2010年5月28日,经股东会议通过决议,上海海通国际汽车码头有限公司股权持有情况变更为安吉汽车物流有限公司持有51％股权,上港集团物流有限公司持有49％股权。

上海海通国际汽车码头有限公司共有靠泊能力5万吨级的泊位3个、5千吨级的泊位1个,码头岸线总长1 029米,堆场10块,51.47万平方米。设计泊位年通过能力800万吨。(图1-2-13)

图1-2-13　上海海通国际汽车码头有限公司

该公司2006年共有员工65人,2010年为136人,2014年为159人,2019年共有员工156人。

6. 上海罗泾矿石码头有限公司

上海罗泾矿石码头有限公司的前身为1993年6月建立的上海罗泾煤炭码头公司(筹)。

　　2007 年 6 月,罗泾二期矿石码头建成,位于长江口南支河段南岸。10 月,经上海商务委员会批准,由上港集团与香港珏瑞投资公司、宝山钢铁股份有限公司、马鞍山钢铁股份有限公司合资成立上海罗泾矿石码头有限公司。注册资本 9 900 万美元,其中上港集团以 51％股份控股。公司负责营运管理罗泾二期矿石码头,主要从事铁矿石装卸业务。11 月 1 日,由原上港集团罗泾分公司整体转为上海罗泾矿石码头有限公司。公司地址设在宝山区川念路 58 号。2007 年 11 月公司正式营运。

　　上港集团将罗泾二期矿石码头资产租赁给上海罗泾矿石码头有限公司,租赁期限为 2007 年 11 月 1 日至 2037 年 6 月 30 日,租金为:2007 年 11 月 1 日至 2007 年 12 月 30 日期间,码头租赁费用为人民币 1 666.7 万元;2008 年至 2009 年两年期间,每年 1.8 亿元;2010 年至 2012 年三年期间,每年 2.2 亿元;余下年份为每年 1.39 亿元至 2.77 亿元不等。

　　该公司拥有泊位 11 个,码头岸线长 1 943 米,堆场 9 块,33.49 万平方米。设计泊位年通过能力 2 200 万吨。(图 1-2-14)

图 1-2-14　上海罗泾矿石码头有限公司

　　2009 年上海罗泾矿石码头有限公司员工总数为 419 人,2014 年 414 人,2018 年共有员工 352 人。2019 年上海罗泾矿石码头有限公司关闭。

二、物流企业和服务企业

(一) 物流企业选介

1. 上港集团物流有限公司

2006 年 6 月,上港集团为理顺吸收合并上港集箱后的企业运作模式,进一步整合集团拥有的港口物流资源,并配合上海港集装箱股份有限公司进入法定注销程序,决定正式组建成立上港集团物流有限公司(以下简称"上港物流")。对上港集团下属的各物流企业实施重组,实现统一品牌下的整体运作。

上港物流以上港国际集装箱货运有限公司、上海集祥货运有限公司、上海港浦东集装箱物流有限公司和上海港口技术工程服务有限公司为基础,完成了上港集团物流有限公司本部的整合筹建工作。同时,上港物流开始逐步接手对原上海港集装箱股份有限公司下属的上海联合国际船舶代理有限公司、上海航华船舶代理有限公司等19家企业实施或参与管理,并先后两次对上港物流下属20余家企业进行了股权和管理关系的整合,使各投资企业的管理关系基本调整到位,上港物流的总体架构基本成型。

公司的组织结构如下:

(1)总部管理机构:总经理办公室、业务发展部、企业管理部、财务计划部、人力资源部、安全监督部、工程技术部(含设备维修经营部)、信息技术部(含信息技术经营部)、后勤保障部、党群工作部。

(2)营运中心:浦西营运中心、浦东营运中心(含江海公司和华英堆场)、港区服务营运中心、洋山营运中心。

(3)生产业务部门:A. 多式联运代理部;B. 集装箱部(含常州办事处、无锡办事处、无锡新区办事处、宜兴办事处、昆山办事处、泰州办事处、杭州办事处、嘉兴办事处、嘉善办事处、成都办事处)。

(4)驻外办事处:西安办事处、重庆办事处、武汉办事处、长沙办事处、南昌办事处、芜湖办事处、郑州办事处、温州办事处、成都办事处。

2006年12月20日,上港集团第一届董事会第八次会议决定拿出24亿元对旗下分散的物流业务进行全盘整合。先减少上港集团物流有限公司注册资本,使上港集团物流有限公司注册资本由原来的10 000万元变更为9 000万元,原股东方上港集团控股子公司上海港浦东集装箱物流有限公司以减资方式退出,上港集团物流有限公司成为上港集团全资子公司。随后由上港集团对上港集团物流有限公司进行现金增资,增资金额为人民币24.1亿元,增资后其注册资本为人民币25亿元,总资产逾90亿元人民币。12月27日,上港集团物流有限公司正式成立,由上港集团与其控股子公司上海港浦东集装箱物流有限公司合资,其中上港集团占股90%。上港物流是上港集团全资拥有的港口物流领域的核心企业,公司设址在上海市东大名路358号国际港务大厦22楼。

到2006年底,上港物流所属企业有:上海深水港国际物流有限公司、上海集发物流有限公司(含浦东集发物流有限公司)、东集公司、上海海辉国际集装箱修理有限公司(含浦东海辉公司)、上海海富国际集装箱货运有限公司、上海外高桥物流中心有限公司

（含保税区物管和外高桥广告公司）、上海港城危险品仓储有限公司、上海港口化工物流有限公司、上海港船舶代理有限公司、路港公司、SPR公司、英雪纳公司、金港公司、集盛劳务公司、上海联合船舶代理有限公司（含昀联商务、沪马船代）、上海航华国际船务代理有限公司（含航华技术、厦门分公司、大连分公司、天津分公司、青岛分公司）、湖北航华、江西航华、扬州航华、宁波航华、温州航华、深圳航华、江苏航华、海华货运（含新晨货代）、江西公司、大榭信、申芜港联等企业。

2007年4月18日，上港集团再次决定对上港物流增加注册资本金，上港物流的注册资本由原来的人民币57 200万元增加到207 200万元，增资后，上港集团占有上港物流的100%股权。

2009年，为适应港口物流产业发展的要求，提高物流专业化水平，经上港集团同意，上港物流调整内部组织机构，组建了8家直属分公司。分别是：（1）上港集团物流有限公司国际货运分公司，主要从事货代业务；（2）上港集团物流有限公司运输分公司，主要从事集装箱卡车运输业务；（3）上港集团物流有限公司工程物流分公司，主要从事重大件运输及港作船舶业务；（4）上港集团物流有限公司多式联运分公司，主要从事长江联运、中转和海铁联运业务；（5）上港集团物流有限公司兴宝仓储分公司，主要从事宝山区安达路仓储业务；（6）上港集团物流有限公司浦东分公司，主要从事浦东仓储和查验业务；（7）上港集团物流有限公司共青装卸分公司，主要从事共青码头装卸业务；（8）上港集团物流有限公司兴崇装卸分公司，主要从事崇明码头装卸业务。2010年1月，新组建的8家分公司正式对外运营。到2015年，又增设了上港外运集装箱仓储服务公司，主要从事外运集装箱的仓储和管理，使上港物流下属专业分公司达到9家。

截至2017年底，上港集团物流有限公司（上海本地）控股和参股的子公司共有19家，分别为上海上港联合国际船舶代理有限公司、上海航华国际船务代理有限公司、上海联东地中海国际船舶代理有限公司、上海深水港国际物流有限公司、上海外高桥物流中心有限公司、上海港城危险品物流有限公司、上海海富国际集装箱货运有限公司、上海港口化工物流有限公司、上海外红伊势达国际物流有限公司、上海新港集装箱物流有限公司、上港物流金属仓储（上海）有限公司、上海海通国际汽车物流有限公司、上港物流拼箱服务（上海）有限公司、上海上港电子商务有限公司、上海港船务代理有限公司、上海江海国际集装箱物流有限公司、上海海辉国际集装箱修理有限公司、上海上港陆上运输服务有限公司和上海上港瀛东商贸有限公司。另有3家在注销中，分别是上海联合国际船舶代理有限公司、上海集发物流有限公司和上海东方海外集装箱货运有限公司。

上港物流以开发完善的港口物流服务链为核心，重点发展第三方物流和物流增值业务,2009~2014年间在宁波投资设立了上港物流(浙江)有限公司;在厦门投资设立了全资子公司上港物流(厦门)有限公司;在成都投资设立了全资子公司上港物流(成都)有限公司;在惠州设立了上港物流(惠州)有限公司,提升了上港物流在华南地区的知名度,提高了公司的市场占有率,完善了网络布局。

到2017年底,上港物流控股和参股的外地子公司共有9家,分别是:上港物流(浙江)有限公司、宁波航华国际船务有限公司、上港物流(天津)有限公司、上港物流(厦门)有限公司、深圳航华国际船务代理有限公司、上港物流(惠州)有限公司、上港物流(成都)有限公司、武汉港务集团有限公司、上港物流(江西)有限公司。其中,武汉港务集团有限公司、上港物流(江西)有限公司拥有股权,但管理关系不在公司。

上港集团物流有限公司2006年共有员工797人,2010年为1739人,2014年达到2352人,2017年共有员工2196人。

上港物流成立以来,为社会提供了全方位的物流业务服务,经济效益和社会效益显著。

2. 上港集团长江港口物流有限公司

上港集团成立后,为更好地实施"长江战略",2010年5月11日,决定在上海集海航运有限公司的基础上组建上港集团长江港口物流有限公司(以下简称"长江公司"),对其长江沿线的资产进行实质性的整合。6月1日,长江港口物流有限公司正式揭牌成立,注册资本5亿元,是上海国际港务(集团)股份有限公司的全资子公司。

截止到2010年底,长江公司所属控股参股企业有:上港集团长江物流湖北有限公司、江苏航华国际船务有限公司、上港集团长江物流江西有限公司、芜湖申芜港联国际物流有限公司、上港集团长江物流湖南有限公司、扬州航华国际船务有限公司、重庆集海航运有限公司、江苏集海航运有限公司、上港物流江西有限公司(托管)、上海航华国际船务有限公司。

长江公司总资产74.96亿元。其中,经营船队规模近100艘,集装箱船舶运力国内排名第五,经营航线覆盖长江流域全境,与世界各大船公司保持长期合作关系;经营港口资源包括长江流域宜宾、重庆、长沙、武汉、九江、南京、江阴等主要港口,并在部分港口设立大型物流园区和仓库,为各大支线公司及广大客户提供优质服务。

长江公司经营范围包括:国际货运代理业务,港口装卸业务,集装箱堆存、修理、清洗业务,搬运,仓储;国内沿海、内河省际普通货船、集装箱内支线班轮运输,上海市内普通货船运输,水路货运代理,船舶代理,海上、陆路国际货物运输代理业务,民用航空运输销售代理,在上海海关的关区内从事报关业务。公司设址在上海市东大名路358号国际港务大厦22楼。公司与上海集海航运有限公司合署办公,实行"一套班子,两块牌子"的管理模式。2011年9月26日,上港集团又对长江公司增资。

2010 年 6 月到 2015 年 10 月,长江公司逐步收购上港集团在长江流域的物流网络和航运资产。到 2015 年底,下属企业共 10 家,其中 9 家是投资企业,1 家是管理关系挂靠,分布在长江流域各大省份。后陆续在湖北、江西、湖南、江苏等省份设立区域公司,在长江流域构建了一体化运营平台,加大区域市场开发,逐步提高物流服务辐射范围。2011 年自有船舶 29 艘,2014 年自有船舶 22 艘,2017 年自有船舶减少到 14 艘。

2011 年,长江港口物流有限公司共有员工 82 人,2014 年为 84 人,2019 年共有员工 173 人。

3. 上海锦江航运(集团)有限公司

上海锦江航运(集团)有限公司(简称"锦江航运公司")成立于 1983 年 3 月。2015 年 7 月,上港集团以现金方式收购上海锦江航运(集团)有限公司合计近 79.2% 的股权。2017 年,上港集团又以现金人民币 5.82 亿元收购了中远海运(上海)公司和中外运上海(集团)有限公司合计约 20.8% 的股权,锦江航运公司成为了上港集团的全资子公司。注册资本为人民币 110 000 万元。注册地址:上海市浦东新区龙居路 180 弄 13 号 2 楼。

(1) 经营范围。该公司主要经营近洋国际船舶集装箱运输,中国港口国际集装箱班轮运输,台湾海峡两岸间海上直航集装箱班轮货物运输,近洋国际货物运输,上海与香港间的旅客运输,国内货物运输,船舶租赁和买卖业务,集装箱仓储、中转和租赁,船务咨询,旅客运输配套服务,船务代理和货运代理业务,国际船舶管理业务(凭许可证经营),海员外派业务。

(2) 船舶。2017 年,锦江航运公司共有船舶 13 艘(见表 1-2-1)。

表 1-2-1　2017 年锦江航运公司船舶装备情况表

船名	船舶类型	航速(节)	总吨(吨)	净吨(吨)	总载重量(吨位)	集装箱位(标准箱)	主机功率(千瓦)	建造年份
春锦	集装箱船	16.8	7 998	3 956	11 064	764	8 311	1996 年
夏锦	集装箱船	16.8	7 998	3 956	11 064	764	8 311	1995 年
秋锦	集装箱船	16.8	7 998	3 956	11 064	764	8 311	1995 年
冬锦	集装箱船	16.8	7 998	3 956	11 064	764	8 311	1995 年
锦江之星	普通干货船	18.7	9 957	5 032	13 760	1 080	9 730	2006 年
锦江之光	普通干货船	18.7	9 957	5 032	13 760	1 080	9 730	2008 年
锦江之宇	普通干货船	18.7	9 948	5 020	13 760	1 080	9 730	2006 年
通和	集装箱船	18.78	9 994	5 122	13 294	1 098	8 730	2014 年

续 表

船名	船舶类型	航速（节）	总吨（吨）	净吨（吨）	总载重量（吨位）	集装箱位（标准箱）	主机功率（千瓦）	建造年份
通鸣	集装箱船	18.78	9 994	5 122	13 238	1 098	8 730	2014 年
通兹	集装箱船	18.78	9 994	5 122	13 273	1 098	8 730	2014 年
通爵	集装箱船	18.78	9 994	5 122	13 276	1 098	8 730	2014 年
通韵	集装箱船	18.78	9 994	5 122	13 256	1 098	8 730	2015 年
通律	集装箱船	18.78	9 994	5 122	13 250	1 098	8 730	2015 年

（3）航线。锦江航运公司以上海为中心，主要经营东亚、东南亚及两岸间的集装箱班轮运输业务，提供每周 23 班的运输服务。其中，东亚和东南亚区域主要有日本线、泰越线，两岸间航线为上海—台湾线及华北—台湾线。锦江航运持续创新经营手段，为客户提供个性化、差异化的 HDS 快速交货服务，打造了包括"阪神穿梭快航""四季快航""东海穿梭快航"在内的精品航线，并在长江流域开辟了内支线物流服务。

（4）公司结构。锦江航运公司总部设 12 个职能部室。2017 年，公司从业人数 709 人。公司下设投资公司 16 家，其中境内企业 9 家，境外企业 7 家（见表 1-2-2、1-2-3）。公司在南通、武汉、青岛、重庆等地设有分支机构 4 家（见表 1-2-4）。

表 1-2-2　2017 年锦江航运公司下属境内投资公司情况表

公司名称	地点	主要经营范围	人数
上海市锦诚国际船务代理有限公司	上海市延安东路 1200 号电信世界 8 楼	在上海口岸经营中外籍国际船舶代理业务；水路货运代理、船舶代理；缮制单证，代签提单，运输合同、速遣滞期协议，代收代付款项；办理船舶进出港手续，联系安排引水、靠泊、装卸；报关，办理货物的托运和中转；揽货和组织客源，洽订舱位；联系水上救助，协助处理海商海事；代为处理船舶、船员、旅客或货物的有关事项；无船承运业务；经营各类商品和技术的进出口业务。	139
上海锦昶物流有限公司	上海市延安东路 1200 号电信世界 15 楼	承办海运、空运进出口货物的国际运输代理业务，包括揽货、订舱、仓储、中转、集装箱拼装拆箱、结算运杂费、报关、报验、保险、相关的短途运输服务及运输咨询服务，无船承运业务，寄递业务，在上海海关的关区内从事报关业务。	82

续　表

公司名称	地点	主要经营范围	人数
上海锦亿仓储物流有限公司	上海市浦东新区港建路 248 号 6 楼	仓储及提供集装箱堆存、修理、仓储机械修理服务,承办海运、陆运、空运进出口货物、国际展品、私人物品及过境货物的国际货物运输代理业务。	107
上海锦航人力资源有限公司	上海市虹口区海宁路 358 号辅 8 楼	人才咨询,船员管理信息咨询服务,海事信息咨询服务,海员外派业务。	416
上海锦江三井仓库国际物流有限公司	上海市浦东新区申东路 251 弄 6 号	进出口货物和国内货物的仓储以及相关联的分拨、配送、检品、包装、简单加工整理等物流服务,有关物流业务的咨询;承办海运、陆运、空运进出口货物、国际展品、私人物品及过境货物国际运输代理业务,包括揽货、订舱、仓储、中转、集装箱拼装拆装、结算运费、报关、报验、相关的短途运输服务及咨询业务。	36
上海锦江住仓国际物流有限公司	上海市浦东新区申东路 251 弄 4 号	进出口货物和国内货物的仓储以及相关联的分拨、配送、检品、包装、简单加工整理等物流服务,有关物流业务的咨询;承办海运、陆运、空运进出口货物、国际展品、私人物品及过境货物国际运输代理业务。	32
太仓锦诚国际船务代理有限公司	江苏省太仓市太仓港口开发区联检大楼 1 幢 1009 室	在太仓口岸接受船舶所有人或者船舶承租人、船舶经营人的委托:办理船舶进出港口手续,联系安排引航、靠泊和装卸;代签提单、运输合同,代办接受订舱业务;办理船舶、集装箱以及货物的报关手续;承揽货物、组织货载,办理货物、集装箱的托运和中转。	4
上海锦都物流有限公司	上海市浦东新区港建路 248 号 6 楼	仓储、装卸服务(除危险品及专项规定),集装箱修理,集装箱管理咨询服务。	5
锦茂国际物流(上海)有限公司	上海市杨树浦路 248 号瑞丰国际大厦 2407 - 2408 室	承办海运、空运进出口货物的国际运输代理业务,包括揽货、订舱、仓储、中转、集装箱拼装拆箱、结算运杂费、报关、报验、保险及相关的咨询服务;提供国际货物流通领域的供应链管理。	25

表 1-2-3　2017 年锦江航运公司下属境外投资公司情况表

公司名称	地点	主要经营范围	人数
锦江航运(日本)株式会社	东京都中央区八重洲二丁目 5 番 9 号 3 楼	海运代理业务及相关事务。	13
日本锦化株式会社	东京都中央区八重洲二丁目 5 番 9 号 3 楼	货运代理,进出口贸易,船舶代理,以及与以上相关业务。	0

续 表

公司名称	地点	主要经营范围	人数
满强航运有限公司	香港干诺道西 186－191 香港商业中心 1101－3 室	海洋运输、船舶及货物代理。	2
通和实业有限公司	香港干诺道西 186－191 香港商业中心 1105 室	集装箱租赁、船务代理、货运代理。	1
锦江航运投资(香港)有限公司	香港干诺道西 186－191 香港商业中心 1101－3 室	海洋运输、船舶及货物代理、集装箱租赁和买卖、船舶租赁和买卖、船务咨询、实业投资等。	0
锦江航运物流(新加坡)有限公司	133 New Bridge Road ♯10－07 Chinatown Point Singapore 059413	船务代理(货运)、货运代理、包装及装箱服务。	2
世邦国际物流(新加坡)私人有限公司	133 New Bridge Road ♯10－06 Chinatown Point Singapore 059413	货运、包装和装箱服务。	16

表 1-2-4　2017 年锦江航运公司下属分支机构情况表

公司名称	地点	主要工作范围	人数
上海锦江航运(集团)有限公司武汉分公司	湖北省武汉市江汉区建设大道 518 号招银大厦 405 室	船舶租赁和买卖业务;集装箱仓储、中转和租赁;船务咨询;旅客运输配套服务,船务代理和货物代理业务。	3
上海锦江航运(集团)有限公司青岛分公司	山东省青岛市市南区香港中路 40 号数码港旗舰大厦 1617 室	辅助母公司经营,在总公司经营范围内联系业务。	0
上海锦江航运(集团)有限公司南通分公司	江苏省南通市外环西路 49 号 602 室	辅助母公司经营,为公司联系业务。	3
上海锦江航运(集团)有限公司重庆分公司	重庆市江北区观音桥步行街 2 号附 19 号 1904 室	船舶租赁和买卖业务;集装箱仓储、中转和租赁;船务代理和货物代理业务。	2

(5) 锦江航运公司利用互联网,将线下服务优势延伸到线上,打造了锦江航运自有的电子商务平台,涵盖了公司所有精品航线订舱、信息订阅与查询等特色服务功能,为客户提供专项 VIP 个性化定制物流服务。2017 年,该公司为配合电商平台服务升级,于 10 月推出了电商平台移动客户端"锦江 e 航运"电商 APP,拓展了锦江航运的服务维度,提供 24 小时配套服务,为线上精品服务提供保障。2018 年,锦江航运全面升级电商

APP功能,并开发"锦江e航运"APP英文版,实现了境内外基础数据信息的全覆盖,提高了信息查询推送的及时性和全面性,打造锦江航运精品服务的航运电商特色。该公司通过整合自有航线、船代、货代、堆场、长期合作的车队等内部资源,发挥各板块间的协同优势,为客户提供包括订舱、做箱、陆运、报关、海运等服务在内的一站式物流服务,力求客户自装箱交货开始,即进入锦江航运的品牌覆盖链,享受高品质的服务,并与海关、理货协商,持续优化进口HDS服务流程,进一步提高单证处理效率,缩短了客户的提货时间。

(6)经营情况。锦江航运公司立足上港集团发展航运板块的新平台,根据"稳中求进、进中有质,巩固品牌服务优势和持续盈利能力,全面推进锦江航运改革发展"的工作思路,稳步开展各项经营管理及安全生产工作,保持了良好经营态势和盈利能力。

锦江航运公司在第十四届中国货运业大奖·创新奖评比中获得"2017承运人创新大奖"和"2017互联网创新大奖"。

4. 上海海华轮船有限公司

上海海华轮船有限公司(以下简称"海华公司")成立于1989年,先后开辟了华南地区至日本、上海至台湾等航线。公司设址杨树浦路18号。

2002年1月,上海集装箱码头实业有限公司收购了上海上投浦东经济发展公司所持有的海华轮船有限公司11.5%股权,公司另一股东上海港集装箱股份有限公司占有其余88.5%的股权。

2003年上港集团成立后,上海海华轮船有限公司成为上港集团的全资子公司。2006年12月,上港集团决定对海华轮船有限公司实行整合运作,委托上海集海航运有限公司对海华轮船公司实施管理。

2008年4月,上海海华轮船有限公司旗下的上海海华船务有限公司成立,主要经营船舶技术服务、船舶设备维修、电子工程专业承包、船舶设备及配件销售等。

2008年7月起,上海集海航运有限公司、上海海华轮船有限公司实施一体化运作。在上海集海航运有限公司经营、管理框架内,保留上海海华轮船有限公司建制,组建船务部,负责一体化运作后的船舶购建、监造等相关工作。2009年6月,上海海华轮船有限公司迁址于东大名路358号。

2010年5月,上港集团决定海华轮船有限公司脱离上海集海航运有限公司的一体化运作管理,重新独立经营管理,将集海航运有限公司沿海内支线业务划转至海华公司,相关业务、人员、资产及成本一并同步划转。自2010年6月1日起,同时把集海公司8艘沿海船舶划转至海华公司,海华公司不再与集海公司一体化运作(见表1-2-5)。

表 1-2-5 2010 年上海海华轮船有限公司船舶装备情况表

船名	建造、购置和船舶性能、装备情况
秀山轮	1970 年 11 月建造,1989 年 5 月购置并投入航线运营,载箱量 185 标准箱,载重量 2 987.5 吨,主机功率 2 574 千瓦特,航速 12.8 节。
佘山轮	1971 年 1 月建造,1989 年购置并投入航线运营,载重量 5 890 吨,主机功率 3 088 千瓦特,航速 12 节。
祥山轮	1979 年 1 月建造,1998 年购置并投入航线运营,载箱量 288 标准箱,其中冷藏箱 30 只,载重量 4 285 吨,航速 14 节。
清山轮	1983 年 4 月建造,1992 年购置并投入航线运营,载箱量 208 标准箱,其中冷藏箱 30 只,载重量 4 155 吨,航速 10 节。
马那斯鲁轮（曾用名：富山轮）	1983 年 5 月建造,1994 年购置并投入航线运营,载箱量 414 标准箱,其中冷藏箱 30 只,载重量 12 835 吨,航速 15 节。
晓洋轮	1989 年 7 月建造,2003 年 8 月购置并投入航线运营,载箱量 816 标准箱,其中冷藏箱 112 只,载重量 14 900 吨,主机功率 7 056 千瓦特,航速 17.5 节。
晓云轮	1995 年 10 月建造,2006 年 1 月购置并投入航线运营,载箱量 327 标准箱,其中冷藏箱 5 只,载重量 4 509 吨,主机功率 3 360 千瓦特,航速 13 节。
集金海	2006 年 12 月建造,2010 年 6 月购置并投入航线运营,载箱量 1 098 标准箱,其中冷藏箱 220 只,载重量 13 760 吨,主机功率 9 730 千瓦特,航速 18.5 节。
集兴海	2007 年 2 月建造,2008 年 3 月购置并投入航线运营,载箱量 1 022 标准箱,其中冷藏箱 220 只,载重量 13 841 吨,主机功率 9 480 千瓦特,航速 18.5 节。

此后,上海海华轮船有限公司又不断更新、添置船舶。到 2015 年,上海海华轮船有限公司一共有船舶 15 艘,载箱量达到 10 011 标准箱。到 2017 年,上海海华轮船有限公司一共有船舶 19 艘,载箱量达到 14 091 标准箱(见表 1-2-6)。

表 1-2-6 2017 年上海海华轮船有限公司船舶装备情况表

船名	建造、购置和船舶性能、装备情况
集海钟山轮	1998 年 11 月购置并投入航线运营,载箱量 373 标准箱,载重量 5 164 吨,主机功率 1 324 * 2 千瓦特,航速 13 节。
集海洋山轮	1998 年 12 月购置并投入航线运营,载箱量 373 标准箱,载重量 5 164 吨,主机功率 1 324 * 2 千瓦特,航速 13 节。
集海宝山轮	2005 年 4 月购置并投入航线运营,载箱量 267 标准箱,载重量 5 284 吨,主机功率 1 765 千瓦特,航速 12 节。

船名	建造、购置和船舶性能、装备情况
集海之星轮	2006 年 1 月购置并投入航线运营，载箱量 692 标准箱，载重量 11 298 吨，主机功率 3 824 千瓦特，航速 13.8 节。
集海之腾轮	2007 年 1 月购置并投入航线运营，载箱量 421 标准箱，载重量 7 178 吨，主机功率 2 868 千瓦特，航速 13 节。
集海之峰轮	2007 年 9 月购置并投入航线运营，载箱量 720 标准箱，载重量 11 286 吨，主机功率 3 824 千瓦特，航速 13.8 节
集海之鸿轮	2008 年 7 月购置并投入航线运营，载箱量 720 标准箱，载重量 11 286 吨，主机功率 3 824 千瓦特，航速 13.8 节。
BLUE OCEAN 轮	1989 年 7 月购置并投入航线运营，载箱量 816 标准箱，载重量 14 900 吨，主机功率 7 060 千瓦特，航速 17.5 节。
XIAO YUN 轮	1996 年 10 月购置并投入航线运营，载箱量 327 标准箱，载重量 4 509 吨，主机功率 3 360 千瓦特，航速 13 节
HASCO QINGDAO 轮	1997 年 5 月购置并投入航线运营，载箱量 614 标准箱，载重量 10 130.9 吨，主机功率 5 430 千瓦特，航速 15 节。
GLORY SEASON 轮	2006 年 9 月购置并投入航线运营，载箱量 562 标准箱，载重量 7 960.8 吨，主机功率 3 824 千瓦特，航速 14.3 节。
GLORY FORTUNE 轮	2006 年 12 月购置并投入航线运营，载箱量 1 098 标准箱，载重量 13 760 吨，主机功率 9 730 千瓦特，航速 18.5 节。
GLORY OCEAN 轮	2007 年 2 月购置并投入航线运营，载箱量 1 022 标准箱，载重量 13 841 吨，主机功率 9 480 千瓦特，航速 18.5 节。
GLORY SHANGHAI 轮	2015 年 8 月购置并投入航线运营，载箱量 1 003 标准箱，载重量 12 419 吨，主机功率 7 448 千瓦特，航速 18 节。
GLORY TIANJIN 轮	2015 年 11 月购置并投入航线运营，载箱量 1 003 标准箱，载重量 12 419 吨，主机功率 7 448 千瓦特，航速 18 节。
GLORY GUANGZHOU 轮	2016 年 5 月购置并投入航线运营，载箱量 1 020 标准箱，载重量 12 337 吨，主机功率 7 300 千瓦特，航速 18.6 节。
GLORY ZHENDONG 轮	2016 年 10 月购置并投入航线运营，载箱量 1 020 标准箱，载重量 12 337 吨，主机功率 7 300 千瓦特，航速 18.6 节。
GLORY SHENGDONG 轮	2017 年 2 月购置并投入航线运营，载箱量 1 020 标准箱，载重量 12 337 吨，主机功率 7 300 千瓦特，航速 18.6 节。
GLORY GUANDONG 轮	2017 年 4 月购置并投入航线运营，载箱量 1 020 标准箱，载重量 12 337 吨，主机功率 7 300 千瓦特，航速 18.6 节。

该公司2003年承运集装箱29.1万标准箱,2010增加到39.32万标准箱,2017年承运总箱量递增到73.2万标准箱,为2003年的1.86倍。2019年为37.91万标准箱。(见表1-2-7)

表1-2-7　2001～2019年上海海华轮船有限公司经营业绩表　　单位:万标准箱

年份	承运总箱量	年份	承运总箱量	年份	承运总箱量
2001年	19.53	2008年	33.14	2015年	54.94
2002年	22.04	2009年	33.36	2016年	64.30
2003年	29.07	2010年	39.32	2017年	73.20
2004年	29.40	2011年	39.17	2018年	46.99
2005年	34.94	2012年	36.98	2019年	37.91
2006年	37.17	2013年	54.00		
2007年	38.49	2014年	60.27		

该公司1999年共有员工149人,2009年为129人,2014年165人,2019年共有员工216人。

5. 上海浦远船舶有限公司

上海浦远船舶有限公司(以下简称"浦远公司")是上海国际港务(集团)股份有限公司、佳力控股(香港)有限公司、上海贝优能实业有限公司、中远散货运输有限公司共同出资的一家中外合资航运企业。它的前身是上海港绿华山减载站和上海锦华轮船公司,于1999年6月1日正式改制成立,公司注册资金1亿元,上海港务局和中远散货运输有限公司各占股份50%。主要从事在浙江嵊泗绿华山锚地为大型远洋散货船舶提供减载过驳作业服务以及国际船舶运输、国内沿海及长江中下游普通货船运输服务。

2004年12月上海浦远船舶有限公司股权转让,佳力控股(香港)有限公司占49%股份,上港集团占35%股份,上海贝优能实业有限公司占11%股份,中远散货运输有限公司占5%股份,公司注册资金2.15亿元,总资产9.95亿元。公司注册地址为上海市浦东新区民生路600号。2010年5月,变更至上海浦东新区洋山保税港区顺通路5号上海深水港商务广场。

2008年,浦远公司拥有海上减载平台,国际远洋、近洋、沿海运输等多艘船舶。拥有一艘10万吨级"新双峰海"减载平台;一艘2.5万吨级散货船("万岭"轮);四艘1.69万吨级散货船(分别是"浦兴海"轮、"浦旺海"轮、"浦发海"轮和"浦达海"轮);一艘7.3万吨级全球无限航区散货船("卡玲娜"轮)及一艘与中海发展公司合资建造的23万吨级散货船。

2008年1月,该公司在浙江嵊泗县投资建造了绿华山海上散货减载平台,长200米,该工程项目总投资7亿元,设计年吞吐量1 400万吨。可分别靠泊20万吨大型散货船和5 000吨以上接载船。绿华山海上散货减载平台各项技术设计能力及安全可靠性均优于"新双峰海"减载平台,加上现有的自营船舶,公司可为长三角各大钢铁企业提供减载和二程运输"一条龙"服务。(图1-2-15)

图1-2-15　上海浦远船舶有限公司绿华山减载平台

2017年,浦远公司拥有10万吨级"新双峰海"减载平台一艘及1.69万吨级散货船四艘(见表1-2-8)。

表1-2-8　2017年上海浦远船舶有限公司船舶情况表

船舶名	购置日期	载重量(吨)	主机功率(千瓦特)	航速
浦兴海	2008年1月24日	17 317	3 310	12节
浦旺海	2008年3月21日	17 317	3 310	12节
浦发海	2009年4月17日	17 317	3 310	12节
浦达海	2010年3月15日	17 317	3 310	12节

浦远公司在生产经营活动中努力提升服务质量,经济效益显著。总吞吐量从2003年的779.67万吨递增到2015年的2 417.12万吨,为2003年的3.1倍。2019年完成吞吐量1 296.82万吨。(见表1-2-9)

该公司生产经营实行一级管理,共建有6部2室,分别为航运业务部、海务监督部、船舶技术部、行政人事部、资产财务部和党群工作部。2003年员工总数1 363人,2005年为779人,2014年为154人,2019年有员工129人。

表 1-2-9　2003~2019 年上海浦远船舶有限公司吞吐量统计表　　　　单位：万吨

年份	总吞吐量	其中			
		矿石	煤炭	粮食	矿建材料
2003 年	779.67	607.04	18.15	84.00	—
2004 年	1 137.30	1 018.46	27.24	34.18	—
2005 年	1 402.41	1 280.45	40.64	11.35	—
2006 年	1 192.24	1 135.93	18.82	18.43	—
2007 年	1 234.68	1 083.50	58.38	14.07	—
2008 年	1 115.82	1 080.02	33.35	—	—
2009 年	1 544.86	1 476.04	38.34	22.18	—
2010 年	2 138.42	2 067.67	45.70	15.66	—
2011 年	1 799.00	1 727.14	27.96	43.90	—
2012 年	2 098.00	1 997.62	33.31	64.57	—
2013 年	2 449.19	2 377.16	20.71	51.32	—
2014 年	2 319.52	2 277.33	—	42.19	—
2015 年	2 417.12	2 389.69	—	27.43	—
2016 年	1 882.23	1 872.67	—	9.56	—
2017 年	2 100.56	2 073.87	2.39	24.30	—
2018 年	1 954.38	1 928.18	—	17.61	8.60
2019 年	1 296.82	1 289.28	—	7.54	—

6. 上海海通国际汽车物流有限公司

2003 年 12 月，上港集团在建立上海海通国际汽车码头有限公司(以下简称"海通公司")的同时组建成立了上海海通国际汽车物流有限公司(以下简称"海通汽车物流公司")。

海通公司拥有洲海路和港建路两大码头资源，洲海路码头岸线 219 米，一个泊位，堆场面积 18 万平方米，年吞吐能力 20 万辆；港建路码头岸线 530 米及内侧岸线 270 米，两个海轮泊位，一个江轮泊位，堆场面积 29 万平方米，年吞吐能力 73 万辆。(图 1-2-16)

海通汽车物流公司具有一级国际货运代理资质，集码头、海运、陆运等方面的强大

图 1-2-16　上海海通国际汽车物流有限公司

资源,为客户提供供应链策划和解决方案、进出口代理(包括报关报验和订舱)、零部件海陆铁等多式联运门到门的服务、上海及关联港口区域仓储和物流增值服务,与国内 92个品牌汽车厂商、世界 40 个著名品牌汽车厂商有业务往来。

发展到 2017 年,海通汽车物流公司整车物流已具有码头装卸,整车商检、加装改装、售前检查、整车分拨等 9 大类服务产品。汽车零部件物流已具备“门到门”供应链方案策划、零部件多式联运、口岸零部件集拼等 4 大类服务产品,形成了“个性化、一体化、菜单式”的服务能力。整车物流平台拥有定制的 R-TOPS、LMP、VLMS 等系统;零部件物流平台拥有定制的 WMS、TMS、HLMS 等系统。整车和零部件两大可视化信息系统,为客户提供船舶靠离港、作业计划、货物状态和位置等实时信息,实现了物流供应链全程可视化管理,确保每一个物流环节的安全可靠。零部件物流网络已延伸至武汉、长沙、烟台、沈阳、深圳等 9 个口岸网点,业务范围已拓展至美国、韩国、印度等地。该公司从口岸物流服务提供商,转向为客户和消费者提供创新服务产品的综合供应商,建设以商贸服务平台与物流金融为特色的业务新形态,并根据绿色物流的发展要求,进一步打造新能源汽车和船舶的服务能力。

海通汽车物流公司 2003 年零部件物流年集装箱运量为 3.70 万标准箱,2010 年达到 21.74 万标准箱,增幅达到 487.57%。2015 年,零部件物流年集装箱运量递增到 30.18 万标准箱,为 2003 年的 7.5 倍。2019 年,零部件物流集装箱运量为 21.98 万标准箱。(见表 1-2-10)

表 1-2-10 2003～2019 年上海海通国际汽车物流有限公司营业情况一览表

项目	2003 年	2004 年	2005 年	2006 年	2007 年	2008 年
零部件运输业务(标准箱)	37 039	53 662	54 915	73 116	89 133	86 732
整车一体化(辆)	426	8 010	9 830	22 843	44 053	82 014
项目	2009 年	2010 年	2011 年	2012 年	2013 年	2014 年
零部件运输业务(标准箱)	128 599	217 427	270 231	255 000	265 400	330 800
整车一体化(辆)	72 254	170 619	214 863	306 000	526 700	615 000
项目	2015 年	2016 年	2017 年	2018 年	2019 年	
零部件运输业务(标准箱)	301 820	318 862	276 202	268 804	219 773	
整车一体化(辆)	511 300	629 000	821 746	943 173	949 300	

上海海通国际汽车物流有限公司和上海海通国际汽车码头有限公司实行两块牌子、一套班子的运作模式。

7. 上港集团冷链物流有限公司

上港集团冷链物流有限公司成立于 2013 年 9 月,位于浦东新区外高桥地区,是上港集团的全资子公司,公司定位于华东地区的进出口食品集散中心,提供"一站式"冷链物流服务,打造进出口食品的交易平台。2019 年有员工 37 人。(图 1-2-17)

图 1-2-17 上港集团冷链物流有限公司

8. 上海深水港国际物流有限公司

上海深水港国际物流有限公司(以下简称"深水港物流公司")为上港集团物流有限公司下属企业,由上海盛东国际集装箱码头有限公司和上海同盛物流园区投资开发有限公司共同投资设立,双方各出资50%,注册资金6亿元,于2005年9月30日完成工商注册登记,10月28日揭牌成立。根据相关合营合同和董事会决议,深水港物流公司日常生产经营由上港集团负责管理。

深水港物流公司主要由口岸查验区、辅助作业区、危险货物作业区三个部分组成,总占地面积112万平方米。该公司位于洋山保税港区内,通过32.5公里长的东海大桥与洋山深水港区直接连接,是洋山保税港区内唯一与洋山深水港区直接连接,承担洋山深水港区码头的集装箱辅助作业、集装箱危险货物作业和集装箱口岸查验的经营企业。经营范围包括集装箱装卸、堆存管理,集装箱拆装箱、清洗、修理和租赁、仓储、保管、加工、货运及物流信息管理,集装箱查验,国际货代,港口设施、设备租赁,港口辅助设施的建设、管理和经营,物流咨询及报关业务,货物和技术进出口业务。公司设址于上海市南汇区芦潮港镇同汇路1号。

2005年12月10日,洋山深水港码头一期工程正式开港,深水港物流公司和洋山码头同步运行。2006年2月24日,深水港物流公司迎来首批超期堆存集装箱转栈业务。标志着公司的洋山码头辅助功能全面展开。3月,该公司取得"港口经营许可证",并向工商行政管理部门申请增加了"从事货物和技术进出口业务"的经营项目。4月至5月,公司先后获洋山海关颁发的"进出口货物收发货人报关注册登记证书"、上海出入境检验检疫局颁发的"自理报检单位备案登记证明书"和上海市港口管理局核发的"危险货物港口作业认可证"。从7月1日开始,进入正式生产运营。8月,公司口岸查验区查验点获上海检验检疫局查验点资质。此后,公司又先后获得洋山海关准予建立公用型保税仓库登记备案的批准,获得上海海事局核发的"危险货物内装箱作业的许可证"。

2006年,上港集团物流有限公司成立后,取代上海盛东国际集装箱码头有限公司作为上海深水港国际物流有限公司的股东。11月9日,根据第一届第三次董事会双方股东对公司各增资5 000万元的决议,公司向工商行政管理部门申请变更注册资本金为7亿元。2008年1月,深水港物流公司顺利通过ISO9001—2000质量管理体系认证评审。

上海深水港国际物流有限公司具有辅助作业区、口岸查验区、危险品作业区三大营运作业功能区。其中辅助作业区占地面积34万平方米(包括集装箱重箱场地、空箱场地、拆装箱场地、CFS仓库、箱修场地、机修车间、集装箱冲洗场地);重箱堆存能力为11 050标准箱,空箱堆存能力为1 104标准箱,拆装箱场地堆存能力为3 896标准箱;CFS仓库2座,库内面积11 560平方米。提供集装箱暂存、进口箱疏港、拆装箱提运、(非)保税物流等服务。口岸查验区占地面积61万平方米,配备H986集装箱检查机房2座,集装箱查验平台4座,检验检疫场地及相关配套设施,具有完善的海关查验和国家检验检疫功能。危险品作业区占地 12.4 万平方米,其中堆场面积 4 万平方米,保税仓库面积 2 160 平方米,仓库 8 座 5 700 平方米,能够堆存第 1 至第 9 类(除放射性货物外)危险货物箱 3 916 标准箱,库(场)设计年通过能力近 10 万标准箱。

2010 年,随着生产经营业务的不断发展,为提高公司危险品生产经营能力,该公司积极整合危险品堆场的资源,将危险品作业区扩区工程与已运作的危险品作业区一期堆场合并。两个区域合并后,占地总面积达到 12.4 万平方米,堆场面积达到 4 万平方米;仓库 8 座 24 间 5 700 平方米;货棚 6 座 7 649 平方米;库(场)设计年通过能力近 10 万标准箱。同时,在原有 2 号保税仓库的基础上新增 1 号保税仓库,使公司保税仓库营业面积增加至 10 780 平方米。

公司拥有 5 台轮胎式龙门起重机、9 台集装箱正面搬运机、2 台空箱堆高机、3 台防爆叉车、45 台普通叉车、9 辆内集卡;集装箱监控系统实现 24 小时作业现场全过程实时监控;信息平台实现与洋山海关、洋山码头实时信息交换。

公司成立当年职工人数为 119 人;2010 年为 194 人,其中技术工人 59 人,其中高级工 12 人,中级工 18 名。

9. 上海外高桥物流中心有限公司

2001 年 12 月 27 日,上海外高桥物流中心有限公司工商注册成立,作为外高桥物流园区一期的开发主体。公司股东方为上海外高桥(集团)有限公司、上海外高桥保税区联合发展有限公司、上海外高桥保税区开发股份有限公司。注册资本为 2.04 亿元,上述三家股东分别占股比 0.49%、68.14% 和 31.37%。注册地为外高桥保税区基隆路 6 号 1511 室。

该公司位于浦东新区高桥镇北端,长江南岸,东起外高桥港区三期,西至高桥石化公司海滨油库,南依外环线环东大道,北临海运局油库,用地面积 1.03 万平方米。主要经营园区内基础设施建设、房地产建设和经营;园区内进出口货物储运分拨、集装箱业务;园区内公共保税仓库业务和一般仓库管理;园区内工程承包;商务、物流业务的咨询服务;海上、航空、陆路国际货运代理业务;从事货物与技术的进出口业务以及仓储(危险品)、装卸搬运业务。(图 1-2-18)

2003 年 2 月 28 日,上海外高桥物流中心有限公司举行增资扩股合同签约仪式。增资扩股后,注册资金增加至 4 亿元人民币,其中新加入的股东上海集装箱股份有限公司出资 1.8 亿元人民币,占股比 45%,成为第一大股东;上海外高桥保税区开发股份有限公司在原有出资额 6 400 万元的基础上以现金方式增加出资 1 600 万元,占股比 20%;上海外高桥保税区联合发展有限公司和上海外高桥(集团)有限公司保持原有出资额(13 900 万元和 100 万元)不变,分别占股比 34.75% 和 0.25%。公司于 2003 年 6 月 6

图 1-2-18　外高桥保税物流园区

日完成工商变更登记,同时,注册地址变更为申亚路 1 号。2003 年 11 月,经海关总署批准,扩大建设用地,增加集装箱运转区、调度中心、商务中心扩容以及海关查验设施等内容,其中集装箱运转区及海关查验场地 18 万平方米,仓库、调度中心、商务中心扩容等建筑面积 1.7 万平方米,增加投资 5.8 亿元,调整后总投资为 16.1 亿元。

上海外高桥物流中心有限公司紧临外高桥一、二、三期和 A20 外环高速公路,距浦东国际机场 40 公里,虹桥机场 40 公里,洋山码头 70 公里。2003 年 12 月外高桥保税物流园区获国务院正式批复同意设立后,上海外高桥物流中心有限公司抓紧开发。2004 年 4 月 15 日,物流园区由海关总署等八部委联合验收封关。2004 年 7 月 15 日试运作以来,园区基础设施建设和功能开发得到较大发展。

2006 年,上海港集装箱股份有限公司被上港集团借壳整体上市而注销,该公司实体转为新组建的上港集团物流有限公司,上港集团物流有限公司遂取代上海港集装箱股份有限公司成为上海外高桥物流中心有限公司的大股东。

2007 年,外高桥保税物流园区营业收入突破 10 亿美元,达到 15.9 亿美元;进出园区货值达到 386 亿美元;进出园区货量 231.1 万吨。

至 2010 年,上海外高桥物流中心有限公司承担开发的外高桥保税物流园区开发面积为 1.2 平方公里,封关面积 1.03 平方公里,项目总投资 25.3 亿元人民币;可经营性土地 77 万平方米,已开发 57 万平方米。园区已建成集装箱转运堆场面积近 14 万平方米以及卡口和关检等配套设施;仓库面积由 2004 年的 5.24 万平方米扩展到 38.6 万平方米。拥有各式叉车、堆高机、正面吊、卡车及挂车等集装箱运输和装卸机械 79 台(辆),其中有 10 吨铲车 1 台、45 吨正面吊 2 台、牵引车 10 辆、集卡和平板车 37 辆。

2010 年,园区引进国内外物流采购配送企业 27 家,贸易公司 54 家,累计引进外资突破 2.6 亿美元。一期仓库出租率为 100%,二期仓库除自用 4 万平方米外已完成整体销售,使用率达 100%。(见表 1-2-11、1-2-12)

表 1-2-11 2004～2010 年外高桥物流中心有限公司仓库面积统计表 单位:平方米

年份	仓库面积	年份	仓库面积
2004 年	52 369	2008 年	386 017
2005 年	100 744	2009 年	386 017
2006 年	100 744	2010 年	386 017
2007 年	386 017		

表 1-2-12 2004～2010 年外高桥物流中心有限公司机械统计表 单位:台

年份	轮胎吊	内燃叉车	电瓶叉车	堆高机	正面吊	挂车	卡车
2004 年	—	21	—	1	2	40	9
2005 年	6	21	2	1	2	40	10
2006 年	6	21	2	1	2	40	10
2007 年	6	21	5	1	2	40	10
2008 年	6	21	5	1	2	40	10
2009 年	—	21	5	1	2	40	10
2010 年	—	21	5	1	2	40	10

外高桥物流中心有限公司建立以来,营运指标稳健增长。2005 年进出区货值 72.6 亿美元,进口贸易额 3.34 亿美元。到 2010 年,进出区货值达 690 亿美元,进口贸易额达到 40 亿美元,分别为 2005 年的 9.5 倍和 11.99 倍。(见表 1-2-13)

表 1-2-13 2005～2010 年外高桥物流中心有限公司营运指标统计表

营运指标	2005 年	2006 年	2007 年	2008 年	2009 年	2010 年
进出区货值(亿美元)	72.60	182.30	386.02	546.87	507.91	690.00
进口贸易额(亿美元)	3.34	6.27	20.03	25.26	31.31	40.00

营运指标	2005 年	2006 年	2007 年	2008 年	2009 年	2010 年
进出区货票(票)	8.74	20.90	34.45	39.17	40.41	42.00
进出区货量(吨)	—	130.05	231.06	240.69	209.84	269.32

上海外高桥物流中心有限公司根据上海市和浦东新区国民经济和社会发展计划纲要,依托外高桥港区和保税区的港航产业优势、区位功能优势和市场发展环境,积极筹集国内外资金,采用先进技术和管理经验,建设外高桥现代化国际物流园区,为国内外企业提供现代化的仓储、运输、综合物流服务以及商品的交易展示和加工贸易,开展与保税区相匹配的转口与配送业务,开拓与港口国际集装箱运输相配套的现代物流业务,经营状况良好,经营效益明显提高,在国际港航物流界树立了良好的市场形象和区域特色。2009 年,上海外高桥物流中心有限公司归并至上港集团物流有限公司。

10. 上海港城危险品物流有限公司

上海港城危险品物流有限公司原名为上海港城危险品仓储有限公司,成立于 1999 年 5 月 20 日,由上海外高桥保税区港务公司、上海弘超海陆联运有限公司、上海港城集体资产投资有限公司三方合资组建,分别占股比 70%、10% 和 20%,是上海市浦东新区外高桥地区唯一的一家属于海关监管区的危险货物物流企业。办公地址设在上海市浦东新区浦兴路 5819 号。主要经营进出口集装箱危险货物的堆存(除 7 类外,1~9 类)、装卸、拆箱、运输(包括剧毒品、民用爆炸品)、货运代理、"海关国检"查验等业务。公司承担着港区危险品集装箱进出口集散中心的职责,是上海市储存危险品种类最多、规模最大、功能最齐、设施最先进的公共型危险品物流企业之一。

本着"依托港区,服务港区"的原则,该公司 1999 年完成进场箱量 5 811 标准箱。2000 年 8 月,危险品堆场和仓库通过竣工验收并投产,公司拥有规范化的拆装箱能力达每年 3 000 标准箱。由于外高桥港区集装箱吞吐量的快速增长,公司实施"西扩工程",生产规模扩大 3 倍,并新增"二类货运代理""出口货物装箱""烟花爆竹集装箱中转和储存"等业务,业务总类和业务量得到了迅速攀升。2001 年 3 月 27 日,上海港城危险品仓储有限公司正式在工商局注册成立,注册资金 500 万元(后增资为 1 200 万元)。经营范围为危险品(凭许可证)及一般货物的仓储,集装箱的拆装箱、堆存、中转、修理、清洗,货运代理(二类),主要为港口配套服务,同时承接部分社会业务。至 2001 年底,公司占地面积 73 000 平方米,拥有 4 座仓库、3 座货棚及集装箱堆场、集装箱拆装场地,尤其是拥有 4 000 平方米集装箱烟花爆竹、安全气囊堆场,配置有 23 台专用集装箱装卸机械及其他生产设施设备,成为浦东最大的公共危险品物流中心,共有职工 100 余名。

2002 年 1 月,上海港城危险品仓储有限公司通过 ISO9000 质量管理体系和 OHASAL8000 职业健康安全管理体系的认证,成为本系统第一家通过双认证的企业。

至 2006 年,公司员工增至 242 人,拥有仓库货棚面积约 9 000 平方米,集装箱专业堆场面积 24 000 平方米;各类集装箱专用机械 12 台,集箱运输卡车 38 台,全部配备 GPS 定位系统;整个公司建有电视监视系统、红外报警系统、降温喷淋系统等安全保卫设施。

2006 年底,上海外高桥保税区港务公司歇业,由上港集团物流有限公司取代成为上海港城危险品仓储有限公司的主要股东,并增加上港集团(香港)有限公司为股东,公司变更为沪港合资有限责任公司,更名为上海港城危险品物流有限公司。

至 2010 年,上海港城危险品物流有限公司本部占地面积 55 300 平方米,其中集装箱堆场 20 000 平方米,查验场地 1 000 平方米,集装箱烟花爆竹专用堆场 2 100 平方米,仓库 4 座(3 900 平方米),货棚 4 座(3 600 平方米)。公司下辖江海公司和华英公司两个分堆场,江海公司地处浦东新区杨高北一路 66 号,占地面积 7 万平方米,主营危险品集装箱疏港、中转、直装和普通货物集装箱的疏港、中转、拆装箱等业务;华英公司地处浦东新区江东路 866 号,占地面积 31 983 平方米,主营以危险品保税等公共保税业务、温控箱存储等业务。

2014 年,上海港城危险品物流有限公司迁址于上海浦东临港物流园区广祥路 25 号。公司总占地面积增至 218 300 平方米,其中集装箱堆场 120 167 平方米,仓库 10 座(9 612 平方米),货棚 5 座(5 017.6 平方米)。配备有 42 吨卡尔玛正面吊及 2.5 吨、4.5 吨海斯特叉车等装卸设备,同时拥有 120 辆装备卫星定位装置(GPS)及车载视频监控系统的集卡运输车队。公司区域内装备了齐全的电视监控摄像、电子围栏报警、消防化救、环保等先进的监管系统,并自行研制开发了大型机械环形灭火系统、危险货物信息化应用平台、安全监控信息控制平台、集卡道路运输安全监管系统等信息化监控系统,将生产运营的过程全覆盖纳入实时监管范围,有效地提升了安全管理的可控度。

2015 年底,该公司共有从业人员 702 人,其中正式员工 152 人,劳务派遣工 550 人。十余年来,该公司企业经营情况持续良好。集装箱作业箱量 2015 年达到 151 984 标准箱。

2016 年,上海港城危险品物流有限公司整体搬迁至芦潮港后,以"创新驱动、转型发展"的理念指导安全工作,以"互联网+"为核心,加强各个技防子系统之间关联性,通过不同子系统之间的联动深化或增加原有的监管功能,创新危险货物安全管理新模式。一是构建整合各项技防子系统,建立"互联网+"安全管理大平台,形成了以"安全监控、箱货信息、人员管理"为主的三个安全管理子平台,全方位提升安全管控的信息化程度。

安全监控子平台以"智能识别,自主报警"为手段提升监控检查效率,通过大型机械智能防火系统监测场内作业机械的运行参数,实现对大型机械发动机舱内产生火点、火源的先兆控制,把火灾的隐患消灭在萌芽状态。箱货信息子平台在堆场内布设176个探头,形成动态轮巡系统,实现场内视频管理系统与视频智能分析系统相结合。利用GIS(地理信息系统)技术,实时模拟整个堆场的实际箱货堆存情况,加强支援应急队伍事故处置。人员管理子平台结合智能门禁系统与培训考核系统,规定所有进入危险货物堆场的人员必须首先通过相关培训考核。二是整合安全监管流程,将其整合为"4+1"环节(即制度、检查、培训、考核环节和事故处置的应急环节),使"人防+技防"相互融合。第一环节通过建立"两书一表"(危险货物作业计划书、指导书、检查表),实现对成千上万种危险货物的装卸、储存、隔离、应急处置过程的精确指导。在计算机数据库中建立安全相关信息数据表21个,记录特殊标准危险货物1839种,装卸作业特殊标准操作数据记录38 886条。第二环节汇总梳理了公司安全生产23个重点危险节点,使日常安全检查更加有的放矢。第三环节建立员工安全生产教育培训学分制度。第四环节通过设立安全监控中心,对管理人员监督、检查、考核。第五环节建立专职信息化应急处置队伍,加强事故应急处置。三是在上港集团和上海港公安局的支持下,于2016年9月正式组建了专职消防队。设队长1名、副队长1名、队员27名(含消防车驾驶员5名)。驻危库消防队担负堆场内危险化学品安全巡查、公司内外各类危险货物泄漏、火灾事故的应急救援和服务等。在是年5月13日举办的上港集团危险货物堆场火灾事故处置联合演习中,通过与公司信息化系统的联动,应急处置队伍取得了优异成绩。

图 1-2-19　上海港城危险品物流有限公司安全监控信息平台

2017年,该公司在危险品安全管理上探索建立了"三个系统"(即运输管理系统、堆场管理系统、安全监控管理系统)组成的智能信息安全管理平台新模式,突破了原有的管理瓶颈,实现了对危险品货物运输、储存等操作流程的全过程信息化管控,提升了整体监管水平。

运输管理系统使用精确定位技术、车载监控、车载对讲、人员状态识别(疲劳驾驶侦测)、消息推送、移动端设备等设备数据库和人员、车辆(基本信息、维修数据)、箱货信息、任务流转、报警(实时、历史)、培训考核、应急处置、路线行驶学习教材等八大数据库建立起一套全维度数据库精确管理模型,将多年日常管理的经验转化为"智慧云管理",对 125 台危险品运输车辆实现了智能派车、运输车辆路线控制、运输过程中推送提醒信息、应急处置等任务全程无死角规范化监管,提高了生产作业效率。

堆场管理系统 2003 年投入运营,保证了对堆场内存放危险品的各类信息的全方位管控。自公司搬迁至芦潮危库后,CY2003 系统进行了一次数据库版本升级,改进了 14 处系统环节,强调了业务操作的痕迹管理。该系统包含堆场、仓库、费收三个部分,每个部分相互关联,可以通过唯一的业务编号,查询到该票业务在三个部分中的所有相关内容。操作人员可通过 CY 系统进行计划管理、收费结算、箱货信息查询等功能,而不同的权限分配则有效保证了职能隔离,每年有效处理危险货物集装箱业务量达 20 万标准箱。

安全监控管理系统包含了大型机械智能防火系统(视频监控管理 + 远程信息推送 + 自主灭火系统)和动态轮巡系统(视频监控管理 + 视频智能分析)。堆场内一共布设探头 324 个,实现了对大型机械发动机舱内产生火点、火源的先兆控制,并可将场内视频管理系统与视频智能分析系统中的动态捕捉技术相结合,形成动态轮巡系统,以"智能识别,自主报警"为主要特色,提升现有的监控检查效率。

上海港城危险品物流有限公司作为一家海关监管范围内上海港区唯一配套的进出口危险货物集散堆场,2016 年该公司完成作业量 19.67 万标准箱,2018 年完成作业量 22.51 万标准箱,2019 年达到 23.46 万标准箱。

11. 上海港浦东集箱物流有限公司

上海港浦东集箱物流有限公司是承担上港集箱浦东物流转运中心开发和运营的专业化现代化物流服务企业,地处浦东新区东海之滨,外环线(环东大道)、杨高快速道(杨高北路)和浦东北路交汇处。公司于 2001 年 1 月 18 日注册登记。公司由上海港集装箱股份有限公司与上海浦东高桥仓储运输公司合资设立,注册资本为 16 210 万元,双方分别占股比 49% 和 51%。注册地为浦东新区港华路 1728 号。经营范围包括集装箱的装卸、堆存及库存管理,集装箱的拆装、修理及清洗业务。2002 年 1 月 30 日,该公司在上港集箱浦东物流转运中心正式动工兴建的同时宣告成立。

2003 年 6 月,上海港集装箱股份有限公司以人民币一元的价格受让上海浦东高桥仓储运输公司所持有的上海港浦东集箱物流有限公司41％股权,上海集祥货运有限公司以人民币一元的价格受让上海浦东高桥仓储运输公司所持有的上海港浦东集箱物流有限公司10％股权,上海浦东高桥仓储运输公司退出对上海港浦东集箱物流有限公司的投资。受让完成后,上海港集装箱股份有限公司和上海集祥货运有限公司分别以6 648.43万元和1 621.57万元人民币向上海港浦东集箱物流有限公司缴纳出资,其中,上海港集装箱股份有限公司持有的股权增至90％,上海港浦东集箱物流有限公司于7月23日完成工商变更登记。随后,上海港集装箱股份有限公司以自有资金人民币14 088万元增加对上海港浦东集箱物流有限公司的投资,增资后上海港浦东集箱物流有限公司注册资本变更为30 298万元,上海港集装箱股份有限公司与上海集祥货运有限公司分别占变更后注册资本的94.65％和5.35％,上海港浦东集箱物流有限公司于2003年9月1日再次变更工商登记。2003年,上海港浦东集箱物流有限公司总资产达到75 235.157万元。

2004年,上海港集装箱股份有限公司再次以人民币20 000万元增加对上海港浦东集箱物流有限公司的投资,该公司注册资本变更为50 298万元,上海港集装箱股份有限公司与上海集祥货运有限公司分别占变更后注册资本的96.8％和3.2％,并于2004年4月13日完成工商变更登记。

2006年7月,上海国际港务(集团)股份有限公司换股吸收合并上海港集装箱股份有限公司后,上港集团取代上海港集装箱股份有限公司成为上海港浦东集箱物流有限公司的股东。2009年归并至上港集团物流有限公司。

经过多年发展,该公司占地达到36万平方米,具有5 824标准箱重箱存储箱位和7 100标准箱空箱存储箱位。公司所属的物流转运中心为一座四层加工转运仓库,使用面积78 740平方米。物流转运中心信息管理系统全部采用智能化、网络化的应用技术。

(二) 服务企业选介

1. 上海港引航站

上海港引航站代表国家行使引航主权,负责对进出上海港的外国籍船舶实行强制引航,并接受国内远洋、近海航运公司申请,提供引航服务。(图1-2-20)

2007年2月7日,上海港引航管理站按照上海市政府的要求实施改革,改制为上海港引航站,并挂牌成立,由原隶属于上港集团成建制划归上海市港口管理局,由原来企业性质转变为自收自支的事业单位。引航站开办资金9 667.80万元,设址于上海市虹口区东大名路908号。2007年5月22日,上海港引航站在建制上正式转入上海市港口管理局,但实际运作仍由上海市港口管理局委托上港集团管理。编制核定为538人。

图 1-2-20　"沪港引 2 号"引航船

2008 年 10 月,上海交通管理体制改革,上海港引航站转而隶属于新组建的上海市交通运输和港口管理局。2019 年有员工 532 人。

2. 上海外轮理货有限公司

上海外轮理货有限公司(以下简称"外理公司")为承担国际、国内航线船舶的理货业务,国际、国内集装箱理箱、装拆箱理货业务,监装、监卸业务和货损、箱损检定等业务的专业公司。(图 1-2-21)

图 1-2-21　上海外轮理货有限公司

2003 年 7 月 2 日,交通部以交水发(2003)〔268 号〕文批复同意中国外轮理货总公司上海分公司改制为国内合资的独立企业法人,更名为上海外轮理货有限公司,并于2003 年 10 月 8 日正式对外挂牌营业。现址在杨树浦路 248 号 19 楼。

2004 年,外理公司机关进行改革,科室从 18 个精简为 11 个,人数从 111 人精简为78 人。新组建成立了市场发展部。

2005年,外理公司围绕洋山深水港建设,在原下属12个办事处基础上新组建了盛东理货部。

2010年,外理公司为适应上海港的快速发展,按照上港集团新港区建设和老港区功能转换的部署、外六期码头开港、相关航线调整和宝山港区实施功能转换的情况,新组建了明东理货部,合并了宝山和张华浜理货部。到年底,外理公司下属共有12个基层理货部,由公司控股的外省市理货公司有4个。

到2017年底,为适应上港集团的生产,外理公司决定把张华浜理货部和龙吴理货部合并,新组建了浦江理货部。公司下属共有11个基层理货部和由公司控股的4个外省市理货公司。其中,负责件杂货大船的有3个:(1)罗泾理货部(负责罗泾件杂货码头);(2)浦江理货部(负责龙吴港区、张华浜港区、宝钢货主码头);(3)军工路理货部(负责军工路港区)。负责集装箱大船的有6个:(1)浦东理货部(负责外一期码头);(2)外高桥理货部(负责外二、三期码头);(3)沪东理货部(负责外四期、海通码头);(4)明东理货部(负责外五、六期码头);(5)盛东理货部(负责洋山一、二期码头);(6)冠东理货部(负责洋山三期A标、B标码头)。负责装拆箱理货的有2个:(1)浦西理货部(浦西地区装拆箱);(2)新区理货部(浦东新区装拆箱及莘庄地区装拆箱)。外理公司控股的市外理货公司有4个:(1)苏州中理公司;(2)杭州中理公司;(3)无锡中理公司;(4)昆山中理公司。

上海外轮理货有限公司2003、2005、2010和2014年分别有合同制职工927人、1065人、1161人和1086人,业务承包工分别有215人、455人、597人和851人。2019年公司自有员工972人。

3. 上海港复兴船务公司

复兴船务公司承担着上海港的重大件设备装卸和船舶拖带生产作业。上港集团成立后,于2003年8月决定将上海港环保中心、上海港口物资公司、上海港进出口公司全部划归复兴船务公司。

2005年7月,上港集团整体股份制改造后,复兴船务公司是上港集团下属的全资子公司,注册资本9722万元,主要经营范围涉及拖轮服务、浮吊起运、海驳运输、船舶制造四大领域。公司迁址到上海市东大名路908号金岸大厦。

复兴船务公司拥有长821米的码头岸线,18个泊位(图1-2-22)。装备有大量的港口拖带作业生产船舶。该公司通过了中国船级社颁发的ISO9001:2000质量管理体系认证,建立了OHSAS18001职业健康安全管理体系和船舶安全管理体系NSM,曾获得"上海市质量金奖企业"称号。

2003年上海港复兴船务公司员工总数2605人,2010年为1191人,2014年为1083人,2019年有员工946人。

图 1-2-22　上海港复兴船务公司复兴岛码头

4. 上海深水港船务有限公司

上海深水港船务有限公司成立于 2005 年 9 月,该公司由上港集团与上海同盛投资(集团)有限公司共同组建,注册资本为人民币 2 亿元,其中上港集团占股比 51%,同盛集团占 49%。公司注册地址为上海市芦潮港芦潮辅助区综合楼一楼,本部办公地址为东大名路 908 号。

2008 年 4 月,经公司申请,市港口管理局决定注销其货物装卸业务许可。公司经营范围仅保留为进出洋山深水港区船舶靠离码头提供拖轮助泊服务。2017 年,上海深水港船务有限公司拥有船务拖轮 14 艘。

公司成立当年职工人数为 119 人,2010 年为 194 人,2017 年为 132 人。深水港船务有限公司主要领导由上海港复兴船务公司主要领导兼任。

5. 上海远东水运工程建设监理咨询公司

上海远东水运工程建设监理咨询公司坐落于黄浦路 110 号,是上港集团下属负责水运工程建设监理的专业公司,为水运工程甲级监理,建设监理乙级。注册资金人民币 300 万元。

2005 年,上海远东水运工程建设监理咨询公司有员工 40 人,2010 年为 37 人,2019 年共有员工 44 人。

6. 中建港务建设有限公司(上海港务工程公司)

中建港务建设有限公司前身为上海港务工程公司。1996 年 6 月,按"上海港务局

(96)沪港人字第 0395 号"文件,上海港港务工程公司、上海港口设计研究院、上海港口建设总公司合并,正式定名为上海港务工程公司。公司原址为杨树浦路 210 号,后迁址于军工路 4049 号。

2002 年,上海港务工程公司核心资质提升为港口与航道施工总承包一级,先后承建上海外高桥新港区、洋山深水港码头等众多国家和省、市重点技术项目,在水工建筑市场中的持续和比较优势逐步形成。2005 年,上海港务工程公司完成建筑安装工作量达到 15.02 亿元。

"十一五"期间,上海港务工程公司完善市场布点,积极参与长江流域和南北沿海水工市场建设,在北方市场先后获得首钢曹妃甸码头工程、天津港油污水处理工程、天津滨海新区地基处理工程、山东滨州防波堤工程等十余项水工工程施工权,在南方成功进入海南、广东、福建等地水工市场。在长江流域江苏至重庆都有上海港工承担的工程项目。2007 年底,公司固定资产净值达到 2 亿元。公司拥有包括港口与航道施工总承包一级、房屋建筑施工总承包一级资质等 13 项总承包和专业资质。2009 年,被授予上海市高新技术企业称号。(图 1-2-23)

图 1-2-23 承建码头工程

上海港务工程公司所建工程先后获得中国建筑工程鲁班奖、詹天佑土木工程奖、国家优质工程银奖、交通部水运工程质量奖、上海市建设工程优秀工程"白玉兰"奖、"浦江杯"奖、上海市市政金奖等多项国家及省部级以上工程质量奖。

2013 年 2 月,上海港务工程公司改制,由中国建筑股份有限公司与上港集团共同合资组建成中建港务建设有限公司,成为一家以施工为主体的综合性建筑施工企业。

上海港务工程公司 2003 年职工人数为 1 497 人,2005 年为 892 人,2010 年共有职工858人。

中建港务建设有限公司2013年员工人数为780人,2014年819人,2015年866人,2019年有员工1003人。

7. 上海海勃物流软件有限公司

上海海勃物流软件有限公司成立于2001年9月28日,主要承担计算机信息系统软件的开发、制作、销售和售后服务,设址于上海市郭守敬路498号浦东软件园14幢22301-1171座。该公司为台港澳与境内合资企业,注册资金1000万元人民币,上港集团占70%,香港易宝系统(中国)有限公司占30%。

上海海勃物流软件公司作为上港集团港口管理信息化软件生产企业,现已获得《高新技术企业证书》和《软件企业认定证书》,并通过ISO9001—2008体系认证和计算机信息系统集成企业资质三级认证。2006年公司被评为企业资信AAA级企业,2009年被评审认定成为国家规划布局内重点软件企业和上海市科技小巨人培育企业。截至2017年,公司共获得多项软件著作权、软件产品认证和科技奖项。

公司员工人数2003年57人,2005年63人,2010年162人,2019年有员工242人。

8. 上海港国际客运中心开发有限公司

2002年1月,原上海港务局与中国化工进出口总公司及上海房地产经营集团有限公司所属上海浦东金鑫房地产开发有限公司共同投资,合资组建上海港国际客运中心开发有限公司,注册资本3000万元,负责建设和营运上海市重大工程——上海港国际客运中心,上海港务局是股东投资方。同年5月21日该公司正式成立,实行董事会领导下的总经理负责制。公司办公地址设在上海市太平路1号。

2003年,上港集团与中国化工进出口总公司及上海房地产经营集团有限公司所属上海浦东金鑫房地产开发有限公司共同投资57亿元,合资重组上海港国际客运中心开发有限公司。5月21日该公司正式成立,公司设址东大名路358号18楼。

2008年8月5日,上海港国际客运中心建成迎客。该中心地处东大名路高阳港,东至高阳路,西至虹口港,北至东大名路,南至黄浦江。拥有靠泊能力8万吨级的客运泊位3个,21吨级的客运泊位3个,码头岸线长1127米。(图1-2-24)

图1-2-24 上海港国际客运中心码头

2008 年 11 月 15 日,上海港国际客运中心开发公司与中化集团、上海国际港务集团、中远集团、中海集团、瑞士地中海航运、上海建工集团及上海地产集团等签约,总签约金额达 70 亿人民币。2009 年 2 月,皇家加勒比游轮公司旗下精钻邮轮(AZAMAZA)"探索号"靠泊于上海港国际客运中心码头,首航上海。

2010 年 3 月,为了更好地融入邮轮产业、发展邮轮经济,适应企业管理和发展的需要,上海港国际客运中心设立了上海港国际邮轮旅行社有限公司。主要经营国际邮轮票务销售、国内和国际机票销售、国际邮轮入境旅游接待、国内旅游业务、邮轮产品的市场推广和营销、与邮轮旅游相关的咨询服务等业务。

2016 年,上海港国际客运中心在发展邮轮经济的同时,转型成为上港邮轮城。该公司 2017 年有员工 112 人,2019 年为 117 人。

9. 上海港技术劳务有限公司

2003 年 7 月,根据上港集团沪港务投发(2003)〔0309 号文《关于上海港技术劳务有限公司、港务职业介绍所、劳务外派办公室及上海港集体资产经营管理有限公司合并重组的通知》的精神,重新组建了上海港技术劳务有限公司。主要承担上港集团劳务工的管理工作。公司设址于上海市虹口区黄浦路 110 号,注册资本人民币 300 万元。

上海港技术劳务有限公司员工人数 2003 年 77 人,2005 年 55 人,2010 年 39 人,2015 年为 25 人,2019 年有员工 29 人。

三、本市其他企业和外埠企业

(一) 本市其他企业选介

1. 上港集团瑞泰发展有限责任公司(上海港房地产经营开发公司)

2012 年 6 月,上港集团瑞泰发展有限责任公司(以下简称"瑞泰公司")成立,为上港集团的全资子公司。同年,上港集团决定把上海港房地产经营开发公司归并给瑞泰公司。

归并于瑞泰公司的上海港房地产经营开发公司前身为成立于 1986 年 1 月的上海港住宅建设公司。1992 年 10 月,公司更名为上海港住宅建设房地产经营开发公司,对外进行房地产经营开发业务,对港务局内继续负责全港解困住宅的开发和建设职能。注册资金增至 1 600 万元。公司建有四部三科一室,即房地产经营部、财务部、建材经营部、工程技术部、计划科、物资科、总务科和办公室,人员编制数为 60 人。

1999 年 8 月,根据港务局决定,上海港住宅建设房地产经营开发公司吸收上海港湾房地产开发经营公司和上海新港房地产开发经营公司的资产和人员,实施资产重组,注册资金由 1 600 万元变更为 3 780 万元,公司员工人数增至 71 人。

2000 年 5 月,经上海港务局批准,上海港住宅建设房地产经营开发公司更名为上海港房地产经营开发公司,同时撤销上海港务局住宅建设办公室建制和职能,公司注册地址变更为杨树浦路 18 号 21 楼。

上海港房地产经营开发公司 2003 年共有员工 42 人,2005 年 30 人,2010 年共有员工 26 人。2012 年归并于上港集团瑞泰发展有限责任公司。

上港集团瑞泰发展有限责任公司位于上海市宝山区牡丹江路 875 号 6 幢。主要提供房地产开发经营,港口码头建设、管理和经营,港口信息技术咨询服务,机电设备及配件批发及进出口业务,货运代理,物业管理等产品和服务。负责开发位于上港十四区内的"长滩一号"工程项目、负责开发上港集团的房地产业。瑞泰公司 2019 年有员工 83 人。

2. 上海国际航运服务中心开发有限公司

上海国际航运服务中心开发有限公司成立于 2007 年 1 月,公司前身为上海汇港房地产开发有限公司,注册资本 1.6 亿人民币,上港集团和方兴地产(中国)有限公司各出资 8 000 万人民币。经营范围是在受让地块内从事房地产开发、经营、物业管理及相关配套服务。

2007 年 6 月,投资总额由 3.2 亿增至 10.6 亿元人民币。上港集团和方兴地产(中国)有限公司各出资 50%。2008 年 3 月投资总额增至 17.6 亿元人民币,注册资本增至 12.3 亿元人民币。2008 年 12 月投资总额和注册资本又增至 42 亿元人民币和 24.5 亿元人民币。上港集团和方兴地产(中国)有限公司各出资 50%。经营范围为在虹口区汇山码头东块地块内从事商业及办公房地产的开发、经营。自有物业管理以及相关配套服务。

2009 年 6 月公司名称变更为上海国际航运服务中心开发有限公司。2017 年该公司共有员工 24 人。

3. 上港集团工程建设指挥部

上港集团工程建设指挥部成立于 1999 年 12 月,是上港集团筑港工程的协调指挥部门。先后承担过外高桥港区二、三、四、五、六期以及罗泾港区二期和洋山四期集装箱全自动码头等工程建设的协调工作。(图 1-2-25)

2005 年指挥部共有员工 45 人,2010 年 39 人,2018 年有员工 40 人。

4. 上港集团海湾分公司

上港集团海湾分公司的前身为上海港海湾经济发展有限公司,2005 年 6 月改名为上港集团海湾分公司。主要承担上港集团的房地产经营和物业管理。

上港集团成立后,为适应集团公司投资主体多元化改制需要,2005 年 5 月 27 日

图 1-2-25 1999 年 12 月 15 日正式成立的外高桥港区三期工程指挥部

决定将上海港海湾经济发展有限公司归并于海湾分公司。此后,原上海港房地产经营开发公司下属的勤民物业有限公司、上海港湾实业总公司、航交实业公司(合资公司)和上海东点企业发展有限公司(原上海东点房地产有限公司)先后归并于海湾分公司。

海湾分公司员工人数 2005 年 238 人,2010 年 180 人,2014 年为 124 人,2016 年末为 98 人,2019 年有员工 76 人。

2016 年 5 月,上港集团又成立上海上港物业服务有限公司。至 2016 年末上港物业服务有限公司共有职工 25 人。

5. 上海港教育培训中心

上海港教育培训中心成立于 1996 年 8 月。为适应社会主义市场经济、建立现代港埠企业制度的需要,优化全港教育资源配置,上海港务局作出了把上海港党校、上海海港职工大学、上海港技工学校和原局教育处集中组建成上海港教育培训中心的决策,教培中心实行一套班子、几块牌子的领导体制,位于上海市浦东大道 2598 号。上港集团成立后,教培中心主要经营实施对上海港教育的行政管理,制定教育规划和计划,承担工人技术业务等级考核和职工学历教育。2019 年有员工 69 人。

6. 上港集团轮驳分公司

上港集团轮驳分公司前身为上海港轮驳公司,主要承担港内轮驳,沿海江河航运、港口服务、港区内码头装卸、仓储等业务。到 2000 年,为配合市政工程建设,轮驳公司将 70 余艘船舶全部撤离外滩陆家嘴,动迁涉及停泊点岸线 445.2 米,撤离囤船 6 艘、船舶 33 艘,并先后动迁了位于天文台码头、延安东路 1 号、吴淞路及北苏州河路的基地、广东路办公场所和苏州河港口停泊点等多处生产经营场所。(图 1-2-26)

图 1-2-26　原位于上海外滩的轮驳公司轮驳停泊点

2005 年 5 月,上港集团决定把上海港轮驳公司、上海锦华轮船公司、机械修造厂等三家企业合并重组,重组后改称为上港集团轮驳分公司。整机制并入后,轮驳分公司成为上港集团富余人员的安置平台。公司机构调整为综合办公室、项目管理部、资产财务部、工会、新事业一部、新事业二部、新事业三部、东昌管理部、职介所、退管办、新昌码头管理部、浦东物业管理部,2007 年 5 月又组建了老干部管理部。

2006 年 9 月,东昌分公司关闭并转入。2008 年 5 月,新华分公司、民生分公司因退出主业,两单位全部人员归并、划入轮驳分公司统一管理。2009 年 12 月,南浦分公司全部人员归并、划入轮驳分公司统一管理,公司增设南浦管理部,撤销了新昌码头管理部。2010 年 7 月,高阳分公司全部人员归并、划入轮驳分公司统一管理,公司又增设高阳管理部,撤销了项目管理部。2011 年底,宝山分公司歇业后,部分人员也划入轮驳分公司统一管理。

该公司 2003 年员工总数 1 363 人,2005 年为 779 人,2010 年为 1 727 人。2014 年共有 964 人,其中在岗 58 人。2019 年有员工 623 人。

7. 上海盛港能源投资有限公司

上海盛港能源投资有限公司成立于 2004 年 9 月 30 日,旨在配合和服务洋山深水港区工程的建设,做好洋山深水港区配套能源码头建设的投融资工作,由上海同盛投资(集团)有限公司、上港集团和申能(集团)有限公司组建而成。公司注册资金 15 000 万元人民币,同盛投资(集团)有限公司出资 6 000 万元人民币,占 40%;上港集团出资

6 000万元人民币,占40%;申能(集团)有限公司出资3 000万元人民币,占20%。公司位于上海市浦东新区福山路458号。该公司主要进行能源码头投资与管理、能源贸易和中转、能源仓储和租赁、能源设备的销售、能源咨询服务。

8. 上海新海龙餐饮管理有限公司

上海新海龙餐饮管理有限公司的前身为上海海龙海鲜舫有限公司。

2007年8月15日上海市人民政府以商外资沪浦合资(2007)〔2741号〕文同意新成立上海新海龙餐饮管理有限公司,设址于上海市浦东新区东昌路1号。该公司为沪港合资企业,投资总额7 400万元人民币,注册资金5 000万元人民币,由上港集团出资3 000万元人民币,香港珍宝船务有限公司出资2 000万元人民币。经营范围为餐饮管理、中西餐饮、酒吧。(图1-2-27)

图1-2-27　上海新海龙餐饮管理有限公司

该公司2003年末员工人数为133人,2005年130人,2010年251人,2019年有员工116人。

9. 上海东方饭店管理有限公司

上海东方饭店管理有限公司(以下简称"东方饭店")成立于2005年8月18日,由澳门东方体育度假世界有限公司和上港集团合资成立。公司注册资本7 500万元人民币,澳门东方体育度假世界有限公司出资5 250万元人民币,占注册资本的70%;上港集团出资2 250万元人民币,占注册资本的30%。2014年3月,公司注册资本增加到1.7亿万元人民币,澳门东方体育度假世界有限公司增资到1.19亿元人民币,占比70%;上港集团增资到5 100万元人民币,占比30%。2014年9月,澳方转让所有股权给香港东方商旅有限公司。

东方饭店经营范围为酒店经营管理及其配套服务、中西式餐饮等,设址上海市金陵东路 1 号。东方饭店总建筑面积 16 863 平方米,共设客房 168 间。

东方饭店成立至今,每年员工数量平均在 102～105 人之间,2014 年为 122 人。

10. 上海港航股权投资有限公司

上海港航股权投资有限公司是应上海国际金融、航运双中心建设的发展目标及企业自身的发展需要,由上港集团和宁波港股份有限公司参股成立的专业从事股权投资企业。于 2010 年 3 月 29 日成立,公司注册资本 5 亿元人民币,双方各占股比约 50%。注册地址在上海市浦东新区丰和路 1 号 3 幢北 102 室。

公司成立以来,本着"深化合作、扩大影响、探索经济发展新增长点"的工作要求,借助股东双方的雄厚实力,拥有专业的投资团队,重点为中小港航、物流企业提供融资和上市咨询服务,致力于建立先进的管理模式,打造成中国优秀的港航、物流 PE 公司。

11. 东海航运保险股份有限公司

2015 年 3 月 3 日,中国保监会以保监许可(2015)〔201 号〕文批复同意中国人民财产保险股份有限公司、宁波港集团有限公司、上港集团和宁波开发投资集团有限公司等四家公司共同发起设立东海航运保险股份有限公司,东海航运保险股份有限公司为国内首家专业航运保险公司。该公司保险注册资本拟定为 10 亿元,其中,人保出资人民币 4 亿元,占注册资本的 40%;上港集团、宁波港集团和宁波远洋各出资 2 亿元,分别占注册资本的 20%。注册地浙江省宁波市。经营范围包括港口、航运物流相关的财产保险、责任保险以及船舶保险、货物运输保险、运输专业经营者法律责任保险等业务,在此基础上,拓展其余业务领域,如车辆保险、工程保险、意外伤害保险等相关险种。

12. 上港集团足球俱乐部

上港集团足球俱乐部成立于 2014 年 11 月 18 日。2014 年 12 月 28 日,上港集团完成对上海东亚足球俱乐部的整体收购,新赛季以上海"上港"队征战中超联赛。

2015 年,上港集团足球俱乐部获得中超联赛亚军。2016 年荣膺中超联赛季军并跻身亚冠八强。2018 年,上港集团足球俱乐部获得中超联赛冠军,进一步提升了上港集团的社会影响力。

2018 年有员工 241 人。

13. 上港集团港口业务受理中心有限公司

面对经济新常态下港航业发展的新挑战和新趋势,上港集团于 2015 年 9 月成立上港集团港口业务受理中心有限公司,实行集中受理、统一结算的一站式服务,进一步提高工作效率和服务水平。到 2018 年,受理中心共有员工 46 人。(图 1-2-28)

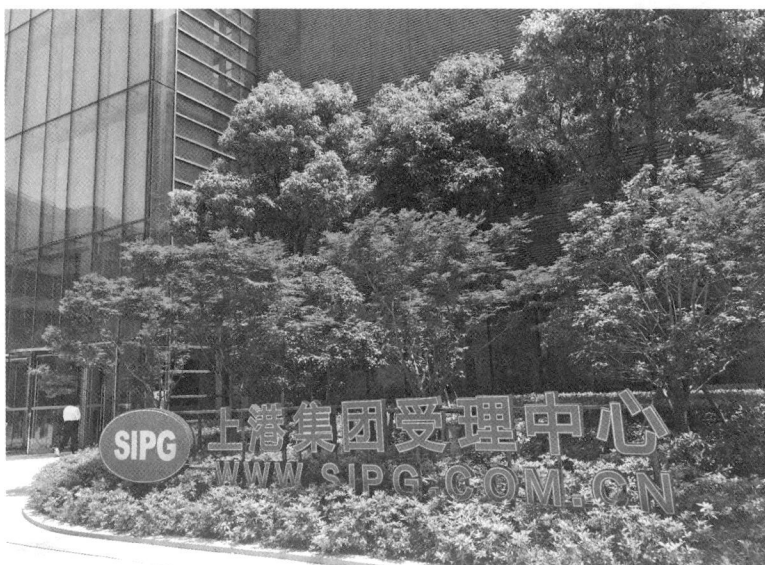

图 1-2-28　上港集团港口业务受理中心

14. 上海同盛投资(集团)有限公司

上海同盛投资(集团)有限公司为上海市国资委的全资子公司,该公司成立于 2002 年 4 月,是上海一家市级国有投资控股公司。作为洋山深水港区建设工程的投资主体,按现代企业制度要求,采用市场化手段,通过独资、控股、参股等方式,发挥投资主体导向作用,吸引社会资本共同参与增强城市功能的基础性设施投资,以建设上海国际航运中心,建成国际集装箱枢纽港为目标。2016 年末,同盛集团资产总额为人民币 446.71 亿元。

2017 年 5 月 24 日,中共上海市委组织部、市国资委、市发改委在上港集团召开上港集团托管同盛集团工作会议,市政府有关领导出席会议并分别就托管工作、领导班子和人才队伍建设、国企党建等提出要求。上港集团就落实市委、市政府决定,全力做好托管相关工作、开展管理和运营作出部署。

6 月 9 日,上海市政府与中国远洋海运集团有限公司签署战略合作框架协议,上海同盛投资(集团)有限公司将其持有的上港集团 15%(34.76 亿股)的股份,协议转让予中国远洋海运集团有限公司,上港集团与中远海运集团建立战略合作伙伴关系,加强港航联动和战略合作,以此助力上海国际航运中心建设。

15. 上海星外滩开发建设有限公司

上海星外滩开发建设有限公司成立于 2013 年,由上港集团和威旺置业有限公司合资设立,注册资本 60 亿元人民币,上港集团持有 50%股权。2017 年 12 月 26 日,上港集团在上海联合产权交易所以 59.98 亿元竞得威旺置业所持星外滩 50%股权,12 月 28 日与威旺置业有限公司签署了《关于上海星外滩开发建设有限公司管理权移交的确认书》，12月31日星外滩管理权移交上港集团，成为上港集团的全资子公司。该公司主要负责在上海市虹口区海门路55号地块内的商业和房地产开发。

16. 上海港公安局

上海港公安局是国家派驻上海港口的专门公安机关。上海港公安局行使上海市市区公安局同等职权，主要负责上海港港区、货物及客运码头的全部治安保卫工作以及黄浦江和长江口水域消防监督、火灾扑救工作；负责居住在港区的外来暂住人口的户口管理以及开设在港区和毗邻港区的旅馆、招待所、商店等第三产业的治安管理；负责港区道路的交通管理，调查处理交通违章和交通事故以及上海港所属各单位机动车的检验、驾驶员的培训教育管理。行政属上港集团建制，公安业务受交通部公安局和上海市公安局双重领导。设址于黄浦路112号。（图1-2-29）

图 1-2-29　原位于黄浦路 112 号的上海港公安局

2003年1月上港集团成立后，是年9月，经交通部商国家公安部并批复同意设置上海港公安局洋山分局。上海港公安局洋山分局的管辖范围为洋山深水港港区陆域和水域、东海大桥和港城物流园区。上海港公安局洋山分局机构级别为副处级，下设综合办公室、刑事侦查大队（治安大队、经济犯罪侦查大队）、交通巡逻警察大队、防火监督科和物流园区派出所，均为正科级。暂核定分局编制80名。上海港公安局洋山分局的主要职责是：负责辖区内110接处警，维护治安秩序，制止危害治安秩序的行为；预防、制止和打击刑事犯罪活动，侦破刑事案件；受理、查处治安案件，依法处置各类治安灾害事故和治安突发事件；对在港口水域停泊、作业的中外民用船舶实施治安管理；依法管理枪支弹药、管制刀具、易燃易爆、剧毒放射等危险物品和特种行业；指导和监督企事业单位、重点建设工程的治安保卫工作,指导群众性治安保卫组织的治安防范工作;组织实施消防工作,实行消防监督,组织、指挥灭火救援、抢险救灾;维护港口道路交通安全和交通秩序,处理交通事故;实施重要领导人在港口期间的安全警卫工作;承办上级公安机关交办的其他工作。

2010年,上海港公安局下设5个机关处室(政治处、纪委、指挥处、后勤保障处、法制办公室),7个直属实战单位(国内安全保卫支队、治安管理支队、刑事侦查支队、防火监督处、水上消防支队、交通警察支队、看守所)和15个派出所及洋山分局。

2015年2月,交通运输部公安局以公安字(2014)〔28号〕文批复,上海港公安局法制办公室更名为上海港公安局法制支队,并下建综合指导中队和执法监督中队。至此,上海港公安局下设10个派出所,分别为北外滩派出所、张华浜码头派出所、军工路派出所、复兴船务公司派出所、宝山码头派出所、集装箱码头派出所、关港码头派出所、外高桥港区派出所、欧高路港区派出所和罗泾港区派出所。

上海港公安局2005年共有干警928人,2010年771人,2014年683人,2018年548人。曾荣获2005~2006年度"交通公安系统优秀公安局"称号,2010年被授予"上海市五一劳动奖状"荣誉称号。

2019年,上海港公安局进行管理体制改革,与上海市公安局水上公安局、上海海事公安局合并,改名为上海市公安局港航公安局,由上海市公安局直接领导。

(二) 主要的外埠合资合作港口企业

上港集团运用控股、联营、合营等经营模式向外埠港口投资,参与建设外埠合资合作港口企业。到2016年,主要有湖北省武汉港务集团有限公司、江西省上港集团九江港务有限公司、重庆东港集装箱码头有限公司、浙江省上港集团平湖独山港码头有限公司、湖北省武汉港集装箱有限公司、浙江省温州金洋集装箱码头有限公司、湖南省长沙集星集装箱码头有限公司、江苏省江阴苏南国际集装箱码头有限公司、江苏省南京港龙潭集装箱有限公司、四川省宜宾港有限责任公司、安徽省芜湖港务有限责任公司、江苏省太仓港上港正和集装箱码头有限公司、重庆果园集装箱码头有限公司、湖南省岳阳城陵矶港务集团、海通(太仓)汽车码头有限公司。(见图1-2-30~1-2-38、表1-2-14)

图1-2-30 宜宾港有限责任公司

图 1-2-31　重庆东港集装箱码头

图 1-2-32　武汉港集装箱有限公司

图 1-2-33　长沙集星集装箱码头有限公司

图 1-2-34　湖南城陵矶国际港务集团有限公司

图 1-2-35　芜湖港务有限责任公司

图 1-2-36　江阴苏南国际集装箱码头有限公司

图 1-2-37　太仓港上港正和集装箱码头有限公司

图 1-2-38　南京港龙潭集装箱有限公司

表 1-2-14　上海港外埠合资合作港口企业情况表

合资企业全称	股东情况	股比	注册资本（万元）	成立时间	性质
武汉港务集团有限公司	上港集团	30%	106 492.3	2005 年 6 月	合营
	上港集团物流有限公司	25%			
	武汉市国有资产监督管理委员会	45%			
上港集团九江港务有限公司	上港集团	91.67%	60 000	2008 年 1 月	控股
	九江市国有资产监督管理委员会	8.33%			
重庆东港集装箱码头有限公司	上港集团	55%	25 000	2008 年 8 月	控股
	重庆航运建设发展有限公司	35%			
	重庆东港农业综合开发有限责任公司	10%			
上港集团平湖独山港码头有限公司	上港集团	65%	32 000	2009 年 12 月	控股
	嘉兴市现代服务业发展投资集团有限公司	30%			
	平湖市独山港港务投资有限公司	5%			
武汉港集装箱有限公司	上港集团	5.10%	40 000	2003 年 6 月	合营
	澳门公司	6.25%			
	武汉港务集团有限公司	57.94%			
	中国外运（香港）物流有限公司	30%			
	武汉长伟国际航运实业有限公司	0.56%			
	武汉中远国际货运有限公司	0.13%			
	武汉中理外轮理货有限责任公司	0.03%			

合资企业全称	股东情况	股比	注册资本（万元）	成立时间	性质
温州金洋集装箱码头有限公司	上港集团	20%	2 800万美元	2005年12月	联营
	上港集箱（澳门）有限公司	25%			
	温州港集团有限公司	55%			
长沙集星集装箱码头有限公司	上港集团	20.7%	2 114.35万美元	2004年9月	联营
	上港集箱（澳门）有限公司	25%			
	湖南长沙新港有限责任公司	54.3%			
江阴苏南国际集装箱码头有限公司	上港集团	30%	40 000	2005年12月	联营
	保华集团有限公司	40%			
	江阴临港新城开发建设有限公司	20%			
	江苏江阴港港口集团股份有限公司	10%			
南京港龙潭集装箱有限公司	上港集团	25%	124 645	2000年4月	联营
	南京港股份有限公司	25%			
	南京港口集团	20%			
	中远码头(南京)有限公司	20%			
	中国外运（香港）物流有限公司	10%			
四川宜宾港国际集装箱有限责任公司	上港集团	3%	50 000	2009年4月	合营
	四川宜宾市国有资产经营有限公司	97%			
四川宜宾港国际集装箱码头有限公司	上港集团	30%	7 500	2017年1月	合营
	四川宜宾港(集团)有限公司	70%	17 500		
	重庆港九股份有限公司				

合资企业全称	股东情况	股比	注册资本（万元）	成立时间	性质
芜湖港务有限责任公司	上港集团	35％	30 000	2014 年 7 月	合营
	皖江物流（集团）股份有限公司	65％			
太仓港上港正和集装箱码头有限公司	上港集团	45％	73 332.56	2014 年 1 月	合营
	太仓港港务集团	55％			
重庆果园集装箱码头有限公司	上港集团	35％	125 500	2013 年	合营
	重庆港务物流集团有限公司	65％			
湖南城陵矶国际港务集团	上港集团	25％	80 000	2016 年 3 月	合营
	湖南岳阳市中交投资公司	75％			
海通（太仓）汽车码头有限公司	上港集团	70％	76 000	2014 年 4 月	合营
	江苏太仓港口投资发展有限公司	30％			

（三）主要的外埠合资合作航运、物流及代理企业

到 2018 年，上港集团设立的外埠合资合作航运、物流及代理企业主要有民生轮船股份有限公司、江苏集海航运有限公司、重庆集海航运有限责任公司、江苏航华国际船务有限公司、扬州航华国际船务有限公司、芜湖申芜港联国际物流有限公司、湖北航华国际船务代理有限公司、上港集团长江物流湖北有限公司、上港集团长江物流江西有限公司、上港集团长江物流湖南有限公司、湖南集海船务代理有限公司、上港物流江西有限公司、上海航华国际船务有限公司和上港集箱（澳门）有限公司。（见表 1-2-15）

表 1-2-15　上港集团外埠合资合作航运、物流及代理企业情况表

企业全称	股东情况	股比	注册资本（万元）	成立时间
民生轮船股份有限公司	上港集团	20％	20 500	1997 年 8 月
	民生实业（集团）有限公司	80％		

企业全称	股东情况	股比	注册资本（万元）	成立时间
江苏集海航运有限公司	上港集团	36.25%	2 000	2003 年 12 月
	上海集海航运有限公司	37.50%		
	扬州兴洋船务有限公司	26.25%		
重庆集海航运有限责任公司	上港集团	40%	5 000	2003 年 5 月
	重庆港九股份有限公司	50%		
	上海集海航运有限公司	10%		
江苏航华国际船务有限公司	上港集团	70%	1 000	2006 年 7 月
	南京国际货运	30%		
扬州航华国际船务有限公司	上港集团	55%	500	2005 年 1 月
	扬州港	45%		
芜湖申芜港联国际物流有限公司	上港集团	50%	1 500	2003 年 8 月
	芜湖港	50%		
湖北航华国际船务代理有限公司	上港集团	75%	1 000	2011 年 2 月
	湖北时进货运公司	25%		
上港集团长江物流湖北有限公司	上港集团持股 75%		1 000	2011 年 2 月
上港集团长江物流江西有限公司	上港集团持股 100%		300	2011 年 8 月
上港集团长江物流湖南有限公司	上港集团持股 50%		500	2011 年 10 月
湖南集海船务代理有限公司	上港集团持股 100%		25 000	2001 年
上港物流江西有限公司	上港集团托管		23 000	2007 年
上海航华国际船务有限公司	上港集团持股 40%		—	2000 年 5 月
上港集箱（澳门）有限公司	上港集团	99.90%	2 098 万美元	2003 年 6 月
	航华（澳门）航运有限公司	0.10%		

第二章　发展战略和业绩

体制改革后,上海港始终把港口主业作为重中之重,坚定不移地致力于推进上海国际航运中心和强港建设。积极推进长江战略、东北亚战略和国际化战略,始终把创新作为核心驱动力,始终把转型作为关键着力点,加快推动信息化建设,加速传统物流向现代物流业态转变的进程,加强诚信体系建设和品牌建设,致力于构建港口新的核心竞争优势,致力于提高企业的经济运行质量和效益,实现经营业绩、资产规模和市场竞争力的全面快速增长。

第一节　发展战略

一、围绕一个目标,做好两篇文章

上海港体制改革前,确立了进一步改革发展的目标和路径。这就是,坚定不移地"围绕一个目标,做好两篇文章"。上港集团成立后,进一步实践这一战略。

"一个目标",就是把上海港建成国际集装箱枢纽港。

"两篇文章",一篇是大力发展集装箱业务的文章,把握集装箱装卸发展的机遇,实现结构调整,提高上海港的竞争能力,以适应港口发展的要求;另一篇是进一步推进黄浦江内老港区的功能调整和综合开发。两篇文章是为同一个目标服务的,是实现目标的重要途径。

1. 以扩大集装箱通过能力为出发点,加快集装箱码头建设和改造步伐,做好大力发展集装箱装卸业务的文章

上海港围绕建设国际集装箱枢纽港的目标,精心编制了港口总体规划,积极推进现有码头的集装箱化改造和建设,利用现有资产存量推动集装箱业务的发展。为适应集装箱船舶大型化趋势,充分发挥集装箱优质资产吸收社会资本的潜力,多渠道筹集资

金,缓解港口建设的资金压力。从 1991～2005 年的 15 年间投入近 100 亿巨资,新建外高桥一、二、三、四、五、六期码头,实施了外高桥一期码头集装箱化改造,在上海外高桥地区建成了具有 26 个泊位的现代化集装箱码头群,平均 1.73 年建成一个集装箱码头泊位,进一步提升了上海港的集装箱吞吐能力,对上海港集装箱运输的发展和上海国际航运中心建设起到了积极的作用。

到 2005 年,上海国际航运中心洋山深水港区一期工程竣工并于 12 月 10 日正式开港,罗泾港区二期工程和外高桥六期工程开工建设。洋山、外高桥、罗泾等新港区的能力释放日益显现,货物吞吐量显著提升。

上海港以加强管理和提高服务质量为基本手段,大力拓展集装箱业务。仅 2000 年就使集装箱航班每月达到 1 004 班,为上海港集装箱吞吐量持续大幅度增长打下坚实基础。2005 年新开国际集装箱班轮航线 32 条,其中欧洲、北美、中东、澳洲等远洋班轮航线 21 条,近洋班轮航线 11 条。到年底,已经吸引国内外 70 多家船公司加盟国际集装箱班轮航班的营运,平均每月开出的国际国内航班已达 1 996 班,其中国际航班 971 班,国内航班 1 025 班,分别同比增长 14.6% 和 13.9%。到 2006 年,包括世界前 20 大航运企业在上海港均已开通航线,当年新增国际航线 30 条,航班密度达到每月 2 173 班次,其中国际航班 978 班。在巩固干线的同时发展支线,努力开拓集装箱中转业务。大力规划内贸箱营运操作,推动发展内贸标准集装箱运输。

上海港努力推进集装箱业务的管理和装卸过程的信息化、智能化和自动化,加速应用电子信息技术,推进港口现代化管理,提高现代化港口的核心竞争力。自 2003 年至 2005 年底,加快科技进步和创新,提升自主创新能力,科技投入 202 亿元,科技立项 290 项,获得国家、交通部和上海市科技进步奖 10 项,在巴黎国际发明展览会上夺得 4 枚金牌。完成了“上海港集装箱信息管理系统”的开发和联网测试,全集团形成了以集团业务处为中心的集装箱管理信息网络。成功推行了进出口船图、舱单报文、进出口报文和堆存报文的无纸化联网,实现了装箱单报文与海关的电脑联网,提高了集装箱码头作业的信息处理速度,提高了工作效率和统计数据的准确性、及时性。外高桥一期码头实现数字化管理,二期码头建设成为自动化堆场。

经过努力,上海港的集装箱业务增势强劲,2005 年完成集装箱吞吐量 1 808.4 万标准箱,占全国港口集装箱总吞吐量的 23.9%,2010 年完成集装箱吞吐量 2 906.9 万标准箱,占全国港口集装箱吞吐总量的 19.9%。

在 2006～2015 年期间,上海港又新建了外高桥港区 3～6 期集装箱码头和洋山深水港区 1～3 期集装箱码头。

集装箱装卸业务发展到 2015 年,完成吞吐量递增到 3 653.7 万标准箱,创造了年度、季度、月度及单日历史新高,占当年全国港口集装箱总吞吐量的 17.2%。与 2003 年集团成立时相比,年集装箱吞吐量净增 2 525.5 万标准箱,增幅达到 223.85%。集装箱板块的生产经营对上港集团净利润的贡献率达到 70.6%。

2017 年 12 月 10 日,洋山深水港区四期自动化码头正式开港运营。

截至 2019 年末,上海港已经在洋山、外高桥、吴淞三大区域建成了规模和现代化程度均在世界领先的港口集装箱装卸生产区域,共建有集装箱泊位 51 个,总长度 15.8 公里,自动化码头规模和技术位居世界前列。上海港每月国际集装箱航班达到 1 225 班,直达航线连通全球 200 多个主要港口,已同"一带一路"沿线国家(地区)100 多个主要港口建立了密切联系。航线覆盖范围遍及全球 200 多个国家和地区的 300 多个港口,是中国大陆集装箱航线最多、航班最密、覆盖面最广的港口。

2019 年,上海港完成集装箱吞吐量 4 330.3 万标准箱,占全国集装箱总吞吐量(2.61 亿标准箱)的 16.59%。连续十年位列世界港口集装箱吞吐量第一。

2. 做好黄浦江内老港区功能调整、综合开发的文章

2003 年上港集团成立后,上海港加快了黄浦江老港区功能转换的步伐,进一步推进黄浦江两岸的综合开发。先后对东昌路码头、南栈码头、开平码头、高阳码头、外虹桥码头和十六铺码头等实施了功能迁移和置换。

在此过程中,上港集团设立了集团人员分流安置平台。按照"统一平台、统一政策、统一管理"要求,通过转岗培训、劳务输出、自谋出路等多种途径分流安置老港区富余人员,有计划、有步骤地做好人员分流安置工作,花大力气开展再就业工程,以逐步实现人力资源的优化重组,确保改革、发展、稳定工作的全面推进。

2004 年,开平、高阳等分公司分别退出了装卸主业。上港集团当年腾出岗位安置分流职工 1 300 多人,与职工协商解除劳动合同 6 400 多人。2005 年,上港集团积极稳妥地推进黄浦江两桥之间老港区功能转换和职工分流安置工作,完成了南栈码头等三个地块的移交,对下属部分单位进行了业务调整。当年集团公司内录用地块开发单位职工 638 人,安置 45 周岁以下离岗职工 446 人;协商解除职工劳动合同 1 657 人;转岗培训 985 人;为 538 名离岗职工提供了社会劳务再就业岗位。2006 年,上港集团下属南浦、客运分公司全部退出装卸主业,南浦分公司主业装卸生产平稳转移到龙吴分公司,客运分公司客货运输业务平稳转移到国际客运中心。上港集团全年累计安排地块开发单位 269 名职工在集团公司其他单位重新上岗,554 名职工进入集团公司安置分流平台。2007 年,上港集团按照上海市总体规划和世博会筹建要求,黄浦江两桥之间的老港区顺利实施转移,罗泾、军工路、煤炭和新华分公司在确保完成原有码头生产任务的同时,按期实现了生产无间隙衔接的目标。上港集团整建制转移军工路分公司、新华分公

司和煤炭分公司职工1 855名,招聘和录用地块开发单位职工129名,同时将211名离岗职工和2 866名离退休人员归入轮驳分公司实施统一管理。

2008年11月19日,上港集团与申江集团正式签署"新华、民生分公司地块及相关资产移交协议",标志着自2003年起历经6年时间的老港区结构调整基本完成。此项工作涉及集团下属11家企业的顺利关并转移,涉及总面积140万平方米的42幅地块的动迁交付,涉及1.85万余名职工的妥善分流安置。

到2010年底,上港集团进入轮驳分公司安置平台的职工一共有2 958名,当年已再就业1 556人,占总人数的52.6%。到2013年底,轮驳分公司安置平台有职工1 915人,当年再就业963人,未再就业的744人,其中由于健康原因未就业的为210人,自我再就业的124人。至此,上港集团的职工再就业安置工作基本完成。

在此同时,上海港把黄浦江内老港区的46个码头关并转移,出江入海,在长江口和洋山深水港区建成了新的生产区域,实现了港口功能调整和综合开发。

通过坚定不移地"围绕一个目标,做好两篇文章",上海港把"服务上海、服务长三角、服务全国",建成世界卓越的码头运营商和物流服务商作为港航企业的使命,在巩固母港核心竞争力优势的前提下,为实现把上海建设成为国际航运中心的目标迈出了坚实的步伐。

二、实施三大战略

保持集装箱装卸产业持续较快地发展,是建设上海国际航运中心的重中之重,也是上海港战略发展的核心任务。2003年1月上港集团成立后,为不断提高经济效益,制定实施了集团改革发展的长江战略、东北亚战略和国际化战略,力求保持集装箱装卸产业持续发展,实现集装箱中转业务突破,确立和巩固上海港东北亚国际航运枢纽港地位。

1. 三大战略简介

(1) 长江战略:作为上海港直接货源腹地的长江流域,是发展上海母港的立足之本,是维持上海港现有增长能力的核心区域。不论是现阶段,还是将来,保持并提高长江流域集装箱市场的占有率,是上海港发展的基石。长江战略的核心,旨在主导长江流域货源流向,增强上海港对长江流域的集聚与辐射能力,实现上海港的可持续发展。

(2) 东北亚战略:作为上海港间接货源腹地的东北亚地区,是发展母港的增量空间,是确立和巩固上海成为东北亚国际航运中心的核心区域。目标是通过提升母港服务能级和构建沿海公共支线平台,开拓东北亚集装箱中转市场,确立上海在东北亚地区国际航运中心的地位。

(3) 国际化战略:作为执行国际化战略的主要方式,全球视野下的海外市场开拓,是实现上海港愿景目标的必然选择。码头及相关业务的产业扩张,是上港集团为股东创造价值的重要平台。国际化战略的实施,旨在培养国际化运营能力,提升国际化管理水平,逐步形成辐射国内国际市场的跨地区、跨国经营格局。

2. 三大战略实施情况

(1)"长江战略"通过管理、资本和技术输出,培育集装箱市场,强化集货网络,集聚腹地货源,向完善"点、线、面"总体布局和一体化相结合深化发展。服务长三角,服务长江流域,实现自身与腹地经济的和谐共赢发展。

"长江战略"实施以来,上海港溯江而上,在长江黄金水道运用控股、联营、合营等经营模式向长江沿线港口投资近 30 亿元,先后与江苏南京港、太仓港、南通港,江西九江港,湖南长沙新港、岳阳城陵矶港,湖北武汉港,重庆港,四川宜宾港等进行了资本或业务方面的合作,在沿江六省一市参与建设主要港口 13 个。"十一五"和"十二五"期间,基本完成了长江战略性港口投资布局,整合了港口、航运和物流网络的投资。上海港用各种经营模式在长江沿线港口设立集装箱支线航运、物流及代理等企业,使长江航运日趋班轮化、大型化和联盟化。同时,大力发展内陆运输和综合代理业务,努力把一些基础性、先导性的产业搭建成了长江流域点、线、面相结合的供应链网络,改善了港口集疏运条件。"长江战略"将上海港腹地从长三角延伸到了整个长江流域。(图 2-1-1)

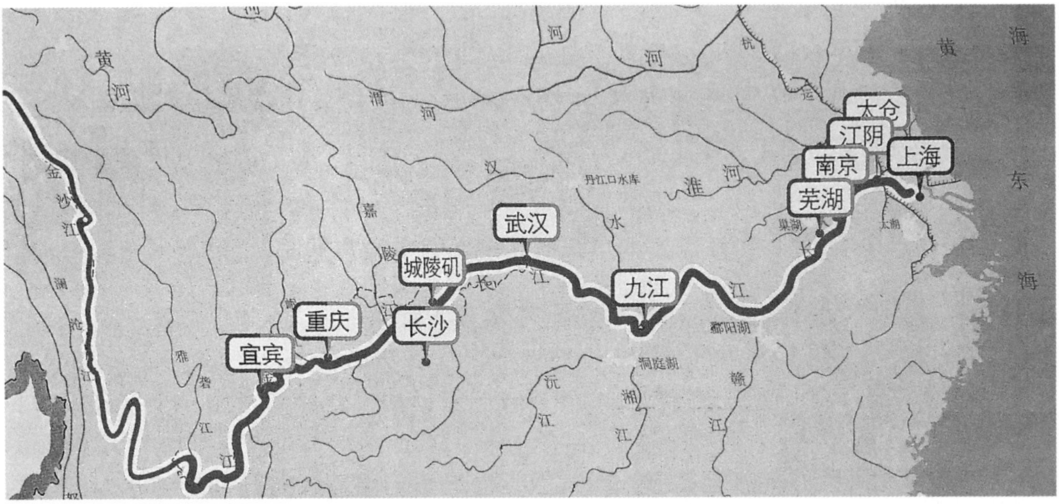

图 2-1-1 上港集团长江战略示意图

2010 年 6 月,上港集团成立了长江港口物流有限公司(以下简称"长江公司"),对"点、线、面"三大体系实施一体化运作。到 2012 年,已经实现了以航运为主线、物流为支撑、码头为依托,构建起长江流域快速物流通道,提升港口服务能级,发挥上海国际航运中心的辐射功能,与长江腹地港口物流企业和谐共赢的目标。上海港的"长江战略"

顺应了国家长江"黄金水道"开发和西部大开发的发展战略,优化了现代航运集疏运体系,开拓了新的箱源和经济增长点。

2011年,长江战略"点、线、面"相结合进一步深化发展。上海港整合资源,发挥沿江港口投资企业、航运企业和物流企业的竞争优势,积极推进长江流域的市场开发,共同构建"长江一体化物流平台",增强对区域经济的集聚和辐射功能。长江集装箱在上海港中转量增长20%,高于全港平均水平约10个百分点。

2012年,上海港经营的长江航运呈现出班轮化、大型化、联盟化的特点;长江"五定"班轮每周有50班,12家支线船公司投入营运,全年承运集装箱48.7万标准箱,比上年增长了1倍。至年底,上港集团的长江船队营运规模达到122艘(包括民生公司41艘),集装箱船舶运力国内排名居前,开通了洋山港区至武汉、九江、南京、扬州的直达航线。长江公司还与泛亚公司互换舱位开展班轮化运输,6月20日,8 000吨的"盛达和谐"轮从武汉港首航至洋山港。

2015年,上港集团召开长江沿线港口专题会议,明确了"长江战略"下一阶段的推进重点和深化方向,进一步完善了长江流域投资布局,形成了更加完整的投资架构;进一步理顺管理体制,整合相关资源,努力实现人事、财务、业务的集中管理;积极推进了南京港、九江港、宜宾港等项目的开展。是年,与湖南省有关方面签署了关于城陵矶港的合资协议。同时大力推广"五定班轮",积极发展长江中转业务,"长江战略"不断深化。2015年,上海港长江中转完成995.4万标准箱,同比增长3.5%。

2016年,"长江战略"进一步推进,湖南城陵矶港务集团正式成立;长沙集星25%股权转让工作基本完成;南京港股份重组方案获证监会批准,上港集团以所持龙潭公司股权置换入股;且积极参与对宜宾港的重组升级。这些措施进一步优化了集团在长江流域的投资布局,扩大了与长江沿线港口合作和发展的空间。同时,上海港实施智慧港口建设措施,持续优化干支线统一调度平台功能,扎实推进长江港航公共服务信息平台建设,完成了长江流域内10家投资码头的数据集中。

2017年,上海港全面深化"长江战略"。在国家推动长江经济带领导小组办公室和国家发展改革委的支持下,7月20日,由上港集团牵头宁波舟山港集团等14家港航企业共同发起成立长江经济带航运联盟,秘书处设在上港集团。联盟旨在贯彻落实党中央、国务院关于推动长江经济带发展的重大战略部署,秉承生态优先、绿色发展理念,发挥联盟的协同联动作用,以长江经济带港口建设和航运发展为导向,推进长江航运资源优化配置和协同发展,着力提升黄金水道功能,实现航道畅通、枢纽互通、江海联通和关检直通,降低企业综合物流成本,更好地服务长江经济带贸易增长,促进经济发展。满足长江航运便捷、高效、透明和低成本的市场需求,着力打造畅通、高效、平安、绿色的现代化长江航运体系,进一步提升对长江经济带发展的支撑作用,充分发挥黄金水道功能,服务长江经济带国家战略。

围绕打造长江沿线港口转运集并体系、推动长江船型标准化和共建集装箱江海联运综合服务平台等,相关部门出台了长江经济带集装箱江海联运体系研究报告,该报告已经成为国家层面推进长江江海联运工作的行动方案。

2017年11月17日,九江—上海集装箱支线班轮首航仪式在江西九江城西港集装箱码头举行。九江—上海集装箱支线直达班轮的开通为九江及周边地区对外贸易和交流提供了一条快捷便利的货运通道,将进一步推进九江长江经济带区域航运中心建设。是年,上海港还完成了岳阳城陵矶港、南京港、宜宾港的相关股权调整。

在实施"长江战略"过程中,上港集团建立了以集团为主导、以客户为中心、以物流产品为主要内容的市场营销机制。以夯实营销基础、突出营销实效、丰富营销内涵为重点,全方位推进了集团的市场营销工作,初步形成了客户服务的长效机制,提高了经济效益,推动了主业生产的健康发展。同时根据国家发改委要求,全力推进长江支线服务平台建设,完成了专题调研和功能规划,明确了市场定位、建设方案和推进节点。

"长江战略"的实施有力地促进了长江沿岸港口集装箱量的递增,使上海国际航运中心的集聚能力、辐射能力和服务区域经济协调发展的能力得以进一步增强,顺应了国内制造业从东部沿海向中西部转移的趋势,完善了长江主要干线港口企业以航运为主线、物流为支撑、码头为依托的一体化网络运行模式。

"长江战略"实施以来,上海港集装箱吞吐量从2003年的1 128.2万标准箱递增至2015年的3 653.7万标准箱,吞吐量中水水中转1 645万标准箱,其中长江中转集装箱比例为30.3%。长江中转吞吐量从2003年的157.8万标准箱递增至2015年的497.7万标准箱,是2003年的3.15倍,2019年递增到513.7万标准箱,为上海港全年水水中转集装箱总量的24.6%。2020年,上海港集装箱吞吐量达到4 350.3万标准箱。(见表2-1-1)

表2-1-1　2003～2020年上海港集装箱长江中转吞吐量情况统计表

年份	集装箱吞吐量（万标准箱）	长江中转吞吐量(万标准箱)	长江中转占比	水水中转吞吐量(万标准箱)	水水中转占比	长江中转占水水中转比例
2003年	1 128.2	157.8	14.0%	230.1	20.4%	68.6%
2004年	1 455.4	222.2	15.3%	340.2	23.4%	65.3%
2005年	1 808.4	283.6	15.7%	444.9	24.6%	63.7%
2006年	2 171.8	399.6	18.4%	697.1	32.1%	57.3%

年份	集装箱吞吐量（万标准箱）	长江中转吞吐量（万标准箱）	长江中转占比	水水中转吞吐量（万标准箱）	水水中转占比	长江中转占水水中转比例
2007 年	2 615.2	256.5	9.8%	947.8	36.2%	27.0%
2008 年	2 800.6	274.9	9.8%	1 045.7	37.3%	26.3%
2009 年	2 500.2	261.7	10.5%	1 004.0	40.2%	26.1%
2010 年	2 906.9	306.0	10.5%	1 105.2	38.0%	27.7%
2011 年	3 173.9	367.8	11.6%	1 305.1	41.1%	28.2%
2012 年	3 252.9	387.5	11.9%	1 393.6	42.8%	27.8%
2013 年	3 377.3	429.5	12.7%	1 527.5	45.2%	28.1%
2014 年	3 528.5	480.8	13.6%	1 615.0	45.8%	29.8%
2015 年	3 653.7	497.7	13.6%	1 645.0	45.0%	30.3%
2016 年	3 713.3	503.3	13.6%	1 726.3	46.5%	29.2%
2017 年	4 023.3	529.4	13.2%	1 878.8	46.7%	28.2%
2018 年	4 201.0	543.7	12.9%	1 967.6	46.8%	27.6%
2019 年	4 330.3	513.7	11.9%	2 090.5	48.3%	24.6%
2020 年	4 350.3	490.6	11.3%	2 245.1	51.6%	21.9%

"长江战略"的实施进一步提高了母港的竞争力,为客户提供了便捷、高效的物流服务保障,扩大了上港集团作为全球码头运营商的影响力,上海港和其助推的沿江沿线港口企业均取得了巨大的经济效益。

在打造"黄金水道"大交通格局中,"长江战略"为沿江五省一市港口的集装箱装卸生产和航运、物流注入了发展动力。通过入股沿江港口,投资集海航运等支线运输企业,完善了以航运为主线、物流为支撑、码头为依托的一体化网络运行模式,巩固和延伸了上海港与腹地的公共供应链服务网络,保障和提升了航线服务质量,推动了长江支线班轮化运作。通过引入国际化的运作模式,以建设长江流域货物集散中心、集散港为重点,加快推进了"黄金水道"物流项目的开发经营,为长江港口的集装箱装卸生产、航运、物流、代理等产业发展起到了积极的助推作用。

在实施"长江战略"过程中,上海港一是为沿江港口企业带去了先进的企业目标管理、成本管理、安全质量管理的机制、制度和方法,通过港口企业管理制度的复制、借鉴和推广,提高了上港集团自身及长江有关港口企业的经营效率和经济效益,提高了港口经营发展质量;二是不断拓展长江港航物流市场的运作模式,提高了进出口货物通关和运输效率,通过拓展港口物流业务和物流服务,利用搭建的网络,建立了长江沿线港口与上海港之间更为高效的集疏运通道的业务发展方式;三是立足为长江收发货人提供更加便捷和安全的物流通道和个性化服务,为长江沿岸有关港口带去了先进的集装箱码头计算机作业软件和技术、高效的装卸工艺、严格的现场安全作业流程和节能减排技术,提供了信息化管理的机制、制度和方法,并不断提高和完善信息化管理水平。

(2)东北亚战略。提高东北亚集装箱中转市场的占有率,是上海港实现跨越式发展的重要台阶。东北亚战略的核心,旨在以洋山港为中心,拓展东北亚集装箱中转市场,确立上海港的国际航运中心地位,实现上海港跨越式发展。

上海港实施东北亚战略,以洋山深水港区为中心,争取口岸政策,布局支线网络,加强目标市场营销,以水水中转为重点,吸引中转货源,进一步增强了辐射能力。随着航线调整逐步到位,洋山港区的航线布局更趋合理,从 2005 年开港时单一的欧洲航线发展到 2008 年远、近洋航线 9 条,集装箱班轮航班每月 252 班,生产能力有效释放,生产效率不断提高,中转箱量逐年上升。2008 年,洋山深水港区水水中转完成 394.5 万标准箱,占洋山港区吞吐量的 47.9%,其中国际中转完成 82.5 万标准箱,占洋山港区吞吐量的 20.9%。

2010 年,洋山港区水水中转增加到 435.7 万标准箱,占上海港当年水水中转箱总量的 39.4%。2015 年,洋山港区水水中转递增到 763.7 万标准箱,占上海港当年水水中转箱总量的 49.6%。

2019 年,洋山深水港区全年集装箱吞吐量递增到 1 980.78 万标准箱,占全港集装箱吞吐量的 45.74%;集装箱水水中转递增到 1 026.30 万标准箱,占洋山港区吞吐量的 51.81%。

(3)国际化战略。进行全球视野下的海外市场开拓,逐步形成辐射国内、国际两个市场的跨地区、跨国经营格局,是实现上海港愿景目标的必然选择。上海港用国际化的眼光,加强与国际港口、跨国船公司之间的联系和友好往来;紧密结合集团业务,积极参与相关的国际交流合作,成功举办了 2008 年亚洲邮轮大会。

经过与马士基集团的沟通和谈判,2010 年 5 月,上海港成功收购马士基集团在比利时泽布吕赫码头 25%的股权,成为该企业第二大股东。比利时泽布吕赫合资码头 2011年首次实现盈利,取得了实施国际化战略的初步成果。

2015 年 3 月,上海港赢得以色列海法湾新港竞标,获得了以色列海法湾新港自2021 年起 25 年码头的特许经营权。海法湾新港位于以色列特拉维夫的北部,上海港将负责海法湾新港码头的设施建设、机械设备配置和日常经营管理。码头岸线长 1 500 米,码头总占地面积 78 公顷,前沿最大水深-17.3 米,一期工程将建设码头岸线 700 米,码头全部建成后设计集装箱年吞吐能力 186 万标准箱。2016 年,海法湾新港基本形成工程设计方案,开展了主承包商招标准备工作,以实体化运营为要求制定了基本的公司管理制度。经过 2017 年的筹备,2018 年 6 月 5 日,上海市市长应勇在以色列海法出席了上海港海法湾新港工程建设签约仪式。由上海港负责的工程部分于 2018 年 7 月获取首批地块后按期开工,海法湾新港根据规划,一期工程码头岸线长度 805.5 米,设计年吞吐量 106 万标准箱。一期工程计划于 2021 年 9 月建成投入营运。这是上海市与海法市结好 25 年以来开展广泛合作交流的一大项目,也是上海港主动参与国家"一带一路"倡议的又一重大实质性举措。接下来,将建设二期工程。二期工程码头岸线 715.7 米,设计年吞吐量 80 万标准箱。

2017 年,上港集团与中远海运集团共同启动对东方海外的全面要约收购,积极推进境内外监管机构的审批工作;以色列项目开展施工单位的招标准备工作;完成比利时泽布吕赫码头的股权退出;就入股马士基鹿特丹二期码头签订合作备忘录;并积极寻求与希腊比雷埃夫斯港等海上丝绸之路沿线港口的合作。

未来,上海港将通过码头及相关业务的国际化拓展,提升国际化运营能力,为股东努力创造价值。

三、发展四大板块

上港集团成立后,在深化改革、加快发展中着力推进强港建设,抓住了改革开放以来的"三次重要机遇":一是抓住了世界航运运输方式重大转变的机遇,集中力量发展集装箱优势产业,实现了上海港出江入海的历史性跨越,走在了国内沿海港口发展的前列,取得了竞争东北亚集装箱枢纽港的先发。二是抓住了上海城市发展规划和世博会黄浦江两桥间老港区功能调整的重大机遇,加快了产业结构优化调整,积极推进职工分流安置,在实现上海港"再造"的同时,聚集了新的发展动力。三是抓住了集团改制的重大契机,用三年时间跨越了"三大步",建立起了健全的法人治理结构,为集团在更高层面的发展提供了体制机制上的保证。

上港集团成立后,坚持开展结构调整工作,设立了股权与委托管理平台。按照"严密顺序、规范操作"的要求,加大了清理项目的力度,有效实施股权管理,到 2008 年已收回投资 3 976 万元。提出了发展集团"四大支柱产业"的目标,即集中资源和财力,大力发展集装箱、散杂货、港口物流和港口服务四大支柱产业。

2016 年 10 月,上港集团上市十周年,进一步提出"在大力发展港口装卸主业生产的

同时,大力发展港口物流、港口服务和港口商务业务板块,在深化改革、加快发展中着力推进强港建设"。(见图 2-1-2)

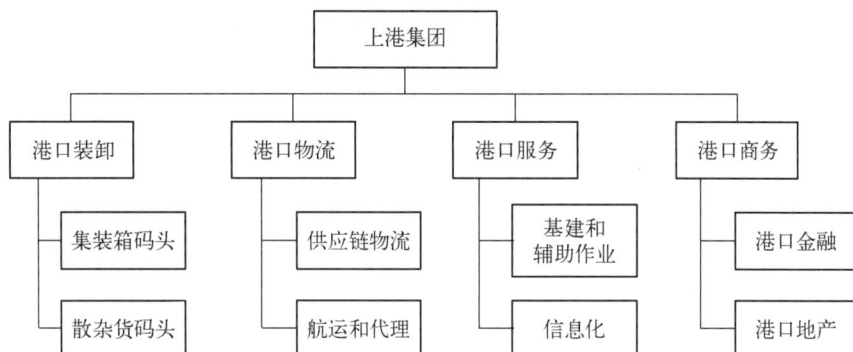

```
                        ┌──────────┐
                        │  上港集团  │
                        └────┬─────┘
        ┌──────────┬────────┴────────┬──────────┐
   ┌────┴────┐ ┌────┴────┐      ┌────┴────┐ ┌────┴────┐
   │ 港口装卸 │ │ 港口物流 │      │ 港口服务 │ │ 港口商务 │
   └────┬────┘ └────┬────┘      └────┬────┘ └────┬────┘
   ┌────┴────┐ ┌────┴────┐      ┌────┴────┐ ┌────┴────┐
   │集装箱码头│ │供应链物流│      │ 基建和  │ │ 港口金融 │
   └─────────┘ └─────────┘      │ 辅助作业 │ └─────────┘
   ┌─────────┐ ┌─────────┐      └─────────┘ ┌─────────┐
   │散杂货码头│ │航运和代理│      ┌─────────┐ │ 港口地产 │
   └─────────┘ └─────────┘      │ 信息化  │ └─────────┘
                                └─────────┘
```

图 2-1-2　上港集团四大业务板块示意图

1. 发展港口装卸板块。上港集团成立后,大力发展集装箱装卸、散杂货装卸和客运业务等主业生产。

(1)发展港口集装箱装卸业务。一是改造和新建集装箱码头。仅 2004 年,上港集团为发展集装箱产业投入资金 259 亿元,占当年建设和改造投资 277 亿元的 90%,建成集装箱码头泊位 1 300 米。2005 年,上港集团完成建设和改造投资 19.7 亿元,其中集装箱产业 6.9 亿元,占投资完成总量的 35.2%。经过不懈努力,新建了外高桥和洋山深水港区的集装箱码头群,逐渐建成了集装箱装卸生产区域。至 2019 年,上港集团集装箱装卸产业板块已建成洋山、外高桥、吴淞三大集装箱生产区域,共拥有集装箱泊位 49 个,岸线总长 15.4 公里。其中,洋山深水港区已建成集装箱深水泊位 23 个,岸线总长 7 950 米。国际集装箱设计年吞吐能力达 2 587 万标准箱。二是新增集装箱机械,改造集装箱堆场。2004 年上港集团新增集装箱机械 107 台,改造集装箱堆场 21 870 平方米,外高桥港区形成新的集装箱作业线 13 条。2005 年又新添集装箱机械设备 62 台。到 2019 年,上港集团在集装箱码头共拥有集装箱岸边起重机 180 台,集装箱龙门起重机 464 台,集装箱正面吊 36 台,集装箱堆场达到 752.3 万平方米,箱容量达 92.9 万标准箱。三是拓展新航线,开拓新箱源,拓展集装箱中转业务;以推动发展内贸标准集装箱运输为抓手,努力推进多式联运。四是加强同口岸有关单位的沟通和联系,开展以开辟集装箱运输"绿色通道"为主题,创造良好的口岸环境,争取到口岸有关单位对港口大力开展集装箱运输的配合和支持。五是以科技创新为先导,提高服务质量,加强集装箱运输的现代化管理,使集装箱产业得到优先发展,集装箱吞吐量快速增长。(图 2-1-3)

图 2-1-3   上海港集装箱码头

2014 年底开工建设的国内规模最大的自动化码头——洋山深水港四期工程,总投资 139 亿元,2017 年基本建成,并投入试生产,设计年吞吐量 630 万标准箱。码头共配备 26 台双小车集装箱岸边起重机、120 台自动化轨道吊和 130 台 AGV(自动导引小车)等世界最先进的集装箱装卸设备,结合"互联网+",全力打造新型"智慧港口"。建造和发展自动化码头,对上海港有着非常重要的意义。

目前,上海港每天处理的集装箱超过 10 万标准箱,是全球最繁忙的港口之一。自动化码头运营后,可提高装卸效率 30%,排放也能减少 50%,增速增效、减排减负,对港口发展是一种质的飞跃。

(2)调整、整合散杂货和客运业务。上港集团成立后,大规模调整散杂货业务,进行了散杂货业务和客运业务的资源整合工作。

2006 年,上港集团下属南浦、客运分公司全部退出装卸主业,南浦分公司主业装卸生产平稳转移到龙吴分公司,客运分公司客货运输业务平稳转移到国际客运中心。

2007 年,黄浦江两桥之间的老港区顺利实施转移,罗泾、军工路、煤炭和新华分公司在确保完成原有码头生产任务的同时,按期实现了生产无缝衔接的目标。

2008 年,上港集团根据有所为有所不为的原则,决定将散粮和化肥类货种的装卸退出装卸主业。2008 年,罗泾港区二期工程全面建成投产,散杂货业务顺利转移,生产格局进一步优化,为集团扩增了优质的散杂货作业资源。上港集团注重发挥两个积极性,外抓市场开拓和营销,内抓现场管理和服务,加快生产能力的释放。散杂货业务在罗泾二期港区投产第一年,尤其是在散粮、散化肥退出装卸序列,年装卸量减少 350 万吨的情况下,仍取得了生产经营稳步发展、经济效益明显提高的较好成绩。

此后几年,上港集团先是进行了宝山分公司的结构调整(该公司于 2012 年底歇业),组织进行了宝山地块的开发,后又在 2014 年完成了张华浜和军工路分公司的整合,最终形成了罗泾港区罗泾分公司、吴淞港区张华浜分公司和龙吴港区龙吴分公司三个大型的散杂货作业码头,既集中了资源又避免了不必要的集团内部同质竞争。(图 2-1-4)

图 2-1-4 上海港散杂货码头

2012 年,上港集团全年货物吞吐量完成 5.02 亿吨,同比增长 3.7%,其中散杂货吞吐量完成 1.85 亿吨,占比 36.85%。

2016 年,上港集团完成货物吞吐量 5.14 亿吨。是年,由于长三角地区产业结构调整、能源结构变化,上海市在港口散杂货装卸生产方面,全年铁矿石、原木和内贸钢材接卸量下降幅度较大(外贸进口铁矿石减少约 400 万吨,外贸进口原木减少 45 万方,内贸钢材减少约 30 万吨),受此影响,上港集团全年完成散杂货吞吐量 1.47 亿吨,占比 28.6%,同比下降 5.77%。

2017 年,上港集团完成货物吞吐量 5.61 亿吨,其中完成散杂货吞吐量 1.64 亿吨,占比 29.23%,同比增长 19.14%。受煤炭和矿石业务调整影响,上港集团 2018 年和 2019 年货物吞吐量下降,分别为 5.16 亿吨和 5.38 亿吨,其中分别完成散杂货吞吐量 1.50 亿吨和 1.15 亿吨。(见表 2-1-2)

表 2-1-2 2012～2019 年上港集团散杂货吞吐量及占比情况统计表

年份	货物吞吐量(亿吨)	同比	其中散杂货吞吐量(亿吨)	占比
2012 年	5.02	+3.70%	1.85	36.85%
2013 年	5.43	+8.17%	2.04	37.57%

年份	货物吞吐量(亿吨)	同比	其中散杂货吞吐量(亿吨)	占比
2014 年	5.38	-0.09%	1.86	34.57%
2015 年	5.13	-4.65%	1.56	30.41%
2016 年	5.14	+0.19%	1.47	28.60%
2017 年	5.61	+9.14%	1.64	29.23%
2018 年	5.61	0%	1.50	26.73%
2019 年	5.38	-4.10%	1.15	21.38%

2. 发展港口物流板块。不断研究现代物流业发展的变化和趋势,积极谋求港口生产从传统装卸业务向物流服务商的转变,港口物流业务以工程物流资源整合为基础,做大做强工程大件物流;以争取大项目、大客户为突破口,加强市场业务开拓;以配合集团实施长江战略为契机,开发建立物流网络;并主动融入水水中转、空箱商务计划、内贸箱发展和降低口岸成本等工作,不断增强市场竞争力,较好地完成了各项目标任务。近年来,上港集团以开发港口物流服务链为核心,以"大客户、大项目、大平台"为切入点,大力发展第三方物流和物流增值业务,不断开拓港口物流新领域,取得了显著成效。

2015 年,上港集团港口物流板块实现营业收入 156.37 亿元,同比上涨 4.7%。2017 年上港集团港口物流板块实现营业收入 197.11 亿元,2019 年达到 201.35 亿元,成为公司的重要收入来源。

3. 发展港口服务板块。上港集团把港口服务板块融入集团整体发展轨道,引航、理货、拖轮等港口辅助作业为集装箱、散杂货和物流产业的发展提供了重要的支持保障作用,紧紧围绕板块产业互动联动的要求,为主业生产提供了有力保障。

引航生产积极应对船舶大型化、专业化趋势,克服重重困难,加强协同配合,使引航生产平稳有序,引航安全保持稳定,保障了港口生产的正常进行;外轮理货抓住海关总署重申理货在港口和航运中的地位和作用的机遇,进一步发掘市场价值,找准切入点,拓展了新的业务空间;船舶拖带单位提升服务能级,在确保集团生产的情况下,加大港外市场拓展力度,取得了较好的经济效益。

4. 发展港口商务板块。在发展港口装卸主业生产的同时,进行转型发展,大力发展港口商务、房地产、筑港及其他"一主多元"产业。

2013 年 12 月,经上海银监局同意,上港集团在原持有上海银行股份的基础上认购新发行的股份,以每股 13.90 元的价格认购了上海银行 29 455 万股人民币普通股。在这次增资扩股中,上海银行共发行人民币普通股 4.7 亿股,上港集团包揽了其中的将近 3 亿股。2014 年 10 月,上港集团以现金形式按每股不高于人民币 16.57 元的价格,认购不超过 1 亿股上海银行定向增发的股份。2016 年 9 月 23 日,参股的上海银行首发获批,登陆 A 股,在上海证券交易所正式挂牌(601229)上市。至 2017 年底,上港集团合计持有上海银行 5.06 亿股股权,持有上海银行 7.23% 的股权,占上海银行上市后总股本的 6.48%,成为上海银行的第二大股东。

2016 年 9 月 28 日,中国邮政储蓄银行股份有限公司(以下简称"邮储银行")在香港联合交易所主板正式挂牌交易。上港集团以全资子公司上港香港公司为主体作为基石投资者的身份参与了邮储银行的 H 股首次公开发行,成为其第四大股东。

在房地产开发方面,上港集团在北外滩、宝山港区、军工路的商业地产项目相继进入了建设和销售期,这些项目为集团带来了不菲的经营利润。

目前,港口商务板块已具规模,该产业的服务区域以上海为中心,辐射至国内沿海和长江中下游港口,并已作为上海港发展战略的重点。2015 年,由于上港集团全资子公司上海港房地产经营开发公司结转了房地产销售业务,上港集团的港口商务板块实现营收达 11.8 亿,同比增长 186.09%。2019 年,港口商务板块实现营业收入 23.46 亿元。

港口装卸、港口物流、港口商务和港口服务四大业务板块的迅速发展,使上港集团的整体业务和经济效益快速增长。到 2010 年,上港集团整体上市 5 年,集团完成的货物吞吐量从 2.68 亿吨增至 4.28 亿吨,集装箱吞吐量从 1 808.4 万标准箱增至 2 906.9 万标准箱,营业收入从 109.9 亿元增至 194.53 亿元,归属于母公司股东的净利润从 20.4 亿元增至 54.17 亿元。在营业收入中,集装箱板块收入 94.90 亿元,占比 48.87%;散杂货板块收入 21.74 亿元,占 11.18%;港口物流板块收入 33.31 亿元,占 17.12%;港口服务板块收入 44.58 亿元,占 22.92%。

至 2015 年,上港集团集装箱板块实现营业收入 124.57 亿元,比 2014 年增加 3.86%,占上港集团当年营业收入的 42.22%;散杂货板块营业收入 20.79 亿元,同比小幅下降;港口物流板块实现营业收入 156.37 亿元,同比增加 5.46%,占集团营业总收入的 52.99%;港口服务板块营业收入为 19.85 亿元。

经过"十二五"期间的奋斗,2015 年上港集团母港集装箱吞吐量比 2010 年增长 25.7%,货物吞吐量比 2010 年增长 19.9%,营业收入比 2010 年增长 54.5%,净利润比 2010 年增长 21.1%,总资产比 2010 年末增长 49.5%,归母净资产比 2010 年末增长 69.1%,总市值比 2010 年末增长 87.8%,集团规模实力大大增强,行业地位和国际影响力进一步提升。

进入"十三五"时期,2016 年上港集团集装箱板块实现营业收入 126.04 亿元,比

2015 年增加 1.18％;散杂货板块营业收入 16.82 亿元,同比小幅下降 19.1％;港口物流板块实现营业收入 173.37 亿元,同比增长 10.88％;港口服务板块实现营业收入 21.16 亿元,同比增长 6.59％;商务等其他营业收入 26.78 亿元,同比增长 119.16％。

2018 年,上港集团集装箱板块实现营业收入 138.39 亿元,比 2017 年增加 2.65％;散杂货板块营业收入 18.19 亿元,同比减少 1.46％;港口物流板块实现营业收入 202.12 亿元,同比增长 2.54％;港口服务板块实现营业收入 21.70 亿元,同比增长 5.53％;商务等其他营业收入 69.59 亿元,同比增长了 2.87％。

2019 年,上港集团营业收入有所下降。其中,集装箱板块实现营业收入 135.40 亿元,散杂货板块营业收入 17.04 亿元,港口物流板块实现营业收入 201.34 亿元,港口服务板块实现营业收入 23.46 亿元,商务等其他营业收入 49.70 亿元。

四、改革创新,转型发展

2008 年,世界金融危机发生蔓延后,上海港的发展面临了很大的挑战,伴随着周边新港口的不断上马,各地区从维护自身利益角度出发,对对外贸易的增量进行同质化竞争,而金融危机的产生和蔓延,使这一竞争成为对存量的再分配,竞争更趋激烈。上海港把主动研判市场放在重要位置,连续出台实施多项举措应对危机:着眼于有效抑制箱量快速下跌的态势,及时推出了"空箱商务计划",提出了建设东北亚空箱转运基地的目标;制定了"抓市场、保增长、强基础、促发展"的工作方针,为应对金融危机的影响发挥了积极作用,也在相当程度上把金融危机对生产经营的不利影响降到了较低的程度。

2008 年,国务院《关于推进上海加快发展现代服务业和先进制造业、建设国际金融中心和国际航运中心的意见》和上海市《实施意见》相继出台,上港集团在应对金融危机的同时开始转变发展方式。集团对通过不断扩大生产能力来满足增量的外延式发展方式有了更清晰的认识,深感这种方式只能适应经济和对外贸易高速发展的阶段,是不可持续的。面对能力富余、周边港口同质化竞争、航运公司对港口的要求越来越高的客观实际,必须更加密切地关注产业结构调整的走向,更加密切地关注传统产业升级以及新兴产业的聚焦点。认识到必须坚持以市场为导向,积极顺应变化的形势,采取积极的措施,增强工作的自觉性和主动性。决定紧紧围绕"转变发展方式,推动强港建设",科学定位、统筹兼顾、坚持在"调整中促转变,在转变中谋发展",实现成为全球卓越的码头运营商和卓越的物流服务商的目标。

2010 年,上港集团把握港航市场发展的趋势和新机遇,提出了"着力发展物流、邮轮、港口商务地产业务"的目标和任务,在原有"四大支柱产业"的基础上,根据经济社会发展的变化,不断拓展新领域,构建起更为多元的产业板块,在提高抵御市场风险能力的同时,通过延伸产业链、提高服务水平来形成新的竞争能力,由寻求拉动向服务效益型转变。更加积极主动地在调结构、转方式上下功夫,在更大的范围内与周边港口实现联动,在更大的社会区域里实现资源的再配置,寻求优势的叠加,实现港口健康可持续的发展,创造集团新的竞争优势,培养形成集团新的经济增长点。

2011年,上港集团把转型发展作为全年的工作方针,积极完成了三大转变,即港口生产从以传统装卸业务为主向综合物流服务转变,经济结构从以码头业务为主向以码头业务为主、兼顾多元发展转变,管理机制从生产为主向经营为主转变。经过一年来的实践,取得了明显成效:一是集团以"股权、债务、现金三合一"的创新模式,顺利完成了洋山港区的资产收购。盛东公司、冠东公司分别吸收合并了洋西公司、洋东公司,集团资产规模和经济实力大大提升,为洋山枢纽港建设和集团长远发展奠定了坚实的基础。二是积极有序推进结构调整工作。根据集团转型发展的需要,制定实施了结构调整的总体方案,重点开展了宝山分公司的结构调整,积极组织宝山地块开发的启动工作,宝山地块开发的规划和出让方式取得重大突破。三是积极推动汇山地块的开发。根据"先环境、后开发、重品质、扩内涵"的总体要求,汇山西块5幢单体建筑的主体结构封顶,进入全面开发阶段。汇山地块开发与国际客运中心地块开发连成一片,北外滩基建、更新改造重大项目和重大设备建造工作进展情况良好。

2012年,上港集团在转型发展上取得新的突破。一是宝山地块开发取得重大突破,先后完成了"双评估"和土地出让协议签订,筹建项目公司,推进规划落地。9月28日,"上港滨江城"正式开工,为集团今后几年转型发展奠定了坚实的基础。二是汇山地块开发取得重要成果,汇山东块和中块开发正式启动,按照进度有序推进。汇山西块项目基本建成并完成了部分销售工作。三是通过竞拍取得了海门路55号的国有建设地块土地使用权,地块面积达40 577平方米,地上地下开发面积约40万平方米。四是通过结构调整,改制转型取得积极成效。按照集团优化产业、结构调整的总体要求,全面完成了宝山分公司和上海集装箱码头有限公司的结构调整工作,宝山分公司于2012年底全面歇业,人员分流平稳有序。同时,港务工程公司改制基本完成。五是支持和开发新兴物流产业,在大力支持汽车物流的发展中,将外高桥六期新港区约35万平方米范围内的土地、库场、房屋建筑及配套设备,以及新增的50米岸线,租赁给海通公司使用。同时,成立了上海海通洋山汽车码头有限公司,着重发展整车物流和零部件物流项目,创新推出了CIQ(出入境检验检疫)、PDI(出厂前检测服务)、VPC(汽车整备中心增值服务)等服务项目。宝马、保时捷、沃尔玛、大众等著名汽车品牌与上港集团结为重要的合作伙伴,推动了上海港成为全国主要的汽车进出口基地,市场份额约占全国45%以上。

2013年,上港集团紧紧围绕"稳中求进、锐意创新、攻坚克难、转型发展"的工作方针,积极进取、努力拼搏,全面完成了年度各项工作目标和任务,生产经营实现了"稳增长"的目标。同时,启动了上港集团"2020发展行动纲领"的编制工作。

2015年,上港集团编制了"十三五"发展规划,描绘了未来五年的发展蓝图,明确了发展目标、任务和举措,成为未来的行动纲领。是年,该集团相关多元产业加快拓展:港航公司股权投资取得较好收益,东海航运保险公司正式开业;完成了对上海银行的增资,不断开拓融资租赁业务,实施了海华、中谷海运等多个项目;与申能集团合资建立了上海港口能源公司;利用自贸区和邮轮实验区的政策优势,进一步盘活相关资源,拓展邮轮延伸业务。

2016年,上港集团重大结构调整工作稳步推进。在2015年与国际集团和久事公司分别签署股权收购协议,取得锦江航运79.2%股权的基础上,2016年该股权收购项目通过国家商务部反垄断审查,剩余股权收购加快了协调,锦江航运与集团所属海华公司的整合工作有序推进。在上海市国资委的协调下,上港集团收购同盛公司相关资产工作积极推进,进一步明确对同盛资产的收购范围和方式,积极开展评估和过渡期管理工作,基本具备了交易条件。

2017年,上港集团的多元产业发展实现重大突破。集团积极拓展多元融资方式,全年共融资315亿元,创历年最高,不断降低融资成本,全年综合资金成本2.8%,同比下降了58个基点。上港集团与国际集团等5家企业共同发起设立上海科创基金,预计基金一期募集资金规模65.2亿元。积极推进邮储银行项目,完成了董事会改选以及后续相关工作。全面推进与中远海运集团的战略合作,双方完成了集团15%股权转让协议、战略合作框架协议。根据市委市政府安排,上港集团正式实施对同盛集团的委托管理,并完成了对三家标的公司的收购工作。经过与浙江海港集团的多轮磋商,双方就小洋山北侧合资合作达成共识并签署框架协议,积极推进有关工作。在港口、航运方面,上港集团与中远海运集团、江苏港口集团签订了合作备忘录。积极推进中建港务重组项目和煤炭公司业务转型。完成了锦江航运剩余股权的收购工作。积极推进国航、银汇公司股权转让工作。

2017年,上海港国际客运中心开发有限公司按照打造"水上旅游产业综合运营商"和"上海城市滨水时尚新地标"两大战略目标进行转型发展。一是努力推广发展邮轮、游艇、游船(简称"三游")产业,坚持以平台理念、互联网思维和金融工具打造水上"三游"旅游产业。二是创新母港建设,走港城融合的发展之路,通过建设和开发"上港邮轮城",将水上旅游与商旅、文化、体育等产业相结合,把港口打造成为集客运中心、商业、休闲娱乐和旅游休闲为一体的母港综合体。完成了"变单一邮轮码头运营商"为"邮轮产业综合服务商"的转变,完成了集邮轮旅游、免税商品销售、餐饮、进口商品超市、跨境电商、码头场地租赁、保税仓储、供船等多种业态为一体的经营模式。引入了上港"全超"进口超市、"尚九一滴水"高端餐饮。引进了美食广场"上港邮食荟"、绿地房车商业体"车立方"、大型户外活动嘉年华项目"魔都矩阵"、私教健身工作室"人马线"等业态。积极发展邮轮经济,水上旅游和滨江商业相互促进、共同发展的格局基本形成,成功打造了邮轮实验区与4A景区结合的特色旅游景区上港邮轮城。2018年7月,"上港邮轮城"被正式评为国家4A级旅游景区。

2019年,上海港对标新时代,谋划新发展,以引领长三角港口一体化协同发展为主线,推进区域内港口合作共赢。按照市国资委关于积极稳妥推进实施股权激励工作的有关部署,上港集团在符合条件的重点企业启动了长效激励方案的拟定,试点开展了职业技能等级自主认定工作,初拟了《工资决定机制改革的实施方案》,进一步明确了工资与效益联动机制;稳步推进了锦江和海华公司、上港物流和冷链物流的整合;完成了上海港公安局的转制合并工作。

进入"十三五"期间,上海港深入贯彻党的十九大精神,进一步突出"主业、技术、品牌"的要求,进一步推动"四个港口"建设,重点聚焦六个方面:一是聚焦主业发展,突出解决好港口能力进一步提升、港口营商环境进一步改善、服务品牌效应进一步释放、大数据在港口建设发展中的应用进一步加强等发展中的现实问题。二是聚焦国家战略,紧紧抓住港航联盟、"一带一路"和长江经济带等重大战略发展机遇,在服务国家战略发展中壮大自身。三是聚焦"四个港口"建设,花大力气研究港口新科技,加强互联网技术应用,以新技术助力港口发展。四是聚焦推进优化营商环境的发展。五是聚焦创新改革,重点围绕建立更加市场化、专业化的法人治理结构、推动激励机制和约束机制建设。六是聚焦多元发展,形成以港口主业为依托,与港口主业产生联动效应的多元发展格局。

第二节　发展研究和企业管理

2003年,上海港改制后,港口装卸业务既面临难得的全球化大好机遇和长三角经济迅猛发展的强大动力,又必须应对周边港口激烈的同质化竞争和船舶大型化的严峻挑战,应对城市产业结构调整导致部分制造业货源转移和流失的冲击。为此,上海港在改革开放过程中,结合生产经营实际,不断探索研究企业管理和发展的新课题,加强发展研究和企业管理,不断促进生产经营。

一、发展研究

（一）国际航运中心建设研究

2009 年，上海港为加快推进上海国际航运中心建设，以《贯彻落实国务院、市政府文件精神，加快推进上海国际航运中心建设》为课题，进行了深入研究。

2009 年 3 月，在应对国际金融危机的关键时期，国务院发布了《关于推进上海加快发展现代服务业和先进制造业，建设国际金融中心和国际航运中心的意见》，上海市人民政府发布了《上海市人民政府贯彻国务院关于推进上海加快发展现代服务业和先进制造业，建设国际金融中心和国际航运中心意见的实施意见》。为积极贯彻国务院和市政府文件精神，上港集团提出必须聚焦五个方面，抓好十项重点工作。

1. 聚焦五个方面

（1）聚焦国际航运枢纽港建设。在加快国际航运枢纽港建设的进程中，上港集团应重点关注五个方面：一是进一步提高集装箱水水中转比例，尤其是国际中转比例；二是进一步提高对班轮公司的整体营销能力，建立资源共享、优势互补的战略合作关系；三是实现吴淞口、外高桥、洋山三大集装箱港区的功能性互补和整体化运作，凸显洋山保税港区的中转优势；四是进一步深化"长江战略"，增强上海港对长江流域的集聚和辐射能力；五是积极争取口岸政策，提升运营效率和服务能级，使上海港成为班轮公司东北亚集装箱中转业务的首选港口，加快国际航运枢纽港建设。

（2）聚焦国际航运发展综合试验区建设。在认真学习国务院、市政府文件精神，深刻领会"综合试验区"的内涵和实质的基础上，重点关注四个方面：一是围绕启运港退税政策，创新业务模式，营销班轮公司，力争在短时间内体现政策效应；二是利用好政策突破的先发优势，突出综合试验区"先行先试"功能，拓展高端物流领域；三是积极争取财税政策支持，最大限度地利用好中央和上海市给予的各项优惠政策；四是主动研究，明确诉求，积极配合各相关部门，探索创新特殊监管区域管理制度。

（3）聚焦现代航运集疏运体系的优化。在优化现代航运集疏运体系的进程中，上港集团应重点关注五个方面：一是加快推进"长江一体化运营平台"的建设，充分利用长江黄金水道，提高长江中转比例；二是精心组织、有效衔接，提高上海港对支线船公司的服务水平，推动洋山保税港区的江海直达；三是主动研究上海港与周边地区内河集疏运体系建设的衔接，深化推进"陆改水"项目；四是积极呼吁加快建设洋山保税港区和外高桥港区集装箱专用通道；五是主动研究海铁联运的发展对策，配合有关部门落实港区铁路建设。

（4）聚焦现代航运服务体系的发展。在发展现代航运服务体系的进程中，上港集团重点关注四个方面：一是围绕降低口岸成本，重点研究国际集装箱中转成本结构，配合有关部门完善港口收费体系；二是加快推进"国际航运服务中心"开发项目，为北外滩航运服务聚集区建设提供支持；三是主动研究上海国际航运中心综合信息平台的建设方案，发挥港口核心物流节点的独特优势，构建以港口为核心的数据集成和共享平台；四是积极研究现代航运服务产业高端业务的发展趋势，寻求新的商业机会。

（5）聚焦上海邮轮产业的发展。随着支持政策的逐步落实，上海邮轮产业发展的外部环境将大为改善，上港集团应当把握住这一发展契机，重点关注两个方面：一是以上海国际客运码头为主要载体，加强与口岸单位的协调，提高通关便利，加快邮轮母港建设；二是结合产业政策，重点培育市场，精心培育航线，扩大经营业务，努力做大邮轮产业。

2. 抓好十项重点工作

十项重点工作是：谋求水水中转业务的新突破；加快现代航运集疏运体系的优化进程；积极参与洋山国际航运发展综合试验区建设；加快物流产业发展，拓展航运服务产业链；实施"长江一体化"运作；加快上海港邮轮产业发展；致力于构建与班轮公司更为稳固的战略伙伴关系；提高服务水平，增强港口综合竞争力；谋求集团发展方式的转变；积极争取财税政策的支持。

（二）全面风险管理体系和内部控制体系研究

为进一步完善全面风险管理工作，2009 年上港集团聘请德勤咨询公司作为顾问，全面剖析风险源，诊断集团管控现状，提出了集团建立全面风险管理体系以及内部控制体系的建议。

集团全面风险管理体系的建立主要包括两部分内容：

1. 全面风险管理主要工作流程体系的建立和执行。

2. 风险管理组织体系的建立和运作。

在建立风险管理工作流程体系过程中，先后完成了风险识别、风险归户、风险评估、风险应对策略以及风险管理持续改进方案等重点工作。

（1）风险识别。针对港口行业特性，同时结合一般企业所共有的经营风险，集团对 558 项风险项进行了有效识别，最终确认了 281 项风险，并建立单体风险档案，形成上港集团风险数据库。

（2）风险归户。在识别风险基础上，明确各项风险的主责部门，确保各项风险均能归户落位，避免风险项出现责任主体盲区。

（3）风险评估。建立风险评判标尺，分别从对集团的财务、声誉、法律、客户、员工、运营的影响等多个维度，结合集团目前的风险管控情况对各项风险进行评估，将各风险项按照高、中、低等级别进行分类。根据评估情况,编制风险分布图,通过颜色差异,凸显风险等级,直观反映集团不同业务流程中所面临的主要风险,便于经营者及时采取应对措施,降低企业经营风险。

(4)风险应对。针对各项风险情况,基于集团现有的管控体系,制定了风险应对策略和具体的管理举措。对于重大风险项,集团建立专门的重大风险工作小组,对集团所面临的重大风险进行跟踪、分析,结合企业情况制定相应的应对策略。

(5)持续改进。通过对上述各环节的有效执行,检查、识别并评估单体风险,落实主责部门,建立应对手段措施,实现风险管理的持续改进,保证集团风险管理体系的有效性和针对性。

(6)组织体系。为支撑集团全面风险管理工作的运转,在集团董事会领导下,建立了风险管理组织体系,分为三道防线:第一道防线是风险责任部门,即集团各职能和业务部门及分、子公司;第二道防线是风险管理职能部门;第三道防线是审计部门。

(三)企业经济运行质量评价体系研究

上港集团为坚定不移地推进"强港"目标建设,认真贯彻"抓市场、保增长、强基础、促发展"的工作方针,在管控模式中导入对标管理办法,树立卓越运营理念,于2009年发布了《上港集团企业经济运行质量评价体系》(以下简称"《体系》")。《体系》提出了以下三方面要求:一是各基层单位应当建立本单位的经济运行质量评价体系,进一步细化相关评价指标,明确符合自身运营特点的管控和优化重点;二是各基层单位在建立经济运行质量评价体系,实施对标管理的过程中,重点要加强发现问题后改进措施的落实;三是各基层单位要结合评价体系作好企业运营质量分析,落实对标管理改进措施的后评估工作。

在此基础上,为指导基层单位更加全面、更有针对性地提高经济运行质量管控能力,充分发挥对标管理的横向参考和纵向比较作用,上港集团建立了《经营分析报告》定期上报制度。每年召开年度和半年度经济运行质量分析会议,通过比较分析,发现经济运行质量的主要问题,不断提高经济运行的质量。

二、企业管理

(一)管理制度

2009年3月,上港集团启动制度建设,经公司股东大会、董事会、监事会、职工代表大会、总裁办公会审批,于2010年3月正式完成新增、修订等工作,形成了《上海国际港务(集团)股份有限公司管理制度手册》(以下简称"《制度手册》")。

上港集团管理制度的总体框架是三个层次的制度体系。第一层级为公司质量基本管理制度,共 15 个制度,该层级制度已在历次集团公司股东大会、董事会、监事会获得审批通过;第二层级为分类业务综合管理制度,共 13 个制度;第三层级为具体业务管理规章,共 83 个制度。三个层级的制度文件共 111 个。

第一层级制度是集团公司管理制度的基石,是集团公司各项经营活动管理的最高准则;第二层级制度是在第一层级制度基础上,对集团公司某一大类经营活动的管理规范;第三层次制度是在第二层次制度基础上,就某一具体经营活动进行规范、约束的管理细则。三个层级制度文件紧密相扣,成为一体。

《制度手册》共有四部分:

第一部分是公司法人治理制度,共有《上海国际港务(集团)股份有限公司章程》等 11 个章节。

第二部分是公司基本规章制度,共有人事组织管理制度、预算管理制度等 13 个章节。

第三部分是具体业务管理规定及办法,共有人力资源与薪酬管理规定及办法、组织机构设置及人员编制管理规定、财务结账及报告管理规定及办法、生产业务管理规定及办法、股权和股票投资管理规定及办法、安全管理规定及办法、股权和股票投资管理规定及办法、固定资产、工程项目及采购管理规定及办法、内部审计管理规定及办法、法律事务和合同管理规定及办法、行政事务管理规定及办法、党委纪委工作规定及办法等 11 个章节,71 项规章制度和办法。

第四部分是附则。

上港集团在 2010 年汇编下发了《上海国际港务(集团)股份有限公司管理制度手册》(以下简称"《制度手册》")第一至第八册。

2012 年 8 月,上港集团又把该公司 2010 年以来的各项规章制度汇编成《制度手册(增订本)》第九册下发。第九册共 21 个制度,其中公司治理基本规章制度 1 个;具体业务管理规章 20 个。21 个制度中,修订更换了原制度 2 个。

2016 年,上港集团启动了《制度手册》的更新和完善,完成了 2012 年 9 月至 2015 年底期间该公司新颁布施行的规章制度的收集、梳理和审核。2016 年 5 月,上港集团下发了《制度手册(增订本二)》第十册和《制度手册(修订版一)》第十一册。《制度手册(增订本二)》第十册共 18 个制度,均系新增的具体业务管理规章。《制度手册(修订版一)》第十一册共 8 个制度,均系《制度手册》第一册至第九册相关制度的修订更换,其中修订更换基本管理制度 1 个(2015 年 7 月 13 日股东大会审议通过的《上海国际港务(集团)股份有限公司章程》),分布在第一册;修订更换具体业务管理规章 8 个,其中第一册 1 个,第三册 1 个,第四册 2 个,第九册 4 个。

2017 年 11 月 20 日，上港集团 2017 年第二次临时股东大会审议并通过了《关于修订〈上海国际港务(集团)股份有限公司章程〉的议案》，把党的建设工作要求写入了《上海国际港务(集团)股份有限公司章程》。

(二) 全面预算管理体系、资金管控系统和内部决策分析审计系统

上港集团加强科技创新，把先进的计算机技术运用到企业管理中，在预算工作中坚持"编制科学、执行严格、评价到位、制度完善"的原则，进一步完善了全面预算管理体系，为全面实现年度的预算指标发挥了重要作用。

在加强资金集约化管理的同时，进一步完善了资金管理体系，以银行中期票据、短期融券和分离式可转债等多元化融资方式，合理配置长、短期债务，既有效降低了成本又合理控制了财务风险。建立了商业决策支持分析系统(即 BI 系统)，完成了 CBS 系统上线工作，形成了网上资金预控警戒体系，要求各单位领导和财会人员真学、真懂、真用，加强了决策分析力度，提高了风险防范能力。

2012 年，该集团内部管理通过改革创新迈上新台阶。一是营业税改征增值税试点工作顺利推进，集团 57 家基层单位，共开具各类增值税发票 650 万份，实现了平稳有序运行的目标。二是加大融资力度，拓宽融资渠道，全年平均融资规模达到 186.33 亿元，新增融资规模 70 亿元，资金使用成本得到有效控制。三是信息化建设工作持续推进，全面完成了集团视频会议系统和生产综合调度平台建设。

通过努力，上港集团制定了《关于健全完善集团内审体系和加强审计工作的若干意见》，建立了集团经济责任审计工作联席会议制度，完善了内审机构和人员配置，开展了基层领导人员经济责任审计，提升了内审工作质量。

2015 年，上港集团完成了员工持股计划的发行和认购，制定实施了《基层单位及机关部门党政领导人员任期(2015—2016 年)经营业绩考核办法》和集团"十三五"员工效益激励计划，激励机制进一步创新完善。在列入集团人事管理的所有下属企业中推进实施薪酬制度改革，形成了企业与员工共担责任、共享成果、共创未来的利益共同体，为集团可持续发展提供了更为强大的推动力。

是年，上港集团从港口费收历史演变和实际情况出发，按照国家有关文件精神，制定实施了集团费收改革方案，减少了收费科目，规范了港口费收，费收改革稳妥实施。

2016 年，上港集团认真落实全面预算管理要求，加强经营对标分析，强化预算执行控制；认真落实全面"营改增"工作；继续加强资产管理，做好了存量房处置工作；积极拓展多元融资方式，降低资金筹集成本，全年综合资金成本 3.47%，较一年期贷款基准利率下降了 20%。制定实施《进一步健全完善集团内审体系方案》，加大审计频次，实现了对重点领域和重点业务审计的全覆盖，强化了审计整改后续检查，财务管理和审计能力

进一步提升,审计成效进一步提高。继续深化薪酬分配制度改革,制定实施《关于进一步完善集团在岗职工薪酬分配的若干指导意见》,规范了薪酬分配制度,优化了收入支付结构。推进内集卡业务承包改革,加强管理和监督,确保了改革实施平稳有序,形成了新的内集卡承发包机制。积极做好员工持股计划维护、任期制考核实施等工作。

2017年,上港集团财务管理和审计能力进一步提升。集团积极落实国家发改委关于企业规范经营的相关要求,进一步增强法制意识,规范经营行为。经济运行质量稳中有升,财务管理安全稳健,资金成本持续降低,融资能力不断提升。集团认真落实全面预算管理要求,加强经营对标分析,强化预算执行控制;认真落实全面"营改增"工作;制定实施了《关于进一步健全完善集团内审体系的实施意见》和《上港集团内部审计专员委派管理办法》,强化区域审计管理,实现了对重点领域和重点业务审计的全覆盖,配合市审计局对集团工作的审计检查,强化审计整改后续检查。

2018年,上港集团进一步落实国家发改委关于企业规范经营的相关要求,对集团收费办法进行了调整;进一步落实全面预算管理要求,加强经营对标分析,强化预算执行控制;进一步落实全面"营改增"工作;继续加强资产管理,推进存量房处置工作;积极拓展多元融资方式,全年共融资315亿元;不断降低融资成本,全年综合资金成本2.8%,同比下降了58个基点;进一步强化区域审计管理,实现了对重点领域和重点业务审计的全覆盖。

(三)"三化"建设

为加强企业管理,上港集团于2011年开始在全集团推进企业信息化、精益化、系统化(以下简称"三化")建设。

信息化建设的目标是以整合各业务单元信息系统的运作效率和决策支持能力,提升上港集团管理效率、口岸服务能力和客户全程体验,实现集团信息化营运。精益化建设的目标是以提升资源使用效率,提高成本控制能力为抓手,形成具有丰富内涵和集团特色的精益生产管理体系,有效提高经济运行质量。系统化建设的目标是以优化资源配置体系,协调发展,全面提升资源使用效率、业务发展能级和资源配置能力,实现系统化管控。

"三化"建设是上港集团加强企业管理的一项重要措施,信息化强调信息技术在管理中的应用,侧重点在运营;精益化强调精益管理理念在管理中的应用,侧重点在生产;系统化强调系统协作理念在管理中的应用,侧重点在管控。"三化"建设三位一体,相互促进,各有侧重,是一个循序渐进的管理整体。

2011年,上港集团TOPS5.0新系统成功上线,建成了生产调度平台和覆盖全港的视频系统,为集团信息化平台建设奠定了良好基础,并且在振东公司、张华浜分公司、复兴公司等单位开展以信息化为突破口,推进"三化"建设的试点工作。

在取得初步成效的基础上,集团于2013年7月制定了《上港集团关于全面推进"信息化、精益化、系统化"建设的工作意见》,10月下发了《上港集团"三化"建设推进工作安排》,明确了集团"三化"建设的方向、目标、任务和具体步骤。按照建设"一个中心(数据中心)、两个平台(港航平台和管理平台)"的要求,完成了集团管理信息平台速赢项目和集团调度信息平台的建设,进一步加快推进信息化、精益化、系统化管理,不断提高集团整体管理水平和经济运行质量。

2014年,上港集团启动业务受理中心建设,推进费收和业务代码标准化管理,全面上线TOPS5.0系统,坚持强化"以计划为导向"的生产组织方式,港口的服务效率和质量不断提升。5月,制定了"三化"建设定期评估工作机制,下发了《关于开展上港集团"三化"建设定期评估工作的通知》。集团船舶统一调度平台和管理分析系统、新办公自动化系统等投入了运行,同时研究制订了信息化发展规划,建立了信息化建设的工作机制。同年6月,上港集团在海通公司召开"三化"建设现场推进会,会议进一步阐述了"三化"建设的主要内涵和相互关系。指出当前集团"三化"建设要重点解决抓手和全面推进两大问题,并对下一步推进工作提出三点要求:一是进一步提高对"三化"建设重要意义的认识。要增加对"三化"建设内容、要求、方法、途径的认识;把"三化"建设作为必修之功,系统思考,常抓不懈;把"三化"建设作为提高企业软实力、提高核心竞争力的主要内容,作为加强企业管理的主要方法,作为提升可持续发展能力的主要途径,作为建立市场化、专业化、国际化运行体制和机制及增强企业活力的主要举措。二是要借鉴海通公司的主要方法,按照"顶层设计、目标引领、内容明确、系统推进、落实到位、持续改进"的要求,积极推进"三化"建设。三是近阶段精益化建设要重点抓好目标引领、流程规范化、岗位标准化、考核数字化等四方面工作,各单位要切实做好顶层设计,建立工作机制,机关要带头推进,始终把目标引领、改革引领、问题引领贯穿于"三化"建设的全过程。

2015,上港集团持续推进"三化"建设,围绕生产、财务两条主线,积极推进"两大平台"建设,加快推进数据标准化,加强干支线统一调度平台建设,完成了集团及下属140家单位财务系统升级,提升了集团财务信息化应用水平。部分基层单位结合自身需求,积极开展实施信息系统升级优化。以精益化为要求,开展了集团管理制度汇编工作,推动集团管理规范化。

2016年,上港集团制定了《集团信息化"十三五"实施纲要》;加快管理信息系统建设,完成了财务信息化系统的升级,积极推进人事、工程等系统信息的招标工作;围绕业务精益化管理要求,持续推进"三化"建设。

2017 年，进一步完善了集团人力资源管理制度，形成了职业经理人薪酬制度改革实施方案，规范了外派人员的津贴福利管理和集团内部人员流动管理制度。加快管理信息系统建设，完成了财务信息化系统二期银企支付、资金结算中心、资金监控和 BI 分析功能的开发，启动了主数据、人事、工程系统的建设工作，完成了对 240 多项流程的梳理工作；梳理集团数据和信息资产，推动优化集团信息化管理工作机制，基本形成了方案；围绕业务精益化管理要求，持续优化干支线统一调度平台功能和受理中心网上业务流程；根据中央网信办对集团网络安全检查的整改要求，进一步完善了集团网络信息安全管理规定；围绕加强大数据挖掘的工作要求，形成了集团数据中心建设方案和云平台建设方案；全力推进集团长江支线服务平台建设；积极推进投资管理系统、E 引航等项目建设。

2018 年，上港集团以信息化为突破口，推进"三化"建设。按照"强基础、处应急、抓重点"的工作要求，推进集团网络安全建设工作，按照国家二级等保要求完成了主要生产单位的专项检查，完善了集团网络安全管理制度；完成了财务 EAS 系统二期的建设工作，基本实现了集团资金的全监控；启动了提货单电子化的建设工作；完成了集团数据中心的总体规划设计并启动了建设工作；集卡预约平台的预约率和兑现率稳步提高，以预约方式促进传统码头服务效率提升的效果逐步显现；受理中心基本实现了全面网上业务受理；全力推进了主数据标准化、长江支线平台、设备交接单电子化平台、管理信息平台、电子发票等项目的建设工作。

2019 年，上海港推进港口信息化进程，不断优化口岸营商环境。实现了长江口深水航道大型邮轮和大型集装箱船舶"超宽交会"常态化运行；推进外高桥港区海关查验标准化平台的建设，配合海关新舱单政策落地，通关效率持续提升；完成电子提货单上线工作，成为国内首个口岸集装箱业务全程无纸化港口。

第三节　发展规划

一、"十一五"发展规划

上海国际港务（集团）股份有限公司成立后，于 2006 年制定了《上海国际港务（集团）股份有限公司战略执行纲领》，即《上海国际港务（集团）股份有限公司"十一五"发展规划（2006—2010）》（以下简称《"十一五"规划》）。

《"十一五"规划》共由七部分组成，另附"2006—2010 年上港集团战略执行时间表"。

具体如下。

（一）愿景目标与发展主线

愿景目标：成为全球卓越码头运营商。

发展主线：发展母港，走向世界。

（二）阶段目标与指标体系

1. 通过实施长江、东北亚和国际化三大发展战略，将上海港发展成为世界集装箱第一大港。

2. 通过产业整合，充分发挥协同效应和规模优势，提升集装箱码头、散杂货码头、港口物流和港口服务四大支柱产业能级，重点培育形成港口物流产业核心竞争力。

3. 通过合理规划布局、新码头建设与升级换代，完成黄浦江两桥间七大散杂货作业区的规划转移，形成吴淞口、外高桥、洋山、金山嘴四大功能性港口作业区。

4. 从集团管控、资金募集、人力资源、信息集成和科技创新五个方面建立战略执行支持体系，实现公司的产业国际化、管理科学化、生产精益化、服务集成化。

5. 通过企业文化的创新，培育"上港集团"品牌并形成企业的核心价值观，构筑具有强港特色、时代特征、集团特点的"三层次"企业文化体系，创建社会尊重、客户信赖、员工满意的和谐集团。

经过努力，到 2010 年，上港集团实现母港货物吞吐量 4.5 亿吨、母港集装箱吞吐量 3 000 万标准箱、非母港集装箱吞吐量 400 万标准箱、主营业务收入 170 亿元的战略发展指标。

（三）保持集装箱产业持续较快健康发展

在未来五年，通过实施长江战略、东北亚战略和国际化战略，力求保持集装箱产业持续较快健康发展，实现中转业务突破，确立和巩固上海东北亚国际航运中心地位。

1. 长江战略。长江战略作为发展母港的立足之本，是维持上海港现有增长能力的核心区域。长江战略的核心，旨在主导长江流域货源流向，增强上海港对长江流域的集聚与辐射能力，实现上港集团的可持续发展。

战略规划举措：通过差异合作，打造长江主枢纽港；通过内支线航运能级提升，发掘长江黄金水道潜能，为上海港提供高效集疏支持；以重庆、武汉主喂给枢纽港为核心，辅以次级喂给港，通过整合港口、航运、代理资源，形成区域性集货网络，提升腹地货源积聚能力；统一码头操作系统和数据交换接口，推动区域性集货网络信息系统集成，逐步构建覆盖长江流域的应用信息服务平台；在战略执行进程中，统筹运营，以获得各业务单元的协同效应。实现长江中转箱吞吐量比例从 2016 年的 17% 到 2010 年 19% 的增长。

2. 东北亚战略。在未来五年，提高东北亚集装箱中转市场的占有率，是上港集团实现跨越式发展的重要台阶。东北亚战略的核心，旨在以洋山为中心，确立上海港的国际航运中心地位，实现上港集团跨越式发展。

战略规划举措：争取口岸政策，提升母港服务；布局支线网络，侧重西行中转；目标市场营销，增强集货能力；保持竞争优势，控制运营成本。实现沿海与国际中转箱吞吐量比例从 2006 年的 11% 到 2010 年 21% 的递增。

3. 国际化战略。作为执行国际化战略的主要方式，全球视野下的海外市场开拓，是实现上港集团愿景目标的必然选择。码头及相关业务的产业扩张，是上港集团为股东创造价值的重要平台。国际化战略的实施，旨在培养国际化运营能力，提升国际化管理水平，逐步形成辐射国内国际市场的跨地区、跨国经营格局。

战略规划举措：积聚实力，为战略实施奠定基础；选取重点，确定国际化目标市场；积极探索，寻找最佳国际化模式；稳步推进，降低国际化运营风险。力争在 2010 年成为世界码头营运商排名前五名。

（四）完成功能结构调整，实现产业能级提升

在未来五年，通过产业整合，逐步形成四大支柱产业，即集装箱码头产业、散杂货码头产业、港口物流产业和港口服务产业。

1. 集装箱码头产业。集装箱码头产业是上港集团的核心产业。发展目标是巩固腹地货源市场，取得中转业务突破，到 2010 年母港吞吐量达到 3 000 万标准箱，非母港吞吐量达到 400 万标准箱。

发展策略：做大做强母港，形成以内贸集装箱货源为主的吴淞口港区，以外贸腹地集装箱货源为主的外高桥港区，以外贸中转集装箱货源为主的洋山港区。二是加强港区联动，实现吴淞口、外高桥、洋山三大港区的功能性互补和整体化运作。三是加强大客户管理和开发，提供差异化服务，促进航运资源和客户资源向上海港集聚，采取新的商业合作模式，使上海港成为班轮公司东北亚地区首选港口。四是实施精益化生产，围绕"国内领先、国际一流"的目标，实现管理一流、效率一流、效益一流。

2. 散杂货码头产业。散杂货码头产业到 2010 年实现散杂货吞吐量 1.80 亿吨、汽车滚装吞吐量 100 万辆的发展目标。

具体举措：一是根据长江流域经济发展需要，在合理规划布局的基础上，进行新码头建设和升级换代，完成黄浦江两桥间港区规划转移工作，提升产业能级，逐步形成吴淞口、外高桥、罗泾、金山嘴四大作业港区。二是根据对不同货种的盈利能力和发展前景分析，有所为有所不为，不断优化产业结构，优先配置企业资源适度调整发展方向。

三是通过管理创新和技术创新,改进装卸工艺,降低能源消耗,实现运营效率的全面提高。四是建立客户合作机制,稳定货源,降低投资风险,达成港口和客户的双赢。五是充分依托港口优势,不断提升服务能级,拓展延伸服务,拓展新的盈利空间。

3. 港口物流产业。港口物流是上港集团重点发展的核心辅助产业,其发展目标是整合现有资源,建设物流平台,加强国际合作,树立统一品牌。

发展策略:一是充分利用港口优势,拓展对港口发展具有战略支撑作用的功能性物流项目,辅助集装箱码头产业和散杂货码头产业发展。二是通过必要资产重组,到2008年形成"上港物流"核心企业平台,在统一品牌下进行整体化运作。三是通过业务重组,构建重大件物流、化工危险品物流和园区物流三大业务支柱,形成各业务单元的协同效应。四是通过与国际著名物流企业的战略合作,吸取先进的管理经验,促进港口物流产业快速形成核心竞争能力,到2010年形成具有国际视野的物流核心企业。

4. 港口服务产业。港口服务是上港集团保持快速发展的支持性产业,其发展目标是完善港口配套服务功能,增强纵向一体运作能力。

发展策略:一是坚持以客户为中心,以市场为导向,建立客户服务中心,为客户提供安全、便捷、高效的"一站式"港口配套服务。二是打造与国际航运中心地位相匹配的国际客运游轮码头,通过建设"上海港国际客运中心",为国际游轮提供全方位的服务,服务于上海"游轮经济"产业的发展。三是拓展港口功能,有选择地进入海事保险、航运融资、船籍登记、船舶修理等服务领域。四是引航、拖轮和外轮理货业务建立内部协调机制,优化港口服务,提高港口效率。

(五) 提升运营管理水平,匹配于国际航运中心发展定位

在未来五年,主要从集团管控、资金募集、人力资源、信息集成和科技创新五个方面着手建立战略执行支持体系。

1. 集团管控。集团管控模式的选择须匹配于集团的发展定位,即以码头装卸为主,辅以产业延伸的生产经营性集团企业。

按照"委托代理、纵向授权"原则,建立符合现代企业管理制度,"精简高效,协调制衡"的中外合资股份公司法人治理结构,对公司的法人财产进行有效经营和管理,实现股东权益最大化。

总部定位为"五个中心、一个系统"。即发展规划中心、资源配置中心、生产运营中心、市场营销中心、资金管理中心和运营质量监控系统。按照组织结构"扁平化"原则,逐步形成职能部门垂直式管理与板块式管理相结合,以垂直式管理为主的组织管理架构。

2. 资金募集。采取集团整体上市方式,成为 A＋H 上市公司,实现与资本市场对

接,获得多元化融资平台,扩大国际知名度,引进国际化公司治理标准,为战略执行奠定基础。

在谋求集团整体上市的同时,注重灵活运用银行长短期贷款、银团贷款、担保贷款、国开行和世行等类似金融机构的专项贷款、发行企业债券和可转债券等其他融资手段,满足集团发展对长短期资金的需求,降低综合融资成本,为战略实施提供有力的资金保障。

3. 人力资源。坚持走"人才兴港"之路,建立专业化的人力资源管理团队,构筑人力资源开发、管理体系,保持人才供求平衡,侧重于紧缺人才培养,为战略实施提供强有力的人力资源保证。

4. 信息集成。坚持总体规划、分步实施、持续改进三大原则,通过对信息技术和信息资源的深度开发与综合集成,构建分布应用、集中管理的信息平台,以财务为核心,以业务为主线,实现由"数据记录型"向"管理分析型"转型,支持集团的决策科学化、管理规范化、经营专业化和运作协同化,提高集团整体的运营管理效率。

5. 科技创新。坚持走"科技强港"之路,通过知识创新、技术创新与制度创新相结合,自主开发和引进消化相结合,增强上海港的科技创新能力,努力打造科技强港。

(六)创新企业文化,创建和谐集团

通过企业文化的创新,形成具有强港特色、时代特征、集团特点的"三层次"企业文化体系,增强当好上海国际航运中心建设主力军的使命感和责任感,正确处理改革发展稳定的关系,成为社会尊重、客户信赖、员工满意的和谐集团。

1. 企业品牌建设。集团品牌建设的目标是"以增值服务促品牌建设,以品牌拓宽增值服务空间"。即通过"精品服务"策略,在区域市场内、细分市场内赢得竞争优势;通过服务质量增值、服务整合(一体化服务)增值、个性化服务增值获得竞争优势。通过不懈努力,形成企业品牌、业务品牌两个内涵层次的品牌战略,服务于上海国际航运中心的建设。

2. 企业文化体系建设。打造"三层次"的企业文化体系:(1)战略层企业文化:以务实的态度,专注港口事业,成为全球卓越码头运营商。(2)经营层企业文化:以卓越的运营,为客户创造价值。(3)人才层企业文化:以人为本,实现员工与企业共同成长。在"四方面"形成具有集团特色的企业文化:(1)对社会:发展自身,回报社会,投身上海国际航运中心的建设。(2)对股东:上港集团将以高度负责的态度,努力降低投资风险,不断拓展增值空间,实现合理收益,确保股东利益的长期化和最大化。(3)对客户:上港集团将不断发现并满足客户的潜在需求,为客户提供优质服务,赢得客户的信赖与忠诚。(4)对员工:上港集团将致力于以人为本,实现员工与企业共同成长。

（七）战略执行纲领的实施和滚动修订

《"十一五"规划》的附件提出，上港集团每年将对本规划的实施状况进行评价，对发展规则中不同的分目标进行测评。

二、"十二五"发展规划

2011年1月，上港集团制定了《上海国际港务（集团）股份有限公司"十二五"发展规划纲要（2010—2015）》（以下简称《"十二五"规划》）。共有六章："十一五"战略执行回顾；"十二五"面临的经济形势与行业环境；"十二五"发展规划的指导思想和综合指标体系；"十二五"发展规划纲领；"十二五"战略执行举措和实施与修订。

《"十二五"规划》指出，"十二五"期间，宏观经济和行业环境将产生重大变化，以往支撑集团港口主业实现快速增长的外部环境将深刻改变，上港集团面临的挑战和机遇并存。经济形势、行业环境、竞争格局的发展趋势决定了"十二五"期间集团港口主业将无法再保持"十一五"期间的高速增长态势。新的形势，要求集团积极应对外部发展环境的深刻变化，"主动变革，以变应变"，凭借在"十一五"期间快速增长的综合实力和积累的坚实发展基础，牢牢把握住新环境带来的新发展机遇。

据此，上港集团提出了《"十二五"规划》的指导思想和综合指标体系以及"十二五"战略执行举措。

（一）愿景目标和主要奋斗目标

1. 愿景目标：成为全球卓越的码头运营商和港口物流服务商。

2. 主要奋斗目标：

（1）通过积极主动地深化发展战略和创新业务模式，巩固集团在核心主业上的竞争优势，保持上海港全球集装箱大港的领先地位。

（2）通过积极主动地寻找、筛选海外投资机会并适时以多种方式参与投资和运营，逐步形成辐射国内和国际市场的跨地区、跨国经营格局。

（3）通过调整、优化和提升发展理念、港口功能、业务模式、增长结构，实现从对"量"的关注向对"质"的专注，推进集团发展方式的转变。

（4）通过深化三大战略和推进"信息化、系统化、精益化"建设，不断提升市场开发能力、业务创新能力、精益生产能力、资源整合能力和国际化运营能力，形成集团新的核心竞争优势。

（5）构建和谐家园，履行社会责任。

到2015年，集团集装箱吞吐量达到4 500万标准箱，其中母港集装箱吞吐量达到

3 650 万标准箱,非母港集装箱吞吐量达到 850 万标准箱。到 2015 年,母港散杂货吞吐量达到 1.64 亿吨。

到 2015 年,集团营业收入达到 250～270 亿元,总资产达到 950 亿元。

到 2015 年,集团总市值相比 2010 年末有显著提升。

（二）规划的具体内涵

1. 四个转变

（1）发展理念转变,实现从对"量"的关注向对"质"的专注转变。集团的发展理念将由数量规模型向质量效益型转变;由依靠自身投入发展向充分整合利用外部资源发展转变;由注重产业运营向产业运营与资本运营相结合转变。

（2）港口功能转变,实现从传统码头装卸为主向提供综合物流服务转变。致力于发挥在港口物流供应链管理中的核心节点作用,延伸上下游产业链,突出发挥四大业务板块在市场开发和运营操作中的协同效应。

（3）业务模式转变,实现从"生产为主"向"市场为主,生产为保障"的业务发展模式转变。将主动调整业务管理体制,优化现行组织结构,强化市场营销职能,加大市场营销力度,提升物流产品开发能力。

（4）增长结构转变,实现从内生增长单驱动向内生与外延增长双驱动的转变。致力于在保持传统业务适度增长的基础上,持续加大高附加值业务的比重。同时,加快国际化业务发展,拓展港口地产、邮轮等新兴港口服务业,由传统港口装卸业务向港口的整体综合运营转变。

2. 六项着力点

（1）推进上海国际航运中心建设,服务区域经济发展。站在全局和战略的高度,全面贯彻国务院颁布的《长江三角洲地区区域规划》和《关于推进上海加快发展现代服务业和先进制造业,建设国际金融中心和国际航运中心的意见》。分析上海、长三角和长江流域的区域经济发展趋势,持续深化集团业务结构调整,更好地服务于区域经济发展。

（2）转变业务发展模式,巩固主业发展优势。加强市场营销机制建设,形成"以市场为导向,以客户为中心,以物流产品为主要内容"的营销体系;建立"市场为主,生产为保障"的业务发展模式,延伸港口物流供应链管理,提供"集成服务",丰富差异化竞争手段,从而巩固集团港口主业的发展优势。

（3）调整战略发展定位,深化三大战略实施。"三大战略"在"十二五"期间将得到延续和深化,长江战略要进一步增加长江水水中转业务量,将为集团母港集装箱吞吐量增长提供主要来源。东北亚战略要抓住建设上海国际航运中心的历史机遇,积极争取政策支持,努力增加水水中转业务量。国际化战略要加快国际化业务发展,提升国际化投资和管理能力。

(4)加快发展港口物流,拓展新兴港口服务业。重点实现从传统物流向现代物流的转变,从追求规模的资产型竞争向追求质量的服务型竞争转变,集中分散的区域资源,提高"集成服务"能力。将优化码头产业布局过程中置换出的土地资源进行商业开发,稳步释放其潜在经济价值。深入研究邮轮产业的中长期发展定位,以国际客运码头为节点进行产业链延伸,启动邮轮实体运作。

(5)注重外延增长驱动,提升资本运营效率。"十二五"期间将更加注重利用现金流和权益资本持续增长的优势,加强资本管理,努力提高资本运作能力,将资本管理与产业发展相结合,通过资本运作获得促进产业发展所需要的稀缺资源和核心能力。同时,积极寻求外延增长的市场机会,把握良好的财务投资机会,更好地利用存量资本,提高集团整体运营的经济效益。

(6)履行企业社会责任,实现可持续发展。在实现集团快速发展和为股东创造价值的同时,时刻不忘肩负的社会责任,致力于成为行业履行社会责任的典范。同时,坚持走"科技兴港"之路,增强上海港的科技创新能力,注重在节能减排和安全生产方面的科技应用,推广低碳技术,降低温室气体排放强度,努力建设资源节约型、环境友好型的绿色港口,促进港口发展与资源环境相协调,走可持续发展之路。

(三)战略执行举措

1. 调结构

(1)深化业务结构调整,提升港口服务能级。一是建立母港集装箱中长期航线调整规划,形成合理的航线布局。进一步深化长江战略。二是稳定铁矿石、煤炭业务发展规模,重点发展重大件、工程机械和商品车滚装等业务。三是加强价格策略研究,实行差异化定价策略,提高单位收入和毛利,优化业务结构,将有限的优质业务资源配置于高收益业务。四是鼓励各码头开展增值服务,增加增值服务收入。五是鼓励物流企业提高物流产品设计和销售能力。

(2)加快资源结构调整,强化资源使用效率。一是主动适应市场需求的变化,进行能力、资源的动态调整,以形成生产能力与市场需求新的平衡。二是主动调整集装箱码头布局,形成集中度更高的集装箱码头资源配置,重点发展洋山深水港区。三是改善散杂货作业条件,使散杂货码头的布局更趋优化。四是针对高成长性业务实施资源专项配置,重点是商品车滚装分拨库、区域分拨中心和冷链基地等。五是统筹协调在功能布局调整中生产要素的调配,重点做好大型机械设备的港区配置。六是将优化码头和物流设施布局过程中置换出的土地资源进行商业开发,重点做好汇山地块和宝山地块项目。七是根据业务发展情况，合理谋划外高桥七期和洋山西港区项目启动方案。

2. 转方式

（1）勇于先行先试，积极参与国航中心建设。一是按照上海国际航运中心建设"一个基本建成和三个基本形成"的目标要求，紧密联系集团自身发展战略，围绕"五项聚焦、十项重点工作"，明确责任，狠抓落实，为上海国际航运中心建设作出新的贡献。二是加强国际航运枢纽港建设，致力于协助海关、国检等口岸主管部门完善洋山保税港区功能性政策体系，进一步提高国际中转比例，重点是积极寻求"沿海捎带"和"自由港"政策的突破。三是加强国际航运发展综合试验区建设，重点是配合启运港退税政策实施、推动特殊监管区域管理制度创新、拓展高端物流领域等项目。四是致力于现代航运集疏运体系的优化，重点是母港与长江支线的高效衔接、与周边地区内河集疏运体系建设的衔接、洋山保税港区的江海直达、"陆改水"项目的持续推广、海铁联运的发展对策研究等。五是促进现代航运服务体系的发展，重点是加快推进"国际航运服务中心"开发项目，加快上海国际航运中心综合信息共享平台建设，寻求在航运服务体系建设中新的商业机会。

（2）注重市场导向，创新市场营销体系。一是以建立集团主导下的"以市场为导向，以客户为中心、以物流产品为主要内容的市场营销体系"。二是加强集团总部市场职能，完善市场营销组织职能，制订集团市场营销发展规划。三是加强市场营销能力建设，建立由优秀领军人物带领的专业市场营销团队。四是明确市场营销中心的责任和权利，根据所承担的职责，相应地给予授权。五是形成以大客户经理牵头协调和调动各业务板块资源的内部资源统筹运营机制。六是创新集团整体市场营销体系，建立集团和基层的良性互动机制，形成集装箱码头和港口物流板块、散杂货码头和港口物流板块、集团和上港物流、集团和长江公司之间的互动机制。七是加强对价格形成机制的研究，加强对基本业务和主要衍生业务费率的管理，加强在业务结构调整中价格杠杆的发挥。

（3）优化集团管控，转变业务发展模式。一是以解放思想为先导，形成市场导向的经营理念。二是实现从"坐商"到"行商"的转变，统筹协调，周密计划，分阶段、分步骤地实施改革方案。三是集团管控的重点，逐步从生产转向市场，确立"市场为主，生产为保障"的业务发展模式。四是以实现集团"市场导向管理"为目标，主动调整管理体制，优化现行组织结构。五是优化港口生产组织方式，进一步强化物流统筹协调职能，服务于大项目、大客户的开发和维护。六是针对物流"集成服务"项目，明确物流企业、集装箱、散杂货企业在业务合作上的关系定位，建立跨业务、跨部门的整体业绩考核体系、收益成本分配体系。

（4）加强科技创新，推进节能减排。一是进一步开展技术进步、科技创新和节能减排工作，更好地履行社会责任。二是坚持科技创新与集团的生产经营管理紧密结合，提升集团科技创新品牌。三是设立节能减排推进工作领导小组，形成考核与激励机制。四是创新应用各种节能设备、代用燃料和环境保护等技术，全面推广岸基供电等节能新技术。五是通过规划和建设绿色港口，在信息化和数据统计基础上，综合考量码头操作、船舶运营、港口周边环境等因素，提高对港口生态环境的影响的预测分析能力。

（5）发展港口物流，增强板块盈利能力。一是加快整合物流业务资源，夯实上港物流和长江公司两个物流运作平台，在集团内部形成各有侧重、各具专长的业务发展格局。二是加快构建进口分拨、出口集拼物流中心，重点发展汽车、重大件、冷链商品等货种的物流业务，发挥集团在物流产业链上的系统化效应。三是优化集团不同板块、不同区域间关键业务合作流程，加强发挥物流业务资源的协同效应。四是充分利用资本运作，兼并收购与集团具有协同效应的国内外优秀物流企业。五是集中优势资源开拓大客户、高附加值客户，开发更具针对性的物流产品。六是研究对港口物流板块建立更具市场化的激励机制。

3. 谋发展

（1）提高资本运作能力，拓展外延增长空间。一是通过资本运作，在较短时间内促进业务的快速发展。优化集团的资本结构，盘活存量资产，捕捉财务投资机会，提升集团资本收益率等关键财务指标。二是加强与国内外优秀的综合型和专业化物流企业合作。三是积极探索，寻找最佳国际化模式，充分利用我国在国际市场上的影响力、国际分工的新变化和国际贸易的新布局开拓市场；选择合适的班轮公司或全球码头运营商作为战略伙伴，与之进行资本合作，以获得欧美等成熟市场的码头资源。四是针对资本运作和海外投资项目，增加资源配置，提升外延拓展能力，确保外延增长有值得信赖和托付的执行主体。五是吸引一流的专业机构为集团服务。

（2）发展港口物流，增强板块盈利能力。一是加快整合物流业务资源，夯实上港物流和长江公司两个物流运作平台。二是积极拓展综合化、增值化、高端化物流服务，重点发展汽车、重大件、冷链商品等货种的物流业务。三是优化集团物流资源配置，加强发挥物流业务资源的协同效应。四是充分利用资本运作，加快获取物流发展所需的客户和业务资源。五是集中优势资源开拓大客户、高附加值客户，获取大的物流项目。六是研究对港口物流板块建立更具市场化的激励机制，给予港口物流板块一定的自主裁量政策。

（3）拓展新兴港口服务业，平抑主业周期性波动。一是引航、拖轮和外轮理货等传统港口服务业应保持与生产主业同步发展。二是深化港口地产业务的开发，稳步释放汇山地块和宝山地块项目价值。三是将邮轮码头的相关服务作为产业链进行整体思考和系统谋划,分阶段、分步骤启动邮轮实体运作。四是积极探索仓单质押等物流金融业务的开展。

(4)推动口岸效率提升,营造一流口岸环境。一是抓住洋山建设国际航运综合试验区的重大历史机遇,先行先试,提高上海口岸的中转竞争能力。二是持续提升服务能级,推进上海国际航运中心综合信息共享平台建设,降低口岸综合成本。三是建立与口岸单位更加富有实效的定期沟通机制。四是履行服务承诺,优化窗口服务,形成公开化、制度化和长效化的客户服务管理机制。

4. 强基础

(1)深化体制改革创新,建立"强港"管理体系。一是持续完善集团法人治理中董事会、监事会、经理层各自的职能,加强监事会与党委的有效监督职能,按照《公司法》《证券法》等法律、法规和规章制度的要求,在重大决策方面充分发挥独立董事的决策和监督作用。二是按照战略发展的客观要求,大力推进管理体制、用人机制、考核机制、激励机制等改革,建立上市公司持续发展的内在动力机制。三是提升成本控制理念,从生产经营成本的压缩延伸至投资成本的控制,从追求效率提升的单一目标延伸至成本与效率协调发展的均衡目标,从人工成本的控制延伸至人员结构的优化。四是强化经济运行质量的对标管理,关注成本费用的控制能力,注重在内涵挖潜上下功夫。五是强化内部审计管理,进一步拓宽审计内容,改进审计方式,强化审计手段,进一步完善内控制度。六是加强安全生产管理,完善"逐级负责、系统管理、两级监察、群众监督和职工遵章守纪"的安全责任体系。实现安全管理网格化覆盖;制订并完善各级管理岗位安全管理工作标准;继续开展科技创新和工艺改革;规范职业教育和岗位培训,稳步提升职业安全素质;坚持和完善重点危险源分类分级综合监管工作机制,保持安全生产整体受控。

(2)推进"三化"建设,筑就新竞争优势。一是要在正确把握"三化"建设的内涵和要求的基础上,通过管理实践得到体现和深化。二是以数据中心为载体,完成生产信息流、口岸信息流和管控信息流的集成与交互,最终全面实现集团信息化运营。三是将系统理念应用于资源配置、业务发展和企业管理的重点方面,全面实现集团系统化管控。四是强化精益生产理念,以集约化的投入提升资源使用效率,形成集团精益生产管理体系。五是成立"三化"建设领导小组,制定任务并分解实施,为长效推进"三化"建设提供组织保障。六是建立定期沟通交流机制,为长效推进"三化"建设提供创新平台。

(3)完善人力资源管理,实施上市公司股权激励。一是完善薪酬管理,建立"以岗定薪、以能定级、以绩定奖"的薪酬管理体系。二是坚持"定岗定编、合理配置"原则,完善用工机制。三是坚持"多元发展、评聘分离"原则完善考核管理,将绩效考核与集团发展战略、业务单元战略相结合,明确集团对各业务的主要考核指标。四是完善激励机制,强化员工的绩效考核管理,体现员工收入与企业运营质量、劳动生产率的联动,积极稳妥推进上市公司股权激励措施。五是进一步优化集团劳务用工管理体系,实现港口装卸生产"承包化",经济关系"合同化",劳动关系"规范化"。通过综合配套改革,进一步维护外来务工人员的合法权益。六是贯彻落实人才强港战略,制定《"十二五"人才队伍建设实施纲要》,着力构建"1+4"紧缺人才体系。

(4)深化企业文化建设,构建和谐家园。一是继承和发扬"承接历史,承载使命"的核心价值观,充分发挥企业文化作为提升集团软实力的独特作用,为加快推进集团强港建设提供精神动力、智力支持和环境保证。二是着力开展凝聚力工程建设,坚持以人为本,开展素质工程建设,开展品牌工程建设,构建和谐家园,强调承担社会责任。三是积极打造诚信集团、绿色集团、人文集团,切实增强集团广大员工心系企业的归属感、事业发展的成就感、爱港兴企的自豪感、建设强港的使命感、奉献社会的责任感以及体面劳动的幸福感。

三、"十三五"发展规划

上港集团在2015年制定了《上海国际港务(集团)股份有限公司"十三五"发展规划(2016—2020)》(以下简称《"十三五"规划》)。《"十三五"规划》共分五章,分别是"十二五"发展规划回顾、"十三五"面临的发展形势、指导思想和基本原则、战略目标与指标体系、主要任务和措施以及组织与实施。

(一)指导思想和基本原则

以邓小平理论、"三个代表"重要思想、科学发展观为指导,深入贯彻落实习近平总书记系列重要讲话以及党的十八大和历次全会精神,深化国资国企改革,融入国家"一带一路"和长江经济带战略,加快推进上海国际航运中心和中国(上海)自由贸易试验区建设。

以科学发展为主题,坚持深化国资国企改革,积极应对挑战,通过深入分析并抓住改革机遇,体现集团稳健持续发展的原则;坚持推进横向扩能、纵向一体和适度多元,体现集团市场化、专业化和国际化发展的原则;坚持通过建设智慧港口、绿色港口、科技港口和效率港口,体现集团创新绿色发展的原则;坚持加强企业党建,融入中心、服务大局,体现集团协调发展和共享发展的原则。

以进一步提高企业经济运行质量为主线,强调"固本业",形成港口核心主业对实现可持续发展的重要支撑;突出"重创新",打破思维定势,在改革和变革中塑造新的发展理念,打造新的发展引擎,把握新的发展机遇;坚持"强科技",通过加强科技研发和科技成果推广应用,切实提升集团的核心竞争力;重视"促多元",要通过加快产业结构调整,推动产业协调发展,优化增长结构,进一步提升经营质量;贯彻"精管理",落实"三化"工作取得的各项成果,促进企业管理和运营运作与国际接轨,形成行业标杆。

(二)战略目标与实施路径

以"成为全球卓越的码头运营商和港口物流服务商"为战略愿景目标,以促进建成上海国际航运中心,巩固世界第一大集装箱港口地位,建设智慧港口、绿色港口、科技港口和效率港口,保持净资产、营业收入和息税前利润等核心指标名列行业前三名作为"十三五"期间的工作目标。

"十三五"发展规划的实施,要聚焦上海国际航运中心建设,致力于推进枢纽港建设、优化口岸环境和集聚港航资源要素;要立足母港,稳健发展核心主业与适度多元化并举,持续提升经济运营效益和质量;要联江系海,铺设高效集疏运网络,打造港口物流枢纽;要走向世界,实现跨国经营、国际化发展的新格局;要融入中心、服务大局,形成和谐有序发展的良好局面。

(三)综合发展指标

1. 业务和效率指标:"十三五"末,母港集装箱吞吐量达到 4 200 万标准箱,非母港吞吐量达到 1 000 万标准箱;水水中转比例达到 50%,长江内支线吞吐量占总箱量比例达到 30%;散杂货吞吐量达到 1.5 亿吨。平均集装箱岸边起重机作业净效率达到 30 自然箱/小时,港口生产单耗控制在 5 吨标准煤/万吨吞吐量以下,碳排放强度控制在 5 吨/万吨吞吐量以内。

图 2-3-1 上海港集装箱装卸

2. 财务绩效指标:集团归母净利润总和较"十二五"提升 60%,达到 450 亿元人民币;平均净资产收益率达到 12%,平均资产负债率控制在 40% 以下。"十三五"末,集团营业收入达到 480 亿元人民币,资产规模达到 1 500 亿元人民币;净资产、营业收入和息税前利润等核心指标位居全球主要码头运营商前三名。

3. 资本市场指标:"十三五"期间,集团继续实施积极的分红政策,每年现金分红占可分配利润的 50% 以上。"十三五"末,集团总市值相比"十二五"末有显著提升,每股收益达到 0.38~0.40 元。

4. 员工和党建发展指标:"十三五"期间,职代会建制率、集体协商和集体合同签订率、覆盖面和执行率、劳动合同签订率保持 100%,一线职工代表的比例超过 50%,帮困救助保障体系实现全覆盖。"十三五"末,基层单位的专职党组织负责人比例超过 90%,基层单位下属的党支部书记专职比例不低于 50%,基层单位有党员的班组占比达到 90% 以上。

5. 集团职工人数和收入指标:"十三五"末,集团职工人数控制在 1.6 万人左右,高技能人才占技能人才的比例达到 40%,港口劳动生产率提升 10%,人均创利 90 万元人民币,人均收入增长不低于"十二五"水平。

(四) 主要任务和措施

1. 深入推进国资国企改革。贯彻落实国资国企改革任务,提升企业活力和竞争力。

2. 建设上海国际航运中心。打造联江系海,辐射全球的国际枢纽港;进一步提升上海对港航资源的集聚能力;持续提升口岸便利化,降低口岸综合成本。

3. 全面融入自贸试验区建设。推进国际航运中心和自贸区融合发展;打造 B2B 平台,推进贸易中心建设;发展港口金融,搭建高效投融资通道。

4. 对接落实"一带一路"和"长江经济带"战略。以加强"海丝"沿线合作推进国际化;以全面合作促进沿江港航物流一体化。

5. 加强经营管理,全面提质增效。改进投后管理,提高收益水平;研究市场供需,落实费改政策;巩固对标优势,加强风险管理。

6. 打造"港口为主,适度多元"的发展格局。服务升级提效,发展核心主业;以"五项驱动"(即业务转型驱动、投资发展驱动、创新发展驱动、航运发展驱动、港口商务发展驱动),落实"一主多元"。

7. 建设科技引领的智慧、绿色、高效港口。明确"四个港口"发展目标,在"智慧港口、绿色港口、科技港口、效率港口"建设中取得业界领先的成绩;依托重大项目开展技术攻关;以"互联网+"推进平台战略;完善科创制度,激发创新潜能;进一步完善人才资源开发机制;优化人事管理体系;更加注重员工发展。

8. 加强党的建设,服务和保障集团健康发展。加强集团干部队伍和基层党组织建设；推进和谐发展的海港企业文化建设；履行社会责任，展示上港品牌新形象。

上港集团认真实施"十三五"规划，以习近平新时代中国特色社会主义思想为指导，深入贯彻落实"创新、协调、绿色、开放、共享"的新发展理念，在新的时代坐标中坚定追求卓越的发展取向，进而推动集团更高质量的发展。

聚集港口主业，构筑发展新优势。一是加大市场营销力度，着力推动与重点班轮公司全方位合作；加强对重点项目的服务保障，大力促进水水中转业务发展；全力拓展内贸业务量，提高内贸服务质量；积极开展散杂货重点货种市场营销，提高装卸服务质量，努力确保港口主业稳定增长。二是持续巩固和提升"效率服务年"成果，系统提升港口效率和服务质量，逐步形成上海港服务品牌。三是制定上海口岸营商环境优化行动方案，落实口岸营商环境优化相关改革措施，加快推动口岸监管模式创新，积极推进上海口岸营商环境优化。四是进一步完善"党政同责，一岗双责，齐抓共管，失职追责"的安全管理体系，持续规范和强化现场安全管控，积极推进安全管理信息化水平，切实加强安全管理。

聚焦国家战略，开拓发展新空间。一是完善长江经济带航运联盟工作机制，切实发挥联盟在长江经济带发展中的重要作用；加快推进集装箱江海联运综合服务平台建设，尽快形成对接上海洋山港和外高桥港的转运集并体系网络；着力破解长江流域投资码头瓶颈问题，促进各码头提高持续发展能力，不断推进长江经济带发展。二是以"7.11航海日"活动为契机，建立海上丝绸之路港航合作机制，切实发挥好上海港在21世纪海上丝绸之路上的桥头堡作用；加快推进以色列项目、鹿特丹二期项目相关工作；加快落实与中远海运集团在海外项目上的合作，更好地服务于国家"一带一路"国际合作倡议。三是认真贯彻落实中央关于"探索建设自由贸易港"的相关精神，积极开展相关课题研究。四是全力做好首届中国国际进口博览会的服务保障。

聚集"四个港口"，引领发展新趋势。一是做好洋山四期工程国家竣工验收的准备工作，加快形成传统码头自动化改造整体技术方案，着力开展智慧港口技术攻关，加快推动智慧港口建设。二是深化、推广绿色港口三年行动计划（2015—2017）工作成果，认真实施2018年度节能减排计划，加快推进"船舶大气污染排放控制技术与示范""智能化港口大型成套装备绿色供应链标准体系建设及示范应用""绿色港口建设技术集成与示范"等重点绿色港口项目，积极推进清洁能源发展，加快推动绿色港口建设。三是加快推进拓展洋山支线泊位、港航道通过能力研究方案、码头更新改造等项目，进一步提升港口效率。四是持续加强科技创新体系建设，不断健全科技创新组织体系，优化管理和运行机制，进一步发挥好技术中心、行业研究中心在"四个港口"建设中的核心作用；加强与高校合作，推进建立科研基地，促进科技创新资源与成果共享，推进新技术、新工艺研究和科技成果转化应用;加强科技成果推广,重点开展岸基供电、风光储一体化智能微电网、智能理货等技术的推广应用,进一步建立"四个港口"建设的关键技术体系。

聚焦转型发展,形成多元发展新格局。一是大力推进以港口主业为依托的多元发展,切实加强港口传统主页与互联网、新技术的融合,加强公司大数据资源的挖掘和应用,持续推动港口传统服务向平台化转变,形成新的经济增长点;进一步拓展港口物流产业。二是加快推进协调发展和共享发展。三是加快推进宝山、军工路、星外滩商务地产开发建设。

聚集创新改革,增添发展新动力。一是着力推进公司体制机构改革,完善公司治理机制,进一步推进市场化、专业化的考察激励约束制建设,切实加强人力资源管理,注重对复合人才的培养。二是加强"三化"建设,加快推进管理信息系统建设项目,积极筹备数据中心建设,进一步理顺信息化管理机制。三是进一步强化全面预算管理,进一步改进和加强审计工作。四是加强与资本市场的沟通联系,逐步形成公司的市场品牌优势。

第四节　创新转型专项规划

上港集团于 2016 年制定了《上海国际港务(集团)股份有限公司 2016 年创新转型专项规划》(以下简称"《规划》")。《规划》以"按照《中共中央、国务院关于深化体制机制改革加快实施创新驱动发展战略的若干意见》的总体要求,紧扣上海加快建设具有全球影响力的科技创新中心和航运中心建设主线,贯彻落实上海市国资委《关于鼓励和支持本市国有企业科技创新的若干措施》,对标国际码头运营商,结合集团的'十三五'发展规划,聚焦技术创新和商业模式创新,打造具有特色的创新转型项目"的指导思想,提出了"进一步提升集团科技创新能力,努力实现在自动化码头建设、节能减排等重要领域的技术突破和推广应用,争取一批科研成果获得国家、行业奖项,推动上海港由世界大港向世界强港转变,为实现集团总体目标和建设上海国际航运中心作出应有贡献"的发展目标。

《规划》提出的 2016 年创新转型发展主要任务和措施有三项:

1. 重点技术创新:(1)攻关自动化技术;(2)攻关节能减排技术;(3)攻关信息化技术;(4)攻关安全保障技术;(5)攻关标准工艺优化技术。

2. 体制机制创新:(1)成立科技创新推进委员会;(2)加强科技创新的经费保障;(3)完善科技创新投入考核制度;(4)完善对科技人员的激励机制;(5)统筹资源,营造"万众创新、人人攻关"的环境。

3. 研发体系建设:以技术中心作为科技创新和应用推广的功能型平台,全面落实

"科技强港"战略,整合科技资源,建设创新团队,完善科技创新体系。

第五节　上海港智慧港口示范工程

2017年5月,《上海港智慧港口示范工程》(以下简称"《智慧港口工程》")出台。《智慧港口工程》阐述了上海港建设此项目的基础条件、上海港智慧港口建设信息化自动化的现状、建设此项目的必要性和可行性,提出了建设《智慧港口工程》的方案。

(一)完善一套系统——TOPS5.0码头运营管理系统。

(二)搭建三个平台。

1. 基于港口网络的江海联运业务的协同运行平台。主要包含:

(1)装卸业务协同系统:A. 装卸作业计划协同;B. 装卸作业过程协同。

(2)通关业务协同系统:A. 放行信息;B. EDI和海关信息;C. VGM码头称重;D. 装箱单预录信息。

2. 基于港城联动的集疏港业务协同运行平台。主要包含:

(1)集疏港业务协同系统。

(2)港务业务协同系统。

3. 集装箱江海联运业务职能受理与综合服务平台。主要包含:

(1)业务受理系统。

(2)综合信息服务系统。

(三)升级一个中心——云数据中心。

(四)夯实两张网络——感知和传输网络。

(五)物流运作模式创新。

1. 创新上海港—长江沿线集装箱港口网络化运营模式,扎实推进长江港航公共服务信息平台,完成上海港长江内10家投资码头的数据集中,实现江海联运业务协同。具体如下:

(1)形成以港口网络为骨干节点的物流信息共享交换网络。

(2)将船、箱、货、港的信息串联起来,与货物流协同同步。

(3)集装箱在江海联运各环节作业计划及作业过程状态可查,实现动态跟踪。

(4)打通以上海港为枢纽港的长江水运和干线海运两个体系,实现跨区域集疏运协同。

2. 创新集装箱公路集疏港城联动模式,实现公路集疏运业务协同。

3. 创新港口物流链业务受理模式,实现受理服务的无缝对接与信息共享。

《智慧港口工程》提出持续优化干支线统一调度平台功能,搭建上海港业务统一对外的门户服务网络,同时积极推进上海港的智能理货和 E 引航建设。

方案还预测了实施该方案的经济效益和社会效益。2017 年 6 月,《智慧港口工程》方案获交通运输部批准。

第六节　上海基本建成国际航运中心

2018 年 7 月,上海市制定了《上海国际航运中心建设三年行动计划(2018—2020)》(以下简称“《三年行动计划》”)。

《三年行动计划》包括四个部分,明确了今后三年上海国际航运中心建设的指导思想、总体目标、主要任务和保障措施。

1. 指导思想:以习近平新时代中国特色社会主义思想为指导,秉持“创新、协调、绿色、开放、共享”的发展理念,落实“交通强国”“海洋强国”决策部署,把握“一带一路”建设、“长江经济带”和自由贸易试验区战略契机,对标国际航运最高标准,全力提升海空枢纽、邮轮母港的服务效率和品质,全面强化现代航运服务业对内集聚和对外辐射能力,努力打造具有国际竞争力航运业营商环境,在国家战略实施、区域协同发展和航运产业创新中发挥引领作用,提升全球航运资源配置能力。

2. 总体目标:到 2020 年,上海要基本建成航运资源高度集聚、航运服务功能健全、航运市场环境优良、现代物流服务高效,具有全球航运资源配置能力的国际航运中心。

具体目标:(1) 航运枢纽功能国际领先:集装箱年吞吐量突破 4 200 万标准箱,航空旅客年吞吐量达到 1.2 亿人次,货邮年吞吐量达到 440 万吨,邮轮年接待出入境游客 350 万人次。(2) 航运服务能级大幅提升:提高现代航运服务业对外辐射能力和国际化水平,集聚航运服务全要素,海事法律与仲裁、航运融资与保险、海事教育与研发、航运咨询与信息等服务能级进一步提高。(3) 航运创新能力全面增强:对标国际贸易便利化最高标准,口岸综合效率和营商环境达到国际先进水平,通过互联网、物联网、大数据、智能化等新技术应用,实现航运产业转型发展。

3. 今后的重点任务:一是对标国际一流,全力打造世界先进的海空枢纽,完成海空枢纽多项工程建设。二是贯彻绿色理念,促进安全、高效、可持续发展,编制实施新一轮《绿色港口三年行动计划》,修编发布《上海港防止船舶污染海洋环境应急能力建设规划》等。三是树立品牌观念,全面提升现代航运服务能级。四是加强区域协同,合力提升全球航运资源配置能力,强化长三角区域港航协同发展机制,鼓励以港航龙头企业为主体开展区域合作。

4. 保障措施：强化组织领导与统筹协调,优化航运发展综合环境,注重人才培养和人才引进,增加政策支撑及资金投入。

上海国际航运中心建设是党中央、国务院从我国经济社会发展全局作出的决策部署。在党中央、国务院的坚强领导下,经过努力,上海国际航运中心在资源要素集聚、枢纽能级提升、服务功能完善、市场环境优化、区域协同发展等方面取得了明显成效,2020年上海已基本建成世界公认的国际航运中心。

一系列权威统计数据展示了上海国际航运中心的建设成就：

1. 上海汇聚了综合运力规模排名世界第一的中国远洋海运集团、全球最大的造船集团中国船舶集团、全球最大的港口机械装备制造商振华重工,以及国际海事组织亚洲海事技术合作中心等国际性、国家级航运功能性机构。2020年,全球排名前100位班轮公司中的39家、全球5大船舶管理机构中的3家、国际船级社协会正式成员中的10家、全球排名前六的邮轮企业中的4家均在沪设立了区域总部或分支机构。上海波罗的海国际航运公会中心、中国船东协会、中国港口协会等一批国际性(全国性)航运功能性机构入驻上海。上海港作为国际枢纽港在全球航运资源配置中的地位显著增强。

2. 上海港已经成为全球第一集装箱大港。全球80余家主要国际集装箱班轮公司在上海港开设班轮航线,每月国际集装箱航班达1 250班,上海港在国际上已成为集装箱航线最多、航班最密、覆盖面最广的港口,港口连通度连续9年位居全球首位,在全球港口班期综合服务水平中排名前3位。联合国《航运年度评论》报告,连续九年把上海港列为全球连通度排名第一的港口。

3. 上海港集装箱吞吐量自2010年起连续十一年位列世界港口集装箱吞吐量第一,2020年达到4 350.34万国际标准箱,百米岸线吞吐量达到28万标准箱。集装箱水水中转逐年递增。2020年,上海港集装箱水水中转吞吐量达2 245.10万标准箱,同比增长7.40％,水水中转比例为51.61％。2020年国际中转533.3万标准箱,国际中转占比从2016年的7.2％上升到2020年的12.26％。其中,洋山深水港区2020年集装箱吞吐量达2 022.2万标准箱,集装箱水水中转递增至1 114.4万标准箱,水水中转比例达到55.11％。

4. 上海邮轮产业建设成绩斐然。以上海吴淞口国际邮轮港为主体、上海港国际客运中心相配套的上海组合型邮轮母港快速崛起,目前邮轮客流量已跃居亚洲第一、世界第四。2019年8月,上海成为中国首个邮轮旅游发展创建示范区。同年10月,外高桥船厂正式开工建造首艘大型邮轮。

5. 上海空港两大国际机场旅客吞吐量连续四年全球排名第四。2019 年,上海机场通航全球 50 个国家;通航点总数达 314 个;旅客吞吐量达到 12 179.14 万人次;完成货邮吞吐量 405.77 万吨;智慧服务、自助服务设施更加普及,旅客出行体验和物流效率进一步提升;浦东机场航空货邮吞吐量连续十二年位居全球第三。在航运服务业发展方面,众多国际知名机构或者全球性航运企业云集上海。

6. 集疏运体系不断优化。上海港长江口深水航道水深达 12.50 米,可满足第三、四代集装箱船和 5 万吨级船舶全潮双向通航的要求,同时兼顾满足第五、六代大型远洋集装箱船和 10 万吨级满载散货船及 20 万吨级减载散货船乘潮通过长江口的要求。到 2020 年底,上海基本建成了"一环十射"内河高等级航道,初步形成"连接江浙、对接海港"的内河高等级网络框架。沪通铁路二期先行段外高桥港区铁路进港专用线工程开工建设,洋山深水港区与芦潮港铁路中心站实现一体化运营,推动海铁联运系统完善。

7. 航运保险机构在沪集聚。2020 年,共有 56 家财产保险公司在沪经营航运保险直保业务。同时,大量保险中介机构以及航运法律、海损理算机构为航运保险提供中介咨询服务,基本形成了"经营机构 + 专业中介 + 服务机构"的完整航运保险产业链。2019 年,上海船舶险和货运险业务总量达到 43.70 亿元,全国占比 23.5%(其中,船舶险 23.75 亿元,全国占比 42.8%;货运险 19.95 亿元,全国占比 15.3%)。2020 年,上海船舶险和货运险业务总量达到 43.23 亿元,全国占比 22.4%(其中,船舶险 23.68 亿元,全国占比 41.8%;货运险 19.55 亿元,全国占比 14.5%)。2009 年以来上海航运保险保费收入规模保持全国第一。2020 保险年度末,中国船东互保协会保赔险入会会员 171家,保赔险入会船舶超过 1 600 艘,入会总吨超过 7 000 万总吨。2020 年上海船舶险和货运险业务总量全国占比近四分之一,国际市场份额位居世界前列。

8. 航运信息服务发展迅速。上海航运交易所成为全国集装箱班轮运价备案中心、中国船舶交易信息中心。2020 年 11 月,上海航运交易所正式发布上海出口集装箱结算运价指数(SCFIS),该指数的推出为我国开展航运运价指数期货创新探索奠定了基础,已成为世界航运市场的三大指数之一;上海航运指数体系(SHSI)覆盖集装箱、干散货、油轮、船员、船舶买卖、"一带一路"贸易等领域,形成 21 大类、200 多个指标;上海航运交易所首次发布的全球集装箱班轮准班率指数,促进了全球航运物流供应链和服务质量的提升,努力打造上海规则、上海标准、上海交易和上海品牌;中国出口集装箱运价指数(CCFI)、上海出口集装箱结算运价指数(SCFIS)成为全球集装箱运输市场的风向标;中国沿海煤炭运价指数(CBCFI)挂钩协议使用比例超过 50%。航运研究咨询机构的服务能力也取得长足发展,全球航运智库联盟在沪成立,成为各国航运智库间的交流合作平台,目前成员数已达 17 家。其中,上海国际航运研究中心被列为"中国智库索引

(CTTI)高校智库百强榜"A类智库,成为全国唯一入选的航运类专业智库。航运研究咨询机构的服务能力取得长足发展。

9. 航运金融服务逐年增长。上海目前共有包括11家航运保险营运中心和3家再保险公司,船货险保费收入的市场份额仅次于伦敦和新加坡,位列第三。2018年,上海航运相关企业各项贷款余额为3 843.04亿元,同比增长4.4%,2020年递增至4 377亿元(其中2018年水上运输业贷款余额1 480.36亿元,同比增长37.4%,2020年增至1 601亿元)。2018年航运相关直接保险保费收入41.3亿元,同比增长11.3%,2020年达到43.4亿元。航运相关直接保险金额为13.16万亿元,同比增长46.2%。2020年,在沪商业银行、政策性银行、金融租赁公司对航运、船舶制造和港口管理等相关企业的授信总额为4 377.18亿元,同比上升13.9%。

10. 海事法律服务不断创新。2017年,最高人民法院在上海海事法院设立国际海事司法上海基地和智慧海事法院(上海)实践基地,全力打造国际海事司法中心。2020年,上海海事法院受理案件4 386件,各类案件立案标的总额41.5亿元,结案标的总额31.39亿元。其中全年受理一审案件2 816件,占64.2%,申请执行案件611件,占13.9%,执行保全、执行异议等其他案件959件,占21.9%。同年10月,上海海事法院与中国船东互保协会签署《合作备忘录》,在全国范围内首推"船舶扣押预担保"新举措。

航运仲裁方面,上海仲裁机构相继推出示范性合同文本格式、国际通行的仲调对接模式、国际航运互联网仲裁等举措。2019年国际航运仲裁院受理仲裁案件187件,争议标的6.6亿元,同比增长15.79%。2020年受理仲裁案件196件,同比增长4.8%,争议标的5.7亿元。上海的海事相关律所及合伙人数量排名全球第四,中国海事仲裁委员会上海总部2018年受理案件76件,其中涉外案件30件,国内案件38件,总争议标的8.5亿元。2020年受理案件70件,其中涉外案件31件,国内案件39件,总争议标的14.1亿元。案件受理和总争议标的全国领先,有力保障了航运市场有序运行。

11. 航运人才培养和培训与日俱增。2018年海船船员培训总量达4.39万人次,同比增长1.4倍;证书签发总量4.36万本,同比增长87.1%。截至2020年底,上海市共有18所高校在本科及以上层次开设航运领域的学科专业,其中硕士层次的高校6所,博士层次的高校2所。2020年上海海事大学招收航运相关专业本科生1 611人。招收全日制研究生2 469人,其中硕士研究生2 379人、博士研究生90人。新增"人工智能"、航海技术、交通运输等相关专业。2020年有船员培训机构7家,开展279期共9 660人次船员培训。共有船员外派机构30家,外派海员22 647人次。世界一流的航运企业、海事律所合伙人在此广泛集聚。

12. 航运服务能级大幅提升。全球十大船舶管理机构中的6家、国际船级社协会正式成员中的 10 家、全球排名前百位班轮公司中的 39 家、全球排名前五的邮轮企业等都在上海设立了区域总部或分支机构；通过互联网、物联网、大数据、智能化等新技术应用，上海国际航运中心正集聚航运服务全要素，通过航运产业转型发展，对标国际贸易便利化最高标准，航运创新能力得到了全面增强。

13. 在完善航运市场环境方面，上海在航运领域出台了一系列改革开放政策，发布了涉及航运领域的负面清单，不断改善口岸环境，率先打造单一窗口。2019 年 3 月，上海口岸深化营商环境改革"22 条"发布，上海港港口业务进入"全程无纸化时代"，上海航运营商环境的优化获得国际认可。口岸服务效率明显提高，口岸成本显著下降。世界银行发布的《全球营商环境报告 2020》中，中国整体排名升至第 31 位，其中跨境贸易指标上升 9 位，上海统计权重占到 55%，跨境贸易指标上升 9 位，涉及海关作业、港口物流作业等多个环节。为了更好地推进上海国际航运中心建设，上海市人民代表大会于2016 年通过了《上海市推进国际航运中心建设条例》，从法律层面保障了上海国际航运中心建设的可持续发展。全球最权威的航运国际性组织联合国世界海事组织（IMO）秘书长林基泽在 2017 年 5 月认为，无论从硬件还是软件看，上海都已经成为世界级的航运中心。

14. 航运服务大幅提升。2020 年，上海航交所完成船舶交易 84 艘次，交易总额4.97 亿元，完成船舶评估 21 艘，成功招标处置船舶 9 艘次；航交所旗下航运运价远期交易平台共计交易 45 个合同，累计成交（单边）14 696 手，成交金额（单边）1.8 亿元人民币，上海出口集装箱欧线和美西线的主力合同日均成交量约 30 手左右。2020 年，上海航交所完成船舶交易 84 艘次，交易总额 4.97 亿元；上海海事局在册登记的船舶数量 1 944 艘，其中国际航行船舶 422 艘，占 22%，国内航行海船 1 061 艘，占 54%；中国船级社上海分社完成国际航行营运船舶检验 646 艘次，完工国际入级船检验 16 艘，104.21 总吨。

15. 航运服务业加大开放。目前，除涉及国家主权和安全的国内水路运输，航运业务均已对外开放。其中，"允许外商独资设立国际船舶管理企业"政策取得良好效应，已有 18 家外商独资和 4 家合资船舶管理公司获批入驻自贸区，自贸区外资船管企业开展海员外派试点取得突破。自贸试验区放开国际登记船舶入级检验政策落地，法国必维船级社成为首家在自贸试验区开展入级检验业务的外国船级社。自贸试验区取消外商投资国际船舶代理业务股比限制，全球排名第四的贝仕船舶管理公司在上海设立首家外商独资船舶代理公司。

16. 2020 年，上海已发展形成七大航运服务集聚区，航运资源要素不断集聚。外高桥、洋山—临港地区以港口物流和保税物流为重点，成为现代航运物流示范区。北外滩、陆家嘴地区以航运总部经济为特色，集聚各类航运市场主体。吴淞口地区初步形成邮轮产业链,创建中国邮轮旅游发展示范区,建设国内首个国际邮轮产业园。虹桥、浦东机场地区依托国际航空枢纽、机场综合保税区、大飞机制造等实体,成为临空经济发展的重要载体。依托航运服务集聚区,国内外航运、航空企业、功能性机构纷纷落户上海。截至 2021 年 3 月底,全球排名前十位的班轮公司、全球排名前五位的邮轮企业、全球前五大船舶管理机构中的 4 家、国际船级社协会正式成员中的 10 家均在沪设立区域总部或分支机构。上海国际航运中心在枢纽能级提升、集疏运体系优化、航运服务功能完善、发展软环境营造方面成果显著。

图 2-6-1　洋山保税港区

　　17. 航运文化平台彰显特色。中国第一家国家级航海博物馆——上海中国航海博物馆全力打造航运文化品牌,陈列展览、文物典藏、学术研究、社会教育、运营开发水平持续提升,参观人次逐年递增,2019 年达到 36.82 万人次。"中国国际海事会展""中国航海日"等航运会展文化品牌,得到业界内外的广泛关注,促进了航海精神、航海文化的传承。"浦江游览"荟萃城市景观精华,集聚多元水岸产品,成为上海城市的名片,2019年黄浦江游览游客首破 500 万人次,2020 年接待中外游客 124.96 万人次。北外滩滨江作为中国母港邮轮的发源地,依托"水上旅游产业"和"上港邮轮城",形成休闲旅游服务产业链。吴淞口地区以国际邮轮母港为基础,建设多元融合的现代滨江邮轮文化带,形成上海邮轮旅游目的地国际品牌吸引力。

　　从 2014 年开始,由全球航运界著名机构波罗的海航运交易所与我国新华社共同编制了"新华社—波罗的海国际航运中心发展指数"。2020 年 7 月 11 日,《新华—波罗的海国际航运中心发展指数报告(2020)》在上海发布,发展指数主要从港口条件、航运服务和综合环境三个维度分析国际航运中心城市发展的内在规律,全面衡量并真实反映一定时期内国际航运中心港口城市的综合实力。上海凭借快速发展的现代航运集疏运体系和航运服务体系,以及区域航运协同发展效应,在新华—波罗的海"2020国际航运中心发展指数"报告中排名跃升至第三位,上海国际航运中心地位已经得到国际航运界的公认,国际影响力稳步提升。

第七节 认真践行"长三角一体化"发展战略

为深入贯彻落实习近平总书记在首届中国国际进口博览会开幕式上的主旨演讲和考察上海的重要讲话精神,上海港抓住实施长三角一体化发展国家战略的重大机遇,积极主动服务对接国家战略,为推动长三角更高质量一体化发展作出更大贡献。

1.《关于协同推进长三角港航一体化发展六大行动方案》

2018年12月,交通运输部与上海市、江苏省、浙江省、安徽省政府联合印发《关于协同推进长三角港航一体化发展六大行动方案》(以下简称"《方案》")。《方案》确定了六大行动13项主要任务:内河航道网络化行动方面,协同推进长三角内河高等级航道网建设,合力加快推进淮河出海通道建设;区域港口一体化行动方面,进一步优化港口功能布局,完善江海直达、江海联运配套港口设施,加强港口资源整合、提升港口资源利用效率;运输船舶标准化行动方面,深入推进内河船型标准化,加快江海直达船型研发和推广应用;绿色航运协同发展行动方面,强化港口船舶污染防治,积极推进新能源和清洁能源应用;信息资源共享化行动方面,大力提升海事港口服务效率,推进港航物流公共信息平台建设;航运中心建设联动化行动方面,全面提升现代航运服务能级,推动整合航运指数资源。

2019年5月,交通运输部成立推进长三角地区交通运输更高质量一体化发展领导小组,形成了《长江三角洲区域交通运输更高质量一体化发展规划》(以下简称"《发展规划》")初步研究成果。给长三角交通运输更高质量一体化下了"定义"——在推动区域交通运输提升服务和管理水平、完善体制机制创新、促进市场开放和资源共享上有新突破。在体制机制上将强化一体化规划建设,加快长三角区域一体化发展进程,为长三角区域经济发展和一体化开放创新提供广阔空间。

《发展规划》提出了一体化发展规划的"行动路径"——对标世界级城市群,借鉴国内外先进经验,拓展公共交通服务网络覆盖范围和深度,构建一体化出行体系和经济高效的物流体系;进一步优化和完善长三角综合立体交通网布局,打造世界级港口群、机场群,构建一体化轨道网、高密度干线公路网和现代化高等级航道网;推动技术、信息、人才等创新要素优化配置,强化管理创新、制度创新、服务创新、文化创新,加快培育新技术、新业态、新模式,建设交通科技创新高地。

2019 年,长三角"一体两翼"港口群已基本形成。以上海港为核心,突出上海全球航运资源配置能力,以江苏、浙江港口为两翼,做强实体运输功能,成为长三角港口群服务国内外市场的"中转区"。深入推进江苏、安徽港口资源整合,继续推进引江济淮航运工程和长江航道整治"645 工程",发展江海联运通道,不断提升港口一体化运营水平、干支流航道的通航能力。

同时,2019 年,长三角铁路建设全年计划投产新线 996 公里,新开工上海至苏州至湖州铁路等 4 个项目。预计到 2020 年末,长三角铁路营业里程将达到 1.3 万公里,将覆盖"三省一市"范围内除舟山市以外所有的地级以上城市。目前,随着交通运输网络的日益完善,其对区域经济发展的推动作用也将不断加大。再加上铁水联运、公路协同,实现多种运输方式联通互补、快捷高效的运输格局,将进一步增强客货运输集散能力,促进长江经济带和整个东部的发展要素流通。

2. 沪浙两省市加快小洋山北侧开发建设

2018 年,上海和浙江两省市全面加快小洋山北侧开发建设,以具体行动落实习近平总书记关于长三角一体化发展和"希望上海要把洋山港建设好、管理好、发展好"的重要指示精神。

沪浙两地在 2017 年签订《关于深化推进小洋山合作开发的备忘录》《关于小洋山港区综合开发合作协议》的基础上,2018 年又签署了《小洋山港区综合开发合作协议》,明确"以资本为纽带,以企业为主体,通过股权合作方式,稳步推进小洋山区域合作开发",实现两个企业集团的战略合作,全面加快小洋山北侧开发建设。

小洋山北侧陆域位于洋山深水港区北侧,东至沈家湾山和薄刀嘴山,南至东海大道及延伸段(除大指头山),西至小洋山岛和已建港口配套区东边界,北至规划的北海堤。小洋山北侧港口开发定位为洋山深水港区辅助港、长江中下游中转枢纽港和陆域产业配套港,通过有效开发小洋山北侧岸线资源,着眼于发展中小型泊位,与港区大型泊位实现互动、协作、错位发展,承接洋山深水港区沿海中转和长江内支线中转业务,从而进一步支撑洋山深水港区发展国际干线运输,以稳固上海国际航运中心的国际地位和竞争力。

小洋山区域的开发合作,将以上港集团的全资子公司上海盛东国际集装箱码头有限公司(以下简称"盛东公司")为主体,沪浙双方确定以股权方式进行合作。浙江海港集团以现金人民币 50 亿元对上港集团盛东公司进行增资。增资后,上港集团与浙江海港集团分别持有盛东公司80％和20％股权,共同推进包括小洋山北侧在内的小洋山港区综合开发与合作,进一步强化长三角区域港口间的协同发展,促进上海建成具有全球航运资源配置能力的国际化航运中心。

3. 上港集团、江苏省港口集团、浙江宁波舟山港集团签署江海中转平台战略合作协议

2018年12月,上港集团分别与太仓港口管委会、宁波舟山港集团、江苏省港口集团签署战略合作协议,在合力做大、深化资本合作、加强口岸合作、加快对接上海自由贸易试验区、加强双向交流联动等方面深化战略合作。这是继2015年太仓港与上海港推出"沪太通"物流模式,把太仓港上港正和码头作为上海港的延伸,同时引进宁波舟山港的资金、政策、人才、管理参与太仓港建设的又一重大举措,进一步形成战略联盟,提升太仓港实力。

4. 上海港与江苏省大丰港合资设立集装箱码头公司

2019年3月20日,上海港与大丰港签署合资设立盐城上港国际港务有限公司协议,注册资金1.4亿元,共同经营大丰港的集装箱业务。

此次上海港与大丰港合资设立集装箱码头公司是上海港践行长三角一体化发展战略的具体举措,是两港之间的又一深度合作。集装箱码头公司的设立,将以大丰港集装箱码头为营运平台,实现大丰港与上海港集装箱航线"天天班"服务,加密至上海港航班,积极推进"沪盐通"通关模式,为盐城乃至苏北地区的企业提供一条高效、便捷、低廉、绿色的海上物流通道,对大丰港港口运营、航线增辟、集装箱业务开拓具有重要意义,从而不断推进上海港与盐城港的协同发展,进一步提高盐城港在江苏港口群中的地位和作用,并将有力推动大丰港现代化港口建设,为盐城港加快融入上海国际航运中心增添新的动能。

5. 畅通完善长江口水域一体化航路规则

上海海事局以"一体化"理念为指导,立足于长江经济带和长三角区域一体化发展,近两年来,先后完成了对长江上海段、黄浦江、长江口深水航道、上海洋山深水港区及其附近水域通航规定的修订工作,重点针对长江口复杂船舶交通。上港集团根据《沿海码头靠泊能力管理规定》要求,编制了码头减载靠泊能力论证报告,针对码头主体结构、码头靠泊设施、航道及通航流以及"三级分汊、四口入海"的水域特点,全面优化航路规划及船舶航行避让规则,更加科学合理地设置航道、警戒区和锚地,强化长江口水域与周边水域通航规则的有效衔接,构建了符合新时代航运产业发展需求的航路规则系统,进一步促进有限通航资源的高效利用,保障各类船舶安全有序航行,大幅提升了长江口附近水域以及长江口深水航道船舶整体通航效率。

6. 长三角"一体两翼"港口群已基本形成

2019年,长三角"一体两翼"港口群已基本形成,长三角港口群以上海港为核心,突

出上海全球航运资源配置能力,以江苏、浙江港口为两翼,做强实体运输功能,成为长三角港口群服务国内外市场的"中转区"。深入推进江苏、安徽港口资源整合,继续推进引江济淮航运工程和长江航道整治"645 工程",发展江海联运通道,不断提升港口一体化运营水平、干支流航道的通航能力。

2019 年,长三角铁路建设全年计划投产新线 996 公里,新开工上海至苏州、上海至湖州等 4 个项目,长三角铁路营业里程将达到 1.3 万公里,将覆盖"三省一市"范围内除舟山市以外所有的地级以上城市。目前,随着交通运输网络的日益完善,再加上铁水联运、公路协同,长三角已实现多种运输方式联通互补、快捷高效的运输格局,并将进一步增强客货运输集散能力,促进长江经济带和整个东部的发展要素流通。

第八节　上港集团业绩

上港集团是 2006 年上市的全国第一家港口整体上市企业。按照"整体改革、国资控股,吸纳增量、公平公正"的原则进行了多元化改制。

上港集团 2003 年成立以来,全员劳动生产率从 2003 年 5 617 吨/人提高到 2019 年的 36 593 吨/人,全员劳动生产率提高了 6.51 倍。(见表 2-8-1)

表 2-8-1　2003～2019 年上港集团全员劳动生产率情况统计分析表

年份	2003 年	2004 年	2005 年	2006 年	2007 年	2008 年	2009 年	2010 年	2011 年
全员劳动生产率（吨/人）	5 617	7 428	8 866	11 057	12 456	12 023	11 554	14 050	16 006
为上年	122.5%	132.2%	119.4%	124.7%	112.7%	96.5%	96.1%	121.6%	113.9%

年份	2012 年	2013 年	2014 年	2015 年	2016 年	2017 年	2018 年	2019 年	
全员劳动生产率（吨/人）	16 990	19 450	19 798	19 595	19 790	22 809	34 296	36 593	
为上年	106.1%	114.5%	101.8%	98.9%	101.0%	115.3%	150.4%	106.7%	

截至 2005 年底,上港集团主营业务收入 109.9 亿元,净利润 21.77 亿元,总资产达454.94 亿元,总股本 185 亿元,每股净资产 1.038 元,每股收益 0.117 元。

2006 年,上港集团完成主营业务收入 124.84 亿元,实现净利润 29.63 亿元。截至2007 年 5 月 31 日,公司总市值达到 2 111 亿元,总市值已名列沪深股市前 20 位。

伴随着港口装卸、港口物流、港口服务和港口商务四大业务板块产业的迅速发展，上港集团的整体业务和经济效益得到了快速增长。

2019年，上港集团实现营业收入361.02亿元。在营业收入快速增长、成本得到有效控制的基础上，实现归属母公司的净利润达到90.62亿元。（见表2-8-2）

表2-8-2 2006～2019年上港集团(A股600018)主要经济指标统计表

年份	营业收入（万元）	比上年同期	净利润（万元）	比上年同期	总资产（万元）	比上年同期	总股本（亿股）	目前流通股(亿股)
2006年	1 280 000.00	—	297 000.00	15.70%	5 148 000.00	11.70%	185.690 0	—
2007年	1 632 839.78	27.62%	364 002.99	22.75%	5 554 287.23	7.95%	209.906 9	79.924 1
2008年	1 814 047.96	11.10%	461 933.54	26.90%	5 908 129.23	6.37%	209.906 9	79.924 1
2009年	1 654 534.47	-8.79%	376 004.61	-18.60%	6 334 699.11	7.22%	209.906 9	209.908 0
2010年	1 910 545.30	15.47%	541 712.20	44.07%	6 589 466.90	4.02%	227.551 8	209.908 0
2011年	2 177 885.70	13.99%	472 418.80	-12.79%	8 325 750.50	26.35%	227.551 8	209.908 0
2012年	2 838 102.13	30.31%	496 926.66	5.19%	8 710 299.23	4.62%	227.551 8	209.908 0
2013年	2 816 229.85	-0.77%	525 552.85	5.76%	8 861 162.19	1.73%	227.551 8	209.908 0
2014年	2 877 870.35	2.19%	676 654.82	28.75%	9 427 950.04	6.40%	227.551 8	209.908 0
2015年	2 951 083.19	2.50%	656 245.35	-3.00%	9 851 491.73	4.49%	231.736 7	227.551 8
2016年	3 135 917.85	6.26%	693 907.72	5.74%	11 678 477.69	19.53%	231.736 7	227.551 8
2017年	3 742 394.62	19.34%	1 153 619.16	66.25%	14 123 490.50	20.94%	231.736 7	231.736 7
2018年	3 804 254.46	1.65%	1 027 634.25	-10.92%	14 436 703.40	2.22%	231.736 7	231.736 7
2019年	3 610 163.20	-5.10%	906 227.83	-11.81%	14 217 729.59	-1.52%	231.736 7	231.736 7

2010年，上港集团在2010上海企业100强中排名第30位（较上年上升一位），在2010上海服务业企业50强中排名第14位。

2015年，上港集团在2 251家A股样本公司中以564.54亿元的资本品牌价值，荣获2015年度中国上市公司资本品牌百强，排名第13位，排名较前一年度上升一位；荣获2015年度国有控股上市公司市值管理50强，排名第43位；荣登"2014中国企业500强"榜第431名，"2014中国服务业企业500强"榜第137名。

2016年，上港集团荣获中国企业联合会、中国企业家协会联合评审的"2016中国企业500强"榜第432名，"2016中国服务业企业500强"榜第143名；荣获"2016上海企业

100 强"榜第 33 名,"2016 上海服务业企业 100 强"榜第 18 名。

2017 年 8 月,在中国企业联合会、中国企业家协会、上海市经济团体联合会联合主办的"2017 上海百强企业"评审中,以 2016 年度企业营业收入为审定标准,上港集团荣登"2017 上海企业 100 强"榜第 36 名,"2017 上海服务业企业 100 强"榜第 20 名。经第六届中国上市公司诚信高峰论坛评选,上港集团荣获 2017 中国上市公司诚信企业百佳奖项。2017 年 11 月,上港集团荣获"中国百强企业奖",排名第 51 位,较去年上升一位;同时荣获"中国明星企业奖"。

2018 年,上港集团荣膺 2018 上海百强企业称号,为"2018 上海企业 100 强"榜第 35 名,"2018 上海服务业企业 100 强"榜第 19 名;同时荣获"中国百强企业奖",排名第 42 位,并获"中国创新企业奖"。

2019 年,上港集团荣获"2019 最具社会责任上市公司""2019 中国上市公司诚信企业百佳"和"2019 中国上市公司诚信品牌"称号。

第三章　工程建设和设施设备

上海港地处长江三角洲东端,位于长江与东海交汇处,居南北沿海中心,具有控江襟海的区位优势。

20世纪90年代,上海港在黄浦江内的码头功能调整,逐年外移,港区陆域逐步拓展至长江口南岸的外高桥和五号沟地区。在浦东长江口南岸新建了外高桥港区和罗泾港区,集装箱码头成为发展重点。

2003年,上海港口体制改革后,在新建外高桥港区的同时,又在洋山建设集装箱码头,运营范围拓展至洋山深水港区。近二十年间,上海港加快港口建设,添置大量装卸设施和设备,扩建仓库、堆场等设施,为递增吞吐量增添了必要的硬件。

第一节　工程建设

上海港以建设上海国际航运中心为使命,进行生产结构调整,加快建设港口各项工程,经过艰苦奋斗,出江入海,先后建成外高桥港区1～6期工程、罗泾港区1～2期工程和洋山深水港区1～4期工程,在外高桥、罗泾和洋山地区形成了新的生产区域,建成了全球规模最大的集装箱全自动化码头,从而推进了集装箱装卸业务、散杂货装卸业务、汽车滚装业务、邮轮客运业务和港口现代物流服务的整体发展,不断向建成世界强港的目标迈进。

一、外高桥港区建设工程

(一) 一、二、三期工程

上海港口体制改革前,上海港务局于1998年6月完成了外高桥港区一期集装箱化改造工程,由上海浦东国际集装箱码头有限公司负责经营管理。1999年8月建成了外高桥港区二期码头工程,并于2000年1月31日通过了国家竣工验收。2001年11月又建成了外高桥港区三期码头工程，于 2002 年 11 月 4 日通过了国家竣工验收。上海外高桥港区二期和三期码头均由上港集团振东集装箱码头分公司负责经营管理。（图 3-1-1～3-1-4）

图 3-1-1　1994 年 10 月建成的外高桥港区一期工程

图 3-1-2　1999 年 12 月 15 日外高桥港区二期工程建成庆典

图 3-1-3　1999 年 10 月 28 日外高桥港区三期工程开工建设

图 3-1-4　2002 年 11 月 4 日通过国家竣工验收的外高桥港区三期工程

(二) 四期工程和配套内支线码头工程

1. 外高桥港区四期工程

该工程项目位于长江口南岸五号沟地区。2002 年,国家计委先后批准工程项目建设书和工程可行性研究报告。2003 年 2 月交通部批准工程初步设计。

工程规模:建设集装箱泊位 4 个,码头长 1 250 米、宽 54.5 米,可满足同时靠泊 4 艘第四代集装箱船;另在码头内侧建设长江驳船泊位 2 个,码头长 187 米、宽 30 米。码头前沿底面高程近期定为-12.5 米,远期可浚深至-14.2 米;码头面层标高 7 米,引桥 4 座,总长 820 米、宽 20~25 米,码头和引桥均为高桩梁板结构;引堤 4 座,总长 182 米、宽 20~25 米,重力式结构。港区陆域纵深约 1 200 米,陆域总面积 162.82 万平方米,其中集装箱堆场面积 78.71 万平方米。设计年吞吐能力 180 万标准箱。

工程进港大门采用了先进的智能化道口,在港区内开设 2 万平方米临时停车场,以解决集装箱卡车进入港区后的候泊处理,从硬件上为客户送提箱提供在港区作业 30 分钟内即可完成的服务设施。考虑到港口物流业发展需求,四期工程的拆装箱场所由过去拆装箱库(CFS)、拆装箱场(CFA)变为拆装箱站,并布置在交通便利的后方区域,便于拆装箱业务和物流作业结合与进一步社会化经营。

工程于 2000 年 3 月开始吹填造陆建设。10 月 26 日,码头开始打桩。2002 年 12 月 30 日工程基本完工,2003 年 2 月中旬投入试运行,7 月 21 日通过国家竣工验收。竣工决算投资 25.68 亿元。(图 3-1-5)

图 3-1-5 2003 年 1 月 14 日外高桥港区四期工程建成投产

2. 外高桥港区四期配套内支线码头工程

该工程位于长江口南岸五号沟地区,紧靠四期码头上游。2000 年,上海市政府批示同意港务局提出的利用外高桥港区四期工程与修造船基地码头之间 300 米岸线建设集装箱内支线专用码头的请示。2002 年市计委批复同意工程可行性研究报告。2003 年市规划局和市建设委员会分别批复同意工程初步设计。

工程规模：建设 2 个长江驳泊位。按集装箱年吞吐量 30 万标准箱和 10 万辆汽车，并兼顾大型船舶、汽车滚装船和战备登陆艇靠泊功能进行设计。码头长 219.4 米、宽 54.5 米，前沿水深-12.5 米，高桩梁板结构，可内外双侧靠泊。外侧分为两个部分，靠近外高桥港区四期 180 米码头结构按照靠泊超大型集装箱船舶、大型滚装船舶、3 000 吨级长江驳船作业设计；上游侧 39.4 米码头设一凹口，嵌入 1 艘长 27.6 米、宽 21 米的钢趸船，趸船深 2.6 米，干舷高度可调节，调节范围 0.6～1.6 米，以适应不同滚装船舶和部队船舶靠泊高度的要求；嵌入式趸船后方与长 20 米、宽 9 米的重型钢引桥相接，在低水位条件下，钢引桥最大坡度 15 度。码头内侧挂靠 2 艘长 45 米、宽 10 米钢趸船，平时可供 4～6 艘工作船靠泊作业；引桥 1 座，长 151 米。陆域纵深约 700 米，面积 27.06 万平方米，其中堆场面积 16.64 万平方米。

该工程 2001 年 12 月 23 日开工，2003 年 10 月 30 日完工投入试运行，12 月通过竣工验收。竣工决算投资 2.11 亿元。

上海外高桥港区四期码头由上海沪东集装箱码头有限公司负责经营管理。

（三）五期工程

该工程项目地处长江口南岸五号沟地区，西北与四期港区相邻，东南为五号沟沟口，码头岸线与四期码头相距 210 米。2003 年国家发改委批准工程立项，并于 2004 年 12 月核准工程建设。2005 年交通部批复同意工程初步设计。立项建设单位为上港集团，实施单位为上海港外高桥港区五期工程建设指挥部，主要设计单位为中交水运规划设计院，主要施工单位有三航局、上海港务工程公司、上海航道局等，远东监理、南华监理和新光监理公司承担工程监理。

工程规模：建设 4 个 5 万吨级海轮泊位(兼顾 8 000 标准箱以上集装箱船舶靠泊作业)和 2 个 3 000 吨级长江驳泊位。作为多用途码头，设计年吞吐能力 830 万吨，其中集装箱 70 万标准箱；作为全集装箱码头，设计年吞吐能力 220 万标准箱。码头泊位长 1 110 米、宽 58 米，面层标高＋7 米，前沿水深-12.5 米；引桥 4 座，码头和引桥均为高桩梁板结构；引堤 4 座，采用抛堤心石结构。港区陆域纵深约 1 222 米，面积 162.9 万平方米。

2003 年 6 月启动地基处理。9 月 19 日开始码头打桩。五期工程集中外高桥港区前四期建设经验，是在洋山深水港一期工程建成之前，上海港建设科技含量最高、工程管理最具创新的港口重大工程。施工针对港区陆域吹填细砂层和浅层的欠固结软土层分别采用振动碾压法、无填料振冲法、低能量强夯联合降水法,快速加固地基,取得良好效果。探索和总结出半钢性基层沥青铺面结构的成套技术并成功运用。水工码头混凝土面层施工中应用掺丙纶纤维材料的新工艺、新技术,采用改善混凝土中钢筋位置、混凝土划块分区等方式方法,减少混凝土面层龟裂。将 TETRA 系统应用于港口行业,建立"海陆对接、天地一体"的无线运营平台。采用自行式防汛港闸门,改进大跨度高强度钢闸门结构形式、大载荷长距离无轨自动纠偏机构、驱动形式和行走机构、多点油缸液压系统与闸门密闭,提高防汛闸门现代化水平。荷载能力 80 吨、双 40 英尺集装箱岸边起重机首次在码头上应用。2004 年 11 月 30 日工程完工,12 月 20 日投入试运行,翌年 12 月 26 日通过国家竣工验收。竣工决算投资 22.82 亿元。

上海外高桥港区五期码头由上海沪东集装箱码头有限公司负责经营管理。

(四) 六期工程

该项目位于长江口南岸五号沟地区,西接五期码头,东距良友集团粮食港区散货码头 250 米。最初功能定位为多用途码头,后改为集装箱、汽车滚装码头,是上海港首个具备汽车滚装和集装箱运输两大功能的综合性港区。2009 年 1 月国家发改委批复同意项目建设,5 月交通运输部批复同意工程初步设计。立项建设单位为上港集团,实施单位为上海港外高桥港区六期工程建设指挥部,主要设计单位为中交水运规划设计院、上海原构设计咨询公司等,主要施工单位有上海港务工程公司、浙江裕众建设工程有限公司等,监理单位为远东监理和南华监理。

工程规模:建设 5 个大船泊位和 2 个长江驳泊位,包括 1 个 10 万吨级和 2 个 7 万吨级集装箱泊位(水工结构均按照靠泊 15 万吨级集装箱船设计),2 个 5 万总吨级汽车滚装泊位,内侧 2 个长江驳泊位水工结构按照靠泊 5 000 总吨级汽车滚装船设计。码头长 1 538 米,为高桩板梁式,码头前沿线位于-10 米等深线处。其中集装箱码头长 1 008 米、宽 58 米,面顶高程 +7 米;汽车滚装码头长 530 米,其中上游 152 米面宽 50 米,中部 153 米面宽 58 米,下游 225 米面宽 60 米,下游内侧为小型汽车滚装泊位和艉直跳泊位。引桥 5 座,引堤采用抛堤心石结构。堆场面积 75.58 万平方米。设计年通过能力 210 万标准箱和 73 万辆汽车。

工程分两步实施,第一步先行启动长江隧桥工程西侧 600 米码头工程,确保在长江隧桥盾构施工前竣工,以尽可能减轻对隧桥工程的影响,第二步全面启动六期工程。

600 米码头工程含汽车滚装码头 530 米、汽车滚装码头与多用途码头连接段 70 米,以及码头下游内侧的小型汽车滚装泊位和尾直跳泊位。2005 年 12 月 16 日,码头开始吹砂及试桩。2007 年 9 月 30 日,600 米码头工程及其后方约 12 万平方米道路堆场建成,滚装码头于 10 月先行投入试运行。

2009年1月21日工程全面开工建设。2010年9月完工,10月12日通过交工验收,12月6日投入试运行并举行开港仪式。2011年10月通过竣工验收。竣工决算投资45.97亿元。

六期工程布置港区绿化面积约为37.1万平方米,绿化率达到20.39%。汽车滚装码头对汽车供应链全面整合,运用无线实时反馈技术、堆存模拟优化技术实现滚装码头的管控一体化,成为我国第一个最具规模的汽车物流港区和亚洲最大的汽车物流立体库。

包起帆领衔的港口科研创新团队成功研发的码头岸基供电设备,使六期工程集装箱码头成为世界上第一座具备全面岸基供电能力的码头。同时,码头运用低碳新技术,建设7条高架E-RTG滑触线,后方堆场全部配置电动轮胎式集装箱起重设备,并首次采用故障连跳技术,采用超级电容混合动力技术。该码头成为国内建设"无烟码头"和"绿色港口"的样板,在全国港口行业起到示范引领作用。中华环保联合会特授予其"低碳中国特别贡献奖"。

上海外高桥港区六期码头由上海明东集装箱码头有限公司负责经营管理。上港集团将外高桥港区六期工程600米岸线的汽车滚装码头资产租赁给上海海通国际汽车码头有限公司经营管理,租金为每年2 200万元。(图3-1-6)

图3-1-6　外高桥港区六期工程俯瞰

二、罗泾港区建设工程

罗泾新港区位于长江南,东靠宝山钢铁总厂,西临江苏省浏河口,岸线全长4.7公里。水域开阔,风浪小,水陆货运条件和水电、煤气、通讯等建设条件理想,具有上马快、投资省、周期短的特点。1985年,三航设计院和市规划设计院等单位已分别完成罗泾新港区主体工程和港外配套工程的可行性研究报告,以及全部工程的设计任务。规划年吞吐能力5 230万吨,相当于当时上海港港口吞吐能力的1/3。原计划主体工程于1986年破土动工,1990年形成部分吞吐能力。后计划调整,开工延迟,1993年才开建罗泾煤码头一期工程。

(一) 罗泾煤码头一期工程

罗泾煤码头一期工程上游与陈行水库相邻,距离吴淞口17公里,是满足我国北煤南运、建立华东地区煤炭储存基地、确保上海和华东地区煤炭供应、与秦皇岛煤四期相配套的系统工程,也是承接黄浦江内老港区功能转移的工程。1990年5月,工程可行性研究报告通过中国国际工程咨询公司的评估,被列为上海港第三批利用世界银行贷款项目之一,这是上海港土建工程中首次利用世界银行贷款。1992年8月国家计委批复同意工程可行性研究报告。1993年6月国家交通投资公司批准码头初步设计。11月国家计委批准开工。立项建设单位为上海港务局,上海港罗泾煤码头建设指挥部和上海港罗泾煤码头公司(筹)负责建设实施;主要设计单位有三航设计院、上海市政工程设计院等;主要施工单位为三航局、上海港务工程公司等;远东监理为总监理单位。

图3-1-7　1997年7月30日建成的罗泾港区一期工程

工程规模:建造码头泊位9个,长1 061米。其中3.5万吨级卸船泊位2个,前沿水深13.2米;2 100吨级海轮装船泊位1个、2 000吨级江驳转船泊位2个、500吨级江驳装船泊位4个,前沿水深7.5～8米;码头结构均为高桩梁板式。引桥布置为反"F"型,长1 167米、宽14～21.5米;引堤长73米、宽22.5米;堆场面积14.56万平方米,港区内道路面积 7.27 万平方米;进港道路 2 条,3.65 万平方米,包括桥梁 6 座。配套主要装卸机械设备 27 台/套,其中 1 250 吨/小时桥式卸船机 1 台,1 250 吨/小时链斗式连续卸船机 2 台,取煤 1 250 吨/小时、堆煤 3 000 吨/小时斗轮机 4 台,1 500 吨/小时装船机 2 台,带式输送机 8 840 米,3.5 立方米单斗装载机 4 台。设计年吞吐能力 1 000 万吨。(图 3-1-7)

该工程 1993 年 12 月 20 日正式开工。施工单位针对复合型饱和软土地基的实际地质环境状况,采取塑料排水板动力固结钢渣挤实法加固粉煤灰软土地工艺,就地取材,以废治废,将多种成熟技术综合融合形成新工艺,工期较其他方案缩短一半。综合利用废钢渣 87 万吨和 130 多万立方米,直接节约投资 2 000 万元以上。为节省开支,利用当地粉煤灰灌包筑堤,完成内隔堤项目。采用 7 米钢筋混凝土长方桩,替代以往在该地区建码头采用钢管桩的惯例,为工程节约 2/3 的桩基费用投资。工程还采用 20 世纪 90 年代最先进的分布式控制系统对码头卸船、装船、堆场作业和装车进行自动化控制。1996 年 12 月 20 日,作为市重大工程竣工项目举行建成庆典仪式。翌年 7 月 30 日通过竣工验收。竣工决算投资 11.64 亿元。

该工程建成后,由上海港最大的煤炭装卸专业企业——上港集团煤炭分公司负责经营管理。

(二) 罗泾港区二期工程

为满足黄浦江两岸综合开发、上海世博会场馆建设和老港区功能调整的需要,实现黄浦江老港区替代能力,2005 年 7 月,国家发改委核准罗泾港区二期工程项目。2006 年交通部批准工程初步设计。投资建设单位为上港集团,由上港集团罗泾港区二期工程建设指挥部组织实施;主要设计单位为中交水运规划设计院;主要施工单位有上海港务工程公司、第一航务工程局等;监理单位有南华监理、远东监理等。

该项目由煤炭码头改扩建工程、钢杂码头工程和矿石码头工程组成,在上海港首次将矿石、煤炭和钢杂三大生产作业和服务区综合布局,共建设泊位 33 个,是经国家批准建设的泊位数最多的一个水运工程项目。其中矿石码头、钢杂码头属于新建,煤炭码头属于改扩建。港区陆域面积 144.9 万平方米,陆域纵深约 700 米,其中堆场面积 55.92 万平方米。配置主要装卸机械 168 台。设计年吞吐能力 4 380 万吨。工程于 2005 年 6 月 13 日开工吹填。

1. 煤炭码头改扩建工程

罗泾港区一期煤码头于 1997 年完工投入生产后,因国家能源布局结构变化,缺少煤炭货源,遂改变为接卸矿石码头。2005 年,上海港决定将在黄浦江内的煤炭装卸公司迁往罗泾港区,罗泾一期码头功能由矿石码头恢复为煤炭码头,需对该码头进行改建、扩建和恢复性改造。其中,改建、扩建部分并入罗泾港区二期工程,恢复性改造列入上海港更新改造计划。扩建项目包括:在原罗泾一期码头下游扩建7万吨级卸船泊位1个,长270.1米、宽26米,码头顶面标高+7.35米;在原罗泾一期码头内侧扩建2 000吨级直取泊位1个,长240米、宽15米,码头顶面标高+6.8米,并添置2 500吨/小时的装船机1台;在原罗泾一期码头装船码头西侧扩建装船泊位1个,长105米、宽19米,码头顶面标高6.4米。码头均采用高桩梁板结构。同时,在装船码头东侧扩建工作船码头1座,长150米、宽10米,码头顶面标高6.65米,采用高桩墩台结构;在原罗泾一期码头引桥西侧扩建专用引桥1座,长1 200.86米、宽6米,采用高桩梁板结构。改建项目主要是改造原有2个3.5万吨级泊位的工艺系统,新建和改造带式输送机6条,总长1 549.3米。恢复性改造项目主要对煤堆场水喷洒系统、排水系统和装卸机械进行改造和维修。工程自2005年8月11日开工,2007年8月30日全部完工,通过交工验收。

2. 钢杂码头工程

钢杂码头工程建设3~5万吨级钢杂泊位6个、500~2 000吨级驳船泊位11个,设计年吞吐能力868万吨。堆场面积12.99万平方米,其中简易堆场面积6.11万平方米。2005年6月13日开始吹沙成陆,工程量约为642余万立方米。7月5日开始码头打桩,为减少码头面层龟裂,水工码头面层采用掺聚丙纶纤维混凝土。2007年8月13日全面完工,通过交工验收。该工程建成后,由上港集团罗泾分公司负责经营管理。

3. 矿石码头工程

矿石码头工程建设20万吨级(减载)矿石卸船泊位2个、5 000吨级非金属矿石卸船泊位1个、2 000~5 000吨级矿石装船泊位6个、5 000吨级矿石装船泊位2个,均为高桩梁板结构,码头面层标高7米。堆料场面积33.35万平方米。2005年6月13日正式开工。2006年12月工程基本建成。2007年5月通过交工验收。该码头是上海港2010年以前最大、自动化水平最高的矿石码头。该工程建成后,由上海罗泾矿石码头有限公司负责经营管理。

罗泾港区二期工程投资量大、科技含量高,工期紧迫。建设中实施了装卸工艺优化和地基处理新技术的研究与应用,带式输送机全部采用低压交流变频驱动控制技术,实现带式输送机动态调速运行,实现节能降耗。矿石码头堆场建设中首次应用大面积的振冲碾压+26米塑料排水板+使用期分级堆载和强夯+26米塑料排水板+使用期分级堆载的地基处理新技术,在施工期加固浅层无黏性土,同时施打26米新型热熔塑料排水板至深土,加速软土排水固结。然后在生产运营期确保堆场安全的前提下,通过分级加载来加固深层软黏土。

矿石码头港区后域邻近新建的宝钢集团浦钢公司。包起帆领衔的港口科研创新团队与宝钢集团联手构筑现代物流基地,通过新港区码头与堆场皮带机输送系统全变频控制,为浦钢公司提供矿石、煤炭等原料"精细化、无缝隙"式的配送。对以信息技术为支撑的工业系统在码头生产中的应用作了改进与完善,将管理信息系统、实时控制系统、港区运行状态监测系统形成一个闭环的一体化管理控制系统,实现企业生产资源的协调管理。工程建设还引入了环保监理。(图 3-1-8)

图 3-1-8　2007 年 9 月 1 日投入试运营的罗泾港区二期工程

2007 年 8 月 30 日,罗泾港区二期工程全面完工。9 月投入试运行。2008 年 7 月 14 日通过国家竣工验收。竣工决算投资 39.15 亿元。

三、上海国际航运中心洋山深水港区建设工程

(一) 一期工程

该项目由港区、芦潮辅助作业区和东海大桥三个部分组成。港区部分位于崎岖列岛北部岛链的小洋山岛侧,其芦潮辅助作业区位于上海芦潮港东侧人工半岛南部海边。2001 年 3 月,经国务院同意,国家计委批准工程项目建议书。2002 年 3 月和 6 月,国家计委先后批准工程可行性研究报告和下达开工计划通知。项目法人为同盛集团;建设单位为洋山同盛港口建设公司、上海同盛大桥建设有限公司、上海同盛物流园区投资开发有限公司;主要设计单位为三航设计院、上海航道设计院、上海城市建设设计研究院等;主要施工单位为三航局、上海港务工程公司、上海航道局、中国建筑工程总公司等;主要监理单位有广州南华监理所(简称"南华监理")、天津中北港湾监理所(简称"中北监理")、北京京华监理所(简称"京华监理")和上海远东监理公司(简称"远东监理")等。

工程建设内容包括:港区工程建设 5 个能停靠第五、第六代集装箱船的泊位(码头结构兼顾 8 000 标准箱船舶靠泊要求),码头岸线长 1 600 米,设计年吞吐能力 220 万标

准箱；水工码头采用满樘式高桩梁板结构，码头面高程 8.1 米。港区陆域纵深 928 米，总面积 153 万平方米。东海大桥始于芦潮港，终于嵊泗县小城子山，总长约 31.5 公里，按双向六车道高速公路标准设计，桥宽 31.5 米，设计行车时速 80 公里，年通过能力 500 万标准箱以上；大桥通航标准 5 000 吨级，通航孔净空高 40 米。芦潮港配套辅助区布置于东海大桥登陆点附近。此外，临时工程包括长 318 米的工作船码头和 2 座长 132 米的引桥，以及长 93.5 米的芦潮港交通船码头。

该工程 2002 年 6 月 26 日正式开工。施工方成功解决陆域高回填防漏砂等一系列关键技术问题，如采用"不添加填料的振冲加固"方案，填补高回填区地基加固的技术空白；软体排护底加袋装砂堤心结构的斜坡堤成功应用于深水区，并成功应用宽肩台抛石斜坡堤和爆破抛石挤淤堤。港区陆域采用抛（吹）填砂施工工艺围海造陆，最大回填厚度达 40 米，平均回填厚度 24 米，完成抛（吹）填砂 2 500 万立方米；开山爆破量约 675 万立方米。建成港区道路总面积 22.6 万平方米，堆场总面积 84.8 万平方米。2005 年 11 月 7 日港区部分投入试运行。12 月 5 日一期工程全面完工。12 月 10 日，洋山深水港区开港。2006 年 8 月通过国家竣工验收。竣工决算投资 78.12 亿元。（图 3-1-9）

图 3-1-9　2005 年 12 月上海港洋山深水港区一期工程完工

该工程开创我国在远离大陆、依托岛礁复杂地形建设大型现代化集装箱枢纽港区的先河。港区工程建设产生 20 多项具有知识产权的技术，创造多项中国第一和世界之最。

2005 年 5 月，上港集团的全资子公司上海盛东国际集装箱码头有限公司成立，负责洋山深水港区一期码头运行前的生产准备和码头投入使用后的经营管理。

（二）二期工程

该项目由港区和芦潮辅助作业区两个部分组成。港区部分东端与一期港区相接，为二期配套的芦潮辅助区位于南汇临港地区。2003年,上海市计委同意开展二期工程征地动迁前期工作,2004年5月基本完成。2005年6月国家发改委核准二期工程项目。2006年6月交通部和上海市政府联合批复同意二期工程初步设计。项目法人为同盛集团;建设单位为洋山同盛港口建设公司、同盛物流公司;主要设计单位有三航设计院、上海航道设计院等;主要施工单位有三航局、上海航道局、上海港务工程公司、中港疏浚股份有限公司等;主要监理单位有南华监理、中北监理、京华监理和远东监理等。

工程规模:码头岸线长1400米,建设4个7万吨级集装箱泊位(兼顾15万吨集装箱船靠泊)和相应配套设施,码头采用满樘式高桩梁板结构,码头面高程8.1米。港区陆域总面积88.83万平方米,堆场总面积59.96万平方米,其中重箱堆场50.85万平方米、空箱堆场7.02万平方米、冷藏箱堆场2.09万平方米。设计年吞吐能力210万标准箱。芦潮辅助作业区分为A、B、C三区,占地总面积28.5万平方米。另有危险品作业区总面积4.8万平方米。此外,建设过渡期车客渡码头,长180米,2个2000吨级车客渡泊位(兼顾高速客轮靠泊);客运站一座,候船大厅面积641平方米,停车场面积4300平方米。(图3-1-10)

图3-1-10 上海港洋山深水港区二期工程建设中

该工程2004年4月25日正式开工。水工码头采用水上大直径密排砂桩加固驳岸墙前地基,成功地解决了软土地基上高回填土对码头和驳岸结构的影响。陆域形成采用抛、吹、填相结合的施工工艺。地基加固采用不外加填料振冲工艺,施工速度快,成本低。码头配置12台集装箱装卸桥,其中10台为具有世界先进水平的双40英尺集装箱装卸桥。2006年12月10日,二期工程全面完工,投入试运行。翌年9月通过国家竣工验。竣工决算投资56.40亿元。

（三）三期工程

该项目由港区和芦潮辅助作业区两个部分组成。港区部分紧接一期港区东端，为三期配套的芦潮辅助区位于南汇临港地区。2008 年 3 月，国家发改委核准三期工程项目。6 月，交通部和上海市政府联合批复同意工程初步设计。项目法人为同盛集团；建设单位为洋山同盛港口公司、同盛物流公司；主要设计单位有三航设计院、上海航道设计院；主要施工单位有三航局、上海航道局、上海港务工程公司；主要监理单位有南华监理、京华监理等。

工程规模：码头岸线全长 2 600 米，建设 7 个 7～15 万吨级集装箱泊位（结构均按靠泊 15 万吨级集装箱船设计），陆域总面积为 591.35 万平方米，设计年吞吐能力 500 万标准箱。（图 3-1-11）

图 3-1-11 上海港洋山深水港区三期工程

项目分两阶段建设，第一阶段：新建港区码头岸线长 1 350 米，建设 7～15 万吨级集装箱泊位 4 个，堆场容量 107 994 标准箱，设计核定年吞吐量 280 万标准箱；在芦潮辅助配套作业区建设口岸查验及配套区和芦潮作业 B 区。2006 年 4 月，水工码头开工，采用满堂式高桩梁板结构，这是国内首次采用大直径斜嵌岩桩，以及新型的 A150 轨道、铝热焊焊接工艺等；码头面高程 8.1 米。港内水域疏浚工程量 178.35 万立方米。开山形成陆域 71.84 万平方米，开山总工程量 1 029.83 万立方米。抛（吹）填砂石填海形成陆域 519.51 万平方米，工程回填砂石总量达 7 549 万立方米。地基加固总面积约 290 万平方米。形成堆场总面积 77.31 万平方米，其中重箱堆场 58.67 万平方米、空箱堆场 8.77 万平方米、危险品堆场 3.42 万平方米、冷藏箱堆场 2.9 万平方米。2007 年 12 月 5 日一阶段工程完工。翌年 6 月投入试运行。11 月 13 日通过国家竣工验收。竣工决算投资 80.1 亿元。

第二阶段：新建港区码头岸线长1 250米，建设3个7～15万吨级集装箱泊位，堆场容量74 123标准箱，设计核定年吞吐量220万标准箱；在芦潮辅助配套作业区建设芦潮作业A区、危险品作业区，扩建南北闸桥海关卡口。2007年4月水工码头开工，采用满堂式高桩梁板结构，码头面高程8.1米。码头后方建成堆场面积70.96万平方米，其中重箱堆场53.03万平方米、空箱堆场11.14万平方米、危险品堆场2.87万平方米、冷藏箱堆场3.92万平方米。芦潮作业A区工程形成建筑总面积9.79万平方米。危险品作业区工程形成建筑总面积7 806.89平方米。此外，建成一座长320米重力式工作船码头，长1 437.77米斜坡式港池护岸结构，3座浮码头及3座钢引桥等。2008年11月11日二阶段工程完工。12月投入试运行。翌年9月16日通过国家竣工验收。竣工决算投资79.33亿元。

上港集团于2007年4月成立上海冠东国际集装箱码头有限公司，这是上港集团投资组建的专业集装箱码头公司，负责洋山深水港区二、三期码头运行前的生产准备和码头投入使用后的经营管理。

（四）四期工程

1. 建设概况

上海洋山深水港区四期工程系集装箱全自动码头工程。2014年8月19日和2014年10月18日交通运输部和国家发展改革委分别以交规划（2014）〔684号〕文和发改基础（2014）〔2353号〕文批复同意上海市发展改革委关于工程项目的请示和补充报告。项目法人为同盛集团，由上港集团工程建设指挥部负责建设实施；建设单位为洋山同盛港口公司、京华工程管理有限公司、北京水规院京华工程管理有限公司、中建港务建设有限公司、上海港务工程公司等；主要设计单位为中交第三航务工程勘察设计院有限公司、交通部天津水运工程科学研究所、上海航道设计院、大连理工大学等；主要施工单位有三航局、中交第三航务工程局有限公司、上海振华重工（集团）股份有限公司、上海海勃物流软件有限公司、上海振华港口机械（香港）有限公司等。主要监理单位有上海远东监理公司、东华建设管理有限公司等。

该码头港区陆域位于东海大桥以南，依托颗珠山岛及大、小乌龟岛，围海填筑形成，平均陆域纵深约500米，总用地面积223.16万平方米。工程规模：泊位岸线长2 770米（其中码头2 350米）。靠泊水域水深-17.1米，港内航道-16米，回旋及连接水域-15.5米。共建设5个5万吨级和2个7万吨级集装箱泊位、1个工作船泊位、61个自动化作业集装箱箱区及必要的配套设施。堆场总面积101.96万平方米，平面堆场29 906标准箱。设计年吞吐量630万标准箱（先期为400万标准箱）。整个工程包括集装箱码头生产作业区、工作船码头基地、港外道路及支持系统等。工程总投资128.5亿元。（图3-1-12）

图 3-1-12　建设中的上海港洋山深水港区四期工程

2. 技术与创新

洋山港区四期码头工程首次采用最新一代自动化集装箱装卸设备和自动化生产管理控制系统,由电脑控制集装箱岸边起重机装卸集装箱,用无人驾驶自动转运车替代现在码头上的集卡,由电脑指挥无人转运车按电脑规划的行驶路径载集装箱前往堆场。全部使用清洁能源,无人作业,是上海港的第一个具有世界先进技术水平的集装箱全自动装卸码头,在工程设计和施工中具有许多科技创新点:

(1)自动化作业工艺及设备

该码头工程采用"双小车集装箱岸边起重机 + 自动导引车 + 自动化轨道吊"的全自动化作业模式。岸边采用双小车集装箱岸边起重机,主小车远程操作负责装卸船,辅小车自动装卸 AGV,在中转平台实现交互。水平运输采用 AGV,可更换三元锂电池,磁钉加惯性组合式导航,由中央系统进行集中调度、路径规划、交通控制,AGV 自带液压顶升装置并辅以 AGV 伴侣实现堆场海侧解耦和。堆场采用自动驾驶轨道吊,每个箱区两台,无悬臂、单悬臂、双悬臂交叉混合布局,外集卡在堆场陆侧实现进提箱作业。

(2)信息系统

洋山四期采用上港集团自主研发的码头生产管理操作系统即 TOS 系统和振华重工提供的设备管理系统即 ECS 系统,两者组成了洋山四期自动化码头的"大脑"与"神经"。TOS 系统由上港集团海勃公司自主开发,系统包含信息管理系统、生产作业系统、作业调度系统、过程控制系统和监控分析系统,实现了配载自动化、箱位分配自动化和 CWS 自动化等功能。ECS 系统包含集装箱岸边起重机控制系统、轨道吊控制系统和 AGV 控制系统。两大系统采用实时交互方式,形成指令、调度、执行、结果返回的闭环操作系统。

（3）布局模式创新

核心的自动化堆场采用满堂式布局。ARMG 作业线与码头垂直布置并采用高密度堆垛方式后,大幅度提高了土地与深水岸线资源的利用率,实现了集装箱在港内运输距离的最短化。港区交通流自东向西,进场闸口位于东端,出场闸口位于西端,集卡进港后为单向行驶,普通集装箱和冷冻集装箱的进提作业均在堆场的陆侧交互区内完成,这种组织方式有效减少了外来集卡的行驶距离。

采用多种轨道吊混合布局。洋山四期工程具有水水中转比例高、干支线船舶混合作业、港区间互拖箱作业量大等特点,因此设计研发了自动化集装箱堆场无悬臂、单侧悬臂和双侧悬臂三种自动化轨道吊混合布局模式。与国外采用的单一轨道吊堆场布局模式不同,该模式可根据水水中转比例以及港区间互拖箱量,按照效率与箱容量平衡的原则,合理确定三种型式轨道吊的配置比例和混合布置模式,有效解决堆场海陆侧轨道吊作业量不平衡、船舶大型化趋势下海侧装卸系统效率要求高、互拖箱装卸成本高和交通组织复杂等诸多难题。

采用集约化机修布局。首创集成了 AGV 测试、维修和传统机修区集约化新模式。有效节约了机修区用地,同时保证了智能化 AGV 需要较大维修区和测试区的需求,较好解决了人机混合作业的安全问题,提高了安全管控水平。

（4）专设支线船泊位

通过在码头西侧设立 300 米专用支线泊位,配置 3 台小型双小车集装箱岸边起重机,强化了水水中转功能,提高支线船水水中转效率,减少了工程投资,降低了运行成本,提高了泊位安排的灵活性。

（5）采用三级进港智能闸口布置

洋山四期码头工程基于全自动化集装箱码头作业对外来车辆的信息质量要求高、自动化堆场蓄车能力低的特点,首创了"预检、分流和放行"三级进港智能闸口布置新方式。进港闸口设置预检、分流和放行闸口,在分流和放行闸口之间设置具有车辆调峰、调箱门、称重及冷藏箱预检等功能的港外集卡缓冲停车场,加强了进港车辆的管理,大大缓解了港内交通压力,提高了港区对外服务质量和作业效率。首创集出港、口岸查验功能于一体的出港闸口集约化布置新方式,实现了疫区集装箱消毒喷淋全覆盖,港区间互拖进港集卡与港外进港集卡分流,提高了互拖集卡的作业效率。集出港、口岸查验功能于一体的出港闸口集约化布置新模式,提高了港区对外服务质量和作业效率。（图 3-1-13）

图 3-1-13　2014 年 12 月 23 日洋山深水港区四期工程开工建设

（6）机械智能交互作业

洋山深水港四期工程采用全自动化集装箱码头装卸工作方案，实现了全自动化集装箱码头机械智能交互作业。一是自动化分布式任务调度平台，将大量的机械指令交互自动进行分布式分配。二是自动智能集装箱岸边起重机作业计划系统，可自动编制桥中作业路计划，还具备自动智能地进行异常调整的功能，通过提高集装箱岸边起重机作业效率从而实现码头生产能力的提高。三是自动智能实时配载计划系统。可围绕船舶适航要求、船公司营运要求和码头作业要求，自动编制具体的集装箱船舶装载计划，使码头能以合理的成本，有序、有效组织生产。四是自动智能堆存计划系统。自动化集装箱码头堆存计划根据船舶窗口进行宏观的堆存大计划，规划长期的船舶进出口堆存策略；根据不同的船期，在船舶作业开港及装卸作业时进行堆存中计划的决策，实时智能地根据堆场的作业情况进行调配，当选择具体的堆存箱区后，再实时地决策堆存的具体位置。

这些关键技术极大地提升了洋山深水港区作为国际集装箱枢纽港的国际地位，并对集装箱码头装卸工艺的发展产生了深远影响。

洋山四期全自动化集装箱码头工程于 2017 年 12 月 10 日开港试生产，试生产期间，共有 16 台双小车集装箱岸边起重机、88 台自动化轨道吊、80 台自动导引车（AGV）设备投入使用，生产管理系统稳定可靠，昼夜最高吞吐量达到 14 451 标准箱。2018 年 12 月 25 日该工程通过上海市交通委组织的竣工验收，码头靠泊能力核定为 15 万吨级。洋山四期工程竣工验收，标志着码头自动化相关建设目标全部实现，码头将步入正式生产阶段。根据后续规划，码头远期设备规模将扩大到 26 台集装箱岸边起重机、120 台自动化轨道吊、130 台自动导引车。吞吐能力将达到 630 万标准箱。（图 3-1-14）

洋山深水港区四期码头的投入使用，适应港口向自动化、集装箱船舶大型化、联盟

图 3-1-14　2017 年 12 月 10 日洋山深水港区四期工程开港

化等方面发展需求,有效实现了港口转型升级发展,进一步推动了智慧港口建设。

四、上海国际客运码头工程

上海国际客运码头工程依黄浦江 CBD 地区北外滩长 1 197 米的黄金岸线建造,位于东大名路以南,东起公平路延伸线,西至虹口港。

上海港国际客运中心工程项目 1998 年开始组织前期工作。2000 年 6 月 19 日,上海市发展计划委员会下发沪计投(2000)〔312 号〕《关于上海港国际客运中心项目建议书的批复》,经市外资委、旅游委、市规划局、规划院、上海投资咨询公司等有关单位研究,同意上港集团建设上海港国际客运中心项目建议书。项目主建设内容为:新建国际客运综合楼和改建码头一座,以及有关配套宾馆、商务、公寓、旅游设施、绿化和停车场等。2001 年 2 月列入上海市重大建设工程,2002 年 12 月取得规划用地许可证批复。2004 年 11 月 10 日,上海市发展和改革委员会下发了沪发改城(2004)〔397 号〕《关于上海港国际客运中心——国际客运码头工程可行性研究报告的批复》。2005 年 4 月 25 日,上海市建设和交通委员会下发了沪建建规(2005)〔240 号〕文《关于上海港国际客运中心——国际客运码头工程初步设计的批复》。2006 年 4 月 24 日,上海市建设和交通委员会下发沪建交(2006)〔264 号〕《上海市建设和交通委员会关于上海港国际客运中心——客运综合楼工程初步设计的批复》,同意建造一幢 3 层上海港国际客运中心客运综合楼。

本项目工程共划分为六个单位工程和一个专项设备工程,主要包括 1～3 号泊位码头、防汛墙、小港池码头连接活动钢桥等单位工程和安装登船桥这一专项设备工程。

上海港国际客运中心工程主体包括国际客运码头和客运综合楼,于 2005 年 1 月 25

日开工建设,2008 年 7 月 12 日竣工。2009 年 6 月取得上海市港口管理局试运行备案和上海市口岸对外开通的批复,先后通过了有关部门的竣工验收。

工程建设的上海国际客运码头为固定码头,岸线长 1 197 米,码头长 1 125 米,由 5 个泊位组成,自东向西依次为:1 号泊位(公平路码头)作为备用岸线,码头长度 243 米,平台面积约 5 330 平方米,可靠泊一艘 5 万吨级邮轮或小型游艇;2 号泊位(小港池)作为挖入式码头,口门长度约 16 米,港池面积约 2 178 平方米,可停泊五艘 60 尺以下小型游艇;3、4、5 号泊位作为邮轮停靠泊位,码头长度约 882 米,平台面积约 25 700 平方米,可同时停泊三艘 7 万吨级的超大型邮轮或四艘大型邮轮、客运班轮。码头设计能力为进出港旅客客运量 100 万人次/年。码头设计船舶满载排水量 77 000 吨,最大吃水深度-8.3 米,码头、驳岸的均布荷载取 20 千牛/平方米,结构抗震按基本烈度 7 度设防。(图 3-1-15)

图 3-1-15　上海港国客中心四船同靠码头

客运综合楼位于太平路与商丘路延伸线之间,土地面积 30 446 平方米,总建筑面积 61 359 平方米,其中地上三层,建筑面积 4 000 平方米,地下三层,建筑面积 57 359 平方米。为增加沿江绿化和开放空间,"一关二检"通道和口岸单位、客运管理部门的办公、辅助用房等,均位于半地下室和地下室。地下一层及夹层(半地下室)为办公、出入境、办理登船及候船用,建筑面积 20 943 平方米。地下二层部分为办公、入境、行李房及辅助设施。地下三层为地下车库以及设备用房,建筑面积 18 208 平方米。地下一层、夹层、地下二层共设置各口岸单位办公用房 51 间,面积约 1 430 平方米,服务区面积约 2 507 平方米,基本可以满足旅客出入境候船、通关和各监管单位现场办公的需求。

五、上海吴淞口国际邮轮码头工程

随着国际邮轮旅游事业的发展,邮船逐年大型化,上海港位于外虹桥的国际客运中心码头已不再适应,上海市政府决定在吴淞地区建设大型邮轮码头。

上海吴淞口国际邮轮码头工程于 2008 年 12 月 20 日开工建设。建设单位为上海吴淞口开发有限公司和长江轮船公司。由三航设计院设计,三航局施工。码头及其公共配套设施项目位于宝山区吴淞口北侧的炮台湾防波堤水域岸线,前期工程新建大型邮轮泊位 2 个,码头长 774 米、宽 32 米,可同时停靠 1 艘 10 万吨级邮轮和 1 艘 20 万吨级邮轮。口岸联检大楼总建筑面积 2.3 万平方米,取名为"东方之睛"。2010 年 7 月水工部分完工,至年底,前期工程码头主体设施项目基本建成,相关配套设施稳步推进。翌年一期工程全面完工,开港试运行。

该邮轮港 2015 年 6 月启动后续工程建设,于 2018 年 7 月完工。后续工程在原有码头岸线基础上向上游延伸 380 米,向下游延伸 446 米,新建 2 个邮轮泊位。同时新建了面积约为 8.2 万平方米的水工平台,662.8 米长的新引桥和建筑面积 5.5 万平方米的两栋新客运楼及廊道,新客运大楼取名为"海上画卷"。整个工程完工后,吴淞口国际邮轮港码头岸线总长度达到 1 500 米,拥有 2 个 15 万吨级和 2 个 22 万吨级大型邮轮泊位。新客运大楼一层为出境海关和安检大厅、入境行李大厅、入境海关查验大厅以及到达大厅,二层为上下船廊道接口、入境卫生检疫、入境边检等,三层为出境船公司办票、出境边检及出境免税店等。

六、技术改造项目

1. 集装箱内支线专用泊位改扩建工程

随着外高桥港区内支线业务扩大,急需建设内支线专用泊位。2003 年,上海港集装箱股份有限公司与上海海洋石油局协商共同投资,利用外高桥三期码头上游 120 米岸线以及第三海洋地质调查大队三海码头加长加宽,改扩建为集装箱内支线专用泊位。2004 年 1 月,市发改委批复同意工程可行性研究报告。项目总投资 12 952 万元,上海港集装箱股份有限公司与上海海洋石油钻井工程公司分别投资 4 952 万元和 8 000 万元。根据合作协议,新建的 120 米码头中,上游 50 米归上海海洋石油局拥有,下游 70 米为上海港集装箱股份有限公司所有。工程勘察单位为三航设计院,设计单位为上海港口设计研究院,由上海港务工程公司承包施工,东华监理承担工程监理。

工程规模为改扩建码头总长度约 420 米、宽 48.5 米,形成集装箱内支线专用泊位 3 个、工作船泊位 1 个,设计年吞吐能力 30 万标准箱。

工程从引桥建设和三海老码头改造起步,2004 年 6 月 16 日开工。为与外高桥 1～3 期码头面层顺接,将旧码头面结构加高 0.75 米,使之与新扩建码头持平并形成整体。新建码头顶面高程 +7 米,采用高桩梁板式结构,码头桩基采用砼空心预应力方桩,上部结构采用现浇横梁、预制纵向梁、预制迭合面板和现浇面层的新型施工工艺。新建码头根据经常靠泊船型的特点,即低潮位时船舷远低于码头面层的情况,码头前沿设计上下两层系船柱,以便内支线船舶在低潮位时也能稳固靠泊;且每个井字梁格内预留一个50毫米透气孔,确保涨潮时井字梁格内空气能及时排逸,不致危及码头面板安全。2005年7月28日工程完工,8月通过验收。竣工决算投资1.24亿元。

2. 港区灰堤改造

2011年以来,上港集团为了缓解港口集装箱堆场能力不足和散杂货堆场能力日益紧张的状况,进一步适应上海港业务模式转变的需要,在上海市政府有关部门支持下,积极挖掘港内资源,实施港区绿化调整和灰堤改造。将外高桥港区大部分绿化面积转为生产经营场地,主要用于集装箱堆场、物流和汽车滚装业务。同时,启动灰堤改造试验项目,实施了罗泾分公司Ⅱ号、Ⅲ号库区的简易堆场试验工程,形成了简易、辅助场地。上港集团认真制订了有关方案,统筹安排、统一开发、兼顾各方利益,有效地发挥了集团资源的综合效益。到2013年,罗泾灰库试验工程、浦东公司和振东分公司的绿化改建堆场工程按照"确保安全、逐步加载"的原则使用,均已完工并交付使用。

到2015年,上港集团堆场总面积比2010年增加30.3万平方米,其中集装箱堆场增加1.6万平方米,逐步缓解了堆场使用的紧张局面。

第二节　泊位航道码头

一、泊位

2003年上海港口体制改革后,上海港根据港口码头泊位呈现出大型化、集装箱化、专业化的发展特征,将长江南岸和洋山岛作为码头发展重点,并且为适应货源结构调整而大力发展建设集装箱码头,黄浦江内的码头泊位大幅减少。

体制改革前,上海港务局于2001年建成外高桥港区三期码头,新增集装箱泊位2个,长度665.8米;2002年建成外高桥港区四期码头,新增集装箱泊位4个,长度1 250米;2003年又新建码头集装箱泊位6个,长度1 469米,新增生产能力1 680万吨。

2004年,上海港建成外高桥港区五期码头,新增集装箱泊位4个,长度1 110米,可兼顾8 000集装箱以上船舶靠泊作业。同年,在外高桥港区三期码头处又建成集装箱内支线专用泊位3个,长度420米。

2005年底,洋山深水港区一期码头建成,新增集装箱泊位5个,长度1 600米,能停靠第五、第六代集装箱船,可兼顾 8 000 集装箱以上船舶靠泊作业。

至 2005 年底,上海港共有集装箱泊位 30 个(洋山深水港区一期因尚未经国家验收、外高桥集装箱内支线专用泊位因租赁给海通汽车公司未计算在内),其中 28 个为万吨级以上集装箱泊位,2 个为长江驳集装箱内支线泊位,长度 7 884 米,设计年吞吐能力 950 万标准箱。

2005 年,上港集团所属港区陆域面积已达 993.34 万平方米。经营的生产用码头泊位 121 个(含国际集装箱泊位 28 个),码头总延长 20.1 公里,其中万吨级以上泊位 78 个,码头长度 20.07 公里(含国际集装箱泊位 7.9 公里),货物通过能力 13 981 万吨(含国际集装箱年通过能力 920 万标准箱)。

2006 年 12 月,交通部批复同意外高桥港区一期至五期码头集装箱泊位靠泊能力由原 5 万吨级调整为 10 万吨级。2006、2007 和 2008 年,洋山深水港区二期、三期一阶段和二阶段码头相继建成。其中,二期工程新增 7 万吨级集装箱泊位(兼顾 15 万吨集装箱船靠泊)4 个,长度 1 400 米;三期工程一阶段新增 7~15 万吨级集装箱泊位 4 个,长度 1 350 米;三期工程二阶段新增 7~15 万吨级集装箱泊位 3 个,长度 1 250 米。

2010 年 9 月,外高桥港区六期工程建成 10 万吨级集装箱泊位 1 个、7 万吨级集装箱泊位(水工结构均按照靠泊 15 万吨级集装箱船设计)2 个,长度 1 008 米。同时龙吴码头 7 号、8 号泊位不再从事内贸集装箱装卸。

至 2010 年底,上港集团经营的码头泊位增至 185 个,码头总延长 29.92 公里,其中生产用码头泊位 147 个(万吨级及以上泊位 84 个),码头长度 28.1 公里(含国际集装箱泊位 13.9 公里),货物通过能力 24 923 万吨(含国际集装箱泊位通过能力 2 036 万标准箱)。

在生产用码头泊位中,按靠泊吨位能级分:20 万吨级泊位 1 个,15 万吨级泊位 7 个,7 万~10 万吨级泊位 32 个,3.5 万~5 万吨级泊位 14 个,1.5 万~3 万吨级泊位 28 个,7 000~10 000 吨级泊位 3 个,5 000 吨级泊位 15 个,1 000~3 000 吨级泊位 22 个,1 000 吨级以下泊位 4 个,全部为固定码头,技术状况均达到一类标准。集装箱专用泊位已达到 45 个,长度 13 946 米,核定年通过能力 2 036 万标准箱。其中,外高桥港区有集装箱泊位 19 个,长度 5 834 米,核定年通过能力 845 万标准箱,主要从事近洋航线和中型远洋航线船舶装卸作业;吴淞地区(包括洋泾港码头)有集装箱泊位 10 个,长度 2 512 米,核定年通过能力 261 万标准箱,主要从事近洋班轮航线和内贸航线船舶装卸作业;洋山深水港区有集装箱泊位 16 个,长度 5 600 米,核定年通过能力 930 万标准箱,可满足 1 万标准箱以上超大型集装箱船舶全天候满载进出港,主要从事大型远洋船舶装卸作业。

按地理位置分:黄浦江港区浦东侧有泊位 3 个,长度 534 米;浦西侧有泊位 55 个,长度7 335.6米;长江口港区宝山罗泾地区有泊位49个,长度7 660米;外高桥地区有泊位23个,长度6 813米;洋山深水港区有泊位9个,长度5 600米。2010年,黄浦江港区公用码头泊位长度所占比重已从2000年的80.2%降为39.3%。

至2010年底,上港集团港区占地面积1 726.63万平方米。与2003年相比,装卸作业区和客运港区布局已发生重大变化,港区重心从黄浦江两岸转移至长江口南岸和洋山岛。其中,黄浦江东侧只剩下洋泾港码头作业区和朱家门码头作业区,西侧还保留着张华浜码头作业区、军工路码头作业区、共青码头作业区、国际客运中心、龙吴码头作业区。大型集装箱作业区、大型矿石和煤炭作业区、汽车滚装作业基本都已集中到长江口南岸和洋山深水港区。(见表3-2-1)

表3-2-1　2010年上港集团各港区码头分布情况表

所属港区		码头名称	经营单位	港区位置	港区功能	岸线长度(米)
长江口港区	宝山罗泾港区	罗泾煤炭散货码头	上港集团煤炭分公司	长江口南支河段南岸,陆路距市中心38公里,距吴淞口17公里	煤炭	2 025
		罗泾分公司码头	上港集团罗泾分公司		杂货	2 460
		罗泾铁矿石码头	上港集团罗泾矿石码头有限公司		铁矿	1 943
		宝山码头SCT宝山码头	上港集团宝山分公司	上海市东北侧,紧邻宝钢,距吴淞口4公里	杂货	690
	外高桥港区	外高桥一期码头	上海浦东国际集装箱码头有限公司	长江入海口南岸	集装箱	900
		外高桥二期、三期码头	上港集团振东分公司		集装箱	1 566
		外高桥四期码头	上海沪东集装箱码头有限公司		集装箱	1 250
		外高桥五期码头	上海明东集装箱码头公司		集装箱	1 110
		外高桥六期码头	上海明东集装箱码头公司		集装箱	1 008
		上海汽车滚装码头	上海海通国际汽车有限公司		滚装	979

所属港区		码头名称	经营单位	港区位置	港区功能	岸线长度(米)
黄浦江港区	黄浦江下游港区	SCT张华浜码头 SCT军工路码头	上海集装箱码头有限公司	黄浦江下游西岸,距长江口约4~7公里	集装箱	2 281
		张华浜码头	上港集团张华浜公司	黄浦江下游西岸,距长江口约4公里	杂货	540
		军工路码头	上港集团军工路公司	黄浦江下游西岸,距吴淞口约7公里	杂货	743
	黄浦江中游港区	洋泾码头	港湾分公司	黄浦江杨浦大桥东岸距离吴淞口20公里	集装箱	231
		共青码头	上港物流共青码头分公司	黄浦江上游杨浦区军工路	杂货	800
		上海国际邮轮码头	上海港国际客运中心开发有限公司	黄浦江中心地区,毗邻外滩	客货	1 127
	黄浦江上游港区	龙吴码头	上港集团龙吴分公司	黄浦江上游	集装箱、杂货	2 484.6
洋山港区	洋山港区	洋山一期、二期码头	上海盛东国际集装箱公司	浙江舟山嵊泗县小洋山岛	集装箱	3 000
		洋山三期码头	上海冠东国际集装箱公司		集装箱	2 600
长江口外		绿化山海上减载平台	上海浦远船舶有限公司	浙江舟山市	散货	200

至2010年底,上港集团经营使用公用码头生产用泊位147个(含国际集装箱泊位45个,长度13 946米,核定年通过能力2 036万标准箱,见表3-2-2),其中万吨级以上泊位84个。

2012年1月,上港集团宝山分公司歇业,上港集团生产用码头泊位减少8个。2013年,上港集团又投资3.2亿元进行码头结构加固改造工作,涉及9个生产单位、49个泊位,于2014年全部通过竣工验收。

截至2015年底,上海港海港拥有各类码头泊位1 300个,126.9公里,比2014年增加877米。其中万吨级泊位174个,比2014年增加17个,另有浮筒泊位62个。全年综合吞吐能力5.1亿吨。港口码头单位共有249家。

表 3-2-2　2010 年上海港集装箱码头一览表

码头名称	泊位数（个）	码头长度（米）	前沿实际水深（米）	靠泊吨级（万吨）	通过能力（万标准箱）	经营单位	分布港区
张华浜码头	3	784	10.5～12.5	3～5	95	上海集装箱码头有限公司	黄浦江港区
军工路码头	4	857	10～10.5	3	85		
宝山码头	2	640	10.5	5	60		长江口港区
外一期码头	3	900	10.5	10	135	浦东集装箱公司	
外二、外三期码头	5	1 566	13.2	10	250	上港集团振东分公司	外高桥港区
外四期码头	4	1 250	12.5	10	180	沪东集装箱公司	
外五期码头	4	1 110	12.8	10	70	明东集装箱公司	
外六期码头	3	1 008	12.8	7～10	210	明东集装箱公司海通汽车有限公司	
洋泾港码头	1	231	10	2	21	中海集装箱码头有限公司	黄浦江港区
洋山一号码头	5	1 600	16	10	220	盛东集装箱公司	洋山港区
洋山二号码头	4	1 400	16	10	210		
洋山三号码头	4	1 350	17.5	7～15	280	冠东集装箱公司	
洋山四号码头	3	1 250	17.5	7～15	220		
合计	45	13 946			2 036		

　　按码头生产类型分类，上海港（海港）拥有各类生产用码头泊位 609 个，总延长 75.2 公里，非生产用码头泊位 691 个，总延长 51.8 公里；按码头使用类型分类，各类公用码头泊位 213 个，总延长 28.3 公里，货主（专用）码头泊位 1 087 个，总延长 98.7 公里；全港万吨级泊位中，生产泊位 174 个，集装箱泊位 42 个；全港最大设计靠泊能力码头泊位为 30 万吨级。公用码头企业拥有仓库面积 18.5 万平方米，堆场面积 879.1 万平方米，其中集装箱堆场面积 690.6 万平方米。（见表 3-2-3）

　　至 2015 年底，上海港各类内河码头泊位有 184 个，码头总延长 97.5 公里，设计全年综合通过能力 1.4 亿吨。

　　2017 年 12 月 10 日，洋山深水港区四期自动化码头第一阶段工程完成，正式开港运营，上港集团又增加集装箱泊位 7 个。

表 3-2-3　2014～2015 年上海港海港码头泊位基本情况

码头名称	2014 年	2015 年
码头单位数(个)	251	249
码头长度(千米)	126.0	126.9
生产用码头长度(千米)	75.4	75.2
泊位数(个)	1 220	1 300
集装箱专用码头泊位数(个)	43	42
生产用码头泊位数(个)	610	609
万吨级码头泊位数(个)	157	174
公用码头泊位个数(个)	213	213
公用码头泊位长度(米)	28 270	28 270
货主码头泊位个数(个)	1 087	1 069
货主码头泊位长度(米)	98 651	97 774

　　到 2018 年底,上海港拥有各类海港码头泊位 1 097 个,码头总延长 107.23 公里,比 2017 年增加 1.15 公里。其中万吨级泊位 232 个,比 2017 年增加 9 个,另有浮筒泊位 43 个。全年综合吞吐能力 5.499 亿吨,其中集装箱综合吞吐能力 2 627 万标准箱。海港码头单位共有 210 家。

　　截至 2019 年底,上海港拥有各类海港码头泊位 1 075 个,码头总延长 107.04 公里。其中万吨级泊位 235 个,另有浮筒泊位 43 个。年综合吞吐能力 5.54 亿吨,其中集装箱综合吞吐能力 2 627 万标准箱。海港码头单位共有 201 家,比 2018 年减少 9 家。(见表 3-2-4)

表 3-2-4　2018～2019 年上海港海港码头泊位基本情况对比表

码头名称	2019 年	2018 年	同比
码头长度(千米)	107.04	107.23	-0.2%
生产用码头长度(千米)	75.82	75.41	+0.5%
泊位数(个)	1 075	1 097	-2.0%
万吨级泊位数(个)	235	232	+1.3%

续　表

码头名称	2019 年	2018 年	同比
集装箱专用码头泊位数（个）	55	51	+7.8%
生产用码头泊位数（个）	560	573	-2.3%
万吨级码头泊位数（个）	185	181	+2.2%
公用码头泊位数（个）	218	220	-0.9%
公用码头泊位长度（米）	30 520	30 620	-0.3%
货主码头泊位数（个）	857	877	-2.3%
货主码头泊位长度（米）	76 520	76 614	-0.1%
海港码头货物年通过能力（亿吨）	5.535	5.499	+0.6%
海港码头集装箱年通过能力（万标准箱）	2 627	2 627	0%

　　2019 年,上港集团共拥有生产用泊位 146 个(含国际集装箱泊位 49 个),其中万吨级泊位 103 个,浮筒泊位 38 个(含万吨级泊位 22 个)。生产用泊位长度 28 933 米。核定年吞吐能力 29 789 万吨(含国际集装箱综合年吞吐能力 2 627 万标准箱)。(见表 3-2-5)

表 3-2-5　2019 年上港集团生产用码头泊位状况一览表

码头名称	泊位数	码头长度（米）	结构型式	靠泊能力	货类
煤炭分公司	16	2 230			
朱家门东泊	1	208	高桩码头	30 000	煤炭
朱家门西泊	1	95	高桩码头	3 000	煤炭
罗煤 1 泊卸船泊位	1	270	高桩码头	70 000	煤炭
罗煤 2～3 泊卸船泊位	2	442	高桩码头	35 000	煤炭
罗煤 4～5 泊装船泊位	2	240	高桩码头	5 000	煤炭
罗煤 6～9 泊装船泊位	4	490	高桩码头	2 000	煤炭
罗煤 10～11 泊装船泊位	2	150	高桩码头	500	煤炭
罗煤 12～14 泊装船泊位	3	335	高桩码头	2 000	煤炭
罗泾分公司	17	2 460			
A 码头	6	1 230	高桩码头	50 000	杂货

码头名称	泊位数	码头长度（米）	结构型式	靠泊能力	货类
B 码头 1 泊	1	147	高桩码头	20 000	杂货
B 码头 2～3 泊	2	293	高桩码头	20 000	杂货
C 码头 1～4 泊	4	430	高桩码头	10 000	杂货
D 码头 2～5 泊	4	360	高桩码头	500～2 000	杂货
张华浜分公司	7	1 283			
张华浜 5～7 泊	3	540	高桩码头	20 000	杂货
军工路 6～9 泊	4	743	高桩码头	20 000	杂货
宜东公司	7	1 641			
张华浜 1～2 泊	2	477	高桩码头	30 000	集装箱
张华浜 3 泊	1	307	高桩码头	50 000	集装箱
军工路 1～4 泊	4	857	高桩码头	40 000	集装箱
共青码头	8	800			
1～8 泊	8	800	高桩码头	3 000	杂货
国客中心	4	1 127			
高阳路码头	3	864	高桩码头	80 000	客货
公平路码头	1	263	板梁式码头	20 000	客货
龙吴分公司	29	2 485			
1～6 泊	6	1 002	高桩码头	15 000	杂货
7～8 泊	2	360	高桩码头	15 000	集装箱
港池驳船泊位	20	1 060	高桩码头	500	杂货
塘口驳船码头	1	63	高桩码头	1 000	杂货
罗泾矿石有限公司	11	1 943			
卸船 0101～0102 泊	2	744	高桩码头	250 000	矿石
直过 0103 泊	1	269	高桩码头	15 000	矿石
装船 0201～0208 泊	8	930	高桩码头	10 000	矿石
浦东集装箱公司	3	900			

码头名称	泊位数	码头长度(米)	结构型式	靠泊能力	货类
1～3泊	3	900	高桩码头	100 000	集装箱
振东分公司	5	1 566			
1～5泊	5	1 566	高桩码头	100 000	集装箱
沪东集装箱公司	4	1 250			
1～4泊	4	1 250	高桩码头	100 000	集装箱
明东集装箱公司	7	2 068			
1～5泊	5	1 428	高桩码头	100 000	集装箱
6～7泊	2	640	高桩码头	70 000	集装箱
盛东集装箱公司	9	3 000			
1～5泊	5	1 600	高桩码头	100 000	集装箱
6～9泊	4	1 400	高桩码头	150 000	集装箱
冠东集装箱公司	7	2 600			
3号码头1～4泊	4	1 350	高桩码头	150 000	集装箱
4号码头1～3泊	3	1 250	高桩码头	150 000	集装箱
尚东集装箱公司	7	2 350			
1～2泊	2	700	高桩码头	150 000	集装箱
3～7泊	5	1 650	高桩码头	150 000	集装箱
海通汽车有限公司	4	1 029			
1～3泊	3	799	高桩码头	50 000	汽车滚装
4泊	1	230	高桩码头	5 000	汽车滚装
浦远船舶公司小计	1	200			
装卸平台	1	200	装卸平台		散货

至2018年底,上海港各类内河码头泊位共有838个,比2017年减少99个;码头总延长41.98公里,比2017年减少2.9公里;全年综合通过能力1.05亿吨。截至2019年底,上海港各类内河码头泊位共有839个,码头总延长42.01公里,内河码头全年综合通过能力1.05亿吨。(见表3-2-6)

表 3-2-6 2017～2019 年上海港内河码头泊位基本情况表

码头名称	2017 年	2018 年	2019 年
各类内河码头泊位(个)	937	838	839
内河码头长度(公里)	44.88	41.98	42.01
内河码头货物年通过能力(亿吨)	1.070	1.051	1.052

二、航道

2010 年,长江口深水航道实现全槽贯通水深 12.5 米,洋山深水港区主航道通航水深达到 16.5 米,黄浦江航道可通航水深为 8.0 米;水域范围为长江口和杭州湾北岸水域、黄浦江水域、洋山港区水域以及长江口锚地水域、绿华山锚地水域;陆域形成黄浦江上游、黄浦江中游、黄浦江下游、宝山罗泾、外高桥等五个港区和上海国际航运中心洋山深水港区的总体发展格局。

2015 年,上海港航道的基本情况是:(1)沿海航道:洋山深水港区维护里程 104.28 公里,其中通航里程 71.11 公里。(2)长江口支航道:维护里程 76 公里,其中通航里程 15.2 公里。(3)杭州湾航道:维护里程 269.134 公里,其中通航里程 269.134 公里。

2015 年上海市内河航道通航里程 2 057.78 公里,比上年减少 15.08 公里,同比下降 0.7%。其中,三级(及以上)航道 106.96 公里,四级航道 116.11 公里,五级航道 101.82 公里,六级航道 410.01 公里,七级航道 127.88 公里,等外航道 1 195 公里。(见表 3-2-7)

表 3-2-7 2015 年上海港开放性水域航道基本情况表

航道名称	维护里程(公里)	通航里程(公里)	备注
黄浦江航道	199.76	53.69	
黄浦江支航道	5.12	8.34	维护里程仅限蕴藻浜、高桥港、定海港
洋山深水港	104.28	71.11	
长江口支航道	76.00	15.20	
杭州湾航道	269.13	269.13	
合　计	654.29	417.47	

按国家"深下游、畅中游、延上游、通支流"的建设长江航道发展战略,长江口深水航

道治理工程于 2015 年 11 月又实施了长江口 12.5 米深水航道减淤工程南坝田挡沙堤加高工程,于 2016 年 12 月顺利通过交工验收。工程累计建成 12.5 米深水航道 125.2 公里(其中长江口深水航道长 92.2 公里,底宽 350～400 米;向上延伸段长 33.0 公里,底宽 350～460 米),整治建筑物 187.465 公里。2016 年,又完成维护疏浚量 5 851 万方。2017 年,南通(天生港)至南京(新生圩)227 公里 12.5 米深水航道按设计标准提前半年全部建成。(图 3-2-1)

图 3-2-1　长江口深水航道整治

2018 年 4 月 24 日,长江南京以下 12.5 米深水航道二期工程提前半年通过交工验收,经过 13 年工程建设和 7 年管理维护,长江口深水航道最终形成长 92.2 公里、水深 12.5 米、底宽 350 米(外航道 400 米),向上延伸段长 33.0 公里,底宽 350～460 米,可满足第三、第四代集装箱船和 5 万吨级船舶全潮双向通航的要求,并兼顾第五、第六代集装箱船和 10 万吨级散货船及 20 万吨级减载散货船乘潮通航需要的深水航道。至此,从南京至长江口 431 公里 12.5 米深水航道全线贯通,咽喉要道变成了"黄金水道",延伸大型海轮进江里程长达 320 余公里,5 万吨级海轮可直达南京,大幅提升了长江中上游"江海联运"能力,有力推进了长江干线货运和区域经济的快速发展。

此举极大释放了长江的航运效能和通航能力,使长江江苏航段的港口成为真正意义上的海港码头,国际国内航线将会得到进一步拓展和加密,并能提高船舶实际装载率,减少减载、候潮等情况的发生,降低运输成本,缩短航行周期,有利于船舶的航行安全,将为打造长江经济带综合立体交通走廊,促进水运供给侧结构性改革,推动长江经济带高质量发展发挥重要作用。

至 2018 年,上海港水域范围包括市辖长江口南岸、黄浦江两岸和杭州湾北岸,崇明岛、长兴岛、横沙岛沿岸,洋山深水港区和长江口锚地水域、绿华山锚地水域,以及上海内河港区。陆域形成了黄浦江上、中、下游、宝山罗泾和外高桥等五个港区以及洋山深水港区的总体发展格局。

截至 2019 年底,上海港开放性水域航道通航里程为 162.05 公里,详见表 3-2-8。

表 3-2-8　2019 年上海港开放性水域航道基本情况表

航道名称	维护里程(公里)	通航里程(公里)
黄浦江航道	547.47	67.40
黄浦江支航道	30.72	8.34
洋山深水港区航道	121.66	71.11
长江口支航道	97.30	15.20
合计	797.15	162.05

截至 2019 年底,上海市内河航道通航里程共有 1 909.67 公里,比上年减少 3.2%。其中,三级(及以上)航道 149.98 公里,四级航道 116.11 公里,五级航道 87.42 公里,六级航道 405.30 公里,七级航道 121.35 公里,等外航道 1 029.51 公里。

2018 年 12 月 29 日,长江口南槽航道治理一期工程又开工建设。长江口航道北槽已经建成 12.5 米深水航道,并上延至南京,是长江口的主航道,南槽是辅助航道之一。近年来,为确保长江口主航道"深水深用"和通航秩序高效安全,实际吃水小于 7 米的货轮禁止在深水航道及两侧水域航行,大量中小型和空载船舶分流到了南槽航道。随着船舶数量日益增多,南槽航道航宽不足、水深不够等问题日益凸显。为此,交通运输部决定实施长江口南槽航道一期工程,提高长江口的整体通航能力。该工程投资 18.77 亿元,工期预计两年半。该项目完成后,长江口在现有 12.5 米深水主航道的基础上,将新增一条水深 6 米、宽 600 米至 1 000 米的优质辅助航道。新航道将成为中小型船舶和大型空载船进出长江的主要通道,可满足 5 000 吨级船舶满载乘潮双向通航,兼顾 1~2 万吨级船舶减载乘潮通航和大型空载船舶下行乘潮通航,大大缓解北槽深水航道通航压力。

2019 年,长江口南槽航道治理一期工程开始施工,长江口上起上海徐六泾、下迄入海口,长江干流经三级分汊,形成四个入海口,其中的第三级分汊有一北一南两个航槽,南槽是辅助航道之一。南槽航道建成后,将解决南槽航道航宽不足、水深不够等问题,将全面提升长江总体通航能力，为上海国际航运中心建设和长三角高质量一体化发展带来巨大效益。

三、码头

1. 煤炭码头

煤炭历来是上海港的主要散货，煤炭泊位在码头中占有较大比重。2003 年上海港共有煤炭专用泊位 17 个、长度 2 443 米，设计年吞吐能力 2 370 万吨。其中 2.5～3 万吨级泊位 4 个、1.6 万吨级泊位 4 个、3 000 吨级泊位 4 个、1 000 吨级泊位 2 个。(图 3-2-2)

图 3-2-2　上海港罗泾港区煤炭码头

随着国家能源布局结构变化、城市经济结构调整和码头能力扩大，公用煤炭码头通过能力已出现富余。上港集团成立后，为配合黄浦江两岸开发，除下属煤炭分公司在杨浦大桥下游保留朱家门煤码头外，2006～2007 年间黄浦江港区内其他煤炭码头陆续停产，功能置换至罗泾港区。为此，罗泾港区一期码头改扩建为煤炭码头。

截至 2016 年底，上港集团共有煤炭泊位 16 个，长度 2 230 米，设计年吞吐能力 3 147 万吨，均由上港集团煤炭分公司运营。其中，黄浦江港区内的朱家门码头有 3 万吨级和 3 000 吨级煤炭泊位各 1 个，长度 303 米，设计年吞吐能力 400 万吨；罗泾港区有 7 万吨级卸船泊位 1 个、3.5 万吨级卸船泊位 2 个、5 000 吨级装船泊位 2 个、2 000～2 100 吨级装船泊位 7 个、500 吨级装船泊位 2 个，长度合计 1 927 米，设计年吞吐能力 2 747 万吨。此外，上港集团龙吴分公司、浦远公司装卸平台和罗泾矿石公司码头也兼营煤炭装卸业务。

2015 年，上海市政府发布《上海市绿色港口三年行动计划(2015—2017 年)》(以下简称"《行动计划》"),明确要求到 2017 年底,上海港港口生产作业单位吞吐量综合能耗较 2010 年下降 7%,港口生产作业单位吞吐量碳排放较 2010 年下降 9%,主要港区细颗粒物(PM2.5)年平均浓度比 2013 年下降 20%。随着《行动计划》的实施,上海港煤炭接卸吞吐量呈逐年下降态势。

2017 年,按市政府要求,上港集团和内河港纷纷调减煤炭运输作业,致全市煤炭吞吐量明显回落。全年煤炭吞吐量 7 087 万吨(其中出港吞吐量 1 277 万吨,进港吞吐量为 5 810 万吨),比 2013 年下降了 41.62%。2017 年,上海港煤炭总吞吐量中公用煤炭码头接卸的煤炭吞吐量只有 2 708 万吨,占煤炭总吞吐量的 38.21%,全港货主码头完成煤炭货物吞吐量 4 346.7 万吨,同比增长 3.5%,占全港煤炭吞吐总量的 61.33%,另有 0.46% 的接卸量由内河码头完成,显示出上海港的煤炭接卸已演变为以专用码头接卸为主的态势。以往单纯地以上港集团进行公共运输的模式,正在向越来越多的中小企业码头转变。

根据煤炭接卸吞吐量逐年下降的态势,上海市政府从保护上海市自来水取水口环境出发,调整全市码头装卸产业结构,2017 年 10 月决定将上港集团煤炭分公司的罗泾煤炭码头关闭,只保留煤炭分公司的朱家门煤码头进行煤炭接卸。

2018 年,上海港全港煤炭及制品吞吐量完成 5 280.63 万吨,比上年下降 25.6%。2019 年下降到 5 013.04 万吨。上港集团 2018 年煤炭吞吐量下降到 726.1 万吨(2017 年煤炭吞吐量为 2 708.7 万吨),2019 年下降到 648.4 万吨。

至 2019 年,上港集团共有煤炭泊位 2 个,系朱家门煤码头东、西泊位,总长 303 米。

2. 集装箱码头

经过多年建设,截至 2019 年底,上海港共拥有集装箱泊位 55 个。其中,上港集团有集装箱泊位 49 个,分布于集团下属 8 个集装箱公司,核定年通过能力 2 627 万标准箱。海洋局拥有集装箱泊位 3 个,上海富盛公司 1 个,闵行环境卫生局拥有集装箱泊位 2 个。

3. 矿石码头

"十五"时期矿石进口量迅速增长,矿石码头超负荷运作,上海港一度将罗泾港区一期煤码头 5 个泊位改造为接卸矿石专用泊位,同时将华栈码头 5 个矿石泊位调整为 3 个矿石泊位。至 2002 年底,上海港有矿石泊位 9 个,长度 1 489 米,设计年矿石吞吐能力 1 420 万吨。(图 3-2-3)

2005～2007 年,为配合浦钢公司(原上钢三厂)迁址罗泾地区,上海港配套建设罗泾二期矿石码头,新增矿石泊位 11 个。罗泾港区一期码头仍恢复为煤炭装卸泊位。2008 年 12 月,黄浦江内华栈码头完全停止矿石装卸,业务全部转移至罗泾二期矿石码头。

2010 年,罗泾矿石码头完成矿石吞吐量 3 618.1 万吨,占上海港矿石吞吐量的 44%。

图 3-2-3　矿石码头

至 2018 年底，上港集团共有矿石泊位 11 个，长度 1 943 米，设计年矿石吞吐能力 2 200 万吨，全部集中在罗泾地区，由上海港罗泾矿石码头有限公司经营运作，其中包括 20 万吨级（减载）矿石卸船泊位 2 个、5 000 吨级非金属矿石卸船泊位 1 个、2 000～5 000 吨级矿石装船泊位 6 个、5 000 吨级矿石装船泊位 2 个。此外，上港集团罗泾分公司、张华浜分公司和龙吴分公司的码头也兼营矿石装卸。

出于环境保护和转型需求，上海港最大的矿石装卸公用码头企业——上港集团的罗泾矿石码头于 2019 年底停运歇业。

4. 粮食码头

上海港装卸粮食的泊位历来主要在上海港民生路码头，共有 4 个粮食泊位，长度 738 米，设计年吞吐能力为 555 万吨。其中，民生路码头 1 号泊位为 2 万吨级粮食泊位，2 号泊位为 5 万吨级粮食泊位，3 号泊位为 5 万吨级散粮卸船泊位，4 号泊位为 3 000 吨级散粮装船泊位。后方建有容积 5.1 万立方米的散粮筒仓。

2007 年，上海港根据城市粮食需求总体萎缩和货主粮食码头吞吐能力增长的变化趋势，配合黄浦江两岸改造，逐步停止民生路码头的粮食装卸作业，大宗散粮装卸退出集团主业。2008 年 11 月，上港集团与申江集团正式签署"新华、民生分公司地块及相关资产移交协议"后，上海港已没有粮食装卸专用的公用泊位。（图 3-2-4）

2010 年以后，上海港的粮食装卸主要由上海港的粮食专业公司码头装卸。此外，上港集团浦远公司、共青码头、外高桥一期码头和龙吴码头也承担少量粮食装卸。

5. 木材码头

20 世纪 90 年代，木材进口业务逐渐分流至张家港港，上海港木材装卸量萎缩，宝山码头和开平码头停止装卸木材。2006 年 6 月，白莲泾码头因世博会建设需要而停止作

图 3-2-4　20 世纪 90 年代的上海港民生装卸公司散粮码头（现已关闭）

业，木材装卸业务转移至龙吴码头。2014 年上港集团码头中已无木材专用码头。此后，木材装卸主要由上港集团龙吴分公司码头承担，罗泾分公司码头为辅，张华浜分公司也承担了少量木材装卸。（图 3-2-5）

图 3-2-5　木材码头

6. 汽车滚装码头

2003 年之前，上海港有少量外贸汽车装卸业务，主要由张华浜、军工路和高阳码头承担。2003 年 12 月，外高桥港区四期工程配套内支线码头工程竣工后，即由上海海通国际汽车码头有限公司（以下简称"海通公司"）租赁使用。该公司码头长 219 米，有 3

万吨级和 2 万吨级滚装泊位各 1 个,陆域面积 26.5 万平方米,专用堆场可同时停放 7 000 辆汽车。其已成为上海口岸唯一专业从事汽车滚装业务的公共码头,2006 年 3 月起正式对外运营。(图 3-2-6)

图 3-2-6　汽车滚装码头

2010 年 12 月,外高桥港区六期工程汽车滚装泊位竣工,交付海通公司运营。该公司汽车滚装泊位增至 4 个,总长度 979 米。其中,1 号泊位系原租赁的外高桥港区四期工程配套内支线码头,为 5 万总吨级滚装泊位,长度 219 米;2 号、3 号泊位系外高桥港区六期的 2 个 5 万总吨级滚装泊位,长度各为 265 米;4 号泊位系外高桥港区六期的 5 000 总吨级滚装泊位,长度 230 米;设计年货物通过能力 800 万吨(80 万辆汽车)。外高桥港区六期汽车滚装泊位拥有亚洲最大的汽车物流立体库,是我国第一个最具规模的汽车物流港区。

2012 年 7 月,海通公司与上海同盛物流园区投资开发有限公司合作,成立了上海海通洋山汽车码头有限公司,海通码头整车服务得以延伸。该公司码头岸线长 318 米,可靠泊 1 艘 5 万吨级以上滚装船,场地 14 万平方米,超过 4 000 个车位。上海海通洋山汽车码头有限公司利用自身区位优势及洋山保税港区的政策优势,从 2013 年起正式开始运营,实现单一整车接卸。该公司 2014 年完成汽车滚装吞吐量 16 135 辆,2015 年达到 20 067 辆。2017 年,上海海通洋山汽车码头有限公司歇业。

2013 年 9 月,上港集团与江苏太仓港口投资发展有限公司合资合作成立了"海通(太仓)汽车码头有限公司",注册资本 76 000 万元,上港集团持股 70%,计划建设年吞吐量 100 万辆的专业汽车滚装码头。该码头水陆域面积 1 570 亩,岸线长 708 米。由于环保评审,海通太仓汽车物流中心滚装码头一期工程至 2019 年才实现适应性生产运营。码头启用后将进一步推动长三角汽车物流业的发展。

截至 2019 年底,上海港的汽车滚装码头有上海海通国际汽车码头和海通(太仓)汽车码头。

7. 客运码头

进入 21 世纪后,水上传统客运明显萎缩,水上旅游和邮轮业务快速增长。2003 年 9 月,上海港十六铺码头和大达码头整体歇业,客运班轮航线搬迁至吴淞客运中心码头(划入单位专用码头范围)。2006 年 11 月汇山码头和黄浦码头整体歇业,退出客货运生产。2008 年,上海港在外虹桥码头建成上海港国际客运中心邮轮码头。(图 3-2-7)

图 3-2-7　客运码头

截至 2019 年底,上港集团经营的公用客运码头泊位共有 4 个,长度 1 127 米。其中高阳路码头 1~3 号泊位为 3 个 8 万吨级客货运泊位,长度 864 米,可同时停靠 3 艘大型邮轮;公平路码头有 2 万吨级客货运泊位 1 个,长度 263 米。

8. 邮轮码头

2008 年 12 月,上海市新建吴淞口国际邮轮码头(以下简称"吴淞邮轮港"),于 2010 年基本建成。2015 年 6 月,该邮轮码头启动续建工程,于 2018 年 7 月完工。吴淞口国际邮轮码头共建有 4 个大型邮轮泊位,设计年通过能力 357.8 万人次。

至 2019 年底,上海港成为了"一港两主一备"的国际邮轮组合母港。共有国客中心和吴淞邮轮港两个邮轮码头,另有上海海通国际汽车码头作为国际邮轮备用码头,岸线总长 2 700 米,共有万吨级邮轮泊位 8 个。吴淞邮轮港与上海港国客中心功能互补、错位发展,共同推进上海国际邮轮母港的整体发展。

第三节　仓库堆场

一、仓库

经过多年的建设和技术改造，上海港仓库设施有了很大改善，形成多种结构形式并存的局面，主要包括砖木混合结构、钢筋混凝土结构（有单层、多层，多层中又有板梁结构、无梁楼盖和密肋楼板结构）、螺栓节点网架屋盖结构、轻型钢结构等，为国内仓库结构形式最多的港口之一。（图 3-3-1）

图 3-3-1　上海港件杂货仓库

2000 年，上海港务局有仓库 152 座、筒仓 2 座，仓库总面积 61.9 万平方米，筒仓容量 16.8 万立方米，其中生产用仓库 36.6 万平方米、出租仓库 16.6 万平方米、非生产用仓库 8.7 万平方米。港务局自己使用的仓库中，一类、二类、三类和四类仓库各占42.7％、49％、6.4％、1.9％，一、二类仓库合计已占 91.7％。生产用仓库面积超过 3 万平方米的有上海港高阳港务公司（48 663 平方米）、龙吴港务公司（48 461 平方米）、民生港务公司（45 528 平方米）、东昌港务公司（42 833 平方米）、新华港务公司（42 447 平方米）、宝山港务公司（32 083 平方米）和客运服务总公司（31 672 平方米）。

2003 年，上海港经营的生产用仓库面积有 30.09 万平方米。随着集装箱业务的快速发展，2005 年，上港集团经营的生产用仓库面积增至 31.24 万平方米。到 2010 年，生产用仓库面积减至 21.6 万平方米,原先拥有仓库较多的东昌港务公司、民生港务公司、高阳港务公司、新华港务公司和客运服务总公司均退出了装卸生产序列,三类、四类仓库已不复存在。(见表 3-3-1)

2012 年 1 月,上港集团宝山分公司退出装卸生产,上港集团的仓库总面积有所减少。截至 2019 年底,上港集团的仓库总面积为 22.28 万平方米,生产用仓库面积为 21.33 万平方米。(见表 3-3-2)

表 3-3-1　2003、2005 年上港集团仓库面积统计表

单位	2003 年				2005 年			
	仓库面积(万平方米)				仓库面积(万平方米)			
	总面积	生产用	筒仓	非生产用	总面积	生产用	筒仓	非生产用
民生公司	49 254	47 070	168 000	2 184	49 254	47 070	168 000	2 184
南浦公司	9 880	7 352	—	2 528	868	—		868
高阳公司	80 718	22 233	—	17 111	—			
浦东集装箱公司	5 800	5 800	—	—	5 800	5 800		
煤炭公司	5 333	—		5 333	—			
新华公司	64 724	49 183	—	15 541	62 580	48 407	—	14 173
张华浜公司	17 877	16 879	—	998	17 877	16 879		998
军工路公司	48 383	11 742	—	—	45 182	45 182		
宝山公司	32 860	32 083	—	777	32 860	32 083		777
龙吴公司	52 128	48 641	—	—	52 128	48 641		
罗泾分公司	—				—			
安达路货运站	9 940	9 940	—	—	9 940	9 940		
共青公司	5 148	5 148	—	—	5 184	5 184		
复兴公司	61 529	3 059	—	1 026	—			
客运公司	37 450	19 443	—	5 030	33 572	21 357	—	4 575
SCT	4 597	4 597	—	—	4 597	4 597		
港湾公司兰路码头	12 768	—		821	—			
平凉码头	—				—			

单位	2003 年				2005 年			
	仓库面积(万平方米)				仓库面积(万平方米)			
	总面积	生产用	筒仓	非生产用	总面积	生产用	筒仓	非生产用
浦东集装箱公司	—	—	—	—	—	—	—	—
振东分公司	—	—	—	—	—	—	—	—
沪东集装箱公司	11 710	11 710	—	—	11 710	11 710	—	—
明东集装箱公司	—	—	—	—	9 542	9 542	—	—
集箱外高桥公司	6 001	6 001	—	—	6 001	6 001	—	—
合计	516 100	300 881	168 000	51 349	347 059	312 357	168 000	23 575

表 3-3-2　2010、2019 年上港集团仓库面积统计表

单位	2010 年			2019 年		
	仓库面积(平方米)			仓库面积(平方米)		
	总面积	生产用	非生产用	总面积	生产用	非生产用
张华浜分公司	13 491	13 241	250	53 532	53 282	250
军工路分公司	40 041	40 041	—	—	—	—
宝山公司	27 763	26 986	777	—	—	—
龙吴公司	47 847	44 374	3 473	47 847	44 374	3 473
罗泾分公司	38 824	38 824	—	54 664	54 664	—
安达路货运站	8 688	8 688	—	8 688	8 688	—
共青码头	3 141	3 141	—	1 728	1 728	—
国际客运中心	2 304	2 304	—	4 004	4 004	—
港湾公司洋泾港码头	3 785	3 785	—			
SCT 公司	4 579	4 579	—	—	—	—
浦东集装箱公司	5 200	5 200	—	5 200	5 200	—
振东分公司	5 760	5 760	—	13 665	11 940	1 725
沪东集装箱公司	9 368	9 368	—	9 368	9 368	—

续　表

单位	2010 年			2019 年		
	仓库面积（平方米）			仓库面积（平方米）		
	总面积	生产用	非生产用	总面积	生产用	非生产用
明东集装箱公司	9 542	9 542	—	14 870	14 870	—
冠东集装箱公司	2 592	—	2 592	2 592	—	2 592
宜东分公司	—	—	—	4 579	4 579	—
尚东分公司	—	—	—	2 019	554	1 465
合计	222 925	215 833	7 092	222 756	213 251	9 505

二、堆场

2003 年，上海港共有堆场总面积 380.38 万平方米。其中生产用堆场 361.21 万平方米（包括煤场 21.23 万平方米，集装箱堆场 241.8 万平方米），出租堆场 3.43 万平方米，非生产用堆场 157.4 万平方米。堆场总面积超过 10 万平方米的有浦东国际集装箱公司（26.6 万平方米）、上海港煤炭装卸公司（29.5 万平方米）、新华港务公司（17.4 万平方米）、龙吴港务公司（25.9 万平方米）、宝山港务公司（10.3 万平方米）、上海集装箱码头有限公司（51.5 万平方米）、罗泾散货公司（14.1 万平方米）、上港集箱外高桥公司（79.8 万平方米）、沪东国际集装箱公司（73.9 万平方米）。（图 3-3-2）

图 3-3-2　上海港堆场

随着大型集装箱港区、散杂货港区和汽车滚装码头的持续建设,上港集团堆场面积迅速扩大,尤其是集装箱堆场成倍增长。2005 年上港集团有堆场 568 块,总面积 481 万平方米,其中生产用堆场 472.6 万平方米。集装箱堆场已达到 341.4 万平方米,比 2000 年增长 174.7%。

2010 年,上港集团堆场增至 709 块,总面积 866.7 万平方米,其中生产用堆场 848.4 万平方米(包括煤场 20.8 万平方米、矿场 33.5 万平方米、集装箱堆场 669 万平方米、危险品堆场 19.3 万平方米),出租堆场 11.3 万平方米,非生产用堆场 7 万平方米。集装箱堆场面积是 2000 年的 5.4 倍。三类和四类堆场已经消失。(见表 3-3-3)

截至 2015 年底,上港集团拥有生产用堆场 637 块,总面积 897 万平方米,其中集装箱堆场 690.6 万平方米,箱容量 92.9 万个标准箱。(见表 3-3-4)

截至 2019 年底,上港集团拥有堆场总面积 964.68 万平方米,其中生产用堆场 945.35 万平方米,含集装箱堆场 758.64 万平方米。(见表 3-3-5)

表 3-3-3　2010 年上港集团堆场面积统计表　　　　　　　　单位:平方米

单位	堆场块数	总面积	生产用堆场	集装箱堆场	出租	非生产用
煤炭分公司	11	207 515	207 515	—	—	—
张华浜分公司	12	134 681	134 681	—	—	—
军工路分公司	15	115 952	115 952	—	—	—
宝山分公司	16	112 448	112 448	—	—	—
龙吴分公司	32	280 877	186 869	—	87 570	6 438
罗泾分公司	9	286 909	286 909	—	—	—
罗泾矿石公司	9	334 869	334 869	—	—	—
安达路货运站	4	43 595	43 595	43 595	—	—
平凉码头	1	4 368	4 368	—	—	—
共青码头	17	28 447	27 791	19 593	—	656
港湾公司洋泾码头	15	38 332	38 332	38 332	—	—
海通汽车公司	10	428 206	402 791	—	25 415	—
上海集装箱码头有限公司	110	500 453	500 453	500 453	—	—
浦东国际集装箱公司	21	281 976	279 021	279 021	—	2 955

单位	堆场块数	总面积	生产用堆场	集装箱堆场	出租	非生产用
振东分公司	24	947 377	947 377	947 377	—	—
沪东国际集装箱公司	13	784 093	784 093	784 093	—	—
明东国际集装箱公司	108	832 764	827 023	827 023	—	5 741
盛东集装箱公司	203	1 503 206	1 485 557	1 485 557	—	17 649
冠东集装箱公司	36	1 454 746	1 418 223	1 418 223	—	36 523
外高桥六期码头	43	346 290	346 290	346 290	—	—
合计	709	8 667 104	8 484 157	6 689 557	112 985	69 962

表 3-3-4　2015 年上港集团堆场面积统计表　　　　　　　单位：平方米

单位	堆场块数	总面积	生产用堆场	集装箱堆场	出租	非生产用
煤炭分公司	11	207 515	207 515	—	—	—
张华浜分公司	28	251 863	251 863	—	—	—
宜东分公司	79	365 535	365 535	365 535	—	—
龙吴分公司	32	280 877	190 973	—	83 466	6 438
罗泾分公司	12	371 822	371 822	—	—	—
罗泾矿石公司	9	334 869	334 869	—	—	—
安达路货运站	4	43 595	43 595	43 595	—	—
平凉码头	1	4 368	4 368	—	—	—
共青码头	18	29 863	29 207	19 593	—	656
海通汽车公司	11	540 089	514 674	—	25 415	—
浦东国际集装箱公司	23	309 961	307 006	307 006	—	2 955
振东分公司	27	1 080 175	1 080 175	1 080 175	—	—
沪东国际集装箱公司	16	981 303	981 303	981 303	—	—
明东国际集装箱公司	127	1 201 864	1 196 123	1 196 123	—	5 714
盛东集装箱公司	203	1 496 820	1 479 171	1 479 171	—	17 649
冠东集装箱公司	36	1 469 621	1 433 098	1 433 098	—	36 523
合计	637	8 970 140	8 791 297	6 905 599	108 881	69 962

表 3-3-5　2019 年上港集团堆场面积统计表　　　　　　　　　　单位：平方米

单位	堆场块数	总面积	生产用堆场	集装箱堆场	出租	非生产用
煤炭分公司	11	207 515	207 515	—	—	—
张华浜分公司	28	251 863	251 863	—	—	—
宜东分公司	79	365 535	365 535	365 535	—	—
龙吴分公司	32	280 877	190 973	—	83 466	6 438
罗泾分公司	12	353 182	353 182	—	—	—
罗泾矿石公司	9	334 869	334 869	—	—	—
安达路货运站	4	43 595	43 595	43 595	—	—
平凉码头	1	4 368	4 368	—	—	—
共青码头	18	29 863	29 207	19 593	—	656
海通汽车公司	11	540 089	514 674	—	25 415	—
浦东国际集装箱公司	23	309 961	307 006	307 006	—	2 955
振东分公司	27	1 025 569	1 025 569	1 025 569	—	—
沪东国际集装箱公司	16	981 303	981 303	981 303	—	—
明东国际集装箱公司	127	1 201 864	1 196 123	1 196 123	—	5 714
盛东集装箱公司	203	1 496 820	1 479 171	1 479 171	—	17 649
冠东集装箱公司	36	1 469 621	1 433 098	1 433 098	—	36 523
尚东分公司	69	749 891	735 419	735 419	—	14 472
合计	706	9 646 785	9 453 470	7 586 412	108 881	84 434

第四节　机械船舶

一、装卸机械

2000 年末，上海港务局有装卸机械 2 521 台。包括：（1）起重机械类 569 台，单机最大起重能力：固定式起重机为 30 吨、汽车起重机为 80 吨、轮胎起重机为 80 吨、履带起重机为 25 吨、门座起重机为 40 吨、龙门起重机为 60 吨、浮式起重机为 16 吨（原有大型浮式起重机在 1986 年港口体制改革时划归上海海上安全监督局);(2) 输送机械类 587 台、25 271.5 米;(3) 搬运机械类 1 089 台;(4) 专用机械类 1 521 台,单机最大效率:装船机为 1 500 吨/小时、卸船机为 1 250 吨/小时、斗轮堆取料机为 1 200 吨/小时、堆料机为 1 120 吨/小时;(5) 集装箱机械类 124 台,单机最大起重能力:集装箱起重机为 50 吨、高架起重机为 80 吨、正面吊运车为 42 吨,叉车单车最大负荷能力为 42 吨,牵引车单车最大牵引能力为 50 吨。此外,上海集装箱码头有限公司有装卸机械 224 台,其中集装箱起重机 72 台、集装箱叉车 15 台、集装箱牵引车 84 台、叉式装卸车 68 台。

2000 年,港口装卸机械呈现大型化趋势,在外高桥港区和洋山深水港区配备了双 40 英尺集装箱岸边起重机、60 吨/65 米集装箱岸边起重机、61 吨/63 米集装箱岸边起重机和 80 吨/63 米集装箱岸边起重机,在罗泾港区配备了每小时可装舱 2 100 吨的矿石装船机和每小时卸矿 4 200 吨的桥式矿石卸船机,标志着上海港装卸机械已经达到世界领先水平。

进入 21 世纪头十年,为适应船舶大型化和码头规模化运营,港口装卸机械加速向集装箱化、大型化、自动化和智能化转型。2003 年上海港各类装卸机械共有 2 207 台,其中集装箱岸边起重机有 48 台。(图 3-4-1)

图 3-4-1　装卸机械

上海港在外高桥港区四、五期码头单泊位集装箱岸边起重机配备达到 4 台,岸边起重机密度与亚洲先进港口基本一致;配备岸边集装箱装卸桥的外伸距达到 63 米,单机最大起重量 61 吨,岸边集装箱装卸桥单机效率达到国际先进水平。2004 年上海振华港机股份有限公司与上港集团合作研发,在外高桥港区五期码头投入使用第一台真正融入码头生产的具有两套起升机构的双 40 英尺集装箱岸边起重机。

2005 年底,上港集团拥有装卸机械 5 143 台。上港集团在洋山深水港区一期码头配备外伸距 65 米的集装箱岸边起重机 18 台,其轨面以上起升高度 43 米,单机最大起重量 65 吨;配备场地轮胎吊 60 台,起升高度 18.2 米,单机最大起重量 60 吨。2006 年,上海振华港机股份有限公司向洋山深水港区提供 13 台双 40 英尺集装箱岸边起重机,采用双电动机和双卷筒结构,上海港为之开发配套的码头集装箱装卸工艺系统、计算机实时生产管理系统和设备安全保障系统,使洋山深水港区二期码头成为国内第一个全面装备双 40 英尺集装箱岸边起重机的集装箱码头。主要集装箱码头的集装箱岸边起重机配置密度与亚洲先进港口基本一致,集装箱岸边起重机单机效率达到国际先进水平。(见表 3-4-1)

表 3-4-1　2006 年上港集团集装箱码头集装箱岸边起重机配置国际比较一览表

港口或码头	集装箱岸边起重机(台)	岸线长度(米)	每百米岸线配置岸机数(台)
上海浦东国际集装箱码头有限公司码头	11	900	1.22
上港集团振东集装箱码头分公司码头	25	1 635	1.53
上海沪东集装箱码头有限公司码头	15	1 437	1.04
上海集装箱码头有限公司码头	19	2 281	0.83
上海明东集装箱码头有限公司码头	14	1 110	1.26
上海盛东集装箱码头有限公司码头	34	3 000	1.13
上海港六大集装箱码头平均	118	10 363	1.14
香港港海港集装箱码头	90	7 694	1.17
新加坡港	143	12 800	1.12
洛杉矶港	71	9 942	0.71
长滩港	70	8 392	0.83
鹿特丹港 ECT 三角洲码头	36	3 600	1.00
汉堡港 CTA 集装箱码头	15	1 400	1.07
汉堡港 CTB 集装箱码头	20	2 850	0.7
汉堡港 HHLA 经营的码头	42	5 245	0.8

截至 2010 年,上港集团生产用装卸机械总量在规模、数量和科技含量上均发生了翻天覆地的变化。共有生产用装卸机械 5 766 台(包括从 2003 年开始纳入统计的集装箱挂车 1 921 台),无论数量和质量都比 10 年前有了飞跃发展。在外高桥港区六期码头安装了 9 台吊具下负荷 61 吨、外伸距 63 米的集装箱岸边起重机和 1 台吊具下负荷 80 吨、外伸距 63 米的集装箱岸边起重机(图 3-4-2)。此外,上港集团牵头调剂处置装卸设备 219 台,其中基层公司自主调剂处置装卸设备 26 台。牵头装卸设备招标比价采购,九家基层公司参加集中招标采购,共 39 台设备,投资 3 392.9 万元,全部交机投产。这些大型机械的使用,标志着上海港集装箱岸边起重机、大型矿石卸船系统等主要装卸机械已达到世界领先水平。(见表 3-4-2)

图 3-4-2　集装箱岸边起重机

表 3-4-2　2000、2005、2010 年上港集团生产用机械统计表

机械名称	计算单位	2000 年	2005 年	2010 年
起重机械类合计	台	569	326	221
固定式起重机	台	10	5	2
汽车起重机	台	8	3	6
轮胎起重机	台	289	185	106
门座起重机	台	99	91	79

机械名称	计算单位	2000 年		2005 年	2010 年
浮式起重机 （指装卸生产和大件作业）	台	3		5	3
集装箱岸边起重机	台	12		16	19
门式起重机（龙门起重机）	台	2		3	6
塔吊	台	—		—	—
履带起重机	台	2			
小型起重机（少先吊）	台	108			
移动式起重机	台	0			
散货装卸桥	台	4			
卷扬机	台	28			
升降机	台	4		—	—
输送机械类合计	台（组）	587		469	186
输送机械类长度合计	米	25 271.5		23 584.21	37 317.33
皮带输送机	台（组）	552		431	186
皮带输送机长度	米	25 271.5		23 584.21	37 317.33
其他输送机	台	35		38	0
装卸搬运机械类合计	台	1 089		900	721
叉式装卸车	台	531	SCT 另有 68 台	537	524
装卸机（包括单斗车、夹齿车等）	台	161		100	87
牵引车（拖头）	台	264		172	84
夹抱机	台	0		17	9
搬运车	台	44		—	—
货运汽车	台	89		46	17
专用机械类合计	台	276		3 501	4 638
装船机	台	12		13	13
卸船机	台	20		19	17

机械名称	计算单位	2000 年		2005 年	2010 年
推耙机	台	89		68	50
推土机	台	3		—	3
挖掘机	台	8		5	9
清舱机（刮抛机）	台	0		—	1
集装箱岸边起重机（岸桥）	台	11	SCT 另有 72 台	86	155
集装箱龙门起重机（场桥）	台	28		286	486
集装箱吊运起重机（正面吊、高架吊）	台	1		26	64
叉车（16 t≤起重量≤25 t）	台	12	SCT 另有 15 台	48	48
叉车（起重量>25 t）	台	35		30	24
集装箱堆高机	台	—		28	28
集装箱牵引车	台	60	SCT 另有 84 台	71	1 706
集装箱挂车	台	0		1 289（外集卡 594 台）	1 921
集装箱跨运车	台	0		1 471	0
堆料机	台	4		2	3
取料机（喂料机）	台	4		—	3
斗轮堆取料机	台	12		13	12
生产用装卸机械总数	台	2 521		5 196	5 766
生产用皮带输送机总长度	米	25 271.5		23 584.21	37 317.33

2011 年，上港集团全年完成基本建设投资 18.5 亿元，更新改造投资 9.06 亿元。其中，外六期 5 台集装箱岸边起重机投入运行，明东公司 13 台轮胎吊和军工路 2 台门机投入生产，罗矿公司 1 台 2 100 吨/小时卸船机进入拼装阶段，全年调剂处置装卸设备 117 台。

2012 年，上港集团更新改造投资达 9.67 亿元，其中，冠东集装箱公司新添 2 台集装箱岸边起重机，罗泾分公司新添 1 台门座起重机，罗泾矿石公司和煤炭分公司各增加 1 台卸船机，进一步加强了更新改造和设备管理工作，为港口装卸生产提供了有力的技术保障。

2014年，上港集团共拥有生产用装卸机械6 749台。其中集装箱岸边起重机共157台，分别配置于洋山深水港区64台、外高桥港区79台、吴淞港区14台。

2015年，上港集团的集装箱岸边起重机共有160台，轮胎式龙门起重机增加到451台，集装箱正面吊增加到34台。

2018年，上港集团的生产用装卸机械共有6 604台。其中集装箱岸边起重机增加到178台，轮胎式龙门起重机461台，集装箱正面吊为35台。

截至2019年底，上港集团的生产用装卸机械共有6 496台。其中集装箱岸边起重机增加到180台，轮胎式龙门起重机464台，集装箱正面吊为36台，分别配置于8个集装箱装卸生产码头。（见图3-4-3～3-4-5，表3-4-3）

图 3-4-3　集装箱场地轮胎吊

图 3-4-4　门机

图 3-4-5　洋山尚东公司和盛东公司码头集装箱岸边起重机远望

表 3-4-3　2015～2019 年上港集团集装箱公司大型集装箱机械配置统计表　　单位：台

单位	年份	浦东	振东	沪东	明东	盛东	冠东	宜东	尚东	合计
集装箱岸边起重机	2015 年	11	27	16	28	34	30	14	—	160
	2016 年	11	27	17	28	35	30	14	—	162
	2017 年	11	27	17	28	35	30	14	—	162
	2018 年	11	27	17	28	35	30	14	16	178
	2019 年	11	27	17	28	35	32	14	16	180
轮胎式龙门起重机	2015 年	42	71	48	87	96	72	35	—	451
	2016 年	42	69	48	87	96	72	39	—	453
	2017 年	42	69	48	87	89	72	44	—	451
	2018 年	42	69	48	87	89	76	46	4	461
	2019 年	42	69	48	87	89	76	49	4	464
集装箱正面吊	2015 年	3	7	6	3	5	6	4	—	34
	2016 年	3	5	4	3	5	6	4	—	30
	2017 年	4	6	4	5	5	5	4	—	33
	2018 年	3	6	4	5	5	5	5	2	35
	2019 年	3	5	4	5	5	5	7	2	36

　　上港集团典型集装箱岸边起重机及大型散货装卸机械如表 3-4-4、3-4-5 所示。

表 3-4-4　上港集团典型集装箱岸边起重机一览表

		洋山盛东公司 AJ86 岸边起重机	洋山盛东公司 J247A 岸边起重机	洋山冠东公司 J247B 岸边起重机	外高桥振东公司 J233B 岸边起重机	外高桥沪东公司 J98 岸边起重机	外高桥明东公司 J155A 岸边起重机
安装年月		2006 年 8 月	2006 年 10 月	2007 年 8 月	2008 年	2008 年	2005 年
主要参数	额定起重量(吨)	65	双吊具下 80 吨,单吊具下 65 吨	80	65	双吊具下 75 吨,单吊具下 61 吨	双吊具下 80 吨,单吊具下 61 吨
	吊钩下起重量(吨)	90		75	—		

续　表

			洋山盛东公司 AJ86 岸边起重机	洋山盛东公司 J247A 岸边起重机	洋山冠东公司 J247B 岸边起重机	外高桥振东公司 J233B 岸边起重机	外高桥沪东公司 J98 岸边起重机	外高桥明东公司 J155A 岸边起重机
主要参数	前伸距（米）		65	65	65	60	63	63
	轨距（米）		30	30	35	30	30	30
	后伸距（米）		20	20	20	18	15	17.5
	小车总行程（米）		115	115	120	108	—	110.5
	小车运行方式		牵引式	牵引式	牵引式	牵引式	自行式	自行式
	大梁形式		双箱梁	双箱梁	双箱梁	双箱梁	牵引式	牵引式
特殊功能	挂舱保护		液压	液压	液压	液压	双箱梁	双箱梁
	防摇形式		电子	电子	无	无	无	无
速度参数	起升速度（米/秒）	满载	90	90	70	载荷 50 吨时 90；载荷 65 吨时 75	载荷 61 吨时 90；载荷 75 吨时 75	载荷 61 吨时 90；载荷 80 吨时 75
		空载	180	180	150	180	180	180
	小车速度（米/秒）		240	240	240	240	240	240
	大车速度（米/秒）		45	45	45	45	45	45
单程俯仰时间（分）≤			6	7.5	6	7.5	12	6
装机总功率（千瓦特/小时）			2 300	3 000	2 250	—	—	3 000

表 3-4-5　上港集团典型大型散货装卸机械一览表

	朱家门码头 896 号煤炭卸船链斗机	朱家门码头 881 号煤炭装船机	罗泾一期 814 号煤炭桥式卸船机	罗泾一期 820 号煤炭装船机	罗泾二期 811 号矿石卸船机	罗泾二期 821 号矿石桥式装船机
安装年份	1989 年	1989 年	2000 年	2006 年	2006 年	2006 年
生产能力（吨/小时）	1 200	1 500	1 250	2 500	2 100（起重量 52 吨）	4 200
适应船型	2.5 万吨级	2 000 吨级	5 万吨级	5 000 吨级	20 万吨级	1 万吨级

续　表

		朱家门码头896号煤炭卸船链斗机	朱家门码头881号煤炭装船机	罗泾一期814号煤炭桥式卸船机	罗泾一期820号煤炭装船机	罗泾二期811号矿石卸船机	罗泾二期821号矿石桥式装船机
臂距伸缩皮带机	最大伸距（米）	27	21	36	23	42	9
	伸缩速度（米/秒）	—	3.9	—	5～10	—	510
	带速（米/秒）	2.5	3.15	2.5	3.15		3.15
	带宽（米）	1.6	1.2	1.4	1.4		1.6
臂深俯仰角度	工作时	-16～+16度	-10～+10度	—	-12～+12度	90度	-12～+12度
	非工作时	+44.5度	+40度	—	+40度	150度	35度
旋转速度（转/米）		0.02～0.11	0.41	—	0.5	—	0.05～0.17
旋转半径（米）		5.7	14.5～21	-	16～23	—	28
旋转角度	海侧	360度	110度		115度		20度
	陆侧	270度	100度	—	45度	—	115度
整机自重（吨）		500	205	1 200	540	1 685	390
总功率（千瓦特/小时）		500	185	1 600	450	2 500	～55

二、港务工作船

2003年上海港共有拖轮30艘,驳船95艘,起重船5艘,引水船4艘,带揽船7艘,环保船5艘,其他港务工作船舶11艘。

2005年,上港集团共有港作船舶129艘,总吨位为203 146吨,总载重（货）量为293 976吨,总功率190 437千瓦。其中拖轮42艘,驳船23艘,引水船6艘,消防船4艘,供应船1艘,运输船（含垃圾船）1艘,指挥、交通船（含旅游船）9艘。（图3-4-6～3-4-8）

进入21世纪,海上拖带、大件海上驳运业务逐步增加,上海港船舶拖带作业主要由上海港复兴船务公司和上海深水港船务有限公司两个船舶拖带企业承担。上海港复兴船务公司为全国最大的船舶拖带企业,为进出上海口岸的国内外大中型船舶提供拖带

图 3-4-6　引航船

图 3-4-7　拖轮

图 3-4-8　浮吊吊装荷兰驳船

护航、靠离码头、超长重大件货物的水上吊装、驳运以及海上拖带、船舶靠离江心浮筒系解缆等服务。上海深水港船务有限公司由上海国际港务(集团)有限公司与上海同盛投资(集团)有限公司于2005年9月共同组建而成,主要为进出洋山深水港区船舶靠离码头提供拖轮助泊服务。

为适应进出港口船舶大型化,大型拖轮逐步替代小旧拖轮。至2008年,复兴船务公司已拥有国际先进水平的大马力拖轮36艘,2 000～10 000吨载重量海驳5艘,拖轮数量以及技术水平在全国港口同行业中处于绝对优势。服务洋山深水港区的上海深水港船务有限公司有港作拖轮10艘,其中7艘为4 000～6 000马力的全回转拖轮,3艘为国内仅有的福伊特(VOITH)拖轮。

2010年,上港集团港务工作船舶一共有149艘,总吨位为332 586吨,总载重(货)量为467 070.5吨,总功率达283 160千瓦。其中拖轮56艘,14.1万千瓦;驳船17艘,34 554载重吨。另有引水船6艘,消防船4艘,带揽船5艘,供应船1艘,运输船(含垃圾船)48艘,指挥、交通船(含旅游船)12艘。(见表3-4-6)

表3-4-6　2000、2005、2010年上港集团港务工作船舶统计表

设备名称	计算单位	2000年	2005年	2010年
工作船总艘数	艘	206	129	149
工作船总吨位	吨	22 227	203 146	332 586
工作船总载重(货)量	吨	53 632	293 976	467 071
工作船总载客量	座	401	159	221
工作船总功率	千瓦	97 658	190 437	283 160
拖轮总艘数	艘	54	42	56
拖轮总吨位	吨	11 606	13 409	20 145
拖轮功率	千瓦	68 562	95 374	140 805
驳船总艘数	艘	95	23	17
驳船总吨位	吨	—	121 574	21 032
驳船总载重量	吨	50 517	216 613	34 554
引水船总艘数	艘	4	6	6
引水船总吨位	吨	5 147	7 869	7 725
引水船功率	千瓦	7 489	14 047	14 042

设备名称	计算单位	2000 年	2005 年	2010 年
消防船总艘数	艘	7	4	4
消防船总吨位	吨	1 313	874	761
消防船功率	千瓦	7 021	4 040	4 928
带缆船总艘数	艘	11	7	5
带缆船总吨位	吨	320	—	155
带缆船功率	千瓦	1 277	—	563
供应船总艘数	艘	8	1	1
供应船总吨位	吨	931	58	58
供应船总载重量	座	955	32	32
供应船功率	千瓦	713	110	110
指挥、交通船总艘数（含游览船）	艘	22	9	12
指挥、交通船总吨位	吨	1 229	336	935
指挥、交通船载客量	座	401	159	221
指挥、交通船功率	千瓦	10 821	2 717	8 037
运输船总艘数（含环保、垃圾船）	艘	5	1	48
运输船总吨位	吨	1 681	101	281 775
运输船总载重量	吨	2 160	90	432 485
运输船功率	千瓦	1 212	105	114 665

　　上港集团成立时，港作船舶主要集中在轮驳分公司和上海港复兴船务公司。2007年后，轮驳分公司的港作船舶已不复存在。（见表 3-4-7、3-4-8）

表 3-4-7　2002～2007 年轮驳分公司港作船舶统计表

项目	2002 年	2003 年	2004 年	2005 年	2006 年	2007 年
船舶总艘数（艘）	—	—	—	4	4	3
总载重量（吨）	—	—	8 868	219	219	194

续　表

项目		2002 年	2003 年	2004 年	2005 年	2006 年	2007 年
总马力（HP）		—	—	1 173	566	566	478
总举力（吨）		—	—	250	250	250	250
总载客量（座）		—	—	50	—	—	—
其中	拖轮（艘）	4	2	3	2	2	2
	马力（HP）	1 055	478	614	478	478	478
	驳船（艘）	32	32	14	—	—	—
	载重（吨）	10 685	10 285	8 500	—	—	—
	工作船（艘）	9	2	4	2	1	1
	载重（吨）	—	—	358	—	—	—
	马力（HP）	889	478	454	—	—	—

表 3-4-8　2003～2019 年复兴船务公司港作船舶统计表 单位：艘

年份	拖轮	起重船	带缆船	工程船	交通船	辅助船	环保船	驳船	总计
2003 年	30	5	7	3	1	6	5	2	59
2004 年	30	6	7	3	1	7	5	—	59
2005 年	32	5	7	3	1	7	1	—	56
2006 年	36	5	7	3	1	3	1	—	56
2007 年	36	5	5	3	1	3	1	—	54
2008 年	38	5	5	3	1	3	—	5	60
2009 年	39	5	5	3	—	3	—	5	60
2010 年	39	6	5	3	—	3	—	5	61
2011 年	35	6	3	3	—	1	—	—	48
2012 年	35	6	3	3	—	1	—	—	48
2013 年	37	6	3	3	—	1	—	—	50
2014 年	37	6	3	3	—	1	—	—	50

续　表

年份	拖轮	起重船	带缆船	工程船	交通船	辅助船	环保船	驳船	总计
2015 年	37	6	3	3	—	1	—	—	50
2016 年	37	—	3	—	—	—	—	—	40
2017 年	38	1	3	—	—	—	—	—	42
2018 年	39	1	3	—	—	—	—	—	43
2019 年	38	1	3	—	—	—	—	—	42

复兴船务公司装备有大型"向阳号"系列大型浮式起重船 7 台,其起重能力如表 3-4-9 所示。

表 3-4-9　上海港复兴船务公司大型起重船情况统计表

船名	建造年份	建造厂名	总吨位(吨)	起重吨(吨)
向阳 1 号	1982 年	山东潍坊柴油机厂	720	—
向阳 2 号	2004 年	振华港机	6 258	1 200
向阳 3 号	1971 年	上海港机厂	1 952	200
向阳 4 号	1969 年	日本深田	2 091	500
向阳 5 号	1978 年	上海港机厂	729	32
向阳 6 号	1980 年	上海港机厂	856	63
向阳 8 号	2011 年	惠生(南通)重工	4 086	旋转式 350

2008 年,"向阳 1～6 号"大型起重船转到上港物流工程分公司使用,资产在复兴船务公司。到 2016 年,"向阳 1～6 号"大型起重船均进行了处置。尚存"向阳 8 号"大型起重船在复兴公司。

2011 年,上港集团全年完成更新改造投资 9.06 亿元,其中,新引航船"沪港引 11 号"按期交付使用,上港物流 350 吨浮吊完成建造。

2012 年,上港集团更新改造投资达 9.67 亿元,其中为复兴公司和深水港船务公司各新添 3 600 匹马力拖轮和 6 800 马力拖轮 1 艘。

2016 年,上海港船舶拖带作业主要由复兴船务和深水港船务两个船舶拖带企业承担。复兴船务共拥有各种拖轮 37 艘,深水港船务共拥有各种拖轮 13 艘。(见表 3-4-10)

表 3-4-10　2016 年上海港复兴船务公司、上海深水港船务有限公司拖轮情况一览表

公司名称	拖轮数量（艘）	拖轮能力	企业归属
上海港复兴船务公司	37	3 艘 3 000 马力以下	上港集团
		15 艘 3 000（含）～4 000 马力	
		14 艘 4 000（含）～5 000 马力	
		4 艘 5 000（含）～6 000 马力	
		1 艘 6 000（含）马力以上	
上海深水港船务有限公司	13	6 艘 4 000 马力	上港集团
		1 艘 5 000 马力	
		2 艘 5 200 马力	
		2 艘 6 000 马力	
		2 艘 6 800 马力	

2017 年,复兴船务公司更新拖轮 2 艘("海港 49 号"和"海港 711 号"),深水港船务公司 2017 年更新拖轮 1 艘("海港 122 号")。到 2019 年底,复兴船务公司和深水港船务公司分别拥有拖轮数量 38 艘和 14 艘。

2018 年,上海港共有港务船舶 132 艘。截至 2019 年底,上海港共有港务船舶 114 艘。

此外,上海港务工程公司在 2010 年底进行体制改革前,已拥有相当规模的筑港工程船舶。(见表 3-4-11)

表 3-4-11　2005、2010 年上海港务工程公司拥有筑港工程船舶一览表

年份	船舶名称	建造日期	总吨位（吨）	总载重吨（吨）	航区	功率（千瓦特）	属类
2005 年	港工桩 1 号	1983 年	—	—	—	—	—
	港工桩 2 号	1992 年	—	—	—	—	—
	港工拖 2 号	1983 年	—	—	—	—	—
	港工起重 1 号	2005 年	—	—	—	—	—
	港工起重 2 号	1980 年	—	—	—	—	—

年份	船舶名称	建造日期	总吨位（吨）	总载重吨（吨）	航区	功率（千瓦特）	属类
2005 年	港工驳 1 号	2002 年	—	—	—	—	—
	港工驳 4 号	1979 年	295	400	—	—	—
	港工驳 5 号	1979 年	295	400	—	—	—
	港工驳 6 号	1987 年	300	400	—	—	—
	港工驳 7 号	1982 年	456	700	—	—	—
	港工驳 8 号	1980 年	388	450	—	—	—
	港工带 2 号	1988 年	—	—	—	—	—
	港工砼 1 号	2000 年	1 307	1 000	—	—	—
	港工砼 2 号	2003 年	2 993	2 500	—	—	—
2010 年	港工桩 1 号	1983 年	688	—	长江 A 级	314	—
	港工桩 2 号	1992 年	1 580	—	沿海	654	—
	港工拖 1 号	1979 年	—	—	沿海	2 352	—
	港工拖 2 号	1983 年	—	—	长江 A 级	816	—
	港工起重 1 号	2005 年	2 407	—	沿海	810	—
	港工起重 2 号	1980 年	855	—	长江 A 级	235	—
	港工驳 1 号	2002 年	1 339	2 000	沿海	79	—
	港工驳 4 号	1979 年	295	400	长江 A 级	—	—
	港工驳 5 号	1979 年	295	400		—	—
	港工驳 6 号	1987 年	300	400		—	—
	港工驳 7 号	1982 年	456	700		—	—
	港工驳 8 号	1980 年	388	450		—	—
	港工砼 1 号	2000 年	1 307	1 000	沿海	550	—
	港工砼 2 号	2003 年	2 993	2 500		1 250	—
	港工洋山号	2002 年	2 588	450	沿海	1 310	打桩船

2013 年 2 月,上海港务工程公司改制成中建港务建设有限公司后,拥有架高 100
米、88 米、74 米和 49 米的打桩船,500 吨起重船,100 立方米/小时水上搅拌船及海驳、
拖轮等大型水上施工船舶。

第四章　装卸生产

　　2003年，上海市港口体制改革时，正是我国经济快速发展时期。伴随着中国经济和对外贸易的快速发展，上海港港口建设加速，劳动生产率显著提高，港口吞吐量大幅度递增。

　　2005年，上港集团按照建立现代企业制度要求，改制成上海国际港务（集团）股份有限公司，完成了企业的股份制改造和整体上市。改制后，上港集团精简管理层次，缩小投资跨度，突出主营业务，实施资产整合，将集团所属的14家子公司转制为分公司；以轮驳公司、海湾分公司和港湾公司为主，分别构建了人员安置、物业整合和多种经营企业管理等三个平台；对下属139家多种经营企业实施了歇业或转让。上海港以建设上海国际航运中心为使命，建成了洋山、外高桥、罗泾等新的生产区域。通过生产结构调整，上港集团形成了集装箱、散杂货、港口物流和港口服务四大支柱产业（后发展表述为港口装卸、港口物流、港口服务和港口商务四大板块），内河港口通过整合和整顿，进一步调整、提高了内河港的生产积极性。上海港把水水中转作为发展集装箱装卸业务的突破口，坚持发展集装箱优势产业；在结构调整中推进了散杂货业务、汽车滚装业务、邮轮业务和港口现代物流服务的整体发展。

　　上海港通过改革，内生动力增加，生产潜能迅速释放。2005年，上海港货物吞吐量达到4.43亿吨。2007年递增到5.61亿吨，集装箱吞吐量超过香港居世界第二位。2010年货物吞吐量达到6.53亿吨，完成集装箱吞吐量2906.9万标准箱，首次超过新加坡，问鼎世界第一集装箱大港。2015年，上海港完成货物吞吐量7.17亿吨，集装箱吞吐量递增到3653.7万标准箱。到2019年，上海港完成货物吞吐量7.20亿吨，集装箱吞吐量递增到4330.3万标准箱，连续十年位居世界港口装卸集装箱第一。

第一节　货物吞吐量

　　上港集团是上海港最大的公用码头。成立以来，货物吞吐量逐年稳步增长，是上海港货物吞吐量逐年递增的最大动力。上港集团的货物吞吐量从 2003 年的 1.89 亿吨增长到 2019 年的 5.38 亿吨,增长了 2.85 倍。集装箱吞吐量从 2003 年的 1 128.2 万标准箱递增到 2019 年的 4 330.3 万标准箱,增长了 3.84 倍。

一、吞吐量

上港集团成立时的 2003 年,正值"十五"期间。上海港按照建立现代企业制度要求,实现了政企分开,完成了企业的股份制改革和整体上市,上海港口的生产水平和综合能力迈上了一个新台阶。在 WTO 框架下快速发展的对外贸易,为上海港提供了充足的货源保证,港口货物吞吐量持续在高位增长。2003 年,上港集团完成货物吞吐量 1.89 亿吨,比 2002 年增长 2.31%,占上海港总吞吐量的 59.87%。

2004 年,国家进一步明确了上海国际航运中心建设以"上海为中心,江浙为两翼",建设三个运输体系的布局。上海港在完善发展规划时,坚持可持续发展,立足长三角经济协调发展,与江浙两省共同构筑长三角组合港口群,努力形成长三角地区组合港的国际竞争优势。在抓紧建设集装箱运输体系的同时,结合老港区改造和功能转移,对黄浦江两岸的老港区进行功能性的战略调整和开发,依托长三角乃至全国的广阔腹地,通过港口对资源的集散、运输和配置,辐射长三角,服务全国。是年,上海港货物吞吐量完成 3.79 亿吨。按货类统计,17 大类主要货物中,煤炭、金属矿石、粮食等大宗散货类货种虽受能源运输市场供应紧张的不利因素影响,但总体上仍然保持了一定的增长。

"十五"期间,上海港航运要素进一步集聚,至 2005 年底,上海工业有国际海上运输及其辅助业经营者 846 家。年内办理注册登记的经营国际海上运输及其辅助业的外商驻沪代表机构新增 19 家,总数达到 205 家。上海工业进入新的快速增长周期,投资需求趋于旺盛,内需拉动明显增强。吸收外资的喜人增势为港口货物吞吐量的高平台提供了货源保证。宏观经济的快增长、高效益、低通胀运行,推动了上海港货物吞吐量继续构筑高平台。

2005 年,上海港吞吐量达到了 4.43 亿吨,成为世界货物吞吐量第一大港。集装箱吞吐量递增到 561.2 万标准箱。内河货物吞吐量达到 1 亿吨。

上港集团 2005 年完成货物吞吐量 2.68 亿吨,占全港总货物吞吐量的 60.42%。货物进港合计 13 848.8 万吨,出港合计 12 928.1 万吨,进出港之比为 1.1∶1。货物吞吐量结构不断优化,集装箱吞吐量占货物吞吐量的比例从 21.9% 增长到 36.7%。17 大类主要货物中,除原油吞吐量受国际油价飙升的影响有较大幅度下滑,以及粮食吞吐量有所下降以外,其他货类吞吐量均有不同程度增长,煤炭和金属矿石仍为两大主要货种,分别占上港集团货物总吞吐量的 15% 和 13.2%。

"十一五"期间,在中国加入WTO,对外贸易急速发展的国际大背景下,上海国际航运中心建设提速,深水港和集疏运系统建设加快。上海港以建设上海国际航运中心为使命,致力于建设符合国际港口及航运业发展趋势的集装箱及散杂货港务设施,建成了洋山、外高桥、罗泾等新的生产区域,并配置了各类先进高效的码头装卸设备,基础设施持续保持国际先进水平,船舶装卸效率处于全球领先水平;通过生产结构调整,形成了集装箱、散杂货、港口物流和港口服务四大支柱产业,上海国际航运中心洋山深水港区一期工程开港运营,生产能力迅速释放;港口生产经营实现了健康、稳定、持续的发展,各项主要经济指标继续保持良好的增长势头。货物吞吐量先后跨越3亿、4亿、5亿和6亿吨,2010年上海港货物年吞吐量递增到6.53亿吨,从2005年起稳居世界第一大货运港;集装箱吞吐量先后突破1 000万和2 000万标准箱,2010年超越新加坡港,成为全球第一大集装箱港口。

2006年,随着长江黄金水道加快建设,长江沿线城市经上海港吞吐的货物量均呈现不同程度的快速增长,其中江苏、湖北、四川和重庆地区增幅超过20%。上港集团完成货物吞吐量首次突破3亿吨大关,达到3.03亿吨,比上年增长13.2%。外贸吞吐量达到19 176.5万吨,比上年增长16%;其中外贸进口完成9 176.5万吨,外贸出口首次达到1亿吨,比上年分别增长8.6%和23.9%。

2007年,上海港基本完成散杂货码头生产布局和老码头结构调整,罗泾二期矿石码头、钢杂码头、煤炭码头、外高桥六期307米码头和汽车滚装码头相继建成投产。上海国际航运中心洋山深水港区三期工程A标码头开港营运,并由上港集团所属冠东国际集装箱码头有限公司负责运营管理。当年,上海港完成货物吞吐量5.61亿吨,其中上港集团货物吞吐量达到3.53亿吨,同比增长16.53%。按货类统计,受国际原油价格波动上涨以及甬沪宁管道和仪长管道开通的影响,原油运输量同比减少15.8%;钢铁产量的需求增长为进口铁矿石提供了动力,金属矿石运量较去年有所上升,同比增长6.5%;随着电力、钢铁、建材、化工四大行业耗煤量的继续上升,煤炭运输需求旺盛。

2008年,洋山三期B标码头顺利开港,洋山深水港北港区全面建成。上港集团完成货物吞吐量3.69亿吨,同比增长4.5%。按分货类统计,煤炭运输需求减少,完成煤炭吞吐量3 676.1万吨,同比下降24.78%;钢铁产量上半年的需求增长为进口铁矿石提供了动力,虽然下半年金属矿石运量猛跌,但全年仍完成金属矿石吞吐量2 141.3万吨,同比增长21.25%。

2008年第四季度爆发的国际金融危机严重影响了港口装卸生产,2009年,受国际金融危机严重影响,上港集团在多年高速发展后首次面临生产经营下滑的严峻挑战,全年货物吞吐量出现小幅下降,完成3.65亿吨,同比下降1.13%。上港集团及时采取有效措施，促使装卸业务止跌回升。

2010 年，上海世博会给城市注入活力，上海港走出金融危机阴影，港口航运生产平稳，呈现由金融危机后的持续回升向稳定增长、健康发展的转变，货物吞吐量重新凸显较快增长态势，全年完成货物吞吐量 6.53 亿吨。是年，上海港首个具备汽车滚装和集装箱运输两大主体功能的综合性港区——外高桥六期港区开港试运行。罗泾港区后续工程全面完成，罗泾分公司大型仓库、煤炭分公司煤炭直取码头竣工投产。与长江口 12.5 米深水航道相匹配的外高桥、罗泾港区支航道疏浚工程顺利开展。

"十二五"期间，上海港面对经济新常态下港航业发展的新趋势，面对周边港口激烈的同质竞争和船舶大型化的严峻挑战，积极应对复杂多变的国内外经济形势，全力推进科技创新和绿色港口建设，创新业务多元化开拓和发展，在加快推进"四个率先"、加快建设"四个中心"和社会主义现代化国际大都市工作中促进生产业务的稳步增长，进一步推进上海国际航运中心的建设。2011 年，上海港货物吞吐量为 7.28 亿吨，2013 年递增到 7.76 亿吨。此后略有下降，2015 年达到 7.17 亿吨。

2011 年，上海港继续加快港口设施建设，进一步优化集疏运体系。继续抓好与长江口 12.5 米深水航道相匹配的外高桥、罗泾港区的支航道疏浚和维护工作，建立完善了长效维护机制，保证支航道的畅通和港区生产的正常运行。为了缓解上海港集装箱堆场能力不足的突出矛盾，在市政府领导的亲自关心和有关部门大力支持下，积极挖掘港内资源，实施港区绿化调整和灰堤改造试验。将外高桥港区大部分绿化面积转为生产经营场地，用于集装箱堆场、物流和汽车滚装业务。同时根据上港集团发展转型、业务调整的需要，积极有序推进结构调整工作，本着"和谐调整、有情调整、安全调整、平稳调整"的指导思想，开展了宝山分公司结构调整工作，2012 年 1 月起该港区停止装卸生产，开始进行宝山地块的全面开发。是年，上港集团经过努力，实现了生产经营持续稳定增长，主要生产经营指标再创历史新高，全年完成货物吞吐量 4.84 亿吨，同比增长 13.09%。

2012 年，上海港通过协调海事部门，实现了洋山深水港区主航道双向通航和长江口深水航道船舶交会试验，提高了上海航道的通航效率。上港集团全年完成货物吞吐量 5.02 亿吨，占上海港总吞吐量的比例达 58.3%。

2013 年，上港集团按照"稳中求进"的总体部署，全年基本建设项目完成投资 10.2 亿元，完成更新改造项目 453 项。罗泾Ⅲ号灰库试验工程、浦东公司和振东分公司的绿化改建堆场工程均完工并交付使用。完成了 9 个生产单位的 49 个泊位码头结构加固改造工作，改造后，上港集团集装箱码头新增年通过能力 293.3 万标准箱，件杂货码头新增年通过能力 256.8 万吨。年内成立了洋山四期工程建设指挥部，洋山四期自动化码头建设前期工作开始启动。

2014 年,上海港已与世界上 200 多个国家和地区的 500 多个港口有着贸易往来。

2015 年,上海市港口生产受宏观经济增速进一步放缓影响,整体呈现弱势特征。受全国经济增长减速、上海市港口生产整体弱势影响以及腹地产业结构调整和能源结构变化的影响,全港除集装箱年吞吐量增长外,货物吞吐量全面下行。上海港 2015 年全年货物吞吐量完成 7.17 亿吨,比 2014 年下降 4.97%。其中,海港货物吞吐量完成 64 906 万吨,同比下降 3.1%,占全港比重为 90.5%;内河港货物吞吐量完成 6 833.6 万吨,同比下降 20.3%。上海港自改革开放以来,首次出现内、外贸货物吞吐量双双下降态势。全年外贸货物吞吐量完成 3.78 亿吨,同比下降 1.1%;内贸货物吞吐量完成 3.39 亿吨,同比下降 9.0%。内、外贸吞吐量分别占全港货物吞吐总量的 47.3% 和 52.7%。2015 年,上港集团全年完成货物吞吐量 5.13 亿吨,同比下降 4.8%,占上海港当年货物吞吐量(7.17 亿吨)的 71.55%。其中,散杂货吞吐量完成 1.56 亿吨,同比下降 16.1%。煤、矿等散杂货吞吐量大幅下降。

2016 年是"十三五"计划开始的第一年,受外部环境和内需不稳的共同影响,上海港货物吞吐量已连续三年呈现下降状态,但 2016 年的下降幅度已明显收窄。全年完成吞吐量 7.02 亿吨,同比微降 2.2%。全年港口生产呈现逐季走强态势,第一、第二、第三季度同比分别增长-4.0%、-3.6%、-3.3%,至第四季度扭转了已连续十一个季度的下降态势,第四季度完成货物吞吐量 1.8 亿吨,实现当季同比增长 2.4%。上海港公用码头港口生产业务逐步走出低谷,上港集团全年完成货物吞吐量 5.14 亿吨(其中散杂货吞吐量完成 1.47 亿吨),同比增长 0.13%,三年来首次实现增长,对全港的贡献率进一步提高,占全港货物吞吐量的比重达 73.25%,比上年提高 1.7 个百分点。

进入 2017 年以后,全球经济复苏态势趋于明朗,国内经济保持稳中有进、稳中向好走势。上海港生产形势亦呈现出稳中有进、好于预期的格局。一季度全港货物吞吐量同比增长 5.9%,特别是 3 月份全港货物吞吐量显著回升,创三年来新高。进入二季度,港口货物吞吐量同比增幅高达 9.2%。三季度全港生产形势稳中有进,8 月份的单月货物吞吐量则突破了 3 月份的高点,成为全年单月吞吐量最高点。四季度增幅有所放缓。全年全港共完成货物吞吐量 7.5 亿吨,同比增长 6.9%,扭转了连续三年上海港货物吞吐量负增长的局面,实现四年来首次增长。2017 年,上港集团围绕"稳中求进、奋发有为、创新引领、多元发展"的工作方针,全力推进上海国际航运中心和"四个港口"建设,全年完成货物吞吐量 5.61 亿吨,同比增长 9.1%,占上海港当年货物吞吐量的 74.73%。货物进港合计 27 489.2 万吨,出港合计 28 598.2 万吨,进出港之比为 0.96:1。货物吞吐量结构不断优化,集装箱吞吐量占货物吞吐量的比例增长到 70.89%。在 17 大类主要货物中,机械、设备和电器类货种吞吐量迅速增长,成为上港集团位居第一的装卸货种,占上港集团货物总吞吐量的 14.5%。金属矿石和煤炭仍为两大主要货种,分别占上港集团货物总吞吐量的 14.0% 和 4.8%。其他货类吞吐量均有不同程度增长。

2018 年,我国经济延续"稳中有进、稳中向好"的发展态势,经济运行虽面临新困难和新挑战,但积极信号不断增加。上海港面对困难和挑战,坚持深化供给侧结构性改革,港口生产坚持"稳中求进"工作总基调,坚持改革创新,围绕"完善和提升国际大都市一体化交通体系"目标,口岸运行平稳,在建设上海国际航运中心的征途中发展迅速,港口生产运行保持了"总体平稳、稳中有进"的发展态势。年初,上海港生产形势呈上升态势,但到 3 月份,全港货物吞吐量同比下降了 12.29%。进入二季度的 4~5 月份,全港货物吞吐量缓慢回升,并在 5 月份达到 6 450.22 万吨,成为全年单月吞吐量最高点。进入下半年,除 9 月份单月货物吞吐量较高外,吞吐量总体呈现下降态势,11 月份货物吞吐量跌破 6 000 吨大关,仅为 5 824.42 万吨。12 月份全港货物吞吐量虽有所回升,但增幅有限。

综观 2018 年全年港口生产,上海港全年货物吞吐量完成 7.30 亿吨,比 2017 年略有下降。其中,海港货物吞吐量完成 6.84 亿吨,比上年下降 3%,占全港货物总吞吐量的 93.64%。内河港货物吞吐量完成 4 655.75 万吨,同比增长 3.25%。货主码头完成 14 599.41 万吨,同比增长 1%。

2018 年,上海港部分散杂货吞吐量呈下降态势。按货类分析,轻工、医药产品和农林牧渔业产品分别完成 136.77 万吨和 156.05 万吨,增幅较大,分别达到 53.97% 和 24.02%。其他多个货种吞吐量与 2017 年相比均有所下降,木材和化工肥料及制品同比下降 70.37% 和 62.49%,煤炭及制品和化工原料及制品分别比上年下降 25.6% 和 25.66%,有色金属、金属矿石、石油天然气及制品和粮食分别比上年下降 24.77%、18.98%、14.61% 和 18.80%。

2019 年,国际环境复杂严峻,少数国家执行单边主义,制造贸易摩擦和地缘政治紧张局势,继续削弱全球经济的增长,贸易保护主义给全球主要经济体增添了新的不确定不稳定因素,受制于贸易战以及全球经济疲软等多种因素的影响和国内十分艰巨的改革发展任务,经济运行面临许多新困难和新挑战。上海港面对困难和挑战,坚持深化供给侧结构性改革,港口生产运行保持总体平稳发展态势,全年货物吞吐量完成 7.20 亿吨,同比下降 1.39%。在全年货物吞吐量中,海港货物吞吐量完成 6.66 亿吨,比上年下降 2.66%,占全港货物总吞吐量的 92.43%;公用码头完成货物吞吐量 5.21 亿吨,比上年下降 3.10%,占全港比重 72.40%,比上年下降 1.2 个百分点。内河港货物吞吐量完成 5 449.29 万吨,同比增长 17.04%。货主码头完成货物吞吐量 1.45 亿吨,同比下降 1.02%。

上海港 2019 年 2 月份吞吐量下探幅度较深,其余各月稳定保持在每月 6 000～6 400 万吨之间。进入下半年,全港货物吞吐量呈现出缓慢下降态势,到年末,月货物吞吐量下降到 5 800 万吨左右。全年呈现前高后低、逐季走弱态势,分季度与上年同期相比分别增长 2.0%、-2.3%、-3.2%、-1.8%。其中受到夏季台风影响,原本运输量较大的 7～8 月份每月仅完成 6 000 万吨,年末的运输高峰也没到来。出于环境保护和转型需求,上海港最大的公用码头企业——上港集团的煤炭和矿石两个大型散货码头企业逐步停运歇业。(见表 4-1-1)

表 4-1-1　2015～2019 年上海港货物吞吐量统计表

年份	2015 年	2016 年	2017 年	2018 年	2019 年
吞吐量(万吨)	71 739.6	70 176.6	75 051.0	73 047.9	72 031.3
同比增	-4.97%	-2.20%	+ 6.90%	-2.67%	-1.39%

2019 年,上海港主要散杂货吞吐量按货类分析:

17 类货种中,吞吐量增长的货种有 11 类,其中水泥和化工原料及制品增幅最大,分别完成 906.93 万吨和 905.23 万吨,增幅分别达到 29.79% 和 23.48%。其次是轻工、医药产品和非金属矿石,分别完成 165.45 万吨和 363.46 万吨,增幅分别达到 20.97% 和 17.69%。吞吐量下降的货种有 6 类,其中机械设备电器、木材和化工肥料及制品的吞吐量下降较多,分别完成 425.1 万吨、0.69 万吨和 1.48 万吨,较上年下降 95.01%、80.12% 和 37%。(见表 4-1-2)

表 4-1-2　2018～2019 年上海港货物吞吐量货类情况分析对比统计表　　　单位:万吨

货类	2018 年	2019 年	同比
煤炭及制品	5 280.63	5 013.04	-5.07%
石油天然气及制品	2 701.43	2 910.77	+ 7.75%
金属矿石	8 300.18	6 504.80	-21.63%
钢铁	4 746.14	4 609.65	-2.88%
矿物性建筑材料	5 349.62	6 052.19	+ 13.13%
水泥	698.75	906.93	+ 29.79%
木材	3.49	0.69	-80.12%

货类	2018 年	2019 年	同比
非金属矿石	308.83	363.46	+ 17.69%
化工肥料及制品	2.35	1.48	-37.00%
盐	107.39	112.37	+ 4.65%
粮食	271.40	324.29	+ 19.49%
机械设备电器	8 517.60	425.10	-95.01%
化工原料及制品	733.10	905.23	+ 23.48%
有色金属	25.84	28.79	+ 11.43%
轻工、医药产品	136.77	165.45	+ 20.97%
农林牧渔业产品	156.05	174.39	+ 11.76%
其他	35 708.37	43 532.66	+ 21.91%
合计	73 047.94	72 031.32	-1.39%

2018 年和 2019 年,上港集团分别完成货物吞吐量 5.61 亿吨和 5.38 亿吨,占全港吞吐量的比重分别为 76.84% 和 74.72%。2020 年完成 5.10 亿吨,占全港吞吐量的 71.19%。

2003～2020 年上海港和上港集团的货物吞吐量以及吞吐量占比见表 4-1-3 和图 4-1-1。

表 4-1-3　2003～2020 年上海港货物吞吐量及上港集团吞吐量所占比例统计表

年份	上海港货物吞吐量(万吨)	上港集团货物吞吐量(万吨)	占上海港比例
2003 年	31 621.1	18 932.6	59.87%
2004 年	37 896.3	23 748.5	62.67%
2005 年	44 317.2	26 776.6	60.42%
2006 年	53 748.4	30 275.4	56.33%
2007 年	56 144.6	35 278.9	62.84%
2008 年	58 170.1	36 913.3	63.46%
2009 年	59 205.2	36 501.5	61.65%

年份	上海港货物吞吐量（万吨）	上港集团货物吞吐量（万吨）	占上海港比例
2010 年	65 339.4	42 835.1	65.56%
2011 年	72 758.2	48 442.3	66.58%
2012 年	73 559.0	50 237.5	68.30%
2013 年	77 574.6	54 302.4	70.02%
2014 年	75 528.9	53 862.4	71.31%
2015 年	71 739.6	51 332.6	71.55%
2016 年	70 176.6	51 406.6	73.25%
2017 年	75 050.8	56 087.4	74.73%
2018 年	73 047.9	56 129.3	76.84%
2019 年	72 031.3	53 831.7	74.72%
2020 年	71 670.0	51 019.3	71.19%

　　注：上海港 2005 年以前总吞吐量只是海港吞吐量，不包括内河港口吞吐量。2006 年经交通部同意，上海港调整统计口径，将内外港吞吐量合并统计，因此，自 2006 年以后，总吞吐量中包括了内河港口吞吐量，同时扣除了内河港与海港之间往来的吞吐量。

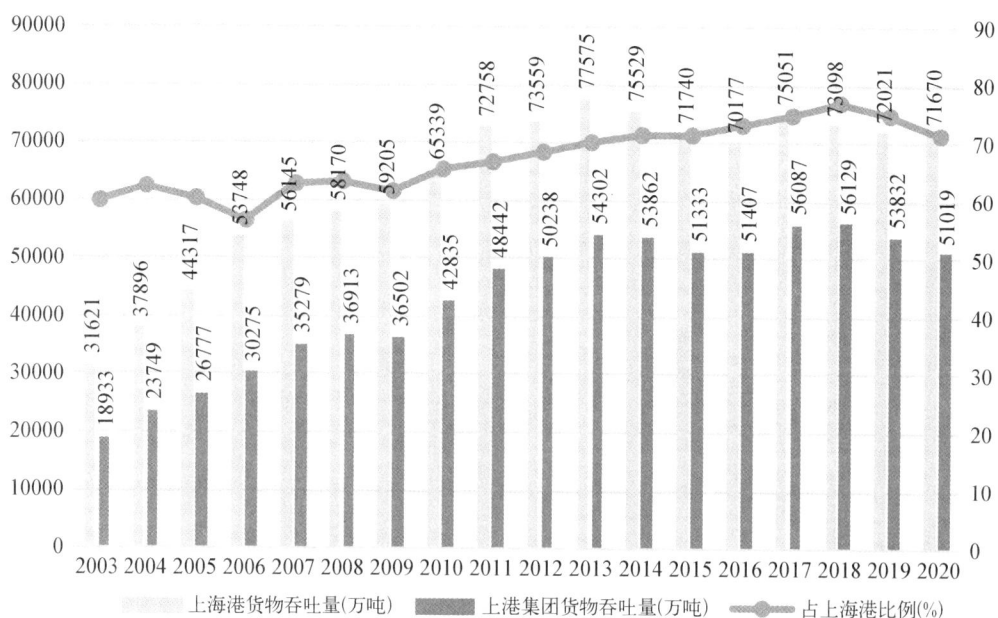

图 4-1-1　2003～2020 年上港集团货物吞吐量占上海港吞吐量比例示意图

二、吞吐量结构

(一) 外贸货物吞吐量

随着开放型经济的快速发展,上海港外贸货物吞吐量增长迅猛,已成为拉动上海港货物吞吐量上升的重要动力。

2003年,上港集团完成外贸货物吞吐量1.11亿吨。其中,外贸进口0.6亿吨,外贸出口完成0.5亿吨。按航线统计,远洋航线出口增长尤为迅猛,美国、欧洲已经成为上海港出口货物主要国家和地区。

"十五"期间,受中国加入WTO影响,上港集团外贸进出口和集装箱业务进入高速增长期,货物吞吐量突飞猛进。2004年突破2亿吨,2005达到2.68亿吨,占上海港货物吞吐量比重回升到60.42%。外贸货物吞吐量继续保持快速增长,2005年完成外贸货物吞吐量1.66亿吨,比2003年增长49.55%,出口至美国的货物量同比增长26.3%,出口至欧洲的货物量同比增长30.5%。

2007年,上港集团完成外贸货物吞吐量2.34亿吨。其中,外贸进口完成1.1亿吨,外贸出口完成1.24亿吨。按航线统计,干散货特别是金属矿石运输的远程化,造成南美航线运量大幅增加,全年完成0.14亿吨,同比增长25%;由于出口欧洲的外贸货物大幅增长,欧洲航线运量首次超过美国,欧洲完成0.37亿吨,美国完成0.33亿吨,同比分别增长35%和12%,其中欧洲航线出口完成0.26亿吨,同比增幅高达41%。

2008年,上港集团完成外贸货物吞吐量2.54亿吨,同比增长8.5%。其中外贸进口完成1.2亿吨,外贸出口完成1.34亿吨,同比分别增长9%和8%。

2009年,受国际金融危机严重影响,上港集团在多年高速发展后首次面临生产经营下滑的严峻挑战,全年完成外贸货物吞吐量2.38亿吨,同比下降6.3%。

2010年,上海港口生产呈现由金融危机后的持续回升趋而稳定增长的转变。上海港口岸功能进一步增强,受我国对外进出口贸易总额高速增长带动,上港集团全年外贸货物吞吐量达到2.78亿吨,占集团总吞吐量的64.82%。占上海港当年外贸货物总吞吐量(3.02亿吨)的91.83%,成为推动上海港外贸总吞吐量迈上新台阶的动力之源。

"十二五"期间,上海港由于受到内需不稳和外需不振的共同影响,自改革开放以来,2015年首次出现内、外贸货物吞吐量双双下降态势。全年外贸货物吞吐量完成3.78亿吨,同比下降1.1%。上港集团面对经济新常态下港航业发展的新趋势,面对周边港口激烈的同质竞争和船舶大型化的严峻挑战,当年完成外贸货物吞吐量3.48

亿吨。其中,外贸进口完成 1.79 亿吨,外贸出口完成 1.69 亿吨。机械、设备、电器类产品运量大幅增加,全年完成 0.75 亿吨。按航线统计,由于出口欧洲的外贸货物大幅增长,欧洲航线运量仍超过美国,出口欧洲完成 0.48 亿吨,出口美国完成 0.39 亿吨。

进入"十三五"期间,外贸货物受本市进出口贸易回暖联动,扭转了下降趋势,重回增长走势。2016 年上海港完成外贸货物吞吐量 3.8 亿吨,比上年增长 0.6%。外贸货物比重达到 54.2%,较 2015 年提高 1.5 个百分点,主要原因在于全港内贸货物吞吐量下滑的同时外贸货物吞吐量呈现增长态势。外贸货物中转比例不断提高,转口货物比重达 49.1%。上港集团面对错综复杂、持续低迷的航运市场形势,最大限度地降低了散货市场低迷、韩进破产事件等不利因素给生产经营带来的影响,全年完成外贸货物吞吐量 3.46 亿吨,同比基本持平。

2017 年,全球经济持续复苏,国际贸易实现恢复性增长,海运贸易量增速提升,全球主要港口生产形势好转。在国内外经济形势向好以及全球贸易量增速回升的带动下,上海港口生产坚持"稳中求进"工作总基调,坚持改革创新,围绕"完善和提升国际大都市一体化交通体系"目标,聚焦"管为木、重体系、补短板",全年港口生产呈现良好发展趋势,实现了较快增长。是年,上海港完成外贸货物吞吐量 41 042.7 万吨,比上年增长 8%。外贸货物占全港货物吞吐量的 54.7%,外贸货物中转比例不断提高,上海港外贸口岸地位更加突出。其中,上港集团完成外贸货物吞吐量 3.73 亿吨,占上港集团当年总吞吐量的 66.54%。

2018 年,上海港内外贸货物吞吐量均有所下降,外贸货物吞吐量全年完成 40 205.81 万吨,同比下降 2.04%。内贸货物吞吐量全年完成 32 842.13 万吨,同比下降 3.43%,外贸货物占全港吞吐量 55%。上港集团 2018 年完成外贸货物吞吐量 38 264.99 万吨,其中外贸进口完成 18 967.14 万吨,外贸出口完成 19 297.86 万吨。

2019 年,虽然全港集装箱吞吐量的稳步增长给本市带来了一部分外贸吞吐量的增量,但受到全球大宗散货不景气,以及上港集团罗矿公司转型关闭的影响,全港外贸货物吞吐量共完成 39 659.3 万吨,同比下降 1.36%。内贸货物吞吐量全年完成 32 372 万吨,同比下降 1.43%。外贸货物占全港吞吐量的 55.1%。其中,上港集团 2019 年完成外贸货物吞吐量 36 917.08 万吨,其中外贸进口完成 17 642.75 万吨,外贸出口完成 19 274.33 万吨。

其中,外贸煤炭在上一年度大幅萎缩之后,2019 年有所回升,同比增幅达 5.86%。随着本市对天然气需求的不断提升,外贸石油制品吞吐量也不断攀升,全年同比增长 3.19％。而外贸金属矿石则由于上述企业关停影响,同比下降 21.42％,这是全港外贸货物吞吐量下滑的主要原因。由于关停的企业隶属于上港集团,因此本市公用码头区域外贸吞吐量出现了 2.69％的下滑。而货主码头区域的企业承载了一部分原先上港集团罗矿公司的运量,其外贸金属矿石同比增幅达到了 95.43％,近乎翻倍。此外,对外贸煤炭和石油制品的需求也进一步推高了货主码头外贸吞吐量。至此,货主码头区域全年外贸吞吐量同比增长达到 14.2％。不过由于货主码头区域的外贸吞吐量总量占比很小,其增长幅度难以扭转全港外贸吞吐量的下滑态势。

上港集团 2003 年完成外贸货物吞吐量 11 079.6 万吨,占上港集团总吞吐量的 58.52％;2005 年达 16 580.4 万吨,占比 61.92％;2010 年增长到 27 766.2 万吨,占比 64.82％。2015 年递增到 34 850 万吨,占比高达 67.89％。2019 年,上港集团外贸货物吞吐量为 36 917.1 万吨,占比为 68.58％。十七年间外贸货物吞吐量增长了 3.33 倍。(见表 4-1-4、图 4-1-2)

表 4-1-4　2003～2019 年上港集团货物吞吐量及外贸货物吞吐量所占比例统计表

年份	上港集团总吞吐量(万吨)	外贸货物吞吐量(万吨)	占比
2003 年	18 932.6	11 079.6	58.52％
2004 年	23 748.5	14 111.9	59.42％
2005 年	26 776.6	16 580.4	61.92％
2006 年	30 275.4	19 176.5	63.34％
2007 年	35 278.9	23 360.8	66.22％
2008 年	36 913.3	25 447.8	68.94％
2009 年	36 501.5	23 755.0	65.08％
2010 年	42 835.1	27 766.2	64.82％
2011 年	48 442.3	31 238.5	64.49％
2012 年	50 237.5	32 724.1	65.14％
2013 年	54 302.4	34 397.8	63.34％
2014 年	53 862.4	35 197.2	65.35％
2015 年	51 332.6	34 850.0	67.89％

续　表

年份	上港集团总吞吐量(万吨)	外贸货物吞吐量(万吨)	占比
2016 年	51 406.6	34 630.0	67.36%
2017 年	56 087.4	37 318.5	66.54%
2018 年	56 129.3	38 265.0	68.17%
2019 年	53 831.7	36 917.1	68.58%

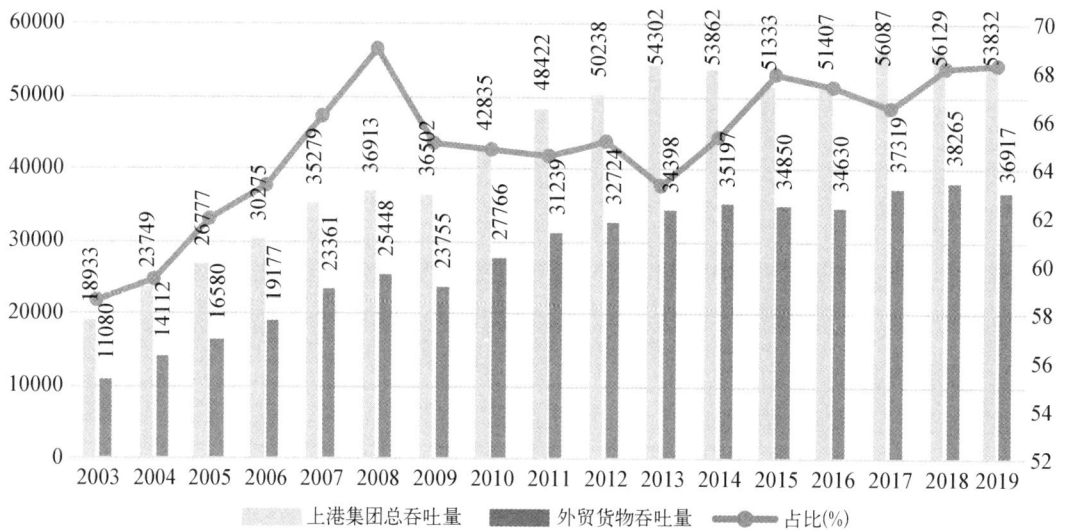

图 4-1-2　2003～2019 年上港集团外贸货物吞吐量示意图

十七年来,从上港集团完成的外贸货物货种结构分析:

1. 金属矿石一直位居外贸进港货物吞吐量的前列。2003 年吞吐量为 968.3 万吨,占比 16%,位居第一;2005 年为 1 580.1 万吨,占比 18.62%,位居第二;2010 年为 3 011.6 万吨,占比 21.03%,位居第一;2015 年为 3 980.9 万吨,占比 22.23%,位居第一;2016 年为 3 365.3 万吨,占比 19.38%,位居第一;2018 年达到 3 754 万吨,占外贸货物总吞吐量的 19.79%;2019 年虽然下降到 2 410.4 万吨,占外贸货物总吞吐量的 6.53%,但仍位居第一。(见表 4-1-5)

2. 机械、设备、电器类产品的外贸进港吞吐量排名上升最为显著,2003 年吞吐量为 808.9 万吨,占比 13.38%,位列第二;2005 年吞吐量为 1 594.6 万吨,占比 18.8%,位列第一;2010、2015、2016 和 2018 年吞吐量分别为 2 512.2 万吨、3 048.2 万吨、3 025.8 万吨和 3 355.3 万吨,多年来位居第二;2019 年吞吐量下降

到15.5万吨,位居第六。(见表4-1-5)

表4-1-5 2003～2019年部分年份上港集团外贸进港货物前五位排名情况表 单位:万吨

年份	排名	第一位	第二位	第三位	第四位	第五位
2003年	货物名称	金属矿石	机械、设备、电器	钢铁	轻工、医药	化肥及农药
	吞吐量	968.33	808.85	403.49	370.78	154.93
	占比	16.00%	13.38%	6.68%	6.13%	2.56%
2005年	货物名称	机械、设备、电器	金属矿石	轻工、医药	钢铁	化肥及农药
	吞吐量	1 594.64	1 580.10	512.97	215.52	155.88
	占比	18.80%	18.62%	6.05%	2.54%	1.83%
2010年	货物名称	金属矿石	机械、设备、电器	轻工、医药	木材	钢铁
	吞吐量	3 011.65	2 512.18	669.48	185.16	174.15
	占比	21.03%	17.54%	4.68%	1.29%	1.22%
2015年	货物名称	金属矿石	机械、设备、电器	石油、天然气及制品	钢铁	木材
	吞吐量	3 980.88	3 048.15	156.44	123.98	67.48
	占比	22.23%	17.02%	0.87%	0.69%	0.38%
2016年	货物名称	金属矿石	机械、设备、电器	煤炭及制品	石油、天然气及制品	钢铁
	吞吐量	3 365.32	3 025.82	187.21	165.16	118.01
	占比	19.38%	17.42%	1.08%	0.95%	0.68%
2018年	货物名称	金属矿石	机械、设备、电器	石油、天然气及制品	钢铁	轻工、医药产品
	吞吐量	3 753.99	3 355.28	202.12	105.49	71.08
	占比	19.79%	17.69%	1.06%	0.56%	0.37%
2019年	货物名称	金属矿石	石油、天然气及制品	钢铁	轻工、医药	化工原料及制品
	吞吐量	2 410.42	189.43	85.96	75.71	46.24
	占比	13.66%	1.07%	0.49%	0.43%	0.26%

3. 十七年来,在上港集团的外贸出港货物中,机械、设备、电器类产品始终保持出港货物吞吐量首位。2003 年,此货种出港吞吐量 682.7 吨,占外贸出港货物吞吐量的 13.56%;此货种 2005 年出港吞吐量为 1 642.6 万吨,占比 20.29%;2010 年出港吞吐量为 2 730.2 万吨,占比 20.3%;2015 年出港吞吐量为 3 359.2 万吨,占比为 19.83%;2016 年及 2018 年该货种出港吞吐量分别递增到 3 410.1 万吨和 3 810.1 万吨,占比分别达到外贸出港货物吞吐量的 19.75% 和 19.74%。2019 年该货种外贸出港吞吐量 331.12 万吨,占当年外贸出港货物总吞吐量的 1.72%。(见表 4-1-6)

表 4-1-6　2003~2019 年部分年份上港集团外贸出港货物前五位排名情况表　单位:万吨

年份	排名	第一位	第二位	第三位	第四位	第五位
2003 年	货物名称	机械、设备、电器	轻工、医药	钢铁	化工原料及制品	非金属矿
	吞吐量	682.67	415.57	105.63	47.55	44.00
	占比	13.56%	8.25%	2.10%	0.94%	0.87%
2005 年	货物名称	机械、设备、电器	轻工、医药	钢铁	化工原料及制品	非金属矿
	吞吐量	1 642.59	780.05	276.11	28.71	17.83
	占比	20.29%	9.63%	3.41%	0.35%	0.22%
2010 年	货物名称	机械、设备、电器	轻工、医药	钢铁	化工原料及制品	石油、天然气及制品
	吞吐量	2 730.19	890.5	388.33	36.50	29.69
	占比	20.30%	6.62%	2.89%	0.27%	0.22%
2015 年	货物名称	机械、设备、电器	钢铁	矿建材料	金属矿石	石油、天然气及制品
	吞吐量	3 359.20	566.70	6.36	3.75	2.32
	占比	19.83%	3.35%	0.04%	0.02%	0.01%
2016 年	货物名称	机械、设备、电器	钢铁	石油、天然气及制品	矿建材料	化工原料及制品
	吞吐量	3 410.09	523.18	10.15	1.92	0.37
	占比	19.75%	3.03%	0.06%	0.01%	0.002%
2018 年	货物名称	机械、设备、电器	钢铁	矿建材料	石油、天然气及制品	非金属矿石
	吞吐量	3 810.14	518.63	9.40	6.90	0.49
	占比	19.74%	2.69%	0.05%	0.04%	0.003%

年份	排名	第一位	第二位	第三位	第四位	第五位
2019 年	货物名称	钢铁	机械、设备、电器	石油、天然气及制品	矿建材料	轻工、医药
	吞吐量	460.21	331.12	10.42	0.60	0.33
	占比	2.39%	1.72%	0.05%	0.005%	0.002%

(二) 内贸货物吞吐量

"十五"期间,上海港内贸业务重启增长通道,上港集团的内贸货物吞吐量也逐年增长。但由于上港集团货物总吞吐量递增迅速,外贸货物吞吐量比例逐年增加,内贸货物吞吐量所占上港集团货物总吞吐量的比例整体呈现下降态势。2003 年内贸货物吞吐量完成 7 843.9 万吨,占上港集团货物总吞吐量的比例为 41.48%。2005 年完成 10 196.2 万吨,占上港集团货物总吞吐量的 38.08%。

"十一五"期间,上海本地传统制造业加快向其他地区转移,煤炭、矿石、石油等内贸大宗货物继续向周边港口分流,导致上港集团内贸装卸业务处于微增长状态。其中 2006 年完成内贸吞吐量 1.1 亿吨,2007 年完成 1.19 亿吨,2008 年内贸吞吐量下降到 1.15 亿吨。

2009 年,在外贸业务受国际金融危机严重影响呈下降趋势的情况下,内贸业务有微弱增长,上港集团完成内贸吞吐量 1.27 亿吨,比 2008 年的 1.15 亿吨增长了 10.43%。

上港集团的内贸吞吐量直至 2010 年才止跌回升,2010 年,由于国家内需拉动战略对上海港口影响,全年上港集团完成内贸吞吐量 1.51 亿吨,为当年总吞吐量的 35.18%,同比递增 18.11%。

"十二五"期间,上港集团完成的内贸吞吐量总体平稳。2011 年,上港集团完成内贸吞吐量 1.72 亿吨,其中,内贸货物进口 8 553.2 万吨,出口 8 650.6 万吨。2014 年,内贸吞吐量递增到 1.87 亿吨(内贸进口 8 233.4 万吨,出口 10 431.9 万吨),内贸吞吐量达到当年总吞吐量的 34.65%。

2015 年,上海港由于受到内需不稳和外需不振的共同影响,自改革开放以来,首次出现内、外贸货物吞吐量双双下降态势。全年完成内贸货物吞吐量 3.39 亿吨,比上年下降 9%。上港集团完成内贸吞吐量 1.65 亿吨,同比下降 1.17%。其中,内贸货物进口 7 250.5 万吨,同比下降 11.94%;出口 9 232.2 万吨,同比下降 11.5%。内贸吞吐量占当年总吞吐量的 32.11%。

"十三五"期间,2016 年内贸货物由于需求不足,持续处于低迷状态,上海港完成内贸货物吞吐量 3.22 亿吨,比上年下降 5.2%,内贸货物比重为 45.8%。上港集团完成内贸货物吞吐量 1.68 亿吨,同比增长 0.53%。其中,内贸货物进口 7 668.6 万吨,同比增长 5.77%;出口 9 108.1 万吨,同比下降 1.35%。

2018 年,上海港完成内贸货物吞吐量 3.28 亿吨。上港集团完成内贸货物吞吐量 1.79 亿吨。其中,内贸货物进口 8 295.11 万吨,出口 9 569.14 万吨。

2019 年,上海港内贸货物吞吐量完成 3.24 亿吨,同比下降 1.43%。上港集团完成内贸货物吞吐量 1.69 亿吨。其中,内贸货物进口 8 400.5 万吨,出口 8 514.05 吨。(见表 4-1-7)

表 4-1-7　2003～2019 年上港集团货物吞吐量及内贸货物吞吐量所占比例统计表

年份	货物总吞吐量(万吨)	内贸货物吞吐量(万吨)	占比
2003 年	18 932.6	7 843.9	41.48%
2004 年	23 748.5	9 636.6	40.58%
2005 年	26 776.6	10 196.2	38.08%
2006 年	30 275.4	11 098.9	36.66%
2007 年	35 278.9	11 918.2	33.78%
2008 年	36 913.3	11 465.6	31.06%
2009 年	36 501.5	12 746.5	34.92%
2010 年	42 835.1	15 068.9	35.18%
2011 年	48 442.3	17 203.8	35.51%
2012 年	50 237.5	17 513.4	34.86%
2013 年	54 302.4	19 904.6	36.66%
2014 年	53 862.4	18 665.2	34.65%
2015 年	51 332.6	16 482.7	32.11%
2016 年	51 406.6	16 776.6	32.64%
2017 年	56 087.4	18 768.9	33.46%
2018 年	56 129.3	17 864.2	31.83%
2019 年	53 831.7	16 914.6	31.42%

上港集团内贸货物吞吐量从货种结构分析:2003 年超过 1 000 万吨的货种主要有煤炭及制品和金属矿石,其中煤炭及制品占全港内贸货物吞吐量比重最高,为 32.9%。

其次是金属矿石,占内贸货物吞吐量16.54％。第三位的是钢铁,占9.50％。

在上港集团内贸货物吞吐量中排在第一位的一直是煤炭及制品,2015年下降为第二位。2018年和2019年,受上港集团煤炭公司转型关闭的影响,内贸煤炭吞吐量仅为726.1万吨和648.4万吨,下降为第五位。

上港集团内贸货物吞吐量中位居第二的一直是金属矿石。2015年开始上升到第一位,吞吐量为3 757.5万吨;2018和2019年分别达4 181.9万吨和3 068.4万吨,仍位居第一位。2018和2019年,矿建材料内贸吞吐量位居第二。内贸钢铁的吞吐量一直位居第三。机械、设备、电器内贸吞吐量一直位居第四,2019年下降为第五位,吞吐量为36.4万吨。(见表4-1-8)

表4-1-8 2003～2019年部分年份上港集团内贸货物吞吐量前五位排名情况表 单位:万吨

年份	排名	第一位	第二位	第三位	第四位	第五位
2003年	名称	煤炭及制品	金属矿石	钢铁	矿建材料	机械、设备、电器
	吞吐量	2 580.74	1 297.75	745.55	702.62	340.90
	占比	32.90％	16.54％	9.50％	8.96％	4.35％
2005年	货物名称	煤炭及制品	金属矿石	钢铁	机械、设备、电器	矿建材料
	吞吐量	3 998.41	1 942.73	854.31	551.01	230.49
	占比	39.21％	19.05％	8.37％	5.40％	2.26％
2010年	货物名称	煤炭及制品	金属矿石	钢铁	机械、设备、电器	非金属矿
	吞吐量	4 199.09	2 794.71	2 058.77	826.32	124.96
	占比	27.87％	18.55％	13.66％	5.48％	0.83％
2015年	货物名称	金属矿石	煤炭及制品	钢铁	机械、设备、电器	化工原料及制品
	吞吐量	3 757.46	2 714.04	1 055.92	1 050.06	584.19
	占比	22.80％	16.47％	6.41％	6.37％	3.54％
2019年	货物名称	金属矿石	矿建材料	钢铁	化工原料及制品	机械、设备、电器
	吞吐量	3 068.4	1 613.5	1 566.5	191.7	36.4
	占比	18.14％	9.54％	9.26％	1.13％	0.22％

(三)上港集团下属装卸单位装卸情况

"十五"期间,在集装箱业务的促进下,上港集团码头装卸业务增长速度逐年递增。2003年,上港集团下属装卸单位完成货物吞吐量18 932.6万吨。

2005 年,上港集团下属有 22 家装卸单位,分别为民生、南浦、煤炭、新华、张华浜、军工路、共青、客运、浦远、罗泾、宝山、轮驳、复兴、港务工程、海通、龙吴、SCT、浦集、沪东、明东、上港集箱外高桥分公司和盛东公司。当年,上港集团共计完成货物吞吐量 26 776.8 万吨,占上海港货物吞吐量的比重达 60.4%。其中,外高桥分公司、煤炭公司和 SCT 公司分别位列货物集疏运量前三位。这表明集装箱货物和煤炭,已经成为上港集团货物吞吐量的两大支撑来源。(见表 4-1-9)

表 4-1-9　2003、2005 年上港集团下属装卸单位集疏运情况统计分析表

基层公司	2003 年集疏运量 (万吨)	2003 年占比	2005 年集疏运量 (万吨)	2005 年占比
民生	234.8	1.2%	199.7	0.7%
南浦	602.4	3.2%	309.3	1.2%
高阳	139.4	0.7%	—	—
煤炭	2 532.2	13.4%	3 672.4	13.7%
新华	707.9	3.7%	855.9	3.2%
张华浜	457.2	2.4%	516.2	1.9%
军工路	358.4	1.9%	521.2	1.9%
共青	247.8	1.3%	527.4	2.0%
客运	210.3	1.1%	100.9	0.4%
浦远	779.7	4.1%	1 402.4	5.2%
罗泾	1 261.5	6.7%	1 577.2	5.9%
宝山	423.6	2.2%	454.4	1.7%
轮驳	8.7	0.05%	39.5	0.1%
复兴	56.4	0.3%	13.9	0.1%
港务工程	7.5	0.04%	9.5	—
海通	—	—	14.0	0.1%
龙吴	1 829.2	9.7%	2 177.7	8.1%
SCT	3 284.6	17.3%	3 581.5	13.4%
浦集	1 627.2	8.6%	1 877.4	7.0%
沪东	796.6	4.2%	3 014.1	11.3%
明东	—	—	1 564.2	5.8%

基层公司	2003年集疏运量（万吨）	2003年占比	2005年集疏运量（万吨）	2005年占比
外高桥分公司	3 127.1	16.5%	4 191.7	15.7%
盛东	—	—	156.4	0.6%

"十一五"期间,2006年上港集团下属有23家装卸单位,完成的货物吞吐量突破3亿吨。2007年,上港集团完成货物吞吐量3.53亿吨,外贸吞吐量首次突破2亿吨大关,达到2.34亿吨,同比增长21.9%。其中外贸进口完成1.1亿吨,外贸出口完成1.24亿吨,同比分别增长19.6%和24%,外贸进出口首次双双突破亿吨。

2010年,上港集团完成货物吞吐量4.28亿吨,占整个上海港货物吞吐量比重达到65.56%。2010年,上港集团下属有23家装卸单位,分别为煤炭、军工路、张华浜、罗泾、共青、浦远、罗矿、洋山石油、宝山、轮驳、复兴、港务工程、海通、龙吴、洋泾、SCT、浦集、振东、沪东、明东、盛东、冠东、外六期。在下属装卸企业中,振东公司、盛东公司、SCT三大装卸单位货物集疏运量分别位列前三位。

"十二五"期间,2011年上港集团下属装卸单位完成的货物吞吐量达到4.84亿吨。2015年,上港集团货物吞吐量达到5.13亿吨,连续三年突破5亿吨,占上海港货物吞吐量的比重提升到71.55%。其中,进港货物合计25 161.7万吨,出港货物合计26 170.9万吨;外贸货物合计34 849.9万吨,内贸货物合计16 482.7万吨。在下属装卸企业中,盛东公司、冠东公司分别位列货物集疏运量第一、第二位,明东公司和宜东公司同列第三位。

"十三五"期间,2016和2019年,上港集团分别完成货物吞吐量5.14亿吨和5.38亿吨,分别占上海港货物吞吐量的73.25%和74.72%。从装卸单位集疏运量角度分析,2016年张华浜公司、盛东公司和冠东公司三大装卸单位分别位列上港集团货物集疏运量前三位。2019年,盛东公司、宜东公司和冠东公司三大装卸单位分别位列货物集疏运量前三位。(见表4-1-10)

表4-1-10 2010、2015、2019年上港集团下属装卸单位集疏运情况统计分析表

基层公司	2010年集疏运量（万吨）	2010年占比	2015年集疏运量（万吨）	2015年占比	2019年集疏运量（万吨）	2019年占比
煤炭	3 515.6	8.2%	2 243.6	4.4%	423.4	0.8%
张华浜	475.3	1.1%	881.1	1.7%	534.8	1.0%

续　表

基层公司	2010年集疏运量（万吨）	2010年占比	2015年集疏运量（万吨）	2015年占比	2019年集疏运量（万吨）	2019年占比
军工路	588.3	1.4%	—	—	—	—
共青	778.8	1.8%	489.9	1.0%	835.2	1.6%
浦远	2 138.4	5.0%	2 417.1	4.7%	1 296.8	2.4%
罗泾	1 000.7	2.3%	1 200.0	2.3%	1 661.9	3.1%
罗矿	3 618.1	8.4%	5 163.1	10.1%	4 048.4	7.5%
宝山	671.7	1.6%	—	—	—	—
轮驳	1.1	—	—	—	—	—
复兴	22.0	0.1%	18.2	0.04%	—	—
港务工程	13.2	—	—	—	—	—
海通	799.1	1.9%	1 460.7	2.8%	309.4	0.6%
龙吴	1 217.2	2.8%	1 346.2	2.6%	2 002.1	3.7%
中建港务	—	—	24.8	0.05%	—	—
洋泾	402.7	0.9%	—	—	—	—
SCT	4 914.7	11.5%	—	—	—	—
浦集	2 089.4	4.9%	2 315.9	4.5%	2 315.4	4.3%
振东	5 178.6	12.1%	5 122.7	9.98%	4 900.8	9.1%
沪东	3 058.3	7.1%	3 344.8	6.5%	3 883.2	7.2%
明东	3 243.6	7.6%	5 595.1	10.9%	6 053.1	11.2%
盛东	5 153.1	12.0%	7 483.7	14.6%	8 158.4	15.2%
冠东	3 739.5	8.7%	6 291.3	12.3%	6 541.6	12.2%
宜东	—	—	5 619.5	10.9%	7 672.1	14.3%
外六期	3 515.6	0.1%	—	—	—	—
洋山石油	153.3	0.4%	315.0	0.6%	407.7	0.8%
尚东	—	—	—	—	2 787.4	5.2%

三、行业地位与社会贡献

（一）行业地位

上海港是全国性的多功能枢纽港，多年来吞吐量位于大陆沿海港口前列。上港集团作为上海港主要的公共码头，承担着上海港进出口货物大部分的装卸任务。随着全国经济增长迅速，上港集团的总吞吐量和外贸吞吐量也逐年快速递增，除承担本市物资的装卸任务外，上港集团还为沿海港口、长江流域和全国的经济交流服务，承担着大量中转物资的换装任务。在接卸国际港口各类进口物资、轻工和农产品装船出口、能源物资中转等方面发挥着举足轻重的作用。

上港集团成立后，货物吞吐量快速递增。上港集团 2003 年完成货物吞吐量 1.89 亿吨，占当年上海港货物吞吐量（3.16 亿吨）的 59.87％。2010 年完成货物吞吐量 4.28 亿吨，占上海港货物吞吐量（6.53 亿吨）的 65.56％。2015 年，完成货物吞吐量 5.13 亿吨，占上海港货物吞吐量（7.17 亿吨）的 71.55％。2016 年，上港集团完成货物吞吐量 5.14 亿吨，占上海港货物吞吐量（7.02 亿吨）的比例增至 73.25％。2018 年，完成货物吞吐量达 5.61 亿吨，占上海港货物吞吐总量（7.3 亿吨）的比例为 68.17％。2019 年，上港集团完成货物吞吐量达 5.38 亿吨，占上海港货物吞吐总量（7.2 亿吨）的比例为 74.72％。（见图 4-1-3）

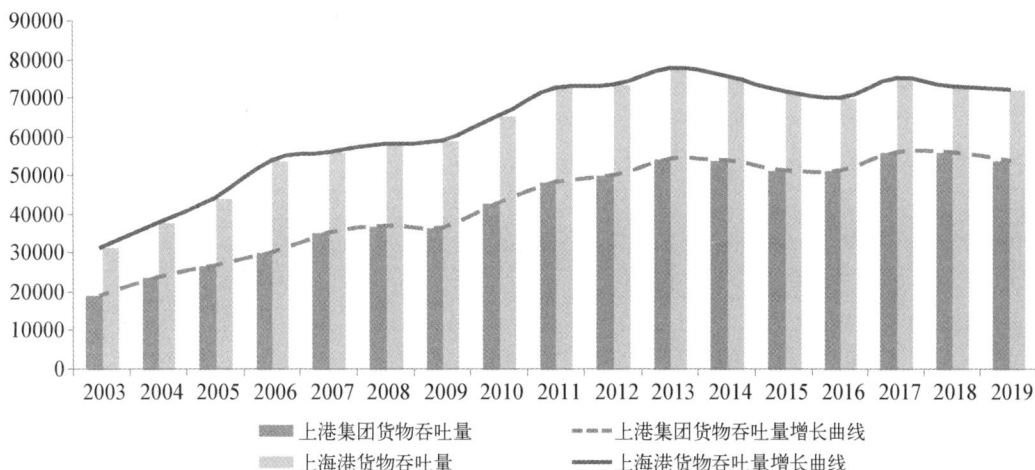

图 4-1-3　2003～2019 年上海港（含上港集团）吞吐量及趋势图

2003～2019 年间，上海港货物吞吐量排名一直位于全国沿海港口前列（见表 4-1-11、4-1-12）。

表 4-1-11　2003、2005、2010 年全国前十位沿海港口货物吞吐量统计表　　单位：万吨

2003 年			2005 年			2010 年		
排名	港口	吞吐量	排名	港口	吞吐量	排名	港口	吞吐量
1	上海	31 621	1	上海	44 317	1	上海	65 339
2	宁波	18 524	2	宁波舟山	37 933	2	宁波舟山	63 300
3	广州	17 106	3	广州	25 036	3	广州	41 095
4	天津	16 181	4	天津	24 069	4	天津	41 012
5	青岛	14 090	5	青岛	18 678	5	青岛	35 013
6	大连	12 602	6	秦皇岛	16 900	6	大连	31 399
7	秦皇岛	12 560	7	大连	17 085	7	秦皇岛	25 706
8	深圳	11 224	8	深圳	15 351	8	唐山	24 600
9	舟山	5 677	9	苏州	11 920	9	日照	22 597
10	福州	4 763	10	日照	8 421	10	营口	22 579

表 4-1-12　2015、2016、2019 年全国前十位沿海港口货物吞吐量统计表　　单位：万吨

2015 年			2016 年			2019 年		
排名	港口	吞吐量	排名	港口	吞吐量	排名	港口	吞吐量
1	宁波舟山	88 896	1	宁波舟山	92 208	1	宁波舟山	112 009
2	上海	71 739	2	上海	70 176	2	上海	72 031
3	天津	54 002	3	苏州	57 937	3	唐山	65 674
4	青岛	50 000	4	天津	55 056	4	广州	60 616
5	广州	50 053	5	广州	54 437	5	青岛	57 736
6	唐山	49 285	6	唐山	52 051	6	苏州	52 275
7	大连	41 481	7	青岛	50 036	7	天津	49 220
8	日照	33 707	8	大连	43 800	8	日照	46 377
9	营口	33 849	9	营口	35 217	9	烟台	38 632
10	秦皇岛	25 000	10	日照	35 007	10	大连	36 641

（二）国际地位

随着上海港货物吞吐量的逐年递增，上海港的国际地位逐年上升。

2004 年，上海港货物吞吐量完成 3.79 亿吨，外贸货物吞吐量完成 1.58 亿吨，与 2003 年相比增长 22.1％（其中，外贸进口 0.91 亿吨，增长 19.5％；外贸出口完成 0.67 亿吨，增长 25.8％），超越鹿特丹港（3.52 亿吨），位居新加坡港（3.93 亿吨）之后成为世界第二大货运港口。2005 年，上海港货物吞吐量完成 4.43 亿吨，位居世界货运第一大港。2010 年，上海港货物吞吐量完成 6.53 亿吨，在当年世界吞吐量十大港口中仍名列第一。2015～2019 年上海港货物吞吐量位居世界最大吞吐量十大港口前列。（见表 4-1-13）

表 4-1-13　2005、2010、2016、2019 年全球前十大港口货物吞吐量统计表　　单位：万吨

排名	2005 年		2010 年	
	港口	吞吐量	港口	吞吐量
1	中国上海港	44 317	中国上海港	65 339
2	新加坡港	42 327	中国宁波舟山港	62 052
3	荷兰鹿特丹港	37 023	新加坡港	57 893
4	中国宁波港	26 881	中国广州港	41 095
5	中国广州港	25 037	荷兰鹿特丹港	43 016
6	中国天津港	24 069	中国天津港	41 012
7	中国香港港	23 014	中国青岛港	35 013
8	韩国釜山港	21 720	中国大连港	31 136
9	美国南路易斯安那港	19 250	韩国釜山港	26 000
10	美国休斯敦港	19 200	中国唐山港	25 062

排名	2016 年		2019 年	
	港口	吞吐量	港口	吞吐量
1	中国宁波舟山港	91 777	中国宁波舟山港	112 009
2	中国上海港	70 005	中国上海港	72 031
3	新加坡港	59 330	中国唐山港	65 673
4	中国苏州港	57 376	中国广州港	62 687

排名	2016 年		2019 年	
	港口	吞吐量	港口	吞吐量
5	中国天津港	55 000	新加坡港	62 653
6	中国广州港	52 181	中国青岛港	57 736
7	中国唐山港	51 580	中国苏州港	52 275
8	中国青岛港	50 083	澳大利亚黑德兰港	52 186
9	澳大利亚黑德兰港	48 500	荷兰鹿特丹港	46 940
10	荷兰鹿特丹港	46 100	韩国釜山港	46 712

(三) 社会贡献

从上港集团货物吞吐量与上海国民生产总值的发展对应关系来看,上海港货物吞吐量和上港集团货物吞吐量伴随上海国民生产总值基本保持着同步发展趋势(见表 4-1-14、图 4-1-4)。

表 4-1-14　2003～2020 年全国港口、上海港、上港集团货物吞吐量及上海国民生产总值统计占比表

年份	全国港口货物吞吐量(亿吨)	上海港货物吞吐量(亿吨)	上港集团货物吞吐量(亿吨)	上港集团吞吐量在上海港占比	上海国民生产总值(亿元)
2003 年	33.00	3.16	1.89	59.8%	6 694
2004 年	41.70	3.79	2.37	62.7%	8 073
2005 年	48.50	4.43	2.68	60.4%	9 248
2006 年	55.70	5.37	3.03	56.3%	10 572
2007 年	64.10	5.61	3.53	62.8%	12 494
2008 年	70.20	5.82	3.69	63.5%	14 070
2009 年	76.60	5.92	3.65	61.7%	15 046
2010 年	89.30	6.53	4.28	65.6%	16 872
2011 年	100.41	7.28	4.84	66.6%	19 196
2012 年	107.76	7.36	5.02	68.3%	20 182
2013 年	117.67	7.76	5.43	70.0%	21 818

年份	全国港口货物吞吐量(亿吨)	上海港货物吞吐量(亿吨)	上港集团货物吞吐量(亿吨)	上港集团吞吐量在上海港占比	上海国民生产总值(亿元)
2014 年	124.52	7.55	5.39	71.3%	23 568
2015 年	127.50	7.17	5.13	71.5%	25 123
2016 年	132.01	7.02	5.14	73.2%	27 466
2017 年	140.07	7.51	5.61	74.7%	30 134
2018 年	143.51	7.30	5.61	76.8%	32 680
2019 年	139.51	7.20	5.38	74.7%	38 155
2020 年	145.50	7.17	5.10	71.2%	38 700

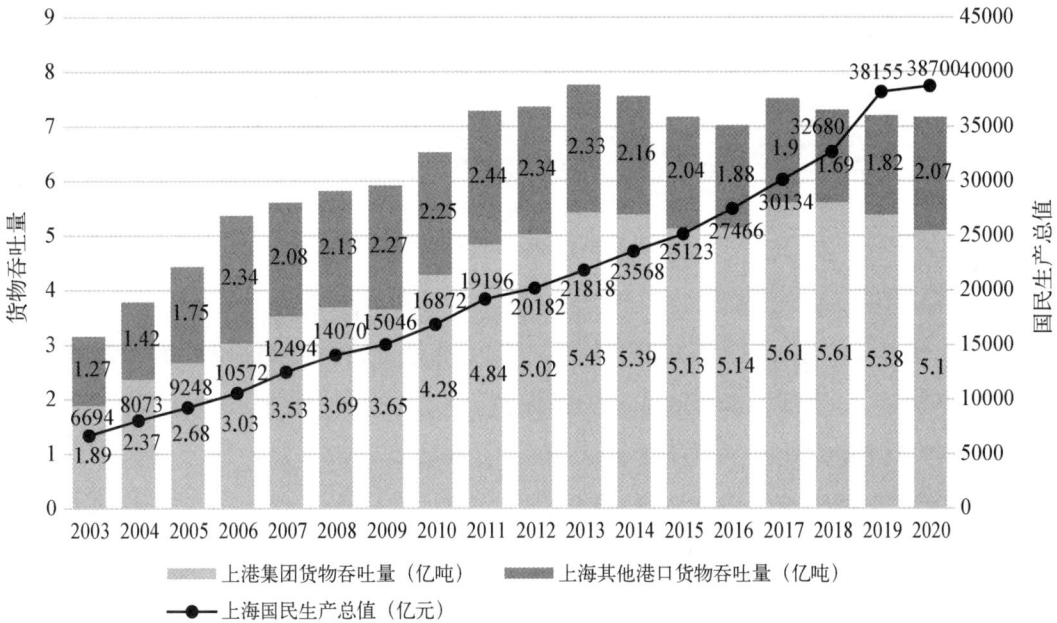

图 4-1-4　2003～2020 年上港集团货物吞吐量与上海港货物吞吐量及上海国民生产总值对应关系图

第二节　集装箱生产

在建设四个现代化强国的进程中,伴随国际贸易运输集装箱化趋势,上海港抓住发展机遇,迅速赶上了世界潮流,成为集装箱吞吐量世界第一大港。

一、概况

上海港的集装箱装卸生产始于 1978 年。当年 9 月 26 日,军工路码头开辟了中国第一条国际集装箱班轮航线——上海至澳大利亚航线。(图 4-2-1)

图 4-2-1 1978 年 9 月,上海远洋运输公司"平乡城"轮载集装箱首航澳大利亚

此后,历经 1980～1991 年的集装箱生产起步阶段,1992～2002 年的集装箱码头大建设、生产大发展、管理上台阶的成熟经营阶段,到 2003 年上海港管理体制改革时,受中国加入 WTO 和对外贸易快速增长的影响,集装箱运输进入高速发展的新阶段。此时的上海港集装箱装卸生产已形成了以吴淞港区、外高桥港区和洋山深水港区为主的三个集装箱装卸生产区域,基本建成了以深水港为核心的国际航运中心。上海港通过持续对长江流域和沿海重要城市设置网点,在关键城市形成相当规模的集装箱物流基地,并与水路、公路运输线相连接,构建起以上海港为中心的集装箱物流网络,进入了规模发展阶段。2003 年,上海港集装箱吞吐量达到 1 128.2 万标准箱,首度跻身世界集装箱港口前三甲(图 4-2-2)。

"十一五"期间随着上海国际航运中心洋山深水港开港,上海港集装箱吞吐量在高位继续攀登,从 2003 年到 2010 年的七年间,平均每年的集装箱吞吐绝对增量达到 254 万标准箱,标志着上海港的集装箱运输产业进入了规模发展阶段,作为交通运输现代化重要标志的集装箱运输迅速赶上了世界潮流。

2006 年,上海港集装箱吞吐量突破 2 000 万标准箱(图 4-2-3)。2007 年,上海港完成集装箱吞吐量 2 615.2 万标准箱,超过香港港居世界第二位。2008 年下半年至 2009 年,受国际金融危机严重影响,集装箱业务下滑。上海港采取提高水水中转比例、推行空箱计划、拓展内贸箱业务等措施,增强对主要班轮公司的整体营销能力,使集装箱业

图 4-2-2　2003 年上海港集装箱吞吐量突破 1 000 万标准箱

图 4-2-3　2006 年 12 月 10 日上海港集装箱吞吐量突破 2 000 万标准箱

务在逆境中仍取得较好业绩。2010年,集装箱吞吐量达到2 906.9万标准箱,超过新加坡,成为集装箱吞吐量世界第一大港。集装箱吞吐量占上海港货物总吞吐量的比重增至49.7%。

洋山深水港开港五年来,累计完成集装箱吞吐量超过3 500万标准箱,每年均递增32%以上,为集装箱吞吐量迅速跃居世界第一作出了重要贡献。

2010年12月9日,上海港举行洋山深水港区开港五周年庆祝大会,时任中共中央政治局委员、上海市委书记俞正声,交通运输部部长李盛霖,市委副书记、市长韩正发来贺信。

在"十二五"期间,2011年12月23日,上海港集装箱年吞吐量突破3 000万标准箱(图4-2-4),全年完成集装箱年吞吐量3 173.9万标准箱。2015年,上海港集装箱吞吐量达到3 653.7万标准箱,上海强港建设进入了新的发展阶段。

图4-2-4　2011年12月23日上海港集装箱吞吐量突破3 000万标准箱

进入"十三五"期间,2016年,上海港完成集装箱吞吐量递增到3 713.3万标准箱。2017年,上海港进一步挖掘潜力,提升效率,集装箱吞吐量始终保持稳中有升的态势。全年每个月的集装箱吞吐量均稳定维持在330万标准箱之上,单月吞吐量最高点出现在11月份,达到360.1万标准箱,这一成绩刷新了单月历史最好成绩。随着上港集团尚东分公司投入运营,上海港全年集装箱吞吐量完成4 023.3万标准箱,同比增长8.3%。

2018年,上海港完成集装箱吞吐量4 201.02万标准箱,同比增长4.42%,占全国集装箱总吞吐量(2.51亿标准箱)的16.7%。其中国际出港1593.01万标准箱,同比增长5.66%,国际进港1446.77万标准箱,同比增长3.53%。在集装箱总吞吐量中重箱吞吐量为3094.86万标准箱,同比增长2.88%,占全港吞吐量的73.7%;空箱吞吐量为1106.2万标准箱,同比增长8.96%,占全港吞吐量的26.3%。重空箱比例为74∶26。内支线完成535万标准箱,比上年增长4.3%,内贸线完成626.2万标准箱,比上年增长3.5%。连续九年保持集装箱吞吐量世界第一大港的桂冠,成为世界港口史上首次突破4000万标准箱的港口。

2019年,上海港完成集装箱吞吐量4330.26万标准箱,同比增长3.08%,连续十年位列世界港口集装箱吞吐量第一,占全国集装箱总吞吐量(2.61亿标准箱)的16.59%。其中全年出港1604.4万标准箱,比上年增长0.7%;进港1545.3万标准箱,比上年增长6.8%。标志着上海国际航运中心建设进入了新的发展阶段。

二、集装箱吞吐量

2000年1月,上海港外高桥港区二期工程通过国家验收。10月,外四期水工码头试打桩开工。是年,上海国际航运中心洋山深水港区工程建设正式启动,外高桥港区三期工程通过国家验收正式投产。

2003年,上海港集装箱装卸生产已经实现了集装箱码头作业信息的科学处理,成功开发了"集装箱信息管理系统",全港形成了以业务处为中心的集装箱管理信息网络。该系统加强了集装箱业务管理,提高了统计数据的准确性、及时性,同时增强了对船舶装卸生产的监控力度,达到了合理安排船舶作业,确保各班轮安全靠泊和准时离港的目标。在引航服务上,开创了294米大型船舶在黄浦江内夜间调头、同一泊位不间断的船舶开靠作业、用直升飞机接送引航员等一系列新纪录。集装箱码头营运操作系统TOPS覆盖了上海港下属所有集装箱码头的业务生产,先后实现了无线应用模块、自动化无人道口、双四十尺集装箱岸边起重机工艺配套系统的研发和应用。

2003年,上海港集装箱吞吐量突破1000万标准箱,达到1128.2万标准箱,首度跻身世界集装箱港口三甲。集装箱月度吞吐量最高达到103.61万标准箱,昼夜吞吐量最高达到47487标准箱,集装箱装卸效率单机每小时平均作业量最高达到59.9自然箱,单船每小时平均作业量最高达355.32自然箱。是年,外高桥港区四期工程通过国家竣工验收正式投产。

2004年,上海港集装箱吞吐量达到1455.4万标准箱,保持世界集装箱港口排名三甲地位。集装箱月度吞吐量最高达到132.6万标准箱,昼夜吞吐量最高达到56878标准箱,集装箱装卸效率单机每小时平均作业量最高达到81.85自然箱,单船每小时平均作业量最高达529.23自然箱,创世界最高纪录。2004年,上海港外高桥港区五期工程建成并试生产。是年6月17日,外高桥码头分公司在中海"新宁波"轮作业时,用时9.75小时,共装卸5 160自然箱,创造了集装箱装卸平均船时量529.23自然箱的世界纪录。集装箱岸边起重机平均台时量达到68.49自然箱,最高台时量达到81.85自然箱。

2005年12月,上海国际航运中心洋山深水港区一期工程全面建成投产,洋山一期码头正式运营;洋山保税港区正式启用;外高桥五期工程正式通过国家验收;外高桥港区六期工程开始吹砂及试桩作业。当年,上海港集装箱吞吐量达到1 808.4万标准箱,绝对值增量为353万标准箱,继续保持世界集装箱港口排名三甲地位。月度吞吐量最高达到160.7万标准箱,昼夜吞吐量最高达到69 757标准箱。其中,按内外贸分,外贸1 557.7万标准箱,内贸250.8万标准箱;按进出港分,出港921.3万标准箱,进港887.2万标准箱;按货物载重分,重箱1 280.6万标准箱,空箱527.9万标准箱,平均每个标准箱重9吨,其中货重7吨。国际集装箱航班密度每月达到1 993班。

2006年,上海国际港务(集团)股份有限公司在上海证券交易所上市,进一步明晰了以洋山、外高桥港区和SCT集装箱码头为主的集装箱装卸生产区域。上海国际航运中心洋山深水港区二期工程2006年12月正式竣工启用,与一期码头实行合并运作。2006年,上海港新开35条集装箱国际班轮航线,其中远洋航线25条;航班密度达到2 106班/月,比上年增加139班/月。一年来,洋山一期码头成熟运作,全年完成集装箱吞吐量323万标准箱,超额完成年度300万标准箱的计划任务,日均达到8 849标准箱。当年上海港集装箱吞吐量首次突破2 000万标准箱大关,达到2 171.8万标准箱,比上年增长20.1%,创造历史最高纪录。绝对值增量达到363万标准箱,绝对增量为历史最高,连续四年保持世界集装箱港口排名三甲地位。集装箱月度吞吐量最高达到200.3万标准箱,昼夜吞吐量最高达到84 661标准箱。

此后,洋山深水港区三期工程A标码头和B标码头分别于2007年12月和2008年12月竣工投产,并由上港集团所属冠东国际集装箱码头有限公司负责运营管理。洋山深水港北港区全面建成,上海港以深水港为核心的国际航运中心建设基本建成。

2007年,上海港集装箱吞吐量突破2 600万标准箱,达到2 615万标准箱,绝对增量达到443万标准箱,为历年最高,上海港在世界集装箱港口排名跃居第二,首次超过香港。集装箱月度吞吐量最高达到230.56万标准箱,昼夜吞吐量最高达到98 069标准箱,均创历史最高纪录。"中海泽布勒赫"轮的作业创造了船时量 690.93 自然箱/小时、集装箱岸边起重机单机最高效率 97 自然箱/小时两项世界纪录。

2008 年 3 月,上海港包起帆团队研发的世界第一条集装箱电子标签在中美航线开始商业运营,顺利开通了世界首条集装箱电子标签国际航线——上海到美国萨凡纳的航线。

面对 2008 年下半年开始的国际金融危机,上海港采取了进一步提高水水中转比例、继续推行空箱商务计划、大力拓展内贸箱业务、进一步降低口岸商务成本等四大措施,从根本上遏制集装箱业务增速下滑的趋势。集装箱吞吐量在 2009 年短暂下滑后,迅速止跌回升。

2010 年,上海港首个具备汽车滚装和集装箱运输两大主体功能的综合性港区——外高桥六期港区开港。上海国际航运中心建设各项工作全面推进,在优化航运集疏运体系、完善航运服务功能、建设国际航运发展综合试验区等方面,取得了一定进展,国务院有关上海航运中心建设相关政策已基本落地。浦东已经形成四大航运服务区域:外高桥航运物流发展区、陆家嘴高端航运服务发展区、临空航运服务发展区、洋山临港航运综合服务发展区。上海港集装箱吞吐量达到 2 906.9 万标准箱,首次超过新加坡,成为世界第一集装箱大港。

2011 年,上海港致力于口岸环境的改善,加强与海关、国检、边检和海事等口岸单位密切合作,携手推进上海国际航运中心建设,全年完成集装箱吞吐量 3 173.9 万标准箱。

2012 年,上海港集装箱年吞吐量递增到 3 252.9 万标准箱,同比增长 2.5%。2013 年,TOPS5.0 系统在盛东、冠东、沪东和明东公司上线运行。

2014 年,上海港已与世界上 200 多个国家和地区的 500 多个港口有着贸易往来。共建有国际集装箱泊位 42 个,国际集装箱泊位长度 13 公里,年集装箱吞吐能力 1 955 万标准箱,集装箱堆场 689.2 万平方米,箱容量 92.9 万个标准箱。上海港积极应对船舶大型化和班轮公司联盟化趋势,于当年 6 月 21 日召开集装箱业务专题会议,形成了《关于加强上海港集装箱生产业务管理的若干意见》,明确了全面系统地推进集装箱业务发展的重大举措,坚持以集装箱业务为重点,推动港口主业生产发展。在国务院领导同志的关心和交通运输部等的大力支持下,中资非五星旗船舶沿海捎带业务试点正式开展,这一创新举措,充分发挥了洋山国际航运枢纽港的作用。

2015 年,上海港面对经济新常态下港航业发展的新挑战和新趋势,切实抓好主业生产,集装箱吞吐量完成 3 653.7 万标准箱,集装箱吞吐量中,重箱 2 681.4 万标准箱,空箱 972.3 万标准箱,比 2014 年分别增长 1.5% 和 9.7%。集装箱吞吐量占全国集装箱总吞吐量 17.2%,连续六年保持集装箱吞吐量世界第一。

2016 年,由于国际经贸形势复杂多变,波及集装箱运输市场的稳定,我国出口集装箱运输市场总体呈现探底回升走势。年初,受市场运力供给过剩较为严重影响,传统"春节"发货高峰也未能阻止市场运价的滑坡。直至 4 月初,市场才迎来年内的首次大规模运价上涨,市场运价获得一定程度提振。随后市场货量趋于稳定,运价基本企稳但仍处于低位。随后韩进公司破产,在打乱市场秩序同时也一定程度上改善了航运供需格局,使市场运价借年末运输高峰继续缓步走高。2016 年 12 月 30 日,上海航运交易所发布的中国出口集装箱运价指数为 811.1 点,较年末提升 12.2%。

是年,上海港智慧港口建设取得重大进展,集装箱计算机管理大平台建设收获新的成果。集卡平台实现了提重箱、进重箱、提空箱等预约功能,全港 6 家外贸集装箱码头已全部接入平台,集卡预约等待时间大幅缩短,登记数和预约率不断提高。截至 12 月底,平台注册集卡车队 1 257 家,注册登记车辆 13 106 辆,全港累计预约提箱量 60.8 万标准箱。上海港集装箱吞吐量继续创新高,全年完成集装箱吞吐量 3 713.3 万标准箱,同比增长 1.6%,连续七年保持世界第一。其中国际进、出港吞吐量占集装箱吞吐总量比重较大,分别为 33.1% 与 35.3%。

2017 年 12 月 10 日,上海洋山深水港四期集装箱自动化码头正式开港试生产。自动化码头工程开建于 2014 年 12 月 23 日,共建设 5 个 5 万吨级和 2 个 7 万吨级集装箱泊位,岸线长度 2 350 米,设计年吞吐量 630 万标准箱。中共中央政治局委员、上海市委书记李强出席上海国际航运中心洋山深水港区四期工程开港大会并宣布开港。市委副书记、市长应勇在会上代表市委、市政府,向广大一线建设者致以崇高敬意,向交通运输部等国家部委、浙江省有关方面及各有关单位的关心支持表示衷心感谢。他指出,洋山深水港区四期工程的开港,对扩大上海港集装箱吞吐能力、巩固提升上海港国际枢纽地位、推进上海国际航运中心建设将发挥十分重要的作用。要依托自贸试验区推进航运领域改革创新,着力优化现代航运集疏运体系和航运服务体系,更好服务"一带一路"建设、长江经济带发展和长三角一体化,更好服务全国。洋山四期自动化码头的建成开港,标志着全球规模最大、港口自动化程度最高的码头落户上海国际航运中心洋山港区,它的建成和投产标志着中国港口行业在运营模式和技术应用上实现了里程碑式的跨越升级和重大变革,更为上海港进一步巩固港口集装箱货物吞吐能力世界第一地位,加速跻身世界航运中心前列提供了全新动力。

2017 年,上海港集卡平台在实现提重箱、进重箱、提空箱、中转预约等功能的基础上,进一步实现了预约到箱区功能,集卡等待时间、预约兑现率、港区管理水平都大幅提高,同时首次实现了尚东分公司集卡全预约进港。截至年底,平台注册集卡车队 1 786

家,注册登记车辆 20 581 辆,全港累计预约提箱量 285.8 万标准箱,预约兑现率达到
50%以上,中转预约率突破 90%。上港集团受理中心建设稳步推进,基本完成受理点集
中归并,受理范围不断拓展,服务效率持续提高,截至年底,网上受理比率达到 93%以
上,极大地提升了上海口岸服务环境。

2017 年,上海港集装箱吞吐量再创历史新高,完成集装箱吞吐量 4 023.3 万标准
箱,同比增长 8.3%,增速较上一年度扩大了 6.7 个百分点,占全国集装箱总吞吐量
(2.38 亿标准箱)的 16.9%。上海港成为世界港口史上首次突破 4 000 万标准箱的港
口,连续八年保持集装箱吞吐量世界第一大港的桂冠。集装箱吞吐量中国际出港
1 507.7 万标准箱,同比增长 8.3%,国际进港 1 397.46 万标准箱,同比增长 7%。在集
装箱总吞吐量中重箱吞吐量为 3 048.8 万标准箱,同比增长 10.5%,占总量的 74.7%,
较上一年度增加了 0.4 个百分点。空箱吞吐量为 1 033.3 万标准箱,同比增长 8.3%,占
总量的 25.3%。重、空箱比例从上一年度的 74:26 上升到了 75:25。

2018 年,上海港完成集装箱吞吐量 4 201.02 万标准箱,同比增长 4.42%,占全国集
装箱总吞吐量(2.51 亿标准箱)的 16.70%。

2019 年,上海港完成集装箱吞吐量 4 330.26 万标准箱,连续十年位列世界第一。
(见表 4-2-1、图 4-2-5)

随着上海国际航运中心建设的推进,上海港不断提升港口参与丝绸之路经济带和
21 世纪海上丝绸之路的能力,服务于上海,服务于全国,在建设上海国际航运中心的过
程中不断努力奋进。

表 4-2-1　2003～2019 年上海港集装箱吞吐量统计表

年份	吞吐量合计 (万标准箱)	空箱 (万标准箱)	重箱 (万标准箱)	重量 (万吨)
2003 年	1 128.2	306.4	821.8	10 225.1
2004 年	1 455.4	393.0	1 062.4	13 293.5
2005 年	1 808.4	527.8	1 280.6	16 249.7
2006 年	2 171.8	637.5	1 534.3	19 595.9
2007 年	2 615.2	766.6	1 848.6	23 850.4
2008 年	2 800.6	819.4	1 981.2	25 991.6
2009 年	2 500.2	649.1	1 851.1	24 619.0
2010 年	2 906.9	785.8	2 121.1	27 991.8

续　表

年份	吞吐量合计 （万标准箱）	空箱 （万标准箱）	重箱 （万标准箱）	重量 （万吨）
2011 年	3 173.9	830.7	2 343.2	31 219.7
2012 年	3 252.9	840.2	2 412.8	32 480.4
2013 年	3 377.3	827.5	2 549.8	34 354.5
2014 年	3 528.5	886.6	2 641.9	35 334.6
2015 年	3 653.7	972.3	2 681.4	35 849.9
2016 年	3 713.3	953.9	2 759.5	36 736.2
2017 年	4 023.3	1 033.3	3 048.8	39 758.8
2018 年	4 201.0	1 106.2	3 094.9	41 126.4
2019 年	4 330.3	1 187.9	3 142.4	42 314.5

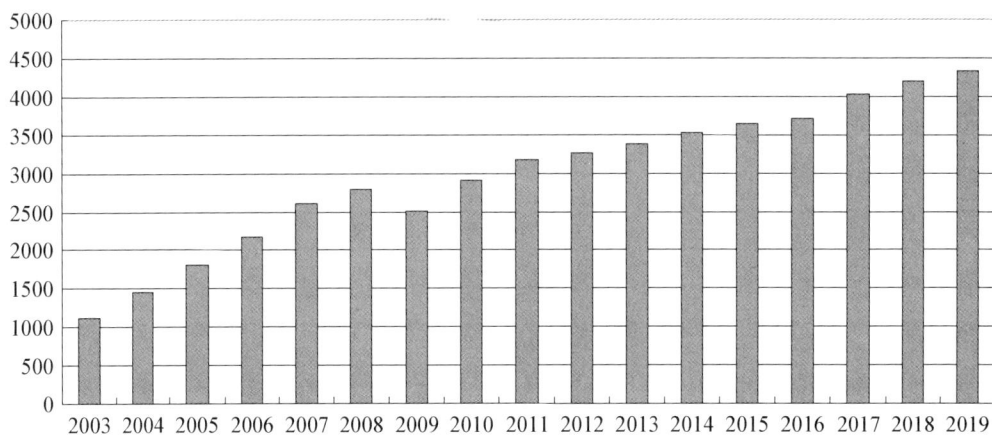

单位：万标准箱

图 4-2-5　2003～2019 年上海港集装箱吞吐量示意图

在集装箱装卸作业中，上海港集团创造了年度、季度、月度及单日历史新高。盛东公司 2014 年 7 月创造了月度吞吐量达 738 540.25 标准箱的历史纪录。2013 年 11 月，创造了昼夜吞吐量最高达到 32 818 标准箱的历史最高纪录。在洋山深水港区，"伊迪丝马士基"轮的作业中创造了船时量 850.53 自然箱/小时的世界纪录，"北欧亚帕阙1114W"轮的作业中创造了集装箱岸边起重机单机最高效率 196.64 自然箱/台时世界纪录。（见表 4-2-2）

表 4-2-2　上港集团盛东公司集装箱装卸作业吞吐量、工班作业量、
船时量、集装箱岸边起重机台时量最高纪录统计表

指标名称	单位	原纪录	创造日期	备注	新纪录	创造日期	备注
月吞吐量	标准箱	710 033.25	2013 年 5 月	盛东公司	738 540.25	2014 年 7 月	盛东公司
昼夜吞吐量新纪录	标准箱	28 380.00	2012 年 7 月 7 日	盛东公司	32 818.00	2013 年 11 月 18 日	盛东公司
					32 830.75	2016 年 10 月 24 日	盛东公司
工班作业量	自然箱	10 816.00	2007 年 1 月 20 日	盛东公司	11 430.25	2013 年 5 月 7 日	盛东公司
船时量	自然箱/船时	690.93	2007 年 5 月 19 日	盛东公司"中海泽布勒赫"轮	850.53	2008 年 1 月 3 日	盛东公司"伊迪丝马士基"轮
集装箱岸边起重机台时量(单机)	自然箱/台时	160.50	2010 年 10 月 7 日	盛东公司"东河"轮 3c47N	196.64	2011 年 6 月 17 日	盛东公司北欧亚帕阙 1114W

2017 年，上海港通过技术创新、管理创新和服务创新，不断优化资源配置，进一步提高了港口的作业效率和综合服务效率，在集装箱装卸作业方面屡次刷新月吞吐量最高纪录、工班作业量最高纪录、船时量最高纪录和昼夜吞吐量纪录。2017 年下半年以来，上海港日均昼夜集装箱吞吐量达到 11.3 万标准箱，作业效率同比提高了 8.1%，并创下昼夜集装箱吞吐量 130 414 标准箱的作业纪录。平均每月的集装箱吞吐量均稳定维持在 330 万标准箱之上，集装箱吞吐量创历史最高水平，上海港成为全球首个集装箱年吞吐量突破 4 000 万标准箱的港口。

三、集装箱吞吐量结构

2003 年，上海港外贸集装箱吞吐量已接近 1 000 万标准箱，国际航线、国际中转、内支线分别完成 887.6 万标准箱、13.4 万标准箱和 84.9 万标准箱，分别占全港集装箱吞吐量的 78.6%、1.2% 和 7.5%。

2004 年，上海港外贸集装箱吞吐量迅速增至 1 250.1 万标准箱。2005 年达到 1 557.7 万标准箱，其中进港 771.6 万标准箱，出港 786.1 万标准箱。按货物载重分，重箱 1 162.7 万标准箱，空箱 395 万标准箱，平均每个标准箱重 8.9 吨，其中货重 6.9 吨。

外贸集装箱航班密度达到每月 1 701 班,其中远洋航线 469 班次/月,近洋航线 473 班次/月,内河航班 759 班/月(沿海内支线 112 班/月、长江内支线 612 班/月、内河内支线 35 班/月)。按航线分,内支线 201.9 万标准箱(其中沿海内支线 60.5 万标准箱、长江内支线 141.4 万标准箱),国际中转 403 万标准箱。

2010 年,上海港集装箱吞吐量达 2 906.93 万标准箱,超越新加坡,排名世界集装箱港口第 1 位,同比增长 16.3%,集装箱水水中转比例 37.7%。按照集装箱货源分,来自长三角地区(江浙沪)的货源约占 60%,中转货物占 40%(25% 左右为长江中转,剩余 15% 为国际和沿海中转)。

2015 年,上海港集装箱吞吐量达到 3 653.7 万标准箱,按集装箱货源分,国际中转 252.8 万标准箱,长江内支线为 497.7 万标准箱,沿海内支线为 86.9 万标准箱。

2018 年,上海港集装箱吞吐量完成 4 201.02 万标准箱,同比增长 4.42%。其中,出港集装箱吞吐量 2 136.4 万标准箱,进港集装箱吞吐量 2 064.6 万标准箱。在集装箱总吞吐量中重箱吞吐量为 3 094.9 万标准箱,同比增长 2.88%,占总量的 73.7%;空箱吞吐量为 1 106.2 万标准箱,同比增长 8.96%,占总量的 26.3%。重空箱比例为 74∶26。国际中转完成 368.2 万标准箱,同比增长 19.3%。

2019 年,上海港完成集装箱吞吐量 4 330.26 万标准箱,同比增长 3.08%。其中,重箱吞吐量为 3 142.35 万标准箱,同比增长 1.53%,占全港吞吐量的 72.57%;空箱吞吐量为 1 187.91 万标准箱,同比增长 7.39%,占全港吞吐量的 27.43%。重空箱比例为 73∶27。(见表 4-2-3)

表 4-2-3 2003～2019 年上海港集装箱吞吐量结构表   单位：万标准箱

年份	吞吐量	全国占比	业务类型和业务量				外贸干线	
			内贸中转	长江内支线	沿海内支线	国际中转	远洋	近洋
2003 年	1 128.2	23.2%	—	79.8	28.3	13.9	606.6	300.9
2004 年	1 455.4	23.6%	—	111.1	44.9	28.2	802.5	336.0
2005 年	1 808.4	23.9%	70.1	141.8	60.5	40.3	1 042.0	372.5
2006 年	2 171.8	23.2%	80.8	199.8	69.2	78.5	1 270.6	403.5
2007 年	2 615.2	22.9%	97.2	256.7	104.6	127.7	1 535.7	463.7
2008 年	2 800.6	21.9%	120.9	274.9	112.8	143.4	1 624.0	466.9

年份	吞吐量	全国占比	业务类型和业务量				外贸干线	
			内贸中转	长江内支线	沿海内支线	国际中转	远洋	近洋
2009 年	2 500.2	20.5%	131.1	261.7	100.9	143.3	1 425.2	450.5
2010 年	2 906.9	19.9%	155.9	306.0	93.5	147.5	1 681.8	535.5
2011 年	3 173.9	19.4%	185.2	367.8	113.7	156.6	1 797.6	582.8
2012 年	3 252.9	18.2%	198.8	387.5	120.4	178.9	1 817.4	608.9
2013 年	3 377.3	17.8%	215.7	429.5	108.2	236.4	1 866.7	628.6
2014 年	3 528.5	17.4%	210.6	480.8	96.2	250.4	1 865.7	746.2
2015 年	3 653.7	17.2%	223.0	497.7	86.9	252.8	1 936.1	787.7
2016 年	3 713.3	16.9%	248.3	503.3	101.8	267.7	1 944.8	810.1
2017 年	4 023.3	16.9%	322.4	529.4	94.5	308.7	2 094.8	875.3
2018 年	4 201.0	16.7%	342.4	543.7	84.8	368.2	2 155.5	917.2
2019 年	4 330.3	16.6%	386.2	513.7	105.5	465.8	2 207.1	977.5

2003 年上海港完成本港箱业务吞吐量 1 006.2 万标准箱,占比约 89%,长江内支线业务占比为 7%,沿海支线和国际中转业务占比约为 3% 和 1%。

2005 年,上海港完成本港箱业务吞吐量 1 495.7 万标准箱,占比约 83%,长江内支线业务占比约 8%,内贸业务占比 4%,沿海支线和国际中转业务占比分别为 3% 和 2% 左右。

2010 年,本港箱业务吞吐量 2 204 万标准箱,占比下降至 76%,长江内支线业务占比上升至 11%,内贸业务占比 5%,沿海支线和国际中转业务占比分别为 3% 和 5%。

2014 年,本港箱业务吞吐量完成 2 328.1 万标准箱,占比 66%,长江内支线业务占比为 13.6%,内贸业务占比 10.6%,沿海支线和国际中转业务占比分别为 2.7% 和 7.1%。

到 2015 年,上海港完成本港箱业务吞吐量 2 594.3 万标准箱,占比 71%,长江内支线业务占比约 14%,内贸业务占比 6%,沿海支线和国际中转业务占比分别为 2% 和 7%。

2016 年,上海港全年集装箱吞吐量完成 3 713.3 万标准箱,同比增长 1.6%,连续

七年保持世界第一。其中国际进、出港吞吐量占集装箱吞吐总量比重较大,分别为
33.1%与35.3%;内支线完成605.1万标准箱,长江内支线业务占比为13.55%;内
贸中转248.3万标准箱,占比6.69%;沿海支线和国际中转业务占比分别为2.74%
和7.21%。

2017年,上海港集装箱内支线完成623.9万标准箱,长江内支线业务占比为
15.51%;内贸中转322.4万标准箱,占比8.01%;沿海支线和国际中转业务占比分别为
2.35%和7.67%。

2019年,上海港集装箱内支线完成619.2万标准箱;内贸中转386.2万标准
箱;沿海支线完成105.5万标准箱;国际中转完成465.8万标准箱。(见图4-2-6、
表4-2-4)

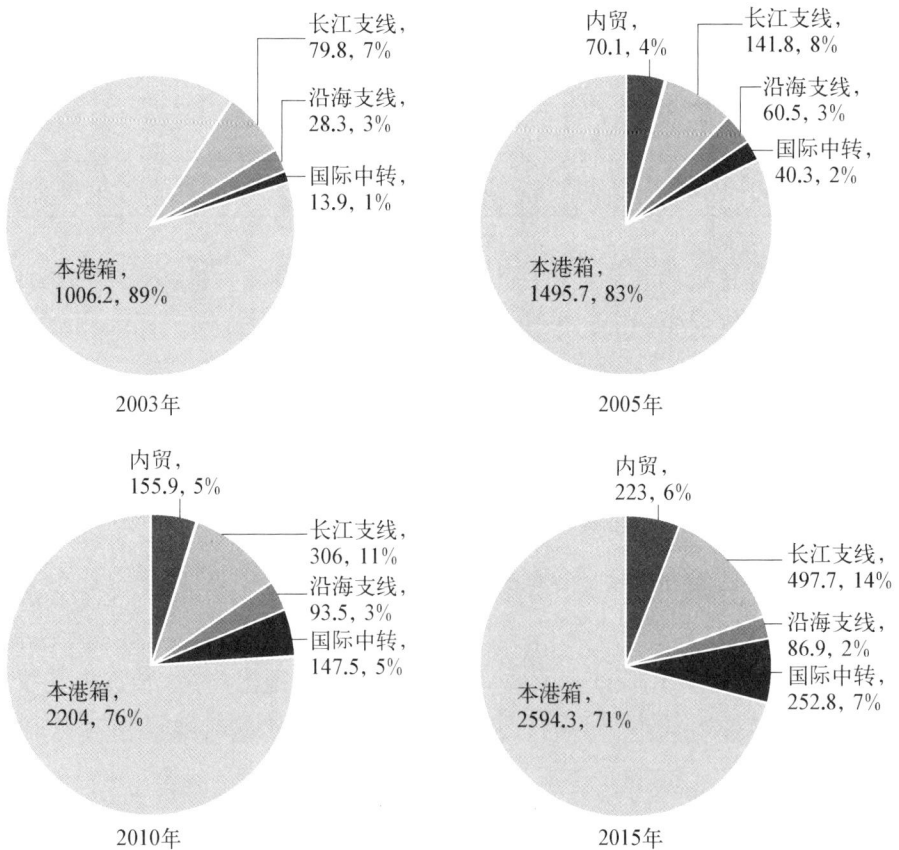

长江支线,79.8,7%
沿海支线,28.3,3%
国际中转,13.9,1%
本港箱,1006.2,89%
2003年

内贸,70.1,4%
长江支线,141.8,8%
沿海支线,60.5,3%
国际中转,40.3,2%
本港箱,1495.7,83%
2005年

内贸,155.9,5%
长江支线,306,11%
沿海支线,93.5,3%
国际中转,147.5,5%
本港箱,2204,76%
2010年

内贸,223,6%
长江支线,497.7,14%
沿海支线,86.9,2%
国际中转,252.8,7%
本港箱,2594.3,71%
2015年

单位:万标准箱

图4-2-6 2003~2015年上海港集装箱吞吐量业务结构变化图

表 4-2-4　2011～2019 年上海港国际中转和水水中转集装箱结构统计表　单位：万标准箱

年份	2011 年	2012 年	2013 年	2014 年	2015 年	2016 年	2017 年	2018 年	2019 年
国际中转箱	156.6	178.9	236.4	250.4	252.8	267.7	308.7	368.2	465.8
内支线	481.5	507.9	537.7	577.0	584.6	605.1	623.9	628.5	619.2
长江	367.8	387.5	429.5	480.8	497.7	503.3	529.4	543.7	513.7
沿海	113.7	120.4	108.2	96.2	86.9	101.8	94.5	84.8	105.5
内贸中转	185.2	198.8	215.7	210.6	223.0	248.3	322.4	342.4	386.2
水水中转箱合计	1 305.1	1 393.6	1 527.5	1 615.0	1 645.0	1 726.0	1 878.8	1 967.6	2 090.5
水水中转比重	41.1%	42.8%	45.2%	45.8%	45.0%	46.5%	46.7%	46.8%	48.3%

四、外贸集装箱装卸

（一）外贸集装箱航线航班

1978 年 9 月 26 日，上海远洋运输公司"平乡城"轮开辟了中国第一条国际集装箱班轮航线，首航悉尼、墨尔本港。

到 2003 年，在上海港的集装箱吞吐量中，进口 544.4 万标准箱，出口 583.8 万标准箱。从空重箱分析，空箱完成 306.4 万标准箱，重箱完成 821.8 万标准箱，空重箱之比约为 1∶2.68. 其中，国际出口航线空重箱之比约为 1∶1.83，国际进口航线空重箱之比为 1∶1.46，进出口重箱基本保持平衡。从航线分析，国际航线完成 887.6 万标准箱，比上年增长 29.7%，其中国际中转箱 13.4 万标准箱，增长 88.7%；内支线 84.9 万标准箱，增长 24.7%；内贸航线 156.4 万标准箱，增长 88.7%。国际航线、国际中转、内支线和内贸航线吞吐量分别占全港集装箱吞吐量的 78.6%、1.19%、7.5% 和 13.9%。

2004 年，上海港支持船公司新开国际集装箱班轮航线 33 条，该年底月航班密度达到 1 716 班，其中国际航班 827 班。

2005 年，上海港集装箱航班密度达到每月 1 993 班，比上年每月增加 277 班。各主要集装箱班轮航线箱量完成的情况为：欧洲线完成 244.4 万标准箱，同比增长 13.9%；地中海线完成 117.3 万标准箱，同比增长 58.8%；美西线完成 330.5 万标准箱，同比增长 23.1%；美东线完成 118.3 万标准箱，同比增长 50.2%；波斯湾线完成 111.6 万标准箱，同比增长 37.7%；澳洲线完成 40.6 万标准箱，同比增长 23.7%；南美线完成 40 万标准箱，同比增长 69.2%；非洲线完成 31 万标准箱，同比增长 45.4%。近洋航线中，日本线完成 196.5 万标准箱，同比增长 17%；韩国线完成 44.8 万标准箱，同比增长 3.6%；东南亚线完成 78.5 万标准箱，同比增长 3.6%；俄罗斯远东线完成 8.3 万标准箱，同比增长 4.7%。另外,中国香港线完成 14.8 万标准箱,同比增长 15%;中国台湾线完成 37.9 万标准箱,同比增长 4.8%。

2007 年,上海港积极配合船公司新开 50 条集装箱国际班轮航线,其中远洋航线 32 条。截至 2007 年底,上海港已开辟了直达美洲、欧洲、澳洲、非洲以及东北亚、东南亚等地的班轮航线 200 多条,集装箱月度航班密度达到 2 183 班,其中国际航线月度航班密度首次突破 1 000 班。全球最大的 20 家船公司已全部进驻上海,在上海设立总部、子公司或分支机构的中外船公司已逾 100 多家,在上海港开展国际中转业务的干线船公司已经达到 35 家。上海港已经成为中国大陆集装箱航线覆盖面较广的港口。此外,上海国际航运中心的市场要素进一步集聚,航运交易、港口管理、海事、联检、外轮供应、邮轮经济等方面都出现了良好的发展势头,标志着上海国际航运中心的效应已基本显现。

随着国民经济建设的发展向好,到 2010 年,上海港已开通 983 条航线,其中国际集装箱航线约 300 条,以欧洲航线、美国航线、近洋航线(主要是东南亚航线)和非洲南美航线四大航线为主,其中欧美主干航线占比都接近 30%。已开辟遍布全球国际直达的美洲、欧洲、澳洲、非洲以及东北亚、东南亚等地的班轮航线 300 多条,集装箱月度航班密度达到 2 700 多班,外贸集装箱航班密度达到每月 2 072 班,其中远洋航线 613 班次/月,近洋航线 594 班次/月,内支线航班 865 班/月(沿海内支线 82 班/月、长江内支线 766 班/月、内河内支线 17 班/月)。集装箱班轮的航线(航班)达到 1 278 班次/月。

发展至 2011 年底,上海港已开通 1 023 条航线,比 2010 年增加新航线 40 条(近洋航线 21 条,远洋航线 19 条)。其中以欧洲航线、美国航线、近洋航线(主要是东南亚航线)和非洲南美航线四大航线为主的国际集装箱航线接近 300 条。在上海港建立国际集装箱航线设置的集装箱运输公司已达 60 余家,国际班轮的航班密度达到 1 310 班/月,班轮航线挂港基本覆盖世界各航区主要基本港。

据《上海口岸发展报告》统计,截至 2013 年,上海港与全球 214 个国家和地区的 2 700 多个港口建立了集装箱货物贸易往来,国际航班密度每周达 282 班。其中外高桥港区国际航班有日本航线、美国西部航线、俄罗斯航线、中东航线、澳洲航线、东南亚航线、韩国航线等,国际航班每周 194 班。集装箱进出口量约占上海港的 52%,运营船公司有 65 家。洋山深水港区国际航班有地中海航线、美国西部航线、美国东部航线、南美航线、南非航线、澳洲航线、欧洲航线、东南亚航线、韩国航线等,国际航班每周 88 班,集装箱进出口量约占上海港的 48%,运营船公司有 43 家。

2015 年底,全球最大的 20 家中外船公司已全部进驻上海,在上海设立子公司或办事处的外国航运公司已逾 80 多家,运营船公司共有 43 家。上海港集装箱国际航班 1 184 班次/月。到 2016 年底,每月集装箱国际航班已达到 1 198 班次,年集装箱船舶已达到 3 237 航班。

　　截至 2019 年,上海港每月国际集装箱航班达到 1 225 班,航线遍及全球各主要航区,直达航线连通全球 200 多个主要港口,集装箱班轮航线挂港基本覆盖世界各航区主要基本港。上海港已同"一带一路"沿线国家(地区)100 多个主要港口建立了密切联系,已经成为中国大陆集装箱航线最多、航班密度最高、覆盖面最广的港口。当年,国际航线完成集装箱吞吐量 3 149.7 万标准箱,同比增长 3.6%。(见表 4-2-5、4-2-6)

表 4-2-5　2003～2010 年上海港外贸集装箱航线航班统计表

年份	总计	日本	韩国	中国香港	中国台湾	东南亚	中东	澳大利亚	南美	非洲	美西	美东	地中海	远东	西北欧
2003 年	717	212	60	17	39	91	57	9	17	11	91	32	30	8	43
2004 年	827	229	65	22	48	78	66	30	22	16	104	39	30	13	65
2005 年	942	245	60	22	47	99	83	32	52	22	112	52	30	17	69
2006 年	1 033	281	56	26	56	99	91	39	61	26	112	61	43	17	65
2007 年	1 057	232	60	20	48	132	112	36	56	39	96	62	68	16	80
2008 年	1 098	220	68	16	44	140	116	36	68	40	104	64	72	16	94
2009 年	1 069	247	65	17	52	169	100	37	61	28	91	56	68	4	74
2010 年	1 278	234	65	13	65	255	122	43	87	47	130	52	61	13	91

表 4-2-6　2011～2019 年上海港外贸集装箱航线航班统计表

年份	总计	日本	韩国	中国香港	中国台湾	东南亚印度	波斯湾	澳大利亚	南美	非洲	美西	美东	地中海	远东	西北欧	红海
2011 年	1 310	234	78	13	65	253	78	41	95	40	126	61	64	13	113	17
2012 年	1 193	226	99	9	67	235	82	41	67	34	104	65	50	18	96	10
2013 年	1 206	241	90	9	68	254	70	41	63	39	118	55	49	16	93	11
2014 年	1 118	255	77	0	70	213	63	32	61	42	107	53	38	25	73	13
2015 年	1 184	228	73	10	70	266	61	37	57	37	104	75	60	31	75	12
2016 年	1 198	216	82	4	69	320	68	47	56	43	87	60	47	21	78	13
2017 年	1 239	221	78	4	65	346	61	35	52	48	100	56	61	26	74	12
2018 年	1 230	212	80	0	64	349	37	45	63	51	104	52	58	30	76	9
2019 年	1 225	212	82	0	65	359	35	42	65	61	108	43	52	26	74	—

从航班结构来看,2005 年远洋航线班数合计 469 班次/月,占 49.8%;近洋航线班数合计 473 班次/月,占 50.2%。2010 年远洋航线班数合计 646 班次/月,占 50.5%;近洋航线班数合计 632 班次/月,占 49.5%。至 2015 年,远洋航线班数合计 537 班次/月,占 48.2%;近洋航线班数合计 577 班次/月,占 51.8%。

2019 年,上海港集装箱国际航班平均每月有 1 225 班,其中远洋 654 航班,近洋 507 航班。在近洋航线中,日本线 212 班/月,韩国线 82 班/月,中国台湾线 65 班/月,东南亚印度线最多,每月达 359 班。在远洋航线中,澳大利亚线 42 班次/月,南美线 65 班/月,非洲线 61 班/月;美西线 108 班次/月,美东线 43 班次/月,地中海线 52 班/月,远东线 26 班/月,西北欧线 74 班次/月,波斯湾红海线 35 班次/月。

在近洋航线中,日本线和东南亚线班次最多。2003 年,日本线 212 班/月,东南亚线 91 班/月;2005 年,日本线 245 班/月,东南亚线 99 班/月;2010 年,日本线 234 班/月,东南亚线 255 班/月;2015 年,日本线 228 班次/月,东南亚线 266 班次/月。(图 4-2-7)

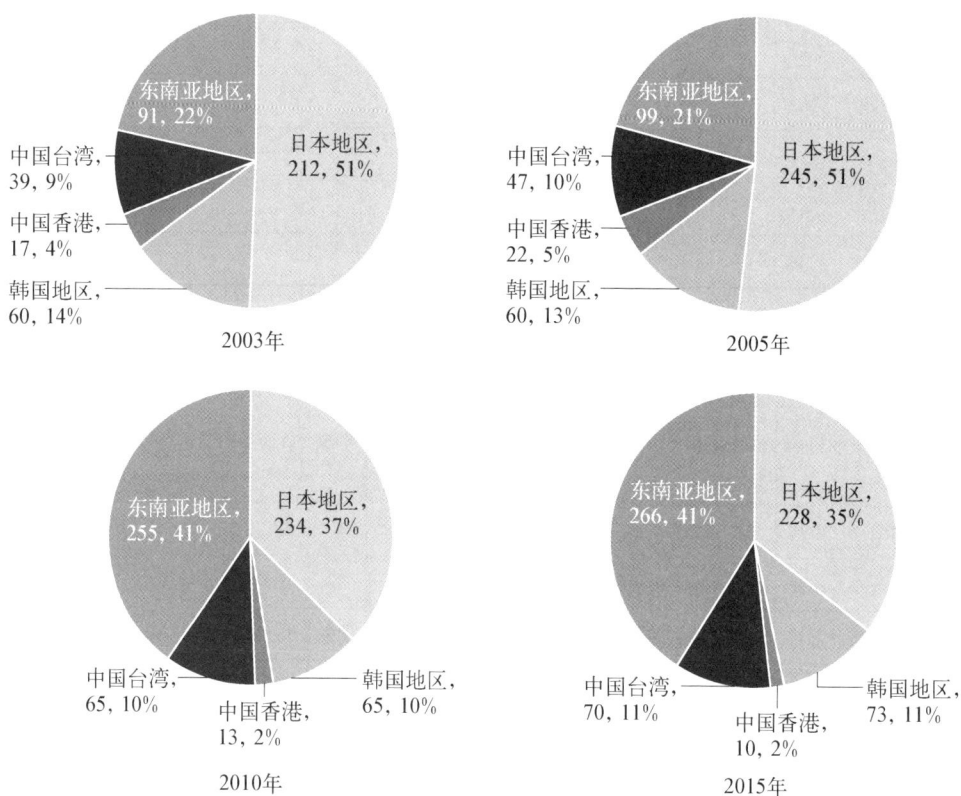

图 4-2-7　2003、2005、2010、2015 年上海港外贸集装箱班轮干线近洋航线班期变化情况图

在远洋航线中,中东、美西和西北欧班次较多。2003 年,中东线 57 班次/月,美西线 91 班次/月,西北欧线 43 班次/月;2005 年,中东线 83 班次/月,美西线 112 班次/月,西

北欧线 69 班次/月;2010 年,中东 122 班次/月,美西线 130 班次/月,西北欧线 91 班次/月;2015 年,中东 61 班次/月,美西线 104 班次/月,西北欧线 75 班次/月。(图 4-2-8)

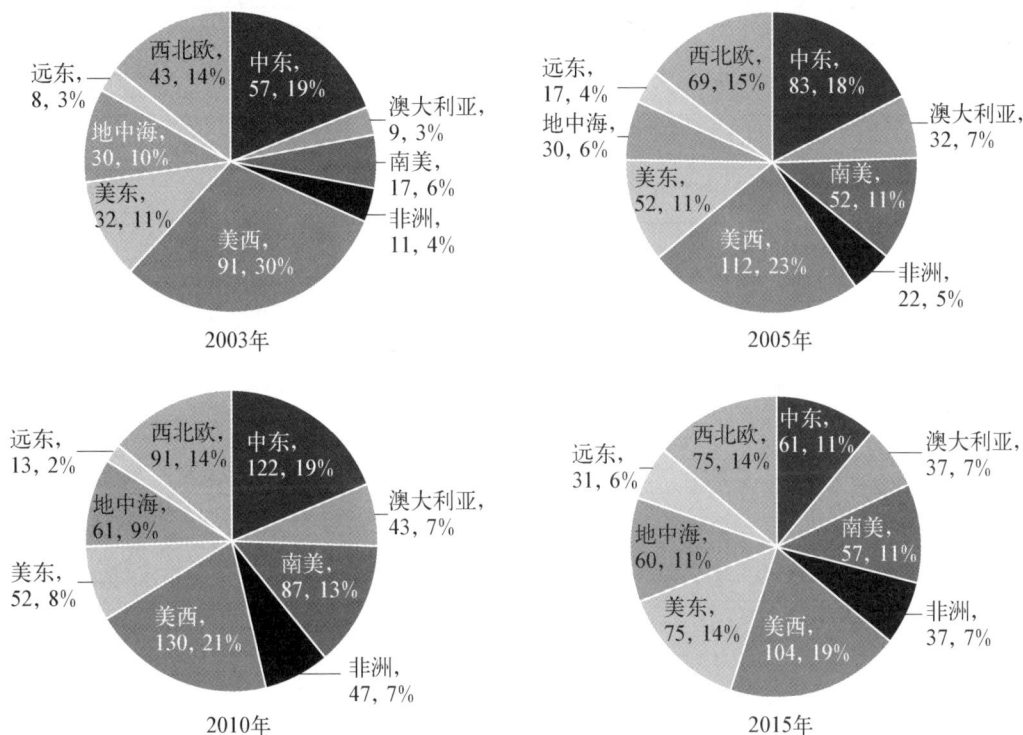

图 4-2-8　2003、2005、2010、2015 年上海港外贸集装箱班轮干线远洋航线班期变化情况图

上海港集装箱班轮支线主要分为沿海内支线、长江内支线和内河支线三种类型。其中沿海内支线主要通达锦州、营口、新港、大连、青岛、连云港、烟台、广州、宁波、深圳、温州、乍浦、厦门、福州等 14 个沿海港口;长江内支线主要通达涪陵、万县、泸州、重庆、宜昌、沙市、株洲、武汉、黄石、长沙、岳阳、南昌、九江、安庆、铜陵、芜湖、南京、镇江、扬州、泰州、江阴、常熟、张家港、南通、太仓、常州、马鞍山等长江沿线的主要港口;内河中转主要包括无锡、湖州、杭州、嘉兴等 4 个内河港口。随着内地经济发展,内支线航班增长很快,其中长江内支线班次增长尤为显著。2003 年上海港内支线航班总计 622 班/月,其中沿海 90 班/月,长江 502 班/月,内河 30 班/月;2005 年总计 759 班/月,其中沿海 112 班/月,长江 612 班/月,内河 35 班/月;2010 年总计 1 003 班/月,其中沿海 86 班/月,长江 896 班/月,内河 21 班/月;2015 年开拓发展到 1 683 班/月,其中沿海 67 班/月,长江 1 539 班/月,内河 77 班/月。2019 年,上海港集装箱班轮支线每月共有 1 708 班,其中沿海 56 班/月,长江 1 565 班/月,内河 87 班/月。(见表 4-2-7)

表 4-2-7　2003～2019 年上海港内支线航班情况表　　　　　单位：班/月

年份	支线合计	沿海	长江	内河
2003 年	622	90	502	30
2004 年	641	82	533	26
2005 年	759	112	612	35
2006 年	794	98	661	35
2007 年	835	116	706	13
2008 年	870	116	741	13
2009 年	796	90	693	13
2010 年	1 003	86	896	21
2011 年	1 424	74	1 318	32
2012 年	1 598	67	1 458	73
2013 年	1 581	67	1 441	73
2014 年	1 651	67	1 507	77
2015 年	1 683	67	1 539	77
2016 年	1 679	67	1 535	77
2017 年	1 685	54	1 545	86
2018 年	1 735	55	1 581	99
2019 年	1 708	56	1 565	87

（二）外贸集装箱分航线吞吐量

2000 年，上海港在世界港口的排序表上已跃居第三位，吸引了马士基海陆、美国总统、日本邮船、东方海外等 40 多家著名船公司抢滩上海港，共开辟了 16 条国际班轮航线，覆盖全世界多个主要航区。

此后，众多航运企业和大的货主单位纷纷看好上海港。全球最大的 26 家船公司进驻上海，在上海的船公司和办事处已达 100 余家，每月集装箱定点航班已达到 1 004 个。上海港成为我国大陆集装箱吞吐量最大、航线覆盖面最广、航班最密、跻身国际集装箱枢纽港最具竞争力的世界瞩目的重量级港口。

从上海港外贸集装箱流向情况看，远洋线箱量占比持续上升。2000 年，上海港外贸集装箱（干线）完成量中，远洋线 274.8 万标准箱，占比 60.8%；近洋线 177.5 万标准箱，占比 39.2％。2005 年远洋线 1 042 万标准箱,占比 73.7％;近洋线 372.5 万标准箱,占比 26.3％。2010 年远洋线 1 681.8 万标准箱,占比 75.8％;近洋线 535.5 万标准箱,占比 24.2％。2015 年,上海港外贸集装箱(干线)完成量中,远洋线 1 936.1 万标准箱,占比 71.1％;近洋线 787.7 万标准箱,占比 28.9％。2018 年,上海港外贸集装箱(干线)完成量中,远洋线 2 155.5 万标准箱,占比 70.2％;近洋线 917.2 万标准箱,占比 29.8％。

在远洋线中,西北欧线、美西线、波斯湾线箱量占比最大。2000 年,西北欧线箱量 103.8 万标准箱,美西线 99.2 万标准箱,波斯湾线 18.9 万标准箱。2005 年,西北欧线 244.4 万标准箱,美西线 330.5 万标准箱,波斯湾线 111.6 万标准箱。2010 年,西北欧线 371.9 万标准箱,美西线 373 万标准箱,波斯湾线 232.3 万标准箱。2017 年,西北欧线 4 966.4 万标准箱,占当年上海港外贸集装箱总吞吐量的 12.34％;美西线 459.6 万标准箱,占比 11.42％;波斯湾线 215.1 万标准箱,占比 5.35％。2019 年,国际航线保持稳定增长趋势,完成集装箱吞吐量 3 149.7 万标准箱,比上年增长 3.6％,其中国际出港 1 604.4 万标准箱,比上年增长 0.7％,国际进港 1 545.3 万标准箱,比上年增长 6.8％。2019 年美国航线集装箱量 619.8 万标准箱,占全港 14.3％,其中,美国进港 262.2 万标准箱,占全部进港集装箱量 12.2％,出港 357.6 万标准箱,占全部出港集装箱量 16.4％。

近洋线中,日本线、韩国线和东南亚线箱量占比最大。2000 年,日本线箱量 91.8 万标准箱,韩国线 29.2 万标准箱,东南亚线 21.7 万标准箱。2005 年,日本线 196.5 万标准箱,东南亚线 78.5 万标准箱,韩国线 44.8 万标准箱。2010 年,日本线 250 万标准箱,东南亚线 169.5 万标准箱,韩国线 59.9 万标准箱。2019 年,日本线 267.6 万标准箱,韩国线 186.3 万标准箱,新加坡线 116.0 万标准箱。

五、内贸集装箱装卸

(一)内贸集装箱吞吐量

上海港大规模启动内贸集装箱业务始于 1996 年 7 月,时任上海港龙吴港务公司经理包起帆克服困难,改革创新,大力开展内贸集装箱装卸作业。2000 年,龙吴港务公司内贸集装箱年吞吐量达到 39.97 万标准箱,2005 年已递增到 94.03 万标准箱。(见表 4-2-8,图 4-2-9)

表 4-2-8　1996～2006 年龙吴公司内贸集装箱吞吐量统计表　　　　单位:万标准箱

年份	集装箱吞吐量	年份	集装箱吞吐量
1996 年	0.075 5	1998 年	9.09
1997 年	3.80	1999 年	25.47

续　表

年份	集装箱吞吐量	年份	集装箱吞吐量
2000 年	39.97	2004 年	84.10
2001 年	39.04	2005 年	94.03
2002 年	53.67	2006 年	9.32
2003 年	76.04		

图 4-2-9　1996 年 12 月 5 日我国第一条内贸集装箱班轮航线在龙吴公司开通

2003 年上港集团成立后,通过组建集运中心,配置合适的机械设备,推行模拟法人的管理经营体制改革,推进技术进步,提高装卸效率等措施努力发展内贸集装箱装卸生产经营活动。从事内贸集装箱装卸作业的单位除龙吴港务公司外,还有中海集装箱码头有限公司和上海集装箱码头有限公司(以下简称"SCT")。

2000 年,上海港内贸集装箱吞吐量为 40.9 万标准箱。到 2005 年,上海港内贸集装箱航班增至 266 班/月,内贸集装箱吞吐量快速增至 250.7 万标准箱,其中进港 115.6 万标准箱、出港 135.1 万标准箱,重箱 117.9 万标准箱、空箱 132.8 万标准箱,平均每标准箱重 9.7 吨,其中货重 7.7 吨。上海港从事内贸集装箱装卸的众多单位中,龙吴港务公司完成 94.03 万标准箱,中海集装箱码头有限公司完成 35.7 万标准箱,上海集装箱码头有限公司完成 29.5 万标准箱。

到 2010 年,上海港内贸集装箱全年吞吐量达到了 377.2 万标准箱,其中进港 186.9 万标准箱、出港 190.3 万标准箱,重箱 244.9 万标准箱、空箱 132.3 万标准箱,平均每标准箱重 13.5 吨,其中货重 11.4 吨。

为进一步提高内贸集装箱吞吐量,2014 年 4 月,上港集团决定把原军工路分公司的集装箱装卸生产业务与张华浜分公司的集装箱装卸生产业务合并,组建成立上港集团宜东分公司,这是国内第一家最大的专业从事内贸集装箱作业的公司。

2015 年上海港内贸集装箱吞吐量为 483.3 万标准箱。2016 年达 493.9 万标准箱,同比增加 2.19%。2018 年内贸集装箱吞吐量完成 509.2 万标准箱。2019 年达到 526.3 万标准箱。

表 4-2-9　2003～2019 年上海港内贸集装箱吞吐量统计表

年份	吞吐量 (万标准箱)	增幅	年份	吞吐量 (万标准箱)	增幅
2003 年	156.4	—	2012 年	437.1	5.40%
2004 年	205.3	31.27%	2013 年	493.7	12.95%
2005 年	250.7	22.11%	2014 年	488.9	-0.97%
2006 年	313.7	25.13%	2015 年	483.3	-1.15%
2007 年	341.0	8.70%	2016 年	493.9	2.19%
2008 年	340.9	-0.03%	2017 年	481.7	-2.47%
2009 年	326.1	-4.34%	2018 年	509.2	5.71%
2010 年	377.2	15.67%	2019 年	526.3	3.36%
2011 年	414.7	9.94%			

(二) 内贸集装箱航线航班

我国内贸集装箱航运市场主要集中在我国水路运输发达的沿海、长江及长江部分内河区域。20 世纪 90 年代初,上海港开办的国内集装箱运输主要航线有三条:一是广东佛山经广州到上海的全内贸 5 吨箱班轮运输航线;二是南北沿海及长江全内贸集装箱航线;三是申青、申烟、申榕、申厦、申温等客班轮航线上的 5 吨箱和 2 吨箱捎运业务。承办港区主要是汇山港务公司、东昌装卸公司和龙吴港务公司。(图 4-2-10)

图 4-2-10　1996 年 12 月 16 日厦门—上海内贸集装箱班轮航线开通

到 2002 年,上海港每月有 160 多个航班的内贸集装箱班轮靠泊,形成了以龙吴港区为中心,北到锦州港,南到海口港,西至重庆港,连通全国 40 多个港口,贯穿全国南北沿海及长江中下游的内贸集装箱水运网络。南来北往的货物通过集装箱水运的方式沟通起来,龙吴港区的中转枢纽功能不断凸显。

随着内贸市场需求的不断增长及货源结构的不断优化,内贸集装箱船舶的大型化趋势越来越明显。2002 年已经有载箱 2 500 标准箱箱位以上的船舶投入到内贸集装箱运输中,2003 年还投入了 4 000 箱位的船舶,这使得船舶在大型化方面得到快速的发展。集装箱的大型化趋势也越来越明显,40 英尺集装箱的比例已占全部国内集装箱的 28%,甚至 45 英尺的集装箱也投入到国内水路集装箱运输中来,国际标准集装箱不适用国内水路运输的观念被彻底改变。同时,港口为适应国内水路集装箱运输的迅速发展,不断进行调整和改进,港口集装箱装卸由多用途码头操作向专业化码头装卸方向发展。

2003 年,我国内贸水运业采用国际航运界业已成熟的国际标准集装箱运输方式,并在短短的五六年间初步形成了一个以沿海航运为南北轴线、长江航运为东西轴线、上海港为轴点的 T 字形运输网结构,实现了内贸国际标准集装箱运输由分散到集中、由零星到规模的突飞猛进的发展,与此相呼应的是一部分原专营内贸件杂货装卸的港口企业在资金投入、设备更新、生产组织和技术应用诸方面率先进行了一轮新的改造,促使传统的件杂货装卸业向更高层次的生产力实施过渡并取得了从量到质的迅速发展,成为交通运输业发展中的一大亮点。到 2003 年底,上海港已形成贯通全国南北的多个港口、有 10 多家航运公司加盟的内贸集装箱水运网,内贸集装箱航班达到了每月 127 班,确立了上海港内贸集装箱枢纽港地位。

2005 年 7 月 14 日,龙口港开通龙口—上海航线,执行首航任务的是"新华兴 6 号"轮。该航线由龙口港与上海中谷新良海运有限公司合作开通,填补了港口长期以来无上海直达航线的空白,可同时转接厦门和长江下游沿岸各城市货物。(图 4-2-11)

2005 年,上海港内贸集装箱航班增至 266 班/月。是年,内贸集装箱吞吐量增至 250.7 万标准箱,其中进港 115.6 万标准箱、出港 135.1 万标准箱,重箱 117.9 标准箱、空箱 132.8 万标准箱,平均每标准箱重 9.7 吨,其中货重 7.7 吨。按航线分,广州线 23.5 万标准箱、南京线 16.1 万标准箱、宁波线 15.7 万标准箱、青岛线 6.8 万标准箱、扬州线 6.7 万标准箱、蛇口线 6.6 万标准箱、镇江线 3 万标准箱。该年上海港内贸集装箱的高速发展主要得益于我国国内贸易的繁荣发展,同时 2005 年大量新建集装箱船舶投入使用,船舶租金大幅下降,为内贸集装箱运输的发展提供了较低成本的运力保证。

2006 年,上海港根据黄浦江内码头作业功能转换的需要,对内贸集装箱班轮航线布局进行了调整,龙吴码头内贸集装箱航线整体搬迁至吴淞港区上海集装箱码头有限公

图 4-2-11　内贸集装箱班轮

司码头作业。继 2005 年烟台海运公司的内贸航线外迁之后,9 月,中谷新良公司的全部内贸航线也外迁至吴淞地区的 SCT 公司宝山码头作业。航线外迁后,有效地提升了内贸集装箱装卸作业效率、规范服务和信息化管理、降低了船公司的运营成本。航线外迁的内贸船公司对 SCT 的作业效率、规范服务和信息化管理表示满意。而且,船舶至吴淞地区与龙吴地区相比航行时间可缩短 5～6 小时,不仅降低了运营成本,还避免了海船在黄浦江上航行的安全隐患,这些对于船公司开展中转业务极其有利。

同时,上海港率先在内贸集装箱运输中采用"电子标签"。1 月 12 日,上海至烟台的内贸集装箱航线成为全球首条电子标签集装箱航线。安装在集装箱上的"电子标签"芯片储存着集装箱的有关信息:箱内货物名称、件数、起运港、目的港,还有码头吊运记录,由安装在港区进出道口、堆场龙门吊和集装箱岸边起重机或门机上的读写器显示。"电子标签"的采用,使该集装箱航线实现了物流和信息流的全程记录、自动识别和实时跟踪,消除了运输过程中的错箱、漏箱,并提高了集装箱的通关速度和码头工作效率。

2007 年,中远集运泛亚航运有限公司加大与其他支线船公司的合作,利用租用其他船公司舱位的营运形式,3 月 31 日新开辟上海—福州—厦门以及青岛—日照的沿海支线营运服务,进一步完善沿海支线网络。同年,上海港内贸集装箱航线布局在 2006 年调整的基础上,又有了新的变化。随着内外贸集装箱同船运输模式的兴起,内贸集装箱业务由吴淞港区逐步向外高桥港区扩展。同时,内贸集装箱船舶大型化的趋势也更为明显,部分船公司已开始将 4 250～5 600 箱位的大型船舶投入到沿海内贸集装箱运输市场。2007 年下半年,由于国家宏观调控对于经济的影响,外贸增幅放缓,内贸需求不断拓展,内贸集装箱业务成为上海港集装箱业务发展重要的组成部分。

到 2009 年,南青公司的沿海航线主要采用树权式分布,上海为其最主要中转港,在北方和南方分别设有另两个中转港烟台和广州,由这两港再分别分驳到北方和南方其他港口,干线主要集中在上海—烟台、上海—广州。其他各船公司分别采用大循环的方式,航线也主要集中在天津(营口、大连)—上海—广州。长江内贸集装箱航运航线分布情况如下:快船班,一般只停靠上海—武汉—重庆等几个港口;基本班,南京到上海段的航班停靠大多数沿江港口,南京以上航线主要停靠原有长江航线的港口;分支线,九江—南昌,岳阳—长沙。

在国内需求不断增长和对外贸易繁荣发展的带动下,上海港内贸集装箱吞吐量继续保持快速增长,内贸集装箱航班也逐年增加。至 2010 年,所开通的航线已遍布大连、营口、锦州、天津、青岛、泉州、台州、温州、黄埔、蛇口、海口和长江内河等各大港口。2010 年,上海港内贸集装箱班轮达到 350 班/月,全年吞吐量达到 307.1 万标准箱。按航线分,南京线 21.7 万标准箱、营口线 19.3 万标准箱、天津线 14.5 万标准箱、南通线 12.3 万标准箱、宁波线 10.3 万标准箱、重庆线 9.9 万标准箱、扬州线 6.5 万标准箱、蛇口线 5.6 万标准箱、广州线 2.4 万标准箱。(见表 4-2-10)

表 4-2-10　2003～2010 年上海港内贸集装箱航线航班数

年份	航线(班)数(班/月)	年份	航线(班)数(班/月)
2003 年	155	2007 年	290
2004 年	248	2008 年	290
2005 年	266	2009 年	310
2006 年	279	2010 年	350

截至 2010 年,在上海港开设航线的船公司主要有海口南青、中海内贸、上海泛亚、中谷新良、烟海班轮、海南福海、新闽航、宁波利信、海南泛洋、泉州安通、广西永盛、上海怡顺、阳光速航、厦门元鹏等 14 家。(见表 4-2-11)

表 4-2-11　2010 年上海港内贸集装箱航线航班一览表

序号	船公司	航线	船名	箱位数	月班次	沿途挂港
1	海口南青	南方线	成功 85、泰晟 75	—	—	黄埔—厦门—上海—厦门—黄埔
2	海口南青	南方线	成功 98、中宏 8	—	—	厦门—上海

序号	船公司	航线	船名	箱位数	月班次	沿途挂港
3	海口南青	南方线	丰顺 23	—	—	秀英—厦门—上海
4	海口南青	南方线	丰顺 28	—	—	汕头—厦门—上海
5	海口南青	南方线	鸿祥 59、成功 72、华东 808、毅成 1	—	—	秀英—上海—秀英
6	海口南青	南方线	弘泰 2	—	—	钦州—上海
7	海口南青	南方线	弘泰 78、成功 91、天祥 22	—	—	汕头—上海—汕头
8	海口南青	南方线	华东 808、建功 99、振宇 89、天福 9、新安源 6、浙海 331			黄埔—上海—黄埔
9	海口南青	北方线	华东 88、华晟 21	—	—	营口—锦州—上海—营口
10	海口南青	北方线	华晟 19	—	—	丹东—上海
11	海口南青	北方线	嘉耀	—	—	秦皇岛—唐山—上海
12	海口南青	南方线	景泰 12	—	—	湛江—上海
13	海口南青	北方线	力达 101、成功 63	—	—	天津—大连—上海—天津
14	海口南青	南方线	泰晟 2、中宏 11	—	—	蛇口—厦门—上海
15	海口南青	北方线	金银达 1	—	—	上海—日照
16	海口南青	北方线	顺昆 1	—	—	上海—唐山
17	海口南青	南北线	泰晟 2	—	—	上海—宁波—秦皇岛
18	海口南青	南方线	天祥 26	—	—	上海—温州—黄埔
19	海口南青	北方线	天祥 27	—	—	上海—烟台
20	海口南青	南北线	毅成 11	—	—	日照—上海—厦门
21	海口南青	南方线	振宇 77	—	—	上海—宁波—蛇口
22	海口南青	南方线	中宏 1	—	—	上海—泉州—厦门—秀英—钦州
23	中海内贸	北方线	向欢、向津、向湾、向凯、向滨、向浦	1 000	30	上海—烟台—营口—连云港—上海
24	中海内贸	南方线	锦海岭	304	10	上海—宁波—上海
25	中海内贸	南方线	振宇 57、天祥 62、向瑞、鸿祥 88	—	15	黄埔—汕头—太仓—上海—黄埔

序号	船公司	航线	船名	箱位数	月班次	沿途挂港
26	中海内贸	南方线	吉航 77	—	4	上海—江阴—泉州—黄埔
27	中海内贸	南方线	新南泰 99	—	5	上海—黄埔—上海
28	上海泛亚	南北线	秋河、金城河、银河、星河、潮河	1 300	15	蛇口—黄埔—上海—天津—营口—上海—宁波
29	中谷新良	北方线	新海欣	—	4	上海—天津—上海
30	中谷新良	北方线	惠金桥 59	—	4	上海—曹妃甸—上海
31	中谷新良	北方线	顺海 8、新海绣	—	8	上海—锦州—龙口—上海
32	中谷新良	北方线	新海明	—	5	上海—营口—上海
33	中谷新良	北方线	天祥 29	—	5	上海—大连—上海
34	中谷新良	北方线	东成远	—	4	上海—大连—丹东—上海
35	中谷新良	南方线	运米 8、万达 16、振宇 62	—	11	上海—广州—上海
36	中谷新良	南方线	新海悦、新华 803、天祥 23、南泰 29	—	18	上海—汕头—厦门—上海
37	中谷新良	南方线	新瓯 5、新永昌 3、浙象 968	—	8	上海—深圳—上海
38	烟海班轮	南方线	加利利 22、永星 2	713	6	上海—广州—上海
39	烟海班轮	北方线	新鸿祥 76	696	4	上海—天津—大连—上海
40	海南福海	南方线	新瓯 8、春运、永星 6、新成功 21、宇盛 788	300	10	上海—泉州—海口/汕头—上海
41	新闽航	南方线	新华 801、成功 66、祥溢 1、良翔 2	200	12	上海—泉州—海口—上海
42	宁波利信	北方线	东方永恒	200	4	上海—锦州—上海
43	宁波利信	北方线	苏嘉杭 1、鑫鸿 16	250	10	上海—营口—上海
44	海南泛洋	南方线	神头湾、新英湾	3 000	4	黄埔—洋浦—上海—天津
45	泉州安通	南北线	新鸿翔 56、畅锦 18、江信 5、渤海 87、永盛集 1	200	14	上海—泉州—海口—上海—营口
46	广西永盛	南方线	永盛集 6、永盛集 9	150	8	清州—泉州—上海—清州
47	上海怡顺	南方线	铭盛	300	3	上海—厦门—上海

序号	船公司	航线	船名	箱位数	月班次	沿途挂港
48	上海怡顺	南方线	奥恒	300	3	上海—泉州—上海
49	阳光速航	北方线	海翔宏	482	4	上海—营口—上海
50	厦门元鹏	北方线	力鹏1	200	4	上海—天津—上海

上港集团张华浜分公司、广州集装箱码头有限公司和上海中谷海运集团有限公司均致力于发挥港航单位航运和码头的优势,促进内贸集装箱运输事业的发展。2013年6月,"上广快航"内贸精品航线在张华浜分公司1号泊位开通。"上广快航"作为一条具有明显优势的内贸精品航线,中谷海运投入2艘3万吨级"海澜中谷"系列集装箱船。该航线开通后,不仅航线运力充足,且海上航行时间仅需2.5天,单航次仅需3.5天,从而打造出"周双班"的高效班期。

2014年,上海港内贸集装箱全年吞吐量达到488.9万标准箱。按航线分,南通线24.5万标准箱、南京线23.1万标准箱、营口线21.4万标准箱、天津线16.3万标准箱、重庆线13.9万标准箱、厦门线13.4万标准箱、蛇口线8.9万标准箱、扬州线7.8万标准箱、宁波线7.4万标准箱。(图4-2-12)

图4-2-12　2014年2月太仓—上海集装箱班轮航线开通

2014年后,上海港内贸集装箱航线航班主要集中在上港集团宜东分公司。2015～2019年间,新良等8个船公司在该公司开设了20多条内贸集装箱航线,内贸集装箱船多达70多艘。(见表4-2-12～4-2-14)

表 4-2-12　2015 年上港集团宜东分公司内贸集装箱航线一览表

船公司	航线	细分航线	船名
泛亚	南方	1. IC6	南辉 27、天祥 62、新鸿翔 89
		2. IC7	弘泰 22、昌盛集 2
	北方	3. IC8	金盛河、金源河、新春河、新星河
集韵（福海）	南方	1. 海口线	春韵、丰顺 28、曙东、新隆运 68、永顺 6
新闽航	南方	1. 海口线	良翔 2、新成功 28、闽恒 59
泉州安通	南方	1. 黄埔线	长荣 5、北方珍珠、安盛 26
		2. 海口线	安和 6、宝安城 69、安盛 19、安盛 14、新安源 2
	北方	3. 天津线	安盛集 9
		4. 营口线	新鸿翔 65、新安源 1
中谷新良	南方	1. 黄埔线	中谷 6、8、18
		2. 蛇口线	新群岛、鼎祥 8
		3. 厦门线	新海绣、新万丰 8、运来 8、和谐方舟、新凯利 18
	北方	4. 天津线	恒盛 26、江信 8
		5. 营口线	华祥 936、中谷泰山
		6. 大连线	齐合、新海明
		7. 青岛线	安翔利、安翔顺
		8. 丹东线	新锦福
烟海	南方	1. 黄埔线	南辉 22、新成功 2
	北方	2. 天津线	烟海凤凰
风信	北方	1. 鲅鱼圈线	中良裕谐

表 4-2-13　2017 年上港集团宜东分公司内贸集装箱航线一览表

船公司	航线	船名	计划总班数	船型	运力	平均（1班/天）	吞吐量（标准箱）
新良	上海—广州新港	海澜中谷 3、海澜中谷 8、海澜中谷 9、海澜中谷 18	16	1 700	6 800	1.94	50 400
	上海—厦门	新舟山、成功 83、华晟 19、恒辉、江信 7	16	600	3 000	1.94	16 000

船公司	航线	船名	计划总班数	船型	运力	平均（1班/天）	吞吐量（标准箱）
新良	上海—蛇口	华晟21、鼎祥8、新群岛	12	700	2 100	2.58	12 000
	上海—天津	新海欣、新海明、新舟山、新瓯15、良翔5	16	700	3 500	1.94	20 800
	上海—大连	新海绣、新凯利18、新恒扬7	12	700	2 100	2.58	18 600
	上海—营口—锦州	中谷泰山、新瓯21、宁隆海2	12	1 600	4 800	2.58	30 000
	上海—青岛—温州	安翔顺、安翔利	8	400	800	3.88	5 600
	驳船	—	—	—	—	23 100	3 000
	合计	—	92	—	—	—	156 400
泉州安通	上海—黄埔—南沙	良翔9、新隆运88、新隆运16、南辉77、万兴2	18	900	4 000	1.72	34 200
	上海—汕头—海口	新南泰99、长荣2、新安源3、华旭达6	10	800	3 200	3.10	13 000
	上海—泉州—钦州	安盛集7、冠福22	7	400	800	4.43	8 400
	上海—黄骅—天津	安盛19、安盛22	7	700	1 400	4.43	9 100
	上海—营口	安盛25、安盛21、安盛26	13	800	2 400	2.38	15 600
	上海—大连—京唐	新安源5、鸿达鑫29	10	400	800	3.10	8 500
	上海—泉州	宝安城88、海翔宏、新隆运18	14	500	1 500	2.21	15 400
	合计	—	79	—	14 100	—	104 800
烟台海运	上海—黄浦—上海	好航行、江海集601	5	—	—	6.20	4 750
	上海—大连—天津—上海	烟海凤凰	3	—	—	10.33	2 250
	合计	—	8	—	—	—	7 000

船公司	航线	船名	计划总班数	船型	运力	平均(1班/天)	吞吐量(标准箱)
信风	上海—营口	信风广州	3	—	—	10.33	2 700
	合计	—	3	—	—	—	2 700
集韵(福海)	上海—泉州—秀英	港宏 21、新隆运 6、春韵、奥恒轮	6	—	—	5.17	4 550
	合计	—	6	—	—	—	4 550
中远	上海—东江仓—汕头—湛江—惠州(IC6)	昌盛集 2、弘泰 25、丰顺69、弘泰 22	9	600	2 400	3.44	12 150
	上海—营口—大连—锦州—宁波(IC8)	金秀河、鸿翔达 1、东成盛、昌盛集 7	12	1 400	5 600	2.58	24 000
	上海—泉州—东江仓—海口—珠海(IC17)	昌盛集 5、昌盛集 6、恒盛26、华旭达 68、中宏 29	11	900	4 500	2.82	14 300
	驳船	—	—	—	12 500	—	6 500
	合计	—	32	—	—	—	56 950
外运阳光	上海—广州	成功 80	3	—	—	10.33	3 800
	上海—锦州—营口	长荣 1	3	—	—	8.00	3 300
	上海—天津—大连	丰顺 77	3	—	—	9.00	3 600
	合计	—	9	—	—	3.44	10 700
中日班轮	日本	—	8	—	—	3.88	2 500
其他	长江本港	—	—	—	—	—	5 000
合计			229	—	—	—	350 600

表 4-2-14 2019 年上港集团宜东分公司内贸集装箱航线一览表

船公司	航线	代码	船公司/联盟	路线
中远海	泛亚黄埔线	IC6	中远海	上海—黄埔老港
	泛亚厦门线	IC7	中远海	上海—厦门—福清/乍浦
	泛亚锦州线	IC8	中远海	上海—锦州
新良	中谷广州线	ZG1	中谷海运	上海—广州新港
	中谷蛇口线	ZG2	中谷海运	上海—深圳蛇口
	中谷厦门线	ZG3	中谷海运	上海—厦门
	中谷天津线	ZG4	中谷海运	上海—天津
	中谷营口线	ZG5	中谷海运	上海—营口
	中谷青岛线	ZG6	中谷海运	上海—青岛—温州
	中谷丹东线	ZG7	中谷海运	上海—大连—丹东
泉州安通	安通海口线	AT1	泉州安通	上海—广州南沙—海口
	安通黄埔线	AT2	泉州安通	上海—黄埔—惠州
	安通泉州线	AT3	泉州安通	上海—厦门刘五店
	安通汕头线	AT4	泉州安通	上海—汕头广澳
	安通天津线	AT5	泉州安通	上海—天津
	安通营口线	AT6	泉州安通	上海—营口
	安通丹东线	AT7	泉州安通	上海—丹东—大连
	安通日照线	AT8	泉州安通	上海—日照—钦州
信风	信风营口线	XF1	信风海运	上海—营口
	信风黄埔线	XF2	信风海运	上海—黄埔
福海	福海海口线	FH1	福海海运	上海—泉州/汕头—海口

2015 年,上海港完成内贸集装箱吞吐量 483.3 万标准箱,其中营口线 25.7 万标准箱、南京线 25.5 万标准箱、南通线 20 万标准箱、天津线 16.7 万标准箱、重庆线 11.9 万标准箱、厦门线 11.7 万标准箱、扬州线 8.4 万标准箱、蛇口线 7.2 万标准箱、宁波线 4.7 万标准箱。

2016 年,上海港完成内贸集装箱吞吐量 493.9 万标准箱,其中营口线 25.6 万标准箱、南京线 27.4 万标准箱、南通线 20.5 万标准箱、天津线 16.5 万标准箱、重庆线 11.8 万标准箱、厦门线 9.1 万标准箱、扬州线 5.6 万标准箱、蛇口线 7.9 万标准箱、宁波线 6.4 万标准箱。每月内贸集装箱航班平均达到 360 班。

2018 年,上海港完成内贸集装箱吞吐量 509.2 万标准箱,其中营口线 26.8 万标准箱、南京线 19.2 万标准箱、南通线 33.9 万标准箱、天津线 13.6 万标准箱、重庆线 6.5 万标准箱、厦门线 9.4 万标准箱、扬州线 9.5 万标准箱、蛇口线 10.4 万标准箱、宁波线 8.3 标准箱。

2019 年,上海港完成内贸集装箱吞吐量 526.3 万标准箱,其中营口线 48.1 万标准箱、南京线 28.2 万标准箱、南通线 25.8 万标准箱、厦门线 26.2 万标准箱、扬州线 15.0 万标准箱。

六、分港区吞吐量

2000 年,上海港务局集装箱装卸生产有下属 13 个装卸单位和区域作业完成,其中占比最大的是上海港集装箱码头有限公司(简称"SCT")、浦东公司(即外高桥一期)以及 1999 年开港运营的外高桥二期码头,三者装卸集装箱分别为 295.1 万标准箱、120.9 万标准箱和 63.4 万标准箱,合计占全港集装箱吞吐量的 86%。

到 2005 年上海国际港务(集团)股份有限公司成立时,已基本形成区域性的集装箱装卸生产港区:(1)外高桥港区。包括浦东公司、上港集箱外高桥分公司(即外高桥二、三期)、沪东公司(即外高桥四期)和明东公司(即外高桥五期)。(2)洋山深水港区盛东公司(即洋山一期)。(3)SCT 所辖港区(包括宝山地区军工路、张华浜和宝山三个集装箱装卸生产码头)。(4)以龙吴港区为主的集装箱装卸码头群。此外,还有客运分公司和共青码头等作业单位。其中上港集箱外高桥分公司吞吐量最大,完成 486.9 万标准箱;沪东公司位居第二,为 363.8 万标准箱;SCT 位居第三,完成 360 万标准箱;浦东公司完成 250 万标准箱,居第四;明东公司完成 171.9 万标准箱,居第五。以上五家公司分别占全港集装箱吞吐量的 26.9%、20.1%、19.9%、13.8% 和 9.5%,在全国集装箱码头企业中分别名列第 4、第 6、第 7、第 9 和第 14 位。

至 2010 年,上海港已完成集装箱装卸生产区域的进一步优化布局,主要是:(1)外高桥港区(浦东公司、振东分公司、沪东公司、明东公司以及 2010 年投入运营的外高桥六期)。(2)洋山港区(盛东公司和冠东公司)。(3)宝山地区 SCT 所辖港区。(4)以龙吴港区为主的集装箱码头。当年,外高桥港区为上海港集装箱吞吐量最大的港区,总计完成 1505 万标准箱,洋山港区完成集装箱吞吐量达到 1010 万标准箱,分别占全港集装箱吞吐量的 51.8% 和 34.8%。上港集团下属装卸单位集装箱吞吐量居前的是,振东公司完成 580.1 万标准箱,盛东公司完成 575 万标准箱,冠东公司完成 435.7 万标准箱,沪东公司完成 342.1 万标准箱,明东公司完成 331.6 万标准箱,SCT 完成 327.7 万标准箱,浦东公司完成 245 万标准箱,分别占全港集装箱吞吐量的 20%、19.8%、14.5%、11.8%、11.4%、11.3% 和 8.4%,在全国集装箱码头企业中分别名列第 3、第 4、第 6、第 10、第 12、第 13 和第 17 位。

到 2015 年,盛东公司完成 825.1 万标准箱,冠东公司完成 715.6 万标准箱,振东公司完成 627.1 万标准箱,明东公司完成 567.4 万标准箱,沪东公司完成 370.2 万标准箱,宜东公司完成 280.9 万标准箱,浦东公司完成 250.8 万标准箱,分别占全港集装箱吞吐量的 22.58%、19.59%、17.16%、15.53%、10.13%、7.69% 和 6.86%。(见表 4-2-15、图 4-2-13)

表 4-2-15 2000～2015 年部分年份上港集团基层单位集装箱吞吐量统计表

2000 年		2005 年		2010 年		2015 年	
基层单位	吞吐量(万标准箱)	基层单位	吞吐量(万标准箱)	基层单位	吞吐量(万标准箱)	基层单位	吞吐量(万标准箱)
南浦	0.008	张华浜	9.9	张华浜	0.7	张华浜	0.3
高阳	7.52	军工路	6.2	军工路	4.3	宜东	280.9
新华	0.000 4	共青	27.2	罗泾	6.9	罗泾	5.1
张华浜	9.95	客运	4.3	共青	15.4	共青	11.3
军工路	13.53	宝山	16.7	国客	—	洋泾	—
共青	10.93	龙吴	94.0	宝山	2.5	浦集	250.8
客运	0.230 5	SCT	360.0	洋泾	33.6	振东	627.1
龙吴	29.98	浦集	250.0	SCT	327.7	沪东	370.2
宝山	9.73	外高桥分公司	486.9	浦集	245.0	明东	567.4
外高桥分公司	120.87	沪东	363.8	振东	580.1	盛东	825.1
SCT	295.07	明东	171.8	沪东	342.1	冠东	715.6
机修厂	0.023 5	盛东	17.4	明东	331.6		
外高桥二期	63.36			盛东	575.0		
				冠东	435.7		
				外高桥六期	6.3		

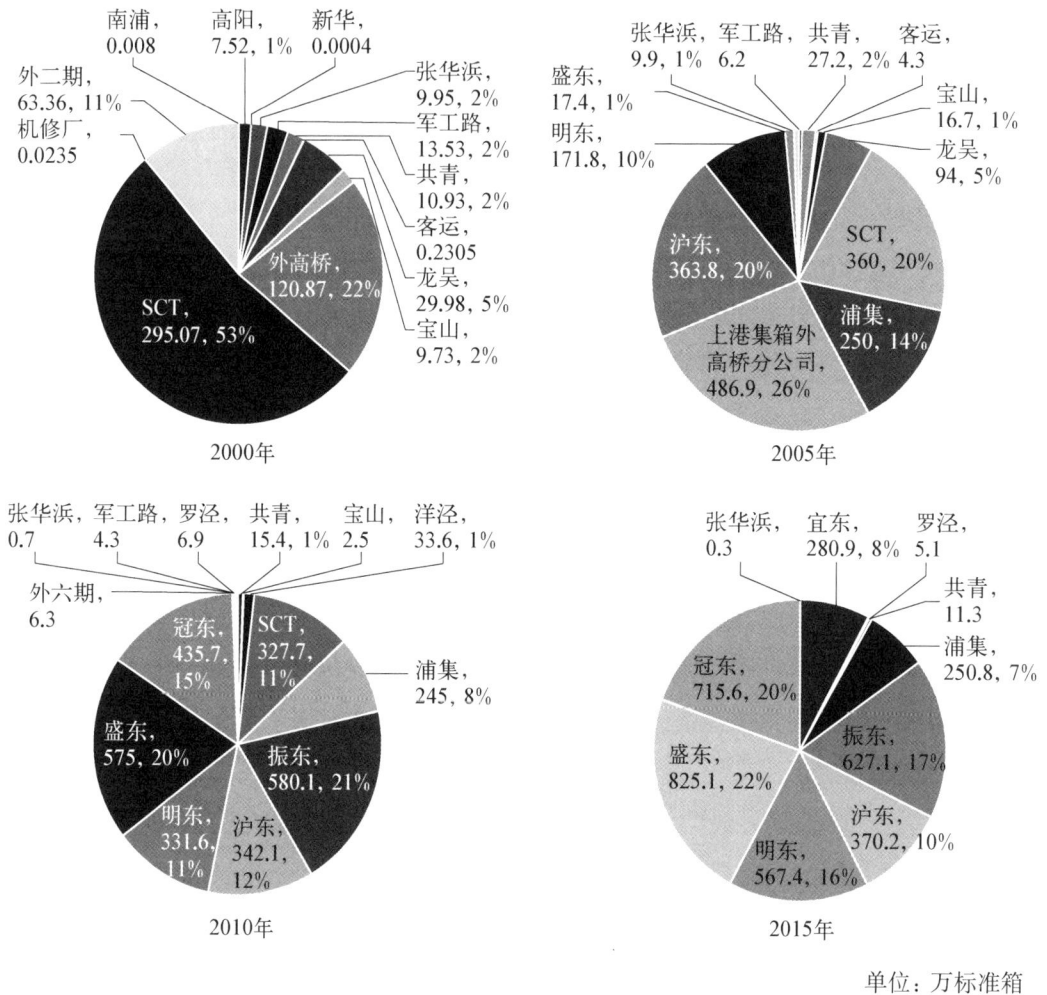

南浦，0.008 高阳，7.52，1% 新华，0.0004
外二期，63.36，11%
机修厂，0.0235
张华浜，9.95，2%
军工路，13.53，2%
共青，10.93，2%
客运，0.2305
龙吴，29.98，5%
宝山，9.73，2%
外高桥，120.87，22%
SCT，295.07，53%

2000年

张华浜，9.9，1% 军工路，6.2 共青，27.2，2% 客运，4.3
盛东，17.4，1%
明东，171.8，10%
宝山，16.7，1%
龙吴，94，5%
沪东，363.8，20%
SCT，360，20%
浦集，250，14%
上港集箱外高桥分公司，486.9，26%

2005年

张华浜，0.7 军工路，4.3 罗泾，6.9 共青，15.4，1% 宝山，2.5 洋泾，33.6，1%
外六期，6.3
冠东，435.7，15%
SCT，327.7，11%
浦集，245，8%
盛东，575，20%
振东，580.1，21%
明东，331.6，11%
沪东，342.1，12%

2010年

张华浜，0.3 宜东，280.9，8% 罗泾，5.1
共青，11.3
浦集，250.8，7%
冠东，715.6，20%
振东，627.1，17%
盛东，825.1，22%
沪东，370.2，10%
明东，567.4，16%

2015年

单位：万标准箱

图 4-2-13　2000～2015 年部分年份上海港装卸集装箱分港区吞吐量及占比情况图

2016 年，上海港各生产单位围绕"保船期、争箱量、促增长"的工作目标，组织成立了党工团突击队，开展专项立功竞赛。盛东公司完成 840 万标准箱，冠东公司完成 721.6 万标准箱，振东公司完成 601.7 万标准箱，明东公司完成 590 万标准箱，沪东公司完成 380.7 万标准箱，宜东公司完成 311.4 万标准箱，浦东公司完成 255.6 万标准箱，分别占全港集装箱吞吐量的 22.62%、19.43%、16.2%、15.89%、10.25%、8.38% 和 6.88%。

2019 年，上海港完成 4 330.3 万标准箱。其中，盛东公司完成 893.6 万标准箱，冠东公司完成 760.1 万标准箱，振东公司完成 650.4 万标准箱，明东公司完成 616 万标准箱，沪东公司完成 405 万标准箱，宜东公司完成 418 万标准箱，浦东公司完成 255 万标准箱，尚东公司完成 327.1 万标准箱，分别占全港集装箱吞吐量的

20.64％、17.56％、15.02％、14.23％、9.35％、9.65％、5.89％和 7.55％。此外，张华浜分公司、罗泾分公司和共青公司分别完成 0.2 万标准箱、1 万标准箱和 3.8 万标准箱。

洋山深水港区 2005 年开港，到 2010 年，集装箱吞吐量持续增长，五年累计完成超过 3 500 万标准箱，年均递增 32％以上，为上海港集装箱吞吐量迅速跃居世界第一作出了重要贡献。

2011 年，上海港洋山深水港区集装箱吞吐量达 1 300 万标准箱，占全港集装箱吞吐量的比重达到 40.96％。2012 年，吞吐量达到 1 415 万标准箱，同比增长 8％，占全港集装箱吞吐量的 43.5％。2013 年，洋山港区正式实施了主航道双向通航，集装箱吞吐量完成 1 436.5 万标准箱，同比增长 1.5％，占到全港的 42.7％。

2014 年，洋山深水港区进一步完善航线布局，优化口岸环境，实现了双窗口离泊常态化运作。洋山港区集装箱吞吐量首次突破 1 500 万标准箱，达到 1 520.2 万标准箱，同比增长 5.8％，占全港集装箱吞吐量的比例达到 43.1％。

2015 年，洋山深水港区全面推行了"四双"（双档靠泊、双向通航、双窗口离泊、双套泊）举措的常态化运作，启动了"雾航"等专项课题研究。全年开展夜间双套泊 124 艘次，基本形成了较为成熟的 18 000 标准箱的集装箱船进出洋山港的安全保障机制。是年，集装箱吞吐量递增到 1 540.7 万标准箱。"十二五"期间，洋山深水港区集装箱年吞吐量从 2011 年的 1 309.8 万标准箱递增到 2015 年的 1 540.7 万标准箱。

洋山港区开港十年，累计完成集装箱吞吐量 1.08 亿标准箱，年均增速近 20％。占全港集装箱吞吐量的比重从 40.96％递增到 42.15％，洋山港区集聚能力和枢纽效应进一步提升，上海国际航运中心的地位更加稳固。

2015 年 12 月 10 日，中共中央政治局委员、上海市委书记韩正出席洋山深水港区开港十周年总结报告大会并作重要讲话，市委副书记、市长杨雄为洋山十大功臣颁奖，国内外主要船公司代表参加了大会。

2016 年，上海港会同各口岸单位，充分利用自贸区的制度创新优势，不断优化口岸进出口环境。在洋山深水港区积极开展反潮水离泊、套泊作业的常态化运作，成功实施了 18 000 标准箱集装箱船舶顺水离泊作业，实现了洋山港区顺水离泊开航覆盖全部船型，通航能级及作业效率得到进一步提升。全年洋山港区完成套泊作业 2 162 次，累计节约船舶在泊时间 12 972 小时。当年，洋山港区完成集装箱吞吐量 1 561.6 万标准箱，同比又增长 1.4％，占到上海港集装箱吞吐总量的 42.1％。

2018 年，洋山港区集装箱吞吐量达到 1 842.4 万标准箱，同比增长 11.31％，占上海全港集装箱吞吐量的 43.86％。2019 年递增到 1 980.8 万标准箱。（见表 4-2-16）

表 4-2-16　　2006～2019 年洋山港区集装箱吞吐量统计表　　　　单位：万标准箱

年份	2006 年	2007 年	2008 年	2009 年	2010 年	2011 年	2012 年
吞吐量	310.0	610.8	822.8	784.7	1 010.0	1 309.8	1 415.0
年份	2013 年	2014 年	2015 年	2016 年	2017 年	2018 年	2019 年
吞吐量	1 436.5	1 520.2	1 540.7	1 561.6	1 655.2	1 842.4	1 980.8

七、集装箱多式联运

（一）集疏运概况

上海港是一个腹地型港口，位于国际航运与国内航运的节点之上，也是沿海经济带和沿江经济带的交汇点，具有建设发展成国际航运中心的有利条件。内支线主要有长江及沿海 2 个区域的航线：长江内支线包括重庆、武汉、九江、芜湖、南京、南通、镇江、扬州、张家港等；沿海内支线包括大连、天津、青岛、烟台、连云港、宁波、海门、温州等。在集装箱装卸生产发展中集装箱中转呈现了良好的态势。

上海港公路集装箱运输系统经过多年建设，基本上形成了以高速公路为主、干线公路为辅的集装箱集疏运通道。长江口港区（张华浜码头、军工路码头、宝山码头和外高桥 1～5 期码头）主要通过 A20（外环线）、A30（郊环线）公路的北段和西段对外相连，再通过省际高速公路与江苏、浙江对接。洋山深水港区主要通过东海大桥通道与 A30、A20 公路相连，再通过省际高速公路与江苏、浙江对接，或者通过 A2 公路与内环线相连。上海港公路集装箱集疏运主要连接长三角地区的传统腹地，作为上海港最主要箱源腹地，其所承运的集疏运箱量一直以来占比最大。"十一五"期间，其总量在保持稳定增长的同时，所占比例逐年小幅下降。

"十二五""十三五"期间，上海港货物集疏运系统平稳有序，全港以海港货物集疏运组织为重点，集疏运系统运行以水路和公路运输为主要方式，集疏运网络不断完善。（图 4-2-14）

2015 年，全年完成集疏运货物总量 9.38 亿吨，海港完成货物集疏运量 8.31 亿吨，占全港集疏运总量的 88.6%，内河港完成货物集疏运量 1.07 亿吨，占全港集疏运总量的 11.4%。其中，水路集疏运量 7.17 亿吨，占集疏运总量的 76.5%，公路集疏运量 2.21 亿吨，占集疏运总量的 23.5%，铁路及其他方式集疏运量比重较小。

2017 年，上海港全年完成集疏运货物总量 9.88 亿吨，较上年增加 6.4%。海港完成货物集疏运量 9.15 亿吨，较上年增加 8.6%，占全港集疏运总量的 92.6%。内河港

图 4-2-14　集疏运

完成货物集疏运量 0.73 亿吨,较上年下降 15.5%,占全港集疏运总量的 7.4%。其中,水路集疏运量 7.5 亿吨,占集疏运总量的 75.9%,公路集疏运量 2.4 亿吨,占集疏运总量的 24%。

2018 年,全年完成集疏运货物总量 9.7 亿吨,比上年下降 1.8%。海港完成货物集疏运量 9.01 亿吨,比上年下降 1.6%,占全港集疏运总量的 92.8%。内河港完成货物集疏运量 0.07 亿吨,比上年下降 4.5%,占全港集疏运总量的 7.2%。其中,水路集疏运量 7.3 亿吨,占集疏运总量的 75.3%,公路集疏运量 2.4 亿吨,占集疏运总量的 24.7%,铁路及其他方式集疏运量比重不足 0.1‰。

2019 年,上海市政府发布工作方案,推进运输结构调整和多式联运发展,进一步优化集疏运体系。全年完成集疏运货物总量 9.5 亿吨,比上年下降 2.1%。海港完成货物集疏运量 8.64 亿吨,比上年下降 4.1%,占全港集疏运总量的 91%。内河港完成货物集疏运量 0.86 亿吨,比上年增长 23.4%,占全港集疏运总量的 9%。其中,水路集疏运量 7.2 亿吨,占集疏运总量的 75.9%,公路集疏运量 2.29 亿吨,占集疏运总量的 24.1%,铁路及其他方式集疏运量比重不足 0.1‰。

上海港的集装箱水水中转主要包括长江内支线、沿海内支线和国际中转三种业务类型。长江内支线覆盖长江流域 31 个主要港口,上至四川宜宾,下至江苏太仓;内河集疏运上海内河航道有 196 条,以主要连通浙江、江苏、安徽三省为主;沿海内支线航线共覆盖我国沿海 14 个港口,北方以新港、青岛、大连和连云港等为主,南方以宁波、厦门、深圳和温州为主。内贸集装箱集疏运覆盖长江内地和沿海港口间发生的国内贸易;国际集装箱中转业务参与面基本覆盖所有重点船公司,集装箱中转航线业务涉跨太平洋航线间、太平洋—东北亚经济圈、东南亚经济圈、太平洋航线—欧地航线间等所有主干航线。

上海港 2005～2019 年期间的集装箱集疏运结构情况,如表 4-2-17 所示。

表 4-2-17　2005～2019 年上海港集装箱集疏运结构表

年份	总吞吐量	公水中转吞吐量		水水中转吞吐量		铁水中转吞吐量	
		吞吐量 (万标准箱)	所占比例	吞吐量 (万标准箱)	所占比例	吞吐量 (万标准箱)	所占比例
2005 年	1 808.0	1 358	75.1%	445	24.6%	5.3	0.3%
2006 年	2 171.0	1 466	67.5%	697	32.1%	8.4	0.4%
2007 年	2 615.0	1 657	63.4%	948	36.3%	10.2	0.4%
2008 年	2 800.6	1 745	62.3%	1 046	37.3%	10.0	0.4%
2009 年	2 500.0	1 488	59.5%	1 004	40.2%	8.5	0.3%
2010 年	2 906.9	1 795	61.7%	1 105	38.0%	7.2	0.2%
2011 年	3 173.9	—	—	1 305	41.1%	10.3	0.3%
2012 年	3 252.9	—	—	1 394	42.8%	11.0	0.3%
2013 年	3 377.3	—	—	1 528	45.2%	8.6	0.3%
2014 年	3 528.5	—	—	1 615	45.8%	9.5	0.3%
2015 年	3 653.7	—	—	1 645	45.0%	5.4	0.2%
2016 年	3 713.3	—	—	1 726	46.5%	4.4	0.1%
2017 年	4 023.3	—	—	1 879	46.7%	4.2	0.1%
2018 年	4 201.0	—	—	1 968	46.8%	7.9	0.2%
2019 年	4 330.3	—	—	2 090	48.3%	9.4	0.2%

近年来,上海港集装箱班轮支线箱量发展迅速,按沿海、内河和长江支线来分析,其流向情况尤以长江内支线箱量增长为最。2003 年上海港内支线箱量总计 107.5 万标准箱,其中长江内支线 79.2 万标准箱(含内河支线 0.6 万标准箱)、沿海内支线 28.3 万标准箱。2005 年上海港内支线箱量总计 201.9 万标准箱,其中长江内支线 141.4 万标准箱(含内河支线 0.5 万标准箱)、沿海内支线 60.5 万标准箱。2007 年上海港内支线箱量

总计 336.3 万标准箱,其中长江内支线 238.9 万标准箱(含内河支线 0.6 万标准箱)、沿海内支线 97.4 万标准箱。2010 年上海港内支线箱量总计 398.9 万标准箱,其中长江支线 305.3 万标准箱(含内河支线 0.7 万标准箱)、沿海内支线 93.6 万标准箱。2014 年上海港内支线箱量总计 577 万标准箱(含内河支线 33.9 万标准箱),其中长江支线 480.8 万标准箱、沿海内支线 96.2 万标准箱。2015 年,上海港内支线集装箱总计完成 584.6 万标准箱,其中长江支线完成 497.7 万标准箱、沿海内支线完成 86.9 万标准箱。2019 年,内支线集装箱总计完成 619.2 万标准箱,其中长江支线完成 513.7 万标准箱、沿海内支线完成 105.5 万标准箱。(见表 4-2-18)

表 4-2-18 2003～2019 年上海港外贸集装箱内支线流向情况表 单位:万标准箱

年份	2003 年	2004 年	2005 年	2006 年	2007 年	2008 年	2009 年	2010 年	2011 年
沿海支线	28.3	44.9	60.5	69.2	97.4	112.8	100.8	93.6	113.7
内河支线	0.6	0.6	0.5	0.8	0.6	0.7	0.8	0.7	4.1
长江支线	79.2	110.6	141.4	198.9	238.9	274.2	260.9	305.3	367.8
合计	107.5	155.5`	201.9	268.1	336.3	387.0	361.7	398.9	481.5
年份	2012 年	2013 年	2014 年	2015 年	2016 年	2017 年	2018 年	2019 年	
沿海支线	120.4	108.2	96.2	86.9	101.8	94.5	84.8	105.5	
内河支线	11.7	22.5	33.9	—	—	—	—	—	
长江支线	387.5	429.5	480.8	497.7	503.3	529.4	543.7	513.7	
合计	507.9	537.7	577.0	584.6	605.1	623.9	628.5	619.2	

注:内河箱量统计包含在长江支线箱量内,故合计数内不含内河箱量。2015 年起不再单列。

(二) 水水中转

上海港的集装箱水水中转始于 1988 年的国际集装箱长江内支线:汉—申线。2001 年 6 月,中远集运上海中货又正式开通了国际集装箱运河支线:杭州—上海运河集装箱内支线。此后,上海港集装箱水水中转箱量逐年增加。

2002 年,上海港集装箱水水中转箱量为 143.4 万标准箱,水水中转比例达到当年集装箱吞吐量的 16.7%。

从 2003 年 7 月起,中远集运中国部上海分部内支线陆续开通湖州—上海、常州—上海航线。同时增加运力,加密南京—上海班期,为提高航线揽货量奠定了良好基础。

2003年7月3日"长远川集27号"由泸州首航上海,标志中远集运与四川轮船公司合作开辟的泸州—上海集装箱内支线开通。同年9月19日,中远集运乍浦—上海国际集装箱内支线开通营运,投入1艘可装载100标准箱、载重量为2 100吨的"凯发"轮,每周3次往返于乍浦和上海,货主可在乍浦港直接完成海关清关手续将货物发往世界各地,并享受干线舱位优先的待遇。

依托长江黄金水道、中国沿海及在东北亚的地理位置优势,上海港集装箱水水中转箱量发展显著。2003年,水水中转吞吐量上升至230.1万标准箱,占比16.7%。2005年,水水中转吞吐量上升至444.9万标准箱,占比提增至24.6%。到2006年,上海港集装箱"水水中转"比例跃至32.1%。

2007年,上海港集装箱吞吐量达到了2 615万标准箱,同比增长20.4%,绝对增量达到443万标准箱,为历年之最。集装箱水水中转吞吐量大幅度提升,其中长江中转513万标准箱,同比增长28.6%;沿海中转209万标准箱,同比增长51.2%;国际中转128万标准箱,同比增长63%;内贸中转97万标准箱,同比增长20.3%。水水中转比例达到36.2%。

2008年,上海港水水中转量首次突破1 000万标准箱。2009年,水水中转比例达40.2%。2010年,水水中转吞吐量达1 105.2万标准箱,占比达到38%;2011年,水水中转1 305.1万标准箱,占比达到41.1%。到2012年,上海港水水中转比例达到42.8%,沿海中转同比增长5.9%;长江水水中转完成387.5万标准箱,同比增长5.4%。

2013年2月20日,上港集团召开集装箱水水中转业务专题会议,积极争取沿海捎带政策,并在自贸区方案中得到明确,进一步发展水水中转,水水中转业务增量显著。全年水水中转完成1 527.5万标准箱,换船业务完成328艘次,同比增长49.1%。整船空箱业务完成88艘次、27万标准箱。水水中转业务得到有力发展。

2014年,上海港坚持把水水中转作为集装箱业务增长的重要支撑,进一步优化港口集疏运网络,发挥太仓、独山、外高桥和共青码头4个转运平台作用,推广长江"五定班轮"运输,加强"穿梭巴士"作业管理,加大对重点班轮公司市场营销力度,水水中转业务实现持续增长。当年,太仓港开通8小时一班至洋山港的"太仓快航",新开辟57条航线,实现了沪太通关一体化。独山公司从5月起增加了"独山快航"航次,由原来的每周三班增为"天天班",做大"陆改水"生产运营规模,全年独山港完成8.8万标准箱。

2015年,上海港大力推广"五定班轮",积极发展长江中转业务,长江中转完成497.7万标准箱,水水中转集装箱增至1 645万标准箱,同比增长1.86%,水水中转比例达到45%。

2016年,上海港进一步深化和拓展水水中转业务,与重点班轮公司的整体合作效果明显,沿海捎带业务得到进一步增长,长江支线服务水平进一步提高,内河航运市场积极开拓,实现了水水中转业务较大幅度增长。全年完成水水中转1 726.3万标准箱,其中,长江中转503.3万标准箱,国际中转267.7万标准箱,水水中转比例达到46.5%。

2019年上海港水水中转完成2 090.5万标准箱,同比增长6.25%。其中,国际中转465.8万标准箱,长江中转513.6万标准箱,内贸中转105.6万标准箱,水水中转比例达到48.28%。2020年水水中转完成2 245.1万标准箱。上海港的国际地位不断提升,被业内誉为"最具效率竞争力的港口"。(见表4-2-19、图4-2-15)

表4-2-19　2003～2020年上海港集装箱水水中转统计表　　　　单位:万标准箱

年份	水水中转吞吐量	水水中转占当年总吞吐量比例	其中长江水水中转箱量	同比	占水水中转总吞吐量比例
2003 年	230.1	20.4%	79.8	—	34.7%
2004 年	340.2	23.4%	111.1	+39.22%	32.7%
2005 年	444.9	24.6%	141.8	+27.63%	31.9%
2006 年	697.1	32.1%	199.8	+40.90%	28.7%
2007 年	947.8	36.2%	256.7	+28.48%	27.1%
2008 年	1 045.7	37.3%	274.9	+7.09%	26.3%
2009 年	1 004.0	40.2%	261.7	-4.80%	26.1%
2010 年	1 105.2	38.0%	306.0	+16.92%	27.7%
2011 年	1 305.1	41.1%	367.8	+20.19%	28.2%
2012 年	1 393.6	42.8%	387.5	+5.36%	27.8%
2013 年	1 527.5	45.2%	429.5	+9.78%	28.1%
2014 年	1 615.0	45.8%	480.8	+11.94%	29.8%
2015 年	1 645.0	45.0%	497.7	+3.51%	30.3%
2016 年	1 726.3	46.5%	503.3	+1.13%	29.2%
2017 年	1 878.8	46.7%	529.4	+5.19%	28.2%
2018 年	1 967.6	46.8%	543.7	+2.70%	27.6%
2019 年	2 090.5	48.3%	513.6	-5.54%	24.6%
2020 年	2 245.1	51.6%	490.6	-0.04%	21.9%

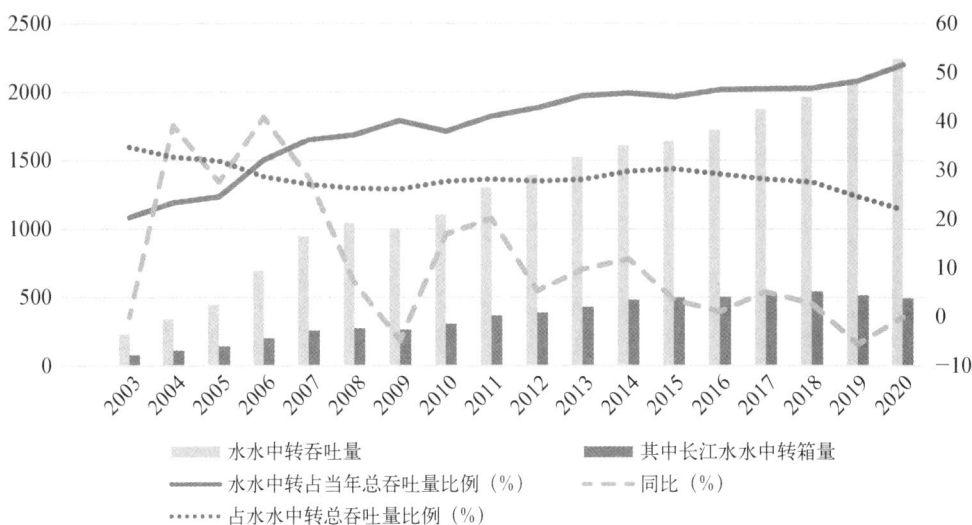

图 4-2-15　2003～2020 年上海港集装箱水水中转吞吐量统计图

　　上海国际航运中心洋山深水港区 2005 年底投入运行,随着集装箱吞吐量的上升,2005 年 11 月 23 日,新洋山公司经交通部水运司同意扩大经营范围,增加国内沿海及长江中下游集装箱内支线班轮运输经营资格。投入自有顶推船队 1 组("长航洋山 3001"顶推船、360 标准箱的"长洋驳 1"驳船)经营武汉—九江—安庆—芜湖—南京—镇江—张家港—南通—常熟—上海—乍浦集装箱内支线班轮航线运输。11 月 28 日,上海新洋山集装箱运输有限公司期租的"南泰 7 号"集装箱船"外高桥—洋山"穿梭巴士航线投入营运。12 月 1 日零点,ATB 顶推船组"长航洋山 3001"和"长洋驳 1"开始"外高桥—洋山"穿梭巴士航线处女航。至 12 月,新洋山公司两艘船舶,共计完成 11 个航次。

　　2006 年 3 月 20 日,新洋山公司 ATB 第二船组正式投入洋山港至外高桥之间的集装箱水水中转运输。

　　2008 年,洋山港区共完成集装箱吞吐量 822.8 万标准箱,比上年增长了 34.71%,其中完成水水中转箱量 394.5 万标准箱,占总箱量的 47.95%,完成国际中转箱量 105.1 万标准箱,占总箱量的 12.77%。

　　2011 年,上海港洋山港区水水中转比例为 46%,高于全港 5 个百分点。2012 年,洋山港区集装箱吞吐量完成 1 415 万标准箱,同比增长 8%,占全港集装箱吞吐量的 43.5%,其中水水中转完成 661 万标准箱,水水中转比例为 46.7%,高于全港 3.9 个百分点。2013 年该港区水水中转递增到 715 万标准箱,水水中转比例为 49.8%,高于全港 4.9 个百分点。2014 年洋山港区水水中转递增到 755.5 万标准箱,水水中转比例达到 49.7%,高出全港水水中转比例 3.9 个百分点。

　　2015 年洋山港区集装箱吞吐量完成 1 540.7 万标准箱,比 2014 年增长 1.33%,占全港集装箱吞吐量的 42.15%,其中水水中转完成 763.7 万标准箱,水水中转比例为 49.6%。2017 年,洋山港区水水中转完成 836.8 万标准箱,水水中转占比 50.6%,高于全港 3.9 个百分点。

2019 年,洋山港区水水中转递增到 1 026.3 万标准箱,水水中转比例达 51.8%。（见表 4-2-20、图 4-2-16）

表 4-2-20　2006～2019 年上海港洋山港区吞吐量及水水中转统计表

年份	2006 年	2007 年	2008 年	2009 年	2010 年	2011 年	2012 年
洋山港区集装箱吞吐量（万标准箱）	310.0	610.8	822.8	784.7	1 010.0	1 309.8	1 415.0
其中水水中转量（万标准箱）	96.1	305.4	394.5	401.0	435.0	601.4	661.0
中转比例	31.0%	50.0%	47.9%	51.1%	43.1%	45.9%	46.7%
增幅	—	19%	-2%	3.1%	-8%	2.8%	0.7%
年份	2013 年	2014 年	2015 年	2016 年	2017 年	2018 年	2019 年
洋山港区集装箱吞吐量（万标准箱）	1 436.5	1 520.2	1 540.7	1 561.6	1 655.2	1 842.4	1 980.8
其中水水中转量（万标准箱）	715.0	755.5	763.7	790.2	836.8	937.8	1 026.3
中转比例	49.8%	49.7%	49.6%	50.6%	50.6%	50.9%	51.8%
增幅	3.1%	-0.1%	-0.1%	1.0%	0%	0.3%	0.9%

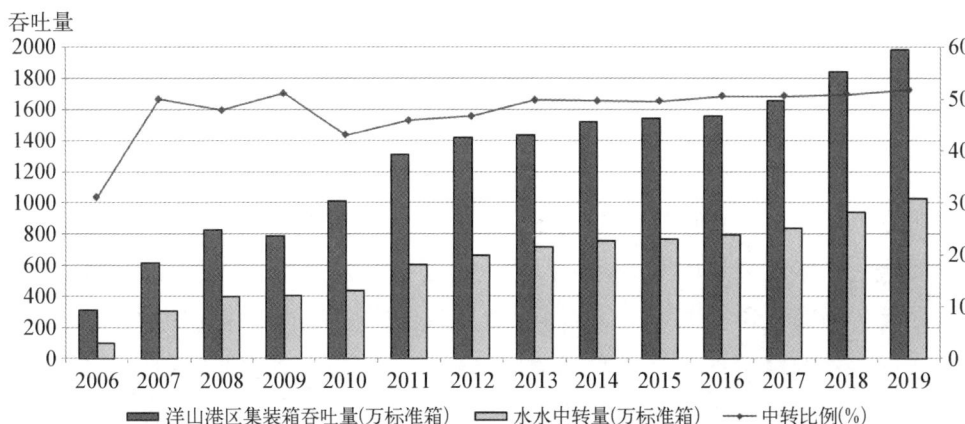

图 4-2-16　2006～2019 年上海港洋山深水港区集装箱水水中转情况统计图

发展至今,洋山深水港水水中转已形成如下两种方式:(1) 江海联运。长江流域地区的进出口集装箱,可通过长江内支线船舶经洋山港区中转。集装箱货物自长江中上游地区的武汉港、重庆港和长江中下游地区的南京、张家港、南通等港口运出,先通过长江内支线船舶抵达外高桥码头,卸下全部货物,再由"穿梭巴士"(外高桥—洋山短驳运输)将去往洋山港区的货物运至洋山深水码头,实现集装箱江海联运。(2) 外高桥—洋山港区的短驳运输。这种运输方式通过"穿梭巴士"短驳实现,即在外高桥港区设立定点挂靠二、四期专用码头,将中转箱装上"穿梭巴士"运至洋山定点靠泊专用泊位。每艘"穿梭巴士"350 标准箱,航班密度达 3 班/天,每班间隔 8 小时。外高桥—洋山港区的短驳运输不仅适用长江内集装箱的江海运输,还适用于外高桥与洋山港区之间不同航线的集装箱转运。

(三) 国际中转

1996 年 4 月,上海集装箱码头有限公司(SCT)开始开展集装箱国际中转业务,上海港集装箱国际中转实现"零"的突破。

根据《上海海关关于海上国际转运集装箱及其货物监管实施细则》的规定,所谓"国际转运集装箱"系指由境外启运,经上海港换装国际航运船舶后,继续运往第三国或地区指运口岸的集装箱及其货物。为吸引和鼓励中外有关航运企业来上海港开展国际集装箱中转业务,进一步推进国际转运业务,上海市政府推出了多项优惠政策。

2001 年 11 月上旬,上海市召开推进集装箱发展专题会议,时任副市长韩正指出,上海港集装箱运输过去十年保持了高速增长势头。要求有关各方要进一步增强大局意识、责任意识,按照市政府常务会议要求,要形成合力,落实改善上海港综合环境各项措施,继续保持上海港集装箱快速发展的势头:(1) 从增强城市综合竞争力高度,进一步认识改善上海港集装箱运输综合环境的重要意义。建设国际航运中心,关键是集装箱运输,而加快集装箱发展的关键在于优化综合环境。(2) 切实把改善上海港口岸综合环境的措施、要求落到实处。当前重点是降低相关成本,提高查验效率,优化口岸服务;改善路桥通行条件,提高轮渡运能;加强相关部门信息沟通及调度管理,用足上海港航道水深条件;建立综合协调联席会议制度等。此外,进一步深化研究"一门式"服务体制的完善、多式联运以及规范市场等问题。(3) 围绕增加集装箱箱源,各司其职,做好各项配合服务工作。积极做好对中央有关单位和船公司、货代公司及货主等的服务工作。相关区要塑造好区域配套环境。货代公司也要进一步发挥中介服务功能,将各项政策措施有效落实到船东和货主。同时,希望船公司眼光放远,继续稳定并增加箱源。货代公司也要进一步发挥中介服务功能,将各项政策措施有效落实到船东和货主。

2003 年,上海港国际中转吞吐量完成 13.4 万标准箱,比 2002 年增长 87%。虽然增幅较大,但在全港集装箱吞吐量中所占的比重仍仅为 1.19%。

2004年,上海港国际中转吞吐量完成28.2万标准箱,比2003年增长109%,占全港总箱量的比例首次达到了1.9%。上海港国际中转箱业务的快速发展主要得益于长江口航道水深增加、口岸环境改善和码头作业效率提高三个方面。2005年,上海港完成集装箱国际中转吞吐量40.3万标准箱,同比增长42.9%,占全港总箱量的比例首次达到2.2%。

"十一五"期间,洋山深水港区一期工程投入运营,靠泊能力扩大,增强了上海港参与国际集装箱运输的竞争能力;长江口航道浚深至10米,为船公司增加在上海港的舱位创造了条件;国际中转通关新程序的启用方便了上海口岸国际中转,吸引船公司将更多中转箱安排在上海港转运;码头作业效率提高大大缩短了国际中转箱的作业时间,增强了船公司的信心。

2006年5月10日,由洋山保税港区管委会、上海口岸办和市港口管理局联合举办的洋山深水港区开港运营150天情况通报会上,上海口岸办和口岸各查验单位分别推出了一系列完善和改进服务的承诺或新举措:(1)当年5月11日,洋山深水港区全面下调港区中转费用,国际中转的码头装卸费在原有基础上下调20%左右。(2)外高桥港区至洋山深水港区间的国际集装箱中转"穿梭巴士"免收装卸费。(3)船舶在外高桥港区和洋山深水港区间"两靠"的,从原先两次收取港口使用费,减少为一次收费。上述措施有力地促进了上海港集装箱国际中转业务的发展。2006年,上海港完成集装箱国际中转吞吐量78.5万标准箱,同比增长94.8%,占全港集装箱吞吐量的比例上升到3.6%。

2007年,在优惠的价格举措和洋山深水港区一期、二期投产后带来的集聚效应影响下,上海港集装箱国际中转箱业务持续、稳定、快速发展,国际集装箱中转吞吐量达到127.7万标准箱,同比增长62.6%,占全港总箱量的比例上升到4.9%,绝对值增加49.2万标准箱,为历年最多。2008年上海港国际集装箱中转吞吐量完成143.4万标准箱,同比增长12.3%,占全港总箱量的比例上升至5.1%。当年由于欧美经济不景气造成东西基本航线货物量减少,上海港国际中转业务的发展受到一定的影响,但仍取得了两位数的增长,主要原因是中海、马士基、达飞和以星等公司坚持以上海港为区域枢纽进行航线布局,做大国际中转业务,稳定了箱量增长的基础;其次是上海港坚持抓穿梭巴士运作效率不放松,保证了外高桥与洋山之间国际中转箱的及时衔接。

随着上海国际航运中心建设步伐的加快,为大力开展集装箱运输,上海港开展了以"开辟上海港绿色通道"为主题的口岸环境建设,邀请57家中外船公司征求意见和建议,在更新服务理念、提高服务质量和超越国际先进管理水平方面形成共识,提出了18项措施。在加强同口岸有关单位的沟通和联系的同时,建立了与海关对口业务部门的合作备忘录,争取到口岸有关单位对港口的配合和支持。对海关在港内建造集装箱检查系统、加强监管等工作,在财力物力上及时给予支持,创造了良好的港口环境。

上海港国际中转箱量增长快速,2003 年为 13.9 万标准箱,2005 年达 40.3 万标准箱,2010 年增加到 147.5 万标准箱。2013 年国际中转完成 236.4 万标准箱。至 2014 年,国际中转递增到 250.4 万标准箱,同比增长 5.9%,国际中转比例达到 7.1%。2015 年,上海港国际中转箱量达到 252.8 万标准箱,同比中转箱量增长 2.4 万标准箱,国际中转比例达到 6.92%。(图 4-2-17)

图 4-2-17　上海洋山深水港国际中转

2016 年,国家"深下游、畅中游、延上游、通支流"的建设长江航道发展战略,取得巨大成效。7 月 5 日,长江下游福姜沙中水道航道维护水深由 4.5 米提升至 9 米,12.5 米深水航道初步贯通至南京,长江出海口至南京全程可通航 5 万吨级以上船舶,10 万吨级船舶可乘潮通达南京,长江干线航道通过能力进一步提升。

2016 年,上海港国际中转箱量达到 267.7 万标准箱,同比中转箱量增长 14.9 万标准箱,国际中转比例达到 7.21%。2019 年,上海港国际中转箱量达到 465.8 万标准箱,国际中转比例为集装箱总吞吐量的 8.76%,2020 年达到了 533.3 万标准箱。(见表 4-2-21、图 4-2-18)

表 4-2-21　2003～2020 年上海港集装箱国际中转箱量完成情况表

年份	总吞吐量 (万标准箱)	国际中转箱量 (万标准箱)	国际中转箱量 所占比例
2003 年	1 128.2	13.9	1.23%
2004 年	1 455.4	28.2	1.94%

年份	总吞吐量 （万标准箱）	国际中转箱量 （万标准箱）	国际中转箱量 所占比例
2005 年	1 808.4	40.3	2.23%
2006 年	2 171.8	78.5	3.61%
2007 年	2 615.2	127.7	4.88%
2008 年	2 800.6	143.4	5.12%
2009 年	2 500.2	143.3	5.73%
2010 年	2 906.9	147.5	5.07%
2011 年	3 173.9	156.6	4.93%
2012 年	3 252.9	178.9	5.50%
2013 年	3 377.3	236.4	7.00%
2014 年	3 528.5	250.4	7.10%
2015 年	3 653.7	252.8	6.92%
2016 年	3 713.3	267.7	7.21%
2017 年	4 023.3	308.7	7.67%
2018 年	4 201.0	368.2	8.76%
2019 年	4 330.3	465.8	10.76%
2020 年	4 350.3	533.3	12.26%

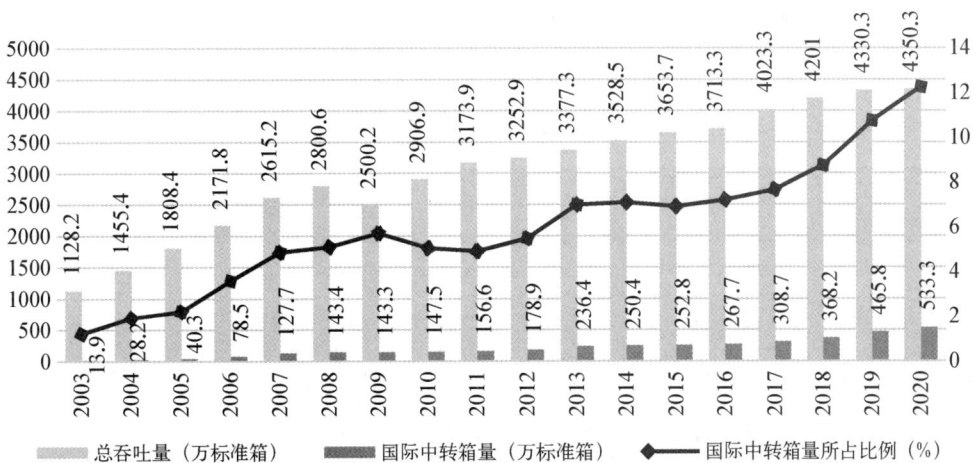

图 4-2-18　2003～2020 年上海港国际中转集装箱吞吐量完成情况示意图

（四）江海直达

江海直达的运输方式是利用一种特殊的江海直达船舶来实现长江流域货物直接运输至洋山深水港,而无需在上海外高桥港区二次换装运抵洋山港。与江海联运相比,这种运输方式同时兼备运输成本和运输时间上的优势。在运输成本方面,可省去至洋山货物在外高桥港区的码头装卸费用,随之也可降低多一次装卸过程带来的货损风险。在运输时间上,可节省二次换装的时间,江海直达集装箱船舶在外高桥码头卸下部分货物后,直接运往洋山深水港码头。

2007 年 8 月 31 日,上海新洋山集装箱运输有限公司第一艘 400 标准箱集装箱船"长航洋山 1"号正式投入运营。该船共有 436 箱位,是目前长江最大箱位量的江海联运疏运船,采用"浅吃水肥大型"技术,具有无舱盖、双尾鳍的设计特点,可重载全年通航于武汉—洋山沿途各港。新船型的投入改变了集装箱船单船成本高、航速慢、装箱量少的状况,实现了长江流域货物直接运输至洋山深水港区,而无需在外高桥港区二次换装。

2008 年 5 月,新洋山公司还开辟了常熟—洋山航线。自 2005 年底首组铰接式推轮船组(ATB)投入营运以来,新洋山公司每年都有新的运力加入,到 2008 年 9 月已有 4 艘 360 标准箱集装箱驳船和 4 艘铰接式推轮(ATB),还有 2 艘船名分别为"长航洋山 1""长航洋山 2"的 400 标准箱集装箱自航船,主要从事从外高桥至洋山港的"穿梭巴士"集装箱运输。该公司是经营"穿梭巴士"航线的三家船公司中投入运力最大的一家,占了"穿梭巴士"航线总运量的 50% 以上。

随着上海港集装箱箱量的递增和洋山深水港区的投产,长江内支线江海直达至洋山的吞吐量迅速增长。2007 年,江海直达箱量为 41.4 万标准箱,2008 年为 73.2 万标准箱,2009 年增至 75.6 万标准箱,2010 年突破 80 万标准箱,达到 83 万标准箱。

2010 年,上海港江海直达主要支线的经营单位有泛亚航运、江苏恒隆等 14 家(见表4-2-22)。

表 4-2-22　2010 年上海港江海直达主要支线经营单位情况表

序号	经营人	船名	船长(米)	标准箱	净吨	载重吨	挂靠港
1	泛亚航运	新东方 2 号	94.0	250	1 674	3 750	武汉、安徽、江苏沿线
		恒隆 69	95.0	262	1 480	1 480	
		集海永祥	102.0	305	1 673	4 880	
		江海通 8	88.0	212	1 536	2 743	
		泛亚洋山	102.5	298	2 366	4 225	

序号	经营人	船名	船长（米）	标准箱	净吨	载重吨	挂靠港
1	泛亚航运	泛亚江阴	120.5	298	2 366	4 717	武汉、安徽、江苏沿线
		泛亚太仓	102.5	298	2 366	4 225	
2	江苏恒隆	恒隆 9	78.0	218	1 458	2 604	江苏沿线
		恒隆 8	78.0	216	860	2 619	
3	江苏凯通	集海永裕 08	90.0	260	1 575	3 485	安徽、江苏沿线
		武家嘴 52	97.0	250	1 673	4 225	
4	江苏远东	富泰	78.0	218	1 458	2 900	江苏沿线
5	江苏远洋	飞雄 3	94.0	215	1 677	3 300	江苏沿线
6	江苏众诚	众诚 66	80.6	224	1 270	2 800	江苏沿线
		众凯 19	77.6	205	1 499	3 075	
		众诚 69	93.0	396	2 366	5 332	
7	东方海外	江海通 19	83.0	176	1 430	2 816	江苏沿线
8	上海集海	集海之鹏	75.0	256	1 300	2 660	武汉、江苏沿线
		集海之绣	75.0	252	1 333	2 690	
		集海之鲲	75.0	252	1 333	2 690	
		集海之泉	99.8	260	1 177	3 600	
		生松 9	86.0	230	1 462	3 600	
		集海之源	99.8	260	2 099	4 033	
		集海之盛	99.8	260	2 099	5 888	
		集海之明	99.8	260	2 099	5 888	
		集海之杰	99.8	260	2 099	4 033	
		集海之惠	75.0	180	1 271	3 547	
		集海之程	75.0	256	1 300	2 660	
		集海天瑞	86.4	237	1 452	3 400	

序号	经营人	船名	船长(米)	标准箱	净吨	载重吨	挂靠港
9	上海浦海	向丹	122.3	416	3 250	4 966	江苏沿线
		怀安永祥	88.0	252	1 578	3 600	
10	上海外代	通海钟山	95.0	312	1 673	3 600	江苏沿线
		新海集 3 号	98.3	250	1 772	3 460	
		通海集 18	81.0	276	1 336	2 382	
11	新洋山	长洋驳 4	126.0	360	1 926	4 268	太仓
		长航洋山 2	122.8	436	3 325	6 091	
		长洋驳 1	125.0	350	1 926	4 268	
		长航洋山 1	122.8	420	3 325	6 100	
		长洋驳 3	97.0	334	1 893	4 617	
12	武汉长海	长海东湖	97.6	245	1 020	3 900	武汉沿线
		集泰	83.0	200	1 518	3 420	
		长海南湖	83.0	205	1 499	3 240	
13	外运长江	佳兴 9	98.8	307	1 783	6 000	武汉、安徽、江苏沿线
		佳兴 18	99.9	350	1 816	4 992	
		佳兴 16	93.66	350	1 816	4 992	
		永裕 018	79.6	320	1 596	4 140	
		永裕 016	79.6	320	1 596	4 140	
14	中艺储运	德林	98.6	278	1 895	5 700	江苏沿线

　　随着上海港国际干线的逐步外移,运抵洋山码头货量的上升,江海直达的运输需求也逐渐增加。2014 年,上海港开通江海直达业务的港口有武汉阳逻港、南京龙潭港、南通港、太仓港等,经营江海直达的主要支线经营人仍为上述 14 家。

　　2015 年上海港江海直达集装箱量递增到 216.9 万标准箱,2018 年为 256.7 万标准箱,2019 年达到 279 万标准箱。(见表 4-2-23)

表 4-2-23　2007～2019 年部分年份上海港集装箱长江内支线江海直达吞吐量情况表

年份	2007 年	2008 年	2009 年	2010 年	2015 年	2017 年	2018 年	2019 年
箱量（万标准箱）	41.4	73.2	75.6	83.0	216.9	231.0	256.7	279.0

（五）海铁联运

2003 年前，上海港唯一的一条长距离集装箱海铁联运线是上海—成都线，为海铁联运五定班列，但是上海港箱量始终有限，占上海口岸集装箱吞吐量 1% 都不到，海铁联运模式尚未真正形成。上海口岸的集装箱海铁联运远远滞后于集装箱运输的发展。

为实现上海地区各种运输方式的有效结合，扩大综合运输能力，建立上海港与内陆地区畅通的进出口贸易运输通道。2002 年 12 月 13 日，来自上海口岸集装箱码头公司、船公司、货运代理公司、铁路货运公司、上海海关等单位的领导和业务主管共同商讨如何加快发展上海口岸的集装箱海铁联运。经讨论一致认为，发展海铁联运是集装箱运输发展的必然要求，要发挥港口、船方、铁路等各方面的优势，并呼吁上海市政府应尽快成立一个能协调口岸方方面面的权威机构来推进集装箱海铁联运的发展。（图 4-2-19）

图 4-2-19　海铁联运

2003 年，为鼓励集装箱海铁联运，上海港与上海铁路局、上铁集运、路港公司、杨浦港站等共同明确对海铁联运箱免收港务港建费，中转报关费按每自然箱 50 元人民币计收；上港集团下属企业出台对海铁联运箱实行大船装卸费 7 折优惠，对铁洋南京海铁线中转报关费每自然箱优惠 50 元人民币等优惠措施。至 2003 年底,上海港海铁联运的内陆站点包括成都东、大湾镇、绵阳、重庆、合肥、蚌埠、长江、醴陵、西安、郑州、南昌、宜春、温州、宁波、义乌、南京等 16 个。上海集装箱海铁联运班列和主要流向如下:(1) 成都线(五定班列,每周三班,挂靠成都东、青白江、绵阳);(2) 合肥、蚌埠(天天班,挂靠株洲、南昌、长沙、醴陵);(3) 西安、郑州线(天天班);(4) 义乌线(天天班);(5) 南京线(天天班);(6) 零星地区(温州、贵溪等)。2003 年,上海港集装箱海铁联运市场的总体格局是,沿海地区海铁联运箱量大幅下降,中西部地区箱量略有增长,华北地区箱量与 2002 年基本持平。当年,上海港海铁联运集装箱累计完成 7.5 万标准箱,比上年增长 1.4%,在全港集装箱吞吐量中占 0.66%。其中进口 4 万标准箱,与上年基本持平;出口 3.5 万标准箱,增长 3%。

2004 年,由于铁道部开展保煤运输,铁路车皮供应紧张,满足不了各大船公司海铁联运发运要求,上海口岸海铁联运集装箱业务开始下滑。全年上海港集装箱海铁联运箱量为 6.3 万标准箱,比 2003 年减少了 15.6%。2005 年,上海港的集装箱海铁联运箱量进一步下滑至 5.3 万标准箱,同比减少 17.4%。集装箱海铁联运箱量减少主要是受铁路运能限制,铁路货运部门为完成煤炭、粮食等重点物资运输任务,运能始终处于饱和状态,难以保证海铁联运箱的运输需求,在上海口岸各大航运公司把海铁联运箱转为水路运输和公路运输后,上海至成都、南昌、武汉、长沙等地的集装箱班列也逐一取消。此外,上海港铁路与码头分量的现状客观上也造成海铁联运箱量在上海港进出口成本的增加,削弱了与其他港口竞争的优势。

上海口岸海铁联运箱量的锐减,引起上海市政府和上海市港口管理局、上海铁路局的重视。在上海市建委的牵头协调下,上海市建委、上海市港口管理局、铁路局、中铁集上海公司有关领导组成了上海海铁联运协调小组。在市协调小组的宏观指导协调下,2006 年 1 月 12 日,由温州铁路站首发的一批集装箱,成功地经铁路运至芦潮港铁路集装箱中心站,转集卡运至洋山深水港区一期码头出口,首次在洋山深水港区海铁联运集装箱批量中转获得成功。当年上海港完成集装箱海铁联运箱量 8.42 万标准箱,同比增长 58.4%,但是在全港吞吐量中所占份额仍很小,还不到 4‰。这主要是受到铁路运能和运营机制的限制,难以在定班运输和价格方面满足客户的需要。

此后,上海港集装箱海铁联运箱量逐年递增。2007 年 2 月 2 日,中海集装箱运输股份有限公司与上海铁路集装箱中心站发展有限公司海铁联运合作的芦潮港站至合肥西站的海铁联运集装箱双向运输班列首发。开通运行的芦潮港站—合肥西站集装箱海铁联运班列运行时间为 20 小时,每周开行一列,逐步达到每周三列、双向对开。4 月 18 日,中海集运和中铁集运、南昌铁路局共同主办的"南昌—上海洋山港国际集装箱海铁联运专列"载 96 标准箱、48 组车皮在南昌北站首发。此海铁联运班列拟开成"定点、定线、定车次、定时间、定价格"的集装箱"五定"班列,全程仅 21 小时就可抵达上海芦潮港。2007 年,在各铁路营运企业、集装箱码头企业、船公司、海铁联运代理企业和相关部门等的共同努力下,上海港口集装箱海铁联运完成 10.23 万标准箱(其中进口 7.03 万标准箱,出口 3.2 万标准箱),比 2006 年的 8.42 万标准箱增长 21.57%。上海港口集装箱海铁联运各月总的到发量波动较平缓,峰值发生于 6 月,谷值出现在 1 月、2 月。其中,除 10 月、11 月,其他月份的海铁联运集装箱量均比上年同月有所增长,尤其以 2 月、6 月和 7 月的增长幅度为大。

2008 年,上海港海铁联运集装箱箱量为 10 万标准箱,较上年下降 2.1%。这主要是由于上海铁路设施比较薄弱,铁路货流中间环节较多,对于内地货主而言成本不具有优势。上海港以长江三角洲地区即江苏省与浙江省为直接经济腹地,与直接腹地联系都以公路为主,辅以长江黄金水道的水上运输,所以上海口岸集装箱集疏运对铁路依存度不大。此外,外高桥和洋山集装箱码头,没有铁路直达码头的港站。因此海铁联运集装箱经上海口岸进出,必须经过车站—港区间的短驳。这样集装箱在上海中转就比在青岛、深圳等港中转增加了两次装卸车和一次驳运作业,不但增加了费用,延长了货物在港时间,也增加了海铁联运衔接的不确定性。

2009 年,在金融危机大背景下,由于受自身技术、运作、价格机制等限制,集装箱海铁联运量又进入下滑通道,2009 年下滑至 8.5 万标准箱,2010 年进一步下滑至 7.19 万标准箱。

上海港的铁路集装箱集疏运总量仅占上海港集装箱集疏运量的极小一部分。海铁联运发展到 2014 年,仅达到 9.5 万标准箱。2015 年下降到 5.4 万标准箱。

目前海铁联运操作主要有两种模式,一是集装箱海铁国际联运,主要由中铁集上海分公司以及中铁外服公司经营,由上海口岸发运,通过边境口岸(满洲里、二连、阿拉山口等车站)与俄罗斯、蒙古国、哈萨克斯坦接轨,转往中亚和欧洲地区。2016 年开行海铁联运班列 8 趟,海铁联运疏港总量 141 万吨。二是集装箱海铁进出口国内联运,主要开通了上海至乌鲁木齐、上海至成都、上海至西安与郑州、上海至南昌与长沙等地的集装箱海铁联运班列业务。上海地区办理集装箱海铁联运业务的铁路车站主要有杨浦港站和芦潮港中心站。外高桥港的海铁联运箱主要从码头通过公路短驳到杨浦港站装车,再经铁路支线接入京沪、沪昆两大铁路干线运往内地省市。洋山港的海铁联运箱由集装箱卡车从港口经东海大桥驳运,到达芦潮港中心站完成装车,再通过浦东铁路进入国家铁路网。2016 年,上海地区共有海铁联运港口站 2 个,海铁联运集装箱箱量下降到 4.4 万标准箱,其中海铁联运铁路发运 32 808 标准箱。

截至 2017 年底,上海铁路局主要海铁联运港口站有 5 个。上海港集装箱海铁联运 4.2 万标准箱,比 2016 年又下降 4.5%,占上海港集装箱吞吐量的 0.1%。2018 年,上海港集装箱海铁联运量有所上升,达到 7.9 万标准箱。

2019 年 6 月,上海市下发《上海市推进运输结构调整三年行动计划》和《上海市推进海铁联运发展工作方案》(以下简称"《工作方案》"),提出 2020 年要完成海铁联运箱量 24 万标准箱,实现同比翻番。《工作方案》指出:"将芦潮港中心站部分装卸线路和堆场视作洋山港区的延伸地,铁路集装箱到站视同进港,由海铁联运公司负责港站之间'最后一公里'短驳运输,实现港站操作管理一体化,切实提高运营效率。……由市发展改革委、市交通委等部门指导海铁联运公司结合外高桥铁路进港专用线建设,组织筹划集装箱中心站规划建设,就上海南港与沪通、沪乍杭等铁路线连接、与洋山水上穿梭巴士开通等进行研究,进一步完善芦潮港集疏运体系,推进临港地区多式联运体系建设。"中国铁路上海局与中远海运集团、中铁集装箱运输有限责任公司、上港集团各自的下属公司合资组建了上海港海铁联运有限公司,加快推进落实该《工作方案》,推进外高桥铁路进港专用线建设,进一步完善和优化上海港铁路集疏运通道布局。

2019 年,上海港集装箱海铁联运完成 9.4 万标准箱,比 2018 年增长 18.99%。2020 年海铁联运完成 23.1 万标准箱,又比 2019 年递增 145.74%,占上海港集装箱吞吐量的 0.53%。(见表 4-2-24)

表 4-2-24　2001~2020 年上海港集装箱海铁联运吞吐量统计表

年份	海铁联运量（万标准箱）	占集装箱总吞吐量比重	同比	年份	海铁联运量（万标准箱）	占集装箱总吞吐量比重	同比
2001 年	4.39	0.69%	—	2011 年	10.30	0.32%	+43.25%
2002 年	7.38	0.86%	+68.11%	2012 年	11.00	0.34%	+6.80%
2003 年	7.48	0.66%	+1.36%	2013 年	8.60	0.25%	-21.82%
2004 年	6.44	0.43%	-13.90%	2014 年	9.50	0.27%	+10.47%
2005 年	5.31	0.29%	-17.54%	2015 年	5.40	0.15%	-43.16%
2006 年	8.42	0.39%	+58.57%	2016 年	4.40	0.12%	-18.52%
2007 年	10.23	0.39%	+21.49%	2017 年	4.20	0.10%	-4.50%
2008 年	10.01	0.36%	-2.15%	2018 年	7.90	0.19%	+88.10%
2009 年	8.47	0.34%	-15.38%	2019 年	9.40	0.30%	+18.99%
2010 年	7.19	0.25%	-15.11%	2020 年	23.10	0.53%	+145.74%

八、行业地位

（一）全国行业地位

2003 年至 2019 年间，上海港的集装箱吞吐量不断递增，集装箱吞吐量排名一直处于全国港口前列。（见表 4-2-25）

表 4-2-25　2003～2019 年国内集装箱吞吐量前十大港统计表

年份	第一位	第二位	第三位	第四位	第五位	第六位	第七位	第八位	第九位	第十位
2003 年	上海	深圳	青岛	天津	宁波	广州	厦门	大连	中山	江门
2004 年	上海	深圳	青岛	宁波	天津	广州	厦门	大连	中山	福州
2005 年	上海	深圳	青岛	宁波	天津	广州	厦门	大连	中山	连云港
2006 年	上海	深圳	青岛	宁波	广州	天津	厦门	大连	连云港	中山
2007 年	上海	深圳	青岛	宁波	广州	天津	厦门	大连	连云港	苏州
2008 年	上海	深圳	广州	宁波	青岛	天津	厦门	大连	连云港	营口
2009 年	上海	深圳	广州	宁波舟山	青岛	天津	厦门	大连	连云港	营口
2010 年	上海	深圳	宁波舟山	广州	青岛	天津	厦门	大连	连云港	营口
2011 年	上海	深圳	宁波舟山	广州	青岛	天津	厦门	大连	连云港	苏州
2012 年	上海	深圳	宁波舟山	广州	青岛	天津	大连	厦门	苏州	连云港
2013 年	上海	深圳	宁波舟山	青岛	广州	天津	大连	厦门	连云港	营口
2014 年	上海	深圳	宁波舟山	青岛	广州	天津	大连	厦门	营口	连云港
2015 年	上海	深圳	宁波舟山	广州	青岛	天津	大连	厦门	营口	连云港
2016 年	上海	深圳	宁波舟山	广州	青岛	天津	厦门	大连	营口	苏州
2017 年	上海	深圳	宁波舟山	广州	青岛	天津	厦门	大连	营口	苏州

年份	第一位	第二位	第三位	第四位	第五位	第六位	第七位	第八位	第九位	第十位
2018 年	上海	宁波舟山	深圳	广州	青岛	天津	厦门	大连	营口	苏州
2019 年	上海	宁波舟山	深圳	广州	青岛	天津	厦门	大连	营口	连云港

但与此同时,全国各港口的集装箱吞吐量也逐年增加,上海港的集装箱吞吐量在全国港口集装箱吞吐总量中的比重逐年呈现下降趋势。2001～2007 年,上海港集装箱吞吐量占全国集装箱吞吐总量比例基本维持在 23％左右,2008 年下降至 21.9％,2009 年下降至 20.5％,2010 年为 19.9％,2015 年为 17.2％,2018 年为 16.7％,2019 年为 16.6％。

(二) 世界行业地位

我国港口集装箱运输起始于 1973 年,较世界集装箱运输迟了 17 年。在党中央的正确领导下,上海港的集装箱装卸事业迅速发展,在世界大港集装箱吞吐量排名中,上海港的排名从 1998 年起逐年上升。自党中央、国务院提出建设上海国际航运中心以来,上海港的集装箱装卸生产进入了跨越式发展的快车道。2005～2007 年间,中国港口集装箱码头建设步伐加快,基本适应了中国对外贸易运输不断增加的需求。中国集装箱码头的发展也带来了世界集装箱码头格局的变化,在世界港口集装箱吞吐量排名榜中,香港、上海、深圳三港稳居前二至四位。

2008 年,上海港完成集装箱吞吐量 2 800.6 万标准箱,同比增长 7.1％,在全球集装箱港口前十位排名榜中,上升至第二位。2010 年,上海港首次超越新加坡港,荣获全球第一集装箱大港的桂冠。此后上海港连续十年集装箱吞吐量位居世界十大集装箱港口吞吐量第一。(见表 4-2-26)

表 4-2-26　2000～2019 年世界十大港集装箱港口吞吐量排名表　　单位:万标准箱

年份	第一位	第二位	第三位	第四位	第五位	第六位	第七位	第八位	第九位	第十位
2000 年	香港	新加坡	釜山	高雄	鹿特丹	上海	洛杉矶	长滩	汉堡	安特卫普
	1 810.0	1 704.0	754.0	742.6	627.5	561.2	487.9	460.1	424.8	408.2
2001 年	香港	新加坡	釜山	高雄	上海	鹿特丹	洛杉矶	深圳	汉堡	长滩
	1 790.0	1 552.0	807.3	754.1	634.0	594.5	518.4	507.6	468.9	446.3

年份	第一位	第二位	第三位	第四位	第五位	第六位	第七位	第八位	第九位	第十位
2002 年	香港	新加坡	釜山	上海	高雄	深圳	鹿特丹	洛杉矶	汉堡	安特卫普
	1 914.0	1 680.0	944.4	861.2	849.3	761.4	651.5	610.6	537.4	477.7
2003 年	香港	新加坡	上海	深圳	釜山	高雄	洛杉矶	鹿特丹	汉堡	安特卫普
	2 010.0	1 810.0	1 128.2	1 061.0	1 037.0	884.0	718.0	710.0	613.8	544.5
2004 年	香港	新加坡	上海	深圳	釜山	高雄	鹿特丹	洛杉矶	汉堡	安特卫普
	2 193.2	2 131.0	1 455.7	1 365.5	1 140.4	971.5	840.8	732.9	700.4	613.0
2005 年	新加坡	香港	上海	深圳	釜山	高雄	鹿特丹	汉堡	迪拜	洛杉矶
	2 319.2	2 242.7	1 808.4	1 619.7	1 184.3	947.1	930.0	808.8	761.9	748.5
2006 年	新加坡	香港	上海	深圳	釜山	高雄	鹿特丹	迪拜	汉堡	洛杉矶
	2 479.2	2 323.0	2 171.8	1 846.9	1 203.0	977.5	960.1	892.4	886.2	847.0
2007 年	新加坡	上海	香港	深圳	釜山	鹿特丹	迪拜	高雄	汉堡	青岛
	2 793.0	2 615.2	2 388.0	2 081.3	1 327.0	1 079.0	1 064.7	1 026.0	990.0	946.2
2008 年	新加坡	上海	香港	深圳	釜山	迪拜	广州	宁波舟山	鹿特丹	青岛
	2 992.0	2 800.6	2 430.0	2 141.6	1 342.0	1 200.0	1 100.1	1 093.4	1 083.0	1 002.4
2009 年	新加坡	上海	香港	深圳	釜山	迪拜	广州	宁波舟山	青岛	鹿特丹
	2 586.6	2 500.2	2 098.3	1 825.0	1 195.4	1 150.0	1 119.9	1 042.3	1 026.2	974.3
2010 年	上海	新加坡	香港	深圳	釜山	宁波舟山	广州	青岛	迪拜	鹿特丹
	2 906.9	2 840.0	2 353.0	2 251.0	1 428.0	1 314.7	1 254.6	1 201.2	1 150.0	1 110.0
2011 年	上海	新加坡	香港	深圳	釜山	宁波舟山	广州	青岛	迪拜	天津
	3 173.9	2 991.0	2 440.0	2 257.1	1 618.0	1 471.9	1 425.1	1 302.0	1 300.0	1 158.8
2012 年	上海	新加坡	香港	深圳	釜山	宁波舟山	广州	青岛	迪拜	天津
	3 252.9	3 165.0	2 312.0	2 294.0	1 705.0	1 617.0	1 455.0	1 450.0	1 328.0	1 230.3

年份	第一位	第二位	第三位	第四位	第五位	第六位	第七位	第八位	第九位	第十位
2013 年	上海	新加坡	深圳	香港	釜山	宁波舟山	青岛	广州	迪拜	天津
	3 377.3	3 258.0	2 328.0	2 229.0	1 768.0	1 735.0	1 552.0	1 531.0	1 350.0	1 300.0
2014 年	上海	新加坡	深圳	香港	宁波舟山	釜山	青岛	广州	迪拜	天津
	3 528.5	3 390.0	2 403.7	2 228.0	1 945.0	1 868.0	1 662.0	1 616.0	1 525.0	1 405.0
2015 年	上海	新加坡	深圳	宁波舟山	香港	釜山	青岛	广州	迪拜	天津
	3 653.7	3 096.2	2 420.4	2 059.3	2 011.4	1 929.6	1 746.5	1 745.7	1 559.2	1 410.9
2016 年	上海	新加坡	深圳	宁波舟山	香港	釜山	广州	青岛	迪拜	天津
	3 713.3	3 090.0	2 398.0	2 156.5	1 963.0	1 937.8	1 866.0	1 805.0	1 477.2	1 452.3
2017 年	上海	新加坡	深圳	宁波舟山	香港	釜山	广州	青岛	洛杉矶—长滩	迪拜
	4 023.3	3 367.0	2 520.9	2 460.7	2 076.0	2 140.0	2 037.2	1 830.9	1 689.0	1 540.0
2018 年	上海	新加坡	宁波舟山	深圳	广州	釜山	香港	青岛	洛杉矶—长滩	天津
	4 201.0	3 660.0	2 635.1	2 573.6	2 162.3	2 159.2	1 959.4	1 931.5	1 740.0	1 600.7
2019 年	上海	新加坡	宁波舟山	深圳	广州	釜山	青岛	香港	天津	鹿特丹
	4 330.3	3 719.6	2 753.5	2 576.9	2 283.6	2 190.9	2 101.2	1 835.7	1 730.1	1 697.1

第三节　散杂货装卸

一、机械、设备和电器

改革开放以来,随着我国经济发展,尤其是长江三角洲经济带产业的快速发展,机械、设备和电器类货种吞吐量增长显著,逐渐成为上海港的主要装卸货种。2003 年,机械、设备和电器类货种吞吐量增长至 1 832.4 万吨,在总吞吐量中占比上升至 9.7%。

"十五"到"十二五"期间,上海及腹地产业结构继续优化,进出口机械、设备和电器类货源大幅度增长。2005 年,上港集团的机械、设备和电器类货种吞吐量增长至 3 788.2 万吨,占比达 14.1%。2010 年该货种吞吐量增至 6 068.7 万吨,占比 14.2%,吞吐量上升为各类货物吞吐量的第一位。2014 年吞吐量增至 7 185.6 万吨,占比 13.3%,吞吐量为各类货物的第二位。2015 年吞吐量为 7 457.4 万吨,占比 14.5%,仍为第二位。(图 4-3-1)

图 4-3-1　2009 年 12 月 24 日张华浜码头装卸重 46.7 吨的火车头

"十三五"期间,2017 年该货种吞吐量递增到 8 126.6 万吨,占比 14.5%,2018 年吞吐量递增到 8 468.2 万吨,占比 15.1%,连续两年吞吐量上升到第一位。2019 年,该货种吞吐量下降到第六位,仅完成 383.04 万吨,占比 0.7%。

从分流向情况分析,外贸进出港是带动机械、设备和电器类货物吞吐量增长的主要动力。

上港集团 2003~2019 年若干年份机械、设备和电器类货种吞吐量情况及所属装卸单位完成情况如表 4-3-1、4-3-2 所示:

表 4-3-1　2003~2019 年部分年份上港集团机械、设备和电器类货种吞吐量情况表

年份	2003 年	2005 年	2010 年	2015 年	2017 年	2018 年	2019 年
总吞吐量(万吨)	1 832.4	3 788.2	6 068.7	7 457.4	8 126.6	8 468.2	383.0
占当年吞吐总量比例	9.7%	14.1%	14.2%	14.5%	14.5%	15.1%	0.71%

续　表

名次	3	2	1	2	1	1	6
进港吞吐量(万吨)	968.8	1 852.2	2 919.3	3 564.5	3 854.3	4 005.0	47.0
进港总量占比	5.1%	13.4%	13.3%	6.9%	6.9%	7.1%	0.09%
出港吞吐量(万吨)	863.6	1 936.0	3 149.4	3 892.9	4 272.3	4 463.2	336.0
出港总量占比	4.6%	15.0%	15.0%	7.6%	7.6%	8.0%	0.6%

分流向吞吐量(万吨)		3	2	1	2	1	1	6
	外贸进港	808.9	1 594.6	2 512.2	3 048.1	3 227.4	3 355.3	15.53
	外贸出港	682.7	1 642.6	2 730.2	3 359.2	3 634.9	3 810.1	331.12
	内贸进港	159.9	257.6	407.1	516.4	626.9	649.7	31.48
	内贸出港	181.0	293.4	419.2	533.7	637.4	653.1	4.91

表 4-3-2　2003～2019 年部分年份上港集团所属装卸单位装卸机械、设备和电器类货种吞吐量情况表

单位：万吨

2003 年		2005 年		2010 年		2015 年		2019 年	
民生	0.3	民生	0.8	煤炭	—	煤炭	—	煤炭	—
南浦	1.0	南浦	1.6	军工路	83.2	军工路	—	军工路	—
高阳	8.7	煤炭	—	张华浜	89.7	张华浜	212.5	张华浜	172.9
共青	38.7	新华	0.4	罗泾	99.3	罗分	146.6	罗分	130.9
煤炭	—	张华浜	62.3	共青	47.1	共青	3.1	共青	118.7
新华	0.2	军工路	55.4	浦远		浦远		浦远	
张华浜	46.6	共青	59.9	罗矿		罗矿		罗矿	
军工路	48.5	客运	10.3	宝山	65.0	宝山		宝山	
复兴	—	浦远		轮驳		轮驳		轮驳	
客运	4.7	龙吴	205.2	海通	3.1	复兴		复兴	
平凉码头	—	港湾		龙吴	6.0	港湾		尚东	
龙吴	166.1	宝山	38.3	洋泾	67.5	海通	16.8	海通	19.1
宝山	27.6	浦集	531.9	SCT	694.0	龙吴	65.0	龙吴	58.9
浦远	—	SCT	751.3	浦集	500.9	宜东	583.7	宜东	—

2003 年		2005 年		2010 年		2015 年		2019 年	
港湾	—	罗泾	—	振东	1 124.6	浦集	485.8	浦集	—
轮驳	—	海通	14.0	沪东	666.9	振东	1 177.6	振东	—
上港集箱外高桥分公司	258.0	上港集箱外高桥分公司	985.4	明东	650.5	沪东	717.8	沪东	—
浦集	859.0	明东	343.8	盛东	1 114.1	明东	1 100.3	明东	—
SCT	180.4	盛东	33.7	冠东	844.6	盛东	1 564.0	盛东	—
沪东	192.6	沪东	693.9	外六期	12.4	冠东	1 356.6	冠东	—

二、煤炭

煤炭及制品类货种一直是上海港的主要货种。上海及相关地区既是我国经济最发达的地区，又是能源严重短缺的地区，煤炭运输是该地区国民经济持续稳定发展的重要保证之一。改革开放后，国内经济建设呈现出持续高速增长态势，随着上海市的经济发展和浦东的开发开放，上海及相关地区的煤炭运输量不断增长，并成为该地区运量最大的货种。

"十五"期间上海及周边地区制造业快速发展，用电量猛增，煤炭需求随之逐年增长，煤炭吞吐量在上海全港吞吐量中一直占有相当大的比重。上海地区的煤炭，主要通过秦皇岛、青岛、石臼、连云港等港口装船由海运调入，部分通过武汉、裕溪口、南京等港口由江运调入，少量经由铁路调入。

此外，上海地区煤炭中转需求量也稳步增长，每年都有大量煤炭经上海中转到苏、浙、闽地区，主要是中转供应浙江和江苏。以浙江和江苏的地方船队，通过内河去浙江省的杭（州）、嘉（兴）、湖（州）和江苏省的苏（州）、（无）锡、常（州）地区。

2003～2019 年期间，上港集团的煤炭及制品类货种的吞吐量有如下特点：

1. 煤炭及制品类货种一直处于上港集团吞吐量排名前列，但随着集团总吞吐量规模增大与货种结构变化，煤炭及制品类货种的总吞吐量占比逐年趋降。

我国政府从 2000 年 2 月开始启动"西气东输"工程，西起塔里木盆地的轮南，东至上海。2004 年 10 月 1 日工程全线投产，清洁天然气输入上海，上海吴淞煤气厂不再生产煤气，大大减少了上海居民用气对煤炭的依赖。"十五"期间，国家实施西部大开发战略,从2001年到2010年总投资在5 300亿元以上(不包括三峡电站),实施西电东送工程,将西部地区资源优势转化为经济优势,上海市成为西电东送和外来电输入的受益城市。随着科学技术的不断进步,各种新能源(非化石燃料)的开发逐步替代了上海城市发展对煤炭的需求。从"十一五"以后,上海发挥靠海的地理优势,大力发展风能发电,增加了发电量,减少了电煤用量。在这些因素的综合作用下,上海对煤炭的需求逐年减少。

2003年,上港集团煤炭及制品货种吞吐量为2 628.4万吨,占总吞吐量比例13.88%。2005年,该货种吞吐量完成4 041.1万吨,总吞吐量占比15.09%。2008年后,上海周边港口煤码头建设已具规模,货主的煤炭直达量不断扩大,出口中转江苏省和浙江省的煤炭量分别下降,煤炭中转量进一步萎缩。2010年,吞吐总量4 243.6万吨,总吞吐量占比下降至10%。2014年,上港集团煤炭及制品货种吞吐量为4 673.21万吨,总吞吐量占比进一步下降至8.68%。2015年,煤炭吞吐量下降到2 750.1万吨,总吞吐量占比下降至5.36%。

进入"十三五"期间,2016年上海市经济保持平稳运行,经济增长的质量和效益进一步提高,经济结构得到了进一步优化。全社会用电量同比增长5.7%,最高用电负荷同比增长5.3%,创历史新高。当年上海市外来电输入不断加大,最大输入电力已超过1 600万千瓦,第三产业用电比重达到30%,经济结构转型初显成效,但是上海港口煤炭吞吐量只有7 860.4万吨,直接减少了对煤炭发电的需求。2016年上港集团煤炭吞吐量为2 941.1万吨,总吞吐量占比为4.19%,吞吐量为各类货物的第三位。

2017年,上海港货物吞吐量结构明显变化,原主要大宗货类的煤炭及制品比上年大幅下降9.7%,只有7 097.9万吨,比2013年下降了41.54%。此外,2017年上海港的煤炭接卸已演变为以专用码头接卸为主的态势。公用煤炭码头接卸的煤炭吞吐量只有2 708.7万吨,占煤炭总吞吐量的38.15%,专用码头煤炭接卸量达4 337万吨,占到煤炭总吞吐量的61.1%(另有0.75%的接卸量由内河码头完成)。受此影响,上港集团2017年煤炭及制品类货种完成2 708.7万吨,比2016年下降7.9%,占总吞吐量比例为4.82%,吞吐量仍为各类货物的第三位。根据接卸吞吐量逐年下降的态势,上海市政府从保护上海市自来水取水口环境出发,2017年决定将上港集团下属煤炭分公司的罗泾煤炭码头关闭,只保留煤炭分公司的朱家门煤码头进行煤炭接卸。因此,到2018年,上港集团煤炭及制品类货种吞吐量大幅下降,且只有该货种的内贸进出上港集团码头。

2019年,随着时代进步和科学技术的不断发展,各种新能源(非化石燃料)的开发和应用,部分替代了上海城市发展对煤炭的需求,进一步减少了电煤用量,该货种的装卸大多由电厂专用码头承担。全年,上港集团完成煤炭及制品类货种吞吐量只有648.4万吨。

2. 从煤炭及制品类货种流向来看,内贸进港是该货种的最主要吞吐量来源(见表 4-3-3)。

表 4-3-3 2003～2019 年部分年份上港集团煤炭及制品类货种吞吐量情况表

年份		2003 年	2005 年	2010 年	2015 年	2017 年	2018 年	2019 年
总吞吐量(万吨)		2 628.4	4 041.1	4 243.6	2 750.1	2 708.7	726.1	648.4
占当年吞吐总量比例		13.9%	15.0%	10.0%	5.36%	4.82%	2.29%	1.2%
名次		1	1	3	3	3	5	4
进港吞吐量(万吨)		1 794.3	2 556.5	2 422.3	1 527.7	1 442.2	0	341.8
进港总量占比		17%	18%	11%	3%	2.6%	—	0.6%
出港吞吐量(万吨)		834.2	1 484.6	1 821.3	1 222.4	1 266.5	352.5	306.5
出港总量占比		9.9%	11%	9%	2.4%	2.3%	0.6%	0.6%
分流向吞吐量(万吨)	外贸进港	37.3	38.9	44.4	11.3	36.0	0	0
	外贸出港	10.4	3.8	0.1	0.5	—	0	0
	内贸进港	1 757.0	2 517.6	2 377.8	1 430.9	1 491.6	373.7	341.8
	内贸出港	823.7	1 480.9	1 821.3	1 266.1	1 222.4	352.5	306.5

2003～2019 年期间,上港集团所属装卸单位装卸煤炭及制品的吞吐量情况如表 4-3-4 所示。

表 4-3-4 2003～2019 年部分年份上港集团所属装卸单位装卸煤炭及制品吞吐量情况表

单位:万吨

2003 年		2005 年		2010 年		2015 年		2019 年	
南浦	1.2	浦集	0.03	煤炭	3 515.6	煤炭	2 226.4	煤炭	—
港湾	0.09	南浦	2.3	军工路	—	军工路	—	军工路	—
煤炭	2 446.8	煤炭	3 670.1	张华浜	—	张华浜	—	张华浜	—
新华	6.7	新华	0.3	罗分	—	罗分	—	罗分	—
张华浜	3.9	张华浜	4.0	共青	—	共青	—	共青	—
共青	3.0	共青	22.8	浦远	45.7	浦远	—	浦远	—

2003 年		2005 年		2010 年		2015 年		2019 年	
浦远	18.2	浦远	40.6	罗矿	22.6	罗矿	—	罗矿	—
龙吴	119.2	龙吴	272.0	龙吴	659.6	龙吴	523.7	龙吴	648.4
宝山	29.4	宝山	28.8	宝山	—	宝山	—	宝山	—

三、钢铁

改革开放后,国内和上海市基本建设工程大量上马,钢铁类货种需求激增,中国钢铁产品无法满足需求,遂从国外大量进口。宝山钢铁总厂投产后,减少了从国外进口钢材。"十五"和"十一五"时期我国钢铁产业大发展,上海港钢铁吞吐量大幅增长。钢铁类货种在上海港历年吞吐量中,逐年稳步增长,吞吐量占整个上海港钢铁货种吞吐量的半数以上,占比相对稳定。(图 4-3-2)

图 4-3-2　上港集团罗泾分公司码头

2003 年,上港集团钢铁货种吞吐量突破 1 000 万吨,达 1 254.7 万吨,占集团总吞吐量的 6.6％。2005 年吞吐量达 1 345.9 万吨,占比 5％。2008 年首次突破 2 000 万吨,达 2 141.3 万吨。2010 年钢铁吞吐量达到 2 621.2 万吨,占比达 6.1％。

"十二五"和"十三五"时期,2014 年吞吐量为 2 224 万吨,占比为 4.1％。2015 年和 2016 年上港集团钢铁货种吞吐量连续下降,分别为 1 746.6 万吨和 1 685.3 万吨,占比分别下降到 3.4％和 2.4％。2017 年钢铁吞吐量略有回升,共完成 1 960.6 万吨。2019

年钢铁吞吐量达 2 212.7 万吨。多年来该货种吞吐量为各类货物的第四位,2019 年上升到第二位。

从吞吐量流向来看,2003～2019 年间,内贸进港是钢铁吞吐量增量的最主要来源。(见表 4-3-5)

表 4-3-5 2003～2019 年部分年份上港集团钢铁类货种吞吐量情况表

年份		2003 年	2005 年	2010 年	2015 年	2019 年
总吞吐量(万吨)		1 254.7	1 345.9	2 621.2	1 746.6	2 212.7
占当年吞吐总量比例		6.6%	5%	6.1%	3.4%	4.1%
名次		4	5	4	4	2
进港吞吐量(万吨)		913.9	829.5	1 777.9	1 029.8	1 393.5
进港总量占比		8.7%	6%	8.1%	2%	2.6%
出港吞吐量(万吨)		340.7	516.5	843.4	716.8	719.2
出港总量占比		4%	4%	4%	1.4%	1.3%
分流向吞吐量(万吨)	外贸进港	403.5	215.5	174.1	124.0	86.0
	外贸出港	105.6	276.1	388.3	566.7	460.2
	内贸进港	510.4	613.9	1 603.7	905.8	1 307.5
	内贸出港	235.1	240.4	455.1	150.1	258.9

从上港集团钢铁类货种吞吐量完成的所属装卸单位情况分析,张华浜、军工路、宝山、罗泾分公司等件杂货装卸公司是完成钢材类货种装卸的主要单位。上港集团所属单位 2003～2019 年期间完成钢铁类货种的吞吐量情况见表 4-3-6。

表 4-3-6 2003～2019 年部分年份上港集团所属装卸单位装卸钢铁类货种吞吐量情况分析表

单位:万吨

2003 年		2005 年		2010 年		2015 年		2019 年	
民生	25.0	民生	5.5	军工路	393.1	军工路	—	军工路	—
南浦	254.7	南浦	135.7	张华浜	216.0	张华浜	539.5	张华浜	350.1
新华	70.1	新华	19.3	罗分	735.3	罗分	969.9	罗分	1 411.6
张华浜	157.2	张华浜	230.2	共青	490.4	共青	215.6	共青	301.0

2003 年		2005 年		2010 年		2015 年		2019 年	
军工路	188.7	军工路	341.5	浦远	—	浦远	—	浦远	—
共青	159.0	共青	243.0	罗矿	—	罗矿	—	罗矿	—
复兴	1.6	复兴	—	复兴		复兴		复兴	
客运	36.2	客运	14.7	振东		振东	—	振东	
高阳	13.37	沪东	0.02	轮驳	—	轮驳	—	轮驳	—
龙吴	19.7	龙吴	26.4	龙吴	215.7	龙吴	21.6	龙吴	50.0
宝山	328.3	宝山	321.1	宝山	570.8	宝山	—	宝山	—
港湾	0.2	浦集	8.5	浦集	0.001	浦集		浦集	
SCT	0.7	SCT	—	SCT	—	宜东		宜东	

四、金属矿石

改革开放后,上海和长江沿岸钢铁工业发展很快,1985 年 9 月和 1991 年 6 月宝钢一、二期工程分别建成并投入生产,上海港金属矿石进口量有较大增长。

上海港预见在新华分公司金属矿石接卸外移后,金属矿石的接卸能力不能适应发展需要,决定把罗泾一期工程改造成矿石码头,以缓解金属矿石装卸能力不足的矛盾。2007年 6 月,上海港新建成上海罗泾矿石码头,加上上海浦远船舶有限公司在浙江嵊泗绿华山海域建有的 1 个万吨级以上泊位(设计年通过能力 220 万吨),共拥有矿石泊位 12 个。金属矿石的接卸能力基本适应了上海和长江沿岸钢铁工业发展的需要。(图 4-3-3)

图 4-3-3　上海浦远船舶有限公司绿华山减载平台

"十五"期间,宝钢三期工程全部建成投产,长江沿线众多钢厂也纷纷扩大规模,上港集团金属矿石吞吐量继续保持增长态势,2003年完成2 272.8万吨,占上港集团总吞吐量比例12.01%。2005年完成3 525.4万吨,占比13.2%,吞吐量排名第三位。

"十一五"期间,上港集团金属矿石吞吐量快速增长。2007年吞吐量达到3 572.77吨,2008年和2009年分别完成3 858.8万吨和4 326.7万吨,基本上没有受到金融危机的冲击。

"十二五"期间,上港集团金属矿石货种吞吐量位居上港集团其他货种吞吐量的前列,吞吐量稳步增长。2010年完成5 807.3万吨,占上港集团总吞吐量的13.6%,吞吐量排名第二位。2014年和2015年吞吐量分别完成8 209.7万吨和7 742.1万吨,占比分别为15.24%和15.1%,吞吐量排名第一位。

从2014年后,上港集团金属矿石货种吞吐量开始下降。"十三五"期间,2017年和2018年吞吐量分别完成7 861.7万吨和7 935.9万吨,分别占比14.0%和14.1%,吞吐量排名第二位。2019年,上海市政府从保护上海市自来水取水口环境出发,决定将上港集团下属的矿石公司关闭。此后,上港集团的金属矿石货种装卸主要由下属其他公司承担,当年完成了5 478.8万吨。

从吞吐量流向分析,外贸进港和内贸出港是金属矿石货种吞吐量的主要来源。(见表4-3-7)

表4-3-7 2003～2019年部分年份上港集团金属矿石类货种吞吐量情况表

年份		2003年	2005年	2010年	2015年	2019年
总吞吐量(万吨)		2 272.8	3 525.4	5 807.3	7 742.1	5 478.8
占当年吞吐总量比例		12%	13.2%	13.6%	15.1%	10.2%
名次		2	3	2	1	1
进港吞吐量(万吨)		1 282.0	1 943.7	3 249.8	3 984.6	2 726.0
进港总量占比		56.4%	14%	14.8%	7.76%	5.1%
出港吞吐量(万吨)		990.8	1 581.6	2 557.5	3 757.5	2 752.8
出港总量占比		43.6%	12.2%	12.2%	7.3%	5.1%
分流向吞吐量(万吨)	外贸进港	968.3	1 580.1	3 011.6	3 980.9	2 410.4
	外贸出港	6.8	2.5	0.9	3.75	0
	内贸进港	313.7	363.6	238.1	112.0	315.6
	内贸出港	984.0	1 579.1	2 556.6	3 645.5	2 752.8

从上港集团所属装卸单位装卸金属矿石类货种吞吐量完成的装卸单位分析,上海港罗泾矿石码头公司和上海浦远船舶有限公司是上港集团装卸金属矿石类货种的两个主要装卸单位。2003~2019年上港集团所属装卸单位历年金属矿石类货种吞吐量情况如表4-3-8所示。

表 4-3-8　2003~2019 年部分年份上港集团所属装卸单位装卸金属矿石类货种吞吐量情况分析表

单位:万吨

2003 年		2005 年		2010 年		2015 年		2019 年	
民生	—	民生	1.8	煤炭	—	煤炭	—	煤炭	—
南浦	44.5	南浦	0.4	军工路	39.0	军工路	—	军工路	—
高阳		煤炭	—	张华浜	106.7	张华浜	1 061.8	张华浜	0.5
煤炭	—	新华	546.1	罗分	—	罗分	—	罗分	—
新华	258.5	张华浜	75.3	共青	2.5	共青	2.5	共青	1.4
张华浜	83.8	军工路	9.5	浦远	2 067.7	浦远	2 389.7	浦远	1 289.3
军工路	13.2	共青	—	罗矿	3 562.1	罗矿	5 163.1	罗矿	4 048.4
复兴	—	客运	0.2	宝山	17.8	宝山	—	宝山	—
客运	0.002	浦远	1 280.4	轮驳	—	轮驳	—	轮驳	—
浦远	607.0	龙吴	16.0	复兴	—	复兴	—	复兴	—
龙吴	4.9	宝山	18.5	海通	—	海通	—	海通	—
宝山	0.5	浦集		龙吴	11.6	龙吴	80.7	龙吴	139.2
外高桥	—	SCT	—	洋泾	—	洋泾	—	洋泾	—
SCT	—	罗泾	1 577.2	SCT	—	宜东	—	宜东	—
罗泾	1 260.3	轮驳	—	浦集	0.001	浦集	—	浦集	—

从上港集团所属装卸单位装卸金属矿石类货种吞吐量完成的装卸单位分析,上海港罗泾矿石码头公司和上海浦远船舶有限公司是上港集团装卸金属矿石类货种的两个主要装卸单位。这两个装卸单位完成的历年金属矿石类货种吞吐量情况如表4-3-9、4-3-10所示。

表 4-3-9 2007～2018 年上海港罗泾矿石码头公司金属矿石吞吐量统计表　　单位：万吨

年份	总吞吐量	进口铁矿石	进口辅料	出口铁矿石	辅料配送
2007 年 11～12 月	455.61	282.47	4.19	267.83	—
2008 年	2 736.50	1 663.88	67.36	1 574.92	74.40
2009 年	2 759.70	1 585.80	58.60	1 639.44	66.07
2010 年	3 618.10	2 094.90	56.00	2 084.34	68.01
2011 年	4 307.60	2 493.28	56.89	2 490.33	121.76
2012 年	4 910.10	2 625.29	76.73	2 666.76	78.86
2013 年	5 525.00	2 899.45	—	2 961.27	—
2014 年	5 653.44	2 982.73	—	3 009.13	—
2015 年	5 163.06	2 769.70	—	2 669.90	—
2016 年	4 774.39	2 467.03	—	2 424.80	—
2017 年	5 679.70	2 872.20	—	2 807.50	—
2018 年	5 784.78	2 926.54	—	2 858.24	—

表 4-3-10 2003～2019 年上海浦远船舶有限公司金属矿石吞吐量统计表　　单位：万吨

年份	吞吐量	年份	吞吐量
2003 年	607.04	2012 年	1 997.62
2004 年	1 018.46	2013 年	2 377.16
2005 年	1 280.45	2014 年	2 277.33
2006 年	1 135.93	2015 年	2 389.69
2007 年	1 083.50	2016 年	1 864.69
2008 年	1 080.02	2017 年	2 073.87
2009 年	1 476.04	2018 年	1 928.18
2010 年	2 067.67	2019 年	1 289.28
2011 年	1 727.14		

五、非金属矿石

上海港完成非金属矿石货种吞吐量的主要是货主码头，而且每年吞吐量显著增长，逐渐成为上海港此货种装卸的主力。货主码头 2005 年完成 516 万吨，2010 年完成 442 万吨，占到上海港非金属矿石货种吞吐量的 85.29％和 77.4％。

上港集团的非金属矿石货种吞吐量历年来呈货量与占比下降趋势。2003 年完成非金属矿石类货种吞吐量 120.9 万吨，占上港集团当年吞吐总量的 0.6％。2005 年完成 89 万吨，占比 0.3％。2010 年完成 129.1 万吨，只占当年吞吐总量的 0.3％。2014 年完成 61.9 万吨，占比为 0.1％。2015、2016 年吞吐量大幅下降，分别完成 20.7 万吨和 20.6 万吨，占当年吞吐总量的 0.04％和 0.03％。2018 年完成 22.7 万吨。2019 年完成 4.3 万吨，仅占当年吞吐总量的 0.008％。（图 4-3-4，表 4-3-11）

图 4-3-4　非金属矿石装卸作业

表 4-3-11　2003～2019 年部分年份上港集团非金属矿石类货种吞吐量情况表

年份	2003 年	2005 年	2010 年	2015 年	2019 年
总吞吐量(万吨)	120.9	89.0	129.1	20.7	4.3
占当年吞吐总量比例	0.6％	0.3％	0.3％	0.04％	0.008％
名次	13	11	8	13	12
进港吞吐量(万吨)	54.9	46.0	81.5	10.3	2.2
进港总量占比	0.3％	0.3％	0.4％	0.02％	0.004％
出港吞吐量(万吨)	66.0	43.1	47.6	10.3	2.1
出港总量占比	0.3％	0.3％	0.2％	0.02％	0.004％

续　表

分流向吞吐量（万吨）	外贸进港	—	4.9	0.5	0.1	0.6
	外贸出港	44.0	17.8	3.7	0.1	0
	内贸进港	54.9	41.1	81.1	10.2	1.5
	内贸出港	22.0	25.2	43.9	10.2	2.1

上港集团下属单位在2003～2019年期间,装卸非金属矿石类货种的吞吐量情况参见表4-3-12。

表 4-3-12　2003～2019 年部分年份上港集团所属装卸单位装卸非金属矿石类货种吞吐量情况分析表

单位：万吨

2003 年		2005 年		2010 年		2015 年		2019 年	
民生	—	民生	0.3	煤炭	—	煤炭	—	煤炭	—
南浦	15.1	南浦	0.7	军工路	1.8	军工路	—	军工路	—
共青	11.0	煤炭		张华浜	0.9	张华浜	0.06	张华浜	—
煤炭	—	新华	0.1	罗分	2.6	罗分	0.54	罗分	—
新华	4.0	张华浜	2.2	共青	86.7	共青	20.14	共青	3.0
张华浜	23.6	军工路	17.6	浦远	—	浦远	—	浦远	—
军工路	22.9	共青	45.3	罗矿	33.4	罗矿	—	罗矿	—
复兴	17.3	客运	5.7	宝山	3.7	宝山	—	宝山	—
客运	5.3	浦远	—	轮驳	—	轮驳	—	轮驳	—
浦远	—	龙吴	10.2	复兴	—	复兴	—	复兴	—
龙吴	17.8	宝山	5.7	海通	—	海通	—	海通	—
宝山	2.7	浦集	1.2	龙吴	—	龙吴	—	龙吴	1.3
港湾	0.02	罗泾	—	SCT	—	宜东	—	宜东	—
罗泾	12.0	轮驳	—	浦集	0.000 7	浦集	—	浦集	—

六、矿建材料

1990 年后,上海市政工程建设进入高潮,加之浦东新区的大规模建设,以及旧城区的改建,需大量矿建材料,矿建材料一举跃为上海港货物吞吐继煤炭、金属矿石之后的第三大货种。矿建材料中黄沙占90%以上。因山东黄沙价格偏高,在上海市场竞争力不强,致北方沿海来沪矿建材料减少,矿建材料货源以长江沿线为主,分别来自武汉、九江、安庆、芜湖、巴东、武穴、池州、铜陵等地。

上港集团矿建材料货种的吞吐量自2004年开始明显减少,占货种总吞吐量比例也呈逐年下降态势。2003年,上港集团完成矿建材料货种吞吐量709.1万吨,占比0.4%。2005年下降至236.5万吨,占比为0.9%。2010年下降至113.1万吨,占比降至0.3%。

"十一五"和"十二五"期间,上海城市建设强度逐步减弱,矿建材料需求进一步减少。2014年,上港集团矿建材料货种的吞吐量下降至105.9万吨,占比降至0.2%。2015年,上港集团矿建材料货种的吞吐量微升至121.9万吨。

进入"十三五",由于上海市加快"四个中心"建设和自贸区建设,对矿建材料货种的需求有所扩大。2016年该货种的吞吐量上升至174.1万吨,占比为0.2%。2018年该货种的吞吐量增至1561.5万吨,占比为2.8%。2019年吞吐量达到1617.2万吨,排名升至第三位。(图4-3-5)

图 4-3-5 上海港矿建材料装卸

从吞吐量流向情况来看,长期以来,矿建材料内贸进出港,尤其是内贸进港,一直是上港集团矿物性建筑材料货种吞吐量的主要来源。(见表4-3-13)

表 4-3-13　2003～2019 年部分年份上港集团矿建材料类货种吞吐量情况表

年份		2003 年	2005 年	2010 年	2015 年	2019 年
总吞吐量(万吨)		709.1	236.5	113.1	121.9	1 617.2
占当年吞吐总量比例		0.4%	0.9%	0.3%	0.2%	3%
名次		6	7	10	7	3
进港吞吐量(万吨)		629.3	235.1	100.0	115.5	1 243.2
进港总量占比		3.3%	1.7%	0.5%	0.2%	2.31%
出港吞吐量(万吨)		79.8	1.4	13.1	6.5	374.0
出港总量占比		0.4%	0.005%	0.1%	0.01%	0.69%
分流向吞吐量(万吨)	外贸进港	5.9	5.0	0.6	—	3.1
	外贸出港	0.6	1.0	9.1	6.4	0.6
	内贸进港	623.4	230.1	99.4	115.5	1 240.1
	内贸出港	79.1	0.4	3.9	0.1	373.4

上港集团所属装卸单位在 2003～2019 年主要时间节点完成矿建材料类货种吞吐量情况见表 4-3-14。

表 4-3-14　2003～2019 年部分年份上港集团所属装卸单位装卸矿建材料类货种吞吐量情况分析表

单位：万吨

2003 年		2005 年		2010 年		2015 年		2019 年	
民生	0.01	民生	0.03	煤炭	—	煤炭	—	煤炭	423.4
南浦	30.1	南浦	26.5	军工路	5.9	军工路	—	军工路	—
高阳	1.6	煤炭	2.3	张华浜	6.0	张华浜	0.5	张华浜	0.6
共青	0.4	新华	20.3	罗分	2.2	罗分	7.4	罗分	1.3
煤炭	8.5	张华浜	3.4	共青	65.4	共青	84.7	共青	331.8
新华	78.7	军工路	2.1	浦远	—	浦远	—	浦远	—
张华浜	4.7	共青	82.8	罗矿	—	罗矿	—	罗矿	—
军工路	0.5	客运	—	宝山	0.4	宝山	—	宝山	—
复兴	30.7	复兴	13.9	轮驳	1.1	轮驳	—	轮驳	—
客运	0.7	龙吴	35.4	复兴	19.3	复兴	18.2	复兴	—

2003 年		2005 年		2010 年		2015 年		2019 年	
平凉码头	63.2	港湾	—	港湾	—	港湾	—	港湾	—
龙吴	229.6	宝山	0.1	海通	—	海通	—	海通	—
宝山	0.6	浦集	1.2	龙吴	11.1	龙吴	5.1	龙吴	860.1
港务工程	7.5	港务工程	9.5	港务工程	1.6	中建港务	6.1	中建港务	—
港湾	89.6	罗泾	—	SCT	—	宜东	—	宜东	—
轮驳	85.9	轮驳	39.1	浦集	0.004	浦集	—	浦集	—

七、粮食

粮食曾经是上海港的第二大货种。随着经济发展,上海港传统货种结构发生较大变化,粮食吞吐量虽然还在稳步增长,但在总吞吐量中的比重不断下降。

上海港装卸粮食最大的专业码头是成立于 1986 年 1 月的民生装卸公司,建有码头岸线 968.2 米,库场面积 130 914 平方米。为装卸粮食,1975 年建成散粮系列化筒仓一座,年设计能力原为 120 万吨,后经增添设备,新增能力 30 万吨。由 28 个筒体组成,高 31 米,容积 5.1 万立方米,容量 4 万吨,附设有工作楼和灌包房,使用自动电子秤对散粮的进仓和出仓灌包进行计量,承担着上海港绝大部分的粮食装卸任务。为实现上海市黄浦江两桥之间综合开发,上港集团民生分公司于 2008 年 1 月 1 日起退出装卸主业,2008 年 5 月歇业。随即粮食类货种也退出了上港集团的装卸主业。(图 4-3-6)

图 4-3-6　原民生公司码头粮食装卸(公司现已关闭)

随着上港集团装卸货种结构的调整,粮食类货种在上港集团的吞吐量和吞吐量占比多年来呈现明显下降趋势,并逐年减少而淡出。粮食类货种吞吐量 2003 年下降至 263.3 万吨,占比下降至 1.4%。2005 年吞吐量下降到 124.6 万吨,占比为 0.5%。2010 年吞吐量下降到 15.8 万吨,占比仅为 0.04%。2014 年吞吐量为 42.7 万吨,占比为 0.08%。2015 年吞吐量仅为 28.6 万吨,占比 0.06%。

在"十三五"期间,上港集团的粮食类货种吞吐量继续下降,2016 年下降为 17.1 万吨,占比仅为当年上港集团吞吐量的 0.02%。2018 年为 17.6 万吨,占比为 0.03%。2019 年为 7.7 万吨。

从进出港流向来看,外贸进港和内贸出港是上港集团粮食货种吞吐量的主要来源。上港集团 2003～2019 若干年份粮食类货种吞吐量情况装卸及所属单位完成情况如表 4-3-15、4-3-16 所示:

表 4-3-15　2003～2019 年部分年份上港集团粮食类货种吞吐量情况表

年份		2003 年	2005 年	2010 年	2015 年	2019 年
总吞吐量(万吨)		263.3	124.6	15.8	28.6	7.7
占当年吞吐总量比例		1.4%	0.5%	0.04%	0.06%	0.01%
名次		9	10	13	11	12
进港吞吐量(万吨)		145.1	66.4	7.9	13.7	3.8
进港总量占比		0.8%	0.5%	—	0.03%	0.007%
出港吞吐量(万吨)		118.1	58.2	7.9	14.9	3.9
出港总量占比		0.6%	0.4%	0.02%	0.03%	0.007%
分流向吞吐量(万吨)	外贸进港	90.6	51.1	7.8	13.7	3.8
	外贸出港	31.4	1.8	—	14.9	—
	内贸进港	54.5	15.4	0.1	—	—
	内贸出港	86.8	56.4	7.9	14.9	3.9

表 4-3-16　2003～2019 年部分年份上港集团所属装卸单位装卸粮食类货种吞吐量情况表

单位:万吨

2003 年		2005 年		2010 年		2015 年		2019 年	
民生	106.0	民生	108.6	煤炭	—	煤炭	—	煤炭	—
南浦	0.6	南浦	—	军工路	—	军工路	—	军工路	—

2003 年		2005 年		2010 年		2015 年		2019 年	
共青	0.02	新华	—	罗泾	—	罗分	—	罗分	—
轮驳	0.7	张华浜	—	共青	0.2	共青	1.2	共青	0.2
新华	0.1	浦远	11.4	浦远	15.7	浦远	27.4	浦远	7.5
客运	0.02	龙吴	4.3	复兴	—	复兴	—	复兴	—
龙吴	71.8	宝山	—	海通	—	海通	—	海通	—
宝山	0.003	浦集	0.002	龙吴	0.002	龙吴	—	龙吴	—
浦远	84.0	港务工程	—	浦集	0.01	洋泾	—	洋泾	—

八、木材

2000 年后，上海港木材吞吐量逐年下降。2003、2005、2010 年和 2014 年分别完成吞吐量 225.1 万吨、157.6 万吨、225.3 万吨和 137 万吨，占上港集团总吞吐量的 1.2％、0.6％、0.5％和 0.3％。木材进口吞吐量每年平均占木材总吞吐量的 80％～90％；出口吞吐量每年平均占木材总吞吐量的 15％左右。2015 年木材吞吐量下降到 71.4 万吨，占比下降到 0.1％。2016 年该货种吞吐量大幅下降到 19.8 万吨，占比下降到 0.03％。2018 年吞吐量 3.4 万吨，占比为 0.006％。2019 年吞吐量继续下降到 0.5 万吨。（见图 4-3-7，表 4-3-17）

图 4-3-7　木材装卸

表 4-3-17　2003～2019 年部分年份上港集团木材类货种吞吐量情况表

年份		2003 年	2005 年	2010 年	2015 年	2019 年
总吞吐量（万吨）		225.1	157.6	225.3	71.4	0.5
占当年吞吐总量比例		1.2%	0.6%	0.5%	0.1%	0.000 9%
名次		9	8	6	9	15
进港吞吐量（万吨）		174.5	138.4	208.2	70.0	0.3
进港总量占比		0.9%	0.5%	0.5%	0.1%	0.000 6%
出港吞吐量（万吨）		50.6	19.1	17.1	1.4	0.2
出港总量占比		0.3%	0.07%	0.04%	0.003%	0.000 4%
分流向吞吐量（万吨）	外贸进港	108.3	74.5	185.2	67.5	0.3
	外贸出港	3.6	4.7	1.5	0.02	—
	内贸进港	66.3	63.9	23.0	2.5	—
	内贸出港	47.0	14.4	15.5	1.4	0.2

　　上港集团所属装卸单位在 2003～2019 年期间完成木材类货种吞吐量情况见下表。

表 4-3-18　2003～2019 年部分年份上港集团所属装卸单位装卸木材类货种吞吐量情况表

单位：万吨

2003 年		2005 年		2010 年		2015 年		2019 年	
南浦	200.4	南浦	110.5	军工路	0.2	军工路	—	军工路	—
高阳	3.4	煤炭	—	张华浜	0.03	张华浜	0.3	张华浜	—
共青	0.7	新华	0.03	罗分	39.1	罗分	12.4	罗分	0.3
SCT	0.3	张华浜	2.0	共青	—	共青	—	共青	—
新华	0.2	军工路	3.5	浦远	—	浦远	—	浦远	—
张华浜	1.6	共青	0.003	罗矿	—	罗矿	—	罗矿	—
军工路	2.7	客运	—	宝山	0.5	宝山	—	宝山	—
复兴	0.1	浦远	—	轮驳	—	轮驳	—	轮驳	—
客运	0.6	龙吴	32.5	复兴	—	复兴	—	复兴	—
龙吴	11.5	宝山	2.2	海通	—	海通	—	海通	—
宝山	3.6	浦集	6.8	龙吴	185.4	龙吴	58.8	龙吴	0.2
沪东	0.02	罗泾	—	SCT	—	宜东	—	宜东	—

九、石油天然气及制品类货物

"十五"期间,上海港的石油及石油制品类货物吞吐量有显著增加,主要原因是外贸进口量大增。但是,上海港的石油天然气及制品完成吞吐量主要集中在货主码头,上港集团所完成的吞吐量占比很小,历来不超过 1%。随着经济建设的发展,上海市对石油及石油制品类货物的需求逐年增加,上港集团与其他单位在洋山合资成立了洋山申港石油储运供应有限公司,2003 年到 2018 年期间石油及石油制品类货物的吞吐量呈现显著增量态势。

上港集团 2003 年完成石油天然气及制品类货物吞吐量 16.6 万吨,占总吞吐量的比例为 0.03%,吞吐量排名第 14 位;2005 年吞吐量达到 16.9 万吨,占比 0.06%,排名第 16 位;2010 年完成吞吐量 153.7 万吨,占比 0.4%,排名第 7 位。2014 年吞吐量增长到 264.2 万吨,占比 0.5%,排名第 6 位。2015 年吞吐量递增到 275.6 万吨,占比 0.53%,排名上升到第 5 位。

"十三五"期间,2017 年和 2018 年吞吐量又递增到 311.7 万吨和 333.6 万吨,占比为 0.6%,排名分别为第 7 位和第 6 位。2019 年该货种吞吐量为 366.7 万吨。从吞吐量流向来看,主要原因是外贸进口量逐年显著增加。(图 4-3-8)

图 4-3-8 石油天然气制品装卸

上港集团 2003～2019 年期间石油天然气及制品类货物吞吐量情况如表 4-3-19 所示。其间所属装卸单位完成石油天然气及制品类货种吞吐量情况见表 4-3-20,完成吞吐量的主要单位是上港集团与其他单位合资成立的洋山石油供应有限公司。

表 4-3-19　2003～2019 年部分年份上港集团石油天然气及制品类货物吞吐量情况表

年份		2003 年	2005 年	2010 年	2015 年	2019 年
总吞吐量（万吨）		16.6	16.9	153.7	275.6	366.7
占当年吞吐总量比例		0.09%	0.06%	0.4%	0.5%	0.7%
名次		14	16	7	5	5
进港吞吐量（万吨）		5.3	5.9	93.3	181.0	231.0
进港总量占比		0.03%	0.04%	0.4%	0.4%	0.4%
出港吞吐量（万吨）		11.3	11.0	60.4	94.6	135.7
出港总量占比		0.06%	0.09%	0.29%	0.2%	0.25%
分流向吞吐量（万吨）	外贸进港	3.4	1.1	87.3	156.4	189.4
	外贸出港	8.7	8.8	29.7	2.3	10.4
	内贸进港	1.8	4.8	6.0	24.5	41.5
	内贸出港	2.7	2.3	30.7	92.3	12.5

表 4-3-20　2003～2019 年部分年份上港集团所属装卸单位石油天然气及制品类货种吞吐量情况表

单位：万吨

2003 年		2005 年		2010 年		2015 年		2019 年	
民生	0.07	民生	0.1	煤炭	—	煤炭	17.2	煤炭	—
南浦	6.6	南浦	4.4	军工路	0.01	军工路	—	军工路	—
高阳	—	煤炭	—	张华浜	—	张华浜	—	张华浜	—
共青	0.06	新华	0.4	罗分	—	罗分	0.2	罗分	—
煤炭	—	张华浜	0.4	共青	0.2	共青	—	共青	—
新华	8.2	军工路	0.004	浦远	—	浦远	—	浦远	—
张华浜	0.5	共青	—	罗矿	—	罗矿	—	罗矿	—
军工路	0.9	客运	—	宝山	0.1	宝山	—	宝山	—
复兴	—	浦远	—	轮驳	—	轮驳	—	轮驳	—
客运	0.05	龙吴	10.5	复兴	—	复兴	—	复兴	—
平凉码头	—	港湾	—	港湾	—	港湾	—	港湾	—
龙吴	0.2	宝山	—	海通	—	海通	—	海通	—

2003 年		2005 年		2010 年		2015 年		2019 年	
宝山	0.008	浦集	1.1	龙吴	0.07	龙吴	—	龙吴	2.7
浦远	—	港务工程	—	洋山石油	153.3	洋山石油	258.2	洋山石油	364.0
沪东	—	罗泾	—	SCT	—	宜东	—	宜东	—
SCT	—	轮驳	—	浦集	0.000 3	浦集	—	浦集	—

十、重大件装卸

上海港的重大件货物装卸作业主要集中在张华浜、军工路、宝山、外高桥、盛东、龙吴、共青、罗泾等港区码头。2000~2010 年期间，上海港重大件货物装卸吞吐量整体呈现波动趋势。浮吊作业重大件 2000 年为 21.5 万吨，2005 年达 23.4 万吨，吞吐量增幅达 9%。2010 年重大件货物装卸吞吐量 15.1 万吨，比 2005 年下降 8.3 万吨，下降幅度为 35%。（图 4-3-9，表 4-3-21）

图 4-3-9　上港集团张华浜分公司重大件装卸作业

表 4-3-21　2000~2010 年上海港重大件货物装卸吞吐量统计表

年份	合计数量（件）	合计吨数（吨）
2000 年	—	215 495
2001 年	—	210 741

年份	合计数量(件)	合计吨数(吨)
2002 年	—	211 481
2003 年	—	173 893
2004 年	—	295 226
2005 年	—	233 732
2006 年	—	249 653
2007 年	1 388	329 565
2008 年	4 080	290 016
2009 年	1 660	159 900
2010 年	1 215	150 514

上海港重大件货物的装卸作业主要依靠复兴船务公司的大型浮式起重机进行。历年来,复兴公司"向阳号"系列大型浮式起重机进行重大件货物装卸作业的典型案例情况如表 4-3-22 所示。

表 4-3-22 2000～2014 年上海港大件货物(浮吊装卸)作业典型案例统计表

作业年月	货物名称	外观尺寸(米)	重量(吨)	作业码头	起吊方法	装/卸+船名	委托方/货主
2000 年 1 月	排管容器	8.96×8.53×8.56	277.2	46/47 浮筒	向四/兜套	卸-光华3002 驳船	秦山核电厂
2000 年 1 月	秦山核电厂冷凝器设备	18×8.8×6.77	271.8	46/47 浮筒	向四/兜套	卸-光华3001 驳船	秦山核电厂
2001 年 3 月	超重转轮设备	圆柱体	450	46/47 浮筒	向四/兜套	卸-长航驳	三峡左岸电厂
2001 年 5 月	蒸发器设备	19.96×4.21×3.9	221.451	46/47 浮筒	向四/兜套	卸-光华3003 驳船	秦山核电厂
2010 年 6 月	游艇	32.8×6.3×10	98	冠东	浮吊直接落海	达飞梅地亚	圣汐(中国)
2010 年 10 月	自磨机球磨机	17.5×12 19×9	1 209 1 920	上港物流	滚装滚卸	常熟运至上海	澳大利亚
2012 年 4 月	卸船机 2 台	63.34×28.82×51	687×3	上港物流	滚装滚卸	至上海	

续 表

作业年月	货物名称	外观尺寸（米）	重量（吨）	作业码头	起吊方法	装/卸+船名	委托方/货主
2012 年 4 月	拖轮	30.72×11.55	544	龙吴分公司	吊装	出口	
2012 年 6 月	拖轮	12.3×8	210	罗分公司	吊装	出口	新加坡
2012 年 6 月	核电蒸汽发生器	21.27×5.2×5.24	365	上港物流	吊卸	至秦山核电站	
2012 年 7 月	核电蒸汽发生器	24.85×5.97×6.56	673	上港物流	向二/兜套	至山东海阳核电站	美国西屋公司
2013 年 4 月	双体客船	39×9.2×9.3	249	上港物流	吊装吊卸		
2013 年 5 月	卸船机	67.3×23×47.36	930	上港物流	滚装滚卸	至上海	
2014 年 6 月	风叶模具	长 57	47×3	罗分公司	吊卸	至上海	德国
2014 年 8 月	游艇	长 32.7	59	盛东公司	吊装吊卸	至韩国釜山	马士基航运
2014 年 9 月	动车车厢	24×5	30 节	罗分公司	吊装吊卸	至上海	

注："向四"为"向阳红 4 号"大型浮式起重机，"向二"为"向阳红 2 号"大型浮式起重机。

2008～2010 年期间，上海港大件货物（浮吊装卸）分码头作业情况如表 4-3-23 所示：

表 4-3-23　2008～2010 年上港集团所属有关装卸公司重大件货物作业情况统计表

码头	年份	2008 年	2009 年	2010 年
张华浜	数量（件）	551	295	647
	重量（吨）	47 210	28 114	50 156
军工路	数量（件）	259	382	524
	重量（吨）	22 405	33 699	38 415
宝山	数量（件）	118	182	337
	重量（吨）	10 530	16 500	22 887

码头	年份	2008 年	2009 年	2010 年
外高桥	数量（件）	8	15	9
	重量（吨）	763	1 646	540
龙吴	数量（件）	—	—	207
	重量（吨）	—	—	15 419
共青	数量（件）	29	12	—
	重量（吨）	2 772	1 210	—
罗分	数量（件）	77	70	163
	重量（吨）	7 026	6 499	15 448
浮筒	数量（件）	618	259	317
	重量（吨）	69 194	62 748	73 287
盛东	数量（件）	—	1	—
	重量（吨）	—	98	—

　　上港集团军工路分公司作为上海港重大件货物装卸作业的主要单位，承担着装卸重大件的生产任务。2000～2007 年期间军工路分公司承担的上海港大件货物装卸情况如表 4-3-24 所示：

表 4-3-24　2000～2007 年军工路分公司大件货物装卸吞吐量统计表

年份	外贸	合计（吨）	船（艘次）	年份	外贸	合计（吨）	船（艘次）
2000 年	进口	181 657	194	2004	进口	688 994	297
	出口	1 974	1		出口	5 264	28
2001 年	进口	193 196	239	2005	进口	413 397	218
	出口	5 509	9		出口	41 605	98
2002 年	进口	267 865	251	2006	进口	302 689	223
	出口	18 916	21		出口	218 898	229
2003 年	进口	539 368	331	2007	进口	203 642	186
	出口	30 107	36		出口	290 791	291

军工路分公司装卸重大件货物的典型案例有：1999 年 3 月 3 日，单件重 86 吨的秦山核电厂二期工程设备进口应急柴油发电机组，共 2 件，在军工路公司接卸上岸。2002 年，上海市最后一节进口列车车厢地铁五号线莘闵线列车，同一地点被卸下大船，持续了 10 年的进口地铁列车接卸告一段落。2002 年 8 月 8 日，上海市首列投入运营的磁悬浮列车在该公司被顺利滚卸到 6 号泊位。

2007 年后，上海港主要由罗泾分公司接卸重大件，2008 年共接卸重大件船舶 732 艘次，其中外贸进口 138 艘次，152 428 吨，外贸出口 594 艘次，910 394 吨。此后重大件接卸量逐年递增，到 2014 年共接卸重大件船舶 784 艘次，其中外贸进口 65 艘次，75 432 吨，外贸出口 719 艘次，2 117 315 吨，重大件的出口已达到 2008 年的 2.3 倍。2015 年该公司共接卸重大件船舶 818 艘次，其中外贸进口 91 艘次，81 487 吨；外贸出口 727 艘次，1 568 733 吨。重大件的进出口共递增到 1 650 220 吨。2016 年该公司共接卸重大件 1 131 800 吨，其中外贸进口 64 300 吨，外贸出口 1 067 500 吨。（见表 4-3-25）

表 4-3-25 2008～2016 年罗泾分公司重大件货物装卸情况统计表

年份	外贸	合计（吨）	船（艘次）
2008 年	进口	152 428	138
	出口	910 394	594
2009 年	进口	222 661	114
	出口	659 714	573
2010 年	进口	114 827	88
	出口	1 094 084	623
2011 年	进口	101 615	75
	出口	1 159 230	618
2012 年	进口	120 775	80
	出口	1 286 787	742
2013 年	进口	101 223	96
	出口	1 229 223	727
2014 年	进口	75 432	65
	出口	2 117 315	719

年份	外贸	合计(吨)	船(艘次)
2015 年	进口	81 487	91
	出口	1 568 733	727
2016 年	进口	64 300	—
	出口	1 067 500	—

注：1. 2016 年,罗泾分公司接卸重大件按设备进出口设备总量进行统计,共 113.18 万吨,没有内贸。

2. 2017 年开始,该公司取消了对重大件货物装卸船艘次和重量的统计。

罗泾分公司接卸重大件的典型案例有：

2007 年 2 月,在"德利角"轮进行大型设备从驳到船装船作业,将四件圆柱形设备(每件直径达 11.6 米,高 13.6 米,重量 60 吨,体积达 1 436 立方米)的大件顺利装船。

2008 年 1 月,从"帕萨"轮上安全优质接卸超长、超大单件重达 360 吨的空气器罐设备 2 件。7 月,"宝庆门"轮变压器设备装船,其中一台变压器设备重 80 吨,用门机抬吊作业。12 月,从"中波维尼亚夫斯基"轮上成功接卸首节价值 3 000 万元的世博专用有轨电车。

2009 年 9 月 1 日,接卸"水星"轮单件为 1 300 吨的石油冶炼设备 2 件。

2010 年 2 月 15 日,将 1 台"世博会"专用 401 吨变压器设备安全优质地接卸到驳船上。

2012 年 9 月,在"向阳八号"浮吊的配合下,优质地完成了"含弘"轮上一件重 176.18 吨、高 26.8 米(相当于九层住宅楼高度)的钻井平台设备的接卸,创造了装卸最高设备的新纪录。

2013 年 1 月,优质完成"马格达莱"轮装载 24.8×3.1×4.3 米的地铁车厢共计 160 节。11 月,在"向阳 3 号"浮吊的平稳操作下,安全优质地完成了"阿特拉斯探索者"轮上两台我国自主研发生产的双流制四轴交流传动货运电力机车的装船任务,转海轮抵达南非德班港。12 月,优质完成"顺兴"轮装载 3 片出口韩国长 68 米的风叶设备。

2014 年 6 月,协助"向阳 8 号"浮吊,安全完成"黄海先锋"轮上重 143 吨至 187 吨的 10 件大件设备的由驳船装大船任务。8 月,完成"瑞克麦斯上海"轮上一件进口游艇的接卸作业,作业的游艇宽约 5 米,重达 25 吨。11 月,在"向阳 8 号"浮吊的协助下,顺利完成浦钢厂 10 只储气罐设备装船转移至湛江的任务,储气罐单体重 238 吨,最大直径 11.7 米,高 13.8 米。

2015年7月,安全接卸"连城"轮外贸出口风叶设备,单片长度达54米。8月,优质完成由"阿德丽娜"轮出口至立陶宛的1.2万立方米风叶设备的装船任务,作业的风叶设备为5组成套设备,包含机舱、风轮、塔架、塔筒等部件,共计82件,单件最重61吨。11月,完成了"巴罗岛"轮和"朱尔斯角"轮上总计160节火车平板的装载任务。

2016年1月,顺利完成"马琳"轮9件拖轮装船作业,其中4件50吨,5件85吨;还完成了"瑞克麦斯汉城"轮一艘23吨、长15米的游艇卸船作业。2月,完成了"澳亚香港"轮上4台集装箱门式起重机的装船作业。3月,优质完成"丝雯嘉"轮上成套钻井平台设备装船,其中包括超长钢管桩,单支最长67米,直径约3.6米,重达181吨。5件平台单件长22.8米,宽18.6米,高9.74米,最重达到367吨。5月,仅用16小时便完成"长航荣海"轮115辆长8米单件重8吨的消防车装船作业;还完成"维克多"轮靠泊码头进行的马尔代夫项目大口径钢管桩(重179吨,长、宽、高分别为64.5米、3.6米、4.8米)装货作业。7月,顺利完成"长航淮海"轮大口径钢管桩(单件长58米,重158吨)装货作业。9月,优质完成"丝雯嘉"轮驳船装载作业,批驳船共计8条,其中最重吨位达493吨,长63米,宽16.5米,高3.5米。11月,完成包括12台车辆、2艘驳船、1艘登陆艇,以及集装箱、钢结构、木箱、框架、吨袋、裸装等各种包装形式近5 000余件的出口巴西费拉兹南极科学考察站建设物资的装载项目。12月,顺利完成"源鑫"轮4片风叶模具装船作业,风叶模具长55.8米,重27吨。12月还完成了"太阳"轮21节地铁车厢装船作业,车厢单节重量41吨,长度达到22.88米。

2017年2月,罗泾分公司仅用24小时便顺利地完成"东海"轮80节煤斗车装船作业。5月,完成"蔚蓝"轮上30片运往巴基斯坦海上风电项目风叶叶片的装船任务。该批风叶叶片每片长51.17米,重9.455吨。7月,"太平洋"轮靠泊罗泾码头6号泊位,进行服务"一带一路"建设的卸矿机装船作业。该船装载货物共计45件1 414吨,其中100吨以上重大件设备达到6件。卸矿机主体体积巨大,长63.4米,宽15.85米,高20.65米,体积20 751立方米。该公司采用船机单吊,配合使用3副撑架和配套数量的钢丝卸扣作业,使45件重大件安全装船。7月,在"向阳八号"浮吊的配合下优质完成"繁荣"轮80吨机电设备装船作业,该件设备长10米,宽9.1米,高5.6米。10月,顺利完成"凤凰松"轮出口至达喀尔(塞内加尔首都)和科纳克里(几内亚首都)的12艘渔船装船作业。其中有2艘渔船长24.5米,重45吨。11月,"莉娃"轮在2号泊位进行了4节地铁车厢装船作业,车厢单节重量42吨,长度分为23米和22米两种规格。12月,顺利完成"宜城"轮渔船装船作业,装载"宜城"轮的2艘渔船长34米,宽6米,高8米,自重达148吨,将运往非洲卢旺达。(图4-3-10、4-3-11)

图 4-3-10　上港集团罗泾分公司装卸风力发电机组件、重大件设备

图 4-3-11　特别物资作业

十一、汽车滚装运输

从 20 世纪 80 年代中期开始,我国开始成批进口轿车和各种工程设备和特种车辆,上海港主要由张华浜、军工路和高阳码头使用传统的吊装工艺进行装卸作业。其间,随着外贸汽车滚装业务的增长,国外先进的汽车滚装船开始靠泊上海港。但在 2004 年之前,上海港的汽车滚装外贸业务总量较少,2002 年上海港全年仅装卸汽车 7 100 辆,其中军工路码头装卸了 6 300 辆。(图 4-3-12)

图 4-3-12　20 世纪 80 年代张华浜港务码头车辆装卸

随着上海大众和上海通用汽车制造公司的汽车生产发展,国内汽车贸易日渐繁荣。为发展汽车滚装装卸业务,2003 年末,上港集团利用外高桥港区四期工程 210 米岸线和 17 万平方米堆场,与上海汽车工业销售总公司、日本邮船株式会社、上港集箱(澳门)有限公司、上海汽车工业香港有限公司及上海高东投资经营管理中心合资组建了上海海通国际汽车码头有限公司(以下简称"海通公司")。2004 年 6 月,国家出台了《汽车产业发展政策》,上海港被确定为全国四个汽车进口口岸之一。

2009 年 7 月 28 日,海通码头成功卸下了安盛船务公司自炮台湾业务转移到海通公司后的第一批一汽丰田轿车,炮台湾码头汽车业务转移到海通码头。一个多月中,海通码头共卸一汽丰田 4 435 辆,装大众通用车 8 745 辆。到该年 8 月底,海通码头滚装业务全月共计完成作业船舶艘次比 2008 年增长 51.28%,外贸进口汽车配件货物装卸量同比增长 25.56%。

2005 年 12 月,上海港在外高桥六期码头开工建设海通公司滚装码头,2010 年底该滚装码头开港运行。该专业化汽车滚装码头拥有良好的港口设施和集疏运环境,拥有总面积 28 万平方米的 3 个立体停车库,可一次停放 1.2 万辆整车,以满足客户个性化需要;拥有总面积 2.6 万平方米的 3 个增值服务中心,可满足年 50 万辆各类汽车服务;拥有占地面积 11 万平方米、建筑面积 5.6 万平方米,年集拼能力达 50 万标准箱的中国第一个口岸专业汽车零部件物流中心。(图 4-3-13)

图 4-3-13 上海港海通汽车滚装码头

从 2014 年 11 月开始,海通公司整车客户服务平台正式上线运行。该服务平台将各系统的信息进行了梳理与整合,为各种类型的客户(船公司、船代、货代、货主等)提供一站式的查询功能,包括网页查询平台和微信平台两部分。在网页查询平台,客户可选择相应的模块进行查询,可以查看与用户有关的船舶作业及货物装卸信息,包括 48 小时动态、历史记录和商品车状态等内容;在微信平台,客户也可以通过"注册"海通微信公众号,随时随地查询与之相关的船舶与货物动态,平台会实时向客户推送所需要的船舶计划与实绩消息,全面提升了客户服务水平,进一步提升了生产效率。

至 2016 年,海通公司已通过挪威船级社认证 ISO9001:2008,为公司提升管理提供帮助;在产品技术能力上,《滚装作业安全操作规程》已成为国家标准;参与主编的《滚装码头》成为国内第一本大学专用教材;拥有覆盖全部增值服务的符合厂商要求的技术工艺标准;自主研发的专业工具和设备获得了国家专利。

2016 年,该公司将产业重心逐渐转移至汽车内贸水运发展,将管理重心转向市场营销体系建设、产品化工作与同行研究工作等方面,凭借多年来的运作与管理经验积累,坚持不懈地追求技术化服务产品的开发和创新,打造以口岸汽车物流供应链为依托的整车物流平台和汽车零部件物流平台。整车物流平台通过提升质量服务和开发新技术服务,从区域一体化向物流供应链模式转变。零部件物流平台以完善物流网点布局为基础,以外高桥集拼中心为枢纽,积极开拓长江水运市场,突破固有业务模式,成功打造沿海和沿江相结合的"T字形"多式联运网络。

至2016年底,海通公司为国内外48个整车品牌和32家零部件厂商提供服务,国内外26个船公司在海通码头开辟了18条航线。

2004年至2018年,上海海通国际汽车码头有限公司汽车滚装装卸业务量增长显著。

2004年完成商品车吞吐量4.51万辆,至2010年递增至74.16万辆。2011~2015年间,汽车滚装装卸业务量进一步增长。2011年完成商品车吞吐量超过100万辆后,至2015年达到138.61万辆。5年内,年吞吐量递增了27.73万辆,增幅达24.6%。零部件运输业务吞吐量2011年为270 231标准箱,2015年达到301 820标准箱,增幅为11.69%。

2016年,全国汽车产销市场与全国汽车滚装市场在汽车消费购置税减半政策与公路运输合规治理的共同作用下实现了大幅增长,但由于受外贸出口国的地域保护政策、腹地主机厂产品线迁移、周边口岸新建汽车滚装码头的投产、同质化竞争加剧等多方面因素影响,海通公司完成商品车吞吐量129.5万辆,同比下降6.57%。

2017年,海通公司实施整车物流"走出去"发展战略,开通外贸进口车辆经海通转运至大连、天津、广州和重庆的运作航线。进一步加大了信息化建设与物联网技术的应用,通过信息技术服务手段,为客户提供数字化、可视化的动态物流信息。同时,通过零部件自动库的运营以及建立自动化装备运维的保障机制,进一步提升了公司自动化装备能力。全年完成码头内外贸进出口商品车吞吐量144.3万辆,比2016年增长11.46%。其中,外贸进口43.97万辆,外贸出口14.99万辆,内贸进出口85.4万辆。完成整车物流81万辆,完成零部件运输业务吞吐量27.62万标准箱,全年吞吐量占全国四大口岸的33%,市场份额保持首位。

2018年,上海港进一步加大信息化建设与物联网技术的应用,加快整车平台转型发展步伐,全年完成码头内外贸进出口商品车吞吐量143.8万辆,同比微跌0.4%。全年外贸进口39.3万辆,同比下降10.7%;外贸出口23.3万辆,同比增加55.3%;内贸进出口81.2万辆,同比下降4.9%。完成整车物流90.9万辆,完成零部件运输业务吞吐量26.9万标准箱。

2019年,上海港进一步强化物流链整体的协调、配合,形成了以供应链设计和管控、信息服务、码头装卸、整车物流中心、整车多式联运、整车检测、进出口代理以及国际中转八大类整车服务产品,全年完成码头内外贸进出口商品车吞吐量149.32万辆,同比增长3.82%。全年外贸进口35.98万辆,同比下降8.66%;外贸出口25.13万辆,同比增长7.92%;内贸进口46.21万辆,同比增长10.15%;内贸出口42万辆,同比增长7.14%;内贸业务共完成88.21万辆,同比增长8.7%。完成整车物流94.93万辆,同比增长4.46%;完成零部件运输业务吞吐量20.98万标准箱,同比下降21.95%。继续位居全国行业领先地位。(见图4-3-14)

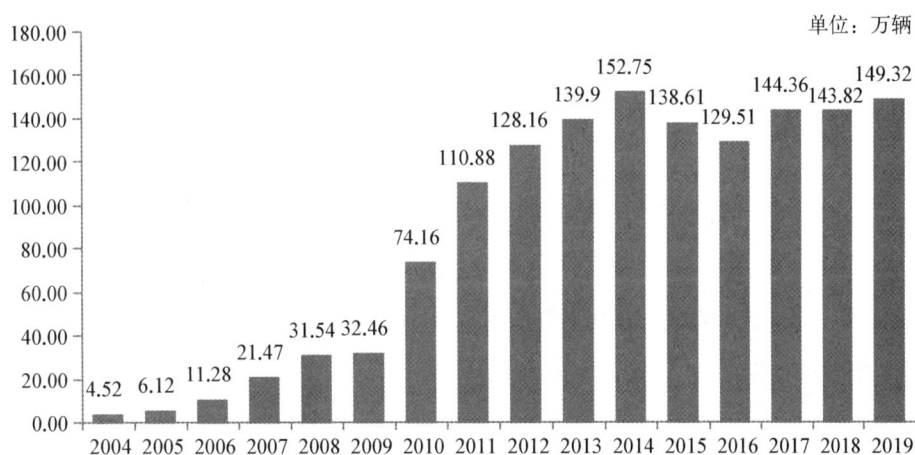

图4-3-14　2004～2019年海通公司码头滚装车辆吞吐量统计图

十五年内,该公司汽车年吞吐量增加了144.8万辆,达到33.1倍。(见表4-3-26)

表4-3-26　2003～2019年上海海通国际汽车码头有限公司商品车和零部件运输业务吞吐量统计表

年份	商品车吞吐量(辆)	比去年增加	零部件运输业务(标准箱)
2003年	—	—	37 039
2004年	45 149	—	53 662
2005年	61 209	35.57%	54 915
2006年	112 823	84.32%	73 116
2007年	214 732	90.33%	89 133
2008年	315 435	46.90%	86 732
2009年	324 608	2.91%	128 599
2010年	741 564	128.45%	217 427
2011年	1 108 780	49.52%	270 231

年份	商品车吞吐量(辆)	比去年增加	零部件运输业务(标准箱)
2012 年	1 281 582	15.58%	127 537
2013 年	1 399 000	9.20%	265 382
2014 年	1 527 500	9.10%	330 700
2015 年	1 386 145	-9.25%	301 820
2016 年	1 295 135	-6.57%	318 862
2017 年	1 443 608	11.46%	276 202
2018 年	1 438 233	-0.37%	268 804
2019 年	1 493 183	3.82%	219 773

海通公司装卸的商品车和随车配件主要由外贸进出口和内贸进出口四个流向组成。2004 年,外贸进口、外贸出口和内贸进出口分别为 7 759 辆、17 747 辆和 19 643 辆。至 2015 年,外贸进口、外贸出口和内贸进出口分别递增到 421 286 辆、148 942 辆和 815 917 辆,分别为 2004 年的 54 倍、8 倍和 41 倍。2016 年外贸进口、外贸出口和内贸进出口分别为 371 531 辆、103 742 辆和 819 862 辆。2019 年外贸进口 359 800 辆,外贸出口 251 300 辆,内贸进出口 822 100 辆。(见表 4-3-27)

表 4-3-27　2004～2019 年上海海通国际汽车码头有限公司商品车流向统计表　　单位:辆

年份	2004 年	2005 年	2006 年	2007 年	2008 年	2009 年
外贸进口	7 759	9 878	31 514	53 659	75 574	88 438
外贸出口	17 747	29 703	41 483	88 014	147 361	70 262
内贸进出口	19 643	21 628	39 826	73 059	92 500	165 908
合计业务量	45 149	61 209	112 823	214 732	315 435	324 608
年份	2010 年	2011 年	2012 年	2013 年	2014 年	2015 年
外贸进口	224 280	322 675	357 646	390 015	467 412	421 286
外贸出口	150 794	302 351	377 715	296 992	221 835	148 942
内贸进出口	366 490	483 754	546 221	712 673	838 249	815 917
合计业务量	741 564	1 108 780	1 281 582	1 399 680	1 527 496	1 386 145

年份	2016 年	2017 年	2018 年	2019 年	
外贸进口	371 531	439 720	393 917	359 816	
外贸出口	103 742	149 883	232 805	251 254	
内贸进出口	819 862	854 005	811 511	882 113	
合计业务量	1 295 135	1 443 608	1 438 233	1 493 183	

海通公司装卸的商品车和随车配件外贸进口主要国家为德国、日本、美国、韩国、英国、比利时、瑞典及马来西亚等国；外贸出口主要国家为阿尔及利亚、智利、伊拉克、哥伦比亚、秘鲁、叙利亚、土耳其、波兰、乌克兰、芬兰、委内瑞拉、埃及等国。内贸出口主要至天津、重庆、广州、营口、武汉、大连、海口等国内港口；内贸进口主要来自广州、天津、海口、芜湖、大连、重庆、武汉等国内港口。（见表4-3-28）

表 4-3-28　2006～2017 年若干年份上海海通国际汽车码头有限公司进出口吞吐量流向情况表

	外贸进口情况			外贸出口情况			内贸进口情况			内贸出口情况		
	国家	商品车(辆)	随车配件(件)	国家	商品车(辆)	随车配件(件)	地区	商品车(辆)	随车配件(件)	地区	商品车(辆)	随车配件(件)
2006年	日本	12 447	1 631	阿尔及利亚	9 542	422	海口	21 453	—	天津	7 883	—
	德国	12 345	340	叙利亚	9 216	731	广州	10 118	—	广州	364	—
	英国	1 866	25	利比亚	4 688	45	—	—	—	海口	27	1
	韩国	1 529	41	委内瑞拉	4 279	7	—	—	—	—	—	—
	瑞典	1 435	234	埃及	2 665	64	—	—	—	—	—	—
	外贸进口情况			外贸出口情况			内贸进口情况			内贸出口情况		
	国家	商品车(辆)	随车配件(件)	国家	商品车(辆)	随车配件(件)	地区	商品车(辆)	随车配件(件)	地区	商品车(辆)	随车配件(件)
2010年	德国	94 742	1 256	阿尔及利亚	30 719	1 476	广州	53 467	—	天津	74 015	—
	日本	56 462	2 544	智利	17 467	346	天津	45 174	—	重庆	43 722	—
	美国	23 800	107	伊拉克	12 506	2	海口	33 858	—	广州	25 048	—
	韩国	13 652	1 447	哥伦比亚	9 344	159	芜湖	29 770	—	营口	16 263	—
	英国	13 612	133	秘鲁	8 908	618	大连	25 992	—	武汉	376	—

	外贸进口情况			外贸出口情况			内贸进口情况			内贸出口情况		
	国家	商品车（辆）	随车配件（件）	国家	商品车（辆）	随车配件（件）	地区	商品车（辆）	随车配件（件）	地区	商品车（辆）	随车配件（件）
2015年	德国	122 309	944	阿尔及利亚	22 526	588	大连	190 230	—	广州	71 398	—
	日本	77 069	631	智利	19 260	614	广州	143 967	—	新港	83 653	—
	英国	43 428	25	沙特阿拉伯	11 755	1 519	新港	43 576	—	大连	82 980	—
	美国	80 925	368	秘鲁	10 558	574	武汉	47 837	—	武汉	57 290	—
	比利时	15 035	248	哥伦比亚	3 974	37	芜湖	19 297	—	重庆	32 570	—
	外贸进口情况			外贸出口情况			内贸进口情况			内贸出口情况		
	国家	商品车（辆）	随车配件（件）	国家	商品车（辆）	随车配件（件）	地区	商品车（辆）	随车配件（件）	地区	商品车（辆）	随车配件（件）
2017年	德国	96 732	1 609	阿尔及利亚	1 412	395	大连	117 340	12	广州	98 089	0
	日本	64 782	790	智利	31 034	792	广州	191 285	0	新港	117 805	0
	英国	39 192	246	沙特阿拉伯	4 826	461	新港	69 116	0	大连	96 178	1
	美国	110 774	512	秘鲁	10 773	326	武汉	45 240	0	武汉	48 621	0
	比利时	28 561	847	哥伦比亚	2 539	89	芜湖	5 751	0	重庆	28 151	0

十二、危险货物

"十二五"期间，上海港危险货物的吞吐量持续递增。2011年全港危险货物吞吐量4 272万吨，2015年危险货物吞吐量增到4 896万吨，比2014年增长14.88％，2017年达到5 197万吨。2018年，上海港危险货物港口作业吞吐量4 939万吨，比2017年减少4.96％，主要原因是洋山申港国际石油储运有限公司、上海中油中燃石油仓储有限公司、中国石油化工股份有限公司上海高桥分公司和上海孚宝港务有限公司四家单位的石油及制品吞吐量减少了约600万吨，此外，洋山申港国际石油储运有限公司吞吐量从2018年起归入浙江统计，造成上海港石油吞吐量统计数减少约300万吨。

2019年，上海港全年危险货物港口作业吞吐量4 828万吨，比2018年减少2.25％。主要原因是受青岛、天津等北方港口逐步全面恢复危险货物集装箱进出口作业影响，上港集团包装危险货物的吞吐量同比减少383万吨。（见表4-3-29）

表 4-3-29　2011～2019 年上海港危险货物吞吐量统计表　　　　单位：万吨

年份	全港危险货物吞吐量	散装危险货物吞吐量	上港集团包装危险货物吞吐量
2011 年	4 272	2 892	1 380
2012 年	4 283	2 870	1 413
2013 年	4 383	3 018	1 365
2014 年	4 262	2 769	1 493
2015 年	4 896	3 410	1 486
2016 年	4 813	3 332	1 481
2017 年	5 197	3 519	1 678
2018 年	4 939	3 411	1 528
2019 年	4 828	3 683	1 145

第五章　客运和其他生产经营

第一节　旅客运输和邮轮业务

一、客运业务

改革开放后,经济发展,集市贸易活跃,旅游业发展迅速,水路客运兴旺,上海港旅客吞吐量逐年上升,客流量猛增,一度出现旅客买票难、乘船难的情况。为适应不断增长的旅客发送量和提高服务质量,上海港务局在 1982 年 12 月对十六铺客运站进行了改建,同时新建了金陵东路售票大楼。

图 5-1-1　20 世纪 80 年代末 90 年代初上海港外虹桥国际客运码头

"十五"期间,汽车、铁路、航空旅客运输发展迅猛,水上客运越来越不能满足旅客快捷、方便、舒适的需求,客流的远程航线被航空分流,近程航线受到公路的冲击,客运航线逐步减少,沿海和长江旅客运输迅速萎缩。

到 2003 年,上海港原来开设的国内客运航线发生了很大变化:沿海航线中到宁波、舟山的航线已于 2002 年停航;到大连、岱山和泗巨定线也于 2003 年停航。长江航线中到青龙启东、澄高和崇明堡镇南门的航线已于 2002 年停航;到南通航线及长江干线客运航班也于 2003 年上半年停航。2003 年 9 月,十六铺客运站岱山、普陀山客运航线移

靠上海港吴淞客运中心，上海客运服务总公司退出了国内水上客运服务。（图5-1-2）

图 5-1-2 上海港吴淞客运码头

2003年，上港集团完成旅客吞吐量50.5万人次，其中旅客发送量25.6万人次，旅客到港量24.9万人次。到2004年，旅客吞吐量继续大幅度下降，上港集团完成旅客吞吐量只有6.3万人次，仅为2003年的12.5%，其中旅客发送量3.2万人次，旅客到港量3.1万人次。

2005年6月，上海港国际班轮客运的中日线在原有的上海至大阪、神户国际定线班轮的基础上，新开辟了上海至下关的定期客货班轮。当年上海港国际航线旅客吞吐量6.6万人次，其中日线1.7万人次；接待国际旅游船（包括邮轮）25艘次，旅客吞吐量4.9万人次。

"十一五"期间，随着国民经济的持续发展，居民生活水平提高和水上旅游业的发展，传统水路客运退出历史舞台，让位于水上高速客运、滚装客运和环球旅游客运。由于上海市黄浦江两桥之间综合开发，上海港客运分公司的多条航线逐步停航，2006年11月全面退出了水上客运服务。原停靠在高阳码头的国际定线班轮"苏州号""鉴真号"移至上海港国际客运中心开发有限公司位于太平路一号的外虹桥国际客运站。该客运站设有候船大厅、贵宾室、免税店和小卖部，候船大厅面积2000平方米。由位于金陵东路1号的客运售票处预售开航的船票。2006年，上海至韩国客运班轮航线曾一度复航，但出入境旅客不足2000人。

2008年，与国内水上客运旅客吞吐量下滑形成强烈反差的是，上海港国际航线却蒸蒸日上，全年国际航线旅客吞吐量13.1万人次，同比增加22.5%。2008年全年停靠上海港的国际旅游船达60艘次，相比2007年的47艘次多了13艘次。除了国际旅游船日益增多，在上海国际客运中心还相继举办了"梅赛德斯奔驰百年庆典""水晶婚礼"等国内外焦点活动。这些都进一步确立了上海港作为国内现代化客轮母港的地位。此后到

2010年,随着上海城市综合吸引力的提升,进出上海港的旅客人数开始呈增长趋势。

鉴于上海港国际航线不断开辟,国际旅客吞吐量迅速递增,上海港于2008年8月建成上海港国际客运中心。该客运中心设计年通过能力100万人次,建有面积达3.5万平方米的客运综合楼、游客候船大厅、联检大厅及辅助用房和停车库等,配置有两台轮式混合驱动二节旅客登船桥,用以连接国际客轮和候船楼,形成封闭式通道。(图5-1-3)

图5-1-3 上海国际客运中心

2010年,上港集团完成旅客吞吐量达到28.5万人次,其中旅客发送量14万人次,旅客到港量14.5万人次。上海港国际客运中心开发有限公司开设的主要国际航线定线班轮有日本客运航线,航班有每周二始发的"苏州号"和每周四始发的"鉴真号"。是年,中日线全年完成旅客吞吐量2.2万人次,其中发送量1万人次,到达量1.2万人次。此外,上海港公平路码头作为世博专用泊位,先后接靠日本"憧憬"号仿古帆船、西班牙"安达卢西亚"号仿古帆船、德国"泛大陆"号环保船等多艘世博船舶。

随着水上旅游业的兴起和邮轮业日渐升温,以及上海市水路客运量的分流,上海港的水路客运量逐年减少。2011年上港集团水路客运旅客吞吐量减少到20.4万人次,其中旅客到港量10.4万人次,旅客离港量10万人次。

2014年,上海港国际航线船舶靠泊151艘次,完成旅客吞吐量14.5万人次,其中旅客发送量7.4万人次,旅客到港量7.1万人次。是年6月6日,豪华邮轮"海娜号"搭载1 679位乘客,开启了6天5晚上海至基隆、台中的包船航线。"海娜号"邮轮总重47 546吨,长223.4米,宽28.2米,最大载客量1 965人,甲板9层,舱房743间。

2016 年，国际航线船舶靠泊 138 艘次，旅客吞吐量下降到 5.5 万人次；国内航线（江苏扬州）船舶靠泊 4 艘次，旅客吞吐量下降到 0.2 万人次。

2017 年，上海港国际航线船舶靠泊 145 艘次，完成的旅客吞吐量为 6.8 万人次，其中旅客到港量 3.6 万人次，旅客离港量 3.2 万人次。国内航线（江苏扬州）船舶靠泊 12 艘次，完成旅客吞吐量 0.7 万人次。

2018 年，上海港国际航线船舶靠泊 166 艘次，完成的旅客吞吐量为 4.6 万人次，旅客到港量 2.4 万人次，旅客离港量 2.2 万人次。其中，上海港国际客班轮（"鉴真轮"等）旅客吞吐量 0.93 万人次，同比增长 31%。在国内航线旅客吞吐量中，宁波舟山航线旅客吞吐量 37.8 万人次，同比下降 31.3%，江苏扬州航线 1.3 万人次。

2019 年，上海港国际航线船舶靠泊 116 艘次，完成的旅客吞吐量为 3.3 万人次，旅客到港量 16 423 人次，旅客离港量 16 745 人次。其中，上海港国际客班轮（"鉴真轮"等）旅客吞吐量 11 156 人次，同比增长 19.96%。在国内航线旅客吞吐量中，宁波舟山航线旅客吞吐量 2 127 人次。（见表 5-1-1）

表 5-1-1　2003～2019 年上海港国际客运中心国际航线旅客吞吐量

年份	国际航线（万人次）			其中国际航线船舶靠泊（艘次）		
	总计	下船到港	上船离港	日本	韩国	国际旅游船
2003 年	4.2	2.0	2.2	106	30	23
2004 年	4.4	2.2	2.2	103	—	29
2005 年	6.6	3.3	3.3	102	—	25
2006 年	7.7	3.9	3.8	102	8	35
2007 年	10.6	5.3	5.3	102	—	47
2008 年	13.1	6.5	6.6	103	—	60
2009 年	18.4	9.3	9.1	102	—	79
2010 年	28.5	14.5	14.0	101	—	109
2011 年	20.4	10.4	10.0	102	—	93
2012 年	8.9	4.4	4.5	100	—	60
2013 年	14.5	7.2	7.3	95	—	71
2014 年	14.5	7.1	7.4	96	—	55
2015 年	13.5	6.7	6.8	99	—	65

年份	国际航线（万人次）			其中国际航线船舶靠泊（艘次）		
	总计	下船到港	上船离港	日本	韩国	国际旅游船
2016 年	5.5	2.8	2.7	101	—	37
2017 年	6.8	3.6	3.2	100	—	45
2018 年	4.6	2.4	2.2	98	—	23
2019 年	3.3	1.6	1.7	98	—	18

二、邮轮业务

自 2002 年起，"狮子星号""丽晶公主号""白羊星号"等豪华邮轮先后停靠上海港，开启了邮轮在上海港发展的序幕。当年，上海港接待了 33 艘国际邮轮，46 293 名国际邮轮旅客。

2003 年前，上海港发展邮轮产业主要是从服务国际邮轮为起点，吸引国际邮轮停靠。上海港利用位于太平路一号的外虹桥国际客运站，在经营到香港的申港线，到神户、大阪和横滨的中日线，到济州岛的中韩线等客运航线的过程中，在停靠"鉴真"号、"上海"号等国际客轮的同时积极吸引国际邮轮停靠。

2003 年 8 月，世界三大邮轮集团之一的丽星邮轮在上海设立办事处。2004 年，中国第一条邮轮航线上海—香港邮轮航线开通。丽星邮轮（上海）旅行社成立，成为国内首家外资旅行社，该社的成立为丽星邮轮发展亚洲的邮轮市场奠定了基础。

2006 年，上海港第一座标准专用邮轮码头在上海正式启用，掀开了中国发展邮轮产业的新篇章。意大利歌诗达邮轮进军中国市场，在上海设立办事处，成为第一个以上海为母港的国际邮轮公司。2006 年 3 月 10 日，载有 1 578 名外籍游客和 1 000 名船员、长293.52 米、宽 30 多米、排水量达 7 万多吨、近 18 层楼高的"伊丽莎白二号"邮轮靠泊上海港浦东集装箱公司码头。7 月 2 日，歌诗达邮轮"爱兰歌娜号"开通了至日本、韩国的母港邮轮航线，上海港首次成为豪华邮轮的母港，此前上海只是国际邮轮的经停港或访问港。当年母港邮轮航线共开航 25 艘次，访问港达 34 艘次。以此为标志，上海港的邮轮业步入了快速发展的轨道，接待环境日益改善，产业链建设不断深入，市场规模增长迅猛，邮轮产业综合效益明显提升。

2007 年，上海港邮轮业务继续发展。上海港国际客运中心码头建设完工，可同时停泊 3 艘 7 万吨级的豪华邮轮，基本具备了接待国际大型邮轮的条件。世界三大邮轮集团——嘉年华邮轮公司、美国皇家加勒比邮轮公司、丽星邮轮公司均在上海设立了分支机构和企业,开设了以上海为母港的多条区域邮轮旅游航线。母港航次与停靠港航次密度逐渐上升,到访邮轮迅速增长。当年日韩航线总计达 15 艘次,访问港邮轮 31 艘次,上海邮轮进出游客达到近 8.5 万人次。越来越多的邮轮和游客进出上海港,有力推动了上海邮轮经济的发展。(见表 5-1-2)

表 5-1-2 2007 年上海港国际客运中心靠泊船舶及人数统计表

	访问港邮轮	母港邮轮	总计
靠泊艘次(艘次)	31 (其中 8 艘次停靠 外高桥码头)	17 (其中爱兰歌娜号 16 艘次, 宝瓶星号 1 艘次)	48
游客人数	59 580	25 311	84 891

2008 年 8 月,上海港国际客运中心建成并启用,拥有岸线 1 200 米、3 个 7 万吨级邮轮泊位和 1 个 5 万吨级备用邮轮泊位,可供以旅游娱乐休闲为主要功能的游艇、游船和邮轮停靠,设计年通过能力 100 万人次。此后,上海港又建成形似"一滴水"的客运综合楼,建有地下 3 层车库、设备用房及道路交通等辅助设施,总建筑面积 61 359 平方米,基本具备了接待国际大型邮轮的条件,成为我国首个通过英国劳氏船级社质量认证体系的邮轮母港。2008 年 4 月,皇家加勒比邮轮公司旗下"海洋迎风号"邮轮开出以上海港为母港的中日韩邮轮航线;同年 12 月,"海洋神话号"邮轮正式在亚洲开航。2008 年,上海港国际客运中心共接待母港邮轮 22 航次、挂靠港邮轮 36 艘次,同比分别增长 37% 和 20%,邮轮出入境游客达 10.7 万人次,首次突破 10 万人次。(图 5-1-4)

图 5-1-4 邮轮停靠码头

自2009年起,国客中心加快了对邮轮上下游产业链的业务渗透,逐步从单一的邮轮码头运营商向邮轮产业综合服务商转变,成立了上海港国际邮轮旅行社,专门从事国际邮轮票务销售、出入境旅游接待、咨询服务等业务。开设了上海邮轮网和销售热线服务。世界顶级的邮轮公司纷至沓来,寻求合作,拓展中国市场。当年4月25日,歌诗达邮轮在上海国际客运中心喜迎其中国船队的第二位成员——"经典号"邮轮;同年,美国皇家加勒比邮轮公司旗下"海洋神话号"开辟以上海港为母港的国际邮轮航线,正式进军中国邮轮市场;10月21日,国客中心迎来首艘客轮——日本富士丸邮轮;该年歌诗达邮轮公司"经典号""爱兰歌娜号"、皇家加勒比邮轮公司"海洋神话号"等豪华邮轮陆续从上海出发,开出总计32个航次的邮轮母港航线,总床位数达到5万个。2010年,意大利歌诗达邮轮旗下"浪漫号"替代"爱兰歌娜号"加入亚洲市场运营,运行以上海为母港的国际邮轮航线。

至2010年,进驻上海港的国际邮轮公司有:

(1)丽星邮轮公司,旗下邮轮包括"处女星号""双鱼星号""宝瓶星号"。

(2)意大利歌诗达邮轮公司,旗下邮轮包括"爱兰歌娜号""经典号""罗曼蒂克号""协和号""命运女神号""幸运号""罗曼蒂克号""地中海号""欧洲号""大西洋号""太平洋号""炫目号""维多利亚号"等13艘。以上海为母港的邮轮为"爱兰歌娜号""经典号""罗曼蒂克号"。"爱兰歌娜号"吨位为29 430吨,长度187.8米,载客数1 072人。"经典号"吨位为52 926吨,长度220.6米,载客数1 680人。"罗曼蒂克号"吨位为53 049吨,长度220.6米,载客数1 697人。

(3)世界上第二大邮轮公司皇家加勒比邮轮公司,旗下包括"君主""梦幻""灿烂""航行者""自由""绿洲"6个船系的20多艘邮轮。以上海为母港的邮轮有"海洋神话号"和"海洋迎风号"。"海洋神话号"吨位为69 130吨,长度264.3米,载客数2 066人。"海洋迎风号"吨位为78 491吨,长度279.0米,载客数2 416人。(见表5-1-3)

表5-1-3　2006～2010年上海邮轮母港运力安排一览表

年份	邮轮公司名称	船名	船舶长度（米）	载重吨（吨）	标准载客量（人）	航次安排（班）	动态运力（人）
2006年	歌诗达	爱兰歌娜号	187.8	2.9	1 072	15	15 000
2007年	歌诗达	爱兰歌娜号	187.8	2.9	1 072	15	15 000
	丽星邮轮	宝瓶星号	229.8	5.1	1 529	1	1 529

年份	邮轮公司名称	船名	船舶长度（米）	载重吨（吨）	标准载客量（人）	航次安排（班）	动态运力（人）
2008 年	歌诗达	爱兰歌娜号	187.8	2.9	1 072	15	15 000
	皇家加勒比	海洋迎风号	279.0	7.8	2 416	8	19 480
2009 年	歌诗达	爱兰歌娜号	187.8	2.9	1 072	8	8 000
	歌诗达	经典号	220.6	5.3	1 680	16	26 880
	皇家加勒比	海洋神话号	264.3	6.9	2 066	9	18 684
2010 年	皇家加勒比	海洋神话号	264.3	6.9	2 066	19	39 444
	歌诗达	经典号	220.6	5.3	1 680	24	40 320
	歌诗达	罗曼蒂克号	220.6	5.3	1 697	13	22 061

国家和地方政府大力支持上海港邮轮产业的发展。2008 年 6 月，国家发展改革委发布了《关于促进我国邮轮业发展的指导意见》，明确了邮轮产业发展的指导思想、管理模式等，指出："通过政府扶持和市场引导，以初期服务外轮为起点，积极吸引国际邮轮靠岸；选择具备优势条件的港口城市开展试点，加强相关基础设施建设，逐步进入邮轮业国际网络。"

交通运输部根据中国加入 WTO 的有关承诺及与有关国家（地区）双边协定安排，在进一步研究完善相关法律法规基础上，明确经交通运输部核发资质的经营人，国际邮轮公司可委托其办理客源组织、客票销售代理等业务。并于 2009 年 10 月发布了《关于外国籍邮轮在华特许开展多点挂靠业务的公告》，明确外国籍邮轮经特案批准，可在华开展多点挂靠业务。公安部制定了《邮轮出入境边防检查管理办法（试行）》规定，明确了便利邮轮出入境，提高通关效率，确保管控安全的多项措施。海关总署进一步明确了对邮轮监管的具体模式及操作程序和要求，简化了邮轮通关手续，提高了海关监管效能，方便邮轮旅客入出境。这些措施促进了上海港邮轮业务的发展。

2010 年，上海港国际客运中心邮轮码头 2 号廊桥正式启用，客运服务设施进一步完善，引进设置邮政服务、世博商品零售点、外币兑换点等；会同相关口岸单位设计过境与母港客流"分时分区"下客分流客运流程；建立突发事件预警机制；积极发展邮轮衍生业务，打造邮轮旅游"体验店、网站、热线"三位一体的专业邮轮票务渠道，邮轮旅游营销网络初步形成。上海港邮轮接待能力大幅提升，达到国际水平。

当年,厦门、台湾邮轮航线正式开通,上海港母港邮轮航线增至 3 条,即 2004 年开设的香港邮轮航线、2006～2010 年开设的日韩邮轮航线、2010 年开设的厦门、台湾邮轮航线。

10 月 13 日,在"2010 中国邮轮产业发展高峰论坛"上,上港集团与邮轮港口业、航运企业及旅游行业的代表共同签署《关于推动上海邮轮经济的合作谅解备忘录》,以加强旅游各界对邮轮市场的培育。

2010 年上海港共接邮轮 107 艘次,其中母港邮轮 60 艘次,访问港邮轮 47 艘次,邮轮出入境游客达到 25.2 万人次。

2011 年 6 月,上海市政府召开邮轮经济发展专题会议,确定了把上海港建设成为邮轮母港的目标。会议通过了市发改委《关于上海邮轮经济深化发展的措施调研和推进工作建议方案》,就邮轮经济的产业投资、财税金融、港口航线、人才创新等八个方面的问题提出了实施方案,积极推进落实。这些措施的实施提高了邮轮乘客的通关速度,规范了我国邮轮业市场秩序,方便了人民群众旅游出行。

2011 年,虽然受日本大地震的影响,国客中心仍接待邮轮 95 艘次,其中母港邮轮 66 艘次,访问港邮轮 29 艘次,邮轮出入境游客也达到 19.15 万人次。

2012 年,来上海的入境旅客及邮轮乘客猛增到 35.71 万人次,国客中心接待邮轮 121 艘次,其中母港邮轮 81 艘次,访问港邮轮 40 艘次。

国客中心从 2006 年到 2012 年底,共接待母港邮轮 302 艘次,访问港邮轮 295 艘次,出入境旅客及邮轮乘客从 2006 年的 3.62 万人次增长到 2012 年的 35.71 万人次。

随着越来越多的大型邮轮到达上海港,杨浦大桥进港船舶水上的限制高度(48.5 米)成为了靠泊上海港国际客运中心的瓶颈。上港集团从 2006 年开始多次利用外高桥港区码头靠泊大型邮轮,仅 2007 年就有 8 艘次大型豪华邮轮停靠外高桥码头。为解决这一问题,上海市人民政府决定新建吴淞口国际邮轮码头(以下简称"吴淞邮轮港"),该码头于 2008 年 12 月 20 日正式开工,历经 3 年建设,一期工程于 2010 年世博会开幕前基本建成。2015 年 6 月,吴淞口国际邮轮码头启动续建工程,于 2018 年 7 月完工。新建的 2 个大型邮轮泊位,在原有码头岸线向上游延伸 380 米,向下游延伸 446 米,码头总长度达到 1 500 米,新建形成了两座 15 万吨级码头及两座 22 万吨级码头共 4 个大型邮轮泊位。同时新建了面积约为 8.2 万平方米的水工平台、662.8 米长的新引桥和建筑面积为 5.5 万平方米的两栋新客运楼及廊道,新客运大楼取名为"海上画卷"。(图 5-1-5)

至此,上海港有国客中心和吴淞邮轮港两个邮轮码头,另有上海海通国际汽车码头

图 5-1-5 上海吴淞口国际邮轮港

作为国际邮轮备用码头,成为了"一港两主一备"的国际邮轮组合母港。岸线总长 2 700 米,共建有万吨级泊位 8 个。吴淞邮轮港与国客中心功能互补、错位发展,共同推进上海国际邮轮母港的整体发展。(见表 5-1-4)

表 5-1-4 上海港邮轮码头情况表

码头名	岸线长(米)	泊位数	设计年通过能力	客运综合楼面积(平方米)
吴淞邮轮港	1 500	22 万吨级 2 个 15 万吨级 2 个	357.8 万人次	79 000
国客中心	1 200	7 万吨级 3 个 5 万吨级 1 个	100 万人次	61 359
合　计	2 700	8 个	457.8 万人次	140 359

2012 年 9 月,国家决定在上海设立"中国邮轮旅游发展实验区"。随着国内首个邮轮旅游发展实验区的设立,有关保税、航运仲裁、航运金融等方面的先行先试配套政策也逐步跟进,上海邮轮经济加速发展。这一使上海成为我国国际航运中心和国际邮轮母港基地的重大布局,标志着上海将成为一个著名的邮轮旅游目的地,上海邮轮旅游经济发展将进入一个新的阶段。

2014 年 3 月,交通运输部发布了《关于促进我国邮轮运输业持续健康发展的指导意见》。上海港认真贯彻此指导意见,从建设上海邮轮门户港着眼,逐步形成门类齐全、功能完善的邮轮产业体系。5月,根据上海市地方标准《旅行社服务质量要求及等级划分》,国客中心所属上港邮轮旅行社通过了上海市 4A 级旅行社的评定与审核。

2014年,上海港在北外滩建成游艇基地,港池水域面积 11 500 平方米,水深 2.3 米,建有可泊 37 艘游艇的泊位,形成了长 645 米的亲水岸线和商业空间。

2015年,中国市场母港邮轮达到 12 艘,我国六大邮轮母港共接待邮轮 578 艘次,其中 10 艘母港邮轮都在上海部署运营,上海港全年邮轮靠泊艘次和出入境人次所占全国市场比例分别达到 54.7% 和 66.3%。母港登船人数近 80 万,据《2015 中国邮轮发展报告》统计,上海港已经跻身全球第八大世界级邮轮母港。

2015年6月,上海中国邮轮旅游发展实验区联席会议通过了《关于推进上海中国邮轮旅游发展实验区与中国上海自由贸易试验区联动发展的实施意见》(以下简称"《实施意见》"),决定不断推进邮轮入境过境签证便利化;充分利用港口资源,探索建立邮轮物品采购中心,促进上海邮轮物品供船业态发展;努力丰富中国邮轮市场航线产品;迅速解决邮轮包船模式暴露出来的问题,优化邮轮产品销售模式,建立有中国特点的邮轮产品销售体系;下大力气培养邮轮专业人才;不断规范邮轮产业的运营,完善邮轮服务。随着实验区的设立,有关保税、航运仲裁、航运金融等方面的先行先试配套政策也跟进出台。按照交通运输部发布的《全国沿海邮轮港口布局规划方案》,加快推进邮轮母港建设,完善邮轮母港服务,规范邮轮产业的运营,逐步形成门类齐全、功能完善的邮轮母港产业体系,努力把上海港打造成世界著名的邮轮门户港。

2015年,上海边检总站探索创新"互联网"+"边检政务"模式,在邮轮码头共设置了 26 条自助查验通道,实现了中国籍旅客入境 3 秒通关。2016 年 1 月,上海推出"江浙沪 144 小时过境免签政策",方便外国旅游团乘邮轮入境旅游。上海港引航站完成了《上海港国客码头大型国际邮轮"双窗口"开靠关键技术报告》《淞邮码头大型国际邮轮安全开靠相关技术研究》等课题研究,创新邮轮引航开靠管理,2017 年上海港引航站成功引领大型国际邮轮达到 968 艘次。

综上这些举措对发展上海邮轮经济迅速取得成效。2014～2017 年,中国邮轮供给量每年以 35%～70% 的速度激增:2014 年皇家加勒比公司的"海洋量子号"投入运营,随后,"盛世公主号""喜悦号""辉煌号"等大型邮轮都纷纷来沪。2015 年,共有 10 艘邮轮(其中 2 艘为本土邮轮)在上海港运营母港航线,共计 317 航次,包船比例达 98%。2016 年和 2017 年以上海为母港的邮轮又分别增加到 11 艘和 12 艘,这些新增的世界最新、最豪华的主力舰船的吨位基本都在 10 万吨以上,并配备了各种全球最先进的设施和娱乐项目。

2016年,全国各大邮轮港口共接待邮轮 955 艘次,同比增长 65%,邮轮旅客吞吐量达 439 万人次,同比增长 82%。上海港 2016 年接待邮轮 509 艘次,同比增长 49.27%;以上海为母港的邮轮靠泊次数 481 艘次,同比增长 49.27%;邮轮旅客吞吐量达到 289.6 万人次,同比增长 76.2%,其中母港邮轮旅客吞吐量 282.8 万人次,同比增长 76.42%。《中国邮轮产业发展报告(2017 年)》的数据显示,全国邮轮行业在前十年内一直保持着 40%～50% 的增长速度,其中 2016 年增长了 87.8%。中国邮轮产业从零起步,在十年时间里国际市场份额从 2006 年的 0.5% 到 2016 年的 9.6%,增长了近 20 倍。

2016 年以上海为母港的邮轮靠泊次数 481 艘次,同比增长 51.74%。2017 年,上海港接待邮轮 512 艘,同比增长 0.58%,总航次占全国 43%。其中,母港邮轮 482 艘次。2018 年母港邮轮为 378 艘次,总航次达 406 艘次。2019 年,上海港邮轮靠泊次数为 259 艘次,其中母港邮轮 226 艘次。(表 5-1-5)

表 5-1-5 2015～2019 年上海港母港邮轮和访问港邮轮统计表 单位:艘次

年份	母港邮轮	访问港邮轮	小计	增幅
2015 年	317	24	341	26.80%
2016 年	481	28	509	49.27%
2017 年	482	30	512	0.58%
2018 年	378	28	406	-20.70%
2019 年	226	33	259	-36.21%

2016 年,上海推出"江浙沪 144 小时过境免签政策""外国旅游团乘邮轮入境 15 天免签政策",越来越多符合条件的外籍旅客从上海入境从事商务、旅游、文化交流活动。2017 年,共有 8 000 余名外国人利用这项便利政策从上海邮轮口岸免签入境,同比增幅 40%。上海边检总站在邮轮码头设置自助查验通道,实现了中国籍旅客入境 3 秒通关;实施"互联网"+"边检政务"模式,首创电子登轮证,1.7 万余名登轮人员享受了便利;邮轮出入境信息、登轮及搭靠许可办理实现了一站式申报。这些措施对发展邮轮产业相关的专业法规、政策体系和管理机制的探索创新均取得了显著成效。

2017 年,由于受韩国萨德事件影响,国家旅游局于 3 月要求停止组团赴韩旅游。受此影响,上海港 3～6 月邮轮旅客吞吐量受到波及,直至暑期旺季来临才得以缓解。由于停止韩国港口停靠后,邮轮航线通常只在日本福冈、熊本、长崎等几个港口中进行选择,造成各大邮轮公司的旅游产品同质化进一步严重。而前往大阪、东京的航线因为时间更长、价格更贵而难以大规模推广。另一方面,长期困扰邮轮旅游市场的低价团问题依然存在,从客观上拉低了邮轮旅游的品质,降低了游客游玩的主观感受,也成为社会各界对邮轮旅游诟病所在。

2017年,上海港接待邮轮512艘次,占全国43%,旅客吞吐量增至297.3万人次,占全国邮轮旅客吞吐量60%。按邮轮码头分,上海吴淞口国际邮轮港旅客为291.2万人次,同比增长2.39%,占全港邮轮旅客总吞吐量的97.9%;国客中心邮轮旅客吞吐量6.1万人次,同比增长28.54%,占全港邮轮旅客总数2.1%。邮轮经济持续升温,旅客吞吐量快速集聚。

2018年,上海港邮轮客运进入调整期。上海港共接待国际邮轮靠泊406艘次,同比下降20.7%,占全国邮轮市场比重42.2%。其中,以上海为母港的邮轮靠泊378艘次,同比下降21.58%;访问港邮轮停靠28艘次,同比下降6.67%。按邮轮码头分,全年上海吴淞口国际邮轮港共靠泊邮轮378艘次,比上年减少89艘次,较上一年度减少19.06%,占全国邮轮市场比重约为39.27%;国际客运中心靠泊邮轮28艘次,比上年减少17艘次,减少37.78%,占全国邮轮市场比重约为2.93%。(见表5-1-6)

表 5-1-6　2017～2019 年上海港母港邮轮和访问港邮轮情况表　　　　单位:艘次

码头名	年份	母港邮轮	访问港邮轮	小计	增幅
吴淞邮轮港	2017 年	458	9	467	-0.85%
	2018 年	368	10	378	-19.06%
	2019 年	226	15	241	-36.24%
国客中心	2017 年	24	23	45	18.42%
	2018 年	9	19	28	-37.78%
	2019 年	0	18	18	-35.71%
合计	2017 年	482	30	512	0.58%
	2018 年	378	28	406	-20.70%
	2019 年	226	33	259	-36.21%

2018年,上海港邮轮旅客吞吐量共计275.29万人次,同比下降7.4%,占全国邮

轮市场比重为 56.48%。其中,母港旅客吞吐量 268.96 万人次,比上年下降 7.5%;访问港旅客吞吐量 6.7 万人次,比上年下降 2.2%。按邮轮码头分,上海吴淞口国际邮轮港邮轮旅客 271.56 万人次,同比减少 6.7%,占全港邮轮旅客总数的 98.65%。上海港国际客运中心邮轮旅客 3.73 万人次,同比减少 39.1%,占全港邮轮旅客总数 1.35%。

2019 年,上海港邮轮客运业务量继续下降,邮轮靠泊下降 36.21%,邮轮旅客吞吐量下降 31.22%。(见表 5-1-7、5-1-8)

表 5-1-7 2018～2019 年上海港邮轮码头旅客吞吐量统计表 单位:人次

码头名	年份	母港邮轮	访问港邮轮	小计
吴淞邮轮港	2018 年	2 672 299	43 335	2 715 634
	2019 年	1 810 786	60 648	1 871 434
国客中心	2018 年	13 650	23 618	37 268
	2019 年	0	22 012	22 012
合计	2018 年	2 685 949	66 953	2 752 902
	2019 年	1 810 786	82 660	1 893 446

表 5-1-8 2015～2019 年上海港邮轮旅客吞吐量统计表 单位:万人次

年份	旅客总吞吐量	增幅	母港邮轮人数	访问港邮轮人数
2015 年	164.3	38.6%	159.5	4.8
2016 年	289.6	76.2%	282.8	6.8
2017 年	297.3	2.7%	290.8	6.5
2018 年	275.3	-7.4%	269.0	6.7
2019 年	189.3	-31.2%	181.1	8.2

此外,上海港国际客运中心在北外滩于 2014 年和 2015 年分别接待内河游轮 20 艘次和 9 艘次,游客分别达到 12 502 人次和 6 542 人次。2017 年接待长江游轮 14 艘次,游客 7 625 人次。2018 年接待长江游轮 42 艘次,游客达 13 210 人次。2019 年接待长江游轮 42 艘次,游客 2 127 人次。(见表 5-1-9)

表 5-1-9　2014～2019 年上海港国际客运中心接待内河游轮及游客情况统计表

年份	游轮数（艘次）	增幅	游客（人次）	增幅
2014 年	20	—	12 502	—
2015 年	9	-55.0%	6 542	-47.7%
2016 年	4	-55.6%	1 634	-75.0%
2017 年	14	250.0%	7 625	366.6%
2018 年	42	200.0%	13 210	73.2%
2019 年	42	0%	2 127	-83.9%

　　上海港从 2017 年 11 月起启动上海邮轮船票试点工作，经过各部门通力协作，经过 10 个月的试点，邮轮船票制度在安全管理支撑、服务质量提升、通关登船效率提高、上海邮轮旅游产品的安全性、便利度、舒适度等方面都得到了明显的提高，游客的权益得到了更好的保障，体验感和满意度有所提升，销售模式转变取得初步成效。从 2018 年 3 月 31 日起，上海港出发的所有母港邮轮航次全面施行凭票进港登船的邮轮船票制度，进一步完善了信息报送机制，积极推进"便捷通关码"和"船票认证码"两码合一工作，探索电子船票制度，搭建统一信息平台，保障邮轮经济的健康有序发展，成为全国首家全面试点邮轮船票制度的港口。上海邮轮船票试点工作对推动我国邮轮经济发展、强化我国邮轮港口管理、规范邮轮运输经营行为、维护各方合法权益、提升邮轮运输服务水平、维护正常的市场秩序起到了积极作用。交通运输部决定 2019 年起在全国邮轮港口推广应用。

图 5-1-6　上海吴淞口国际邮轮港码头

2018 年 10 月,上海市政府发布了《关于促进本市邮轮经济深化发展的若干意见》,明确上海市今后促进本市邮轮经济深化发展要培育一批本土邮轮企业、建立健全邮轮产业相关政策体系、建设国际一流邮轮港口、全面提升邮轮旅游品质、战略布局邮轮经济全产业链等重点任务,打造中国邮轮旅游发展示范区,实现与中国(上海)自由贸易试验区的协同创新。从而实现上海市邮轮经济的发展目标:到 2022 年,本市邮轮市场规模进一步扩大,接待量位居全球前三,初步形成引领长三角一体化发展的邮轮经济产业链;年接靠母港和访问港邮轮 500 艘次以上、接待出入境游客 400 万人次以上。《若干意见》的出台,为促进上海市邮轮经济升级发展做了顶层设计,提供了目标导向。

2018 年 11 月 6 日,中国船舶工业集团有限公司与美国嘉年华集团、意大利芬坎蒂尼集团在中国国际进口博览会上正式签订 2 + 4 艘 13.5 万总吨 Vista 级大型邮轮建造合同。2019 年 10 月,上海外高桥造船有限公司正式开工建造我国首艘国产大型邮轮。2020 年 11 月,总建筑面积约 6.7 万平方米的外高桥邮轮内装制造平台项目正式开工建设,首艘国产大型邮轮入坞搭载总装。

2019 年 9 月,交通运输部等十部委出台了《促进我国邮轮经济发展的若干意见》,上海市政府也发布了《关于促进本市邮轮经济深化发展的若干意见》(以下简称“《若干意见》”),提出上海市将以邮轮自主设计建造和本土邮轮船队发展为突破重点,着力推进上海中船国际邮轮产业园建设,吸引国内外邮轮制造配套企业入驻示范区,打造邮轮配套产业平台,培育本土邮轮修造产业集群。宝山区每年安排不少于 1 亿元用于支持邮轮经济发展,将其打造成为邮轮经济高质量发展的“全国样板”。在国家和上海市政府《若干意见》的指引下,上海港正在为打造成世界著名的邮轮门户港而努力。

第二节　港口辅助作业

一、引航

2003 年上海港管理体制改革时,上海港引航管理站暂时隶属上海国际港务(集团)有限公司,时年全站职工 503 名,其中引航员 233 名,高级引航员、一级引航员占引航员总数的 33.6%。当年,上海港引航管理站在全国同行业中率先通过了挪威船级社 ISO9001 质量管理体系认证。

随着港口业务迅速扩大,上海港引航管理站围绕国际集装箱枢纽港建设目标,增强引航综合实力,确保引航服务处于国内领先水平;确保引航安全,不发生重大、大引航主责事故。此时,上海港引航管理站已经配备有先进的设施、设备,拥有各类大、小船、艇23 艘,其中各主要船舶均配有雷达、GPS、GMDSS 等各种先进设备。轮值于长江口的引航船有 2 艘,总吨位为 4 400 吨,在吴淞口锚地执行长江引航员接送任务的联检船有 2 艘。引航船共配有高速快艇 10 艘。此外还有各类交通船舶 5 艘,观光游览艇 3 艘。上海港引航站设有为引航生产服务的专用车队,共有各类大、小客车 23 辆,用于陆上接送引航员。全站微机管理系统已基本确立并不断完善,扩大了计算机模拟操作在引航生产中的应用。

2003 年,引航生产调度已实行微机自动化调配,引航调度可以与远在长江口海面上的引航船实现数据与图像的远距离无线传输,大大提高了引航调度指挥效率。监控室配备先进的监控和通信设备,并进入国际互联网,对引航作业实行 24 小时监控,有效地保证了引航安全,扩大了计算机模拟操作在引航生产中的应用;机关实现了自动化办公。

为及时、顺利、安全地接送引航员,上海港引航管理站参考其他国际大港的现行做法,改变接送方式,使用直升机接送引航员。为打破上海港长江口航道 6 级以上大风不能接送引航员的禁区,从美国引进小水线面引航工作艇"白玉兰"号投入引航作业。该船能在长江口 8 级大风、浪高 3.5 米的恶劣气象、海况条件下接送引航员上下船舶,解决了因受大风影响本难以按计划进出长江口的困难。2003 年,该站引领船舶 28 082 艘次。(图 5-2-1)

图 5-2-1　直升机引航

为适应上海港集装箱装卸生产形势发展,上海港引航管理站针对长江口深水航道整治后对引航作业的影响,进行了专题研究,努力落实对策措施。一是开展深水航道引航课题研究,二是组织深水航道引航技术培训,三是加快绿华山岛上引航基地建设步伐。上海港引航取得了较大发展,引航技术明显提高,完成了许多高难度引航作业,在工作中切实做到了"三个确保"(即确保集装箱船舶的准点率,确保上海港生产需要,确保引航安全),各项工作上了一个新台阶。

上海港引航管理站重视加大科技投入,努力与国际接轨。

1. 先后研制成功"引航生产管理信息系统"和引航调度管理子系统、引航收费管理子系统和引航员管理子系统。引航调度、费收与引航员管理都实现了自动化,并且实现了各部门共享引航信息,各系统动态交换数据,还能方便地进行远距离图文无线传输,引航生产的全程管理更加快捷、方便、准确。

2. 设立 WEB 网站。该网站主要包括门户网站的建设、技术平台的建设,对引航查询系统、代理船期申请、引航员工作确认、数据的等级权限访问机制以及网络数据库安全高效访问处理和数据同步备份等多个方面进行了功能升级和新的开发,取得了预期的效果。

3. 建立引航 GPS 导航系统。该系统还增加了船舶自动识别系统(Automatic Identification System,简称 AIS),这种新型的助航系统及设备,是国际海事组织在 SOLAS 公约里指定的一系列标准,主要是为了减少海难的发生和提高导航效率。目前 AIS 已发展成通用自动识别系统(UAIS),该系统的正确使用加强了船舶间避免碰撞的措施,增强了 ARPA 雷达、船舶交通管理系统、船舶报告的功能,在电子海图上可显示所有船舶可视化的航向、航线、船名等信息。改进了海事通信的功能,提供了一种与通过 AIS 识别的船舶进行语音和文本通信的方法。增强了船舶的全局意识,可以识别船只,协助追踪目标,简化信息交流,提供其他辅助信息以避免碰撞发生,有助于加强海上生命安全、提高航行的安全性和效率。航海界进入数字时代。

4. 研制引航管理信息系统。该系统给港航管理部门增加了实时监管的能力,保证了港航管理、船舶引航工作的安全高效,并为将来实现水域管理数字化提供了基础数据平台。

2004 年,该站有在职引航员 222 人,其中高级引航员 12 人,一级引航员 42 人,二级引航员 40 人,三级引航员 93 人,助理引航员 24 人,实习引航员 11 人。

"十五"期间,上海港生产业务继续快速增长,引领船舶艘次也逐年递增。上海港引航站本着"维护主权、保障安全、精心引领、服务港航"的宗旨,科学调度,合理安排,竭诚为港航服务。全年共引领各类中外船舶 45 876 艘次,比上年增长 12%。该站引进并对"沪港引 1"轮进行全面改建,按国际通用标准建造了直升机平台,与 4 套高速快艇收放设备等一起构成先进的引航员接送系统。监控系统以 DDN 专线接入的方式共享海事

局监控中心的 AIS 信号,并在有关部门增加了 AIS 信号接收设备,船舶动态讯息更为完整。(图 5-2-2)

图 5-2-2　"沪港引 1 号"引航船

2005 年,该站以服务港航为主线,强化引航管理,运用引航行业内先进的管理理念和科技手段,制定了有上海港特色、符合引航站实际的中长期发展规划;进一步加强生产调度管理工作,改进工作方法,认真吸纳站内外合理意见,充分利用计算机网络技术,更好地服务于集装箱优势产业;努力改善引航员和引航船的工作环境,进一步安全、及时地接送引航员;研究和及时引进当今世界先进航海技术,及时跟踪港口发展动态,更好地适应港口的发展趋势,急港口集装箱生产发展所急,在规范服务的基础上体现优质服务、诚信服务。

2005 年,共引领船舶首次超过 5 万艘次,达到 51 330 艘次,同比增长 12％。其中,集装箱船 21 451 艘次,长度大于 240 米的超大型集装箱船超过 3 000 艘次。引领吃水最深为 12.2 米的"新发海"轮、船长为 347 米的"斯克根马士基"轮通过长江口深水航道,创下上海港通航新纪录。还引领了长 289 米、宽 50.1 米的最大豪华游轮"蓝宝石公主号",引领装载集装箱岸边起重机和轮胎吊的特种船"振华 2"轮、"振华 3"轮首次停靠洋山深水港区码头,引领当年最大集装箱船 10 000 箱位的"克莱门特马士基"轮成功试靠洋山港区。此外,引领世界各国军舰 10 余艘次,危险品船 8 000 多艘次,大型豪华邮轮 60 多艘,三峡移民船 8 艘次。

经过几年来对引航员队伍和船舶专业技术人员、调度管理人员、后备干部、高素质技术工人的努力培养,引航站走上良性发展道路,引航人才梯队结构不断优化。后勤装备和科技含量不断完善提高,在长江南槽增设了引航工作船,分流原引航船压力,缓解引航员紧张状况,进一步确保引航安全接送。将 AIS 系统融入原先的 GPA 系统中,引航电子导航系统得到进一步开发与应用;完善引航调度系统的服务功能,增加双向数据交互处理功能,提高工作效率;进一步抓好"引航规范化安全评估体系"(FSA)在引航安全管理中的运用。为一线引航员配备了内有电子海图、全球定位系统、AIS、潮汐资料的笔记本电脑,为服务安全引航发挥了科技保障。

2006 年 11 月,上海港引航管理站按照上海市政府"政企分开、一港一引、统一高效、平稳过渡"的原则,为建立和实现"管理统一、安全引领、公平服务、高效廉洁"的引航管理体制,进行了职能调整、机构调整、人员划转、资产划转等四方面改革。是年,共引领中外船舶 54 945 艘次,同比增长 7%,日均 150.5 艘次,最高日引领 290 艘次。其中,引领集装箱船舶 23 678 艘次,占 43%,同比增长 10.4%;吃水 10 米以上船舶 8 049 艘次,同比增长 49%;进出洋山深水港区船舶 2 318 艘次,进出长江船舶 18 690 艘次,危险品船 8 741 艘次,船厂 240 米及以上船舶 3 999 艘次,大型豪华邮轮 148 艘次。

2007 年 2 月 7 日,上海港引航管理站改制为上海港引航站,并挂牌成立,由原隶属于上港集团成建制划归上海市港口管理局,由原来企业性质转变为自收自支事业单位。引航站开办资金 9 667.8 万元。设址上海市虹口区东大名路 908 号。5 月 22 日,上海港引航站在建制上正式转入上海市港口管理局,但实际运作仍由上海市港口管理局委托上港集团管理。

是年,上海港引航站又研制出引航综合信息无线交换系统,可进行引航员工作信息发送、确认、定制、查询,以及这些信息与生产调度系统的对接、处理、运算;可代理定制查询引航工作;同时可进行船舶动态短信查询,确认所在港区、航行状态、靠离泊的执行情况等。当年,引航业务继续创造新纪录,共引领各类中外船舶 59 753 艘次,同比增长 8.75%,日均引领 163.7 艘次,最高单日引领达 306 艘次。其中,引领集装箱船 26 437 艘次,同比增长 11.6%;引领吃水 10 米以上船舶 9 731 艘次,同比增长 20.9%;进出长江船舶 19 581 艘次,危险品船 9 246 艘次;引领"伊丽莎白二号""蓝宝石公主号""宝瓶星"等国际豪华邮轮 104 艘次,世界各国来访军舰 20 艘次,其中包括美国海岸警卫队执法船、韩国军舰"忠武公李舜臣"号驱逐舰、澳大利亚海军军舰"珀斯"轮、法国海军"葡月"号等。

2005 年第四季度,引航站在洋山深水港区设立了洋山引航分站,有力保证了洋山深水港区的试运行和试开港。2007 年,洋山分站全年引领船舶 4 618 艘次,同比增长 99.2%,其中最大船长 367 米,最大吃水 15.4 米。

2008 年 10 月,上海市实施交通管理体制改革,上海港引航站隶属于新组建的上海市交通运输和港口管理局。主要职能是代表国家行使引航主权,负责对进出上海港的外国籍船舶实行强制引航并接受国内远洋、近海航运公司申请,提供引航服务。站内设办公室、政工科、人事科、财务科、船务科、总务科、引航科、调度科和安监科,下设沪港引1号、沪港引3号、吴淞交通船队、外滩交通船队、汽车队、洋山分站等基层单位。

洋山深水港区自2005年开港至2008年底,已安全无事故地引领进出洋山深水港区船舶1万艘,其中船长大于300米的超大型船舶占32%。2008年,上海港引航站引领船舶突破6万艘次。2008年6月,被誉为"海上巨鲸"的世界最大集装箱船"伊夫林马士基"轮(船长397.7米)被引航停靠在洋山一期9号泊位。

2009年,该站以当好"水上国门形象第一人"为己任,以安全引航为生命线,以优质服务为立站之本,努力满足港航需求,确保港口畅通。年引航艘次自2008年突破60 000艘次后,2009年仍然实现稳步增长,全年引领各类中外船舶64 189艘次。为创建一流引航站,提升综合竞争力,该站在配备先进设施、完善引航生产计算机管理系统的同时,导入先进的管理理念和科学的管理手段,不断健全规章制度、铸炼高素质的职工队伍。

2010年底,上海港引航站建立了"上海港引航生产安全监控管理系统"和"上海港引航站引航管理信息系统",该两个系统给港航管理部门增加了实时监管的能力,保证了港航管理、船舶引航工作的安全高效,并为实现水域管理数字化提供了基础数据平台。同时提高了引航站管理部门的工作效率,促进了港口引航的服务水平和能力的提高,提升了港口引航服务的社会形象。

截至2010年底,上海港引航站有职工546人,其中引航员297人(含高级引航员48人,一级引航员56人,二级引航员77人,三级引航员102人,助理引航员14人)。全年上海港引航站引领船舶达到67 257艘次,其中集装箱船舶29 187艘次,船长180米以上的25 969艘次,吃水10米以上的14 149艘次。其下属洋山分站完成引航8 280艘次。2010年2月16日,上海港引航员安全引领开埠以来最大豪华邮轮"玛丽女王2号"靠泊外高桥海通码头,拉开了申城"世博年"邮轮到访的序幕。"玛丽女王2号"全长345米,宽41米,与上海人熟知的丽星邮轮公司旗下的"狮子星号"相比,该邮轮更大、更豪华,可同时搭载2 620名乘客及1 000多名船员,是目前全球排名第二位的豪华邮轮。

2011年,上海港引航站完成引航船舶69 345艘次,同比增长3.1%。其中进口32 319艘次,出口32 534艘次,移泊4 492艘次;集装箱船舶29 187艘次,危险品船舶11 600艘次;全年引领船长180米以上的船舶28 361艘次,引领船长250米以上的船舶13 495艘次;引领吃水大于10米的船舶16 103艘次,引领大型国际邮轮538艘次。洋山分站全年共完成引航任务10 050艘次,同比增长21.8%。

随着上海港的跨越式发展,引航站年引航艘次持续攀升,引航接送区域不断延伸,现有引航船已无法满足引航安全生产的需求。2011年12月1日,最先进的引航船"沪港引11"号到沪。该轮长107.95米,吃水4.60米,具备在长江口连续作业20天以上、最多可容纳100名引航员在船待命的能力,是目前国内吨位最大、设备最齐全、操纵性能最好的专用引航船,可为进出上海港和长江的船舶提供更加优质的引航服务。该轮2012年第二季度投入了上海港的引航生产。

2012年,由上海海事局、上港集团和上海港引航站组织实施的洋山深水港首次"双套泊"引航作业取得成功。3月13日下午1:30,两艘出口集装箱船"商船三井优势"与"西雅图快航"轮准时解缆开航,20分钟后,两艘出口船掉头完毕,随后与等在泊位上的进口船"大阪快航"号与"新厦门"号顺利交汇并安全驶出小岩礁口门,两艘进口船于14:30安全靠泊。实施的"双套泊"引航作业,是指两艘进口船先行进入小岩礁口门,分别等候在两艘出口船的泊位边,等出口船离泊后立即接靠的引航作业方式。新的作业模式大大缩短了船舶在港等待靠泊的时间,显著提升了码头作业效率,满足了服务港航生产发展的需求。是年,上海港引航站再创佳绩,全年完成引航船舶67 715艘次。仅在当年1月就引领船舶达5 650艘次,其中集装箱船2 449艘次,船长超过250米的船舶1 209艘次,吃水超过10米的船舶1 291艘次;引领船舶靠离洋山深水港796艘次,日均引领船舶182艘次。

随着洋山港枢纽地位的巩固和集装箱吞吐量的快速增长,洋山港主航道的单向通航模式越来越成为制约港口发展的瓶颈。为突破这一瓶颈,提升洋山港主航道通航效率,2011年8月,上海港会同上海海事局、洋山海事分局、引航站、盛东公司和冠东公司等相关单位,联合成立"洋山深水港区通航功能提升"课题组,实施洋山深水港主航道双向通航措施,把原来的"单行道"改为船舶同时进出的"双行道",全面提升洋山港通航能力。2012年7月1日,两艘大型国际干线集装箱船舶"意茂"轮、"汉伯桥"轮在保持安全距离的同时,顺利地交汇通过了91.2米的洋山主航道内小岩礁附近水域,宣告洋山主航道双向通航试验获得了成功。

通过专题攻关,先后研究成功双档靠泊、双向通航、双窗口离泊、双套泊的"四双"举措,洋山深水港通航效率大增,"四双"举措的常态化缩短了船舶待泊时间。此后又结合百余艘次的双向通航、套泊靠离、全潮水离泊实船试验,为全面实施双向通航提供了实践经验。

到2013年10月,上海洋山深水港主航道双向通航正式实行。据测算,此举将使进出洋山港的船舶平均等待时间将由原来的3.5小时缩短至1.75小时,港口泊位利用率将从72%上升至84%,洋山港船舶靠离窗口时间大大延长,深水港的通航能力再上一个新台阶。双向通航的常态化缩短了船舶待泊时间、提高了港口和航运公司运营效率、降低运营成本,将惠及往来洋山深水港的世界各大航运公司,惠及所有涉及洋山深水港的港航企事业单位。

2013 年 11 月,引航站科技人员经过研究与开发,全程实时同步监控系统(俗称"超速上墙")在该站调度科率先投入试运行。此系统根据海事部门的法律法规和引航站内部的相关规则,定义不同区域的报警高、低速限值及超速、滞航后长报警的设置,并可智能计算抵达黄浦江、宝山交接中心的时间点,自动准确判断引航员的违章或异常行为,即时输出跟踪式报警信号,提醒处理并可随时根据需要进行历史回放,追溯报警内容。全程实时同步监控系统的有效运行,使监控由人工化向智能化转变,24 小时全天候、不间断工作,使引航生产中违章行为"全捕捉、零遗漏"。

全程实时同步监控系统的投入使用,有效增强了被引领船舶的动态跟踪和实时监控的能力,全面提升了信息化、精益化、系统化建设的管理水平,加强了引航全过程的安全管理,从而预防和减少引航事故的发生,提高了引航生产效率,为"团队引航"提供了强大的岸基支持,促进了引航生产科学、安全、高效发展。

2013 年 11 月,上海港引航站针对邮轮旅游步入快速发展轨道,黄浦江国客码头前沿水域较为狭窄,目前沿用的船舶靠离模式无法完全发挥出区位优势和港口设施优势的情况,启动了"上海港国客码头大型国际邮轮'双窗口'开靠关键技术报告"课题研究。此课题提出创新邮轮开靠的设想,即进口指定调头区掉头后倒航靠泊,出口直接离泊。2014 年 5 月引航站"上海港国客码头大型国际邮轮'双窗口'开靠关键技术报告"课题通过专家评审。课题为大型邮轮靠离国客码头的方式选择提供了理论依据,这是一次管理和技术上的创新、效益与风险的平衡。"双窗口"开靠模式,打破了以往大型邮轮靠离泊时间单一的瓶颈,进一步满足了邮轮对班期和安全的需求,提高了码头运营效益。(图 5-2-3)

图 5-2-3　邮轮"双窗口倒航套泊"作业

2014年1月21日22点30分,洋山港首次开展大型船舶夜间套泊作业,在引航站引航员的精心操作下,盛东公司码头2泊位上德国籍大型集装箱货轮"中远拿波利号"准时离泊开航,与此同时,等候在泊位附近水域的伊朗籍大型集装箱货轮"芮塔号"缓缓靠泊2泊位,此举标志着洋山港套泊作业已实现全天候运行,码头功能和作业效率得到进一步提升。

2014年,上海港引航站积极应对和克服各种困难,引航生产取得了好成绩。全年完成引航船舶66 417艘次,其中进口31 175艘次,出口31 454艘次,移泊3 788艘次;进出长江船舶23 300艘次;集装箱船舶28 577艘次,危险品船舶10 923艘次;全年引领长度300米以上的超大型船舶5 927艘次,增幅4.53%;引领吃水大于12米的超大吃水船舶559艘次,增幅5.47%;引领大型国际邮轮538艘次,增幅37.24%。同年洋山分站共完成引航任务9 144艘次,完成双向通航180艘次,双套泊作业291艘次,超大型集装箱船舶反潮水离泊试验129艘次,夜间套泊作业148艘次。

截至2015年末,上海港引航站实有事业编制人员435人,参照事业编制人员进行管理的有92人,劳务用工171人。其中,共有引航员307人,较"十一五"末增长5.7%,其中高级、一级、二级、三级引航员各有82人、74人、85人和46人。共拥有各类引航船艇32艘。该站积极应对船舶大型化、专业化趋势,全年完成引航船舶68 419艘次,同比增幅达3.01%。是年,引航站引领集装箱船舶30 328艘次,同比增长6.13%;引领长度300米以上的超大型船舶6 618艘次,增幅11.66%;引领吃水大于11米的超大吃水船舶9 382艘次,增幅1.62%;引领大型国际邮轮630艘次,增幅26.25%。2015年洋山分站共完成引航任务9 426艘次,增幅达到3.08%。

"十二五"期间,上海港引航站按照交通运输部统一部署要求,以"保安全、保船期、降成本"为主旨,制定推进"阳光引航"实施方案及工作计划,明确公开引航计划、规范引航收费、细化拖轮调派规则等21条工作措施,并制作阳光引航服务手册,接受社会公众监督。并相继开发运行了"引航生产安全监控系统""引航信息管理系统""引航资源管理系统"等引航信息化管理软件。通过调查研究和课题攻关,相继完成了洋山能见度不良进出港、洋山套泊作业、洋山双向通航、上海港超大型集装箱船舶顺流离泊、国客码头大型国际邮轮双窗口开靠等重点课题攻关项目,并在实践中应用,切实提高了上海港的通航效率和码头运营效率,引航服务和保障能力得以不断提升。

该站加强全站经济内控、人力资源、资源保障管理,制修订出台32项内部管理制度,进一步提升了引航综合管理水平。坚持安全事故与事故隐患"四不放过"原则,将安全管理工作阵线前移,狠抓违章违纪,落实各项安全预控措施,引航安全率逐年提升,其中2015年的安全率达到99.98%,并以975分的高分通过CCS安全生产标准化考评,获得交通运输部颁发的安全生产标准化一级达标企业证书。

上海港引航站在"十二五"期间,共引领中外籍各类船舶 339 549 艘次,较"十一五"增长 10.24%。其中,2011 年全年引领 69 345 艘次,为历史最高。"十二五"期间该站运营情况如图 5-2-4 所示。

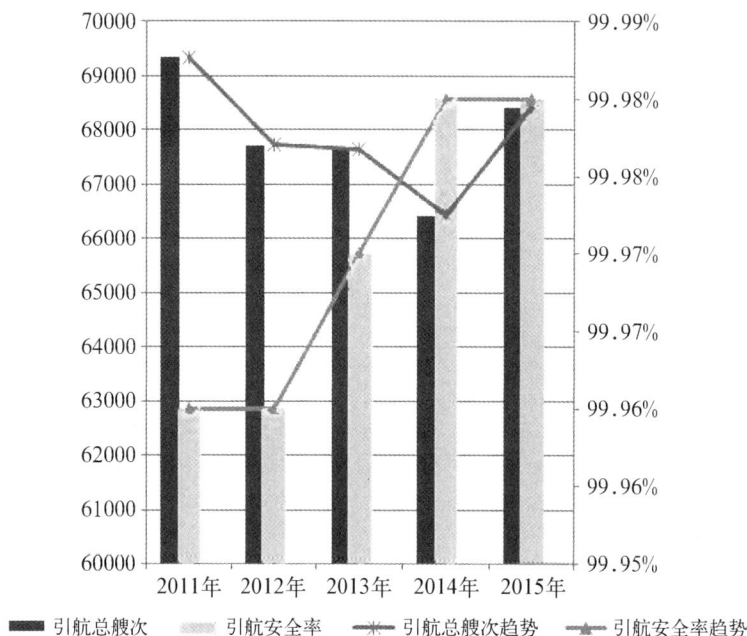

图 5-2-4 "十二五"期间上海港管理引航站引航艘次与安全情况示意图

截至"十二五"末,该站共拥有各类引航船艇 32 艘,其中国内首艘吨位最大、设备最齐全、操纵性能最好的专用引航船"沪港引 11"轮于 2012 年投入运营。引航信息化建设有序推进,并在 2015 年提出国内首创"E 引航"体系,形成"E 引航的发展与研究报告"和"十三五"期间站信息化建设的实施纲要。

"十二五"期间,该站先后获得"全国阳光引航先进单位"、第 17 届"上海市文明单位"、"上海市五星级诚信创建企业"等荣誉称号;洋山分站被评为全国和上海市"工人先锋号"、上海市"同创共建文明口岸先进集体"。

2016 年 4 月,上海港引航站制定了《"十三五"发展规划》(以下简称"《发展规划》"),《发展规划》的主要内容是:

1. "十三五"期间,随着"一带一路"、长江经济带、上海国际航运中心及自由贸易试验区建设的稳步推进,上海港持续稳定增长可期,在保持集装箱吞吐量世界第一的同时,枢纽港的地位进一步提升。进出上海港的船舶呈现出大型化比例将不断提高,大型邮轮艘次增长明显。

2. "十三五"期间,上海港引航站将进一步落实"阳光引航"的各项举措,优化引航价值链,在"十三五"末具备全港全天候引航能力。确保安全引领船舶34~35万艘次;引航事故与引领艘次比每年控制在千分之二以下。努力实现"集中管控、运转流畅、协调高效"的生产运营管理目标,实现主要经济指标持续稳定增长。

3. 人力资源管理将实现"规模适度、配置优化、成本可控",探索试点部分辅助后勤业务的外包。至"十三五"末,总配置742人,其中一线引航员人均月引领船舶22艘次,引航员配置339名;事业编制人员401人,参照事业编制人员管理的135人,劳务用工206人。持续打造引航精英团队,至2020年末,全能引航员占比将达到75%,各档次引航员梯次结构合理;学术水平持续提高,力争培养1~2名全国知名的船舶操纵专家,在行业规则、通航标准、法规及操纵方案的制定方面拥有一定的话语权和主导权。

4. 按照"轻资产、重管理、提效能、优价值"的原则,优化资源保障。完成"沪港引1"轮、"沪港引5"轮、部分玻璃钢交通艇更新工程,每年更新3~4艘工作艇,制定"沪港引2"轮替代方案,完成"沪港引1""沪港引5"等老旧船舶的处置。

5. 结合"大数据"和"互联网+"等概念,大力推进"E引航"体系建设,整合各类信息系统和资源,提升引航信息化、智能化水平。到"十三五"末,建成"E引航"框架下的大数据中心,实现新材料、新技术在生产运营及内部管理中的适时运用,精益化管理水平和全要素生产率不断提高。

6. 上海港引航站将在服务保障国家战略,支撑强港发展和航运振兴;持续推进"阳光引航",维护"水上国门形象第一人"品牌形象;积极履行社会责任,大力推进引航绿色化;实施安全引航战略,实现安全发展;持续发挥洋山分站的示范引领作用;加强以全面预算管理为核心的财务管理,切实提高经济运行质量;实施科技引航战略,实现创新发展;大力推进"E引航"体系建设,积极开展引航创新技术攻关;实施团队引航战略,实现协调发展;优化人力资源配置和管理,打造引航精英团队;全面提升岸基支持水平;实施人文引航战略,深化对外交流合作,实现共享发展等方面完成各项任务,努力实现《"十三五"发展规划》。

进入"十三五",2016年,上海港引航站紧扣"安全与服务"引航工作主线,深入推进"E引航"建设,全面整合岸基资源,优化引航事件处置流程,引航生产创上海港开埠以来年引航艘次历史新高,全年共完成引航船舶70 032艘次,同比增幅2.36%,首次突破7万大关。其中进口33 508艘次,出口33 617艘次,移泊2 907艘次;进出长江船舶27 248艘次,增幅12.28%;集装箱船舶30 084艘次;危险品船舶12 445艘次,增幅10.01%;全年引领长度300米以上的超大型船舶7 256艘次,增幅9.64%;引领大型国际邮轮955艘次,增幅51.59%。全站无安全上报责任事故,引航安全保持稳定。

2016年,引航站洋山分站持续打造"洋山引航"服务品牌,共完成引航任务8 937艘次,完成双向通航 324 艘次,双套泊作业 1 568 艘次,完成超大型集装箱船舶顺流离泊试验 172 艘次,夜间套泊作业 806 艘次,夜间双套泊作业 412 艘次。全年共开展能见度不良条件下船舶进出洋山港区试验 73 艘次,船长大于 335 米的超大型船舶顺流离泊拓展作业 77 艘次。安全引领"振华 17"轮等船舶开靠洋四期码头 8 艘次。

2017 年,上海港引航站积极应对船舶大型化、专业化趋势和大型国际邮轮进出上海港频繁的情况,以上海市交通委下发的《关于重新公布上海港引航距离的通知》为指导,实现新老政策平稳衔接,正式启用新版《上海港引航辅助拖轮配备标准》。有力推动港航企业降本增效。进一步推进"阳光引航"工作措施,提升引航服务质量。在"阳光引航"工作中不断创新:紧扣"安全与服务"的引航工作主线,建立了"交通运输行业船舶引航员职业建设联系点",提高引航员队伍综合素养;成功完成 3 次长江口北槽双向交汇超宽试验,挖掘上海港深水航道资源潜力,提升长江口深水航道通航效率;针对上海港恶劣气候频发的常态化趋势,修订完善了《上海港引航站雨夹雪恶劣天气应急预案》和《大风浪南槽接送规范》,建立健全《引航调度船舶失控处置流程(试行)》等章程,保障引航生产安全,以 980 分通过安全生产标准化换证评价;按上海港引航站"十三五"信息发展规划,深入推进"E 引航"建设,"上海引航"门户网站、资源管理系统、安全管理系统及引航 APP 等十个系统完成网络安全等级保护测评;建立了 AIS 海事数据专线、新增船舶 VSAT 卫星接收系统和布局船体重点部位视频监控,实现了引航作业现场动态和水文气象情况的实时监控;为适应港口发展新常态,开展的《上海港安全引航人—组织因素智慧管理与心理测量模式研究》和《淞邮码头大型国际邮轮安全开靠相关技术研究》研究课题顺利结题。

2017 年,上海港引航站共招聘 21 名社会船员担任引航员,招录大学应届毕业生 4 名,54 名引航员实现升级升档。截至 2017 年末,实有在编制人数 531 人(不含劳务工)。共有引航员 342 人,其中,高级引航员 118 人,一级引航员 80 人,二级引航员 67 人,三级引航员 38 人。站属船艇 13 艘。当年,该站召开 8 次技评委会议,其中引航技评小组会议 6 次,为 64 名引航员进行技术评定,组织实船考核 280 余人次;以周弘文领衔的"上海市劳模工作室"正式揭牌,初步完成与引航操纵汇编相匹配的教学视频拍摄;3 位"百师百徒"导师相继完成"大型客轮进出黄浦江操纵""大型舵机故障船进出黄浦江困难操纵"等带教工作。根据海船船员培训合格证签发管理办法要求,31 人参加换证培训,对引航船、吴淞船队驾驶员进行了喷泵推进工作艇技能培训。

是年,上海港引航站完成了长江口北槽航道通航功能提升课题研究,实现反潮水离泊、套泊作业的常态化运作。上海港引航艘次再创新高,全年达到 70 445 艘次,同比增幅 0.59%。其中进口 33 729 艘次,出口 33 872 艘次,移泊 2 844 艘次;进出长江 27 934 艘次,同比增幅 2.52%;集装箱船舶 29 824 艘次,同比降幅 0.86%;危险品船舶 13 477

艘次,同比增幅 8.29%。引领长度 300 米以上的超大型船舶 7 610 艘次,同比增幅 4.88%;引领大型国际邮轮 968 艘次,同比增幅 1.36%。大型船舶顺水离泊 208 艘次,增幅 20.9%;套泊作业率增至 57.1%,夜间套泊作业增幅达 54.1%。为更好地挖掘上海港深水航道资源潜力,适应船舶大型化发展趋势,降低港航企业运营成本,2017 年成功完成 3 次长江口深水航道超宽交会试验。全站无安全上报责任事故,引航安全保持稳定。

2017 年,洋山分站持续打造"洋山引航"服务品牌,完成引航 7 898 艘次。实践《上海洋山深水港区四期码头船舶靠离泊安全操纵模拟和相关技术研究》课题成果,圆满完成洋山四期工程开港首靠任务。全年实现双向通航 545 艘次、双套泊作业 1 772 艘次,夜间套泊作业 1 274 艘次,夜间双套泊作业 488 艘次。共开展能见度不良条件下船舶进出洋山港区 23 艘次,超大型集装箱船舶顺流离泊 208 艘次,船长大于 335 米的超大型船舶顺流离泊拓展作业 99 艘次,并首次实现 1.8 万标准箱集装箱船舶套泊作业。通过运用引航技术创新成果,实现洋山港区能见度不良条件下引航作业及大型集装箱船舶套泊作业常态化、超大型集装箱船舶顺流离泊作业全覆盖,大大缩短船舶在泊等待时间,有效提升了港口综合竞争力。洋山分站"双窗口拓展——超大型船舶顺流离泊操纵法"获上海市职工先进操作法优秀成果创新奖、2016 年度上港集团职工先进操作法成果一等奖。

2018 年,上海港引航站积极应对船舶大型化和大型国际邮轮进出上海港频繁的情况,坚持以技术创新提升效率,着力打造"E 引航"框架下的大数据中心和信息系统平台化建设。并以此为基础,面向引航平台化、互联化和智能化的时代发展需要,深入开展"E 引航"新技术的再研究再发展,实现引航大数据深度整合共享和协同运作,以信息融合、智能驱动、云计算和 5G 通信等新技术推进引航生产管理效能的提高,持续增强引航核心竞争力。

2018 年,上海港引航站相继完成电子海图助航系统和引航 APP 功能提升,引航调派、引航费收、网上船期、后勤管理等子系统全面升级,"基于数据驱动的引航智能调度系统"通过历史引航数据验证。"上海港黄浦江水域、洋山水域恶劣气象水文条件下的引航应急操纵训练软件"完成全部功能开发。全年各类引航创新技术实践运用占比达到 11.55%。"面向港口船舶安全引航的 e-pilot 核心技术研究及其系统应用"获中国港口协会科技进步奖二等奖。

当年,上海港引航站全年共完成引航 68 286 艘次。其中,进口 32 639 艘次,出口 32 813 艘次,移泊 2 834 艘次;进出长江 26 585 艘次;集装箱船舶 29 775 艘次;危险品船舶 13 169 艘次。引领长度 300 米以上的超大型船舶 7 950 艘次,同比增幅 4.47%;引领大型国际邮轮 827 艘次,军舰 15 艘次。共完成洋山港区套泊作业 3 990 艘次,双向通航 512 艘次,超大型集装箱船舶顺流离泊作业 372 艘次,较去年增长 47.62%;完成洋山四期全自动化码头引领任务 1 237 艘次;完成上海本港国客码头大型邮轮倒航 14 艘次;本港顺流离泊作业3001艘次,大大缩短船舶在泊等候时间,有效提升了码头运营效率和港口综合竞争力。

为深入贯彻落实交通部关于《长江口深水航道利用边坡自然水深提升通航效率总体方案》的指示要求,更好地挖掘上海港深水航道资源潜力,跃升航道通航效能,降低港航企业运营成本,2018年3月22日17:34,巴哈马籍大型邮轮"海洋量子号"(船宽48.85米)与巴拿马籍杂货船"新胜轮"(船宽32.26米)在北槽航道40号灯浮顺利完成超宽交会,这是上海港首次进行大型邮轮与非集装箱船之间的超宽交会试验,为今后持续推进北槽超宽交会、提升通航能力积累了宝贵经验。2018年上海港引航管理站共顺利完成长江口深水航道超宽交会实船试验240次,为不同类型船舶的超宽交会积累了实践经验,为长江口深水航道未来交会限宽政策的调整提供了真实、可靠的数据资料。交通运输部宣布,自12月1日起长江口深水航道"超宽交会"可实行常态化运行。这项举措使长江口深水航道大型邮轮和大型集装箱船舶"超宽交会"由试运行转为常态化运行,此项政策的实施,提升了黄金水道通航效率,将有效缓解长江口深水航道大型邮轮与大型集装箱船的船期延误问题,有力地支持了港口主业生产和上海港国际航运中心建设。

2019年,上海港引航站全年共完成引航68348艘次,同比增长0.09%,其中,进口32820艘次、出口32920艘次、移泊2608艘次;进出长江27300艘次,同比增长2.69%;集装箱船舶29748艘次;危险品船舶13502艘次,同比增长2.53%。引领长度300米以上的超大型船舶8236艘次,同比增幅3.6%;引领大型国际邮轮501艘次,军舰22艘次。引航生产安全稳定受控。

自2005年年底洋山开港至2018年10月,洋山分站累计安全引领突破10万艘次。随着洋山四期自动化码头的顺利投产,港区产能得到提升,洋山分站2018年引领量达8407艘次,同比增长6.44%。全年完成双向通航512艘次,双套泊作业1368艘次,夜间双套泊作业392艘次;超大型船舶顺流离泊作业311艘次,同比增长49.5%,其中船长大于335米的顺流离泊拓展作业133艘次;完成18000标准箱以上的集装箱船舶安全靠离878艘次,同比增长32.4%。

2019年,引航站洋山分站全年引领量达8598艘次,同比增长2.27%。全年完成双向通航449艘次,双套泊作业972艘次,夜间双套泊作业296艘次;超大型船舶顺流离泊作业300艘次,其中船长大于335米的顺流离泊拓展作业157艘次,同比增长18.1%;完成18000标准箱以上超大型集装箱船舶安全靠离1206艘次,同比增长37.6%。洋山分站积极运用《洋四期自动化码头引航效能提升研究》课题技术创新成果,开展洋四期初涨水套泊试验12组、落水港内双向套泊试验8组。洋山港区大型集装箱船舶套泊作业、超大型集装箱船舶顺流离泊作业等特殊船舶操纵基本实现了"常态化"。经过多方联合协调机制,进一步盘活了港区资源,船舶在港、在泊等候时间明显减少,靠离泊风险有效降低。

随着国民经济的快速发展和上海市生产建设的飞跃,上海港引航站引航船舶艘次逐年递增。2000 年船舶引航 28 082 艘次,2005 年船舶引航递增到 51 330 艘次,2010 年又达到 67 257 艘次,2015 年递增到 68 419 艘次,2017 年进一步递增到 70 445 艘次,2018 年船舶引航 68 286 艘次,2019 年船舶引航达到 68 348 艘次。(见表 5-2-1、5-2-2)

表 5-2-1　2003～2019 年上海港引航管理站引航艘次统计表

年份	引航艘次	年份	引航艘次
2003 年	40 985	2012 年	67 715
2004 年	45 876	2013 年	67 653
2005 年	51 330	2014 年	66 417
2006 年	54 945	2015 年	68 419
2007 年	59 753	2016 年	70 032
2008 年	61 876	2017 年	70 445
2009 年	64 189	2018 年	68 286
2010 年	67 257	2019 年	68 348
2011 年	69 345		

表 5-2-2　2011～2019 年上海港引航站引航各种船型艘次统计表　　　单位:艘次

年份	总艘次	其中				
		集装箱船舶	长 300 米以上船舶	大型邮轮	洋山分站	进出长江
2011 年	69 345	31 069	5 592	—	10 050	26 799
2012 年	67 715	29 819	5 568	238	9 822	23 131
2013 年	67 653	28 734	5 670	392	9 511	25 648
2014 年	66 417	28 577	5 927	538	9 144	23 300
2015 年	68 419	30 328	6 618	630	9 426	24 267
2016 年	70 032	30 084	7 256	955	8 937	27 248
2017 年	70 445	29 824	7 610	968	7 898	27 934
2018 年	68 286	29 775	7 950	827	8 407	26 585
2019 年	68 348	29 748	8 236	501	8 598	27 300

在对外国籍船舶引航过程中,部分经典的引航案例有:

(1) 2002 年 4 月,刚下水一个月,长 352 米、宽 43 米的"马士基奥克斯"轮来到上海,在引航员的引领下顺利靠离新竣工的外高桥四期码头,标志着上海港已具备接纳世界最大集装箱船的能力。

(2) 2002 年 11 月,世界最大最豪华邮轮之一的"狮子星号"在精心引领下安全通过吴淞越江隧道工地和杨浦大桥,直驶黄浦江腹地。

(3) 2005 年,引领装载集装箱岸边起重机和轮胎吊的特种船"振华 2"轮、"振华 3"轮首次停靠洋山深水港区码头;引领世界最大集装箱船 10 000 箱位的"克莱门特马士基"轮成功试靠洋山港区。

(4) 2005 年,引领吃水最深为 12.2 米的"新发海"轮、船长最大为 347 米的"斯克根马士基"轮通过长江口深水航道,创下上海港通航新纪录。

(5) 2008 年 6 月,引领船长 397.7 米、被誉为"海上巨鲸"的世界最大集装箱船"伊夫林马士基"轮停靠洋山 9 号泊位。

(6) 2010 年 2 月,上海港引航员安全引领开埠以来最大豪华邮轮"玛丽女王 2 号"(长 345 米,宽 41 米)靠泊外高桥海通码头,拉开了申城"世博年"邮轮到访的序幕。

(7) 2011 年 6 月,意大利籍"蓝博"轮在长江北槽进口途中主机突然失控,在引航员沉着冷静地指挥下,"蓝博"轮成功地避免了一起突发事故。

(8) 2014 年 3 月 11 日下午,洋山分站成功实施"双向双套"作业。在两个小时内顺利完成了"中远非洲""地中海玛德琳"等 7 艘大型集装箱货轮的靠离泊任务,有效缩短了船舶的候泊时间,提高了港区生产效率。

(9) 2014 年,成功引领当年世界最大的 19 100 标准箱集装箱船"中海环球"轮首靠洋山港。

(10) 2014 年 9 月,受第 12 号台风"娜基莉"边缘的影响,洋山港区风力达到 7 级,停靠盛东公司码头长 294 米、吃水 10.5 米的"日邮忠爱"轮,因机舱进水主机无法启动离泊。引航站在拖轮的协助下,成功引领失控船"日邮忠爱"轮至应急锚地抗台风。

(11) 2015 年,在洋山深水港开展夜间"双套泊"作业 124 艘次。同时,基本形成了较为成熟的 18 000 标准箱的集装箱船进出洋山深水港的安全保障机制。

(12) 2015 年 6 月 24 日,上海港引航站顺利引领"海洋量子号"邮轮(长 347.08 米,宽 45.13 米,吃水深 8.8 米)进上海港靠泊,创中国引航最大邮轮纪录。

(13) 2017 年 1 月 13 日,上海港引航站顺利引领"振华 26"特种船(长 233.6 米,宽 189.7 米,38 255 总吨)装载集装箱岸边起重机出口,创中国引航船舶最大装载宽度(左超 60.7 米,右超 85 米)纪录。

(14) 2017 年 5 月 22 日,上海港引航站顺利引领"东方香港"超大型集装箱船(长 399.87 米,宽 58.5 米,高 73.5 米,吃水深 10.8 米),装载集装箱 21 413 标准箱,靠泊洋山深水港三期码头,创中国引航全球最大集装箱船舶纪录。

图 5-2-5　2005 年 11 月 30 日引领洋山深水港开港第一艘外轮——
大型集装箱船"彩虹石"轮靠洋山一期码头

图 5-2-6　2007 年 11 月引领宽度最大的船舶——液化天然气船
"大鹏昊"进出黄浦江

图 5-2-7 2017 年 5 月 22 日引领迄今世界上最大的集装箱船
"东方香港"轮安全靠泊洋山深水港

二、理货

上海港的外轮理货业务主要由上海外轮理货有限公司和中联理货有限公司上海分公司共同承担。

2003 年 1 月,上海港口体制改革,中国外轮理货总公司上海分公司隶属于上海国际港务(集团)有限公司。7 月 2 日,按照理货体制改革精神,交通部批复同意中国外轮理货总公司上海分公司改制,理货上海分公司从上海港务(集团)有限公司分离出来,作为国内合资自主经营的独立的企业法人,改称为上海外轮理货有限公司(以下简称"外理公司")。同时将中国外轮理货总公司原向理货上海分公司收取管理费的方式,改为持有上海外轮理货有限公司 16% 的股权。随后,上港集团与中国外轮理货总公司签订了《中国外轮理货总公司上海分公司改制协议》。新公司于 10 月 8 日正式对外挂牌营业,公司注册资本 5 000 万元,除经营国际、国内航线船舶的理货业务,国际、国内集装箱理箱业务,集装箱装、拆箱理货业务,货物的计量、丈量业务外,还涉足监装、监卸业务和货损、箱损检定等业务。(图 5-2-8)

中联理货有限公司上海分公司于 2004 年 6 月在上海成立,总部设在北京,但该公司实际理货量较少。

2003 年,外理公司有理货从业人员 1 300 余人,其中,近 500 人持有各系列专业技术证书,260 余人持有各级理货长资格证书。下辖 8 个船舶理货部,2 个集装箱装拆箱理货部和 1 个办事处,分别驻扎在上海港各码头公司、货主码头和主要集装箱堆场。业

图 5-2-8 外轮理货

务涉及上海港所有公用码头和货主码头的船舶理货、理箱及进出上海港的集装箱箱内货物的装拆箱理货,为国际、国内航线船舶和委托方提供服务。市内、市近郊 80 个集装箱堆场也有外轮理货人员入驻,为有关方面提供集装箱装、拆箱理货、出证等服务。

外理公司在发展过程中,信息技术在理货业务管理中得到广泛应用。随着全国港口集装箱码头设施的不断完善,集装箱箱量的不断增多,装卸速度的日益提升,船舶在港时间的不断缩短以及集装箱运输向船舶大型化、装卸高效化、单证无纸化、管理电脑化方向发展的趋势,外理公司研制成"集装箱出口理货信息处理系统",该系统通过电子信箱与各有关船公司、港口码头、外轮代理公司等单位联网,进行集装箱出口理货信息的数据交换。特别是提供"一图三表五清单"(即出口集装箱积载图;按集装箱箱号的排序表、按货物提单号的排序表、按卸货港顺序的排序表;分港综合清单、经营人清单、危险品清单、重箱清单和拼箱清单),实现了国际集装箱报文、单证由纸质传输向电子传输转换。同时通过单贝编号、双贝编号等方式完成单贝大量变图和双贝混装变图的工作,使之在集装箱装船过程中可以随时查询集装箱的装船情况和数据修改情况,极大地方便了理货人员的工作,同时也为各口岸国际集装箱运输系统 EDI 项目的全面开展提供了良好的基础。

2003 年,外理公司共完成理货总量 9 132 万吨,比上年增长 32.8%;其中集装箱理货量 1 032 万标准箱,增长 32.7%;进口船舶到数率保持在 99.7% 以上,理货数准确率达 99% 以上。该公司信息处理系统能及时对理货现场采集的信息进行校验、汇总和发送,船舶作业结束 2 小时内对外发送信息的及时率已达 99% 以上。

2004年是外理公司改制后的第一年。是年,外理公司外贸理货在国内已经处于领先地位,已经建立了一整套完善的理货工作标准化体系。先后制订了理货工艺标准19项、工作标准93项、岗位标准106项、优质服务标准1项,建立了理货生产全过程的质量保证体系。已经使用微机辅助管理,健全了集装箱出口理货信息系统,采用电子数据交换技术,对集装箱出口理货的全过程实行电脑控制、快速处理,业务交往中的所有单证、数据处理、信息汇总等准确率接近100%。完成的理货吨达到10 947万吨,比上年增长19%;集装箱理货1 302万标准箱,增长26%;集装箱装拆箱理货222万标准箱,增长19%;理货船舶59 730艘次,增长14%;理货总件数3 359.48万件,综合到数率100%。

2005年,外理公司完成理货吨1.29亿吨,同比增长17%;集装箱理货1 595万标准箱,同比增长23%;集装箱装拆箱理货248万标准箱,同比增长11.7%;理货船舶72 150艘次,同比增长21.5%;理货总件数3 430万件,同比增长2.4%;综合到数率99.93%。

"十一五"期间,外理公司在洋山深水港区先后设立盛东、冠东两个理货部,承担洋山深水港区一期、二期、三期码头的集装箱大船理货业务。同时关闭黄浦江内杨浦大桥和卢浦大桥之间老港区的理货办事处。外理公司自行开发了便携式计算机(即笔记本电脑)制作出口船图的软件向船方提供统一格式的船图封面、排位图、SUMMARY和EDI报文等资料。自此,外理公司把信息技术直接应用于理货现场。

2006年,外理公司完成理货船舶突破8万艘次。完成理货量18 723万吨,集装箱理货1 988.7万标准箱,同比增长25.6%和24.7%;集装箱装拆箱理货223.5万标准箱,同比下降9.88%;理货船舶82 602艘次,同比增长14.5%;理货总件数3 705.1万件,同比增长8%;综合到数率99.94%。

2007年,上海外轮理货有限公司进一步改制,由上海国际港务(集团)股份有限公司和中国外轮理货总公司共同投资组建,经营国际、国内航线船舶的理货业务,国际、国内集装箱理箱业务,集装箱装拆箱理货业务,货物的计量、丈量业务,监装、监卸业务和货损、箱损检定业务。

随着业务发展的需要和"无线实时理货系统"的推广应用,外理公司对业务进行综合规划和统一设计,从2005年开始筹划进行"上海外轮理货管理信息系统"的建设,即STMIS(全称Shanghai Tally Management Information System)。该系统经过几期建设,最终于2007年建成为一个先进、便捷、高效、多功能的综合业务管理信息处理系统,应用于现场理货工作。该系统和"无限实时理货系统"(TWCS)项目的研发、应用,建立了理货作业 PDA 技术（个人数字助理）系统。"人手一机"的理货操作模式经过应用实践，有效地提高了理货效率。

2007 年，外理公司完成理货量 22 923.1 万吨，集装箱理货 2 435.7 万标准箱，同比增长 22.4％和 22.5％；集装箱装拆箱理货 211.8 万标准箱，同比下降 5.23％；理货船舶 84 501 艘次，同比增长 2.3％；理货总件数 4 081.2 万件，同比增长 10.2％；综合到数率 99.97％，同比上升 0.03 个百分点。

2008 年，该公司有从业人员 1 800 余人，下辖 10 个船舶理货部、2 个集装箱装拆箱理货部。全年完成理货量 25 841.5 万吨，同比增长 12.7％；集装箱理货 2 667.1 万标准箱，同比增长 9.5％；集装箱装拆箱理货 223.5 万标准箱；理货船舶 88 091 艘次，同比增长 4.2％；理货总件数 4 277.5 万件，同比增长 4.8％；综合到数率 99.97％，与上年持平。

外理公司跟随着上海港实现了跨江入海的跨越式发展，集装箱理货业务发展迅猛。件杂货理货业务随着上海港两桥之间生产装卸功能的收缩而进一步收缩，该公司关闭了两桥之间的理货办事处，同时在外高桥地区设立了浦东、外高桥、沪东、明东等 4 个理货部，承担外高桥 1～6 期码头的集装箱大船理货工作，在洋山地区设立盛东、冠东等 2 个理货部，承担洋山 1～3 期码头的集装箱大船理货工作。到 2010 年底，外理公司所属共有 12 个基层理货部，公司控股的外省市理货公司有 4 个。（见表 5-2-3）

表 5-2-3　2010 年上海外轮理货有限公司下属理货部门一览表

理货类别	数量	名称	负责码头
件杂货理货业务	4 个	罗泾理货部	罗泾件杂货港区码头
		张华浜理货部	张华浜港区码头、宝山港区码头、宝钢货主码头
		军工路理货部	军工路港区码头、振华港机厂货主码头
		龙吴理货部	龙吴港区码头
集装箱理货业务	8 个	浦东理货部	外高桥一期码头
		外高桥理货部	外高桥二、三期码头
		沪东理货部	外高桥四期、海通码头
		明东理货部	外高桥五、六期码头
		盛东理货部	洋山一、二期码头

理货类别	数量	名称	负责码头
集装箱理货业务	8 个	冠东理货部	洋山三期码头
		浦西理货部	浦西地区装拆箱
		新区理货部	浦东新区及莘庄地区装拆箱
外省市理货公司	4 个	苏州中理公司	
		杭州中理公司	
		无锡中理公司	
		昆山中理公司	
合计	16 个		

到 2010 年底,外理公司有合同制员工 1 161 人,业务承包工 597 人。当年外理公司完成理货船舶、理货吨、理货件数、集装箱理箱数分别达到 90 691 艘次、30 187.9 万吨、4 460.5 万件和 2 775.7 万标准箱,均创历史最高纪录。

近年来,外理公司顺应航运界的"互租箱位"流行模式,除了向船方提供基本的装船综合清单外,还特意提供了"港口箱主清单",即在每个卸货港下,又细分了每个"互租箱位"船公司拥有箱子的详细信息,大大方便了船公司。

随着上海口岸进出贸易量的不断攀升,发货人对货物状况信息的关注度也日益提高,迫切希望外理公司能利用其"全天候、零距离"的作业特性,为广大客户提供相关实时信息。该公司从满足客户需求出发,通过内部科研攻关,采用网络技术对理货信息进行整合。2011 年 11 月 29 日,外理公司"TIP 理货信息查询平台"正式上线,客户可以通过这一新建立的平台获取船舶、集装箱、理货报文等各类实时信息。该平台提供了两个查询模块——公共查询和 VIP 查询,客户只要登陆上海外理主页,即能在"在线服务"栏中选择公共查询或 VIP 查询。公共查询模块可以为客户提供一个月以内的单个集装箱理货信息,以及船舶作业状态等信息,包括出口查验改封信息、集装箱改单、改配等信息、30 天内的其他集装箱或船舶动态信息、分拨信息、理货服务产品信息等。VIP 查询模块主要面向认证客户,可查询公共信息的全部内容,并可将时间扩展到一年外,还提供了单艘次船舶的溢短、残损、特种箱等信息,客户也可以根据自身需求,订制"个性化查询"。外理公司"TIP 理货信息查询平台"的建立和运行,有效地提升了上海口岸理货信息服务质量,提升了客户服务满意度。

针对海通码头汽车滚装理货业务量的不断攀升和货主要求理货提供车架号的现实需求,该公司还研发了"商品车理货业务处理系统",首次使用条形码扫描技术进行车辆理货工作,使滚装船汽车理货工艺和服务质量跃上了一个新台阶。

2012年,外理公司开展对标管理工作,相继推出了19个一级指标和54个二级指标,通过一段时间的实施、检验和修正,相关指标日趋完善,进一步提高了内部管理水平。同时该公司开展"潜力就在岗位上"主题实践活动,坚持以"人人都是营销员"的市场营销理念,认真做好延伸业务的挖掘和设计,在外高桥地区开展了MAT冷代干验箱工作,即在出口冷藏箱(作干货箱用途)进入港区时,理货方对箱体的冷机设施进行检验,同时对电缆线、插座等设备情况进行把关记录和图像采集,避免了客户由于箱体残损所产生的损失,作为第三方维护客户的权益。按公司下发的《MAT出口冷代干集装箱进港理货检验冷机设备操作要求》,规范各岗位人员的工作职责。外理公司通过定期对该项工作的总结,进一步完善了操作流程,不断提高了验箱效率和服务水平,更好地满足客户的需求。是年,外理公司大胆尝试理货工艺改革,突破了传统的"一船一长"管理模式,在外高桥地区集装箱理货部全面推行理货长区域管理模式,提高了现场生产管理的效率。在件杂货理货部实行《件杂货船舶理货劳动力区域管理、区域作业实施细则》,进一步固化优化派工模式,提高了劳动生产率。当年,外理公司完成理货吨34 712万吨,完成集装箱理货3 113.4万标准箱。

2013年,外理公司制度管理与科技创新并举,继续深化理货工艺改革,推行"现场理货质量管控系统",修订并下发了《集装箱船舶区域管理工艺实施要求》《集装箱理货工艺》,明确了箱位抽检、历史残损箱处理、中转箱提醒和箱型核实等要求,进一步提升了理货服务质量;制定并下发了《理货船舶签证准备操作规定》,明确了结关签证各个环节的操作要求,努力实现"零签证"目标。

2014年,外理公司抓住生产关键,开展箱位抽检专项整治活动。针对集装箱船舶超大型化、港口快速装卸的趋势,制定了箱位抽检专项整治活动方案,对箱位抽检流程、抽检要求及考核标准做了进一步的明确。活动期间共抽检了68批次,合计24 211箱,各集装箱理货部共计抽检968 048箱,逐步建立了长效管理机制,不断提升管控效果。该公司还与罗分公司和海勃公司合作,继续推进港理BTOPS数据交互系统项目,使该项目在罗泾码头双轨运行。同时积极推进拆箱理货网上受理及电子受理项目,将理货拆箱受理切入到港口业务信息化流程中,实现与集团数据中心之间业务数据的双向交互,在方便客户、提高效率的同时,减轻了窗口受理压力,提高了理货信息化服务水平,网络受理量超过了30%。

到2015年底,外理公司共下辖有10个理货部。其中,从事集装箱大船理货作业的理货部 6 个,分别是外高桥地区的浦东、外高桥、沪东和明东理货部,洋山地区的盛东和冠东理货部;从事件杂货大船理货作业的理货部 2 个,分别是罗泾地区的罗泾理货部和黄浦江沿线的浦江理货部;从事装拆箱理货作业的理货部 2 个,分别是浦西理货部和新区理货部。公司共有从业人员 1 812 人,合同制员工 1 035 人,业务承包工 777 人。

是年,外理公司继续抓好件杂货 BTOPS 港理交互系统的功能完善和推广应用,重点解决了"计数"操作慢和现场带路问题,以满足现场理货生产需要。同时积极推进装拆箱手持终端系统升级项目,在公司所有进驻分拨堆场实现了 PDA 操作全覆盖,在军工路、杨行、外高桥保税区、莘庄、市郊等区域"门到门"理货中实施 PDA 操作,实时销账箱量已达到拆箱箱量的 13% 左右,进一步提高了拆箱理货的实时管理能力。并制定出台了《集装箱船舶箱位抽检管理办法》,全年箱位抽检工作有序开展,各理货部抽检比例达到出口总箱量的 39%,抽检合格率达 99.9%,提高了理货服务质量。在继续抓好海关 172 号令新舱单进口理货报告发送工作的同时,收集相关工作人员的意见和建议,对 V3 系统功能进行优化,简便了危险品、水果等特殊货的报关、提货手续,获得相关客户的好评。并充分利用微信平台,开发理货业务微信查询功能并上线运行,方便客户移动查询,进一步扩大了"上海外理 SHOST"微信公众号在目标客户群中的关注度。

2016 年,外理公司为适应港区生产情况的变化,在外高桥地区合并原浦东理货部和外高桥理货部,成立了新的外高桥理货部。在洋山地区,为配合洋山四期全自动化码头的开港试运行,成立了尚东理货部筹备组,进而筹备成立尚东理货部。到 2016 年底,该公司共有从业人员 1 775 人,合同制员工 1 003 人,业务承包工 772 人。

为适应国际海运集装箱化率越来越高和上海港集装箱产业的快速发展,针对船舶在港时间的不断缩短以及集装箱运输向船舶大型化、装卸高效化、单证无纸化、管理电脑化方向发展的趋势,外理公司 2016 年在集装箱装拆箱理货作业和部分"门到门"拆箱理货作业中,运用 PDA,实现了实时销账。在件杂货大船作业方面开发了 BTOPS 系统,取得了初步成果,为件杂货理货的信息化奠定了基础。TIP 理货信息查询系统充分利用互联网技术的发展,在 2016 年完成了 TIP 查询平台件杂货进度表的上线工作,进一步满足了客户的需要。同时设立了上海外理微信公众号"i-shost",为客户提供"海关 172 号令理货报告回执查询"和"集装箱综合查询"等功能,日查询量达到 1 750 次左右,为社会和客户提供了更为优质的信息服务,在上海国际航运中心建设中发挥了积极的作用。

到 2017 年底,外理公司共下辖有 11 个理货部。其中,从事集装箱大船理货作业的理货部 6 个,从事件杂货大船理货作业的理货部 3 个,从事装拆箱理货作业的理货部 2 个。又新增了尚东理货部筹备组。公司下属控股的外省市理货公司有 4 个。公司共有从业人员 1 718 人,合同制员工 972 人,业务承包工 746 人。

起始于 2016 年的"上海港智能理货项目",2017 年 8 月,在外理公司与沪东码头和海勃公司的共同努力下,沪东公司码头 15 部干线集装箱岸边起重机智能理货设备全部安装到位,一线理货人员从码头前沿撤至智能理货操控室进行运行操作。该公司积极探索和确立智能理货的管理组织架构、业务管理体系、各级人员岗位职责、人员培训测试选拔等工作,通过不断完善智能理货工艺标准和操作流程,初步形成了可复制可推广的智能理货管理和作业模式,为后续在其他理货部的推广打好了基础。智能理货项目实现了理货作业从劳动密集型到技术密集型的转变,大大提高了劳动力使用效率,降低了一线员工的劳动强度,减少了现场作业的安全隐患,提升了理货服务的能级。沪东理货部在实施智能理货项目后,共分流人员 32 人,大大降低了劳动力使用成本。

2018 年 10 月,上海外轮理货有限公司施行的电子签证系统上线,客户只需在移动终端设备(PDA)上签字确认,即可通过 4G 网络随时随地完成各类单证的无纸化、数字化交付,极大地缩短了理货服务产品的交付时间,为船舶准时开航提供了技术保障,客户还可通过电子签证系统的移动终端实时查看理货作业动态、船图以及集装箱残损图像等数据信息。同时,该公司根据自动化码头生产以及智能理货项目推进的需要,完成了外高桥和洋山区域网络的整体切换工作。严格管控公司信息系统及网站的运行,完成了公司微信查询、TIP 查询网站的防篡改软件及 WEB 防火墙的部署,确保了公司网络安全。持续推进集装箱信息变更网上受理工作,开发了合并开票功能,在提升客户服务体验的同时,也提高了开票工作效率。到年底,已有 101 家客户注册开展委托业务,网上改单业务量已占整个改单业务的 70% 以上;根据客户需求,完成了马士基、中远海、中外运、地中海等船公司个性化需求报文的开发工作,提升了对外服务水平,优化了上海口岸营商环境。

2019 年,上海外轮理货有限公司集装箱智能理货工艺在全港集装箱码头干线船舶上全面施行。全港共计完成智能理货改造桥吊 116 部,占全港需改造桥吊总数的 78%。智能理货是通过在码头桥吊上安装摄像头、网络设备等,运用图像(视频)数据采集、光学字符识别(OCR)系统等技术,实现自动获取理货所需要的集装箱箱号、箱型、箱位、残损等信息,将原本人工在现场确认的理货信息数据交由系统自动识别完成。通过后台监控即可进行集装箱理货信息的实时采集、传输与共享,避免了人工作业造成的误操作,有效提升了理货服务能级。

该公司制定完善了《集装箱智能(自动化)理货工艺》和《集装箱智能(自动化)理货操作流程规范》等规章制度。通过在全港集装箱码头上全面施行"自动识别、一人多路、远程监控、全程追踪",将原本人工在现场确认的理货信息数据交由系统自动识别完成,通过后台监控即进行集装箱理货信息的实时采集、传输与共享,避免了人工作业造成的误操作,有效提升了理货服务能级,使理货作业模式发生了革命性变革。最大限度地降低了人工成本,充分挖掘了劳动力使用效率,提高了理货生产力。

十多年来,随着国际海运集装箱化率越来越高,集装箱理货量百分比逐年超过件杂货理货量。2000 年,外理上海分公司件杂货理货 966.7 万吨,占总理货吨的 17.1%;集装箱理货 509.7 万标准箱,4 685.9 万吨,占到 82.9%。此后每年集装箱理货量逐渐占到该公司总理货量的 80% 以上,占绝对主导地位,件杂货理货量则下降至 5% 以下。由于适箱货率的提高和电子计量广泛应用,上海外轮理货的散货理货业务已逐步淡出。到 2016 年,该公司集装箱理货 38 165 万吨,为理货总量的 96.98%,比 2015 增长 1.65%;件杂货理货 1 189.1 万吨,为理货总量的 3.02%,比 2015 年下降 12.2%。到 2019 年,件杂货理货 1 161.5 万吨,为理货总量的 2.83%,集装箱理货比例为理货总量的 97.17%,达到 39 879.2 万吨。(见表 5-2-4)

表 5-2-4　2000～2019 若干年份上海外轮理货有限公司理货货种变化情况统计表

年份	单位	件杂货	集装箱	总吨位
2000 年	吨位(万吨)	966.7	4 685.9	5 652.6
	比例	17.10%	82.90%	100%
2003 年	吨位(万吨)	—	—	9 132.0
	比例	—	—	100%
2005 年	吨位(万吨)	976.4	13 927.9	14 904.3
	比例	6.55%	93.45%	100%
2010 年	吨位(万吨)	1 405.2	25 672.2	27 077.4
	比例	5.19%	94.81%	100%
2011 年	吨位(万吨)	1 641.0	32 081.7	33 722.7
	比例	4.86%	95.14%	100%
2012 年	吨位(万吨)	1 670.7	33 041.0	34 711.7
	比例	4.82%	95.18%	100%
2013 年	吨位(万吨)	1 556.3	34 823.7	36 380.0
	比例	4.27%	95.73%	100%
2014 年	吨位(万吨)	1 554.3	36 272.9	37 827.2
	比例	4.12%	95.88%	100%

续 表

年份	单位	件杂货	集装箱	总吨位
2015 年	吨位(万吨)	1 354.9	36 109.1	37 464.0
	比例	3.62%	96.38%	100%
2016 年	吨位(万吨)	1 189.1	38 165.0	39 354.1
	比例	3.02%	96.98%	100%
2017 年	吨位(万吨)	1 184.7	41 518.8	42 703.5
	比例	2.80%	97.20%	100%
2018 年	吨位(万吨)	1 275.1	38 926.3	40 398.5
	比例	3.17%	96.83%	100%
2019 年	吨位(万吨)	1 161.5	39 879.2	41 040.7
	比例	2.83%	97.17%	100%

注：2010 年的总吨位中不含当年完成的装拆箱理货 3 110.5 万吨。

改革开放使上海港的外轮理货业务量、理货营运收入、劳动生产率均大幅度上升。随着上海港集装箱产业的快速发展，外理公司的大船集装箱理货业务呈跨越式发展态势：集装箱理货箱量在 2000 年突破 500 万标准箱之后，2003 年突破 1 000 万标准箱，2003 年，外理公司理货船舶 52 198 艘次，完成理货吨 9 132 万吨，理货件数达到 3 398.5 万件。

2005 年，集装箱理货箱量突破 1 500 万标准箱，2010 年达 2 775.7 万标准箱。2015 年完成集装箱理货达 3 466.9 万标准箱。2017 年，外理公司完成集装箱理货 3 779.5 万标准箱，比 2003 年增长了 266.12%。2018 年，外理公司完成集装箱理货递增到 3 915.9 万标准箱。2019 年达到 4 077.3 万标准箱。（见表 5-2-5）

表 5-2-5 2003～2019 年上海外轮理货有限公司主要业绩统计表

年份	理货船舶（艘次）	理货重量吨（万吨）	理货件数（万件）	集装箱理箱数（万标准箱）	进口箱量（万标准箱）	出口箱量（万标准箱）
2003 年	52 198	9 132.0	3 398.5	1 032.3	495.4	536.9
2004 年	59 730	10 947.0	3 359.5	1 301.6	624.0	677.6
2005 年	72 150	14 904.3	3 430.0	1 595.2	783.2	812.1
2006 年	82 602	18 722.7	3 705.1	1 988.7	966.3	1 022.4

年份	理货船舶（艘次）	理货重量吨（万吨）	理货件数（万件）	集装箱理箱数（万标准箱）	进口箱量（万标准箱）	出口箱量（万标准箱）
2007 年	84 501	22 923.1	4 081.2	2 435.7	1 178.2	1 257.5
2008 年	88 091	25 841.5	4 277.5	2 667.1	1 318.2	1 348.9
2009 年	80 979	23 205.5	3 662.4	2 320.8	1 139.6	1 181.2
2010 年	90 691	30 187.9	4 460.5	2 775.7	1 365.8	1 409.9
2011 年	93 814	33 722.7	4 966.4	3 012.8	1 469.5	1 543.2
2012 年	92 421	34 711.7	4 634.6	3 113.4	1 545.5	1 567.9
2013 年	95 123	36 380.0	4 372.7	3 233.4	1 597.2	1 636.1
2014 年	90 704	37 827.2	4 461.3	3 435.0	1 694.3	1 740.7
2015 年	98 854	37 464.0	4 317.6	3 466.9	1 730.7	1 736.2
2016 年	97 048	39 354.1	4 084.0	3 524.2	1 734.9	1 789.3
2017 年	95 398	42 703.5	4 263.7	3 779.5	1 865.0	1 914.5
2018 年	95 022	40 398.5	4 376.7	3 915.9	1 909.4	1 990.7
2019 年	101 825	41 040.7	4 528.4	4 077.3	1 784.7	2 292.6

此外,上海港的外轮理货业务的一部分由中联理货有限公司上海分公司承担,该公司实际理货量较少,2014～2019 年外轮理货业务量如表 5-2-6 所示。

表 5-2-6　2014～2019 年中联理货有限公司上海分公司主要业绩统计表

年份	理货船舶（艘次）	理货重量吨（万吨）	理货件数（万件）	集装箱理箱数（万标准箱）	进口箱量（万标准箱）	出口箱量（万标准箱）
2014 年	393	170.7	21.2	—	—	—
2015 年	365	202.0	22.7	—	—	—
2016 年	319	222.8	24.6	—	—	—
2017 年	327	217.4	18.2	—	—	—
2018 年	299	197.1	19.6	15.6	—	—
2019 年	370	209.5	—	22.7	—	—

到 2017 年，上海港两个外轮理货公司理货业绩大幅度增加，完成理货船舶达到了
95 398 艘次，完成理货吨 42 703.5 万吨，理货件数达到 4 263.7 万件。2019 年，上海港
完成外轮船舶理货 102 195 艘次，完成理货重量吨 41 250.2 万吨，理货件数达到 4 528.4
万件，集装箱理货完成 4 100 万标准箱。

三、船舶拖带

上海港的船舶拖带作业 2003 年之前主要由上海港轮驳公司承担。2005 年，轮驳公
司退出船舶拖带生产作业后，上海港船舶拖带业务全部由上海港复兴船务公司承担。
复兴船务公司承担的业务主要是进出上海口岸的国内外大中型船舶的靠离码头、拖带
护航、抢险救助、超长重大件货物的水上吊装、绑扎、驳运、海上拖带、船舶靠离江心浮筒
系解缆等。

建设上海国际航运中心，发展建设长江口和洋山深水港区，为船舶拖带业务提供了
良好的市场前景，使船舶拖带业务发生了深刻的变化。一是上海港跨出了黄浦江，发展
到长江口南岸沿线，发展到洋山岛海域。由于集装箱码头主要集中在外高桥港区和洋
山港区，因而船舶拖带的主区域也逐步集中到吴淞口外的港区码头。二是上海港作为
国际航运中心，随着远洋航班密度和国内支线航班密度的增加，极大地提升了船舶拖带
的作业量。三是上海港具备了大型集装箱船舶 24 小时可自由进出港口的深水航道和
深水泊位。

船舶大型化，作业时间要求全天候，使船舶拖带企业的作业对象也发生了变化。拖
带国际航线船舶作业量成倍增长，作业区域主要分布在黄浦江口外水域，拖轮作业频率
和时间也较过去明显增加。此外，随着船舶大型化，大船使用拖轮数量相应增加；同时，
随着新港区兴建，带来了船舶拖带业务的延伸。

"十五"期间，上海港复兴船务公司拥有各类拖轮 30 余艘，最大马力为 5 000 匹；
2 000～5 000 吨级平板驳船 4 艘，具备了国内、国际水上运输的资质；起重能力有从
20～1 200 吨的浮吊 6 艘，其先进的拖轮操作技术水平已达到世界同类港口先进水平，
形成了较好的服务能力和市场优势。2003 年，该公司完成船舶拖带量 47 574 艘次，拖
带艘时量为 271 517 艘时，浮吊起运量 173 893 吨。全年拖轮营运率为 90.4%。2004 年
船舶拖带 54 723 艘次，拖带艘时 319 866 小时。2005 年船舶拖带 60 540 艘次，实现了历
史性跨越，确保了国际集装箱班轮拖轮服务的安全、准点和优质，巩固和发展了公用码
头的船舶拖带市场占有率。

此外，复兴船务公司还装备有大型的"向阳号"系列大型浮式起重船 6 艘，其起重能
力如表 5-2-7 所示。

表 5-2-7　上海港复兴船务公司大型起重船统计表

船名	建造年份	建造厂名	总吨位(吨)	起重吨(吨)
向阳 1 号	1982 年	山东潍坊柴油机厂	720.0	——
向阳 2 号	2004 年	振华港机	6 258.0	1 200.0
向阳 3 号	1971 年	上海港机厂	1 952.0	200.0
向阳 4 号	1969 年	日本深田	2 091.0	500.0
向阳 5 号	1978 年	上海港机厂	728.8	32.0
向阳 6 号	1980 年	上海港机厂	855.6	63.0

　　2004 年,1 200 吨浮式起重机"向阳 2 号"的投产使用,使复兴船务公司进入了全国大件吊装市场。该公司拓展船厂大型船舶进坞的拖轮服务,先后分别与沪东中华、外高桥造船两大船厂签订了新造大轮进出坞服务一揽子合同。全年完成上述两大船厂 15 艘大轮进出坞拖轮服务作业。同时积极拓展港外拖带市场,浮吊作业在确保到港大件设备及时接卸的同时,积极拓展浮吊业务到江浙沿海及沿江水域,"向阳 4 号"浮式起重机先后在浙江嘉兴、慈溪,山东青岛、日照,江苏江阴、太仓等地完成大件设备吊装作业。"向阳 2 号"浮式起重机先后承接完成了东海大桥桥面板吊装、长江口整治工程项目钢管桩拔桩等作业任务。海驳运输业务在年内先后承接了上海化学工业区"赛科"项目、"巴斯夫"项目、中海壳牌惠州石化项目等化工设备的驳船运输。"海港特 5001"轮于年初首航韩国航线获得成功,为海驳运输进军大件设备国际水运市场奠定了基础。年中还承揽了菲律宾航线大件设备的驳船运输项目。同时,上海港复兴船务公司还承接了南京扬子石化公司"巴斯夫"项目乙烯储罐驳船转运业务,全年船舶拖带突破 5 万艘次。还完成了 30 多个航次海驳运输的海上拖带,做到了安全接运、安全拖带。

　　"十一五"期间,洋山深水港区逐步形成规模运营,为船舶拖带业务提供了良好的市场前景。上海港船舶拖带业务发生深刻的变化,船舶拖带的主区域逐步转移至吴淞口外的港区码头;远洋航班密度和国内支线航班密度与日俱增,极大地提升了船舶拖带的作业量;船舶拖带作业时间变为全天候;拖轮作业方式较过去发生明显变化,许多大型船舶均采用拖轮跟进护航工艺,随着船舶大型化,大船使用拖轮数量和拖轮作业时间也相应增加。

　　2005 年 11 月,上海深水港船务有限公司成立,专为进出洋山深水港区船舶靠离码头提供拖轮助泊服务。而复兴船务公司主要承担进出上海口岸的国内外大中型船舶的靠离码头、拖带护航、抢险救助、超长重大件货物的水上吊装、绑扎、驳运、海上拖带、船舶靠离江心浮筒系解缆等业务。（图 5-2-9、5-2-10）

图 5-2-9 上海港复兴船务公司 450 吨浮吊吊装集装箱岸边起重机

图 5-2-10 协助军舰靠离泊

2006 年，上海港复兴船务公司拖轮增加到 39 艘，其中具有国际先进操纵技术的全回转拖轮 33 艘，起重能力 20～1 200 吨的浮式起重船 5 艘，3 000～10 000 吨载重的无限航区海驳 4 艘，600 吨固定式起重机 1 座。2006 年，上海港复兴船务公司的拖轮装备情况如表 5-2-8 所示。

表 5-2-8　2006 年上海港复兴船务公司拖轮一览表

公司名称	拖轮数量（艘）	拖轮能力	企业归属
上海港复兴船务公司	39	1 艘 1 670 马力	上港集团
		3 艘 1 912 马力	
		3 艘 3 000 马力	
		7 艘 3 200 马力	
		8 艘 3 600 马力	
		11 艘 4 000 马力	
		1 艘 4 100 马力	
		3 艘 5 000 马力	
		2 艘 6 000 马力	

2006 年，复兴船务公司船舶拖带和大件吊装服务以上海港为中心，逐渐辐射到全国沿海和长江中下游港口。大件海上驳船运输开辟了国内港口至日本、韩国、菲律宾、新加坡、澳大利亚等国港口的国际航线。2006 年共完成 61 338 拖带艘次。2007 年，该公司港作拖轮完成轮船拖带 65 094 艘次，为 2006 年的 106.12％，处于全国同行业领先水平。

截至 2008 年底，复兴船务公司拥有国际先进操纵技术的全回转拖轮 34 艘、带缆艇及相关工程辅助船 9 艘。全年完成轮船拖带 62 113 艘次，日均 170 艘次。由于进出港船舶的不断大型化，拖带艘次比上年略有减少。公司下属三林船厂具有年建造各类拖轮 12 艘的能力，已累计为沿海港口和长江中下游港口建造港作拖轮 51 艘。当年建造拖轮 10 艘，船舶建造收入和利润均创历史新高。

2010 年，上海港复兴船务公司有拖轮 39 艘，起重船 3 艘，带缆船和其他辅助船 13 艘。

2010 年，上海深水港船务有限公司拥有港作拖轮 10 艘，其中 7 艘为 4 000～6 000 马力的全回转拖轮，3 艘为国内仅有的 VOITH 拖轮，合计拖轮能力 47 600 马力。（见表 5-2-9）

表 5-2-9　2005～2010 年上海深水港船务有限公司拖轮一览表

年份	拖轮数量（艘）	合计拖轮能力
2005 年	3	16 000 马力
2006 年	5	24 000 马力

年份	拖轮数量(艘)	合计拖轮能力
2007 年	7	34 400 马力
2008 年	9	43 600 马力
2009 年	10	47 600 马力
2010 年	10	47 600 马力

上海深水港船务有限公司为适应洋山深水港业务发展需要,又于 2011 年底增配了 2 艘拖轮。

到 2016 年底,上海港复兴船务公司共有拖轮 37 艘,另有"向阳 8 号"大型起重船 1 艘;上海深水港船务有限公司共有拖轮 13 艘。(见表 5-2-10)

表 5-2-10　2016 年上海港复兴船务公司、上海深水港船务有限公司拖轮一览表

公司名称	拖轮数量(艘)	拖轮能力	企业归属
上海港复兴船务公司	37	3 艘 3 000 马力以下	上港集团
		15 艘 3 000(含)～4 000 马力	
		14 艘 4 000(含)～5 000 马力	
		4 艘 5 000(含)～6 000 马力	
		1 艘 6 000(含)马力以上	
上海深水港船务有限公司	13	6 艘 4 000 马力	
		1 艘 5 000 马力	
		2 艘 5 200 马力	
		2 艘 6 000 马力	
		2 艘 6 800 马力	

2017 年,上海港建造了国内首艘油电混合拖轮"海港 711 号"及全国产拖轮"海港 49 号",引领国内绿色港口发展潮流。到年底,上海港共有船务拖轮 52 艘。其中,复兴船务公司 38 艘,在 2017 年更新了 2 艘("海港 49 号"和"海港 711 号");深水港船务公司 14 艘,在 2017 年更新了 1 艘("海港 122 号")。

到 2019 年，上海港共有拖轮 52 艘。其中，复兴船务公司 38 艘，深水港船务公司 14 艘。

随着上海国际航运中心建设日益加快，上海港船舶拖带作业逐年递增。2010 年，上海港共完成船舶拖带作业 91 532 艘次，比 2009 年增 10.76%。其中复兴船务公司完成 62 928 艘次，深水港船务有限公司完成 28 604 艘次。2015 年，上海港完成船舶拖带作业 101 839 艘次，比 2014 年 100 533 艘次递增 1.3%。其中，复兴船务公司完成 67 836 艘次，深水港船务有限公司完成 34 003 艘次。

此后，由于船舶大型化趋势迅速增加，船舶拖带作业艘次逐年下降。2016 年，上海港船舶拖带作业总计完成 100 348 艘次，同比下降 1.46%。其中，复兴船务公司完成 67 680 艘次，深水港船务有限公司完成 32 668 艘次。2018 年，上海港全年船舶拖带作业完成 106 327 艘次，同比上升 9.68%。其中，上海港复兴船务有限公司拖带作业量完成 74 780 艘次，同比上升 12.8%；上海深水港船务有限公司拖带作业量完成 31 547 艘次，同比上升 2.9%。2019 年，上海港全年船舶拖带作业完成 103 787 艘次，微降 2.39%。其中，上海港复兴船务有限公司拖带作业量完成 70 918 艘次，同比下降 5.16%；上海深水港船务有限公司拖带作业量完成 32 869 艘次，同比上升 4.19%。（见表 5-2-11）

表 5-2-11　2003～2019 年上海港船舶拖带艘次统计表　　　　　　单位：艘次

年份	上海港复兴船务公司	上海深水港船务有限公司	小计	同比
2003 年	47 574	—	47 574	+ 13.34%
2004 年	54 723	—	54 723	+ 15.03%
2005 年	60 540	—	60 540	+ 10.63%
2006 年	61 338	7 985	69 323	+ 14.51%
2007 年	65 094	16 204	81 298	+ 17.27%
2008 年	62 113	23 910	86 023	+ 5.81%
2009 年	58 595	24 044	82 639	-3.93%
2010 年	62 928	28 604	91 532	+ 10.76%
2011 年	61 485	34 533	96 018	+ 4.90%
2012 年	62 051	34 711	96 762	+ 0.77%
2013 年	68 880	33 685	102 565	+ 6.00%
2014 年	67 880	32 653	100 533	-1.98%

年份	上海港复兴船务公司	上海深水港船务有限公司	小计	同比
2015 年	67 836	34 003	101 839	+ 1.30%
2016 年	67 680	32 668	100 348	-1.46%
2017 年	66 289	30 655	96 944	-3.39%
2018 年	74 780	31 547	106 327	+ 9.68%
2019 年	70 918	32 869	103 787	-2.39%

复兴船务公司在承担船舶拖带和大件吊装服务、确保港内作业稳步增长的同时,注重发挥综合优势,积极拓展主业延伸,不断加大港外作业市场开拓力度,取得了良好业绩。2012 年累计完成大轮出坞 23 艘次,2013 年完成 18 艘次大轮进出坞作业,其中 2 艘为 17 万立方米的液化天然气(LNG)大轮。还利用港内生产空隙,多次组织船舶前往长江口和绿华山海域,先后进行了“希望 2 号”平台装船、“勘探 6 号”平台卸船、“新蛇口”轮拖带等重点作业,保障了公司的经济效益。

同时,复兴船务公司努力承接建造港作拖轮的任务。2013 年底,泉州新港拖轮建造举行招投标,三林船厂在激烈竞争中一举中标,建造项目包括 4 000 马力、5 200 马力拖轮各一艘,均为消防和拖带两用船。2014 年 5 月,复兴公司承建的泉州新港第一艘 4 000 马力拖轮开工仪式在三林船厂隆重举行,此次开工建造的 4 000 马力拖轮长 37.57 米、宽 10.20 米、深 4.90 米、吃水 3.60 米,于 2015 年 2 月竣工交付。2017 年,制定了《公司拖轮三年更新规划》,启动 2 艘 5 000 匹大马力拖轮的建造工作,加快淘汰老旧拖轮和小功率拖轮,进一步提升服务主业的能级。通过积极努力,加强沟通、协作,6 艘外贸拖轮全部实现销售。全年实现船舶交付 12 艘、开工 6 艘、下水 5 艘、修理 2 艘的目标。14 次参与市场投标,新接订单 7 艘。

2017 年,复兴船务公司努力开拓港外业务。全年完成港外拖带作业 4 次;完成外高桥船厂大轮出坞 7 艘次,移泊 23 艘次;租借“海港 3 号”至嘉兴作业 1 个月。通过提供优质服务和专业保障,得到了客户的好评,增创了经营效益。

2019 年,洋山港区超大型集装箱船伴航、油轮保驾、其他监护以及抢险等特殊作业继续呈现新的发展态势,全年大轮伴航、油轮保驾、其他监护以及抢险等特殊作业 1 347 艘次,较去年增加 333 艘次,增幅 32.8%;LNG 船舶和油轮的作业量较去年增长明显,其中 LNG 轮同比增长 18.6%,油轮同比增长 17.4%,继续为上海深水港船务有限公司带来了新的经济增长点。

多年来,在安全优质完成上海港船舶拖带作业的同时,船舶拖带企业还多次积极履行社会责任,履行抢险救助、参与社会抢险等义务。

第三节　上海港口物流业务

一、上港集团物流概况

上港集团按照努力成为"港口物流服务商"的愿景,坚持"转型发展、创新发展"的工作方针,积极谋求港口生产从传统装卸业务向物流服务商的转变,业务模式从以我为主向以客户为主的转变,管理机制从生产为主向经营为主的转变,不断研究现代物流业发展的变化和趋势,努力增强可持续发展能力,瞄准国内外一流物流企业目标,充分利用港口自身优势,围绕"大项目、大客户、大平台",做了大量工作,取得了积极的成效。

上港集团的全程物流服务不断拓展,部分综合物流、高端物流项目取得了较好的经济效益。物流产业的利润对集团贡献水平逐年提高,2011 年已超过 10%,成为上港集团新的经济增长点之一。

"十二五"和"十三五"期间,上港集团加快推进港口物流产业的发展。紧紧抓住"互联网＋"发展机遇,注重利用港口优势,加快发展跨境电商业务,组建了上海上港电子商务公司,建立了跨境电商洋山海关集中监管点,积极推进拼箱中心等"五大平台"建设,进一步发展集装箱空箱服务、冷链物流、汽车物流等物流业务,取得了显著效益。到2018 年,上港集团港口物流板块实现营业收入 202.12 亿元,占到上港集团当年营业收入的 54.43%,物流板块的贡献水平逐年提高。2019 年,上港集团港口物流板块实现营业收入 201.34 亿元。

二、上港集团物流业务核心平台

上港集团成立后,整合了原上海港集装箱股份有限公司下属的 20 余家物流企业,于 2006 年 6 月成立了上港集团物流业务核心平台——上港集团物流有限公司(以下简称"上港物流")。

2009～2019 年间,上港集团为进一步适应港口物流产业发展的需要,提高物流专业化水平,按照"资源集中配置、业务实体运作"的要求,进一步整合和调整旗下的港口物流产业资源,改革内部物流组织机构。到 2019 年,上港物流在上海本地控股和参股的子公司有上海上港联合国际船舶代理有限公司、上海航华国际船务代理有限公司等 19

家。名下的专业分公司有上港集团物流有限公司国际货运分公司、上港集团物流有限公司运输分公司、上港集团物流有限公司多式联运分公司、上港集团物流有限公司兴宝仓储分公司、上港集团物流有限公司浦东分公司、上港集团物流有限公司共青装卸分公司、上港集团物流有限公司太仓分公司、上港集团物流有限公司工程物流分公司等8家。

到2018年，上港集团物流有限公司拥有浮式起重船1艘，内燃叉车和集装箱牵引车分别增加到210台和626台，还拥有其他各种机械设备。（见表5-3-1）

表 5-3-1　2007～2018 若干年份上港物流有限公司机械设备配置情况统计表　　单位：台

年份	2007年	2008年	2009年	2010年	2016年	2018年
集装箱岸边起重机	2	2	2	2	—	—
轮胎吊	8	4	4	1	2	2
门座起重机	7	7	7	7	8	8
固定式起重机	—		1	1	2	2
门式起重机	—		1		1	1
内燃叉车(起重机〈16t〉)	74	83	80	72	233	210
电瓶叉车	—		6	6	28	24
集装箱龙门起重机	6	8	8	6	22	22
集装箱吊运起重机	10	12	12	9	39	38
集装箱空箱叉车	8	8	8	5	—	—
集装箱重箱叉车	2	1	2	—	—	—
集装箱空箱堆高机	10	10	10	5	7	7
集装箱牵引车(辆)	486	502	413	417	623	626
正面吊	10	12	12	9	—	—
大铲车	10	9	10	5		
堆高车	10	10	10	5		
小铲车	74	83	80	72		
拖轮(艘)	—	6	6	5	3	
驳船(艘)	—	5	5	5	2	1
工程技术船舶(艘)		5	5		2	1

注：1. 集卡数量指有道路行驶牌照的外集卡；2. 大铲车指集装箱铲车，小铲车指内燃铲车。

上港物流的业务涉及工程、化工、汽车、电子产品等多个专业性物流服务领域,经营范围涵盖国际货运代理、船舶代理、仓储堆存、运输配送、危险品储运、重大件货物接运、散杂货码头装卸、多式联运、集装箱拼装拆箱、集装箱洗修等全方位物流业务,拥有得天独厚的口岸物流优势,成为上港集团全资拥有的港口物流领域的核心企业。

1. 工程物流。拥有当今世界先进水平的浮式起重船和专业从事重大件设备运输的海驳5艘;万吨级远洋重型甲板运输船1艘,以及远洋拖轮及其他辅助船若干艘。在上海化工园区拥有重大件码头1座,拥有600吨固定吊1台。承运的项目业务遍布东南亚、印度东西岸、波斯湾、红海、地中海、黑海、欧洲大陆、南非、西非、澳大利亚、新西兰、南北美西岸、美湾、南美东岸等世界各地。(图5-3-1)

图5-3-1 工程物流

2. 化工物流。上港物流在浦东港城堆场和洋山深水港物流园区均建有危险化学品储运基地和具备监管资质的危险化学品专用堆场。在浦东、浦西和外高桥保税物流园区、洋山深水港区域布局了包括保税、非保税、化工危险品在内的各种类型仓库和重箱、空箱、危险品堆场。

此外,还拥有长三角地区最为强大的化工危险品货物运输能力,为客户提供高效、安全、快捷的化工物流服务。公司已和埃克森美孚、沙伯基础化工、上海赛科、霍尼韦尔、三菱化学、巴斯夫化工、拜耳中国等全球主要化工企业建立了业务关系。顺利承接并运作了福建福炼一体化百万吨聚乙烯项目、天津中沙石化百万吨聚乙烯项目等整体物流业务。

3. 汽车物流。成功运作了通用汽车 YBC 项目、承接了大众发动机的配送业务,通过统筹资源,进一步规划建设了大型汽车零配件物流中心及整车分拨中心,向客户提供全面、便捷的物流服务。(图 5-3-2)

图 5-3-2 汽车物流

4. 平台物流。(1) 有色金属平台。上港物流下属的金属仓储(上海)有限公司,是由上海期货交易所指定的有色金属期货交割仓库,以有色金属市场开发、期货交割堆存和期货质押监管为经营特色。此外,公司拥有仓库资源优势,具备兴宝仓库、军工路仓库、集发仓库等三大交割仓库,为客户提供安全、专业、便捷、高效的有色金属全程物流服务。(2) 国际船舶供应平台。由上港船供为靠泊上海港的国际船舶提供主副食品、烟酒饮料、船用物料、垫舱物料、船舶配件和免税商品。提供船舶备件的清关及转运,船员的遣返接送及观光就医。(3) 进口分拨中心及出口集拼业务。依托母公司的码头优势,凭借专业的服务网络、货运代理、运输车队和仓储设施,致力于建设以上海为中心、以江浙为两翼辐射长三角的进口分拨及出口拼箱集散中心。服务中心为所有转关货物提供监管仓储、拼装、送港等各项服务。

5. 多式联运内支线调度。受上港集团委托,受理协调长江、沿海内支线在上海港的中转业务,负责对长江、沿海内支线船舶进行统一管理、统一调度、统一指泊,为客户提供内支线中转箱代理、单证、装卸、运输、通关以及国际中转箱在港区间转运等一条龙服务。

6. 船舶代理。拥有上海港最大的公共国际船舶代理平台,公司所属上海联合国际船舶代理有限公司、上海航华国际船务代理有限公司、上海联东地中海国际船舶代理有限公司,能为船公司提供最优良的代理服务。

7. 货运代理。依托自身完善的服务网络、专业的货运代理团队和资源,为客户提供完善专业的国际货运平台和第三方产品、项目物流服务。

8. 运输配送。拥有规模庞大、装备精良的运输车队,有各种各类型专业运输车辆1 155台,可提供各式干货箱、冷藏箱、危险品箱及其他特种箱等运输配送服务,配送范围覆盖中国各地,同时为客户提供重大件货物的水陆联运、中转装卸服务。

9. 仓储堆存。上港物流在浦东、浦西和外高桥保税物流园区、洋山深水港区域布局了包括保税、非保税、化工危险品在内的各种类型仓库和重箱、空箱、危险品堆场,其中集装箱堆场总面积69.1万平方米(含危险品集装箱堆场面积4.6万平方米),仓库总面积16.1万平方米(含保税仓库面积9.3万平方米),可以满足不同货种和业务形态的需要,努力为客户提供高效快捷的仓储配送服务。(图5-3-3)

图 5-3-3　上海港危险货物储罐区

10. 码头装卸。在上海拥有包括共青码头、崇明码头在内的多用途内贸码头,配有先进的装卸机械,从事集装箱、件杂货、重大件货物的装卸及其相关配套业务。

在此同时,上港物流以"大客户、大项目、大平台"发展的战略布局和物流发展要求,在我国华东、华北、华南、西南多地投资设立了外地子公司,形成了国内物流大网络格局。以华东、华北、华南、西北等区域公司为主导,不断完善国内、国际物流网络,其物流服务网络覆盖华东、华南、华北等地,加入了国际货运代理联盟机构APLN,与联盟中各成员长期合作,建立了覆盖五大洲的完善的海外代理网络,实现了对客户货物的全球追踪,为广大客户提供安全、专业、高效的一站式便捷的物流服务。

上港物流以开发完善的港口物流服务链为核心,重点发展第三方物流和物流增值业务。2009年3月在宁波投资设立了上港物流(浙江)有限公司,负责上港物流华东地区物流业务的开拓、运作与协调管理。2010年8月在厦门投资设立了全资子公司——上港物流(厦门)有限公司,主要经营国际货运代理、船舶代理、道路货物运输及配送、仓储及增值服务等,负责上港物流华南地区业务开拓、协调、运作与管理,并逐步建立以广东、福建为核心,辐射广西、湖南、云南、海南等地的物流网络。2011年1月在成都投资设立了全资子公司——上港物流(成都)有限公司,主要经营国际货运代理,船舶代理,道路货物运输及配送,仓储及增值服务等业务,负责西南地区物流业务开拓,协调运作与管理。2014年3月,上港物流(惠州)有限公司正式成立,提升了上港物流在华南地区的知名度,提高了公司的市场占有率,完善了网络布局。目前,惠州公司主要为中海壳牌项目提供车辆配置、操作培训、HSE管理、IT系统等服务。惠州港至上海航线已于2014年2月4日开通。

到2019年,上港物流下属有9家控股和参股的外地子公司:上港物流(浙江)有限公司、宁波航华国际船务有限公司、上港物流(天津)有限公司、上港物流(厦门)有限公司、深圳航华国际船务代理有限公司、上港物流(惠州)有限公司、上港物流(成都)有限公司、武汉港务集团有限公司、上港物流(江西)有限公司。其中武汉港务集团有限公司、上港物流(江西)有限公司拥有股权,但管理关系不在公司。

上港物流聚焦平台物流、工程物流,以及包括汽车、化工、电子产品等在内的产品物流服务领域,以"大客户、大项目、大平台"为切入点,逐步形成了各种特色物流和服务。成立以来的部分主要成功运行案例有:

(1) 2002年,巴斯夫(BASF)化工染料有限公司进口设备和化工原料运输货运代理。

(2) 2004年,上海赛科石油化工有限责任公司公路(固体)产品物流配送。

(3) 2004年9月,上海化学工业区赛科、巴斯夫电厂设备驳运吊装项目。

(4) 2005年,宁波三菱化学有限公司PTA内贸水路多式联运服务。

(5) 2005年,上海阿科玛双氧水有限公司公路配送、进出口运输代理和水路多式联运服务。

(6) 2005年,霍尼韦尔(中国)公司保税仓库、运输配送、危险货物仓储配送。

(7) 2006年8月,上海东方机电发电厂设备出口项目。

(8) 2006年,埃克森美孚(上海)公司货物进口、清关和国内运输。

(9) 2007年1月,Vestas福建东山风场风塔设备运输吊装项目。

(10) 2007年5月,美国国民油井华高(上海)公司油井架吊运项目。

(11) 2007年9月,福建炼油乙烯一体化化工设备驳运滚装项目。

(12) 2008年7月,中海油集团海洋石油设备驳运吊装项目,从山东到渤海湾石油钻井平台。

（13）2008 年 10 月，秦山二期核电设备运输、吊装项目。

（14）福建福炼一体化百万吨聚乙烯项目塑料制品的全国大型仓储、配送和多式联运。

（15）2009 年 5 月，越南胡志明市港口门座起重机运输项目。

（16）天津中沙石化百万吨聚乙烯项目 SABIC 塑料制品的全国大型仓储、配送和多式联运。

（17）拜耳高科技业务材料集团危险品/非危险品国内多式联运；成为拜耳（中国）有限公司指定物流货运代理服务商。

（18）埃克森美孚（上海）公司上海及天津地区保税仓库和运输。

上港集团的物流件杂散货吞吐量 2007 年为 677.55 万吨，2010 年递增到 778.78 万吨，2017 年达到 591.64 万吨。集装箱物流吞吐量 2007 年为 34.22 万标准箱，2010 年下降到 15.45 万标准箱，2017 年达到 20.82 万标准箱。（见表 5-3-2）

表 5-3-2　2007～2017 年上港集团物流有限公司物流量统计表

年份	件杂散货吞吐量（万吨）	集装箱量（万标准箱）	年份	件杂散货吞吐量（万吨）	集装箱量（万标准箱）
2007 年	677.55	34.22	2013 年	639.83	19.20
2008 年	668.87	25.39	2014 年	563.79	15.84
2009 年	742.25	14.43	2015 年	416.73	11.27
2010 年	778.78	15.45	2016 年	451.74	10.27
2011 年	788.15	22.52	2017 年	591.64	20.82
2012 年	713.69	20.34			

第四节　上港集团长江和长三角港口物流业务

上海港为进一步实施"长江发展战略"，形成一体化发展的长江战略新格局。运用控股、联营、合营等经营模式向长江沿线港口投资，在沿江六省一市参与建设主要港口

13个;在2010年5月组建了长江港口物流有限公司;陆续在长江流域四川、重庆、湖南、湖北、江西、安徽、江苏等地设立物流区域公司、支线航运企业和综合代理企业,扩大了上港集团作为全球码头运营商的影响力,提高了经营效益。

一、长江港口

上港集团成立后,运用控股、联营、合营等经营模式不断向长江沿线港口投资近30亿元。在沿江六省一市参与建设了主要港口13个。(见表5-4-1)

表5-4-1　上港集团在长江沿线投资参建的主要港口统计表

序号	合资企业全称	股东情况	股比	注册资本（万元）	成立时间	性质
1	武汉港务集团有限公司	上港集团	30%	106 492.3	2005年6月	联营
		上港集团物流有限公司	25%			
		武汉市国有资产监督管理委员会	45%			
2	上港集团九江港务有限公司	上港集团	91.67%	60 000	2008年1月	控股
		九江市国有资产监督管理委员会	8.33%			
3	重庆东港集装箱码头有限公司	上港集团	55%	25 000	2008年8月	控股
		重庆航运建设发展有限公司	35%			
		重庆东港农业综合开发有限责任公司	10%			
4	武汉港集装箱有限公司	上海港集团	5.1%	40 000	2003年7月	联营
		武汉港务集团有限公司等6个公司	94.9%			
5	长沙集星集装箱码头有限公司	上港集团	20.7%	2 114.35万美元	2004年9月	联营
		上港集箱(澳门)有限公司	25%			
		湖南长沙新港有限责任公司	54.3%			
6	江阴苏南国际集装箱码头有限公司	上港集团	30%	40 000	2005年12月	联营
		保华集团有限公司等3个公司	70%			

序号	合资企业全称	股东情况	股比	注册资本（万元）	成立时间	性质
7	南京港龙潭集装箱有限公司	上港集团	25%	124 645	2000 年 4 月	联营
		南京港股份有限公司等 3 个公司	75%			
8	四川宜宾港有限责任公司	上港集团	3%	50 000	2009 年 4 月	合营
		四川宜宾市国有资产经营有限公司	97%			
9	芜湖港务有限责任公司	上港集团	35%	30 000	2014 年 7 月	联营
		皖江物流（集团）股份有限公司	65%			
10	太仓港上港正和集装箱码头有限公司	上港集团	45%	73 332.56	2014 年 1 月	联营
		太仓港港务集团	55%			
11	重庆果园集装箱码头有限公司	上港集团	35%	125 500	2013 年	联营
		重庆港务物流集团有限公司	65%			
12	湖南岳阳城陵矶港务集团	上港集团	25%	80 000	2015 年 3 月	联营
		中交投资	75%			
		湖南长沙新港				
13	海通（太仓）汽车码头有限公司	上港集团	70%	76 000	2014 年 4 月	控股
		江苏太仓港口投资发展有限公司	30%			

此后，在 2016 年 12 月，上港集团转让南京港龙潭集装箱有限公司股份，参与投资组成联营企业——南京港股份有限公司。在 2017 年 3 月，上港集团转让四川宜宾港有限责任公司股份。同年 4 月追加投资，与宜宾港集团、重庆港集团合资成立了宜宾港国际集装箱码头有限公司。又陆续投资参建了宜昌上港国际集装箱码头有限公司等码头公司，到 2019 年，上港集团在沿江六省一市已参与建设的主要港口达到 15 个（见表 5-4-2）。

表 5-4-2　2019 年上港集团在长江沿线投资参建的主要港口统计表

序号	公司名称	上港集团持股	性质	注册资金(万元)
1	四川宜宾港(集团)有限公司	30%	码头	50 000
2	重庆果园集装箱码头有限公司	35%	码头	200 000
3	武汉港务集团有限公司	49%	集团	106 000
4	武汉港集装箱有限公司	11.4%	码头	40 000
5	湖南城陵矶国际港务集团有限公司	25%	集团	80 000
6	上港集团九江港务有限公司	91.7%	集团	60 000
7	芜湖港务有限责任公司	35%	码头	30 000
8	南京港股份有限公司	10%	码头	48 000
9	南京港龙潭集装箱有限公司	16.14%	码头	155 000
10	扬州远扬国际码头有限公司	51%	码头	7 380 万美元
11	张家港永嘉集装箱码头有限公司	51%	码头	3 680 万美元
12	江阴苏南国际集装箱码头有限公司	30%	码头	40 000
13	太仓港上港正和集装箱码头有限公司	45%	码头	73 000
14	盐城上港国际港务有限公司	10%	码头	16 000
15	宜昌上港国际集装箱码头有限公司	49%	码头	3 000

二、长江航运物流业务

上港集团设立长江支线航运企业,发展长江和内陆运输及综合代理业,不断建设物流、航运及代理等项目,努力搭建完成了上海港在长江流域的供应链网络。

(一) 长江物流业务核心平台

上港集团于 2010 年 5 月以 4 亿元组建了长江港口物流有限公司(以下简称"长江公司")。该公司是上港集团的全资子公司,是上海港长江物流业务的核心平台。

长江公司成立后,按照上港集团的总体要求,先将原上港集团在长江有关企业物流业务的管理权和业务关系纳入长江港口物流有限公司旗下,之后将资产和股权也逐步纳入。通过整合,梳理调整了管理关系,优化了业务分工,上港集团在长江沿线的 18 家企业从以前航运企业只管运输、港口公司只负责本地码头装卸的独立运行状态,转变为依托上海母港资源,以航运为主线、物流为支撑、码头为依托,积极推动港、航、物流的协调发展,构建长江流域快速物流通道,从而使长江战略形成一体化发展的新格局,提高了集团在长江流域的集聚力和辐射力。到 2018 年底,上港集团在长江沿线设立的航运物流企业一共有 9 家。(见表 5-4-3)

表 5-4-3　2018 年上港集团在长江沿线设立的航运物流企业情况一览表

公司简称	注册资本（万元）	总资产（万元）	相关业务	运营船舶	运力（标准箱）	代理箱量（万标准箱）
上港长江湖北公司	1 000	3 600	报关报检、货物订舱、船舶代理、仓储堆存	9 艘	2 000	7.3
上港长江江西公司	300	530	负责江西地区的物流网络铺设、货运组织协调	4 艘	500	1.0
上港长江湖南公司	500	710	湖南地区客户提供国际、国内货运相关业务	6 艘	1 000	1.0
芜湖申芜港联物流有限公司	1 500(长江公司持股50%)	2 115	专业化物流产业运营,承办海运、空运进出口货物的国际运输代理业务			
江苏航华国际船务有限公司	1 000	5 171	为江苏地区客户提供国际、国内货运相关业务			
扬州航华国际船务有限公司	500	1 794	为扬州、泰州地区客户提供国际、国内货运相关业务			
重庆集海航运有限责任公司	5 000(上港长江持股50%)	10 500	长江集装箱外贸内支线班轮运输、船舶代理、货物代理	9 艘	2 600	5.0
江苏集海航运有限公司	2 000(长江公司持股73.75%)	3 059	长江中下游及支流普通货物、集装箱内外贸支线班轮运输、货运代理	12 艘	2 000	16.3
上海航华国际船务代理有限公司	2 000(长江公司持股40%)	2 000	国际船舶代理,国际海运辅助业务,国际货运代理咨询服务	—	—	—

2010 年 6 月到 2016 年 10 月间,长江公司逐步收购了上港集团在长江流域的物流网络和航运资产。2011 年以后,长江公司陆续在湖北、江西、湖南、江苏等省份设立区域公司,分布在长江流域各大省份,在长江流域构建了一体化运营平台,加大区域市场开发,逐步提高物流服务辐射范围。

到 2015 年底,下属企业共 10 家,其中 9 家是投资企业,1 家是管理关系挂靠,但资产关系属上港集团物流有限公司。到 2018 年,挂靠管理关系的上港物流江西有限公司划出,下属投资企业共 9 家,分布在长江流域各大省份。(见图 5-4-1)

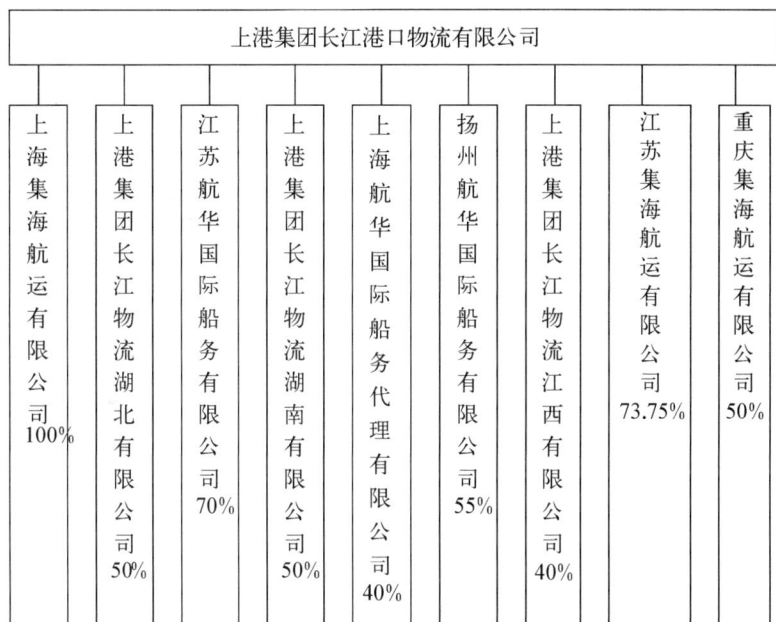

图 5-4-1 上港集团长江港口物流有限公司组织架构图

注:1. 图中百分比为上港集团长江港口物流有限公司所占股份。
　　2. 上海航华国际船务代理有限公司管理关系属上港物流,长江公司仅对其合并报表。

经过不断调整充实,到 2020 年,上港集团在长江沿线一共设立了 5 家航运物流企业(见表 5-4-4)。

表 5-4-4 2020 年上港集团在长江沿线设立的主要航运物流企业情况一览表

序号	公司名称	持股	性质	注册资金(万元)
1	上港集团长江物流湖北有限公司	50%	代理	1 000
2	上港集团长江物流湖南有限公司	50%	代理	500
3	上港集团长江物流江西有限公司	40%	代理	750
4	江苏航华国际船务有限公司	70%	代理	1 000
5	扬州航华国际船务有限公司	55%	代理	500

上港集团成立长江港口物流有限公司以来,极大地促进了长江中转集装箱的递增。2010 年,长江中转集装箱 306 万标准箱,占该年上港集团集装箱吞吐量(2 906.9 万标准箱)的 10.5%,占该年上港集团水水中转集装箱总吞吐量(1 105.2 万标准箱)的 27.7%。

2015 年,长江中转集装箱 497.7 万标准箱,占上港集团集装箱总吞吐量比例达到
13.62%,占水水中转总吞吐量 1 645 万标准箱的 30.26%。2017 年,长江中转集装箱
529.4 万标准箱,占水水中转总吞吐量 1878.8 万标准箱的 28.18%。2018 年,长江中转
集装箱 543.7 万标准箱,占上港集团集装箱总吞吐量比例达到 12.9%,占水水中转总吞
吐量 1 967.6 万标准箱的 27.63%。2019 年,长江中转集装箱达 513.6 万标准箱,占水
水中转总吞吐量的 24.6%。

上港集团通过实施"长江发展战略",进一步提高了母港的竞争力,扩大了上港集团
作为全球码头运营商的影响力,促进了经营效益的提高。

(二) 长江航运业务

上港集团成立后,在长江沿线设立了多个支线航运企业,使长江航运日趋班轮
化、大型化和联盟化,促进了长江中转集装箱的递增,到 2010 年一共有 8 家(见表 5-
4-5)。

表 5-4-5　2010 年上港集团在长江沿线设立的主要航运企业情况一览表

序号	企业全称	股东情况	注册资本(万元)	成立时间	性质
1	上港集团长江港口物流有限公司	上港集团占股 100%	5 000	2010 年 5 月	控股
2	民生轮船股份有限公司	民生实业占股 80% 上港集团占股 20%	20 500	1997 年 8 月	联营
3	江苏集海航运有限公司	上港集团占股 36.25% 扬州兴洋船务占股 63.75%	2 000	2003 年 12 月	联营
4	重庆集海航运有限责任公司	上港集团占股 50% 重庆港占股 50%	5 000	2003 年 5 月	合营
5	上海集海航运有限公司	上港集团占股 59.33%	25 000	2001 年 9 月	控股
6	江苏航华国际船务有限公司	上港集团占股 70% 南京国际货运占股 30%	1 000	2006 年 7 月	控股
7	扬州航华国际船务有限公司	上港集团占股 55% 扬州港占股 45%	1 794	2005 年 1 月	控股
8	上海航华国际船务有限公司	上港集团占股 40%	—	2000 年 5 月	联营

经过不断调整,到 2019 年上港集团在长江沿线一共设立了 5 家支线航运企业(见
表 5-4-6)。

表 5-4-6 2019 年上港集团在长江沿线设立的主要航运企业情况一览表

序号	公司名称	持股	性质	注册资金（万元）
1	上海集海航运有限公司	100%	船运	25 000
2	江苏集海航运有限公司	100%	船运	2 000
3	重庆集海航运有限责任公司	35%	船运	7 143
4	上海泛亚航运有限公司	20%	船运	153 656
5	民生轮船股份有限公司	20%	船运	20 500

1. 上港集团长江公司集装箱运输

长江公司紧密围绕上港集团的"长江发展战略"，经营长江和内河省际普通货船和集装箱内支线班轮运输、水路货运、船舶代理、港口装卸、集装箱堆存等业务。该公司 2011 年自有船舶 28 艘和 1 艘拖轮，江海直达船 14 艘，其中最大船舶运力为 272 标准箱，运力最小的为 72 标准箱，经营船队总运力近 9 500 标准箱，经营航线覆盖长江流域全境。2014 年自有船舶减少到 22 艘。2018 年自有船舶减少到 14 艘，经营管理的船舶共 58 艘，其中最大船舶运力为 816 标准箱，运力最小的为 54 标准箱，经营船队总运力 2 万余标准箱，经营航线覆盖长江流域全境。

长江公司 2011 年完成运输集装箱量 75 万标准箱。2014 年完成运输集装箱量 70 万标准箱。2019 年完成运输集装箱量 56.7 万标准箱。（见表 5-4-7）

表 5-4-7 2010～2019 年上港集团长江港口物流有限公司集装箱运输情况表

年份	运输箱量（万标准箱）	年份	运输箱量（万标准箱）
2010 年	75.0	2015 年	68.5
2011 年	55.0	2016 年	68.1
2012 年	60.0	2017 年	70.8
2013 年	65.0	2018 年	69.5
2014 年	70.0	2019 年	56.7

注：1. 长江公司 2010 年 6 月成立，2010 年不是长江公司的完整运营年度。
2. 2010 年含沿海业务，其他年份均无沿海业务。

2. 重庆集海航运有限责任公司

重庆集海航运有限责任公司（简称"重庆集海"）于 2003 年 5 月在重庆正式成立，注册资本 5 000 万元,长江公司占 50%股权,总资产 10 500 万元,年运输总箱量约 50 000 标准箱左右。

重庆集海依托上海港、重庆港码头资源,借助长江黄金水道的航运优势,主要从事长江集装箱外贸内支线班轮运输、船舶代理、货物代理等业务。重庆集海营运船舶 9 艘,总运力超过 2 600 标准箱,经营航线为长江上游主要港口重庆到上海的内支线,开行密度为每周三班。重庆集海是长江公司航运业务的有效补充,将长江公司的物流服务延伸至长江上游地区,扩大了物流服务半径。2018 年,重庆集海公司运输总箱量 6.4 万标准箱,有员工 129 人。

3. 江苏航华国际船务有限公司

江苏航华国际船务有限公司(简称"江苏航华")于 2006 年 7 月在江苏南京正式成立,注册资本 1 000 万元,本部设在南京,并在江苏省南通、张家港、江阴、常州、镇江等主要口岸设有分公司。

江苏航华是长江公司在江苏地区(除扬州、泰州外)的总代理,负责江苏主要地区的物流网络铺设、货运组织协调和客户维护工作。为江苏地区客户提供国际、国内货运相关业务,包括报关报检、货物订舱、船舶代理、仓储堆存、运输配送、物流方案策划、物流信息等服务。到 2018 年,江苏航华总资产达 5 171 万元,代理箱量 10.6 万标准箱,有员工 74 人。

4. 扬州航华国际船务有限公司

扬州航华国际船务有限公司(简称"扬州航华")于 2005 年 1 月在江苏扬州正式成立,注册资本 500 万元。扬州航华本部设在扬州,并在江苏省泰州设有分公司,总资产 1 794 万元。

扬州航华是长江公司在江苏地区扬州、泰州的总代理,负责该地区的物流网络铺设、货运组织协调和客户维护工作,为该地区客户提供国际、国内货运相关业务,包括报关报检、货物订舱、船舶代理、仓储堆存、运输配送、物流方案策划、物流信息等服务。2018 年扬州航华代理箱量 2.5 万标准箱,共有公司员工 37 人。

5. 江苏集海航运有限公司

江苏集海航运有限公司(简称"江苏集海")于 2003 年 12 月在江苏扬州正式成立,注册资本 2 000 万元,长江公司占股 73.75%,总资产 3 059 万元,年运输总箱量约 16.3 万标准箱左右。

江苏集海主要从事长江中下游及支流普通货物、集装箱内外贸支线班轮运输,国内货运代理,国际货运代理,货物联运等相关业务。公司营运船舶 12 艘,总运力超 2 000 标准箱。江苏集海是长江公司航运业务的有效补充,主要从事长江下游地区商品箱、内贸箱的运输,以及安徽境内小支线的运营。2018年江苏集海公司运输总箱量21.9万标准箱,有员工43人。

(三) 长江物流业务

上港集团在2003～2019年间,在长江沿岸不断发展港口物流及综合代理业,设立了多个物流及代理企业(见表5-4-8),努力把一些基础性、先导性的产业搭建成了长江流域点、线、面相结合的供应链网络,改善了港口集疏运条件。

表 5-4-8　上港集团在长江沿线设立的物流及代理等主要企业情况一览表

序号	企业全称	股东情况	注册资本（万元）	成立时间	性质
1	湖北航华国际船务代理有限公司	上港集团占股75％ 湖北时进货运占股25％	—	—	控股
2	湖北航华国际船务代理有限公司	上港集团占股75％	1 000	2011年2月	控股
3	上港集团长江物流湖北有限公司	上港集团占股75％	1 000	2011年2月	控股
4	上港集团长江物流湖南有限公司	上港集团占股50％	500	2011年10月	合营
5	湖南集海船务代理有限公司	上港集团占股100％	25 000	2001年	控股
6	上港物流江西有限公司	上港集团托管	23 000	2007年	联营
7	上港集团长江物流江西有限公司	上港集团占股100％	300	2011年8月	控股
8	九江中理外轮理货有限公司	上港集团占股84％	—	—	控股
9	九江四方港务物流有限公司	上港集团占股50％	1 000	2003年3月	合营
10	九江港力达集装箱服务有限公司	上港集团投资37.6万元	—	2003年8月	联营
11	芜湖申芜港联国际物流有限公司	上港集团占股50％ 芜湖港占股50％	1 500	2003年8月	合营
12	海通(太仓)汽车码头有限公司	上港集团占股70％	76 000	2013年8月	控股

1. 上港集团长江物流湖南有限公司

上港集团长江物流湖南有限公司(简称"上港长江湖南公司")于2011年10月在湖南长沙正式更名成立,注册资本500万元。设址于长沙市芙蓉中路三段398号新时空1402室。受上港集团长江港口物流有限公司委托,上港长江湖南公司对湖南集海航运有限公司进行管理。

该公司是长江公司在湖南地区的总代理,负责湖南地区的物流网络铺设、货运组织协调和客户维护工作。为湖南地区客户提供国际、国内货运相关业务,包括报关报检、货物订舱、船舶代理、仓储堆存、运输配送、物流方案策划、物流信息等服务。

上港长江湖南公司作为湖南地区公共船代和承运人,与马士基、长荣、达飞、中海、韩进等多家国际知名船公司签订了长期合作协议。目前已经开通长沙—上海直达航班,投入经营船舶 3 条,运力约 800 标准箱,每周 3 班。考虑到湘江枯水期因素,辅助投入长沙—岳阳—武汉小支线经营船舶 3 艘,运力超 200 标准箱。航班密度居长沙、岳阳口岸前列。每年上港长江湖南公司代理的集装箱箱量约 1 万标准箱。

上港长江湖南公司成立之初有员工 17 人,总资产 710 余万元。2017 年代理箱量 0.44 万标准箱,公司有员工 22 人。

2. 上港集团长江物流湖北有限公司

上港集团长江物流湖北有限公司(简称"上港长江湖北公司")于 2011 年 2 月在湖北武汉正式更名成立,注册资本 1 000 万元。公司设址于武汉市江汉区新华路 186 号福星国际商会大厦。

上港长江湖北公司是长江公司在湖北地区的总代理,负责湖北地区的物流网络铺设、货运组织协调和客户维护工作。为湖北地区客户提供国际、国内货运相关业务,包括报关报检、货物订舱、船舶代理、仓储堆存、运输配送、物流方案策划、物流信息等服务。

该公司具备代理各类散杂货船舶的经营资质,尤其在超大型专用船、大型矿石船、干散货船、木材船、化学品船等船舶方面有丰富的经验。投入上海—武汉航线运营的船舶有 9 艘,运力超过 2 000 标准箱,每周开行 5 班支线班轮,航班密度居武汉口岸首位,另外在武汉—宜昌开设支线运输。2010 年上港长江湖北公司的代理箱量达 7.3 万标准箱。

上港长江湖北公司作为湖北地区公共船代和承运人,与 30 多家外籍船公司建立了良好的合作关系,公司现有日本、韩国、东南亚、中东、南美、中南美洲及欧洲等航线代理,同时不断拓展新的国际航线业务。公司成立之初有员工 90 人,总资产 3 600 余万元。2017 年代理箱量 14.8 万标准箱,公司员工 148 人。

3. 上港集团长江物流江西有限公司

上港集团长江物流江西有限公司(简称"上港长江江西公司")于 2011 年 8 月在江西九江正式更名成立,注册资本 750 万元。设址于九江市经济开发区城西港区港城大道东段物流园内行政综合楼四楼。

上港长江江西公司是长江公司在江西地区的总代理,负责江西地区的物流网络铺设、货运组织协调和客户维护工作。

上港长江江西公司可为江西地区客户提供国际、国内货运相关业务,包括报关报检、货物订舱、船舶代理、进区退税、仓储堆存、运输配送、物流方案策划、仓单质押、物流信息等服务。

该公司作为江西地区公共船代和承运人,与长荣、达飞、太平、中海、韩进、伊朗国航等国际知名船公司签订了长期合作协议。投入上海—九江以及九江—南昌支线运营的船舶有4条,运力500标准箱,每周九江、南昌各开行2班支线班轮,航班密度居九江口岸首位。2010年上港长江江西公司的代理箱量近1万标准箱。

上港长江江西公司在九江国家出口加工区设有专业退税公司,可为客户提供进区退税服务。在九江设有大型物流仓储基地,占地面积226亩,仓库面积14 500平方米,并设有2 000平方米的专业危险品仓库和2 100平方米的危险品堆场,配备先进的装卸作业机械和经验丰富的操作管理团队。

上港长江江西公司成立之初有员工15人,总资产530余万元。2017年代理箱量2.9万标准箱,公司员工增至27人。

4. 九江四方港务物流有限公司

九江四方港务物流有限公司由上港集团九江港务有限公司、新余钢铁集团有限公司、天德亚洲有限公司和珏瑞投资有限公司共同投资,于2003年2月26日在九江市工商行政管理局注册成立。注册资本为2 000万元,上港集团九江港务有限公司出资1 000万元,占50%;新余钢铁集团有限公司出资400万元,占20%;天德亚洲有限公司出资300万元,占15%;珏瑞投资有限公司出资300万元,占15%。公司设址于江西省九江市经济技术开发区浔阳西路231号。主要经营港口码头建设(凭资质证经营)、货物装卸堆存、储运服务及加工配送销售、货物运输中转、代理。

5. 九江港力达集装箱服务有限公司

九江港力达集装箱服务有限公司于2012年2月7日在九江工商局登记注册成立,办公地址位于九江市城西港区附二楼(2-26房),主要经营集装箱租箱服务,出售集装箱装卸平台、集装箱房等产品。

6. 芜湖申芜港联国际物流有限公司

芜湖申芜港联国际物流有限公司(简称"申芜港联")于2003年8月在安徽芜湖正式成立,注册资本1 500万元,长江公司持股比例为50%,合资方为芜湖港。

申芜港联是上海港实施"长江战略"与芜湖港"大外贸、大联合、大货主、大市场、大通关"的结晶,开展专业化物流产业运营,打造安徽省现代集装箱物流基地,以此形成安徽地区—上海—国际港口的物流链。

申芜港联的业务范围涵盖了承办海运、空运进出口货物的国际运输代理业务,包括揽货、订舱、仓储、中转、集装箱拼装拆箱、结算运杂费、报关、报验、保险、相关的短途运输服务及运输咨询业务;从事中外籍国际船舶代理及相关业务;物流配送,仓储咨询服务,集装箱修箱、洗箱服务等。其利用国际船舶代理、国际货运代理、集装箱运输、仓储、装拆箱等资质集于一身的优势,用强大的码头优势、良好的硬件服务设施、完善的业务功能、广泛的社会网络、丰富的实际操作经验,向广大客户提供"专业、高效、方便、快捷"的全方位增效服务,并正在逐步构建集装箱物流链,形成以芜湖为中心的物流服务网络。

申芜港联有员工 30 人,总资产 2 115 余万元,在合肥设有分公司。

7. 海通(太仓)汽车码头有限公司

上港集团为进一步推动长三角汽车物流业的持续发展,提升华东地区整车物流的综合服务水平,吸引更多的汽车厂商向长三角区域集聚,进一步促进区域经济发展,于 2013 年 9 月,由上港集团上海海通国际汽车码头有限公司与江苏太仓港口投资发展有限公司合资成立了海通(太仓)汽车码头有限公司,建设专业汽车滚装码头。码头水陆域面积 1 570 亩,岸线长 708 米,设计年滚装汽车吞吐量 100 万辆,该公司注册资本 76 000 万元,上港集团持股 70%。滚装汽车码头原计划在 2017 年投入运营,由于环评,到 2019 年才正式投入运营。

三、长三角码头装卸和物流业务

上港集团在这一时期,在长江三角洲用合资、合作方式同时设立了多个码头装卸企业,多方位开展物流业务,进一步做大做强上海港。

1. 嘉兴平湖独山港码头有限公司

上港集团平湖独山港码头有限公司成立于 2009 年 12 月,由上海国际港务(集团)股份有限公司、浙江省海港投资运营集团有限公司与平湖市独山港港务投资有限公司三方共同出资组成,注册资本人民币 7.8 亿元。其中,上海国际港务(集团)股份有限公司 65% 股权、浙江省海港投资运营集团有限公司 30% 股权、平湖市独山港港务投资有限公司 5% 股权。注册地址在平湖市全塘镇。

上港集团平湖独山港码头有限公司码头工程于 2011 年 9 月正式开工建设,2013 年 5 月建成,2013 年 9 月 28 日开港运营。该公司码头平台由东西两条长度分别为 500 米的引桥与港区陆域相连接。码头平台岸线长 512 米、宽 42 米、水深-15.6 米,可同时停靠 2 艘 3 万吨级的集装箱船舶。码头设计年吞吐能力为 30 万标准箱。公司陆域面积约 27 万平方米,堆场面积约 16 万平方米。设有内、外贸检查桥 10 座。现拥有 50 吨岸边集装箱装卸桥 2 台、40 吨轮胎式龙门起重机 5 台、45 吨正面吊运机 2 台、空箱堆高机 2 台、50 吨集装箱牵引车 10 台、25 吨集装箱叉车 2 台等。

该公司主要的生产运营模式为"陆改水"业务,即通过独山至洋山的支线班轮"独山快航",将原来浙北市场和上海洋山港之间通过陆路运输的集装箱,改为经独山港中转的水路运输方式。此外,公司还经营内贸业务、商品空箱业务、大件运输业务等。2016年底,随着嘉兴港口岸扩大开放顺利通过国家验收,该公司正积极推进"水水中转"业务,出运洋山的集装箱可在独山当地完成报关、报检手续后,再出运到洋山港。

2014 年,上港集团平湖独山港码头有限公司码头完成集装箱吞吐量 8.8 万标准箱;2015 年实现集装箱吞吐量 12.5 万标准箱;2018 年完成集装箱吞吐量 15.4 万标准箱;2019 年递增到 19.1 万标准箱。

2. 安吉上港国际港务有限公司

安吉上港国际港务有限公司由安吉川达物流有限公司、上海国际港务(集团)股份有限公司分别出资 14 000 万元和 6 000 万元,于 2014 年 3 月 27 日在安吉县工商行政管理局注册成立,注册资本为 20 000 万元人民币,双方各占股份 70%、30%。设址于湖州安吉县递铺镇马家村马家渡自然村 38 号,公司主要经营普通货运、集装箱货物运输,货运站(场)经营(货物集散、货运配载、货运代理、仓储理货),为船舶提供码头设施、在港区内提供货物装卸、仓储服务,集装箱的修理、修配,机械设备配件、汽车配件、船舶机械配件批发,货物进出口等业务。

该公司前身为安吉川达物流有限公司,属浙江省重点建设项目。港口码头总占地面积 198 676 平方米,总投资 4 500 万美元,一期投资 2.6 亿元人民币。沿河岸线 265米,设有 500 吨级集装箱船泊位 5 个,设计年吞吐量 20 万标准箱。该公司与上港集团签订了"两港一航"协议,主要业务范围已涉及五大块:一是外贸集装箱支线运输及仓储业务,二是订舱、提单签发、报关报检代理业务,三是内贸集装箱支线运输及仓储业务,四是散杂货及大型设备中转业务,五是仓储分拨等综合物流服务项目。同时具备海关及检验检疫监管功能,船务代理、订舱与提单签发功能,报关及报检功能,集装箱堆场与还箱点功能,验修洗箱及仓储分拨等功能。

该公司拥有 7 艘 36 标准箱和 16 艘 48 标准箱的运输船舶,单航运力已达 1 020 标准箱。码头开辟了绿色环保、畅通便捷的"内河水水中转"新型物流模式,开辟了安吉港至上海港内河国际集装箱支线班轮 40 余艘。进出口货物 CY－CY 国际水水中转业务在安吉签发出口船公司提单、进口换单签发,实现便捷的"一站式""门到门"服务。目前安吉有 330 家外贸企业通过川达物流公司进出口,"海河联运"模式的便捷、畅通、价廉的优势得到了辐射区域内进出口企业的好评。

安吉上港国际港务有限公司以上海国际航运中心、物流中心为平台,以建设安吉港为货源聚集区,使其成为上海港的重要延伸港、枢纽港和物流节点之一,成为辐射江、浙、皖省份的重要物流中心。2017 年,该公司完成集装箱吞吐量 24.4 万标准箱。2018

年达 26.7 万标准箱。2019 年完成集装箱吞吐量 29.87 万标准箱。

3. 温州金洋集装箱码头有限公司

温州金洋集装箱码头有限公司成立于 2005 年 12 月,2006 年 1 月 1 日正式运作,注册资本 4 255.33 万美元,由上港集团、上港集箱(澳门)有限公司和温州港集团有限公司合资成立,分别持股 20%、25% 和 55%,注册地址在浙江省乐清市七里港镇。作为一家主要经营集装箱运输业务的专业化集装箱码头,经营范围主要包括:港口建设开发,集装箱装卸、储存、修理、清洗、货运代理,经济信息咨询(不含证券业务),码头件散杂货装卸和仓储服务。设址于温州市以东的瓯江河口北岸。

该公司主要经营已建成的七里港区一期工程,总占地面积约 265 334.66 平方米,码头岸线长 582 米。拥有 2.5 万吨级多用途泊位、1.5 万吨级集装箱专用泊位等不同吨级的泊位 4 个,集装箱堆场面积 12 万多平方米,拆装箱库面积 3 000 多平方米,煤炭堆场 3 万多平方米,钢材堆场 5 000 平方米。2015 年,根据"三港"合资协议,租用七里港二期,二期码头总长 596 米(包含与一期工程 99 米码头连接段),2 万吨级多用途泊位和 2 万吨级杂货泊位各 1 个,仓库面积 4 752 平方米。目前港区配有先进的装卸设备近 70 余台,包括集装箱岸边起重机 4 台,门机 5 台,轮胎式龙门吊 10 台,正面吊 4 台,空箱堆高机 6 台等。

该公司拥有较高的科技含量,所使用的基于无线网络的集装箱作业系统,可以实时、全程监管集装箱作业过程,并全程采用 EDI 方式与相关单位进行快速、准确的集装箱信息交换。

温州金洋集装箱码头有限公司集装箱业务发展迅速,目前开辟了温州至上海、宁波的外贸内支线,通过上海和宁波将国际集装箱中转至世界各地和主要港口,同时与全国沿海、沿江各主要港口开展内贸货物和国内水路集装箱运输业务。公司拥有年吞吐量 120 万吨的散杂货吞吐能力。煤炭堆场最大容量 10 万吨,钢材最大库容 2 万吨,煤炭日出库能力可达 3 000～5 000 吨,并配备门机 4 台,装载机 8 台,小型吊机 5 台,小型叉车 5 台。其中,煤炭业务不仅包括乐清周边地区,还向西辐射至温州周边丽水、金华、衢州等浙西地区,向省外延伸至赣东地区。

第五节　典型物流服务

一、汽车物流服务

上海海通国际汽车物流有限公司(以下简称"海通汽车物流公司")于 2003 年 12 月

组建成立。该公司由上港集团、上海汽车工业销售总公司、日本邮船株式会社、上港集箱(澳门)有限公司、上海汽车工业香港有限公司及上海高东投资经营管理中心合资建立,旨在发展汽车物流服务。

上海港是国家2004年6月出台的《汽车产业发展政策》中指定的4个汽车进口口岸之一。海通汽车物流公司承担的汽车滚装装卸业务主要包括商品整车和随车配件两大类,并具备汽车综合物流服务功能,为国内外汽车企业提供一体化的整车和汽车零部件码头装卸和物流配送服务。

改革开放以来,世界汽车制造业的各大巨头进一步加大在中国的投资力度,加快了汽车新产品引进和开发的步伐;国内各自主品牌汽车企业加快新产品的开发,加快了产能提升的速度;我国经济持续稳步增长,城乡居民收入逐步提高,汽车购买力提高,从而带动了汽车生产和销售的持续增长;汽车消费市场的发展带动了汽车消费个性化、差异化的消费需求,推动了汽车进口贸易的稳步增长;我国汽车产能和市场销量存在较大的落差,促使汽车制造企业积极开拓国际市场,从而推动汽车出口的持续高速增长。我国经济发展的梯度分布线绵长,工业建设、城市交通建设、民航建设、能源建设投资量大,持续时间长,从而带动了工程设备和特种车辆进出口贸易的稳步增长。

中国汽车产量连续保持快速增长,中国汽车销售市场和物流市场竞争日趋激烈,滚装运输越来越显示出优势。

海通汽车物流公司作为专业化汽车滚装码头,拥有良好的港口设施和集疏运环境,适合多种滚装船舶靠泊。其口岸整车物流平台拥有洲海路、港建路两大码头资源,其中洲海路码头岸线219米,一个泊位,堆场面积18万平方米,年吞吐能力20万辆。港建路码头岸线530米,内侧岸线270米,建有二个海轮泊位,一个江轮泊位,堆场面积29万平方米,年吞吐能力73万辆。码头配置先进的作业设施,提供良好的技术质量保证。

该公司在全面贯彻ISO90012000版质量标准的同时引进KPI体系,装备具有国际先进水平的滚装码头信息管理系统,实现业务运作的全面质量管理和全程信息控制,在原有物流业务基础上开发了整车增值服务项目。从以前单一的进出口代理和车辆运输拓展到整车仓储、整车分拨、商检、售前检查、加装改装、供应链策划等增值服务。增值服务中心建有3条商检线,提供整车检验检疫,方便快捷;建有6条PDI线,为进出港商品车提供售前检测;共有20个VPC工位,提供个性化的加改装服务;建有五层结构7.7万平方米的室内立体车库,提供车辆分拨业务。增值服务延伸了传统港口装卸业务,构建了集约化的汽车服务体系,为到港车辆提供了一体化的"菜单式服务"。

汽车零部件物流中心作为公共服务平台,通过先进的管理、技术和信息交流网络,对进货、储存、分拣、加工和配送等业务过程进行科学、统一、规范的管理,使整个商品运动过程高效、协调、有序,以满足客户对零部件产品的越来越趋于多样化、复杂化和个性化需求,真正实现了物流、资金流、信息流的实时、集成的同步控制。海通口岸零部件物流平台具有一级国际货运代理资质,集码头、海运、陆运等方面的强大资源,为客户提供供应链策划和解决方案、进出口代理包括报关报验和订舱、零部件海陆铁等多式联运门到门服务、上海及关联港口区域仓储和物流增值服务。零部件物流中心提供内外贸进出口零部件拼箱、仓储、配送服务。

海通汽车物流公司以"五轴心管理"为抓手,从基础管理做起,不断探索、推进管理标准化、工作标准化、岗位标准化和产品工艺标准化。该公司编写的《滚装装卸工艺标准》已成为国家标准。还制定了《特种车辆、重大件装卸工艺标准》《滚装作业安全操作工艺标准》和增值服务中的《PI、PDI 检查工艺标准》《VPC 加改装工艺标准》《库存维护工艺标准》《商品车检测工艺标准》和《整车分拨操作标准》等。并注重 IT 能力的建设,根据自身业务特征和管理要求,开发了具有自主知识产权的码头 R - TOPS 管理系统、物流 HLMS 管理系统和滚装码头信息管理系统。物流 HLMS 管理系统采用 KPI 指标对业务各环节进行全程控制和管理,生产现场通过可视化系统实时监控物流链中的各个环节、查看各项运营指标,及时掌握运营管理情况,不断优化作业,提升管控能力和运营工作效率,实现了业务运作的全面质量管理和全程信息控制。

2011 年 11 月,为加强和规范码头内部控制,提高企业经营管理水平和风险防范能力,促进企业可持续发展,海通物流公司根据国家关于加强企业内控体系建设的要求,完成了《上海海通国际汽车码头/物流有限公司内部控制手册》(简称"《内控手册》"),并于 2012 年 1 月 1 日起正式实施。《内控手册》共包括 23 个章节,其中公司层面内控文件 4 个章节,业务层面内控文件 19 个章节,涵盖 479 个关键控制点,69 个控制活动流程图。《内控手册》的实施,为码头相关业务内部控制管理提供了依据,进一步建立健全了责任明晰、制度完备、流程规范、制约有力、监督到位的工作机制,为内部控制工作规范、有序运行提供了保障。

海通汽车物流公司具有一级国际货运代理资质,集码头、海运、陆运等方面的强大资源,为客户提供供应链策划和解决方案、进出口代理(包括报关报验和订舱)、零部件海陆铁等多式联运门到门的服务、上海及关联港口区域仓储和物流增值服务,与国内外130 多个品牌汽车厂商有业务往来。国内外 20 个著名船公司把海通码头作为目的港,先后在烟台、营口、沈阳、柳州、深圳等地设立零部件物流网点,业务范围延伸到长春、大连、青岛、武汉、广州、海口,并拓展至韩国、美国、印度等地。(图 5-5-1)

图 5-5-1　海通汽车物流公司

　　海通汽车物流公司在 2003 年至 2008 年成功运作的上海通用东岳工厂、北盛工厂及其外部物流项目,涉及上海短泊、上海码头、上海到烟台海路运输、烟台短泊、烟台码头等环节的"门到门"物流。为了满足上海通用汽车公司在即时跟踪、全程控制等方面的要求,海通物流公司制定对应方案,设计控制流程,整合上汽及社会物流资源,为上海通用东岳工厂、上海通用东岳动力总成工厂提供了高效的现代物流服务。实施的上海至烟台的"门到门"海路联运解决方案,为通用汽车公司节省了约 50% 的运输费用。公司高品质、高标准的作业模式在整个供应量策划过程中,综合各方面因素,对每一个环节进行了精心核算和控制,从而为客户节省了大量的时间和库存成本。

　　上海港发展港口汽车物流服务的切入点是为用户服务,主要服务对象是大型汽车制造厂商和汽车销售企业。通过与国际滚装船巨头的强强联合,凭借其地理区位优势和港口资源,利用港口作为物流平台为大型汽车制造厂商和汽车销售企业提供降低整体物流成本的一揽子解决方案,为其提供专业化的全程物流服务,成为拥有强大竞争实力的汽车进出口物流供应商。海通汽车物流公司码头管理信息系统实现了汽车滚装码头及汽车港口物流的管理信息化,处于行业领先地位,将供应商、生产商、分销商、零售商、消费者、运输商以及仓储商等其他物流业务参与者通过一套集成的 IT 系统联系起来,实现了整个供应链效益的最大化;同时又根据客户的具体要求,开发符合客户动作要求的个性化、菜单式的物流软件服务包,从而实现"发展港口滚装业务、构建现代港口汽车物流平台"的战略目标,打造具有物流供应链系统策划能力和物流管理能力的汽车物流旗舰企业。

　　2004 年至 2015 年,海通物流公司汽车滚装装卸业务量增长显著。2004 年完成汽车零部件运输业务 53 662 标准箱,完成整车一体化 8 010 辆。到 2010 年分别达到了 217 427 标准箱、170 619 辆。2015 年,完成汽车零部件运输业务递增到了 301 820 标准箱,完成整车一体化 511 300 辆。

发展到 2017 年,海通汽车物流公司整车物流已具有码头装卸、整车商检、加装改装、售前检查、整车分拨等 9 大类服务产品。汽车零部件物流已具备"门到门"供应链方案策划、零部件多式联运、口岸零部件集拼等 4 大类服务产品,形成了"个性化、一体化、菜单式"的服务能力。整车物流平台拥有定制的 R-TOPS、LMP、VLMS 等系统;零部件物流平台拥有定制的 WMS、TMS、HLMS 等系统。整车和零部件两大可视化信息系统,为客户提供船舶靠离港、作业计划、货物状态和位置等实时信息,实现了物流供应链全程可视化管理,确保每一个物流环节的安全可靠。零部件物流网络已延伸至武汉、长沙、烟台、沈阳、深圳等 9 个口岸网点,业务范围已拓展至美国、韩国、印度等地。该公司从口岸物流服务提供商,转向为客户和消费者提供创新服务产品的综合供应商,建设以商贸服务平台与物流金融为特色的业务新形态;并根据绿色物流的发展要求,进一步打造新能源汽车和船舶的服务能力。

2019 年,海通汽车物流公司码头滚装整车一体化吞吐量为 94.93 万辆,零部件运输业务达到 21.98 万标准箱。(见表 5-5-1)

表 5-5-1　2003～2019 年上海海通国际汽车物流有限公司滚装车辆物流吞吐量统计表

年份	2003 年	2004 年	2005 年	2006 年	2007 年	2008 年	2009 年	2010 年	2011 年
零部件运输业务(标准箱)	37 039	53 662	54 915	73 116	89 133	86 732	128 599	217 427	270 231
整车一体化(辆)	426	8 010	9 830	22 843	44 053	82 014	72 254	170 619	214 863
年份	2012 年	2013 年	2014 年	2015 年	2016 年	2017 年	2018 年	2019 年	
零部件运输业务(标准箱)	255 000	265 400	330 800	301 820	318 862	276 202	268 804	219 773	
整车一体化(辆)	306 000	526 700	615 000	511 300	673 392	821 746	943 173	949 300	

注:从 2016 年起,由于该公司业务结构调整,"整车一体化"已改称为"整车物流服务"。

2012 年 7 月,由上海海通国际汽车码头有限公司与上海同盛物流园区投资开发有限公司合作,成立了上海海通洋山汽车码头有限公司。此举标志着海通公司及其股东方携手的深度合作,为搭建洋山汽车贸易平台创造了物流条件。创建洋山汽车码头使海通码头整车服务得以延伸,该码头将利用自身区位优势及洋山保税港区的政策优势,积极探索新的服务产品,为客户提供新的物流服务价值。

2014年,在上海浦东自贸委、口岸管理、口岸查验和引航站等单位的大力支持下,海通公司洋山汽车码头业务发展成进出口双向接卸与装运。当年5月,完成接卸K-LINE旗下"北方快航"汽车滚装船上的商品车1 201辆、工程机械车1辆及随机附件3件,装运出口叉车1辆。在东车公司旗下"利固傲"汽车滚装船上完成接卸工程车71辆和随车备件70个,装船出口工程车17辆和随车备件5个。打造了洋山深水港一体化汽车物流服务平台,进一步推动了上海汽车物流业的持续发展。该公司2014年完成汽车滚装吞吐量16 135辆,2015年达到20 067辆。2016年完成汽车滚装吞吐量3 809辆。2017年,上海海通洋山汽车码头有限公司歇业。

二、冷链物流服务

上港集团冷链物流有限公司成立于2013年10月,位于浦东新区外高桥港区六期工程西部,港建路以北,是上港集团的全资子公司。

该公司定位于华东地区的进出口食品集散中心。在经六路以东建有外高桥冷库项目新建1号和2号冷库两座,每座建筑面积30 800平方米,每座冷库主体南北总长约172米,东西总长约120米,建筑占地面积为19 830平方米,建筑高度23.4米。冷库总规模约10万托,两座冷库布局相同。可为社会提供"一站式"冷链物流服务,打造进出口食品的交易平台。

三、罗泾—浦钢物流项目

2008年,包起帆团队创新开发的罗泾—浦钢物流项目,是我国沿海港口与钢铁工业物流配送系统的创新模式,是"前港后厂"这种新型建设模式理论在实际工程项目中的成功例证。该项目以现代港口物流的设计理念,研究罗泾港区与特大型钢铁厂平面总体布局、装卸工艺流程、码头道路堆场、物流配送路由等,开发研制设计了一套确实可行的公用散货码头对钢厂专业实时智能配送系统,由上港集团所属上海罗泾矿石码头有限公司承担为宝钢集团中厚板公司提供矿石、辅料的装卸、配送等各项服务,从而实现码头陆域与特大型钢厂间无缝集成的物流配送服务,成功实现了无故障安全成功衔接运作,为钢铁企业降低物流成本创造价值。

该物流项目在上港集团罗泾矿石码头有限公司港区信息系统中央控制室的指令下,从靠泊码头的大船上接卸的进口铁矿石和煤炭等原辅料,通过皮带机转运系统输送到码头后方的宝钢集团浦钢公司专用堆场,然后根据对方的取料指令,又通过2条矿石皮带机和1条煤炭皮带机转运输送系统与对方的连接,跨越港区码头与浦钢公司之间30多米宽的港外(厂外)社会道路,将新港区卸下的铁矿石、煤炭等原辅料直接送至对方的平台炉。浦钢公司也能将生产的钢铁成品通过港区码头直接装船起运。这种"前港后厂"式的钢铁工业物流配送系统,随着2007年11月24日浦钢公司热负荷试车并出铁,正式进入运作。

浦钢公司新建了目前世界上规模最大的COREX炉,首次采用C3000型COREX炼铁工艺和技术装备,是世界钢铁工业的前沿高新技术,是一种用煤炭和铁矿石生产热铁水的新工艺,在绿色环保方面具有明显优势。

上海港罗泾港区二期工程和浦钢公司搬迁罗泾工程于2005年6月先后开工建设,因为浦钢公司生产需要的大量铁矿石等原料、辅料依靠水运进口,按照以往传统的惯例,该钢厂如辟建配套的专用码头,其利用率一般约为公用码头的三分之一,而且也要占用大量的建设资金,不利于有限的岸线资源的充分利用和建设资金的节省。为此,罗泾港区二期工程建设单位上港集团和宝钢集团浦钢公司双方共同利用罗泾二期新港区与浦钢公司相邻相依的优势,以及矿石、煤炭等散杂货装卸和就近需求的优势,携手打造了"前港后厂"式钢铁工业物流配送的创新模式。

该项目通过研究港口与特大型钢铁厂之间的生产工艺组织模式及实时信息共享模式,构建散杂货码头与特大型钢铁厂全集成综合自动化系统和管理信息系统,建立港口与企业的物流链与生产链的一体化系统,提高码头和钢厂物料配送的智能化水平,实现运输、储存、装卸、流通加工、信息处理等全程服务。这样,运到罗泾港区的矿石、辅料不必再用汽车运送到宝钢厂区,通过精细化运作和物料配送的无缝衔接,实现了港区和工厂间运输方式的全新转变。钢厂的所有炼铁辅料及矿石,均可在矿石码头的堆场上流转。项目的总体技术思路是:散货码头采用自动化控制系统,这种新型的配送工艺能使两家控制系统和管理系统管理人员安全操作,使整个配送工艺全程标准化、自动化、数字化和智能化,确保精细化配送任务及时、准确地完成。该项目根据现代化一体式精细运行模式,结合码头和钢厂的系统和设备特点,形成了五大系统运行的精细化物料配送系统(图5-5-2)。

在该智能配送系统中,主要采用了六大新技术:(1)建立了大型接卸设备的计量秤数据在多系统的同步实时监控系统;(2)建立了物料堆场动态数字化管理系统;(3)建立了散货码头管控一体化系统;(4)实现了钢厂物料配送精细化工艺设计和智能化物料配送;(5)实现了与钢厂多系统接口设计;(6)建立了系统设备故障下的多种应急方案。本项目首次实现了钢厂供料生产作业的需求、过程、结果等生产作业全过程的计算机完全自动记录功能设计开发。能为两家公司之间配送业务质量的评判迅速提供当时

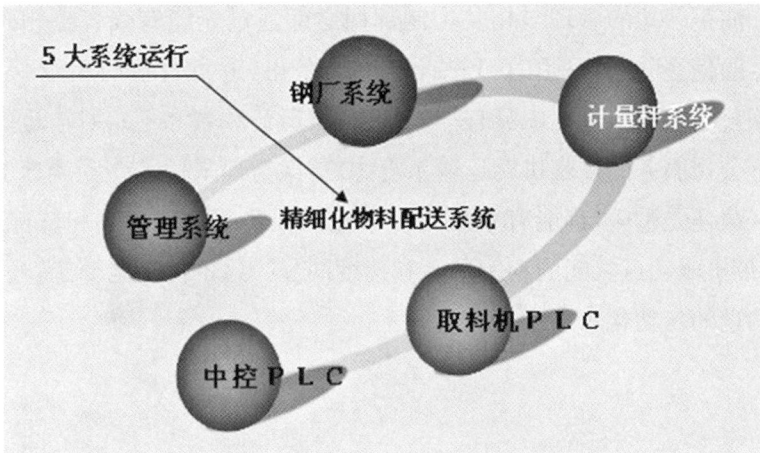

图 5-5-2　罗泾—浦钢物流项目精细化物料配送系统图

的生产作业电子实际记录依据,为保障双方公司的利益提供了科学的法律证据。而且,有效杜绝了供料偏差与差错的发生,同时大大降低了双方工作人员的劳动强度,提高了信息化管理水平,可减少系统运行维护成本,具有较好的经济效益和社会效益。依托这套系统,在钢厂历经 9 次对物料品种的修改和流量要求每票的动态变化无序后,在一年中的 1 万多次现场操作配送 165 万吨矿石和 75 万吨炼钢辅料,系统应变自如、安全、准确、及时,配送质量 100% 满意,得到钢厂的高度赞许。

为了确保对浦钢公司所需铁矿石和煤炭等原辅料的需求,上港集团罗泾矿石码头公司在新港区后方建有浦钢公司 19.5 万多平方米的专用铁矿石和煤炭等原辅料的堆场用地,设置 5 条堆取料作业线,作为整个钢铁工业物流配送系统的"前港"部分。这些原辅料的装卸工艺与公用码头的整个装卸作业过程基本相同,即前沿泊位码头的卸船作业采用桥式抓斗卸船机,堆场作业采用堆取料机和取料机,水平运输作业采用皮带式输送机。其中,新港区的皮带式输送系统共有 42 条输送带,总长达 20 多公里。浦钢公司所需的铁矿石和煤炭等原辅料,主要在罗泾新港区的矿石码头和煤炭码头上组织装卸作业。在物流配送过程中,港区的皮带机转运输送系统与浦钢公司的皮带机转运输送系统相连通,并一直延伸到对方作业的平台炉原料槽。在取料作业和调度方面,全部按照浦钢公司的调度计划实施,取料的品种、取料的时间顺序和取料的堆存编号等,都可满足浦钢公司原辅料小流量、多批次和取料准确的作业需求。在系统的流程中,进口的铁矿石以及煤炭等原辅料卸船堆存业务由港区生产单位依据浦钢公司提供的作业计划操作实施,为其提供的所有原辅料堆存于港区的浦钢公司专用堆场;由专用堆场至浦钢公司的取料作业,由浦钢公司控制系统根据其安排的计划进行操作,港区控制系统可直接接受浦钢公司系统控制的操作指令,并启动相关流程进行取料作业。与此同时,港区生产单位和浦钢公司的管理与相关控制部门之间通过光缆专线直接相连，建立了可靠的专用调度通信系统，并采用了 Internet 网络备份，进行直接的相互联系和组织实施。由于浦钢公司在取料过程中具有小流量取料、运行频繁和不定时输运的工况特点，港区在为浦钢公司服务的皮带机转运输送系统中，首次全部采用了变频调速驱动和控制，无论原辅料轻载还是重载，都能有效控制皮带机柔性负载的软启动和软停车的动态过程，实现各皮带机驱动点之间的功率平衡和速度同步。这不但节电节能，还显著提高了皮带机转运输送的自动化水平。

图 5-5-3 "前港后厂"式物流配送系统现场图

罗泾矿石码头为浦钢公司提供的物流配送系统是世界领先、国内首创的物流链和生产链无缝衔接的先进工业物流系统。作为国内先进码头之一，运用该项目，结合罗矿公司的相应管理制度，在为浦钢物流配送过程中做到供料无差错、配料高质量，确保了浦钢配送服务百分之百满意度。该物流配送系统项目的运行取得了较大的经济效益，主要体现在以下几方面：

1. 有效地减少了错料率，避免了浦钢重大经济损失。若以 2008 年为例，浦钢需求量每月供料 800 多次，一年向浦钢供料预计 1 万多次，若出错事故率按 0.1% 来算，一年的事故为 10 次。每次供料出错将造成炼炉预计 200 多万元的损失，每年损失将超过 2 千万元。

2. 减少了流程空载运行时间，达到节能目的。整个项目的使用，可以大量减少流程运行中补料次数。仍按每月启停 800 次，假设每次启停补一次料，以流程 351 为例，每条流程将多消耗 24.3 度电，流程每月多用了 1.9 万度电，一年下来将会消耗 22.8 万度电。按每度电 0.8 元计算，一年损失将达到 20 万元。

3. 节约硬件费用、减少了系统维护费用。

（1）该项目的开发中大量是采用软件方式，没有过多的硬件，系统维护硬件费用大大降低。

（2）放弃了常规的通讯做法（没有采用两边接 RS485 通讯板的昂贵通讯方式，而是利用计量秤的仪器仪表上所具有的表示瞬时流量的模拟量（4—20MA）和吨脉冲数字量，通过 PLC 软件编程方法，减低了整个系统开发成本。

（3）每台大机上节约硬件费用 3～4 万元，三台大机共计节约 9 万元。

4. 行业影响。项目的正常运行，不仅为罗泾矿石码头有限公司带来了经济效益，而且还带来了很好的行业和社会效益。增加了上海港吞吐量，满足了市场需求，在货主方心中树立了良好的信誉，增加了上港集团的市场竞争能力，又在国内同行中起到了楷模作用。

2009 年，该项目获得中国港口协会科学技术进步奖二等奖。

浦钢公司于 2012 年 10 月正式停产，此项目终止。其间，上港集团罗泾矿石码头有限公司向浦钢公司输送矿石和辅料合计达 1 267.4 万吨。（见表 5-5-2）

表 5-5-2　2008～2012 年浦钢公司流程出货量统计表　　　　单位：万吨

年份	2008	2009	2010	2011	2012	总计
矿石	163.1	160.5	172.5	277.4	131.1	904.6
辅料	74.1	62.8	59.3	87.7	78.9	362.8
合计	237.2	223.3	231.8	365.1	210	1 267.4

第六节　港口非主营业务

上港集团坚持深化改革、创新驱动，把转变"以单一的码头业务"的经营模式、转变港口功能、转变增长方式作为发展的主要突破口，取得成功，进一步提高了集团的经济效益。

一、房地产

1. 房地产经营和管理

上海港体制改革前，上海港的房地产经营和管理主要由上海港房地产经营开发公司和上海港湾实业总公司负责。

体制改革后,根据市委、市府和市国资委确定的整体改制方案,上港集团为适应集团公司投资主体多元化改制需要,2005年5月27日,决定将上海港房地产经营开发公司所持上海港海湾经济发展有限公司26.67%产权全部划转上港集团。产权划转后,上港集团持有上海港海湾经济发展有限公司(2005年6月改称为上港集团海湾分公司,以下简称"海湾公司")全部股权,海湾公司变更为上港集团所属分公司,由海湾公司负责上港集团的房产经营和管理。产权划转前海湾公司的债权债务,由变更后的海湾公司承继。

上海港湾实业总公司成立于1993年11月11日,注册资金人民币1500万元,是上港集团另一个负责房产经营和管理的公司,于2010年9月归并于海湾公司。

2005年7月,上海港房地产经营开发公司下属勤民物业有限公司归并于海湾公司。

此后,2012年1月航交实业公司(合资公司)归并于海湾公司。

2014年4月,上海东点企业发展有限公司又归并于海湾公司。上海东点企业发展有限公司原名上海东点房地产有限公司,该公司是上海港集装箱股份有限公司旗下的全资公司,具有独立法人资格。公司成立于2004年8月,注册资金4亿人民币,其业务经营范围主要是房地产开发、销售和租赁。公司设立董事会,设有财务计划部、工程部、销售部和综合办公室。上海东点企业发展有限公司成立后,建造了"蓝调都会"酒店式公寓377套,并成功实现销售363套;在苏州吴中区建设完成准四星酒店,为苏州吴中经济开发区起步和发展提供了完善的供配套服务。上港集团成立后,上海东点企业发展有限公司成为其旗下全资公司,2014年4月归并于海湾公司。

至此,上港集团经营和管理房产的分公司基本归并整合完毕。资源整合以后,上港集团海湾分公司的经营情况逐年好转。

2016年5月,上港集团又成立上海上港物业服务有限公司,先后从海湾分公司抽调员工25人到该公司。

2. "上海长滩"房地产开发

"上海长滩"房地产工程原名"上港滨江城"工程,项目所在地块原为港口码头和工业仓储用地,位于上港十四区内,东依牡丹江路,南邻宝钢护厂河,西至长江,沿江岸线长1420米,整体转型开发规划总用地面积77.62公顷,2012年6月由上港集团受让开发。2014年,上海市政府把该项目名称定名为"上港滨江城",后上港集团把此工程改名为"上海长滩"。

该项目为上海市宝山区长江沿岸的首个住宅综合体项目,其中住宅建筑面积约50万平方米,商业、办公、公益面积约36.5万平方米,投资额达150亿元。(图5-6-1)

图 5-6-1　"上海长滩"项目

为建设此项目,2011 年上港集团制定了《宝山新城 SB-A-4 单元控制性详细规划》,2012 年项目正式启动。2012 年 6 月组建成立上港集团瑞泰发展有限责任公司(以下简称"瑞泰公司"),该公司是上港集团的全资子公司。公司成立时,上港集团决定把上海港房地产经营开发公司归并给瑞泰公司,由该公司负责建设开发"上海长滩"工程。2015 年,《宝山新城 SB-A-4 单元控制性详细规划》进行了必要的修订。

"上海长滩"工程项目意味着上港十四区整体转型步入新阶段。该项目的土地出让形式为"土地双评估、存量补地价"的新出让模式,即通过向政府部门补交土地差价的方式,由上港集团整体受让、整体开发,完成存量工业用地的"转身"。上港集团补交的差价为 28.6 公顷土地,由于其余近 50 公顷的土地主要用于区域公建配套,故而并不需要补交差价。28.6 公顷土地的"转让价格"约为 7.6 亿元,其中尚不包括动拆迁等"土地平整"的成本。通过存量补地价的方式,相关土地在 2012 年已经全部转让给了瑞泰发展有限责任公司。这片约 28.6 公顷的土地拟作住宅、商业及办公用途,当时的转让公示价格为 76 918.17 万元。2012 年 5 月,上港集团与宝山区多个政府部门签订用地转让及动迁补偿协议,补偿金总计约为 1.5 亿元,在瑞泰公司发展成立后款项均由该公司支付。

该项目规划总用地面积 77.62 公顷,经营性开发地块用地 28.06 公顷,住宅容积率 2.5,商办容积率 4.0,地上建筑面积 85.98 万平方米,地下建筑面积约 40.08 万平方米。其中有 55 公顷的土地主要用于区域公建配套,包括 3 个 18 公顷的公共开放公园、若干个广场、幼儿园、音乐厅、演出场、星级酒店和开放性的滨江大道,昔日的老港区转型成为集商业商务、邮轮游艇服务、休闲居住为一体的上海北部滨江新亮点。该项目预计建成后可成为供 12 600 人居住的近 4 600 套住宅及约 120 米高的 5A 级办公大厦、约 180 米高的观光塔、约 800～1 000 座的音乐厅、IMAX 球体影院、展览馆、足球场、广场、酒店等多种业态的大型综合体。

2014年,"上海长滩"项目完成了江堤综合改造和雨水泵站工程。2015年,该项目总体规划方案调整工作全面完成,上海长滩体验馆建成开放。2016年,该地块首个对外销售的住宅项目06街坊实现结构封顶,满足了预售条件。2017年7月,"上海长滩·盛东苑"开盘,"上海长滩"城市综合体形象正逐步凸显。2018年在建建筑面积57.1万平方米(总建筑面积142.41万平方米),已竣工面积17.9万平方米。2019年,"上海长滩"项目06街坊基本实现全部销售,05、07街坊达到做收条件,累计回笼资金合计101.81亿元。

上港十四区整体转型开发项目有效释放了城市发展空间,为宝山区吴淞工业企业的转型起到了示范引领作用。(图5-6-2)

图 5-6-2

二、商务地产开发

2011年,上港集团进行汇山地块开发。汇山西块5幢单体建筑的主体结构基本完成,此后进入销售。汇山东块、中块项目按计划和规划稳步推进,将进入全面开发阶段。2014年汇山西地块完成销售收尾工作,销售单价跻身上海高端办公楼前列,配套商业街入住率达到100%;汇山中、东地块开发按时间节点要求有序推进。

2012年,上港集团通过市场竞拍,取得了海门路55号地块的土地使用权。海门路地块面积达40 577平方米,地上地下约40万平方米,进行了方案深化和前期审批工作。2014年,海门路地块完成了95%桩基施工,地块建设全面开工。2017年,海门路55号地块项目已经完成了计划的 73.19% 的投资,总建筑面积为 44.97 万平方米。

2013 年,军工路地块开发规划获批。2014 年,该地块基本完成了方案征集比选,2015 年,军工路地块"退二进三"(退出第二产业,进入第三产业)取得正式认定。2016 年,军工路地块"退二进三"政策取得重大突破,瑞祥公司正式成立,开工各项前期工作基本完成。军工路项目 2017 年完成了相关施工证照的办理,开始进行大底板浇筑。总建筑面积为 40.79 万平方米,在建建筑面积 15.77 万平方米。该项目计划出资 827 297 万元。2019 年,该项目完成主体结构施工,住宅、商业办公、人才公寓按计划有序推进。

2017 年,星外滩项目完成结构封顶和外幕墙施工,并完成了合作方股权收购协议的签署和实质管理权的移交工作。

上港集团将结合城市发展需要调整资源,积极推进原安达路堆场的收储和"退二进三"政策认定工作。推动港口商务地产业务发展,"因地制宜"地将商业地产运作与土地出让、持有经营和物业管理更好地结合起来,为完成集团每年的经营指标作出贡献。

三、筑港产业

上港集团成立后,筑港工程主要由所属的上海港务工程公司承担。2013 年,上港集团与中国最大的建筑企业中国建筑股份有限公司强强联合,于 2 月 28 日共同对有着 60 年历史的上海港务工程公司进行体制改革,增资扩股,组建成立了合资企业——中建港务建设有限公司(以下简称"中建港务")。

中建港务注册资金 80 000 万元人民币,是一家具有港口与航道工程施工总承包壹级资质、房屋建筑工程施工总承包壹级资质、钢结构工程和地基与基础工程专业承包壹级资质、市政公用工程施工总承包壹级资质,公路、建筑装饰装修、机电设备安装工程和混凝土预制构件等多项施工总承包、专业承包资质的综合性建筑施工企业,同时还具有通信信息网络系统集成及测绘乙级专业资质。业务主要包括沿江、沿海港口码头、防波堤、船坞、船闸、内河航道等水运工程和附属设施建设及民用建筑、市政、钢结构、设备安装等项目的施工,并从事测量、试验检测、PHC 管桩、螺旋钢管桩生产等。

该公司拥有架高 100 米、88 米、74 米和 49 米的打桩船、500 吨起重船、100 立方米/小时水上搅拌船及海驳、拖轮等大型水上施工船舶,拥有年生产能力 8 万立方米的混凝土预制构件厂、10 万米的 PHC 管桩生产线和年生产量 8 万吨的螺旋钢管制造厂,同时拥有先进的汽车吊、打桩机、混凝土泵车等陆上施工机械设备及各类 GPS、全站仪、经纬仪、水准仪等性能优良的测绘仪器设备。公司严格规范管理,2005 年通过了质量、环境、职业健康安全整合型管理体系认证。2009 年被评为上海市第十五批市级技术中心并获得高新技术企业认证。(图 5-6-3、5-6-4)

图 5-6-3　混凝土搅拌船"港工砼 2 号"

图 5-6-4　打桩船"港工洋山号"

近年来,中建港务承建了国家最大的深海港口工程——洋山深水港工程,并先后承建和参建了上海市重大、重点实事工程和标志性工程,如外高桥港区工程、世博园区水门工程、赵家沟航道整治工程及南欧城商品房和苏州华诚商厦房建工程等。与此同时,该公司的施工范围已辐射到长江和沿海,如江苏新时代 20 万吨级船坞工程、江苏新韩通 30 万吨级船坞工程、嘉兴港独山港区码头工程、九江城西码头、物流工程、武汉阳逻码头工程建设、重庆等中西部港区建设工程以及福州港罗源湾港区工程、首钢京唐钢铁码头工程、天津临港地基处理工程、山东滨州港防波堤工程、滨州港西港区液体化工码头工程、海南西环铁路工程等。

此外,中建港务承建的若干工程主要还有:(1)2013 年 4 月由中建港务承接第一个重力式结构码头福建霞浦三沙中心渔港码头工程,已全部完成。该码头工程包括 3 000 吨级码头 100 米×20 米一座,160 米×20 米码头一座。(2)2013 年参与了南通通州湾科教城 A00 地块工程项目建设。(3)2013 年 12 月 12 日由中建港务总承包施工的芜湖三山港中外运码头监管库工程主体钢结构于 2014 年 7 月封顶。该码头位于长江流域芜湖段核心地带,由芜湖三山港口有限责任公司开发建设。该工程监管库建筑面积为 8 750.54 平方米,室外工程面积为 30 000 平方米。(4)2014 年 3 月,由中建港务承建的佛山市南海区新型公共交通系统试验段以及平东大道、长江路建设工程正式开工,全线五站五区间,共计 4.9 公里。(5)2014 年 6 月,由中建港务第三分公司承建的中船长兴造船基地二期 2 号舾装码头下游段工程及 4 号材料码头工程正式开工。该码头长 185 米,宽 24 米。(6)2014 年 6 月,中建港务承建的上港十四区规划二路一期工程一标段通过竣工验收。(7)2014 年 6 月,中建港务承建的海南西环铁路项目累计完成产值 1.7 亿元。(8)2014 年 4 月,中建港务北方分公司顺利中标连云港港徐圩港区 5 万吨级通用泊位的工程,合同造价 1.32 亿元,工期 9 个月。(9)2014 年 8 月,中建港务又成功中标唐山港曹妃甸港区煤码头三期工程堆场区土建和安装施工的工程,中标工程主要包括堆场区 97 万平方米地基处理,73.3 万平方米煤堆场路面结构和 6 根总长约 9 800 米轨道基础平台,以及道路、房建等配套设施。中标价约 7.25 亿元。

2014 年,中建港务建设有限公司建筑安装产值达到 248 161 万元,为 2013 年建安产值 195 002 元的 127.3%。2015 年,该公司建筑安装产值达到 343 708 万元,为上年的 138.5%。2016 年建筑安装产值达到 235 214 万元,2017 年达到 741 284 万元,为 2016 年的 315.2%。

中建港务近年来承建的工程先后获得国家优质工程鲁班奖、詹天佑土木工程(创新)奖、国家优质工程金质奖、中国建设钢结构金奖、上海市科技进步一等奖,多次获得交通部水运工程质量奖、上海市建设工程"白玉兰"奖、上海市优质结构奖、上海市市政金奖、上海市金属结构建设工程"金钢奖"等各类荣誉奖项。公司先后获得全国"五一"劳动奖状、全国实施卓越绩效模式先进企业、全国优秀施工企业、全国用户满意施工企业、上海市质量管理奖、上海市重大工程立功竞赛金杯公司、上海市用户满意企业、上海市文明单位、上海市世博会重大工程建设十佳公司等荣誉称号,取得了较好的社会效益和经济效益。

四、多元产业

2011 年,在市政府及有关部门的关心和支持下,上港集团以"股权、债务、现金三合一"的创新模式,顺利实施了洋山港区的资产收购工作。盛东公司、冠东公司分别吸收合并了洋西公司、洋东公司,集团资产规模和经济实力大大提升,为洋山枢纽港建设和集团长远发展奠定了基础。

2011 年,经董事会和股东大会审议批准,上港集团确定了 198 亿元债务融资额度,其中,2011 年发行公司债 80 亿元,中期票据 50 亿元,短期融资券 34 亿元,其他方式融资 30 多亿元。首发 50 亿元公司债券成为自 2011 年中国证监会推进公司债券发展与改革、实行公司债券"绿色审核通道"以来第一单,为全面实现 2011 年主要经济指标和发展目标,提供了重要资金保障。

2013年,上港集团积极发展相关多元产业,完成了招商银行的配股,参与了上海银行的定向增发;结合自贸区相关政策,加强对融资租赁业务研究;认购了上海银行2.9亿股定向增发股份,成为上海银行前三大股东之一,向金融领域拓展迈出了步伐。当年,上港集团非募集资金项目、上海国际航运服务中心开发有限公司项目、"上海长滩"项目取得进展。

2013年7月,上海市发出《关于推进本市国有企业积极发展混合所有制经济的若干意见(试行)》文件,推出推进国有企业公司制股权制改革、优化国有企业股权比例结构、开放性市场化双向联合重组、实施股权激励和员工持股等4项改革措施。

上港集团抓着经济结构转型机遇,进一步深化混合所有制发展。2015年初通过认购非公开发行股票方式实施员工持股计划,参与员工共16 053人,参与度达到72%,合计认购数量4.18亿股,占集团总股份的1.8%,认购总金额17.49亿元,持有期36个月。形成了企业与员工之间更加紧密的利益共同体,掀开了集团与员工共担责任、共享成果、共创未来的历史新篇章。

在"十三五"期间,上港集团的多元产业发展又迈上了新台阶:

1. 托管同盛集团工作。2014年11月,上港集团与上海同盛集团签署《股权转让协议》,以现金分别收购了上海同盛集团持有的上海同盛投资集团资产管理有限公司100%股权、上海同盛置业有限公司100%股权、上海同盛电力有限公司100%股权、上海同盛水务有限公司92.31%股权、上海同盛物流园区投资开发有限公司100%股权、上海港置业有限公司100%股权和上海盛港能源投资有限公司40%股权,从而收购了上海同盛集团持有的港区配套服务以及资产管理业务、物流及相关业务、配套地产建设开发业务和内河航道建设业务的所有资产。

2015年,上港集团在市国资委协调下,进一步明确了对同盛资产的收购范围和方式,积极开展评估和过渡期管理工作。2017年5月24日,市委组织部、市国资委、市发改委在集团召开上港集团托管同盛集团工作会议,上港集团就落实市委、市政府决定,全力做好托管相关工作作出部署,宣布了领导班子,开展管理和运营。

2. 与上海银行合作。2014年,上港集团认购了上海银行定向增发股份6 747万股,累计持股达到3.66亿股。2015年,上港集团再次认购了上海银行90 919 124股定向增发的股份,持有上海银行股份达到3.89亿股,持有上海银行7.23%的股权,成为上海银行的第二大股东。2016年9月23日,参股的上海银行首发获批,登陆A股,在上海证券交易所正式挂牌(601229)上市。到2017年底,上港集团合计持有上海银行5.06亿股股权,占上海银行上市后总股本的6.48%。

3. 2015年7月,上港集团与国际集团和久事公司分别签署股权收购协议,完成产权交易、工商变更等工作,取得了上海锦江航运(集团)有限公司79.2%股权。同时,国际船舶代理业务整合工作基本完成,将致力于打造成为服务一流、效率一流的国际船代企业。

4. 2016年9月28日,中国邮政储蓄银行股份有限公司(以下简称"邮储银行")在香港联合交易所主板正式挂牌交易。上港集团以全资子公司上港香港为主体作为基石投资者的身份参与了邮储银行的H股首次公开发行。以港币159.44亿元认购了邮储银行33.49亿股股份,获得了邮储银行上市后4.13%的股权(发行后总股本4.99%的股权),成为其第四大股东。

5. 2016年,上港集团与邮储银行等三家股东共同发起设立中邮金融租赁公司,进一步促进港口产业资本与金融资本的融合发展。同年还积极推进冷链物流中心、空箱服务中心、拼箱中心等建设工作。

6. 2017年,上港集团与国际集团等五家企业共同发起设立了上海科创基金。

7. 2017年上港集团积极发展邮轮经济,上海港国际客运中心转型发展。面对邮轮乘客逐年下降、收入在公司总利润中的占比不断下滑的态势,凭借坐落于上海虹口区北外滩,与上海外滩、浦东陆家嘴金融贸易区交相辉映的地理位置,从2016年开始按照打造"水上旅游产业综合运营商"和"上海城市滨水时尚新地标"两大战略目标,进行转型发展,建设"上港邮轮城",全面布局"食住行游购娱"全产业链服务。

该转型发展战略包含两方面的内容。一是努力推广发展邮轮、游艇、游船(简称"三游")产业,坚持以平台理念、互联网思维和金融工具打造依托的水上"三游"旅游产业。二是创新母港建设,走港城融合的发展之路,通过建设和开发"上港邮轮城",将水上旅游与商旅、文化、体育等产业相结合,把港口打造成为集客运中心、商业、休闲娱乐和旅游休闲为一体的母港综合体。

2019年,上海港国际客运中心完成了变"单一邮轮码头运营商"为"水上旅游产业综合运营商"的转变,进行转型发展,全面布局"食住行游购娱"全产业链服务。引进了美食广场上港邮食荟、绿地房车商业体"车立方"、大型户外活动嘉年华项目——"魔都矩阵"、私教健身工作室人马线等业态,成功打造了邮轮实验区与4A景区结合的特色旅游景区——上港邮轮城。充分发挥国家4A级景区品牌影响力,围绕"海港工业旅游、运动主题公园、市民休闲好去处"三大主题打造业内标杆,成功打造邮轮实验区与4A景区结合的特色旅游景区上港邮轮城,被评为国家4A级旅游景区,成为首个集口岸监管区、国家邮轮旅游实验区、国家4A级景区于一体的城市综合体。

经过多年努力,上港集团的多元化发展迈上了一个新的台阶。

第六章 港口科技

2003 年上海港体制改革时,港口的散杂货装卸技术、集装箱装卸技术、管理信息服务系统技术等多方面科技水平已接近国际先进水平。

体制改革后,遵循"科技是第一生产力"的理念,上海港深入贯彻落实上海市委、市政府关于加快建设具有全球影响力的科技创新中心的精神,提出了建设"四个港口"(即智慧港口、绿色港口、效率港口、平安港口)的奋斗目标。以科技创新引领港口发展,始终把科技创新和节能减排作为港口企业自身转变发展方式的重要推动力,赶超国际先进港口科技水平;将科技创新与港口安全生产、技术设备改造、智慧港口建设和新港区规划建设结合起来,利用互联网技术,改善和优化港口软环境,实现全港信息共享;继续改革装卸工艺,向港口装卸自动化迈进;围绕提高港口生产的核心竞争力、发展低碳经济和绿色环保,积极推进环境友好型和资源节约型企业的建设,使经济效益得到了显著提升。

第一节 科技发展规划和组织制度建设

一、科技发展规划

1. 实施《上海港"十五"科技发展规划》

2003 年 1 月,上海港施行政企分开时,正值第十个五年计划期间,按照《上海港"十五"科技发展规划》,根据"科技发展要有新观念,科技机制确立要有新思想,科技研究要有高起点,科技队伍建设要有高水平,科技进步的发展要有快速度"的科技工作方针,重点开展科技创新,推进港口信息化、智能化。

随着大型集装箱港区陆续建成投产,上海港围绕上海国际航运中心建设和集装箱业务发展,科技创新工作重点已转向深水航道、深水码头的开发建设研究,转向加速宽带传输平台建设、建立港口船舶动态信息系统,推行港口货物管理系统和集装箱 EDI 系统建设等。上海港科技人员将模糊智能控制理论、多级优化决策理论、计算机远程监控、计算机仿真技术、网络通信、数据库及现代信息管理和控制等技术应用于港口集装箱生产管理系统,改造传统生产方式,进一步提升港口集装箱处理能级,促进上海港集装箱生产核心竞争力的提高,由此形成了具有国际先进水平的港口集装箱智能化管理成套技术,并逐步建立起现代化大集团运行技术系统,先后获得上海市科技进步奖一等奖和国家科技进步奖二等奖。上港集团获得"全国设备先进企业"称号。

2."十一五"期间装卸技术发展的三个重点

"十一五"期间,上海港港口装卸技术发展的三个重点主要集中于自动化装卸技术、装卸集成技术和节能减排技术。有包起帆领衔的"电子标签系统研制与开发",同时还有以罗泾港区二期工程散货自动化装备为依托的"现代港口物流散货装卸集成技术与重大装备开发",以罗泾港区二期和外高桥港区六期工程建设为依托的"现代港口物流服务示范工程"等项目,在关键技术研究开发方面取得了突破性进展。

2008年,上海港完成了一批重大科研项目,其中"集装箱无人自动化堆场"等5个项目获得了省部级科技进步奖和科技发明奖,"集装箱物流全程在线信息和安全系统"等8个项目在国际发明博览会上获得了金奖。顺利开通了上海到美国萨凡纳的集装箱电子标签国际示范航线,参与编制行业和国家标准,受权主持修订集装箱电子标签国际标准,进一步提升了上海港的装卸科技水平和在相关领域的话语权。

"十一五"期间,上海港实现了集装箱和散货自动化装卸作业,突破一次只能吊运一个40英尺集装箱的起重技术现状。在国际上率先开通带有集装箱电子标签的国际航线,获得国际标准化组织(ISO)授权主持起草国际标准(ISO/NP18186),实现了中国航运在引领国际标准制定上零的突破。上港集团分管科技、装备和基本建设的副总裁包起帆,由于在现代集装箱码头智能化生产关键技术研究、集装箱物流全程实时在线监控管理系统研究等方面的突出贡献,经中国科学技术协会推荐,荣获世界工程组织联合会颁发的"2009年 Hassib J. Sabbagh 优秀工程建设奖"。

在这五年间,港口积极开展专利申报,获批11项国家专利,新申报9项专利;修订颁布了214项企业技术标准;加强了新技术应用和节能减排工作;加快信息化建设进程,完成了洋山三期B标码头信息系统总集成项目、洋山港区码头集装箱互拖平台项目和罗泾二期散杂货码头BTOPS项目;实现了财务商业智能分析系统、发票管控系统、投资企业管理系统的有效运行;扩大了办公自动化系统的使用范围;实施了人事管理信息系统的更新工作,有效地促进了核心竞争力和服务水平的提高。

3."十二五"科技发展规划

"十二五"期间,上港集团制定了《上海国际港务(集团)股份有限公司"十二五"科技发展规划》。该规划是上港集团成立以来的第一部企业科技发展规划,规划回顾了"十一五"期间集团取得的科技进步,及其对强港建设的推动作用;根据宏观经济形势和集团主业发展目标,客观分析了集团科技发展需求;提出了集团科技发展的指导方针和发展的总体目标和具体目标;确立了创新能力建设、科技研发工作、成果推广应用、标准化建设四大科技发展主要任务。在重点攻关专项中提出的"攻克港口清洁能源、替代能源和可再生能源应用的关键技术""将极端灾害天气预警技术应用于港口大型装备防灾减灾中""对上海港开展邮轮服务及产业链等系统性研究"等课题,对行业的技术进步具有引领作用。

在这五年间,上海港科技创新和节能减排力度进一步强化。紧紧围绕港口生产实际、特别是涉及安全生产的有关项目开展技术攻关,科技创新项目不断突破。2011 年,上港集团投入各类节能减排技术改造项目资金 2.51 亿元;TOPS5.0 新系统成功上线,开始建设生产调度平台和覆盖全港的视频系统;扎实开展轮胎吊改造、皮带机变频改造等节能减排技术攻关;强化能源考核管理体系,加快节能新技术、新方法、新工艺的推广应用。万元产值能耗不断降低,节能降耗效果明显,全面完成了 2011 年节能减排目标。2011 年 4 月,在上海市举行的 2011 年知识产权宣传周活动开幕式上,包起帆领衔研发的"集装箱电子标签专利"获第六届上海市发明创造奖二等奖。5 月,在上海市 2010 年度科技奖励大会上,两项科技成果"港口散货自动化装卸关键技术研究与应用""集装箱轮胎式龙门起重机节能减排技术研究与应用"分获二、三等奖。9 月,顺利通过交通运输部组织的"中加集装箱运输全程实时在线监控系统"项目验收。10 月 25 日,中加先进技术应用和供应链管理联合研究计划第四次工作会议暨中加集装箱电子标签航线启动仪式在上海召开,交通运输部科技司和加拿大运输部交通运输技术创新司负责人等出席会议。"带有集装箱定位和电子封条的集装箱电子标签"获得美国专利授权书,并获颁国际标准。

在第 20 届全国发明展览会上,上海港发明的"集装箱岸边起重机电气房自然风冷调温节能系统""企业经营风险预警管理"和"振冲法地基处理自动监控系统"分别荣获金奖,另有 4 项科技创新项目分别荣获 1 银 3 铜奖牌。

2012 年 9 月,上海港的科技项目"港口物流服务关键技术集成创新与应用""大型集装箱码头精益生产关键技术"分别获得 2012 年度上海市科学技术奖一等奖和三等奖。研发和实施的"轮胎式集装箱龙门起重机采用锂电池节能改造项目"获得交通运输部节能示范项目。在第七届国际发明展览会上,上港集团获得金奖 4 项、银奖 1 项、铜奖 4 项。

2013 年上海港启动了 LNG 动力轮胎吊的试验工作,节能减排工作取得实效,加快推动 LNG 项目、设备变频改造、油改电、锂电池等节能减排项目,全年总能耗成本 15.4

亿元,同比下降 3.23%。全年共完成科技创新项目 82 项,获得省部级以上科技创新和节能减排奖项 8 个,获得国家级专利 1 项。

2014 年,"黄浦江老港区绿色综合改造的关键技术"获得中国港口科技进步一等奖。

2015 年,上港集团承担省部级以上重大项目 2 项,申请国家发明专利 13 项,授权 2 项,获得软件著作权登记 5 项。"大型公共码头结构加固改造和能级提升成套技术研究及应用"获得 2015 年度中国港口科技进步一等奖。

4. "十三五"科技创新发展规划

"十三五"期间,上海港坚持以科技创新引领港口发展。制定了《集团"十三五"科技创新发展规划》和《集团信息化"十三五"实施纲要》。

2016 年,上港集团共完成科技创新项目 22 项,获得省部级以上奖项 3 个,申请国家专利 21 项。完成国家标准报批稿和送审稿各 1 项,完成行业标准申报和草案编写 16 项。在第九届国际发明展览会上共荣获金奖 1 项、银奖 4 项、铜奖 2 项。"自动化集装箱码头总体布局模式研究"项目获得 2016 年度中国港口科技进步奖一等奖。传统集装箱码头大型设备远程控制及自动化改造、码头岸基供电系统示范、LNG 动力的港口装备技术研究及洋山港示范应用等项目取得阶段性成果。

2017 年 5 月,上海港择优选送科技创新成果参加在上海世博展览馆举办的首届中国(上海)国家发明创新博览会,收获 5 金 1 银 1 铜。其中振东分公司"用于防止框架集装箱事故的双顶销吊具"、长江公司"一种安全可靠的艉驾驶船舶人员上下装置"、中建港务"钢护筒引孔栽桩施工工艺"、国航中心"用于超高层建筑的陶土幕墙安装结构及施工方法"和上海中交"防汛墙前水域趸船新型固定方法"5 个科技项目获得金奖,工程指挥部"车载电池更换装置""一种新型轨枕"分别获得银奖和铜奖。全年上港集团申请国家专利 26 项(其中,发明专利 9 项、实用新型 16 项、外观设计 1 项),受权专利 17 项(其中发明专利 4 项、实用新型 13 项),获得著作权登记 12 项。

2017 年 12 月 10 日,上海港洋山四期集装箱自动化码头工程完工,正式开港试生产。该工程配备了世界最先进的全自动集装箱装卸设备,成为全球规模最大、最先进、绿色节能的全自动化码头。

2018 年,上港集团实施科技创新项目 71 项,完成科技项目 38 项,同时加强了"船舶与港口节能减排、污染防治技术与装备"行业研发中心建设。共有 7 个创新项目获 2018 年中国(上海)国际发明创新展览会 4 金 2 银 1 铜奖。其中海勃公司"洋山四期自动化码头系统"、振东分公司"重箱轨道吊自动化操作技术的研究与示范应用"、浦东公司"高架油改电轮胎吊集电杆遥控拉挂装置"、沪东公司"基于图像识别技术的轮胎吊碰撞预警系统"四个项目获得金奖。

2019年,上港集团建成了数据中心并成功实现了系统切换。洋山深水港数据中心正式建成启用,系统互联切换的圆满完成,推进了基础网络和生产平台工作能级。上港集团数据中心在"三地四中心"(即洋山港区、外高桥港区、集团本部以及洋山港数据中心、外一外二期港区数据中心、外四外五期港区数据中心和集团本部数据中心)实现联网,使上港集团的企业管理、对外服务及数据互联共享水平迈上新的台阶。

上港集团"洋山四期自动化集装箱码头智能系统和智能装备关键技术及应用"获中国港口协会创新团队科技进步一等奖;"基于3D可视化的智慧堆场管理系统关键技术研究及应用""机器视觉监测技术在轮胎吊远程半自动化改造项目中的应用""基于视觉AI的集装箱码头智能理货系统的研发与应用"获中国港口协会创科技进步三等奖。上海港复兴船务有限公司"港作拖轮艏部钢护舷优化设计研究及实船示范""船舶设备故障语音智能报警系统"项目获得第三届中国(上海)国际发明创新展览会金奖和铜奖,"大功率拖轮油电混合动力系统"被编入《交通运输行业重点节能低碳技术推广目录(2019年度)》。

二、科技创新制度建设

上港集团成立后,每年召开科技工作专题会议,制订科技发展规划纲要,开展科技创新,推动以合理化建议为主要载体的群众性技术革新和技术革命。

"十一五"期间,上港集团着眼于港口发展体系,建立了有300余人的市级技术中心,形成数十人的科研团队,实现对科技资源和人才的集中管理。建立了以企业为主体的多层次科研投入机制,形成了开发自主知识产权的激励机制和加速科研成果转化的促进机制。一批领军人物、优秀人才在自主创新队伍建设中发挥了主导与骨干作用,重点推进现代化港口建设的关键技术研究,大型高效装卸设备和港口自动控制技术研发,港口安全保障技术和环境保护技术研发,完善集装箱智能化生产系统和集装箱电子标签技术等。

2012年,上港集团按照"人才强港、科技兴港"的要求,首次评选出5名"上港集团科技功臣"。

2015年,上港集团以国家级行业技术中心为目标,制定实施了《关于推进集团科技管理体制改革加强科技创新的若干意见》,进一步完善体制、优化机制,全面加强科技管理,落实"科技兴港"战略。组建了技术中心,全年投入科技创新经费15 552万元,实行"统一管理、统分结合、对口负责"的管理模式,成为集团科技创新和应用推广的功能型平台。技术中心重大创新项目广泛采用产学研合作模式,与上海交通大学、上海海事大学、武汉理工大学、中交水规院、振华重工等科研院校和单位广泛合作,在产学研用各方面强强联合、优势互补,不断拓展合作领域、丰富合作内容、扩大合作成果。紧密围绕集装箱码头装卸、港口物流,确保高效优质、安全的要求,研发出拥有自主知识产权的现代化物流技术,提升了集团集装箱装卸核心产品的水平,加快推进重大科技创新项目,科技创新和节能减排工作取得了新的成效。

2016年6月,上港集团举行首期"上港集团科技创新微论坛"。11月,召开了科技创新推进委员会第一次会议和2016年度科技大会,表彰了一批科技功臣、科技标兵和科技创新优秀团队,强调制度创新和人才建设是科技发展的根本,提出把智慧港口、绿色港口、科技港口建设作为科技创新发展的重点,为集团科技创新工作明确了方向。在《集团"十三五"科技创新发展规划》《集团信息化"十三五"实施纲要》中,进一步完善了科技创新管理制度,推动科技创新组织体系建设,加强科技人才队伍建设,技术中心的基础和能力不断得到夯实,保障了集团科技创新工作的有序开展。

2017年,上港集团科技投入达1.43亿元,科技创新项目达70项,其中省部级以上重大项目5项,主要包括国家重点研发计划"船舶大气污染排放控制技术研究与示范"、交通运输部"基于港口网络的江海联运智慧物流示范工程"、上海市科技创新行动计划"绿色港口建设技术集成与示范"等。是年5月,上海港制定了《上海港智慧港口示范工程》,该示范工程阐述了上海港建设此项目的基础条件、目前上海港智慧港口建设信息化自动化的现状、建设此项目的必要性和可行性,提出了建设的方案。同年6月,《上海港智慧港口示范工程》方案获得交通运输部批准。

2017年10月,上港集团被评定为全国"船舶与港口节能减排、污染防治技术与装备行业研发中心"。在创新实践中,上港集团的"科技功臣""科技标兵""科技创新优秀团队"不断涌现,带动了全员科创良好环境的发展,为科技强港战略的实现打下坚实基础。

2018年,上港集团全面落实"十三五"科技创新发展规划,集中力量攻克关键技术。全年实施科技创新项目71项,其中参与承担省部级以上重大项目6项,完成科技项目38项。12月29日,集团隆重召开2018年度科技大会暨洋山四期总结表彰大会,全面总结洋山四期工程建设以及集团在科技创新领域取得的成果,对洋山四期科技功臣、建设功臣、2018年集团科学技术进步奖获得者进行表彰。

此外,2018年上港集团成立管理委员会,加强"船舶与港口节能减排、污染防治技术与装备"行业研发中心建设;实施科技创新项目71项,完成科技项目38项;节能减排工作得到持续推进,完成了上海市下达的节能减排考核目标。围绕RTG混合动力改造、自动化码头建设、LNG等清洁能源应用、港口船舶岸基供电推广、信息化平台建设等25项重点支撑项目,取得了显著的节能减排效果,总节能量9.1万吨标准煤、替代燃料量4 000吨标准油、碳减排量13.2万吨。

2019年,上港集团聚焦"四个港口"建设,全力推进区块链、人工智能等方面的研究,集中力量攻克关键技术。全年共实施科技创新项目58项,完成科技项目29项;其中,

"洋山四期自动化集装箱码头智能系统和智能装备关键技术及应用"获得中国港口协会科技进步特等奖。

目前,上海港的港口装卸技术和科技创新水平已经处于世界港口同行的前列。

第二节 包起帆团队港口科技创新

在上海港科技创新过程中,"抓斗大王"包起帆(图6-2-1)领衔的港口科研创新团队奋战在上海港科技创新第一线,不畏艰险,严格遵循科学规律,在"四个港口"建设过程中,运用互联网、人工智能、大数据、云计算、物联网等信息技术和信息化手段,针对港口生产实践出现的问题大胆试大胆闯,开展了多项装卸生产信息化和智能技术研究创新,推动港口生产自动化、智能化发展,构建智慧港口生态圈,建立了多个平台,取得了多项港口科技创新成果,提高了生产效率和港口管理能力,实现了港口装卸生产管理信息化和装卸技术自动化。他与同事们共同完成了130多项技术创新项目,其中3项获得国家发明奖,3项获得国家科技进步奖,50项获得省部级科技进步奖,36项获得巴黎、日内瓦、匹兹堡、布鲁塞尔、纽伦堡等国际发明展览会金奖;授权国家和国际专利50项。包起帆曾在1992年和2008年分别获得比利时王国"军官勋章",1999年获得聂荣臻发明创新奖,2007年获得何梁何利科技创新奖,2010年获得发明者世界联合会特别奖。2021年获得中国航海学会最高航海科学技术奖。

"抓斗大王"包起帆在2003年上海港口体制改革后,仍奋战在上海港科技创新第一线,其领衔的港口科研创新团队针对港口生产实践出现的问题大胆试大胆闯,取得了多项港口科技创新成果。随着上海社会经济发展日益紧迫,面临人口快增、土地缺乏、岸线短缺以及洋山港码头超负荷等多重压力。2011年4月,包起帆任上海市政府参事后,在决策咨询的岗位上组织了国内近百位专家学者开展了上海城市发展新空间和深水新港发展战略研究,绘制了把横沙建成上海"第二个浦东"的蓝图,引起了领导和社会的极大关注,包起帆领衔团队,从土地、水文、气候、航道、陆域形成、生态、环保以及地理经济等领域,开展了《上海城

图6-2-1 改革先锋、上海港科技创新领军人物包起帆

市发展新空间和深水新港战略研究》和《上海新横沙成陆开发和深水新港建设可行性关键技术研究》，旨在使未来新横沙成为"面向大海有两侧航道，背靠陆地有一片浅滩"，通江达海，集"地理位置、江海直转、超深航道、深水泊位"等众多优势资源于一身的港区。该研究成果引起了领导和社会的极大关注，获得了市领导的充分肯定和好评。2016年起，上海市政府启动吹填造陆工程——横沙东滩七期、八期工程，五年后六十多平方公里的新陆域将为上海的发展增加新的活力。2020年综合利用长江口疏浚土约2.1亿立方米，为上海新增土地56平方公里。2015年12月30日，包起帆《关于长江口疏浚土综合利用的建议》获第十届上海市决策咨询研究成果奖三等奖。包起帆主编了《上海新横沙开发和建港前瞻研究》和《新横沙成陆开发和深水新港建设可行性关键技术研究》科研计划项目任务书。2015年3月30日，《上海港发展面临的问题和未来空间拓展研究》获《水运工程》2012～2013年优秀论文评选一等奖。2017年9月，《新横沙成陆与留白战略研究成果》获上海市人民政府决策咨询研究成果奖一等奖。2018年10月，《长江口疏浚土综合利用和新横沙资源战略预留的决策建议》获上海市哲学社会科学优秀成果评奖委员会决策咨询和社会服务一等奖。包起帆通过物流把我国北斗技术引入国际，组织团队开展了基于北斗的物流跟踪与监控的系统研究，在国际标准组织中保持中国的先发优势。同时，包起帆研究解决了在没有移动基站的环境下无法实现实时信息交互的问题；将北斗、GPS、无线通信、微处理器、电子安全锁、低功耗蓝牙、电子标签、传感器进行可靠集成，实现了物流的实时跟踪与监控。成果获得了日内瓦国际发明展览会两枚金奖和俄罗斯特别大奖。

2009年在全国评选的100位感动中国人物中，包起帆名列其中，同时被评选为共和国60位最具影响力的劳动模范。2018年12月，包起帆被中共中央、国务院授予"改革先锋"奖章。2019年9月被评选为中华人民共和国成立以来感动中国人物、中华人民共和国成立70周年"最美奋斗者"。

包起帆领衔的科研创新团队港口科技创新的主要成果如下：

1. 集装箱电子标签

2001年起，由包起帆领衔的科研团队开始进行集装箱电子标签系统的研究开发，该项目2004年被列为上海市重大科技攻关项目，"电子标签"是一种信息存储器，把集装箱运输中产生的物流和信息流记录下来，以此作为对集装箱的电子识别。集装箱电子标签的产生使集装箱运输能够实时记录箱、货、流信息，记录开关箱时间和地理位置信息，更加高效、便捷、安全，实现了世界交通运输现代化，从而提升集装箱物流的整体水平，实现集装箱码头的信息化。

该项目集成运用现代物流平台集成技术的研究成果，实现集装箱物流服务的平台互联及业务集成,应用 RFID(射频识别技术)为主要技术手段,结合 GPS、GIS、智能终端、EDI 等数字化和信息化技术,记载集装箱货物的电子信息和物流信息,并做到自动识别,使集装箱作为电子信息流的载体,将信息流和物流融为一体,对集装箱运输的信息流和物流进行实时跟踪,消除集装箱在运输过程中的错箱、漏箱,提高通关速度,提高运输的安全性、可靠性。电子标签装箱时用移动式读写设备往里写入箱源、货源信息,集装箱在经过港区道口、码头集装箱岸边起重机时会被自动读取,并同时显示在专用网站上,把所有的信息,包括货物名称、件数、起运港、目的港、船公司、货主等都一一记录在案。货主、船公司、港口方、政府监管部门都可以查询。如果中途被非法打开,网页将标注红色报警。

该项目 2005 年列入国家"863 计划"。是年 12 月,上海至烟台内贸集装箱运输中率先进行电子标签应用示范获得成功,完成集装箱电子标签系统在运输线真实环境下的应用。应用示范使用的所有技术和产品都具有国内完全自主的知识产权。

2006 年,集装箱电子标签系统被列入国家科技部"国家科技支撑计划项目"和交通部"西部交通建设科技项目",并受到美国海运署、美国国土安全局的高度关注。上海港课题组联合美国萨凡纳港、中海集团、上海秀派、盖博瑞尔(北京)、海勃物流等专业公司就集装箱电子标签开展合作,就不同频段电子标签开展合作,共同研制基于智能电子标签的集装箱物流全程实时在线监控系统,进一步提升集装箱物流的信息化水平和安全性。2007 年 11 月、12 月和 2008 年 1 月,项目研究团队分别在振东分公司码头和美国萨凡纳港码头进行三次"港到港""门到门"两种工艺流程的实船测试。测试结果表明,系统运行正常,箱、货、流数据均能准确录入电子标签并通过无线局域网传送到数据中心,合法与非法开箱的时间和地点均能准确记录并在网站实时显示。通过中国集装箱电子标签系统网站,可以实时掌控装有智能电子标签的集装箱在整个运输过程中的物流和安全信息。

2008 年 3 月 10 日,振东分公司码头举行了"上海—萨瓦纳集装箱电子标签航线"开航仪式,上海市市长和副市长共同参与仪式,新研发的世界第一条集装箱电子标签挂上中海集团的集装箱,在中美航线开始商业运营,这是在国际上第一次正式开通全部安装智能电子标签的国际集装箱运输航线。6 月,上海港代表中国国家标准化委员会起草了制定相关国际标准的提案,向国际标准化组织(ISO)集装箱委员会提出作为国际标准。

2009 年 2 月,上海港代表中国向 ISO 集装箱委员会提交提案《货运集装箱-RFID-货运标签》。ISO 集装箱委员会开启"投票窗口",要求全体成员对中国提出的制定集装箱电子标签国际新标准的提案进行为期 3 个月的投票。5 月 10 日投票结果公布,包括中国、法国、德国、俄罗斯、英国、丹麦等在内的 14 个国家同意该提案,其中法国、德国、美国等 8 个国家表示愿意与中国一起参与标准制定。5 月 27～29 日在 ISO 于法国巴黎召开的第 17 次工作组会议上确认上述结果,会议认定包起帆负责该标准的起草工作。会后,ISO 总部发函确认新标准的国际编号为 ISO/NP18186。这标志着中国在获准制定航运国际标准方面终于实现了零的突破。

该项目荣获 2004 年第五届中国国际发明展金奖、2005 年第十五届全国发明展金奖、2006 年 97 届巴黎国际发明展金奖和 2007 年第十七届全国发明展览会金奖。

2009 年 11 月 30 日,包起帆获得国际工程组织授予"阿西布·萨巴格优秀工程建设奖",成为我国第一位获此殊荣的奋进者。全国人大副委员长、中国科学院院长骆甬祥发来贺信,予以祝贺。

2. 上海港集装箱智能化管理成套技术

包起帆、黄有方领衔研发。该项目将模糊智能控制理论、多级优化决策理论、计算机远程监控、计算机仿真、网络通信、数据库及现代信息管理和控制等技术应用于港口集装箱生产管理系统。2003 年获上海市科技进步一等奖、中国航海学会科学技术奖二等奖、发明者协会世界联合会金奖,2004 年获 95 届巴黎国际发明展金奖。

3. 现代集装箱码头智能化生产关键技术

包起帆、黄有方领衔研发。集装箱智能化生产系统投入使用后,上海港集装箱码头的作业方式发生巨大的变化,初步实现码头集装箱物流全场智能化可控功能。2005 年获国家科学技术进步二等奖。

4. 外高桥集装箱码头建设集成创新技术研究

包起帆、宋海良、邓筱鹏、吴澎、张斌、徐德麟等合作研制。该成果通过总结采用大纵深布置的外高桥集装箱港区的成功经验,提炼现代集装箱港区的设计理念,提出全新的现代集装箱港区功能横断面布置模式,总结提炼出有利于集装箱码头高效运行和持续发展的生产系统能力不平衡配置模式,丰富了现代集装箱港区的规划设计理论;将虚拟仿真技术应用于集装箱港区的设计中,开发建立虚拟仿真模型,建立集装箱码头生产系统基本特征数据库,开展集装箱码头装卸工艺系统的合理配置和吞吐能力、集装箱堆场布置、港内道路布置、码头前沿作业地带布置等研究,推动了虚拟仿真技术的发展,提高了设计水平;总结出大面积粉细沙吹填成陆快速地基加固、港内道路采用半刚性基层沥青铺面结构、大型设备新型防风锚碇装置等多项设计技术。该项成果获 2005 年度上海市科学技术进步奖二等奖、2005 年度中国航海学会科学技术奖一等奖、2006 年度国家科学技术进步奖二等奖,还获得多项国家发明专利和实用新型专利。

5. 一种集装箱自动化堆场及堆场装卸工艺

包起帆、薄海虎、田洪、姚振强、陈斌等联合研发。该项目是上海市重大科技攻关项目,采用新型全自动化高架轨道龙门吊(DRMG)、低架轨道龙门吊(CRMG)和缓冲平台相结合的接力式装卸系统,装卸集卡与堆存箱分别由 DRMG 和 CRMG 通过地面缓冲区进行中转接力完成;堆区集装箱排列方向和集卡方向一致,并将垂直作业和水平作业分开;实现"多次装卸,一次集拼",显著提高作业效率;集卡不进入堆箱区,在堆箱区两端完成装卸,在自动作业过程中确保司机安全;通过地面固定式集装箱缓冲平台,解决进出箱装卸能力不平衡的难题,提高 DRMG 提取箱的作业效率;CRMG 专门用来装卸集卡,易于实现防摇和定位;创新设计独立运行的双小车 DRMG,配上两套吊具,可以一次起吊 2 个 40 英尺或 4 个 20 英尺集装箱;并具有冗余功能。该系统在作业模式、装卸装备、控制系统、生产信息管理等方面形成自主知识产权,实现港口集装箱的高效自动化装卸、堆放与智能管理。2007 年获中国港口协会科技进步奖一等奖、中国航海学会科学技术一等奖。

6. 集装箱轮胎吊高架滑触线供电方式油改电研制

针对集装箱堆场轮胎吊油耗高、噪声及烟尘排放量大的现状,包起帆率领何勤奋、薄海虎、夏玉峰、陈斌、袁荣林等同志组成研制团队,采用集装箱堆场"油改电"轮胎吊的高架滑触线供电技术,首次将高空跨箱区滑触线供电方式应用到轮胎吊上。该项目采用集装箱堆场油改电 RTG 的高架滑触线供电技术,通过建立一条 600 米长的高架滑触线供电系统,改造 4 台轮胎吊,在较好解决集装箱堆场之间轮胎吊的横向转场,基本保持轮胎吊原有的机动性、工作效率和安全性前提下,在减排、节能和降噪方面起到明显效果。该技术在振东分公司获得成功应用,与柴油发电供电方式相比,采用市电供电的轮胎吊,能耗成本节约 75% 左右,能耗节约 48% 左右,使每吊运一个集装箱的能耗成本由 4 元降至 1.01 元。上港集团到 2011 年底共完成 205 台轮胎吊的高架滑触线供电改造,共计节约 22 845 吨柴油消耗,折合标准煤 33 288 吨,减少二氧化碳排放 69 907 吨。该研究成果具有大跨度滑触线等 14 项专有核心技术,2008 年获中国港口协会科技进步一等奖,并申请了一项发明专利。

到 2017 年,上港集团已完成 265 台轮胎吊的"油改电"改造;完成 11 台轮胎吊"柴油改锂电池"改造。

7. 集装箱物流全程实时在线监控系统

包起帆、董庭龙、薄海虎、卞杰、张传捷、江霞等联合研发。该成果通过电子标签对集装箱实行全程实时在线监控,使集装箱物流链上的所有节点,包括货主、物流公司、船公司、货代、船代、海关、边检、商检以及终端客户都能即时查询物流信息,强化港口作为第三方物流服务企业的职能,提高集装箱物流的整体效率、货运质量和安全保障。在研发过程中已拥有自主知识产权的集装箱电子标签核心技术。2008年3月该系统投入中国上海港—美国 Savannah 港示范航线营运,在国际上尚属首例。2009年获中国航海学会科学技术二等奖。

8. 集装箱电子标签技术开发及应用

包起帆、费维军、彭维德、周受钦、邓延洁、曹文胜等合作开发。该成果可以将带有集装箱定位和电子封条功能的电子标签置于集装箱正门右侧箱门扣的下方,电子标签上的锁销插入箱门手柄和门封翻板的孔内,微处理器记录集装箱关门、开门信息,实现对集装箱运输之中的货运信息、物流信息跟踪和门封信息记录,极大地提高集装箱运输的工作效率,以及在运输过程中集装箱信息的识别和集装箱物流信息读写的可靠性,确保集装箱运输中货物的安全。2009年获中国航海学会科学技术二等奖。

9. 公用散货码头对钢厂专业实时智能配送

在包起帆领导下,由上海罗泾矿石码头有限公司梅新润、姚青、张金山、朱建龙等人组织研制。该项目针对钢厂物流配送多批次、多品种、小批量、变流量的特殊要求,设计多型号 PLC(可编程逻辑控制器)信息集成等技术和新型生产作业工艺,成功实现无故障安全衔接运作和对钢厂物流配送正确无误,实现了企业生产资源的协调管理。2009年获中国港口协会科技进步奖二等奖。

10. 集装箱装卸机械作业安全防护系统

包起帆、薄海虎、廖胜前、沈沨、王黎明等组织研制。该成果实现安全科学技术上的重大突破,使集装箱码头机械作业的安全防护从人防转变到技防,有效预防和减少集装箱码头生产作业的安全事故发生。系统中的"集铲车安全防护装置""轮吊大车行走方向信号自动显示装置""箱区堆场自动交通信号指示系统"等技术均获得国家专利。2009年获中国港口协会科技进步奖二等奖。

11. 岸基船用供电系统研究与实践

包起帆在"十一五"期间开展了岸基船用供电系统的研究与实践。据统计,上海港每年由于靠港大型船舶油料发电带来的排放有害物质3.38万吨、二氧化碳91.24万吨。为此,包起帆领衔的科研团队开始研究建设岸基船用供电系统,当船舶停靠码头时,停止使用船上的柴油发电机,采用码头电网供电,由此减少大气和噪声污染。2010年建成的外高桥港区六期码头,设计建成了世界上第一座具备全面岸基供电能力的集装箱码头,可为靠泊船舶供电;在码头后方堆场配置电动轮胎式集装箱起重机,减少污染排放。该码头成为国内建设"无烟码头"和"绿色港口"的样板。同年,上港集团被中华环保联合会授予首届低碳中国突出贡献奖。

12. 基于光纤传感技术的装卸机械结构实时监控系统

包起帆、刘泉、施思明、肖汉斌、周艳华、梁磊等合作研制。该成果是将先进的光纤光栅传感技术应用于我国大型港机结构,可以实时在线监控,人机界面友好,监测数据准确可靠;以数据说话取代"主观直觉"的落后管理模式;检修针对性强,大大减少技术人员上机巡检和维修次数;能及时、切实掌握大型机械金属结构受力状况及其应力变化趋势,便于早期发现或预见结构上存在的安全隐患,提前采取补救措施。该系统安装于洋山港区盛东码头公司 801 号集装箱岸边起重机,运行三年,系统工作稳定。2010 年获中国港口协会科技进步奖二等奖。

13. 集装箱感知系统关键技术及相关标准制定

包起帆、董庭龙、薄海虎、张传捷、沈伟峰、江霞等合作研制。该项目通过分析当前集装箱物流存在两个主要问题,以 RFID 为主要技术手段,结合无线通信、GPS、智能终端等技术,通过计算机互联网建立了集装箱物流全程跟踪系统、通过电子标签记录集装箱运输全过程,实现在集装箱物流全过程的实时在线监控,从而提高了集装箱物流的透明度与安全,实现了集装箱物流服务从传统告知到主动感知的变革,成为以集装箱为跟踪目标的一种物联网;发明了与系统配套的一系列带有集装箱定位和电子封条的集装箱电子标签和自动上网的读写器装置,其中,基于无线网络技术的太阳能供电性固定式自动阅读器实现了任何地点都能读取电子标签,从而突破了对电源和专有网络的依赖性。撰写的国家标准《供应链监控用的集装箱电子箱封应用技术规范》已发布实施(GB/T 23678—2009),包起帆代表中国作为工作组组长单位领导了国际标准的制定,已发布可公开的技术规范(ISO/PAS 18186),实现了我国物流界在领衔制定国际标准上零的突破。

该项目获国家发明专利 2 项、国家实用新型专利 4 项,美国发明专利 1 项,发表学术论文 8 篇,出版专著 1 部,核心技术形成国际标准 1 项,国家标准 1 项。2011 年获中国港口协会科技进步奖一等奖。

14. 上海新横沙成陆开发和深水新港建设可行性关键技术研究

随着上海社会经济发展日益紧迫,面临人口快增、土地缺乏、岸线短缺以及洋山港码头超负荷等多重压力,包起帆领衔组织团队,以前瞻性的视角开展了《上海城市发展新空间和深水新港战略研究》,旨在使未来新横沙成为"面向大海有两侧航道,背靠陆地有一片浅滩",通江达海,集"地理位置、江海直转、超深航道、深水泊位"等众多优势资源于一身的港区。该课题成果获得了市领导的充分肯定和好评。2016 年起,上海市政府启动吹填造陆工程——横沙东滩七期、八期工程,总投资 110 多亿元。2017 年约有 1 亿立方米疏浚土吹填其中,到 2020 年综合利用长江口疏浚土约 2.1 亿立方米,可以为上海新增土地 56 平方公里。

2015 年 12 月 30 日,包起帆《关于长江口疏浚土综合利用的建议》获第十届上海市决策咨询研究成果奖三等奖。包起帆主编了《上海新横沙开发和建港前瞻研究》和《新横沙成陆开发和深水新港建设可行性关键技术研究》科研计划项目任务书。2015 年 3 月 30 日,《上海港发展面临的问题和未来空间拓展研究》获《水运工程》2012～2013 年优秀论文评选一等奖。2017 年 9 月,《新横沙成陆与留白战略研究成果》获上海市人民政府决策咨询研究成果奖一等奖。2018 年 10 月,《长江口疏浚土综合利用和新横沙资源战略预留的决策建议》获上海市哲学社会科学优秀成果评奖委员会决策咨询和社会服务一等奖。

第三节　装卸工艺技术革新

一、装卸工艺革新

"十一五"到"十二五"期间,随着罗泾二期工程建成投产,散货装卸大型化、连续化的工艺特征日益突出;随着集装箱装卸量迅速提升,集装箱装卸工艺也日显重要。

至 2017 年,上海港码头主要装卸工艺流程如下:

1. **集装箱装卸工艺流程**

集装箱岸边起重机或门机(船吊)◀━━▶集卡◀━━▶堆场;

集装箱场地轮胎式起重机◀━━▶堆场◀━━▶集卡◀━━▶港外;

集装箱场地轮胎式起重机◀━━▶堆场◀━━▶火车◀━━▶港外;

集装箱场地轮胎式起重机◀━━▶堆场◀━━▶拆装箱◀━━▶货主集卡◀━━▶港外。

2. **集装箱自动化装卸工艺流程**

双小车集装箱岸边起重机◀━━▶自动导引运输车(AGV)◀━━▶自动轨道式龙门起重机(ARMG)◀━━▶堆场◀━━▶货主集卡◀━━▶港外。

3. **汽车装卸工艺流程**

上船:车辆→停车场→跳板→滚装船;

下船:滚装船→跳板→停车场→出场。

4. **件杂货装卸工艺流程**

船—堆场:门机(船吊)◀━━▶拖车◀━━▶轮胎吊◀━━▶堆场;

堆场—港外：堆场←→轮胎吊←→货主汽车←→港外；堆场←→轮胎吊←→火车←→港外。

5. 杂货装卸工艺流程

驳船—库、场：驳船→流动吊车→拖车→叉车→仓库；

驳船—海轮：驳船→流动吊车→拖车→门机或吊车→海轮；

库场—海轮：库场→流动吊车(或叉车)→拖车→门机或吊车→海轮。

6. 矿石、煤炭装卸工艺流程

(1) 桥式、链斗式连续卸船机←→推耙机→带式输送机→斗轮机→堆场→港外；斗轮机＋推耙机→带式输送机→驳船。

(2) 门机抓斗←→推耙机←→堆场←→港外；门机抓斗←→推耙机←→堆场←→火车←→港外。

7. 散粮专用泊位装卸工艺流程

进仓：船→卸船机→输送机→计量→提升机→输送机→筒仓；

出仓：筒仓→输送机→装袋秤→平车；筒仓→输送机→计量→装船机→船；

翻仓：筒仓→输送机→提升机→输送机→筒仓。

二、装卸工属具革新

2003～2017 年期间，上海港科学技术革新的重点转向集装箱吊具、门机吊具和老旧机械改造革新。

军工路分公司实施的老旧门座起重机变频技术应用改造工程，通过引入变频调速系统，应用变频器对门机运行机构进行电气控制，克服传统门机调速不均匀和制动造成的振动，降低小空间范围内移动货物的难度，作业耗能降幅 20% 以上。

宝山分公司研究制定的钢材类货物装卸工艺优化方案，获得 2010 年度中国港口协会科技进步奖二等奖。

三、双 40 英尺集装箱岸边起重机研制

2004 年，上港集团与上海振华港口机械(集团)股份有限公司(简称"振华港机公司")合作开展改进集装箱岸边起重机起升机构和吊具相结合的探索。通过研发差动减速器或差动技术的整套主起升机构技术和多液压缸位置姿态控制等技术，使用单电动机、双卷筒机构，利用差动齿轮箱达到双起升的目的，实现由一次单 40 英尺集装箱吊运向一次双 40 英尺集装箱吊运的技术跨越和产品升级。通过生产厂逐项改进，使之逐渐具备生产条件，成为第一台真正融入码头生产的双 40 英尺集装箱岸边起重机，突破了

世界上集装箱岸边起重机一次只能吊运一个 40 英尺集装箱或两个 20 英尺集装箱、装卸效率还不高的起重技术现状。

2006～2007 年间，振华港机公司向洋山深水港区二期码头制造提供了 22 台双 40 英尺集装箱岸边起重机。这批集装箱岸边起重机的特点是采用双电动机和双卷筒结构，上港集团为之开发相配套的码头集装箱装卸工艺系统、计算机实时生产管理系统、设备安全保障系统，从而使洋山深水港区二期码头成为世界上第一个真正全面装备双 40 英尺集装箱岸边起重机的码头。双 40 英尺集装箱岸边起重机的研制和应用，比其他集装箱岸边起重机提高装卸效率达 60％以上，被世界港口公认为是更新换代首选产品，洋山深水港区也因此成为高效率码头，屡创单机装卸世界新纪录。(图 6-3-1)

图 6-3-1　双 40 英尺集装箱岸边起重机装卸集装箱

第四节　智慧港口科技

上海港在推进智慧港口建设过程中，运用互联网、人工智能、大数据、云计算、物联网等信息技术和信息化手段，开展了多项装卸生产信息化和智能技术研究创新，实现了港口装卸生产管理信息化和装卸技术自动化，通过实施港口受理业务互联网化，推动自动化、智能化发展，构建智慧港口生态圈，建立了多个平台，提高了生产效率和港口管理能力。

一、港口生产信息化

1. 生产综合管理类信息系统

本系统实现了以港口网络为基础，上港集团机关与各港务分公司形成一体化的综合性管理系统。港口经营管控智能信息平台可实现集团公司与下属分公司、子公司业务系统的数据整合,形成一体化的综合性管理系统,该系统使集团主营业务的集装箱码头单位、散杂货码头单位和服务性单位的费收信息与财务信息相互关联,做到了数据共享,避免重复性输入,提高数据的真实可靠性,数据在各单位之间按一定的流程流转,提高了业务处理的及时性和准确性。通过财务业务一体化系统提供的收入分析信息,及时准确地了解到集团主要生产单位业务量变动和收入变动的关联关系,为上市公司的信息披露和集团制定正确的价格引导政策提供可靠依据。

2. 货物装卸码头信息系统

(1)集装箱码头营运操作系统 TOPS。该系统覆盖了上港集团下属所有集装箱码头的业务生产,先后实现了对于无线应用模块、自动化无人道口、双四十尺集装箱岸边起重机工艺配套系统的研发和应用。此后,又研发成功"洋山深水港码头营运系统 MILE TOPSV4.0 关键技术"。

"洋山深水港码头营运系统 MILE TOPSV4.0 关键技术"是基于科学的数学建模,结合科学的集装箱码头运营管理方法,利用先进的无线网络、GIS、神经网络等技术,开发设计的一套综合管理系统。无论是码头现场的操作人员,还是高级管理人员,都能够通过 TOPS4.0 获得足够的业务支持。特别是双 40 英尺集装箱岸边起重机在大型集装箱码头的应用,带来工艺形式改变的不仅仅是集装箱岸边起重机操作环节,而是牵涉到从堆场计划、配载、集卡配对上档等一系列环节的全面革新。TOPS4.0 系统在设计时引入最小预翻箱、出口箱进场派位及双四十英尺车道分配模型,能够科学地辅助码头调度指挥人员进行堆场管理与现场调度工作,增强了作业的计划性,极大地减少控制环节人为干预的工作量,一定程度上降低了管理人员的工作强度,显著提高了码头的管理经营效率。

TOPS4.0 系统采用模块化软件设计,对于集装箱码头运行管理的各个环节,都有与之相对应子系统支持,针对不同码头的规模和设施情况,可以自由增减选择无线网络管理、自动化无人道口、双四十英尺集装箱岸边起重机配套系统等功能的应用,能够充分满足不同用户个性化需求。此外,系统在模块化设计的基础上可以进一步地服务于客户个性化工作,使得系统更易被用户接受和使用。

"洋山深水港码头营运系统 MILE TOPSV4.0 关键技术"2006 年开始在洋山深水港区二期码头成功使用。该成果获得 2008 年港口科技进步奖二等奖。

2011 年,又研发成功 TOPS-CV5.0。TOPS-CV5.0 有五大特性:统筹兼顾、时间管理、最佳实践、指标监控及决策支持。该系统提供崭新的作业指标实时监控界面,萃取码头船舶作业、堆场作业和集卡作业等生产管理核心指标,有效且深入地反映码头运行状况,方便码头公司或上级集团对集装箱码头进行对标管理;能提供客户自行定义各作业环节的成本费用的功能,让客户实时了解码头的业务成本,为码头公司的管理分析提供依据;系统还可融合数据仓库、联机分析处理、数据挖掘、模型库、数据库、知识库形成的决策支持系统。

2016年,上海港建立了服务于集装箱码头营运的操作信息系统 TOPS-CV1.0,为件杂货理货的信息化奠定了基础。上海海通国际汽车物流有限公司根据自身业务特征和管理要求,装备了具有自主知识产权的码头 R-TOPS 管理系统,为客户提供船舶靠离港、作业计划、货物状态和位置等实时信息,实现了业务运作的全面质量管理和全程信息控制。

(2) TOPS-B 系统。该系统专门服务于件杂货码头,采用模块化的设计方式,根据国际散杂货码头所具有的特点,对码头的营运过程进行了全面优化及规范化。系统创新性地集成识别技术、无线网络技术、GIS(地理信息系统)、GPS(全球卫星定位系统)等先进技术,在散杂货码头信息化管理中实现堆场和码头装卸作业的实时管理。同时运用作业控制预测技术,实现码头作业冲突的预警,保证装卸作业的准确性和实时性。

该系统首次将无线识别和条码技术应用于散杂货码头系统中;引入了无线网络数据传输技术,实现散杂货码头现场作业实时管理;运用 GPS、GIS 等技术,打造可视化、图形化的散杂货码头操作管理模式;通过先进 IT 技术和物流理念促进散杂货码头管理模式和流畅的转变。

系统已应用于上港集团罗泾分公司、军工路分公司等大型散杂货码头单位,并支持了全国最大的散杂货码头群——罗泾港区的运作。该系统 2008 年荣获上海市重点新产品称号。

3. 装卸生产经营管理信息化建设

港口集装箱装卸先后研发成功集装箱码头营运操作信息系统 TOPS-CV1.0、TOPS-CV2.0 和 TOPS-CV3.0,先后通过无线网络实施集中控制和现场作业分布式确认,形成现代化集装箱码头营运操作信息系统,实现集装箱码头作业流程的标准化和电子化;创新集装箱码头的集装箱卡车调度,大幅提高码头的堆场与岸边作业衔接流转速度。尤其是 TOPS-CV3.0 创新智能道口、集装箱费收、业务受理和堆场监控等客户服务的模块,在继续保持以往外高桥港区创建的计算机生产管理系统、工业电视监控系统、有线无线通信系统、灯塔照明系统和智能道口管理系统等自动控制的基础上,将无线数字集群技术、冷藏箱状态远程监控技术和信息技术应用到集装箱码头现代化管理中,大幅提高了集装箱码头的客户服务水平。

4. 集装箱智能化管理技术

该技术由上港集团和上海海事大学合作研发,项目总投资达到 1 520 万元。该项目将模糊智能控制理论、多级优化决策理论、计算机远程监控、计算机仿真、网络通信、数据库及现代信息管理和控制等技术应用于港口集装箱生产管理系统。该智能化技术基本涵盖港口集装箱作业的全过程,改变了传统生产方式,实现了工艺创新、管理创新和技术创新,一共有集装箱智能化生产系统等五大系统组成。

其中,"集装箱智能化生产系统"属工艺创新,解决码头上不同位置距离的非线性尺度变换和模糊逻辑推理规则问题,并自主开发了集卡全场智能调控软件;采用装船和卸船同时作业的同倍位同步装卸技术,边装边卸,明显缩短累计作业时间。

"集装箱生产多级优化管理系统"属管理创新,计算机实时自动采集 4 类 16 项生产评价指标,实时计算在实际评价指标下当前最佳的设备配置和运行区域,给决策者的指挥调度提供依据。

"集装箱装卸设备远程监控和故障报警系统"属技术创新,计算机昼夜 24 小时不间断监测各种设备的工作情况,一旦设备发生不正常情况,计算机立刻报警或者预警,并且自动对故障进行分类分级处理。

"E 港口"建立港口信息化的基础平台,是技术创新和管理创新的结合,首次把WEB SERVICE 软件(一种服务导向架构的技术)应用于集装箱码头的数据交换中,客户可以完全按照自己所需进行定制,同时也提高信息的准确性和实时性。

"集装箱装卸工艺仿真决策系统"属决策管理创新,通过基于多级排队网络模型在港口集装箱优化仿真上的应用,为集装箱的最大吞吐能力的计算、码头设备配置的优化、码头管理上瓶颈的寻找、满足需要前提下的投资最小优等的寻求提供科学的决策依据。(见表 6-4-1)

表 6-4-1　集装箱码头智能化装卸技术应用情况表

分类	应用情况概述	与过去相比较结果 (以外高桥港区 3 年对照为例)
集装箱智能化生产系统	为码头的生产人员提供一种智能化生产系统,实现了生产的实时控制与动态调度,确保了集装箱码头的高效运作。	＊ 闸门进箱速度由 2 分钟减少到 30 秒; ＊ 外集卡在港平均时间由 29 分钟减少到 18 分钟; ＊ 桥机单机效率平均由 25 标准箱/小时提高到 35 标准箱/小时; ＊ 堆场利用率从 72％提高到 83％; ＊ 无线系统应用由准实时到完全实时。

分类	应用情况概述	与过去相比较结果 （以外高桥港区 3 年对照为例）
集装箱生产多级优化管理系统	为管理人员提供了一个对码头生产和设备配置决策实时评价和决策的系统。管理人员可实时、异地了解码头作业状况并作出正确的决策。	* 使外集卡达标率由 75% 提高到 90% 以上； * 泊位利用率从 60% 提高到 83%； * 单位面积通过能力从 57 标准箱/平方米高到 84 标准箱/平方米。
集装箱装卸设备远程监控和故障报警系统	为技术管理人员提供及时、高效的远程监控和预警手段，大大减少了故障处理时间，减少故障发生次数，为生产提供了可靠的技术保障手段。	* 桥机单机年作业量由 16 万标准箱上升到 19.8 万标准箱； * 主要设备利用率由 51% 提高到 62%；设备故障率从 6% 下降到 2%。
E 港口	为集装箱码头的客户及相关企业提供数据交换及应用。该系统的实现，不但为客户带来极大的便利，同时也为码头数据积累和使用的高效提供了一个便捷高效的方式，适应了当前物流产业个性化服务的方向。	* 账单核对，加快账单催收，降低应收账款 20%； * 广域网中信息的查询，为客户提供最大的便利，充分体现了以客户为中心的服务宗旨。
集装箱装卸工艺优化仿真决策系统	为上海港提供了经优选的投资决策方案，真正通过科学论证来实施集装箱码头的工艺效率最大化和设备投资最小化。	* 通过工艺优化，船时效率提高 13.29%； * 船舶在港平均停泊时间减少 17.38%； * 岸线通过能力从 1 342 标准箱/年提高到 1 977 标准箱/年。

该智能化技术促进了港口集装箱生产、管理、保障等技术的全面提升，提升了港口集装箱处理能级，提高了上海港集装箱生产核心竞争力。

5. 集装箱自动化堆场装卸系统

该系统由上港集团联合振华港机公司、上海交通大学共同研究开发，采用新型全自动化高、低架轨道龙门吊和缓冲平台相结合的接力式装卸工艺，在作业模式、装卸装备、控制系统、生产信息管理等方面形成自主知识产权，实现港口集装箱的高效自动化装卸、堆放与智能管理。

2003～2017 年期间，集装箱码头智能化装卸技术发展迅速，提高了码头运作效率。至 2017 年，上海港集装箱码头智能化装卸技术已达到世界先进水平，一批科技创新成果先后获得国家、部、市级奖励。《上海港集装箱智能化管理成套技术》获得国家科技进步奖二等奖和上海市科学技术进步奖一等奖，《外高桥集装箱码头建设集成创新技术研究》获得国家科技进步奖二等奖和中国航海学会科学技术奖一等奖，《一种集装箱自动化堆场及堆场装卸工艺》获中国航海学会科学技术奖一等奖和上海市科技进步奖二等奖，《现代集装箱码头智能管理技术》获全国职工技术创新奖一等奖。（图 6-4-1）

图 6-4-1　外高桥集装箱码头堆场初期景况

6. 集装箱码头互拖调度作业管理信息系统

"集装箱码头互拖调度作业管理信息系统"通过平台统一管理集装箱港区各码头的集卡、集卡司机,并进行港区集卡、集卡司机资源的协调与分配。通过建立智能化的数学模型和管理策略,以及采用先进的信息技术实现集装箱码头互拖作业的自动化和数字化,进而达到最大限度提高集装箱码头中转互拖的效率和准确性、提高集卡的利用率,降低生产成本和能源消耗,为上海国际航运中心中转业务的发展提供信息化支持。本项目获得 2009 年港口科技进步奖三等奖。

7. 海上国际集装箱电子装箱单

研究开发的"海上国际集装箱电子装箱单"将原来传统的纸质单证改为电子单证,使外贸出口集装箱货物的出运变得快捷、准确。2003 年 2 月在外高桥港区二期码头率先试行,至 2003 年底,全港电子邮件系统每天传送 200 多兆数据;集装箱码头均应用计算机系统对集装箱信息跟踪管理,码头现场的中央控制室通过无线终端对各类装卸机械实时控制;码头公司编制装船配载计划时间从原先的几个小时缩短至 20 分钟。

8. 堆场管理系统

上海港开发的堆场管理系统在天津港、青岛港和宁波港等大型港口的中大规模公共堆场都有成功应用。仓库系统和箱管系统通过图形化和网络化的手段,直观地进行堆存作业管理,提高港口物流作业效率。

9. 自动化堆场智能道口系统

自动化堆场智能道口系统,集成和开发箱号 OCR(光学字符识别)自动识别技术、RFID(射频识别)车辆识别管理系统、电子信息提示牌、闸道系统和道口自助终端系统,实现集卡信息与全球各地集装箱箱号高准确率识别,形成新型的集装箱码头无人智能道口。基于 RFID 的电子车牌和集装箱标签在港内全面推广。(图 6-4-2)

图 6-4-2　港区道口管理自动化

10. 装卸机械结构实时监控系统

基于光纤传感技术的装卸机械结构实时监控系统应用技术,适用于大型港口机械结构检测的光纤传感器,解决传统传感器因环境等因素引起的易损坏、性能不稳定问题,实现集装箱岸边起重机钢结构检测的全覆盖、全实时、全动态在线监测,解决港口机械金属结构长期实时在线监测的技术难题。振东集装箱码头分公司与上海海事大学联合研发的集装箱岸边起重机机械远程诊断系统,集状态监测技术、网络通信技术、计算机数据处理等技术于一体,将码头现场集装箱岸边起重机的机械状态实时传输到办公室,工程师可以在办公室通过远程端观察,随时掌握集装箱岸边起重机的机械状态,尽早发现问题以便及时维修,为实现设备的状态维修提供技术上的保障。该系统可以实现在线的远程监测与评估,可以自动生成报表,是国内集装箱设备领域的首创技术。

11. 上海港引航计算机技术应用

"十五"到"十三五"期间,上海港引航管理站积极推进门户网站建设、技术平台建设,建立全新的引航查询系统、代理船期申请、引航员工作确认、数据的等级权限访问机制,对网络数据库安全高效访问处理和数据同步备份等方面进行功能升级和新的开发,取得预期效果,引航信息化建设始终走在全国引航系统的前列。

上海港引航计算机技术的应用主要体现在以下方面:

（1）引航生产管理信息系统。该系统的投入使用，使引航调度、费收与引航员管理均实现了自动化，从而取代了引航业传统的手工挂小木牌显示引航工作安排的人工统计管理模式，并且实现了各部门共享引航信息。各系统动态交换数据，还能方便地进行远距离图文无线传输，使引航生产的全程管理更加快捷、方便、准确。

（2）船舶自动识别系统（Automatic Identification System，简称 AIS）。该系统是一种新型的助航系统及设备，是国际海事组织在 SOLAS 公约里指定的一系列标准，主要是为了减少海难的发生和提高导航效率。通过数据线转换船舶 AIS 设备输出口为笔记本电脑上所具备的 USB 口或者串口后，将 AIS 设备提供的数据传送至笔记本电脑，进行处理之后在电子海图界面上显示所在区域内所有安装了 AIS 设备的船舶相关信息，以提供引航员在船舶引领工作中所需的安全、准确、高效的水域环境变化和航道航线的各种参考资料。

（3）上海港引航站引航系统。本系统以 ECDIS 为基础平台，以船舶电子海图显示与信息系统（ECDIS）为基础，利用符合国际标准 IHO（国际海道测量组织）- S52 的电子海图显示技术，可任意比例尺显示按照国际标准 IHO-S57 制作的电子海图。通过对引航相关信息（如船舶进出的航道、停靠的泊位、计划航线、船舶静态参数等）进行选择设定；智能获取来自不同位置 AIS 传感器的信息，依据引航员设定的引航作业（进、出港）、运动方式（船首向上或真北向上、真运动或相对运动）、报警环境参量等，智能化地在电子海图上以高精度或一般精度相结合的方式进行船舶（进出港）引航。该系统具有陀螺罗经（用于提供船首向）、AIS 设备等接口，可以在引航员的 GPS 导航系统上实时反映出周围安装 AIS 系统船舶的各种状态，包括船舶名称、经纬度、目的港、MMSI 码、船首向、航速等，显示更真实的航行环境，从而为引航员提供高科技、智能化、高精度的引航信息，提高引航精度和船舶进出港的安全性。

（4）引航综合信息无线交换系统。该系统在传统电脑应用中加入无线及时通模式。主要包括引航员工作信息发送、确认、定制、查询，以及这些信息与生产调度系统的对接、处理、运算；代理定制查询引航工作；船舶动态短信查询；确认所在港区、航行状态、靠离泊的执行情况等。此外还包括系统的容载、备份以及相应的硬件环境、网络环境的技术标准等。2007 年 10 月，引航管理站及时对该系统进行升级，在传统的电脑应用中加入无线的及时通模式，增加了实时监管能力，为实现水域管理数字化提供基础数据平台。

（5）新一代船舶电子海图引航系统。电子海图引航系统是以船舶电子海图显示与信息系统（ECDIS）为基础，利用符合国际标准（IHO-S52）的电子海图显示技术，任意比例尺显示按照国际标准（IHO-S57）制作的电子海图；通过对引航相关信息进行选择设定；智能获取来自不同位置传感器的信息，依据引航员设定的引航方向、船图的运动方式、报警环境参量等，智能化地在电子海图上进行高精度船舶（进出港）引航。系统具有陀螺罗经（用于提供船首向）、AIS 设备等接口，可以在引航员的 GPS 导航系统上实时反映出周围安装了 AIS 船舶的各种状态，包括船舶名称、经纬度、目的港、MMSI 码、船首向、航速等，有利于可提高引航精度和显示更真实的航行环境，从而为引航员提供高科技、智能化、高精度的引航信息，使船舶安全地进出港，提高船舶进出港的安全性。

（6）电子海图应用平台 AIS 系统。该系统以 ECDIS 为基础平台，利用符合国际标准（IHO-S52）的电子海图显示技术，以任意比例尺显示按照国际标准（IHO-S57）制作的（港口）电子海图；通过对引航相关信息（如船舶进出的航道、停靠的泊位、计划航线、船舶静态参数等）进行选择设定；智能获取来自 AIS 传感器的信息，依据引航员设定的引航作业（进、出港）、运动方式（船首向上或真北向上、真运动或相对运动）、报警环境参量等，智能化地在电子海图上以高精度或一般精度相结合的方式进行船舶（进出港）引航。该系统实现了连接船舶 AIS 系统、电子海图显示与控制、船舶导引航、引航参数管理与设置、船舶引航跟踪控制、引航回放、靠泊跟踪、潮汐查询、海图计算、海图标绘、海图改正和 S57 电子海图等功能。系统设备方案可用笔记本电脑通过接口连线将 AIS 信息读取。

12. 外轮理货计算机技术应用

（1）理货生产管理 V3 系统。该生产管理系统经过多次升级，能及时知晓理货生产管理信息，能满足集装箱大船作业和集装箱现场生产。

（2）无线实时理货系统（TWCS）。2005 年，外理公司在外高桥一期码头全面应用。该系统采用理货员在船上或码头上用手持的 PDA 输入或确认集装箱装卸信息，通过网络将这些数据传输到理货部服务器，最后传输到公司服务器的模式；理货长可在船上用笔记本电脑从公司服务器调用相关数据，及时为船方提供所需的报文。PDA 工艺在理货生产中的使用，提供了电子化和信息化的操作模式、实时监控集装箱作业状态和电子信息准确率等优势，实现了理货生产从简单手工作业迈向信息化管理的工艺革命，推进了上海外理现代化科学管理的进程。无线实时理货系统投入使用后，集装箱船图准确率从原来的 90% 提升到了 100%，集装箱装卸信息准确率从原来的 95% 提高到了 100%。2005 年，该系统获全国发明铜奖和上海港科技进步一等奖。

（3）上海外轮理货管理信息系统（Shanghai Tally Management Information System，简称 STMIS）。该系统经过几期建设，最终于 2007 年建成为一个先进、便捷、高效、多功能的综合业务管理信息处理系统，应用于现场理货工作。该系统具有提供综合数据报表和查询、数据共享和电子数据交换等功能，该系统的应用，实现了外轮理货各类管理信息资源的共享和利用,为上海外理的生产能力和经营状况提供了科学依据,为数据的审核与校对提供了便捷途径,可减少人为处理的差错,保证了船舶集装箱信息的及时性和准确率,实现了船舶理货在时间意义上的"零时签证"和信息上"零时发送"的目标,大大提高了理货效率,已成为上海外理生产业务管理的核心部分。

(4)外轮理货 BTOPS 系统。该系统系件杂货理信息化管理系统,2014 年在罗泾分公司正式上线运行,填补了理货信息科技的一项空白,实现了信息科技应用在理货所有业务领域全覆盖的目标。并于 2016 年运用于件杂货大船作业,取得成功。外轮理货公司在件杂货大船作业方面开发了 BTOPS 系统,BTOPS 港理交互系统的功能完善和推广应用,重点解决了"计数"操作慢和现场带路问题,满足了现场理货生产需要。

(5)上海外理信息查询平台。2011 年,上海外理信息查询平台(TIP)正式上线运行,客户可通过这一平台获取船舶、集装箱、理货报文等各类实时信息。平台提供了两个查询模块——公共查询和 VIP 查询,客户能在"在线服务"栏中选择公共查询或 VIP查询。公共查询模块可以为客户提供一个月以内的单个集装箱理货信息,以及船舶作业状态等信息,包括出口查验改封信息、集装箱改单、改配等信息、30 天内的其他集装箱或船舶动态信息、分拨信息、理货服务产品信息等。VIP 查询模块主要面向认证客户,可查询公共信息的全部内容,并可将时间扩展到一年外,提供单艘次船舶的溢短、残损、特种箱等信息,客户另可根据自身需求,订制"个性化查询"。

2016 年该平台又设立了上海外理微信公众号"i-shost",为客户提供"海关 172 号令理货报告回执查询"和"集装箱综合查询"等功能。TIP 理货信息查询平台的建立和运行,有效地提升了上海口岸理货信息服务质量,提升了客户服务满意度。

(6)PDA 技术系统。该系统为理货作业 PDA 技术(个人数字助理)系统。2007年,上海外轮理货有限公司通过"无限实时理货系统"(TWCS)项目的研发、应用,建立了"人手一机"的理货操作模式,经过应用实践,有效地提高了理货效率,理货人员对每一自然箱的处理时间从 2 分钟缩短到 10 余秒,集装箱船图准确率达到 100%,理货信息发送及时率达到 100%。

(7)件杂货理货管理系统项目开发与应用。2012 年 10 月 29 日,"外理公司件杂货理货管理系统项目开发与应用"正式上线运行,实现了信息科技应用在外理公司所有业务领域全覆盖的目标。同时稳步推进了手持终端在装拆箱理货中的推广应用,PDA 实时销账功能在上远和三骏分拨堆场正式应用,"门到门"PDA 实时销账功能在部分站点双轨运行。2015 年,经过系统升级,拓展了 TIP 外延的服务,装拆箱手持终端在上海所有进驻分拨堆场实现了 PDA 操作全覆盖,在军工路、杨行、外高桥保税区、莘庄、市郊等区域"门到门"理货中实施 PDA 操作,实时销账箱量已达到拆箱箱量的 13% 左右,进一步提高了拆箱理货的实时管理能力。

（8）商品车理货业务处理系统。该系统针对海通码头汽车滚装理货业务量的不断攀升和货主要求理货提供车架号的现实需求，使用条形码扫描技术进行车辆理货工作，提高了滚装船汽车理货工艺和服务质量。

（9）外轮智能理货项目。该项目在集装箱岸边起重机上安装智能理货设备，可实现智能理货，实现理货作业从劳动密集型到技术密集型的转变。通过在全港集装箱码头上全面施行"自动识别、一人多路、远程监控、全程追踪"，将原本人工在现场确认的理货信息数据交由系统自动识别完成，通过后台监控即进行集装箱理货信息的实时采集、传输与共享，避免了人工作业造成的误操作，有效提升了理货服务能级，使理货作业模式发生了革命性变革，并最大限度地降低了人工成本，充分挖掘了劳动力使用效率，提高了理货生产力。

2017年8月起，上海港外理公司在沪东公司15台集装箱岸边起重机上安装智能理货设备，一线理货人员从码头前沿撤至智能理货操控室进行运行操作。从一开始的2人对3路操作，逐步改进为1人对2路操作，1人对3路操作。2019年全港共计完成智能理货改造桥吊116部，占全港需改造桥吊总数的78%。到2020年，上海港对集装箱码头所有桥机硬件基本改造完成，采用智能理货模式作业，使上海港的外轮理货正式步入了"智能理货时代"。

二、港口管理信息化

1. 港航 EDI

上海口岸国际集箱运输单证电子数据互换（EDI），是由上海市人民政府交通办公室牵头组建的。港航EDI的发展主要包括以下两个方面：1.集装箱进口船图和进口舱单的EDI推广应用；2.国际集装箱运输EDI报文传递。外理公司作为国际集装箱运输中的一个重要环节，积极参与推广应用EDI技术。

采用港航EDI系统给企业带来的直接效益是可避免计算机数据重复输入、减少错误、降低邮电通信费用、减少纸张耗费等；间接效益则是经营方式改变及效率提高，如减少库存，现金管理更加方便、有效，订货更加快捷等。

2000年7月28日，根据市政府发展"大口岸""大外贸"的战略决策，全面实施整合优化原先上海EDI中心、上海港航EDI中心、上海经贸网的上海口岸物流信息资源，将原先三家在通关服务、港航交通和国际贸易等不同领域独立运作的业务和优势集于一身。至2000年底，港航EDI二期工程顺利完成。

2004年12月，交通部下发《关于实施电子舱单数据接收工作的通知》，为统一平台业务国际化奠定了基础。"十一五"期间,上海港航 EDI 中心从船公司需求出发,先后开发和推广公共订舱、公关箱管以及货物跟踪服务,上港集团与上海海关合作开发"两港(指洋山港区和外高桥港区)联动"信息应用系统等。电子数据传输已实现上海船公司、船舶代理用户的 100% 覆盖,涉及沿海和内陆港口及堆场,已向船公司及多家货物代理企业提供箱货动态跟踪等服务。

2. 上海港内支线信息平台

该信息平台包含内支线驳船代理单证、计划、费收、报关、现场等具体业务环节的管理,实现代理与码头数据的实时交换与处理,提供准确的实时驳船动态、中转箱动态、码头驳船作业实绩,使内支线调度中心能够准确发出调度指令,解决信息不畅、作业时间长等问题,改善上海口岸内支线作业环境。

3. 集卡预约平台

2016 年 5 月,上海港搭建的"e 卡纵横"集卡预约平台,借助移动互联网,优化集装箱疏港流程,统一调度装箱点、堆场、码头、车队等,实现集卡进提箱预约管理,优化配置机械设备和资金等各类资源。全港 6 家专业集装箱码头全部接入平台,集卡预约等待时间大幅缩短。平台以客户需求、提高码头服务质量为导向,优化码头箱区的有序管理,对接货主、司机、码头,通过大数据分析,合理调配港口资源,提升码头堆场机械约 30% 的作业效率。解决集卡长时间滞留港区及周边道路拥堵的问题。同时,在此基础上进一步实现平台的市场交易功能,成为集船公司放箱无纸化、空箱调运、双背运输、回程捎带、加油、保险、维修、融资租赁、资信评估等产品于一体的车货供需信息网上交易平台。并与各大船公司合作开展空箱调运的平台派送服务;与大型集卡车队合作,开展暂落箱、中转箱和查验箱的派送服务。

2017 年,集卡预约平台在实现提重箱、进重箱、提空箱、中转预约等功能的基础上,进一步实现了预约到箱区功能,集卡进提箱效率、预约兑现率、港区管理水平都大幅提高。该平台借助移动互联网,优化集装箱疏港流程,实现了装箱点、堆场、码头和车队的统一调度,实现了集卡进提箱预约管理,优化了机械设备配置和资金等各类资源。同时,首次实现了自动化码头集卡全预约进港。截至 2017 年底,集卡预约平台注册车队达 1 786 家,比 2016 年(1 261 家)增 41.63%,注册登记车辆 20 581 辆,集卡预约等待时间大幅缩短,提升了码头整体作业效率,提高了码头服务质量。

2018 年,集卡预约平台已经承接了全上海港 93% 以上的业务量,提升了单证的周转效率。通过运用 IT、互联网技术改变传统港口行业运营模式,在集卡预约平台上注册的车队有 2 969 家,注册车辆 3 万余辆,注册司机 4.5 万人。实现了集卡进提箱预约管理,优化了配置机械设备和道路资源。

同时,实现了洋山四期集卡全预约进港。未来,上海港将在此基础上梳理集卡预约平台集卡运行大数据,整理挖掘集卡的载货情况、运行线路、交易记录和信用等级等,拓展车辆保险和维修、融资、车货匹配、信息对接及推送、RFID功能拓展等新型商业模式发展,实现业务需求、机械设备和资金等各类资源的优化配置和利用。将数万辆集卡的运行情况汇成大数据,为整个行业发展和城市交通管理提供量化依据。

4. 长江集装箱江海联运综合服务平台

上海港以"互联网+"的创新思维,打造了集装箱江海联运综合服务平台,创新长江江海联运运营模式,实现江海联运业务协同。通过构建面向沿江"港口、干支线经营人、物流、货主"的综合服务信息平台,实现沿江船、箱、货、港、海关监管等信息的互联互通、实时动态查询跟踪,实现全程可视化,并进一步优化调度、拓展交易结算等功能,努力打造高效、便捷、透明的沿江港航物流新生态,进一步提高长江经济带物流效率,降低物流成本。

5. 单证电子化服务平台

港口加强与海关、国检、边检和海事等口岸单位密切合作,通过整合港口内外部电子数据信息。2016年以来以隐形数据平台服务的方式,针对港口物流环节各类业务过程中所存在的纸面单证或凭证流转问题进行优化和改革。2018年上海港中转箱、查验箱、转栈箱、送港箱等业务设备交接单电子化运作成功,实现了TMS运输系统、堆场WMS系统和港区TOS系统通过箱交接电子平台对各方数据进行电子信息交互,达到了数据共享,提高了堆场、运输和港区使用方的作业效率,达到数据共享,提高了口岸效率,优化了口岸营商环境。

6. 单一窗口3.0版实施

通过三年不懈努力,2017年上海已经全面实施单一窗口2.0版,实现了三年目标任务,形成了"监管+服务"的9个功能板块,已经建成兼具监管和服务功能、覆盖口岸通关全流程和贸易监管主要环节、上海口岸95%的货物申报、全部的船舶申报通过单一窗口办理,平台用户近5000家,服务企业17万家。

2018年开始,上海全面实施国际贸易单一窗口3.0版,按照建设具有国际先进水平的国际贸易单一窗口的要求,进一步覆盖口岸执法和贸易管理应用,探索更多的服务贸易业务办理,力争与国际上的单一窗口互联互通,成为国际贸易网络的重要枢纽节点。全新的单一窗口3.0版具有全面覆盖各类口岸执法和贸易管理业务,平台内计划新增货物状态分类监管、国际中转集拼、船舶和航班供应物品等功能;窗口更加"透明",用户可通过单一窗口跟踪查询货物的通关、物流等状态,甚至对进出口商品的质量安全信息进行追溯。

7. 业务受理服务平台

2015 年 8 月开始,上港集团运用互联网建立了面向社会客户的统一受理服务平台,改革了码头传统的柜台受理业务体系,基本完成受理点集中归并,不断拓展受理范围。聚焦"柜台受理、网上受理、客户服务和费用结算"四项核心服务,整合了集团下属八个集装箱码头和外轮理货的相关受理业务,通过服务流程再造、服务功能集聚、受理渠道拓展,提升了服务价值,创建了"流程标准化、服务一站化、结算一体化、体验信息化"的受理服务品牌。2019 年,上港集团的受理服务平台已经承接了全上海港 93%以上的业务量,提升了单证的周转效率和客户服务效率、降低了企业的物流成本,极大地提升了上海口岸服务环境。

8. 上港集团代理类信息系统

上港集团自主研发的船舶代理业务管理系统(SAMS),针对船舶代理企业中的协议、业务、船舶动态、费收(使费、运费)、箱管、EDI 数据处理等业务环节的处理与管理,为企业内部信息应用和外部客户服务提供信息交换。

上港集团研发的货运代理系统实现集装箱订箱/拼箱,货物报关、报检和港航 EDI 的接口。其中网上订舱中心(www.56solution.com)是订舱操作、信息交流和资金结算平台。

9. 上港集团运输类信息系统

为优化物流信息系统,该信息系统针对物流配送型企业,采用 GPS、GSM(全球移动通信系统)、GIS 来构筑系统监控的硬件平台;以声讯、Internet WEB(互联网网页)来构筑系统的查询及服务平台;以业务受理、车辆调度软件构筑调度的操作平台;以费收管理、统计分析、车辆设备管理、备配件管理构筑业务的管理平台,保证整个货运业务的受理、组织、管理完善地整合。

10. "港航纵横"服务网

2017 年 2 月,上海港推出"一站式"查询服务网站——港航纵横(www.hb56.com),"港航纵横"集合了上海港本地 7 个集装箱码头和上港集团在长江支线 8 个码头、内河支线 2 个码头的数据,实现了全程跟踪、"一站式"查询。长江沿线港口码头合计 44 个,"港航纵横"已经覆盖其中 1/3 的市场,可汇总如下信息:(1)港口及上下游链条上的大量数据,包括支线经营人的驳船船期、装载清单、运力发布等。(2)码头的标准化信息、干支线及穿梭巴士靠离泊信息、集装箱装卸动态、报文信息等。(3)海关的放行信息。(4)大型航运企业以及代理的干线船期、仓单、船图、货代的订舱托单信息、装箱单信息。(5)车队的集卡运输箱信息等。

目前"港航纵横"共有六项功能:一是船期查询,提供上海港集装箱码头出口箱开港计划、船代理申报船期、集装箱码头靠离泊计划三大部分;二是提供集装箱、货、放行、预录、计划等查询内容,提供上海港投资的长江流域码头的集装箱信息内容,并全程跟踪;三是 VGM 称重信息,提供集装箱码头出口重箱称重记录下载;四是放行信息,提供通过 EDI 发送的海关放行报文的查询内容;五是装箱单预录,提供出口重箱装箱单 EDI 预录信息内容查询;六是各大网站链接,提供"亿通网"、"海关通关宝"、各个集装箱码头、各家航运企业网站的链接。

11. 固定资产系统

该系统主要为输入各类固定资产动态通知单,生成各类财务资产报表、会计凭证,提供多种智能化的查询、分析功能,共享财务子系统的各类资产数据。该系统保证了数据的一致性和资源的共享性,并具备提供财务子系统相关数据和报表的查询功能。系统还可提供技术设备部门管辖的四大类八种设备(装卸机械类,船舶类——机动船舶、非机动船舶,机车设备类,电气设备类——变电所、变压器,开关设备,其他电器)技术参数的输入功能。

系统增强了对固定资产的管理能力,数据的上传和下发通过网络实现,大大提高了工作效率。该系统覆盖了集团及基层的所有单位。

12. 人力资源劳动管理信息系统

该系统由上港集团与基层港务分公司两级管理系统组成,其模块有基本情况管理、人员资料管理、劳动力管理、考勤管理、工资管理、单位资料管理、船员资料管理、综合管理及数据通信,既能迅速、方便、准确地反映目前人员及单位信息,又能客观地反映人员的历史变动情况,并且在时间的衔接上保持流畅。

该系统不但把集团与基层港务分公司日常职工动态、工资、考勤和统计报表等繁琐的工作用计算机来进行操作管理,并可通过这个系统很方便地查询、分析、预测许多工作所需要的数据、资料和图表,为人事部门工作带来了极大的方便,也使劳动人事管理的手段和水平上了一个台阶。

根据集团和基层两个层次对劳动人事管理工作的不同要求,人力资源劳动管理信息系统分成集团级子系统和基层子系统两大部分。两个子系统共有 15 个功能模块、44 个窗口和 240 项功能,代码提示,操作简单。

集团级子系统具有根据各单位上传到集团的劳动人事工资信息资料进行人事、工资等不同要求的查询、分析、预测和汇总统计的功能。该系统的职工查询模块,将上港集团对外开放的查询职工方法从人工卡片查询改为计算机查询,从而能迅速、准确、全面地查询到集团范围内职工的个人资料。该系统的分析和预测模块,可以根据不同需要进行劳动人事大数据的分析和预测,从而为集团领导决策提供及时、可靠的依据。该系统的统计汇总模块可以汇总全部基层单位上报集团的报表,并可制出各种汇总表。

基层子系统根据基层单位劳动人事工资管理工作的职责分工,将人员管理、考勤管理、工资管理等方面的管理活动,按照其内在的联系组成一个有机的整体,并按人员基本情况、劳动力管理、工资管理、考勤管理、综合管理分别建立模块进行运行管理。该系统从四个方面支持基层单位完成劳动人事管理工作:一是支持基层单位实行规范化的人事工资管理;二是支持基层单位高效率地完成劳动人事工资管理的日常业务;三是支持基层单位进行劳动人事工资管理及相关方面的科学决策;四是支持基层单位完成集团下达的劳动人事工资统计任务。其中工资模块中的"工资收入项目修改窗口",工资项目可以根据基层单位的需要灵活设置和修改;"工资计算系数维护窗口",对于假期的加扣款,各单位可以自由选定工资假期加扣款的百分比,基本满足了基层单位对工资考核、运算的需求。综合管理模块中的"查询窗口",既有劳动人事常有的查询项目,也有灵活自主选项的自由查询功能,使用灵活、方便,适用性强;"分析、预测窗口"有趋势预测法和目标增长法两种预测方法,预测方法灵活多样,适用不同需要;分析、预测图表有各种立体、多维的彩色显示,立体感强。系统各模块设立数据的导出和导入功能,给用户建库和今后操作带来很大的方便,提高了工作效率。

13. 办公自动化系统

该系统在上港集团网络平台搭建成功的基础上,投资建设了全集团 OA 管理系统和电子邮件系统。该系统主要包括事务模块和公文管理两大部分,包括每日情况、会议安排、档案目录和一些流程管理等功能;公文管理初步开始运行,部分发文实现电子公告方式下发,减少了纸张的使用,覆盖了全港所有基层单位。正式投入使用以来,运行稳定。

14. 能源计量统计系统

上港集团能源管理系统由基层能源管理和集团机关能源管理组成,可以将基层各单位的能源基础数据进行计算机管理,并生成各类能源台账、报表通过上港集团网络发送到集团,然后由集团能源管理部门再进行统计汇总,将报表上报集团和市政府能源部门。该系统采用先进的客户/服务器网络结构设计,性能卓越,吸收了已有的计算机管理先进经验,综合提供合理的人机界面,大大提高了能源管理的水平和经济效益。

15. 船停时吞吐量统计系统

上港集团吞吐量和船停时统计系统是集团对货物吞吐量进行统计的应用软件。该系统分二级管理,由集团吞吐量和船停时统计系统和集团各分公司吞吐量和船停时统计系统二级计算机统计系统组成。主要用来对港口的装卸作业进行统计汇总和查询分析,掌握货物、客户的各种情况,以便合理安排生产计划。

集团吞吐量统计系统是将各分公司的吞吐量和船停时统计汇总数据,通过通信等各种途径发送到集团,然后由集团有关部门对吞吐量和船停时再进行统计汇总,将报表上报集团和市政府管理部门。集团各分公司吞吐量和船停时统计系统主要用来对港口的装卸作业进行统计汇总、查询分析,掌握货物、客户的各种情况,以便合理安排生产计划,系统覆盖了所有基层生产单位。

16. 港口网络平台

其功能包括信息处理功能、信息交换功能和信息保密功能,由集团与基层港务分公司两级网络组成,通过微波、DDN 和 PSTN 等多种链路进行链接,覆盖了上港集团的全部生产业务单位。

17. 财务管理系统

上港集团财务管理系统采用金蝶软件构建信息系统,包含了财务和业务一体化、统一预算体系、财务决策支持、合并报表、统一会计科目等业务领域的应用模式,建立了集团总部与几十家直属分公司的费收业务系统、发票管理系统和财务系统的接口。通过数据实时在线技术,实现了集团总部对所属几十家分、子公司多方位的资金、资产、预算等经营业务及运营风险的监控。

该系统于 2007 年 5 月 18 日验收通过,之后在 2008~2010 年期间进行了后续深化开发,从而加强了财务的集中管控能力,支撑了作为全国第一家整体上市的港口集团公司的财务管理要求,为集团的持续、稳健发展创造了良好基础。该系统获 2007 年度"中国港口协会科学技术奖"二等奖和 2007 年度"中国航海学会科学技术奖"二等奖。

18. 集装箱交接开启无纸化

2017 年上海港中转箱、查验箱、转栈箱、送港箱等业务设备交接单的电子化试点运作成功,实现了 TMS 运输系统、堆场 WMS 系统和港区 TOS 系统通过箱交接电子平台对各方数据进行电子信息交互,达到了数据共享,提高了堆场、运输和港区使用方的作业效率。2018 年 3 月,上海市口岸服务办公室、上海市交通委员会发布《关于开展国际集装箱设备交接单无纸化试点的公告》,上海港为进一步优化口岸营商环境,提高口岸通关效率,与海关、国检、边检和海事等口岸单位密切合作,通过整合港口内外部电子数据信息,以隐形数据平台服务的方式,对港口物流环节各类业务过程中所存在的纸面单证或凭证流转问题进行优化和改革,加快推进单证电子化。上海港从 2018 年 5 月 14 日起推行单证电子化,以切实提高口岸效率。

三、集装箱自动化装卸技术

2017 年 12 月 10 日,上海洋山深水港四期集装箱自动化码头工程建成,正式开港试生产,设计年吞吐量 630 万标准箱,近期设计年吞吐能力 400 万标准箱。共配备 26 台双小车集装箱岸边起重机，120 台自动化轨道吊，130 台 AGV（自动导引小车）等世界最先进的集装箱装卸设备。（图 6-4-3）

图 6-4-3　洋山四期自动化码头

洋山集装箱自动化码头采用全自动化智能装备、智慧生产过程控制系统和绿色节能技术。港区装卸作业采用"双小车集装箱岸边起重机＋自动导引运输车（AGV）＋自动轨道式龙门起重机（ARMG）"的工艺。码头操作系统（TOS 系统）和设备控制系统（ESC 系统）由上港集团海勃公司自主开发，能够实现配载自动化、箱位分配自动化、CWS 自动化等功能，是全球规模最大、最先进、绿色节能的全自动化码头。

洋山深水港全自动化集装箱码头的主要科技创新点：

1. 优化平面布局模式

（1）自动化集装箱堆场无悬臂、单侧悬臂和双侧悬臂三种自动化轨道吊混合布局模式。针对超大型集装箱枢纽港水水中转比例高、干支线船舶混合作业、港区间互拖箱作业量大等特点，研发了自动化集装箱堆场无悬臂、单侧悬臂和双侧悬臂三种自动化轨道吊混合布局模式。与国外采用的单一轨道吊堆场布局模式不同，该模式可根据水水中转比例以及港区间互拖箱量，按照效率与箱容量平衡的原则，合理确定三种型式轨道吊的配置比例和混合布置模式，有效解决了堆场海陆侧轨道吊作业量不平衡、船舶大型化趋势下海侧装卸系统效率要求高、互拖箱装卸成本高和交通组织复杂等诸多难题，提高了全自动化集装箱码头的适应性。

（2）首创"预检、分流和放行"三级进港智能闸口布置新方式，首创集出港、口岸查验功能于一体的出港闸口集约化布置新模式。结合传统集装箱码头的闸口功能及布局,基于全自动化集装箱码头作业对外来车辆的信息质量要求高、自动化堆场蓄车能力低的特点,首创了"预检、分流和放行"三级进港智能闸口布置新方式。进港闸口设置预检、分流和放行闸口,在分流和放行闸口之间设置具有车辆调峰、调箱门、称重及冷藏箱预检等功能的港外集卡缓冲停车场,加强了进港车辆的管理,大大缓解了港内交通压力,提高了港区对外服务质量和作业效率。首创集出港、口岸查验功能于一体的出港闸口集约化布置新方式,实现了疫区集装箱消毒喷淋全覆盖,港区间互拖进港集卡与港外进港集卡分流,提高了互拖集卡的作业效率。

(3)首创集 AGV 测试、维修和传统机修功能于一体的机修区联合布局新方式。针对自动化集装箱码头 AGV 在自动化运行区、维修区和测试区的运行方式不同以及 AGV 维修后需在专用场地系统性测试后方可投入自动化区域运行的特点,研发了集 AGV 测试、维修和传统机修功能于一体的机修区联合布局新方式,提出了自动—非自动区域间设置"交互区"的新理念,解决了人机混合作业的安全问题,更好地满足安全管控要求。

(4)首创穿越式 AGV 电池更换站布置新模式。针对超大型自动化集装箱码头 AGV 电池更换站交通流量集中的特点,研发了穿越式 AGV 电池更换站布置新模式,大幅减少 AGV 排队的等待时间,提高了 AGV 的电池更换效率,减少了对码头前方作业地带的交通影响。

(5)采用"专用 + 混靠"相结合的泊位配置新模式。泊位设计上采用"专用 + 混靠"相结合的泊位配置新模式,西侧的一个大泊位约 300 米岸线专用于支线船作业,相应配置 3 台小型双小车集装箱岸边起重机,不足部分采用干、支线泊位混靠方式解决。这种方式在两个泊位配置方案之间取得平衡,既可适当降低设备投资和保证支线船的靠泊作业,亦兼顾了泊位的灵活性。

2. 全自动化智能装备

(1)远程操控双起升双小车集装箱岸边起重机。码头装卸设备采用全自动双起升双小车集装箱岸边起重机,集装箱岸边起重机采用双小车 + 中转平台的设计。主小车配置双 40 英尺吊具,主小车作业时仅在船侧进行取放箱作业时需要人工远程介入,实现远程操控,其余时段均可自动运行,依托先进的船型扫描系统(SPSS)主小车可以在自动作业过程中获得智能减速和防撞保护功能。门架副小车则为全自动作业,配置双 20 英尺吊具,将常规单小车集装箱岸边起重机作业循环分配给海侧主小车和陆侧副小车分别完成。主副小车通过二个 40 英尺箱位台座的中转平台进行缓冲,中转平台是主小车与门架小车交互衔接的区域,在这里安装机械臂和传送装置后,可以对集装箱锁钮进行全自动拆装。集装箱岸边起重机上不设置驾驶室,配备多角度、全覆盖的船型扫描、箱号识别和电子监控设备。相比传统码头,远程操控双起升双小车集装箱岸边起重

机可有效减少设备等待时间,降低设备能源消耗,台时作业效率可高达37标准箱/小时。(图6-4-4)

图 6-4-4 双起升双小车集装箱岸边起重机

(2)远程操控自动化轨道吊。轨道吊采用新型轨道基础,设计出了一种新型非桩基轨道基础结构型式——双重可调式轨道基础,减小后期轨道调整难度,又将常规的轨枕结构优化为带可调支座的新型轨枕结构。自动化堆场垂直于码头前沿线布置,自动化轨道吊具有远程操控功能,每个箱区海陆侧各布置一台轨道吊,采用全电驱动,不设置驾驶室。大车、小车和起升位置的检测装置以及控制管理系统可实现轨道吊自动运行、自动定位、自动着箱功能。陆侧轨道吊可实现人工远程操控,堆场海侧轨道吊实现了双20英尺集装箱收/发箱工况,提升了轨道吊与集装箱岸边起重机作业工况的匹配度,并可实现完全自动作业模式,可有效提高作业效率。相对传统柴油机驱动、人工操作的RTG(轨道吊),自动化轨道吊可大大降低设备能源消耗,减少对环境污染,二氧化碳排放为零,无主要污染物排放,可将设备台时作业效率提高到30标准箱/小时。

(3)全锂电换电提升式AGV(自动导引小车)。AGV采用锂电池驱动,具有无人驾驶、自动导航、定位精确、路径优化以及安全避障等智能化特征,还支持自我故障诊断、自我电量监控等功能,可有效减少营运成本、提高作业效率、降低能源消耗。通过无线通信设备、自动调度系统和地面上敷设的6万多个磁钉引导,AGV可平稳、安全、自如地穿梭,并通过精密的定位准确到达指定停车位置。此外,AGV配备独特的液压顶升机构,由AGV升降平台对设置在堆场海侧交接区的固定集装箱支架起、落箱,解决了水平运输与堆场作业间的"解耦"问题,提高设备利用率。相比传统柴油发动机驱动,具有自重轻,能耗较小,能源效率系数高等优势,二氧化碳排放为零,无主要污染物排放,绿色环保,且维护成本低,可获得良好节能减排效果。提升式AGV,可直接对设置在堆场交接区固定集装箱支架起、落箱,有效解决水平运输与堆场作业间的"解耦"问题,同时AGV无需被动等待堆场设备赶来装卸,直接放置在支架上,大大降低因相互等待而造成的能源消耗。

同时,首创了穿越式 AGV 电池更换站布置新模式,通过电池更换站里的机器人实现自动更换电池。AGV 采用的锂电池充电时间为 2 小时,一次充电可运行 8 小时,锂电池的设计使用寿命为 8 年或 5 500 次充放电。

3. 智能系统创新

自动化集装箱码头创新了信息共享平台建设。生产控制系统对内衔接港区内各大数据信息平台,包括业务受理平台、集卡预约平台、数据分析平台、统一调度平台,实现港区内船、货、车全流程信息共享和业务协同。对外创新了海关、海事监管模式,实现无缝、高效、准确监管。

提升了智能系统化水平。构建基于人工智能算法的自动化码头计划、调度及控制系统,做出覆盖船舶装卸作业全流程的最优决策,包括自动堆存计划、集装箱岸边起重机作业计划、配载、发箱、设备调度等。构建基于大数据分析的作业实时监控及预警系统,通过任务分析和阈值预设,在监控界面实现异常信息实时推送,实现对异常准确定位、及时干预,避免造成不必要的生产待时。

4. 高效节能辅助装备系统

(1)可分离式上架和吊具自动更换平台。结合洋山港区船舶双吊具作业繁忙不均的实际情况,集装箱岸边起重机主小车吊具系统采用灵活的可分离式上架,并在集装箱岸边起重机联系梁位置设立吊具自动更换平台,用于放置可分离式上架和备用吊具,可随时根据生产作业需求合理使用双吊具,在平台上实现吊具更换全自动操作。平时主小车以单吊具进行作业,备用吊具放置在平台上,可大大降低整体装机容量,降低设备载荷,减少设备能源消耗。相比传统码头,吊具自动更换平台可缩短吊具更换时间,提高作业效率,有效降低吊具拖运安装过程中相关设备能源消耗。

(2)海侧轨道吊双 20 英尺吊具。为配合 TOS 系统智能化发展,结合海侧交接区支架可放置双 20 英尺集装箱的实际特点,堆场海侧交接装卸设备采用双 20 英尺自动化轨道式龙门起重机作业模式。该作业模式可提高集装箱堆场装卸效率,提高整个自动化码头系统运行效率,进一步降低整体作业能耗,降低运营成本。

(3)电动轮胎式集装箱龙门起重机。在危险品堆场、特种箱作业区等区域采用电缆卷盘式全电动轮胎式龙门起重机,进一步减少传统柴油 RTG 对环境的污染。全电驱动二氧化碳排放为零,无主要污染物排放,绿色环保。

该码头的建设填补了我国自动化集装箱码头总体设计领域的空白,其总体布局模式,在空间上可以节省土地使用,在时间上可以加快船舶装卸作业的速度,更好地提高码头运转效率,能够使得码头装卸效率较传统码头提高 20％以上,堆场通过能力提升幅度达 25％以上,码头的综合通过能力得到显著提升,土地和深水岸线资源得到更加充分的利用;在通过能力、装卸效率、节能减排、环境保护等方面相对于传统集装箱码头具有较为突出优势,使港口装卸作业更加稳定高效、安全节能;对于提升港口装备智能化水平、装卸效率,支持港口企业加强科技创新,提高码头前沿装卸、水平运输、堆场装卸等关键设备的自动化、智能化水平具有重要指导作用,将有效实现港口转型升级发展,为我国自动化集装箱港口的建设奠定了技术基础,适应港口向自动化、集装箱船舶大型化、联盟化等方面发展需求,具有很强的市场竞争力。

上海港洋山四期全自动化集装箱码头由上港集团与上海振华重工(集团)股份有限公司合作,双方分别自主研制了 TOS 系统(码头操作系统)和 ECS 软件系统(设备控制系统)。联合完成的《自动化集装箱码头总体布局模式研究》获 2016 年中国港口协会科技进步一等奖。

第五节　绿色港口科技

一、实施船舶污染物排放控制

上海港自 2016 年 4 月 1 日起率先实施船舶排放控制区第一阶段控制工作。截至 2017 年 12 月底,上海市海事部门完成专项检查船舶供受油文书 32.4 万艘次,共开展船舶检查 5.9 万艘次,现场开展燃油取样 1 419 艘次,发现违章船舶 728 艘次,查处燃油硫含量不合格 288 艘次。对记录不规范、操作不规范以及可疑船舶实施完成相关政策宣贯 600 余艘次,有力保障了排放控制区的各项工作稳定推进。

上海港在内河港区先行建设了 LNG 临时加注站,嘉定解放岛临时加注站建成,运行平稳;宝山蕰藻浜建设 LNG 加气站 5 座;同时新增了 LNG 内河散货船舶。全市内河 291 户易扬尘码头均已安装扬尘在线监察设备,262 家扬尘码头完成扬尘防治设施改造。控制措施实施后,相关港区污染物浓度降幅明显。根据中国船级社上海分社相关研究数据显示,相关港区 PM2.5、SO2、NOX 浓度分别较实施前下降 21％、22％和 9％。

按上海市《上海市清洁空气行动计划(2018—2022 年)》,上海港决定自 2018 年 10 月 1 日起提前实施在航船舶排放控制措施。国际航行船舶和国内沿海航行船舶在上海港内行驶及靠岸停泊期间,应当使用硫含量≤0.5％ m/m 的燃油;内河船舶和江海直达船舶应当使用符合标准的柴油;具备岸电受电设施的船舶在建有岸电设施的码头靠岸停泊期间,应当使用岸电。

二、制定节能减排专项规划

2014 年,上海港颁布了《节能减排专项规划(2015—2020)》,编制实施《上海港创建绿色港口实施方案(2015—2017)》(以下简称"《方案》"),从绿色能源、绿色装备、节能工艺、智慧港口、绿色环保、资源循环利用、绿色交通能力建设等七个方面安排了 29 个项目,致力于发展低碳经济和绿色环保型港口。共投入科技创新经费 12 464 万元,承担省部级以上重大项目 2 项,完成科技创新项目 52 项,申请专利 12 项,授权 6 项,获得科技创新奖项 2 项;获得省部级以上科技创新奖项 2 项,获得国家发明专利 5 项,实用新型专利 7 项。推广 LNG 集卡、锂电池集装箱轮胎式起重机、LED 照明、岸基供电、集卡"一拖二"试点等节能技术运用取得实效。积极参与上海市碳排放交易试点工作,合理调整能源结构,全年总能耗成本 15.2 亿元,比上年下降 0.2 亿元。

2016 年,上港集团在实施《方案》的基础上,修订了《上港集团创建绿色港口主题性项目重点支撑项目汇总稿(调整报告)》,制定了《建设绿色循环低碳港口节能减排专项规划(2015—2020)》,明确了计划实施的 25 个重点支撑项目,节能减排工作得到持续推进,当年上港集团完成了上海市下达的节能减排考核目标。与交通运输部规划院、中国船舶重工集团 711 研究所等单位合作的《船舶大气污染排放控制技术与示范》项目,入选 2016 年国家重点研发计划。

2017 年,《上港集团创建绿色港口三年行动计划(2015—2017)》圆满收官,三年来节能减排累计总投资达 10 亿元。主要包括轮胎吊混合动力改造、自动化码头建设、LNG 等清洁能源应用、港口船舶岸基供电、绿色照明、信息化平台建设等 25 项重点支撑项目。上港集团 2017 年能源消耗 41.7 万吨标准煤,每万吨吞吐量能耗 5.0 吨标准煤,同比下降 3.1％,完成了上海市下达的节能减排考核目标。

通过三年的努力,到 2017 年底,上海港已投资建设了 7 个 LNG 加气站,港口内场 LNG 集卡牵引车已推广应用 870 台,应用比例达到 72％;混合动力轮胎吊共有 473 台,比例达到 75％。

三、装卸节能减排技术

1. 轮胎吊超级电容和发动机功率优化

上港集团盛东分公司先后开展 2 个轮胎吊节能科技创新项目:一是超级电容方式,

即在原有柴油发动机基础上,给轮胎吊加装一台智能电气控制装置,时刻"监视"轮胎吊的工作情况。当下降物体释放能量时,它可以把这些能量收集起来,转化为电能,然后在需要时重新提供给轮胎吊。该技术能把柴油机发电机机组容量降低40%以上。通过实际运行比较,平均每标准箱耗能0.87升,比普通轮胎吊耗能下降约30%左右,取得非常可观的节能效果。二是发动机功率优化方式,该项目根据轮胎吊负荷不同,对发动机功率要求不同的特点,通过降低发动机转速来满足常规工况的要求。对改造后的60台轮胎吊耗油情况统计表明,经降低转速改造后的轮胎吊每标准箱能节约11%左右的燃油。此后,上港集团冠东分公司根据盛东分公司的技术创新成果,全部采用了超级电容式轮胎吊。

2. 高杆节能灯应用研究

上港集团在下属公司码头每一个灯塔上安装节能器,根据码头道路堆场夜间照明生产使用情况,优化堆场照明电源开启数量,控制灯源开启数在作业需要的最低限度内。通过高杆节能灯应用研究和该优化措施,可降低能耗22%,每杆灯的年材料费用可以节约2万元左右。

3. 门座式起重机控制系统变频技术改造

上海港对门座式起重机控制系统进行了变频技术改造,既改善门机的安全性能,又使节能效果达到20%左右。上港集团开发的可翻新2次以上的特殊TD4K专用港机轮胎"环状预硫化胎面压缩"翻新技术,获得国家专利。

4. "双挂车"运输方式

2012年,上港物流运输分公司,借鉴国外"州际公路集装箱运输"方式,积极推进节能减排,进一步发掘现有装备的潜力,发挥管理优势,大胆尝试双挂车拖运项目。开始尝试在限定区域内引入"一拖二"双挂车的运输方式,双挂车总长29.76米、宽2.4米,由三节挂车组成,前后两节挂车为40英尺单轴集装箱半挂车,中间由一节二轴专用特种小牵引车连接。为此,制定了《双挂车生产操作流程及规定》《双挂车安全行驶规定》《双挂车机械管理规定》等相配套的规章制度。经过一年的试运作,在双挂车拖运模式下,每小时运箱量提高60%,单箱油耗下降19%,同时减少了司机出勤,充分利用了资源,实现了安全、集约和高效发展,取得了较好的社会效益和经济效益。

5. 洋山深水港全自动化码头绿色低碳发展

洋山深水港自动化码头装卸设备全部采用电力驱动,使用清洁能源,自动化、无人作业,提高能源利用效率,消除了尾气排放问题,环境噪声也得到改善。整个港区使用绿色、节能的新光源,码头综合了岸电、节能新光源、办公区域电能监控、太阳能辅助供热等节能技术应用。洋山四期的装卸生产设计可比能源综合单耗仅为1.58吨标煤/万

图 6-5-1 码头混合动力牵引车

吨吞吐量,达到国内先进水平。成为我国绿色港口的先行者和标杆。

四、岸基供电设施设备

根据上海市《(2015—2017年)上海绿色港口三年行动计划》,上港集团以建设绿色港口为己任,积极推进船舶岸电项目建设。

1. 上海冠东国际集装箱码头有限公司岸基供电系统示范项目改造工程

该项目为上海市码头岸电示范试点项目。2016年,该公司6号泊位由连云港港口集团江苏新航电气有限公司建造了一套3兆瓦6.6千伏/60赫兹的岸基变频变压装置,于2016年11月14日验收通过。2017年2月,与长荣船公司签订了岸基供电服务协议。截至2017年底,岸电供船14艘次,岸电使用时间为191.86小时,用电量为193 602千瓦/小时。

2017年8月,由上海电动工具研究所(集团)有限公司在该公司5号泊位建设了一套3兆瓦6.6千伏/60赫兹的岸基变频变压装置,进行岸基供电系统第二期示范项目改造工程,与中远海运集装箱运输有限公司签订了岸基供电服务协议。截至2017年底,岸电供船10艘次,岸电使用时间为196.07小时,用电量达262 909千瓦/小时。该设备于2017年10月30日通过验收。

2. 上海吴淞口国际邮轮港岸基供电变频设施

2017年,上海吴淞口国际邮轮港1号泊位岸基供电变频设施建成,设备容量达

16 MW，是目前世界上最大的邮轮码头变频岸电系统。截至 2017 年底，对"蓝宝石公主"号等三艘邮轮共运行供电 45 小时，共计用电 252 010 度。

3. 洋山四期自动化码头船舶岸电设施建设

按在建港时要做好岸基供电的基础建设要求，洋山四期自动化码头在 2017 年 12 月开港时为已建的 5 个泊位建设了总容量为 24 兆瓦的岸电设施。在码头前沿为船供电专配了 3 个变电所，其中 1 号船供电变电所建设一套 4 兆瓦 6.6 千伏/60 赫兹岸基变频变压装置，供一个 10 万吨泊位；2 号船供电变电所建设一套 2×5 兆瓦 6.6 千伏/60 赫兹岸基变频变压装置，供两个 15 万吨泊位；3 号船供电变电所建设一套 2×5 兆瓦 6.6 千伏/60 赫兹岸基变频变压装置供两个 15 万吨泊位。岸电设施由上海电动工具研究所(集团)有限公司建造，于 2018 年 1 月 4 日验收通过。2018 年 1 月 28 日，3 号船供电变电所对长荣公司"长亮"号进行了实船供电。

4. 上海港国际客运中心岸电配电柜

上海港国际客运中心公平路码头建造了两个供电容量为 400 千瓦的岸电配电柜，为靠港游艇提供岸电服务，满足了靠泊游艇岸电供应需求。

5. 拖轮岸基供电

到 2017 年底，复兴船务公司已建造 59 套岸电供电箱，覆盖了该公司在上海港全部 8 个停泊基地，该公司 50 艘拖轮停泊已全部使用岸电。

截至 2018 年底，上海港已建成规模以上岸电 21 台套，覆盖 28 个港口泊位，其中集装箱泊位 7 个、邮轮泊位 2 个、电厂散货泊位 4 个、修船泊位 6 个、通用码头 6 个，工程泊位 1 个。本市邮轮、集装箱泊位的岸电建设容量、使用情况在国内处于领先水平。此外，本市客滚码头泊位、上海港作船舶码头泊位已实现低压岸电全覆盖，港作船舶岸电使用率较高。

2019 年 6 月，上海市发布了《上海市港口岸电建设方案》，明确集装箱、客货滚装等 5 类泊位的岸电建设任务，并配套岸电建设补贴、岸电设施运营补贴、靠港船舶岸电服务费优惠、港口建设岸电电价优惠等相关政策。同时在加快推进岸电建设、持续提高岸电使用率、提升岸电服务能力、保障供电安全、加强监督管理等方面做出了详细规定。同时，在提升岸电使用率方面规定，具备受电设施的船舶(液货船除外)，在沿海港口具备岸电供应能力的泊位靠泊超过 3 小时，在内河港口具备岸电供应能力的泊位靠泊超过 2 小时，且未使用有效替代措施的，应当使用岸电(船舶靠泊不足规定时间的，鼓励使用岸电)。上海港持续推进节能减排工作，主要生产装备使用清洁能源的比例达到行业领先水平，着重推进岸基供电项目和 RTG 混合动力改造项目，下属港区内场集卡牵引车 LNG 应用比例达到 90%，RTG 油改电或混合动力比例达到 78%，绿色动力 RTG 比例达到 87%。

2020 年,上海港完成 22 套岸电设施、38 个岸电泊位的建设,总投资超过 3.5 亿元。目前,上海港共有 68 个专业化岸电泊位,覆盖率达到 79%。其中,集装箱泊位 31 个,覆盖率为 74%;客货滚装泊位 20 个,覆盖率为 87%;邮轮泊位 3 个,覆盖率为 60%;3 000 吨以上泊位 3 个,覆盖率为 100%;5 万吨级以上干散货泊位 11 个,覆盖率为 85%。同时,上海港国际客运中心在公平路码头建造了两个供电容量为 400 千瓦的岸电配电柜,为靠港游艇提供岸电服务;95% 以上的内河码头已具备低压岸电供电设施,其中黄浦江游览码头已实现岸电设施全覆盖。2020 年上海港各类泊位共使用岸电设施 1 168 次,累计用电量 1 545 千瓦/小时。

第六节 科技创新获奖项目与专利

一、科技创新获奖项目

1. 港口经营管控智能信息平台

上港集团和上海金蝶软件科技有限公司合作研制。主要完成人为陈戍源、高晓丽、孙永悌、周遂初、杨惠元、夏磊、朱奕瑾、赵君、邵立猛、汪良基等。该项目实现集团公司与下属分、子公司业务系统的数据整合,建立集团总部与分公司、子公司的发票管控、应收分析及业务财务接口,可以及时准确地了解到集团主要生产单位业务量变动和收入变动的关联关系,为上市公司的信息披露和集团制定正确的价格引导政策提供可靠的依据。2007 年获中国港口协会科技进步二等奖、中国航海学会科学技术二等奖。

2. 集装箱岸边起重机机械远程诊断系统

上港集团振东集装箱码头分公司与上海海事大学联合探研。该项目利用企业互联网、根据 TCP/IP 协议(网络通信协议)、基于 C/S 模式(客户机/服务器),克服现有集装箱起重机状态检测评估系统(CMAS)应用上的不足,开发出网络化的应用技术——远程监评系统(NetCMAS)。系统集状态监测技术、网络通信技术、计算机数据处理等技术于一体,对所测设备进行网络实时监评,让工程师们在办公室就能随时掌握岸边集装箱起重机的机械性能状态,为实现港口设备现代化管理与维修作出技术保障。此系统改变了传统的人工监测设备方法、提升设备管理维护手段,对安全生产和提高效率起到积极作用。项目成果属国内首创,2007 年获中国港口协会科技进步二等奖。

3. **集装箱岸边起重机装卸操作关键技术研究及其推广**

上港集团组织研发。该项目综合集装箱岸边起重机操作全过程所发生的各类事故,对辛宝良等操作能手的技能进行全面的总结,形成辛宝良先进操作法,编制由易到难的训练方法,可作为对装卸机械司机培训的教材,具有可操作性和系统性强的特点。2007 年获中国港口协会科技进步二等奖。

4. **洋山深水港区码头营运管理信息系统 MILE TOPS V4.0 关键技术**

上海海勃物流软件有限公司、上海盛东集装箱码头有限公司合作开发。主要完成人为李伟达、蒋公圣、黄桁、黄秀松、张履生、冯梅、钱永兴、程引、范莉青、吴俊峰。该系统创新堆存计划、双 40 英尺集装箱岸边起重机应用、GPS 下的集卡集约使用,轮胎吊计划调度系统等,大幅提高了集装箱码头的作业效率和效益。该产品系列在洋山深水港区二期码头成功应用,并推广至国内沿海港口和巴基斯坦瓜达尔港。2008 年获中国港口协会科技进步二等奖。

5. **现代散货码头数字化生产管理与控制系统**

中交水运规划设计院有限公司、上海罗泾矿石码头有限公司、上港集团罗泾二期建设指挥部合作研制。主要完成人为张伟红、张振宇、廖进、万海霞、熊兵、吕昭江、杨洪峰、杨永刚、王荣明、姚青。该成果以罗泾港区矿石码头管控一体化系统的建设作为研究对象,结合现代港口的发展趋势及最新技术,提出现代散货码头管控系统的总体框架及其关键技术。经过上海港罗泾矿石码头的实际应用,克服企业自动化信息"孤岛"和管理"浮空"现象。2008 年获中国港口协会科技进步二等奖。

6. **罗矿公司水平驱动新技术运用**

上海罗泾矿石码头有限公司组织研发。主要完成人为梅新润、徐全生、张金山、朱建龙、陈霞、张侠永、张传馨、史海松。该项目创新研制皮带机系统的紧停、跑偏位置编码检测装置,并利用现代通信技术实现动态实时监控,破解生产作业中出现的故障位置难以判断的技术难题。对码头与钢厂完全不同的两套设备成功实现两地设备的异域连锁与流程对接,采用首创的状态开放、信息共享、单点连锁、分段控制的方式,成功解决港口—钢厂物料配送的流程配套问题。利用现代通信技术和远程智能控制等先进技术,解决变频房温度控制与节约电能之间的矛盾,减少空调的无功运行。2009 年获中国港口协会科技进步二等奖。

7. **钢材类货物装卸工艺优化**

上港集团宝山分公司研发。主要完成人为沈旭刚、周维峰、朱晓峰、孙明华、于扣宝、孙国良、曹亮。该项目是对钢材类货物装卸进行系统性技术改进,通过研制"工"字钢专用吊具,优化"工"字钢装卸操作工艺;研制双关卷钢吊具,改变卷钢装卸过程中主要采用"C"型卷钢吊具单只起吊的方法,提高装卸效率;改进装舱形式,优化装舱工艺;研制大口径钢管移动滑钩,优化挂钩方式。在上海港和太仓港取得较好的应用效果。2010年获中国港口协会科技进步二等奖。

8. 钢轨铝热法焊接工艺

"十一五"期间,上海港务工程公司在洋山港区工程施工中成功攻克钢轨铝热法焊接工艺,获得国家发明专利3项、国家实用新型专利7项,软件著作权1项。

9. 现代散货码头电能智能管理系统开发应用

主要完成单位为上海罗泾矿石码头有限公司。主要完成人为梅新润、张金山、姚青、段启荣、朱建龙。2011年获中国港口协会科技进步三等奖。

10. 集装箱装卸机械电能监控系统

主要完成单位为上海沪东集装箱码头有限公司。主要完成人为孙丰、王黎明、何平、许力、曹仪明。2011年获中国港口协会科技进步三等奖。

11. 孤岛成陆地基加固成套施工技术

主要完成单位为上海港务工程公司。主要完成人为徐梅坤、叶军、张治中、叶建平、杨智勇、喻栓旗、肖飞、谢桢、吴恺一、卢华。该项目以具有深海成陆地基典型代表性的上海国际航运中心洋山深水港工程为例,结合洋山港一、二、三期建设,对吹填成陆深厚粉细砂地基、开山石大面积回填地基等复杂地基处理所采取的各种技术进行试验和研究,针对吹填砂厚度、粒径和形成条件,以及淤泥覆盖层厚度、吹填砂施工期间形成的淤泥包和开山石回填地基,为达到设计规定的地基承载力和残余沉降值要求,通过研究,开发并形成了以超深吹填粉细砂层振冲、大能量强夯、具有稳带技术的超深塑排等施工工法为核心的复合地基处理成套技术。开发了振冲、塑排、强夯法施工自动监控系统,突破传统的管理方法,通过全面对深海成陆地基加固各项工艺进行系统分析、诠释及运用,达到保证地基处理的施工质量的目的。该项目授权发明专利2项,授权实用新型专利9项。2012年获中国港口协会科学技术奖二等奖。

12. 电子皮带秤实物在线状态下的模拟校验开发与应用

主要完成单位为上海罗泾矿石码头有限公司。主要完成人为陶骏、梅新润、张金山、张侠永、朱建龙、辛浩、史海松。2012年获中国港口协会科技进步三等奖。

13. 上海外六期港区现代滚装码头建设监理集成创新研究及应用——基于FIDIC监理制贯穿工程建设项目全过程模式

主要完成单位为上海远东水运工程建设监理咨询公司。主要完成人为张坚列、陈舸、蔡翔、朱继明、杨志远、周凡、邵宇钦。本项目是远东监理公司以基于FIDIC(国际咨询工程师联合会)监理制贯穿工程建设项目全过程理念和模式参与上海外六期港区现代滚装码头的建设监理咨询实践为基础,开展的对目前国内规模最大、设施最先进、功能最全的大型滚装码头的咨询监理集成创新的系统性研究。该研究成果的取得和应用,为我国水运工程建设项目的管理模式,提供了很有价值的示范案例。2013年获中国港口协会科技进步二等奖。

14. 集装箱岸边起重机起升高度改造

主要完成单位为上港集团振东集装箱码头分公司。主要完成人为薄海虎、陈斌、毛立宏、顾连锋、孙良辰、张凌峰、凌慧。2013年获中国港口协会科技进步三等奖。

15. 黄浦江老港区绿色综合改造的关键技术

主要完成单位为上港集团上海国际航运服务中心开发有限公司、上海海事大学、上海中交水运设计研究有限公司、上海建筑工程咨询有限公司、交通运输部天津水运工程科学研究所、上海市建筑科学研究院、现代设计集团上海建筑设计研究院有限公司、上海点乘数码科技有限公司。主要完成人为吴鹏程、王学锋、吴恩、罗文斌、童志华、傅瑜、赵渊、章强、严娜、杨靖培、刘静君、朱鹏宇、王瑜、王林国、毛立玫。

本项目在"建设上海国际航运中心"的国家战略和交通运输部要求"老港区改造"的大背景下立项实施,以打造北外滩航运服务集聚区为目标,以技术为依托,以创新增效益,同时通过对老港区的改造与升级,以实现港口可持续发展和港城协调发展,更好地适应建设资源节约型、环境友好型社会的总体要求。

主要技术内容包括:(1)"三防"型带大型地下空间的游艇港池创新设计及应用。(2)游艇运营相关水平衡功能设计及项目,港池区域景观水处理工艺技术项目。港池水体源于黄浦江,设置船闸实现内港池与黄浦江的联通,确保游艇的进出及停泊安全。(3)垂直于黄浦江节能节水型游艇船闸的创新设计及应用垂直于河道布设船闸解决了港池与黄浦江水位落差及游艇进出通道的瓶颈问题。(4)从功能定位出发,以绿色建筑为理念,对港区老建筑港运大厦从功能和景观的角度进行了改造。(5)基于BIM技术的水运工程建设信息集成化应用将BIM(建筑信息模型)技术运用在游艇船闸建设中,发明和运用了"基于BIM技术的水工预埋件全生命周期的管理系统(PPIM系统)""复杂多曲面的异形模板设计和安装技术""可拆卸的船闸3D打印模型技术"等多项技术。(6)因地制宜,创新建立港口城市空间绿色建筑的示范项目,致力于对城市中心老工业区、老仓储码头进行功能转型和升级再造,重塑城市活力,为市民提供公共的滨水空间。

该项目以绿色建筑为理念,对港区老建筑的整体改建。将BIM(建筑信息模型)技术运用在游艇船闸建设中,发明和运用了"基于BIM技术的水工预埋件全生命周期的管理系统(PPIM系统)""复杂多曲面的异形模板设计和安装技术""可拆卸的船闸3D

打印模型技术"等多项技术,在老城市转型发展方面探索出了一条生态环保之路。

该项目已授权的发明专利权 1 项、实用新型专利权 4 项、计算机软件著作权 1 项。已被接受受理的发明专利权 5 项、实用新型专利权 1 项。2014 年获中国港口协会科学技术奖一等奖。

16. 海勃 MILE TOPS 码头营运管理软件 V5.0

主要完成单位为上海海勃物流软件有限公司。主要完成人为赵龙、肖义勇、叶银玲、朱季超、周静、秦涛、董琳、严磊、曹厅川、刘鸿锋。

该项目主要技术内容:在吸取世界上最新集装箱管理理念以及上海港近三十年集装箱码头管理经验的基础上,建立基于知识、规则库的具有自我学习、自我完善的策划计划体系;基于实时监控指标及基于时间管理流程优化的调度与监控体系;基于无线实时处理的现场作业体系;基于支持集装箱码头生产运作的管理体系;基于良好对外接口及界面的对外服务体系;基于数据仓库技术的覆盖集装箱码头生产、经营与管理的统计分析体系,建设新一代集装箱码头运行管理工具。

项目共有 8 项技术指标:(1)三维监控,运用计算机的图像技术,让虚拟的场景反映机械的实时动态。(2)动态刷新,系统由中间层服务器主动推送刷新数据。(3)实现了多维数据报表。(4)作业冲突检测报警机制让业务人员可从容地处理即将发生的问题。(5)堆场策划系统,采用宏观计划与微观计划,既可以让计算机方便有效地自动产生合理的进箱计划,也可以让业务人员自定义进箱计划。(6)智能化装卸船任务指令分配系统,采用合理的算法模型,结合公司码头的客观环境,快速高效的自动产生装卸船任务序列。(7)运用 GPS 技术和科学的算法模型,实现全场集卡的统一调度,提高作业效率。(8)轮胎吊调度系统,运用 GPS 技术、RCMS 技术和科学的算法模型,实现全场轮胎吊的合理调度。

TOPS5.0 项目完成了共 2 套大型集装箱码头营运管理软件和本项目计划开发的所有子系统,分别获得软件著作权证书及软件产品登记证书,2014 年获中国港口协会科学技术奖二等奖。

17. 大型公共码头结构加固改造和能级提升成套技术研究及应用

主要完成单位为上港集团股份有限公司、中建港务建设有限公司、上海中交水运设计研究有限公司。主要完成人为罗文斌、肖飞、朱鹏宇、李瑞刚、郑永来、徐梅坤、陈明中、秦晓明、黄坤耀、王小坤、童志华、罗海峰、俞红、范金林、成俊。该项目通过高桩码头原位监测技术研究,实测船舶停靠对码头结构产生较大撞击过程中的受力状况,了解码头外观破损状况、基桩完整性、氯离子含量、斜桩倾斜度、混凝土强度、混凝土碳化深度、钢筋腐蚀电位、混凝土保护层厚度、混凝土弹性模量、码头前沿水深及冲淤变化、码头下方泥面高程、码头附属设施以及码头的沉降位移等,为码头改造设计方案提供基础数据,同时验证设计方案的合理性,保证码头结构安全有效又经济合理。进行码头加固修复材料技术研究和码头结构修复加固施工技术研究,通过不同的施工工艺确保在不同港区、不同工况条件下各道工序的合理施工,减少对港区生产的影响,保证施工有序推进。该项目申请发明专利1项(一种码头混凝土结构专用加固砂浆),授权实用新型专利3项(一种钢管桩导向架、一种钢管桩托架、一种应变传感器基座)。2015年获中国港口协会科学技术奖一等奖。

18. 轮胎吊起升配重节能装置

主要完成单位为上海沪东集装箱码头有限公司。主要完成人为柳长满、何平、李铭、曹仪明、石岩、杨惠良、许力、朱英、邹卫光、程嵘。该项目借鉴电梯配重降低电机功率的原理,采用平衡配重来抵消集装箱吊具的重量,在轮胎吊起升钢丝绳缠绕机构上增加配重,以降低轮胎吊起升作业时的负荷,降低能耗达到节能目的。配重节能装置(以下简称"吊具")是在吊具和上架加装配重平衡装置,从而实现起升时吊具位能与平衡块位能互相转换,使得轮胎吊起升时的实际重量等于吊具重量减去平衡块重量,加装配重节能装置后轮胎吊的发动机—发电机组的功率可以大幅降低,直接减少起升机构负载,降低动力消耗达到节能效果。整套装置不仅可应用于市电供电、混合动力供电、LNG混合动力供电和能量反馈等各类节能型轮胎吊,也可推广应用于其他工程装卸起重机械领域。经第三方上海能效中心检测,项目总体节电量为30.02%或节油量为15.15%。2015年获中国港口协会科技进步二等奖。

19. 海勃MILE集装箱码头互拖/调度作业管理软件V1.0

主要完成单位为上港集团上海海勃物流软件有限公司。主要完成人为王晓俐、经兴风、刘鸿锋、赵龙、杨茜、郑斌华、崔佳、严利敏、陈敏、杜明媚。该项目通过GPS、RFID和无线网络技术,实现集卡位置数据实时采集,进而达到作业动态跟踪。统一管理集装箱港区各码头的集卡、集卡司机,并进行港区的集卡、集卡司机资源的协调与分配。通过建立智能化的数学模型和管理策略,以及采用先进的信息技术实现集装箱码头互拖作业的自动化和数字化,进而达到最大限度提高集装箱码头中转互拖的效率和准确性、提高集卡的利用率,降低生产成本和能源消耗,为上海国际航运中心中转业务的发展提供信息化支持,有力地响应了国家节能减排政策。该项目获得计算机软件著作权,2015年获中国港口协会科学技术二等奖。

20. 上海国际航运服务中心建筑群江水源热泵系统关键技术与综合应用

上港集团和上海国际航运服务中心开发有限公司2015年把"上海国际航运服务中心建筑群江水源热泵系统关键技术与综合应用"作为重要课题,并研究成功,课题获

2015 年中国港口协会科学技术奖三等奖。

21. 自动化集装箱码头总体布局模式研究

主要完成单位为洋山四期全自动化码头建设指挥部和上海海勃物流软件有限公司。上海洋山深水港区四期集装箱全自动码头项目优化了平面布局模式:一是自动化集装箱堆场无悬臂、单侧悬臂和双侧悬臂三种自动化轨道吊混合布局模式。有效解决了堆场海陆侧轨道吊作业量不平衡、船舶大型化趋势下海侧装卸系统效率要求高、互拖箱装卸成本高和交通组织复杂等诸多难题,提高了全自动化集装箱码头的适应性。二是首创了"预检、分流和放行"三级进港智能闸口布置新方式,集出港、口岸查验功能于一体的出港闸口集约化布置新模式,提高了港区对外服务质量和作业效率。三是首创了集 AGV(自动导引小车)测试、维修和传统机修功能于一体的机修区联合布局新方式,解决了人机混合作业的安全问题。四是首创了穿越式 AGV 电池更换站布置新模式,提高了 AGV 的电池更换效率。五是泊位设计上采用"专用+混靠"相结合的泊位配置新模式,可适当降低设备投资和保证支线船的靠泊作业,兼顾了泊位的灵活性。该项目获 2016 年中国港口协会科技进步一等奖。

22. "油电混合"动力拖轮

由上海港复兴船务有限公司会同中国船舶重工集团公司第七一一研究所共同研制,2017 年 12 月,全国首艘"油电混合"动力拖轮"海港 711"试航成功。

该《大功率拖轮混合动力系统关键技术研究及示范应用》项目(16DZ1203200)为上海市科学技术委员会科研计划项目,研究周期为 2016 年 7 月 1 日至 2018 年 6 月 30 日。项目通过对拖轮油电混合动力系统、柴油机和排气综合治理系统等关键设备开展技术研究,解决基于定距桨推进的拖轮油电混合动力系统集成设计、拖轮船型设计与优化、紧凑型低背压排气综合治理系统设计等技术难点。需研制实现中国首台套满足国际通用排放标准 TierⅢ 的大功率拖轮油电混合动力系统并装船应用。

"海港 711"的油电混合动力拖轮没有配置一般概念的蓄电池,主要由船舶推进主机、发电柴油机提供主动力和电推进动力。根据工况可选用 4 种不同的工作模式:(1)柴油机单独推进模式,航速不低于 12 节,适合上海外高桥港区调遣和黄浦江内作业;(2)电机单独推进模式,航区高于 8 节,适合上海港黄浦江区域的任意调遣;(3)油电混合推进模式,全速航行航速大于 13.5 节,正拖拖力大于 50 吨,适合上海港的拖带顶推作业;(4)PTO 推进(轴发)模式,通过柴油机驱动船舶航行同时改变穿轴电机为发电机发电工况,替代副机发电供电给电站,满足全船用电需求,适合于经济巡航与长距离调遣的工况模式。

该项目重点对"海港 711"拖轮的油电混合动力的 PMS 系统、柴油机和排气综合治理系统等关键设备开展技术研究,解决了基于定距桨推进的拖轮油电混合动力系统集成设计、拖轮船型设计与优化、紧凑型低背压排气综合治理系统设计等技术难点,研制成功中国首台套满足 Tier 国际通用排放标准Ⅲ的大功率拖轮油电混合动力系统并实现装船应用。与常规拖轮最大推力相同的情况下,采用全国产的主机、离合器、舵桨等一系列国产化设备,实现主机装机功率下降 25%,NOx(氮氧化合物)排放降低 70%以上,满足国际通用排放标准 TierⅢ要求。

该项目申请国家专利 2 项,其中发明专利 1 项,实用新型专利 1 项。项目获得 2020年中国港口科技进步奖一等奖

二、科技成果获奖项目

2003 年上海港体制改革以来,在生产、经营、管理等多领域不断创新,科技成果显著,多项成果获奖(见表 6-6-1)。

表 6-6-1　2003～2020 年上海港装卸科技成果获奖项目一览表

编号	获奖项目名称	获奖年份	奖项名称及等级	获奖者
1	上海港集装箱智能化管理成套技术	2003 年	上海市科学技术进步奖一等奖 中国航海学会科学技术奖二等奖 发明者世界联合会金奖 14 届中国发明展金奖	上港集团、浦东国集、上海海事大学、包起帆
2	集成化集装箱码头工程信息管理系统	2003 年	上海市人民政府市科技进步奖三等奖	外高桥四期工程指挥部
3	150 吨多吊点吊具	2003 年	14 届中国发明展银奖	上港集团
4	附有集装箱锁孔件的多功能吊具	2003 年	14 届中国发明展银奖	上港集团
5	含碳纤维增强塑料的钢筋混凝土预制件	2003 年	14 届中国发明展铜奖	上港集团
6	港口集装箱智能化管理	2003 年	全国企业管理现代化创新成果审定委员会二等奖	上港集团、浦东国集、上海海运学院
7	上海港集装箱智能化管理成套技术	2004 年	95 届巴黎国际发明展金奖 第五届中国国际发明展金奖	上港集团、上海海事大学
8	遥控电动液压抓斗	2004 年	95 届巴黎国际发明展金奖	上港集团

编号	获奖项目名称	获奖年份	奖项名称及等级	获奖者
9	电缆卷筒	2004 年	95 届巴黎国际发明展金奖	上港集团
10	集装箱电子标签装置	2004 年	第五届中国国际发明展金奖	上港集团
11	一种集装箱生产系统中的无线 JAVA 通信服务方法	2004 年	第五届中国国际发明展金奖	上港集团
12	新型无线遥控散货抓斗	2004 年	第五届中国国际发明展金奖 上海市科学技术进步奖三等奖	上港集团
13	现代集装箱码头智能管理技术	2004 年	全国职工技术创新奖一等奖	上港集团
14	集装箱箱顶作业安全装置	2004 年	95 届巴黎国际发明展银奖	上港集团、SCT 公司
15	附有集装箱锁孔的多用途吊具	2004 年	95 届巴黎国际发明展铜奖	张华浜公司
16	组合式散化肥漏斗	2004 年	95 届巴黎国际发明展铜奖	新华公司
17	适应大型船舶靠离港口的拖轮	2004 年	第五届中国国际发明展金奖	上港集团
18	柴油机维修定位装置	2004 年	第五届中国国际发明展金奖	上港集团
19	高变化率随动电缆卷筒	2004 年	第五届中国国际发明展银奖	上港集团
20	全回转拖轮舵桨控制系统控制软件参数修改装置	2004 年	第五届中国国际发明展银奖	上港集团
21	电流变换器	2004 年	第五届中国国际发明展铜奖	上港集团
22	主机对中钻模	2004 年	第五届中国国际发明展铜奖	上港集团
23	SPTES 无线智能车/船载终端	2004 年	第五届中国国际发明展铜奖	上港集团
24	散货清舱安全预警系统	2004 年	第五届中国国际发明展铜奖	上港集团
25	车辆通过集装箱岸边起重机门架的指示装置	2004 年	第五届中国国际发明展铜奖	上港集团
26	轮胎式集装箱龙门吊无线远程监控系统	2004 年	第五届中国国际发明展铜奖	上港集团

编号	获奖项目名称	获奖年份	奖项名称及等级	获奖者
27	上海港集装箱智能化管理成套技术	2004年	全国总工会、国家科技部、劳动保障部全国职工技术创新成果奖一等奖;成果转化推广金奖	上港集团、浦东国集
28	上海港集装箱智能化管理成套技术	2004年	中华人民共和国国家科技进步奖二等奖	上港集团、浦东国集
29	一种散货直卸式组合漏斗	2004年	上海市知识产权局实用新型专利奖	张文勋、孙光祥、姜荣英
30	外高桥集装箱码头建设集成创新技术研究	2005年	上海市科技进步奖二等奖 中国航海学会科学技术奖一等奖	上港集团、中交水运规划设计有限公司
31	超大型高性能打桩船关键技术的研制	2005年	上海市科技进步奖三等奖 中国航海学会科学技术奖三等奖	港工公司
32	新型无线遥控散货抓斗	2005年	上海市科技进步奖二等奖	龙吴公司
33	新型轮胎式集装箱龙门起重机研制	2005年	中国机械工程学会科学技术奖三等奖	龙吴公司、上海信达机械有限公司、包起帆、许来宝、李建华、周家象、高永库
34	上海港集装箱智能化管理成套技术	2005年	第十五届全国发明展金奖精品	上港集团
35	一种用于集装箱作业的安全装置(安全扣)	2005年	第十五届全国发明展铜奖	包起帆、朱祖福
36	一种用于集装箱的电子标签和电子封条的连接方法	2005年	第十五届全国发明展金奖	包起帆
37	船舶海水进口应急处理装置	2005年	第十五届全国发明展银奖	上港集团
38	轮胎吊大车行走方向信号自动显示装置	2005年	第十五届全国发明展银奖	上港集团
39	无线实时理货系统	2005年	第十五届全国发明展铜奖	上港集团
40	工字钢吊钩	2005年	第十五届全国发明展铜奖	上港集团
41	45吨集装箱正面吊的配套大件吊具	2005年	第十五届全国发明展铜奖	上港集团

编号	获奖项目名称	获奖年份	奖项名称及等级	获奖者
42	便携式放样器	2005 年	第十五届全国发明展铜奖	上港集团
43	含排水孔道的钢筋混凝土轨道梁	2005 年	上海市发明协会第十七届上海市优秀发明选拔赛二等奖	上港集团
44	现代集装箱码头智能化生产关键技术	2005 年	国家科学技术进步奖二等奖	上港集团、上海海事大学
45	驳岸沉桩应力释放法	2006 年	中国发明协会第十六届全国发明展览会铜奖	上海中交水运设计研究有限公司、国客中心、港工公司
46	集装箱电子标签装置	2006 年	97 届巴黎国际发明展金奖	上港集团
47	一种用于集装箱的电子标签和电子封条的连接方法	2006 年	97 届巴黎国际发明展金奖	上港集团
48	一种用于集装箱作业的安全装置	2006 年	97 届巴黎国际发明展金奖	上港集团
49	集装箱自动化堆场及堆场装卸工艺	2006 年	97 届巴黎国际发明展金奖	上港集团、上海振华港机集团、上海交通大学
50	柴油机维修定位装置	2006 年	97 届巴黎国际发明展铜奖	欧阳春雷
51	工字钢吊钩	2006 年	97 届巴黎国际发明展铜奖	上港集团
52	集装箱电子标签系统	2006 年	国家安全生产监督管理总局三等奖、推广奖	上港集团
53	无人驳船遥控抛、起锚系统	2007 年	国家知识产权局博览会金奖	复兴船务
54	多功能柴油机气缸内窥检查一体机	2007 年	国家知识产权局博览会金奖	复兴船务
55	拖轮舵桨装置润滑油水分测试仪	2007 年	国家知识产权局博览会银奖	复兴船务
56	全自动船舶恒压供水系统	2007 年	国家知识产权局博览会银奖	复兴船务
57	适应大型船舶靠离港口的拖轮	2007 年	国家知识产权局博览会金奖	复兴船务
58	一种集装箱自动化堆场及堆场装卸工艺	2007 年	上海市人民政府技术发明奖三等奖 中国航海学会科学技术奖一等奖 中国港口协会科技进步奖一等奖	上港集团、上海振华港机集团、上海交通大学

编号	获奖项目名称	获奖年份	奖项名称及等级	获奖者
59	外高桥集装箱码头建设集成创新技术研究	2007 年	国家科学技术进步奖二等奖	上港集团、中交水运规划设计院
60	港口经营管控智能信息平台	2007 年	中国航海学会科学技术奖二等奖 中国港口协会科技进步奖二等奖	上港集团、上海金蝶软件科技有限公司
61	港口大型机械装备缺陷综合检测及安全评估	2007 年	中国机械工业科学技术奖二等奖	上港集团
62	集装箱岸边起重机机械远程诊断系统	2007 年	中国港口协会科技进步奖二等奖	振东分公司、上海海事大学
63	岸边集装箱起重机装卸操作关键技术研究及其推广	2007 年	中国港口协会科技进步奖二等奖	上港集团
64	港口机械专用的废旧轮胎高值化利用技术开发与产业化	2007 年	中国石油和化学工业科学技术奖三等奖	上港集团
65	柴油机汽缸内窥检查仪	2007 年	中国港口协会科技进步奖三等奖	上港集团
66	集装箱轮胎吊防误吊集装箱卡车的测控装置	2007 年	中国港口协会科技进步奖三等奖	上港集团
67	开发振冲自动监控系统	2007 年	中国港口协会科技进步奖三等奖	上港集团
68	集装箱码头智能管理信息系统	2007 年	中国港口协会科学技术奖三等奖	郁全、赖颖彦、王超、刘鸿锋、谭曦
69	带有集装箱定位和电子封条的集装箱电子标签	2007 年	第十七届全国发明展览会金奖	包起帆、李建华、高永庠、董庭龙
70	具有识别集装箱位置信息功能的集装箱电子标签读写器	2007 年	第十七届全国发明展览会金奖	包起帆、李建华、高永庠、董庭龙
71	弯形梳式多爪双索抓斗	2007 年	第十七届全国发明展览会金奖	包起帆、张华、林宗旭
72	120T 变距式大件吊具	2007 年	第十七届全国发明展览会银奖	宗胜琪、倪井兴、仲志平、沈忠祥
73	全自动船舶恒压供水系统	2007 年	第十七届全国发明展览会银奖	姜伟、刘希沪、张慧、陈学琳

编号	获奖项目名称	获奖年份	奖项名称及等级	获奖者
74	船舶实时交互信息平台系统	2007 年	第十七届全国发明展览会银奖	姜伟、刘希沪、孙伟康
75	拆装叉齿属具	2007 年	第十七届全国发明展览会银奖	包银德、王永成、孙昌爱
76	双关卷钢吊具	2007 年	第十七届全国发明展览会铜奖	孙明华、张文桢、陆德成
77	集装箱铲车倒车安全监视系统	2007 年	第十七届全国发明展览会铜奖	廖胜前、王黎明、何平、许力、曹仪明、金毅、李铭
78	集装箱 RTG 高架滑触线供电方式油改电研制	2008 年	中国港口协会科技进步奖一等奖	上港集团
79	洋山深水港区码头运营管理信息系统 MILE TOPS V4.0 关键技术	2008 年	中国港口协会科技进步奖二等奖	海勃公司、盛东公司
80	现代散货码头数字化生产管理与控制系统	2008 年	中国港口协会科技进步奖二等奖	中交水运规划设计有限公司、罗矿公司、上港集团罗泾二期建设指挥部
81	无人驳船遥控抛、起锚系统	2008 年	中国港口协会科技进步二等奖	复兴船务
82	集装箱码头无线实时理货系统	2008 年	中国航海学会科学技术奖三等奖 中国港口协会科技进步奖三等奖	外理公司、浦东公司
83	高压 TSC 动态无功功率补偿装置	2008 年	中国港口协会科技进步奖三等奖	哈尔滨工业大学、上港集团、哈尔滨威瀚电气设备股份有限公司
84	全自动船舶恒压供水系统	2008 年	中国港口协会科技进步三等奖	复兴船务
85	通航危险度分析和安全对策技术研究在上海吴淞附近水域的应用	2008 年	中国港口协会科技进步三等奖	蔡存强、陈正华、肖英杰、沈海波、马军
86	散货自动化装船和卸船系统	2008 年	第六届中国国际发明展金奖	上港集团
87	集装箱起重机实时在线安全监测系统	2008 年	99 届巴黎国际发明展金奖 第六届中国国际发明展金奖	上港集团
88	激光对多通道集卡自动对位装置	2008 年	99 届巴黎国际发明展金奖 第六届中国国际发明展金奖	上港集团

编号	获奖项目名称	获奖年份	奖项名称及等级	获奖者
89	集装箱物流全程在线信息和安全系统	2008 年	99 届巴黎国际发明展金奖 第六届中国国际发明展金奖 日内瓦国际展览会创新大奖	上港集团、包起帆、李建华、高永庠、董庭龙
90	洋山深水港区码头营运系统关键技术	2008 年	上海市科学技术进步奖二等奖	海勃公司
91	集装箱电子标签系统	2008 年	中国安全生产科技成果奖三等奖	上港集团
92	上海市部分内河集装箱运输量预测研究	2008 年	上海市工程咨询协会上海市优秀工程咨询成果二等奖	港工公司
93	《航申线航道整治工程预可行性研究(调整稿)报告》评估报告	2008 年	上海市工程咨询协会上海市优秀工程咨询成果三等奖	港工公司
94	变距式大件吊具	2008 年	第六届中国国际发明展览会银奖	宗胜琪、仲志平、倪井兴
95	磁悬浮、轻轨列车滚装滚卸工艺	2008 年	第六届中国国际发明展览会铜奖	石万骏、梅小冬、付逸圣
96	现代港口散货装备集成技术开发	2009 年	中国水运建设行业协会科学技术奖一等奖	上港集团
97	起重船远程自动监控技术	2009 年	中国水运建设行业协会科学技术奖二等奖	港工公司
98	起重船大功率变频传动系统远程自动监测技术的开发与应用	2009 年	中国水运建设行业协会科学技术奖二等奖	港工公司
99	集装箱物流全程实时在线监控系统	2009 年	上海市人民政府技术发明奖二等奖 中国航海学会科学技术奖二等奖	上港集团
100	集装箱电子标签技术开发及应用	2009 年	中国航海学会科学技术奖二等奖	交通运输部水运科学研究院、上港集团、重庆港务物流集团、中国国际海运集装箱集团
101	集装箱装卸机卸作业安全防护系统	2009 年	中国港口协会科技进步奖二等奖	上港集团

编号	获奖项目名称	获奖年份	奖项名称及等级	获奖者
102	公用散货码头对钢厂专业实时智能配送	2009 年	中国港口协会科技进步奖二等奖	罗矿公司
103	罗矿公司水平驱动新技术运用	2009 年	中国港口协会科技进步奖二等奖	罗矿公司
104	轮胎吊轨迹跟踪法	2009 年	中国港口协会科技进步奖三等奖	振东分公司
105	港口柴油机气缸头修复技术	2009 年	中国港口协会科技进步奖三等奖	复兴船务
106	集装箱码头互拖/调度作业管理平台系统	2009 年	中国港口协会科技进步奖三等奖	海勃公司、盛东公司、冠东公司
107	散货自动化装船系统	2009 年	100 届巴黎国际发明展金奖	上港集团
108	激光对多通道集卡自动对位装置	2009 年	2009 巴黎国际发明展览会金奖	包起帆、卓方青、陆明路、沈泅
109	上海国际航运中心港口关键技术集成创新平台建设	2009 年	上海市企业创新奖二等奖	上港集团
110	集装箱物流全程实时在线监控系统	2009 年	上海市技术发明奖二等奖	上港集团
111	集装箱码头智能管理控制系统	2009 年	上海市技术发明奖三等奖	上港集团
112	一种用于轮胎吊发动机的调速节能器	2009 年	第十八届全国发明展览会金奖	振东分公司
113	一种集装箱岸边起重机机械远程检测方法和装置	2009 年	第十八届全国发明展览会金奖	振东分公司
114	道路车辆检测预警系统	2009 年	第十八届全国发明展览会银奖	振东分公司
115	集装箱岸边起重机吊具防过倾安全保护系统	2009 年	第十八届全国发明展览会银奖	沪东公司
116	用于检修岸边集装箱起重机拖令轨道的登高作业平台	2009 年	第十八届全国发明展览会银奖	盛东公司
117	用于轮胎吊装置的直梯软护笼	2009 年	第十八届全国发明展览会铜奖	盛东公司

编号	获奖项目名称	获奖年份	奖项名称及等级	获奖者
118	洋山深水港(外海岛礁超大型集装箱深水港口)工程建设关键技术	2010年	中华人民共和国国务院科技进步奖二等奖	上海同盛投资(集团)有限公司、中交第三航务工程勘察设计院有限公司、交通部天津水运工程科学研究所、中交第三航务工程局有限公司、港工公司、中交上海航道局有限公司、农业部东海区渔政局
119	港口散货自动化装卸关键技术研究与应用	2010年	上海市技术发明奖二等奖	上港集团、上海交大
120	集装箱轮胎式龙门起重机节能减排技术研究与应用	2010年	上海市技术发明奖三等奖	上港集团
121	带有集装箱定位和电子封条的集装箱电子标签	2010年	上海市知识产权局发明创造专利奖二等奖	包起帆、李建华、高永庠、董庭龙
122	现代港口物流服务示范工程关键技术	2010年	中国港口协会科技进步奖一等奖中国物流与采购联合会科技进步奖一等奖	上港集团、中交水运设计研究有限公司
123	输送系统采用新型耐磨板及新型防撕裂装置的开发与应用	2010年	中国港口协会科技进步奖二等奖	罗矿公司
124	钢材类货物装卸工艺优化	2010年	中国港口协会科技进步奖二等奖	宝山公司
125	基于光纤传感技术的装卸机械结构实时监控系统	2010年	中国港口协会科技进步奖二等奖第十九届全国发明展览会金奖	上港集团、武汉理工大学
126	集装箱物流理货全程管控系统	2010年	中国港口协会科技进步奖三等奖	外理公司
127	集装箱岸边起重机吊具防过倾安全保护系统	2010年	中国港口协会科技进步奖三等奖	沪东公司
128	钢管堆桩安全装置	2010年	中国港口协会科技进步奖三等奖第十九届全国发明展览会银奖	军工路公司

编号	获奖项目名称	获奖年份	奖项名称及等级	获奖者
129	上海罗泾散杂货港区建设集成创新技术研究	2010 年	中国水运建设行业协会科学技术奖二等奖	上港集团、中交水运规划设计有限公司
130	废旧特种工程轮胎高值化再制造成套装备技术开发与应用	2010 年	中国石油和化学工业联合会科技进步奖二等奖	青岛科技大学、青岛天盾橡胶有限公司、上港集团
131	全球集装箱跟踪管理和相关电子装置与读写设备	2010 年	德国纽伦堡国际创新发明展IENA 金奖	上港集团
132	港口移动式供电装置	2010 年	德国纽伦堡国际发明展览会银奖	上港集团
133	一种可移动式岸电变频供电装置	2010 年	第十九届全国发明展览会金奖发明者世界联合会特等奖IFIA 最佳创新发明奖	上港集团、包起帆
134	集装箱装卸机械电能监控系统	2010 年	第十九届全国发明展览会金奖	沪东公司
135	集装箱装拆箱理货管理信息系统	2010 年	第十九届全国发明展览会金奖	外理公司
136	装船箱位出错报警系统	2010 年	第十九届全国发明展览会银奖	冠东公司
137	新型抽屉式低压开关柜	2010 年	第十九届全国发明展览会铜奖	军工路公司
138	集装箱起重机实时在线安全监测系统	2010 年	2010 巴黎国际发明展览会金奖	包起帆、沈泷
139	现代港口散货装备集成技术开发与研制	2010 年	上海市科学技术进步奖二等奖	上港集团
140	港口散货自动化装卸关键技术研究与应用	2010 年	上海市人民政府技术发明奖二等奖	上港集团、上海交大
141	集装箱轮胎式龙门起重机节能减排技术研究与应用	2010 年	上海市人民政府技术发明奖三等奖	上港集团
142	带有集装箱定位和电子封条的集装箱电子标签	2010 年	上海市知识产权局发明创造专利奖二等奖	上港集团
143	上港集团节能环保项目	2010 年	中华环保联合会首届低碳中国突出贡献奖	上港集团
144	罗泾港区二期工程	2010 年	交通运输部节能减排示范项目	上港集团

编号	获奖项目名称	获奖年份	奖项名称及等级	获奖者
145	集装箱感知系统关键技术及相关标准制定	2011 年	中国港口协会科技进步奖一等奖	上港集团等 7 家单位，包起帆、董庭龙、薄海虎、张传捷、沈伟峰、江霞、闻君、胡美芬、林春蔚、马振明、王华、秦忠、朱泽、韩斌、白春雨
146	现代散货码头电能智能管理系统开发应用	2011 年	中国港口协会科技进步奖三等奖	罗矿公司、梅新润、张金山、姚青、段启荣、朱建龙
147	滚装船集装箱理货系统	2011 年	中国港口协会科技进步奖三等奖	外理公司、计刚、马振明、朱伟民、郎立群、张传捷
148	集装箱装卸机械电能监控系统	2011 年	中国港口协会科技进步奖三等奖	沪东公司、孙丰、王黎明、何平、许力、曹仪明
149	港口物流服务关键技术集成创新与应用	2011 年	上海市科技进步奖一等奖	包起帆、宋海良、罗文斌、陈韬、王荣明、葛中雄、梅新润、董庭龙、江霞、张斌、刘洪波、张志平、张伟红、代晨浩
150	大型集装箱码头精益生产关键技术	2011 年	上海市科技进步奖三等奖	蒋工圣、黄有方、周艳华、沈联红、杨斌、韩晓龙、孙金余
151	集装箱电子标签专利	2011 年	上海市人民政府上海市发明创造奖二等奖	上港集团、包起帆等
152	港口散货自动化装卸关键技术研究与应用	2011 年	上海市人民政府上海市科学技术奖二等奖	上港集团
153	集装箱轮胎式龙门起重机节能减排技术研究与应用	2011 年	上海市人民政府上海市科学技术奖三等奖	上港集团
154	带有集装箱定位和电子封条的集装箱电子标签	2011 年	美国专利授权书	上港集团、包起帆等
155	集装箱岸边起重机电气房自然风冷调温节能系统	2011 年	中国发明协会二十届全国发明展览会金奖	沪东公司
156	企业经营风险预警管理	2011 年	中国发明协会二十届全国发明展览会金奖	盛东公司
157	振冲法地基处理自动监控系统	2011 年	中国发明协会二十届全国发明展览会金奖	港工公司

编号	获奖项目名称	获奖年份	奖项名称及等级	获奖者
158	轮胎吊辅助电源装置	2011年	中国发明协会二十届全国发明展览会银奖	上港集团
159	散货自动化装船和卸船系统	2011年	2011巴黎国际发明展览会银奖	包起帆、梅新润、朱德龙
160	孤岛成陆地基加固成套施工技术	2012年	中国港口协会科技进步奖二等奖	港工公司、徐梅坤、叶军、张治中、叶建平、杨智勇、喻栓旗、肖飞、谢桢、吴恺一、卢华
161	集装箱轮胎吊半自动作业远程控制系统	2012年	中国港口协会科技进步奖三等奖	振东分公司、薄海虎、陈斌、林春蔚、沈辉、沈华
162	电子皮带秤实物在线状态下的模拟校验开发与应用	2012年	中国港口协会科技进步奖三等奖	罗矿公司、陶骏、梅新润、张金山、张侠永、朱建龙、辛浩、史海松
163	港口物流服务关键技术集成创新与应用	2012年	上海市人民政府科技进步奖一等奖	上港集团
164	大型集装箱码头精益生产关键技术	2012年	上海市人民政府科技进步奖三等奖	上港集团
165	轮胎式集装箱龙门起重机采用锂电池节能改造项目	2012年	国家交通运输部节能示范项目	上港集团
166	变距式大件吊具	2012年	2012巴黎国际发明展览会银奖	宗胜琪、仲志平、倪井兴
167	ISO 18186—2011集装箱-RFID货运标签系统	2013年	国家标准贡献奖一等奖	包起帆、董庭龙、闻君、胡美芳、费维军、江霞、秦忠、李继春、薄海虎、沈伟峰
168	上海外六期港区现代滚装码头建设监理集成创新研究及应用	2013年	中国港口协会科技进步奖二等奖	远东监理公司、张坚利、陈轲、蔡翔、朱继明、杨志远、周凡、邵宇钦
169	集装箱岸边起重机起升高度改造	2013年	中国港口协会科技进步奖三等奖	振东分公司、薄海虎、陈斌、毛立宏、顾连锋、孙良辰、张凌峰、凌慧
170	磁悬浮、轻轨列车滚装滚卸工艺	2013年	2013巴黎国际发明展览会铜奖	石万骏、梅小冬、付逸圣

编号	获奖项目名称	获奖年份	奖项名称及等级	获奖者
171	黄浦江老港区绿色综合改造的关键技术	2014 年	中国港口协会科技进步奖一等奖	上海集团、国际航服中心等7家单位,吴鹏程、王学锋、吴恩、罗文斌、童志华、傅瑜、赵渊、章强、严娜、杨靖培、刘静君、朱鹏宇、王林国、毛立玫
172	勃物 MILE TOPS 码头营运管理软件 V5.0	2014 年	中国港口协会科技进步奖二等奖	海勃公司、赵龙、宵义勇、叶银玲、朱季超、周静、秦涛、董琳、严磊、曹厅川、刘鸿锋
173	上海全港域智能调度管控与服务平台	2014 年	中国航海学会科学技术奖二等奖	海勃公司
174	大型国际邮轮靠离泊关键技术及应用	2014 年	中国物流与采购联合会科学技术奖二等奖	上海港引航站
175	大型公共码头结构加固改造和能级提升成套技术研究及应用	2015 年	中国港口协会科技进步奖一等奖	上海集团
176	轮胎吊起升配重节能装置	2015 年	中国港口协会科技进步奖二等奖	沪东公司
177	海勃 MILE 集装箱码头互拖/调度作业管理软件 V1.0	2015 年	中国港口协会科技进步奖二等奖	海勃公司
178	上海国际航运服务中心建筑群江水源热泵系统关键技术与综合应用	2015 年	中国港口协会科技进步奖三等奖	上海集团
179	上海国际航运服务中心滨江综合体建设关键技术创新与集成应用	2015 年	上海市科技进步奖三等奖	吴鹏程、王学锋、罗文斌、傅瑜、童志华、赵渊、朱鹏宇
180	集装箱码头智能配载系统	2016 年	上海市科学技术奖三等奖	振东分公司
181	自动化集装箱码头总体布局模式研究	2016 年	中国港口协会科技进步奖一等奖	方怀瑾、程泽坤、张斌、罗文斌、罗勋杰、王施恩、周亚平、黄秀松、王黎明、刘广红、林浩、庄骅、周维峰、何继红、陈迪茂

编号	获奖项目名称	获奖年份	奖项名称及等级	获奖者
182	集装箱码头双吊具工艺关键技术研究	2016年	中国港口协会科技进步奖二等奖	蒋工圣、黄桁、周艳华、顾淞、王骏、沈联红、赵龙、浦新平、丁一
183	集装箱岸边起重机大梁铰点异响分析及其自动化解决工艺	2016年	中国港口协会科技进步奖三等奖	陈斌、严俊、顾连峰、孙良辰、张凌峰、凌慧、黄炜
184	港口技术标准体系研究与应用	2016年	中国航海学会科学技术奖二等奖	上港集团
185	码头船舶岸电设施建设技术规范	2016年	中国水运建设行业协会科学技术奖三等奖	上港集团
186	自动化重箱轨道吊智能管理系统	2016年	中国航海学会科学技术奖三等奖	海勃公司
187	上海国际航运中心超大型船舶码头靠泊能力升级的关键技术体系	2017年	上海市科技进步奖二等奖	上港集团、同济大学、上海中交水运设计研究有限公司、中建港务
188	世界级超大型集装箱港口智能运营系统的研发及应用	2017年	上海市科技进步奖三等奖	海勃公司、上海海事大学、冠东公司
189	基于大数据的集装箱枢纽港智能服务平台的研发与应用	2017年	中国航海学会科学技术奖一等奖	海勃公司
190	世界级超大型集装箱港口智能运营系统的研发及应用	2017年	上海浦东新区科技进步奖一等奖	海勃公司、冠东公司
191	上海国际航运中心口岸物流综合服务平台研发与应用	2018年	中国港口协会科技进步奖一等奖	上港集团
192	洋山四期自动化码头系统	2018年	中国(上海)国际发明创新展览会金奖	海勃公司
193	重箱轨道吊自动化操作技术的研究与示范应用	2018年	中国(上海)国际发明创新展览会金奖	振东分公司

编号	获奖项目名称	获奖年份	奖项名称及等级	获奖者
194	高架油改电轮胎吊集电杆遥控拉挂装置	2018年	中国(上海)国际发明创新展览会金奖	浦东公司
195	基于图像识别技术的轮胎吊碰撞预警系统	2018年	中国(上海)国际发明创新展览会金奖	沪东公司
196	洋山四期自动化集装箱码头智能系统和智能装备关键技术及应用	2019年	中国港口协会创新团队科技进步一等奖	上港集团
197	基于3D可视化的智慧堆场管理系统关键技术研究及应用	2019年	中国港口协会科技进步奖三等奖	上港集团
198	机器视觉监测技术在轮胎吊远程半自动化改造项目中的应用	2019年	中国港口协会科技进步奖三等奖	上港集团
199	基于视觉AI的集装箱码头智能理货系统的研发与应用	2019年	中国港口协会科技进步奖三等奖	上港集团
200	洋山四期大型自动化集装箱码头关键技术研究及应用	2020年	上海市科技进步奖特等奖	上港集团
201	上海国际航运中心公共航道维护保障智慧管理关键技术体系	2020年	中国港口协会科技进步奖一等奖	上港集团
202	大功率拖轮混合动力系统关键技术研究及示范项目	2020年	中国港口协会科技进步奖一等奖	上港集团
203	基于虚拟现实的智能化岸桥培训与仿真模拟系统研发与应用	2020年	中国港口协会科技进步奖二等奖	上港集团
204	基于锁钮称重技术和图像识别技术的集装箱智能称重系统开发及应用	2020年	中国港口协会科技进步奖三等奖	上港集团

注：2007年开始,交通部不再评比科技进步奖,港口装卸科技奖项主要为经国家授权认可的中国港口协会科技进步奖。

三、科技创新专利

截至 2020 年底，上港集团科学技术专利发明共计达 200 多项。其中，在国外注册的专利有 3 项。（见表 6-6-2）

表 6-6-2　2003～2020 年上港集团装卸技术专利发明一览表

编号	专利名称	专利号	时间	类型
1	浮在水中的单索抓斗	ZL2003 20122843.6	2003 年	实用新型
2	多用途组合吊架	ZL2003 20109550.4	2003 年	实用新型
3	单索抓斗遥控、手拉两用启闭装置	ZL 03 2 56014.1	2003 年	实用新型
4	散化肥锯片式过筛破碎机	ZL 03 2 28400.4	2003 年	实用新型
5	销轴拆卸器	ZL 03 2 28399.7	2003 年	实用新型
6	一种调整测量磁滞式联轴器扭矩的专用套筒	ZL 03 2 28501.9	2003 年	实用新型
7	自行式防汛钢闸门	ZL 03 2 28502.7	2003 年	实用新型
8	港口电子商务信息网络装置	ZL 03 2 31044.7	2003 年	实用新型
9	车辆通过集装箱岸边起重机门架的指示装置	ZL 03 2 31318.7	2003 年	实用新型
10	一种附有防坠挡块的起重机起升限位装置	ZL 03 2 31317.9	2003 年	实用新型
11	装有卡轴板的碗形托辊支承装置	ZL 03 2 55621.7	2003 年	实用新型
12	安装圆锥滚子轴承的水平滑轮装置	ZL 03 2 55622.5	2003 年	实用新型
13	单索抓斗遥控、手拉两用启闭装置	ZL 03 2 56014.1	2003 年	实用新型
14	短消息技术在自动报警系统中的装置	ZL 03 2 31045.5	2003 年	实用新型
15	甩桩时防桩架和柴油锤损坏或柴油锤坠海的安全保护装置	ZL2003 20122303.8	2003 年	实用新型
16	含碳纤维增强塑料的钢筋混凝土预制件	ZL03 2 55549.0	2003 年	实用新型
17	柴油机维修定位装置	ZL2003 20107871.0	2003 年	实用新型
18	主机对中钻模	ZL2003 20107870.6	2003 年	实用新型
19	无填料振动法	ZL03115076.4	2003 年	发明
20	一种集装箱生产系统中的无线 JAVA 通信服务方法	ZL2003 10122765.4	2003 年	发明
21	全回转拖轮舵桨控制系统	ZL03115703.3	2003 年	发明

续　表

编号	专利名称	专利号	时间	类型
22	全回转托(拖)轮舵桨控制软件参数修改装置	ZL03229296.1	2003 年	实用新型
23	电流变换器	ZL03210132.5	2003 年	实用新型
24	打桩船新型可挑式冲霄型龙口	ZL2004 20021099.5	2004 年	实用新型
25	特种车辆吊带网络	ZL2004 20019976.5	2004 年	实用新型
26	吊车运行安全装置	ZL2004 20021897.8	2004 年	实用新型
27	集装箱电子标签装置	ZL2004 20037164.3	2004 年	实用新型
28	便携式放样器	ZL2004 20082150.3	2004 年	实用新型
29	一种集装箱定位吊具	ZL2004 20081207.8	2004 年	实用新型
30	一种伸缩式集装箱吊具	ZL2004 20081208.2	2004 年	实用新型
31	散货清舱作业安全预警装置	ZL2004 20082441.2	2004 年	实用新型
32	拖轮的快捷通道	ZL2004 20082440.8	2004 年	实用新型
33	电动葫芦抓斗	ZL2004 20090258.7	2004 年	实用新型
34	弯型梳式多爪双索抓斗	ZL2004 20109882.7	2004 年	实用新型
35	双转轴悬臂吊梯	ZL2004 20114497.1	2004 年	实用新型
36	无线通信同频单工转发控制器	ZL2004 20081207.8	2004 年	实用新型
37	一种用于集装箱吊具的机械手	ZL2004 20081205.9	2004 年	实用新型
38	变距式矩形吊架	ZL2004 20114696.2	2004 年	实用新型
39	适应大型船舶靠离港口的拖轮	ZL2004 100454072	2004 年	发明
40	含排水孔道的钢筋混凝土预制轨道梁	ZL2004 20110689.5	2004 年	实用新型
41	吊车运行安全装置(发明)	ZL2004 10017594.3	2004 年	发明
42	一种装船时减少集装箱翻箱量的优化方法	ZL2004 10066220.0	2004 年	发明
43	重锤式单索抓斗	ZL2004 20020357.8	2004 年	实用新型
44	装有行走信号自动显示装置的轮吊大车	ZL2004 20023217.6	2004 年	实用新型
45	一种能获取集装箱信息的吊具	ZL2005 20081206.3	2005 年	实用新型
46	无线智能车载、船载终端	ZL2005 20008171.5	2005 年	实用新型
47	拖轮液压保护装置	ZL2005 20008170.0	2005 年	实用新型

编号	专利名称	专利号	时间	类型
48	用于集装箱起重机防误吊集装箱卡车的测控装置	ZL2005 20041986.3	2005 年	实用新型
49	润滑油水分测试仪	ZL2005 20046419.7	2005 年	实用新型
50	柴油机气缸内窥检查仪	ZL2005 20046418.2	2005 年	实用新型
51	非对称特形颚板的液压抓斗	ZL2005 20046267.X	2005 年	实用新型
52	多用途吊架	ZL2005 20047132.6	2005 年	实用新型
53	遥控、落地卸料两用单索抓斗	ZL2005 20047793.9	2005 年	实用新型
54	海水进口装置及其制造方法	ZL2005 10069865.4	2005 年	发明
55	拖轮舵桨装置润滑油水分测试仪	ZL2005 10110246.5	2005 年	发明
56	45 吨集装箱正面吊的配套大件吊具	ZL2005 20044249.9	2005 年	实用新型
57	全工况水下阳极块焊接摄像检测装置	ZL2006 20040337.6	2006 年	实用新型
58	应力释放笼	ZL2006 20040943.8	2006 年	实用新型
59	带有集装箱定位和电子封条的集装箱电子标签	ZL2006 20047911.0	2006 年	实用新型
60	用于集装箱定位和封条的电子标签	ZL2006 20047910.6	2006 年	实用新型
61	新颖钢管夹具	ZL2006 20049482.0	2006 年	实用新型
62	新颖 QIAN 套装置	ZL2006 20047577.9	2006 年	实用新型
63	油桶夹具	ZL2006 20046744.8	2006 年	实用新型
64	全工况水下阳极块焊接摄像检测系统	ZL2006 10024879.9	2006 年	发明
65	带有集装箱定位和电子封条的集装箱电子标签	ZL2006 10118433.2	2006 年	发明
66	多功能柴油机气缸内窥检查一体机	ZL2006 10026809.7	2006 年	发明
67	新型契套装置	ZL2006 20047577.9	2006 年	实用新型
68	激光对多通道集装箱卡车的定位系统	ZL2006 20041712.9	2006 年	实用新型
69	单索抓斗的启闭控制机构	ZL2006 20042583.5	2006 年	实用新型
70	用于检修岸边集装箱起重机拖令轨道的等高作业平台	ZL2007 20068891.X	2007 年	实用新型
71	集装箱岸边起重机机械远程监测装置	ZL2007 20068060.2	2007 年	实用新型

编号	专利名称	专利号	时间	类型
72	起重船起重用超载测定报警装置	ZL2007 20068476.4	2007 年	实用新型
73	单臂双吊钩起重船起重用超载超差测定报警装置	ZL2007 20068479.8	2007 年	实用新型
74	振冲法地基处理自动监控装置	ZL2007 20071665.7	2007 年	实用新型
75	振冲法地基处理自动监控系统中的数据无线传输装置	ZL2007 20071664.2	2007 年	实用新型
76	船舶水上移位变频控制系统	ZL2007 20070552.5	2007 年	实用新型
77	用于船上浮吊的起吊物重量监控系统	ZL2007 20070553.X	2007 年	实用新型
78	拆装铲齿属具	ZL2007 20073227.4	2007 年	发明
79	一种用于桥机前小车的固定装置	ZL2007 20073530.4	2007 年	实用新型
80	铰接式车辆装卸吊具	ZL2007 20070140.1	2007 年	实用新型
81	可拆卸式吊钩安全装置	ZL2007 20070143.5	2007 年	实用新型
82	叉车用装卸吊臂	ZL2007 20070144.X	2007 年	实用新型
83	多功能节水型清洗机	ZL2007 00076275.9	2007 年	实用新型
84	振冲法地基处理自动监控系统中的振冲深度数据采集装置	ZL2007 20071663.8	2007 年	实用新型
85	散货自动化装船系统	ZL2007 20144386.9	2007 年	实用新型
86	积料式耐磨衬板	ZL2007 20077382.3	2007 年	实用新型
87	集装箱起重机实时在线安全监测装置	ZL2007 20144388.8	2007 年	实用新型
88	散货自动化装船系统	ZL2007 20144386.9	2007 年	实用新型
89	散货自动化卸船系统	ZL2007 20144387.3	2007 年	实用新型
90	新型绳控单索抓斗	ZL2007 20077250.0	2007 年	实用新型
91	可旋转液压多瓣抓斗	ZL2007 20199372.7	2007 年	实用新型
92	用于轮胎吊装置的直体软护笼	ZL2007 20199087.5	2007 年	实用新型
93	可旋转吊架	ZL2007 20198539.8	2007 年	实用新型
94	港口集装箱轮胎吊电网供电设备	ZL2007 10111606.2	2007 年	发明
95	振冲法地基处理自动监控系统	ZL2007 10042682.2	2007 年	发明

编号	专利名称	专利号	时间	类型
96	港务集团公司业务发票财务一体化管理软件 V1.0	软著登字第 074705 号	2007 年	实用新型
97	Spreader spacing device	PCT WO 2007/136352 A1	2007 年	发明
98	一种用于皮带机胶带的防撕裂装置	ZL2008 20155543.0	2008 年	实用新型
99	一种耐磨板	ZL2008 20152991.5	2008 年	实用新型
100	四索剪式抓斗	ZL2008 20157700.1	2008 年	实用新型
101	集装箱全球跟踪管理方法和实施该方法的电子装置和读写装置	ZL2008 10203616.3	2008 年	发明
102	Method and Apparatus for Separating Engagement Device	PCT WO 2008/110030 A1	2008 年	发明
103	移动式无线监控系统	ZL2009 20066569.2	2009 年	实用新型
104	钢管堆桩安全装置	ZL2009 20207740.7	2009 年	实用新型
105	一种可移动式岸电变频供电装置	ZL2009 20074306.6	2009 年	实用新型
106	港口岸电变频供电系统与停港船舶受电系统快速连接装置	ZL2009 20074307.0	2009 年	实用新型
107	强夯法地基处理自动监控系统可视化计数装置	ZL2009 20073382.5	2009 年	实用新型
108	强夯法地基处理自动监控系统数据采集装置	ZL2009 20073374.0	2009 年	实用新型
109	立式卷钢防倾装置	ZL2009 20286317.0	2009 年	实用新型
110	基于无线网络技术的太阳能供电型固定式自动阅读器	ZL2010 20002800.4	2010 年	实用新型
111	一种位置状态闭锁装置	ZL2010 20181949.3	2010 年	实用新型
112	一种双螺杆推进的抽屉	ZL2010 20181960.X	2010 年	实用新型
113	调节式平衡器吊具	ZL2010 20518264.3	2010 年	实用新型
114	电解铜专用吊具	ZL2010 20518281.7	2010 年	实用新型
115	棒式砝码固定支架	ZL2010 20273111.7	2010 年	实用新型
116	棒式砝码	ZL2010 20273122.5	2010 年	实用新型
117	用于计量输送机的皮带秤复合校验装置	ZL2010 20273132.9	2010 年	实用新型

编号	专利名称	专利号	时间	类型
118	一种塑料排水板过程质量自动控制系统的自动监控装置	ZL2010 20541727.8	2010 年	实用新型
119	一种塑料排水板过程质量自动控制系统的控制留带装置	ZL2010 20508884.9	2010 年	实用新型
120	集装箱堆场高架滑触线供电装卸综合安全保护系统	ZL2010 20143252.7	2010 年	实用新型
121	一种塑料排水板过程质量自动控制装置	ZL2011 20010009.2	2011 年	实用新型
122	集装箱装卸机械电能监控系统	ZL2010 20230582.X	2011 年	实用新型
123	移动式原木堆桩护栏装置	ZL2011 20153670.9	2011 年	实用新型
124	保险杠开孔定位工具	ZL2011 20169416.8	2011 年	实用新型
125	叉车齿套机器制作方法	ZL2011 10378043.X	2011 年	实用新型
126	叉车齿套	ZL2011 20472992.X	2011 年	实用新型
127	牵引车鞍座举升系统	ZL2011 20472995.3	2011 年	实用新型
128	单臂双吊钩起重船起重超载超差测定报警装置及其测定方法	ZL2007 10038863.8	2011 年	实用新型
129	双门机抬吊装置	ZL2011 20327868.4	2011 年	实用新型
130	双门机抬吊装置	ZL2011 10258232.3	2011 年	实用新型
131	一种车辆轮胎消毒装置	ZL2011 20338478.7	2011 年	实用新型
132	双出料口集装箱散货拆箱灌包漏斗	ZL2012 20044104.9	2012 年	实用新型
134	集装箱码头堆场自动配位系统及应用方法	ZL2006 10024882	2012 年	实用新型
135	一种集装箱轮胎吊半自动作业远程控制系统	ZL2012 20171338.X	2012 年	实用新型
136	集装箱岸边起重机、轮胎维修信息安全提示装置	ZL2012 20314590.1	2012 年	实用新型
137	一种集装箱轮胎吊电气房温烟报警监控装置	ZL2012 20172124.4	2012 年	实用新型
138	采用液化天然气燃气机组供电的轮胎吊	ZL2012 20730742.6	2012 年	实用新型
139	集装箱轮胎吊半自动作业远程控制系统	ZL2012 10118360.2	2012 年	实用新型
140	集装箱堆场设备设施防雷系统	ZL2012 20277633.3	2012 年	实用新型
141	用于超高层建筑的陶土幕墙安装结构及施工方法	ZL2012 10155455.1	2012 年	实用新型

续 表

编号	专利名称	专利号	时间	类型
142	用于内燃机轮胎式起重机起升卷筒的制动摩擦片	ZL2012 20684791.0	2013 年	实用新型
143	皮带秤挂码装置	ZL2012 20684662.1	2013 年	实用新型
144	轮胎吊大车行走监视系统	ZL2012 20641409.8	2013 年	实用新型
145	一种岸边起重机安全监管系统	ZL2012 20314589.9	2013 年	实用新型
146	一种应用于垂直升降系统的配重平衡系统以及集装箱起重机、散货起重机	ZL2013 20624923.5	2013 年	实用新型
147	可移动双箱吊具保护控制系统	ZL2013 20330081.2	2013 年	实用新型
148	一种大型流动装卸机械行驶状态提示装置	ZL2013 20356981.4	2013 年	实用新型
149	一种应用于垂直升降系统的配重平衡系统以及集装箱起重机、散货起重机	ZL2013 20624923.5	2014 年	实用新型
150	集装箱轮胎吊半自动作业远程控制系统	ZL2012 10118360.2	2014 年	实用新型
151	集装箱堆场设备设施防雷系统	ZL2012 20277633.3	2014 年	实用新型
152	用于超高层建筑的陶土幕墙安装结构及施工方法	ZL2012 10155455.1	2014 年	实用新型
153	一种用于水下施工的嵌岩桩	ZL2014 20400128.2	2014 年	实用新型
154	一种用于栽桩施工的钢护筒	ZL2014 20337190.1	2014 年	实用新型
155	变截面钻孔灌注桩水下一次成型浇筑法	ZL2012 10238079.2	2014 年	实用新型
156	一种三维交互式船闸监控系统	ZL2014 10377695.5	2014 年	发明
157	可拆卸 3D 打印船闸模型	ZL2014 20048624.6	2014 年	发明
158	无需额外动力源的自动化水下清污机	ZL2014 10411556.X	2014 年	发明
159	一种船闸前端输水廊道拆分模板	ZL2014 20065422.2	2014 年	发明
160	一种码头混凝土结构专用加固砂浆	ZL2014 10218791.5	2014 年	发明
161	一种应变传感器基座	ZL2014 20264716.8	2014 年	实用新型
162	一种钢管桩托架	ZL2014 20336778.5	2014 年	实用新型
163	一种钢管桩导向架	ZL2014 20336755.4	2014 年	实用新型
164	LNG 燃气动力供电的集装箱起重设备	ZL2014 100051079.0	2014 年	发明
165	LNG 燃气动力供电的集装箱起重设备	ZL2014 20066752.3	2014 年	实用新型

编号	专利名称	专利号	时间	类型
166	海上打桩远程监控系统	ZL2013 10095328.1	2015 年	发明
167	装载机综合熄火保护装置	ZL2014 20775227.9	2015 年	实用新型
168	钢护筒植桩平台	ZL2014 20400100.9	2015 年	实用新型
169	钢护筒锚固工艺	ZL2014 1 0345486.2	2015 年	发明
170	引航员从引航船安全转驳到工作艇的方法	ZL2015 1 0582805.6	2016 年	发明
171	门座式起重机的吊钩偏斜检测系统及方法	ZL2015 1 0898139.7	2016 年	发明
172	一种集装箱吊装方法	ZL2016 1 0019658.6	2016 年	发明
173	自动化轨道吊双车避让装置	ZL2016 2 1364873.1	2016 年	实用新型
174	一种桩顶标高的确定方法	ZL2015 1 0283250.5	2017 年	发明
175	基于 Flag 定位板的自动化重箱轨道吊大车定位系统	ZL2016 2 1364902.4	2017 年	实用新型
176	自动化重箱轨道吊集卡通道的照明装置	ZL2016 2 1460409.2	2017 年	实用新型
177	集装箱岸边起重机单起升双吊具	ZL2016 2 1328934.9	2017 年	实用新型
178	基于无线互联网的港区集装箱岸边起重机远程诊断装置	ZL2016 2 1333411.3	2017 年	实用新型
179	移动式锂电池轮胎吊转场/行大车系统	ZL2017 2 0401730.1	2017 年	实用新型
180	发动机缸套取出器	ZL2016 2 1297139.8	2017 年	实用新型
181	一种港作全回转拖轮学习机的旋转机故障设置模块	ZL2016 2 0349062.8	2017 年	实用新型
182	一种港作拖轮学习机	ZL2016 2 0347878.7	2017 年	实用新型
183	大型 U 型钢板桩施工用导向架	ZL2016 2 1209120.3	2017 年	实用新型
184	一种用于灌注桩施工的水上工作平台	ZL2016 2 1276769.7	2017 年	实用新型
185	一种用于电缆桥架的保护装置	ZL2016 2 1276770.X	2017 年	实用新型
186	基于实时视频图像识别的轮胎吊防碰撞预警系统及方法	ZL2017 1 0745137.3	2018 年	发明
187	自动化轨道吊双车避让系统	ZL2016 1 1146392.8	2018 年	发明
188	一种简易有效的拔桩夹具	ZL2017 2 0289905.4	2018 年	实用新型
189	一种防尘导料槽	ZL2017 2 0722822.X	2018 年	实用新型

编号	专利名称	专利号	时间	类型
190	一种轮胎吊的电池模组	ZL2017 2 1575606.3	2018 年	实用新型
191	一种装配式景观屋面	ZL2017 2 1445955.3	2018 年	实用新型
192	一种岸桥双箱吊实时状态的无线检测装置	ZL2017 2 0590820.X	2018 年	实用新型
193	一种小型构件移动及安装设备	ZL2017 2 1445959.1	2018 年	实用新型
194	一种用于砂桩质量实时控制的超声波检测系统	ZL2017 2 1457537.6	2018 年	实用新型
195	一种高效的钢吊箱施工工装	ZL2018 2 0019224.0	2018 年	实用新型
196	一种基于钢牛腿的支撑结构	ZL2018 2 0008985.6	2018 年	实用新型
197	一种海工混凝土结构	ZL2017 2 1478974.6	2018 年	实用新型
198	一种基于单目觉的港口装备人形防碰撞报警系统	ZL2017 2 1630440.0	2018 年	实用新型
199	一种非金属传力杆固定装置	ZL2018 2 0428614.0	2018 年	实用新型
200	一种用于码头装卸钢轨测距的固定式棱镜	ZL2018 2 0429410.1	2018 年	实用新型
201	一种轮胎吊现场和远程同步检控操作系统	ZL2016 2 1479915.6	2018 年	实用新型
202	一种开口波导管/开口波导滑线以及通讯装置	ZL2017 2 1665949.9	2018 年	实用新型
203	应用于集装箱空箱堆高机的空箱重量检测和报警装置	ZL2017 2 1214969.4	2018 年	实用新型
204	一种用于移动电子磅秤显示器的供电装置	ZL2017 2 1771102.9	2018 年	实用新型
205	轮胎吊作业全场景检控系统	ZL2018 2 0060125.7	2018 年	实用新型
206	安川变频器 UV 故障诊断方法其自动及检测装置	ZL2017 1 0046022.5	2019 年	发明
207	一种用于物流叉车的智能防撞控制系统	ZL2018 2 0991709.6	2019 年	实用新型
208	一种用于 PC 结构的防水节能副框及其安装结构	ZL2018 2 1103327.1	2019 年	实用新型
209	集装箱锁销拆装系统	ZL2018 2 1424067.8	2019 年	实用新型
210	一种增强型钢丝输送带接头结构	ZL2018 2 1842437.X	2019 年	实用新型
211	一种可提升过磅效率的多联电子称重系统	ZL2019 2 0267335.8	2019 年	实用新型
212	件杂货装卸工艺模拟系统及其模拟方法	ZL2018 1 1393583.3	2020 年	发明

编号	专利名称	专利号	时间	类型
213	一种轮胎吊分布式数据采集系统及方法	ZL2017 1 1440164.6	2020 年	发明
214	一种自动导引运输车的换电池方法及系统	ZL2018 1 0923222.9	2020 年	发明
215	一种悬臂式轨道吊的任务分配方法及系统	ZL2018 1 1179017.2	2020 年	发明
216	一种基于 PPU 的港口安全船舶引航系统及港口安全船舶引航方法	ZL2018 1 0090581.0	2020 年	发明
217	一种两端式轨道吊的任务分配方法及系统	ZL2018 1 1180135.5	2020 年	发明
218	一种基于 RFID 标签的物流仓储安全管理系统	ZL2019 2 1184346.5	2020 年	实用新型
219	一种集装箱起重机锁钮寿命管理系统	ZL2018 2 1658013.8	2020 年	实用新型
220	一种升降式滚装清障车	ZL2019 2 1477609.2	2020 年	实用新型
221	用于危险品集装箱的贝位安全检测系统	ZL2019 2 1448565.0	2020 年	实用新型
222	一种集装箱船坠箱预警系统	ZL2019 2 2168387.2	2020 年	实用新型
223	柴油机中冷智能调节装置	ZL2019 2 1845841.7	2020 年	实用新型
224	一种用于码头集装箱自动装卸的 AGV 定位系统	ZL2019 2 2023906.6	2020 年	实用新型
225	一种带有角度预警的码头滚装液压岸基登船桥	ZL2019 2 1284894.6	2020 年	实用新型
226	一种用于柴油动力叉车的油耗测量系统	ZL2020 2 0391310.1	2020 年	实用新型
227	一种用于检测叉车转向故障的检测装置	ZL2019 2 2166257.5	2020 年	实用新型
228	一种用于危险品集装箱的分布式贝位检测设备	ZL2019 2 1448586.2	2020 年	实用新型

第七章 职工和企业文化建设

改革开放政策给上海港的劳动用工制度改革带来了契机,使由劳动部门统一分配的固定劳动制度逐步过渡到劳动合同用工制度,并实行了多种形式的承包经济责任制,在全港建立起劳务承包制度,打破了"铁饭碗",改变了岗位无危机、工作无动力、报酬差别小、企业无劳动管理权的状况,减少了冗员。上海港在改革发展进程中,逐步进行装卸一线用工制度的改革,引进劳务承包工,建立了相应的管理机制。

随着人事制度改革的深化,上海港坚持职工是企业主人翁的理念,坚持"以人为本",坚持培养高素质的企业管理人才,通过多种途径,用多种方式对职工进行培训、教育,提高职工的政治、文化和技术水平,大力开展集团企业文化建设,造就了高素质的骨干队伍,形成了人才辈出、人尽其才的生动局面。

随着上海港职工素质的不断提高,先进科学技术的不断应用,机械化、散杂货集装箱化和装卸生产自动化水平的不断提高,港口劳动生产率和经济效益持续增长,迅速发展成为集装箱吞吐量雄居世界第一位的国际大港。

第一节 职 工

一、职工规模

上海港随着港口集装箱业务的快速发展和机械化、自动化水平的不断提高,大部分件杂货改为集装箱运输,职工数量逐年减少。加上劳务承包工制度日益成熟,尽管新港区不断投产,货物吞吐量和集装箱吞吐量快速攀升,但职工规模却继续压缩。

2003 年上海港务局改制时,上港集团职工总数为 27 267 人。此后,随着黄浦江老港区功能置换,涉及上港集团下属 11 家企业关并转移,共涉及职工 1.85 万余人,绝大多数转岗或提前退休。2005 年,上港集团进一步改制为股份有限公司时,职工总数减少到 17 718 人。至 2006 年底,上港集团共使用外来劳务工 11 193 人,为在册职工 17 635 人的 63.47%。2010 年底,上港集团编制内职工数为 22 869 人,共使用劳务工 17 803 人,其中外省市 13 768 人,上海市 4 035 人,编制内职工和劳务工合计总数为 40 672 人。

2011 年后,由于上港集团装卸机械化水平提高,港口科技水平不断进步,劳动力大幅度减少,2012 年在册职工减少到 20 755 人,2015 年减少到 18 338 人。截至 2018 年底,上港集团在册职工减少到 16 366 人,为 2003 年上港集团成立时职工人数的 60.02%。2020 年,上港集团的在册职工又减少到 14 068 人。(见表 7-1-1)

表 7-1-1　2003～2020 年上港集团职工人数统计表

年份	人数	年份	人数
2003 年	27 267	2012 年	20 755
2004 年	30 226	2013 年	19 842
2005 年	27 482	2014 年	19 044
2006 年	25 351	2015 年	18 338
2007 年	24 592	2016 年	18 183
2008 年	24 875	2017 年	17 213
2009 年	24 054	2018 年	16 366
2010 年	22 869	2019 年	14 711
2011 年	22 085	2020 年	14 068

二、职工结构

(一)岗位结构

进入 21 世纪后,黄浦江老港区功能转换,加快淘汰了一大批文化程度和技术水平较低的装卸工人和管理人员,同时因产业多元化,服务岗位和物流岗位职工比例逐步提高。

2003 年,上海港实现了政企分离。随着以集装箱装卸运输为主的国际航运业的发展,上港集团大力发展集装箱装卸生产,装卸运输的业务技术含量和现代化港口管理水平逐年提高,大幅压缩了冗员,职工岗位结构发生了深刻变化,职工总人数逐年下降,管理人员、工程技术人员和装卸司机逐年增加。

上港集团一是加大了集团内人才市场培育的力度,对全局人才需求进行预测、规划和调控,建立集团人才信息库,制定和实施人才的培养规划,以市场优化配置功能,对全港实施人才交流和管理提供服务。二是对集团机关和基层单位的有关岗位公开招聘。三是逐步打破干部、工人传统界限,为人才平等竞争提供良好的舞台。四是加大了人才引进的力度,增加引进外地毕业生、部属院校毕业生和学生干部党员的比例,使引进人才置于动态的有效管理、科学培养和正确使用。

2005 年,上港集团改制成上海国际港务(集团)股份有限公司,以建设上海国际航运中心为使命,加强企业管理,走减员增效的道路,职工岗位结构发生了进一步变化。到2010 年,职工总数下降到 22 869 人,工程技术人员增加到 4 969 人,占到 21.73%;装卸司机增加到 4 971 人,占到职工总数的 21.74%。(见表 7-1-2)

表 7-1-2　2000 年上海港务局、2010 年上港集团职工岗位结构统计对照表

年份	年末职工总数	岗位构成				
		管理人员	工程技术人员	船员	装卸司机	普通工人及装卸工人
2000 年	33 886	4 255	1 494	1 336	3 516	1 594
	占比	12.56%	4.41%	3.94%	10.36%	4.7%
2010 年	22 869	6 559	4 969	1 322	4 971	685
	占比	28.68%	21.73%	5.78%	21.74%	3%

2015 年,上港集团职工总人数减少到 18 338 人。其中,工程技术人员增加到 2 186人,占到 11.92%;其他专业技术和管理人员 1 075 人,占到 5.85%;经济人员 3 913 人,占到 21.33%;会计人员 403 人,占到 2.2%;操作人员 10 380 人,占到职工总数的 56.6%。

2019 年,上港集团职工总人数进一步减少到 14 711 人。其中,工程技术人员 1 822人,占 12.39%;其他专业技术和管理人员 692 人,占到职工总数的 4.7%。(见表 7-1-3)

表 7-1-3　2011～2019 年上港集团职工岗位结构统计表

年份	年末职工总数	岗位构成					
		会计人员	经济人员	工程技术人员	政工人员	其他专业技术和管理人员	操作人员
2011 年	22 085	389	3 765	1 923	446	1 220	13 787
	占比	1.76%	17.05%	8.71%	0.02%	5.52%	62.43%

续　表

年份	年末职工总数	岗位构成					
		会计人员	经济人员	工程技术人员	政工人员	其他专业技术和管理人员	操作人员
2012年	20 748	397	3 881	2 047	408	1 197	12 818
占比		1.91%	18.70%	9.99%	1.97%	5.77%	61.78%
2013年	19 842	383	3 800	2 086	398	1 133	12 042
占比		1.93%	19.15%	10.51%	2.01%	5.71%	60.69%
2014年	19 044	387	3 859	2 100	377	1 095	11 226
占比		2.03%	20.26%	11.03%	1.98%	5.75%	58.95%
2015年	18 338	403	3 913	2 186	381	1 075	10 380
占比		2.20%	21.33%	11.92%	2.08%	5.85%	56.60%
2016年	18 183	461	3 985	2 473	373	1 165	9 726
占比		2.54%	21.92%	13.60%	2.05%	6.41%	53.49%
2017年	17 213	480	3 893	2 398	373	1 105	8 964
占比		2.79%	22.62%	13.93%	2.17%	6.42%	52.08%
2018年	16 366	441	3 919	1 804	378	1 105	8 719
占比		2.69%	23.94%	11.02%	2.31%	6.75%	53.28%
2019年	14 711	445	3 812	1 822	369	692	7 510
占比		3.02%	25.91%	12.39%	2.51%	4.70%	51.05%

注：表中不含"其他岗位"职工。

（二）技术结构

2003年上港集团成立后，港口生产欣欣向荣，机械化程度不断提高，一大批大学生进入装卸司机行列，工人中技术人员比例不断提高，工程技术人员队伍不断扩大。

进入21世纪，上海港的装卸生产已融入以集装箱装卸运输为主的国际航运业，加之科学技术的进步和广泛应用，装卸和筑港机械的大量使用，上海港的工程建设和装卸作业客观上已有较高的技术含量，职工的技术结构发生了深刻变化，各类技术工人和专业工程技术人员的比例大幅度提高。

2004年，针对集装箱装卸机械操作和修理人才紧缺的矛盾，上海港制定了专项技术人才的考评标准,破格聘任了集装箱岸边起重机技师、集装箱岸边起重机高级工、轮胎吊高级工共 89 名。

2005 年,上港集团提出要牢固"树立人才是第一资源"的观念,发挥市场在集团人力资源配置方面的基础性作用,针对人才队伍年龄和知识结构老化、学历结构和专业结构不够合理、后备人才数量相对不足、激励机制和分配机制还不尽完善等状况,制订了今后五年人才队伍建设发展规划:一要尽快建立和完善集团的人才培养机制,与有关高校实施人才战略合作,实施人才的定向培养,超前储备;二要尽快建立和完善集团的全员培训机制,通过开展各种形式的继续教育,加强各类人员的政治、技术、业务培训。至2005 年末,上港集团职工的技术结构发生了进一步变化,在管理人员 7 936 人中,具有高级职称的达 161 人、中级职称 1 752 人、初级职称 2 803 人,分别占到管理人员总数的2.03％、22.08％和 35.32％。在操作工人中,高级技师有 3 人、技师有 97 人、高级工有423 人、中级工有 2 907 人,分别占到操作工人的 0.02％、0.5％、2.16％和 14.87％。

2006 年,上港集团通过各种途径和措施,强化对高等级专业技术人员和高技能人才的培养,共有 21 人获得了高级专业技术职务任职资格,有 631 人取得了技能等级晋升的资格,其中取得技师资格证书 35 人、高级工资格证书 235 人。经过努力,2006 年高级专业技术人才在专业技术人员中的比例提高到了 2.94％,高等级技能人才在技术工人中的比例提高到 10.86％,集团获得了"国家技能人才培育突出贡献奖"。

2007 年,上港集团制订了与集团人才队伍五年建设实施纲要配套的相关制度。推荐 40 人参加高级专业技术职务评审,新增了 12 名财务人员获财务主管任职资格。有578 人通过参加职工技能竞赛活动分别获得技师、高级工和中级工资格证书。组织了326 名高等级集装箱岸边起重机司机和电器修理工参加继续教育培训。集团高等级技能人才比例由 2006 年的 10.86％上升到 14.07％。

2008 年,上港集团继续强化高级专业技术人才、高技能人才和紧缺人才队伍建设,制定了领导人员专业技术职务晋升五年计划。593 名职工通过参加技能竞赛获得中级以上技能职称。外来务工人员中,有 8 人通过高级工考核,109 人通过中级工考核。组织各类高级技能人才继续教育培训,集团高技能人才比例上升到 15.46％。

2009 年,上港集团有 491 人取得中级工等级,173 人取得高级工等级,13 人取得技师等级,集团高等级技能人才的比例由集团成立之初的 3.03％提升到 18.2％。有 41名专业技术人员获得高级专业技术职称,使具有高级技术职称的人员比例达到 3.09％,比 2008 年提高了 0.4 个百分点。

到 2010 年底,上港集团基本实现了《集团人才队伍建设五年实施纲要(2006—2010年)》提出的主要目标:上港集团职工总数下降到 22 869 人,管理人员中具有高级职称、中级职称和初级职称的人员增至 245 人、1 437 人和 2 685 人,分别占管理人员总数的 40.94％、21.91％和 3.74％。操作工人中具有高级技师、技师、高级工和中级工职别的工人分别增至 54 人、243 人、1 298 人和 3 176 人,分别占到操作工总数的 0.33％、1.49％、7.96％和 19.47％。集团有高等级技能人才 1 575 人,高级技能人才占技能人员总数 21.15％,比上年度提高了 2.95％。(见表 7-1-4)

表 7-1-4　2005、2010 年上港集团职工技术结构统计表

年份	2005 年		2010 年	
操作人员	人数	占操作人员	人数	占操作人员
中级工	2 907	14.87％	3 176	19.47％
高级工	423	2.16％	1 298	7.96％
技师	97	0.50％	243	1.49％
高级技师	3	0.02％	54	0.33％
操作人员小计	19 546		16 310	
管理人员	人数	占管理人员	人数	占管理人员
初级职称	2 803	35.32％	2 685	40.94％
中级职称	1 752	22.08％	1 437	21.91％
高级职称	161	2.03％	245	3.74％
副高职称	153	1.93％	238	3.63％
正高职称	8	0.10％	7	0.11％
管理人员小计	7 936		6 559	

2011 年,上港集团有高级专业职工技术职称的人才为 246 人,具有高等级技能职称的人才达到 1 633 人,技能人才中高级等级技能人才占到 23.8％,同比提高 1.81％。2012 年,该集团努力做好专业技术人员职称申报和评审工作,50 人取得高级专业技术职称,336 名职工获得技能等级晋升,共有高等级技能人才 1 825 名,占全部技能人才的 25.93％。2013 年,上港集团有 323 人晋升中级工、15 人晋升高级工,具有高级专业技术职称的人才 1 983 名,技能人才中高级等级技能人才比例达到 28.33％。截至 2014 年底,共有高等级技能人才 2 044 人,其中技能人才中高等级技能人才占到 30.2％。到 2015 年底,高级专业技术职称的人才为 304 名,技能人才中高等级技能人才比例达到

33.87％。2016 年,上港集团通过加强一线职工技能等级培训,全年共新增高技能人才199 人,共拥有高技能人才递增到 2 311 人,占技能人才比例达到 35.72％。截至 2019年末,高技能人才为 2 277 人,占技能人才比例达到 41％。(见表 7-1-5)

表 7-1-5　2014～2019 年上港集团高等级技能人才统计表

年份	2014 年	2015 年	2016 年	2017 年	2018 年	2019 年
评定初级职称	284	149	278	——	——	——
当年取得高级专业技术职称	36	9	20	50	20	24
高级专业技术人才	304	304	319	369	403	362
当年取得高等级技能职称	217	318	199	184	171	167
高等级技能人才合计	2 044	2 241	2 311	2 295	2 350	2 277
技能人才中高等级技能人才比例	30.20％	33.87％	35.72％	38.22％	39.00％	41.00％

(三) 文化结构

港口生产建设的迅速发展,对职工文化技术素质提出了较高的要求。随着国民经济的迅速发展,国家加大了对教育的投入,加之教育事业的改革,职工有机会参加各种形式的学习、培训,以适应迅速发展的港口装卸生产,通过各种形式的学习、培训,职工的文化技术素质显著提高,职工的文化结构发生了显著变化。

2000 年底,上海港务局 9 509 名干部中,有大学本科及以上学历的 1 111 人,大专学历的 2 580 人,中专、高中及技校学历的 3 182 人,分别占干部总数的 11.68％、27.13％、33.46％;26 957 名工人中,有大学本科学历的 54 人,大专学历的 321 人,中专、高中及技校学历的 6 238 人,分别占到工人总数的 0.2％、1.19％和 23.14％。(见表 7-1-6)

表 7-1-6　2000 年上海港务局职工文化结构统计表

类别	总数	研究生	本科	大专	中专	技校	高中	初中	小学
企业领导	271	16	82	156	6	1	10	0	0
科级	1 036	9	168	489	245	10	80	33	2

类别	总数	研究生	本科	大专	中专	技校	高中	初中	小学
机关科室	2 066	8	246	677	711	43	253	124	4
后方干部	1 209	0	184	279	434	39	130	139	4
前方干部	2 719	2	232	411	944	77	276	771	6
其他	2 208	5	159	568	842	31	408	185	10
干部小计	9 509	40	1 071	2 580	3 182	201	1 157	1 252	26
技师	82	0	0	6	13	10	30	23	0
高级工	205	0	0	8	54	33	38	70	2
中级工	4 081	0	5	49	285	795	513	2 384	50
初级工	6 206	0	0	36	272	868	646	4 309	75
熟练工	3 031	0	2	19	98	115	396	2 333	68
普通工	5 294	0	4	42	155	85	446	4 250	309
其他	8 058	0	43	161	519	334	533	5 646	822
工人小计	26 957	0	54	321	1 396	2 240	602	19 015	1 326

上港集团成立以来,随着国民经济和教育事业的迅速发展,职工的文化结构发生了深刻变化,职工大专及以上学历人数占职工总人数的比例,从 2005 年的 31.5% 增加到 2019 年的 64.89%;中等职业教育、高中及以下文化程度的职工从成立之初的 68.49% 下降到 2019 年的 35.11%。职工文化素质的显著提高,有力地促进了科技兴港,促进了生产建设事业的发展。(见表 7-1-7)

表 7-1-7　2008～2019 年上港集团职工文化结构表

年份	职工人数	文化构成									
		研究生及以上		大学本科		大专		中等职业教育		高中及以下	
		人数	占比	人数	占比	人数	占比	人数	占比	人数	占比
2008 年	24 875	158	0.64%	2 387	9.60%	5 023	20.19%	4 028	16.19%	13 273	53.36%
2009 年	24 054	161	0.67%	2 566	10.67%	4 993	20.76%	4 475	18.60%	11 859	49.30%
2010 年	22 869	190	0.83%	2 824	12.34%	4 751	20.77%	3 664	16.02%	11 440	50.02%

年份	职工人数	文化构成									
		研究生及以上		大学本科		大专		中等职业教育		高中及以下	
		人数	占比	人数	占比	人数	占比	人数	占比	人数	占比
2011 年	22 085	193	0.87%	3 051	13.81%	4 912	22.24%	3 436	15.56%	10 493	47.51%
2012 年	20 755	224	1.08%	3 418	16.47%	4 984	24.01%	3 394	16.35%	8 735	42.09%
2013 年	19 842	245	1.23%	3 725	18.77%	4 974	25.07%	3 379	17.03%	7 519	37.89%
2014 年	19 044	268	1.41%	3 989	20.95%	4 836	25.39%	3 267	17.16%	6 684	35.10%
2015 年	18 338	289	1.58%	4 180	22.79%	4 802	26.19%	3 084	16.82%	5 983	32.63%
2016 年	18 183	305	1.68%	4 471	24.59%	4 926	27.09%	2 810	15.45%	5 671	31.19%
2017 年	17 213	395	2.29%	5 067	29.44%	4 975	28.90%	2 819	16.38%	3 957	22.99%
2018 年	16 366	441	2.70%	5 332	32.58%	4 787	29.25%	2 633	16.09%	3 173	19.39%
2019 年	14 711	419	2.85%	4 666	31.72%	4 461	30.32%	2 397	16.29%	2 707	18.40%

2011 年 3 月，上港集团工会曾对集团下属 35 个单位进行了职工岗位结构、文化结构和技术结构情况的调查。分析结果显示，上港集团职工的整体素质比 2003 年集团成立时有相当程度的提高。（见表 7-1-8）

表 7-1-8　2011 年上港集团下属部分单位职工结构情况分析统计表

序号	单位	人数	男	女	岗位结构							文化结构				技术结构			
					管理人员	工程技术	船员	技术工人	装卸工人	后勤服务	其他	大学以上	中专	高中技校	初中及以下	高级职称	中级职称	初级职称	技术级
1	房产公司	26	20	6	13	10	—	3	—	—	—	21	—	1	4	4	9	6	3
2	国际航运	12	11	1	12	—	—	—	—	—	—	—	—	—	—	—	—	—	—
3	教培中心	118	86	32	87	—	—	—	—	18	13	72	3	13	28	5	33	19	22
4	长江物流	157	131	26	91	—	60	—	—	—	6	65	37	27	26	8	57	42	18
5	浦远公司	204	196	8	46	—	124	9	16	—	9	57	41	38	65	2	58	36	88
6	明东集箱	489	440	49	53	19	—	72	—	—	345	260	32	72	124	—	19	58	291
7	外六期	38	31	7	34	—	—	—	—	4	—	13	24	1	—	6	20	12	—

续　表

序号	单位	人数	男	女	岗位结构							文化结构				技术结构			
					管理人员	工程技术	船员	技术工人	装卸工人	后勤服务	其他	大学以上	中专	高中技校	初中及以下	高级职称	中级职称	初级职称	技术级
8	技劳公司	39	23	16	34	—	—	1	—	—	4	26	5	8	—	1	9	15	1
9	海湾公司	182	159	23	76	—	—	—	—	99	7	48	19	44	69	4	15	22	50
10	罗矿公司	433	396	37	59	31	—	85	40	5	214	113	54	100	166	3	32	78	52
11	浦东集箱	797	572	225	214	39	—	443	—	92	9	305	159	120	226	9	57	98	443
12	SCT	905	788	117	123	38	—	217	—	—	527	327	165	195	218	3	28	106	—
13	龙吴公司	677	492	185	224	21	—	387	—	66	—	158	97	182	240	3	50	74	385
14	引航站	549	536	13	24	386	442	136	—	2	1	370	48	77	54	54	171	183	136
15	港工公司	867	773	94	113	463	120	114	—	28	29	327	154	125	261	14	95	187	114
16	客运公司	838	750	88	17	—	—	3	—	—	818	8	179	129	532	3	3	9	2
17	轮驳公司	1 807	1 598	209	67	—	—	—	—	—	1 740	108	240	357	1 102	4	18	39	—
18	海华公司	183	143	40	101	11	71	—	—	—	—	109	34	20	20	2	72	24	4
19	外轮理货	1 162	1 107	55	82	1 025	—	17	—	13	25	507	225	245	165	2	37	399	—
20	公安局	774	755	19	709	—	26	—	—	—	39	530	109	101	34	8	36	58	25
21	军工路	487	442	45	35	34	—	272	—	—	146	83	71	90	243	1	32	69	272
22	复兴船务	1 188	1 099	89	112	307	368	186	—	105	110	230	163	277	518	1	245	179	602
23	煤炭公司	873	778	94	89	45	—	416	69	92	162	116	172	203	382	4	39	65	416
24	张华浜	892	797	95	194	16	—	301	28	91	263	173	72	205	442	4	30	55	301
25	罗分公司	958	860	98	204	41	—	168	250	99	98	133	73	277		—	—	—	
26	远东监理	37	34	3	8	25	—	—	—	4	—	32	2	1	2	9	21	4	4
27	振东集箱	1 442	1 114	328	302	86	—	551	—	279	228	379	282	364	417	11	62	133	549
28	国客中心	104	65	39	33	6	—	16	—	—	—	46	—	9	14	35	2	17	33	16
29	沪东集箱	613	549	64	61	34	—	92	285	14	132	338	82	152	41	2	33	97	401
30	宝山公司	496	370	126	152	32	—	275	—	34	3	156	56	140	144	6	37	56	275
31	海勃公司	162	126	36	19	142	—	—	—	1	—	160	—	2	—	6	40	23	—
32	盛东集箱	1 008	896	112	62	32	—	873	—	—	41	547	176	187	98	5	45	99	633

序号	单位	人数	男	女	岗位结构							文化结构				技术结构			
					管理人员	工程技术	船员	技术工人	装卸工人	后勤服务	其他	大学以上	中专	高中技校	初中及以下	高级职称	中级职称	初级职称	技术级
33	上港物流	2 659	2 071	588	324	114	137	1 328	—	62	694	886	170	598	1 005	3	87	210	372
34	冠东集箱	745	629	116	158	24	—	379	—	—	84	457	84	142	62	2	45	102	371
35	集团机关	168	134	34	138	10	—	20	—	—	—	132	5	12	17	32	62	62	29

注：客运公司和轮驳公司"其他"一项指的是在平台人员；外轮理货公司"工程技术"一项指的是理货人员，"其他"一项指的是离岗人员。

第二节　职工培训

上海港务局改制后，提出必须从建设国际化强港的高度，切实加强高级管理人员、专业技术人员、集装箱管理人员、适应多元组合的经营人才和高等级技术工人等五支队伍的培养和建设，逐步形成人才梯队结构和人才信息库，形成培养、使用、引进、激励和约束监督的良好机制，进一步提高职工队伍素质。

上港集团的职工培训主要由上港集团教育培训中心（以下简称"教培中心"）承担。教培中心由原来的上海港党校、上海海港职工大学、上海港技工学校和原局教育处整合组建而成，主要承担实施对上港集团教育培训的行政管理、制定教育规划和计划、职工技术业务等级考核和职工学历教育。教育培训中心坐落于浦东新区浦东大道 2598 号，占地面积 43 113 平方米，总建筑面积 35 934 平方米。其中，教学及实习用房 10 924 平方米，行政办公用房 5 918 平方米，生活及附属用房 19 092 平方米。拥有设备齐全的实验室、语音室、电教室、演播室、计算机房和实训室等现代化的教育设施，固定资产原值 3 788 万元。2014 年，教培中心有 77 名内部讲师和 48 名外部讲师。到 2016 年，教培中心共有 23 名内部讲师和 26 名外部讲师。2017 年，共有 25 名内部讲师和 29 名外部讲师。

2014 年 1 月，由市人保局、市财政局资助的模拟器和克令吊等设备在教培中心安装。港口起重机械操作训练模拟器具有优良的起重机械驾驶操作培训功能，集多用途于一身，涵盖了集装箱岸边起重机、集装箱轮胎吊、门机、卸船机、行车、内燃吊车等起重机械设备、机种的驾驶操作功能。与之相配套的港口叉车驾驶模拟器，具有培训水平机械为主体的驾驶操作功能，同时兼有培训集装箱正面吊和空箱堆高机的驾驶操作功能。

船舶式起重机(俗称"克令吊"),额定起重量为 5 吨,最大作业范围达 12 米,能基本满足上港集团关手上岗培训的需要。2017 年又添置了轮胎吊司机驾驶操作模拟器,更有效地培训集装箱轮胎吊司机的驾驶操作技能。

教培中心下设国际集装箱运行技术、集装箱运输管理、港口物流设备与自动控制、计算机技术与应用、汽车运用技术、物流管理、会计等专业。经过多年的改革和发展,教育培训中心现已发展成为一个能够承担大专(高职)、中职学历教育和各类培训、技能考核的综合性培训基地。

教培中心 2006 年为洋山港区提前招聘和培训集装箱岸边起重机和轮胎吊司机、机械维修人员、中控室操作人员等关键岗位职工共 324 名,为洋山二期工程顺利运作提供了人才保障。此后,每年都为上港集团定向培养和培训各种关键技术岗位专业人才。2007 年,为着眼长远、储备人才,与上海海事大学再次联合开办了航海和机电专业两个定向班。

2013 年,上港集团确定集团下属浦东公司为集装箱电控技术实训基地。2014～2018 年间,培训中心通过开办各种港口装卸机械驾驶、维修等培训班,举办业务、管理、安全等中、短期培训班,累计参加培训职工达 7 万多人次。

同时,上港集团坚持在岗和轮岗培训制度,多年来对领导干部和高级管理人员深入开展全面质量管理、安全生产、岗位资质、计算机操作、新型物流知识的培训,经过培训,提高了领导干部的文化、技术和业务素质,促使领导干部队伍的素质结构向知识性、智力型转变,适应了港口大发展的趋势,在港口现代化建设中发挥了重要作用。

此外,每年组织管理人才去国外先进港口学习培训。2004 和 2005 年,针对各类高级管理人才的需求,与马士基公司联手,共选送了 84 名优秀青年到国外接受集装箱码头管理培训。2007 年 5 月,上港集团委托马士基 APM 码头公司举办管理人员出国(境)培训班,对 24 名青年管理人员开展了为期 2 个半月的国外培训。同时选派了 10 名领导人员赴境外接受国际港口管理知识的培训。2012 年 2 月,与马士基集团、西班牙 ESADE 商学院、复旦大学合作,组织 37 名基层单位党政主要领导参加了上港集团领导干部培训班暨港口高级管理人员(正职领导人员)第四期(马士基)培训班。从 2009 年开始,还组织职工去赴日本安川公司进行电控及节能技术培训。

第三节　职工再就业工程

上海港是个百年老港,人员多,负担重。随着集装箱运输的发展和城市建设的需要,过去为上海港挑大梁的沿江老港区功能逐渐萎缩。进入 21 世纪后,随着上海市城市建设步伐加快、黄浦江老港区功能加快转移和世博会场馆建设需要,港务局大批职工需要转岗、下岗和再安置。上港集团成立后,继续实施职工再就业安置。

20世纪90年代中期,上海市委、市政府决定黄浦江两岸综合开发,进行配套市政建设,逐步实施城市总体布局规划。上海港务局顺应历史潮流,调整货种结构,黄浦江内老港区开始改造和转移。

2000年,以包起帆为主任的上海港务局老港区综合开发办公室,按照上海市2020年城市总体规划以及黄浦江两岸地区规划的要求,经过调查研究,围绕建设上海国际航运中心和把上海港建成集装箱枢纽港的目标,对上海港老港区64个老码头的停产歇业、外迁重建、重组合并,以及对老港区的产业结构调整和功能转换、实现战略转型提出了项目建议书。2000年6月,上海市规划局以〔沪规区(2000)第0371号〕文批复同意。

2001年,上海港务局共有老港区的6个项目对外签订了合作开发协议书,开发毛地面积41.7万平方米。高阳地块取得了金岸大厦房产证,标志着该地块一、二期开发取得了阶段性成果。国际客运中心形态设计方案经专家评审选定"白玉兰"方案。与黄浦区联手委托国外设计公司完成了十六铺(大达)地区规划方案,并上报市备案。杨家渡地块及汇山西部地块项目建议书获市政府批准。杨家渡商品住宅项目的立项报告和可行性研究报告也获批复,并与开发商签订了开发协议。

2002年1月10日,上海市委、市政府向世人宣布黄浦江两岸综合开发正式启动。2月1日,受广大上海市民瞩目的位于黄浦江畔的上海港东昌公司(原上海港第一装卸作业区)的一幢多层库房启爆,打响了"浦江开发第一爆",上海港老港区整体开发实质性启动。7月1日,东昌公司停止了装卸生产,利用码头地块参股、合资开发房地产项目合作经营,总占地面积7万多平方米,规划红线4.66万平方米,建设精品住宅楼。(图7-3-1)

图7-3-1 2002年2月1日东昌公司一幢多层仓库启爆

在此过程中,上海港务局各个基层企业都涌现出大量富余人员,这些职工都年龄较大,文化偏低,技能单一,再就业条件较差。做好老港区富余人员的分流安置工作,直接关系广大离岗人员的切身利益,关系到改革、发展和稳定的大局,下岗分流、职工再就业安置工作显得尤为紧迫和重要。

从 2001 年开始,上海港务局根据市委、市政府的有关指导方针,结合本局的实际情况,在大力推进就业市场化的同时,发挥行业和企业的作用,依靠自身努力,对离岗人员中的老人、中人、新人,采取不同的分流安置对策,基本上都得了适当安置。富余人员下岗后,各级领导花大力气开展再就业工程,通过转岗培训、劳务输出、自谋出路等多种途径分流安置,以逐步实现人力资源的优化重组,确保改革、发展、稳定工作的全面推进。到 2002 年,上海港务局先后有 15 000 多名职工离岗。

2003 年,上港集团成立后,根据上海港产业结构调整和上海城市发展规划的要求,进一步明确了杨浦、南浦两桥之间老港区功能调整的总体思路。继续全面实施再就业工程。通过各方努力,开拓了多个安置分流渠道:

一是开拓经营,安排一批。根据下岗职工一般年龄较大,技能单一,再就业比较困难的特点。在发展生产基础上,努力创造新的岗位,安排下岗职工转岗上岗,积极组织下岗职工开展生产自救。在尽可能的条件下,投入一定的资金和场地,组织下岗职工开展电器、车辆、复印机维修,房屋装潢,物业管理,洗衣熨烫,家政服务等生产自救,鼓励下岗职工自食其力。

二是走向劳务市场,输出一批。对女满 35 岁、男满 40 岁的下岗职工,集团内无上岗条件,本人有一定就业能力,又不愿与单位终止劳动关系的,可以协商签订保留劳动关系的协议书,保留期限一般五年以上,可以签至劳动合同终止日止或到达退休年龄日止。协议期间单位负责职工养老金的缴纳,并可享受住院医疗保险待遇,下岗职工签约后可以从事各类有经济收入的工作。集团和基层职业介绍机构积极寻找适合港口下岗职工文化技能较低特点的岗位,如保安、保洁、物业管理等,组织下岗职工向社会劳务输出,实现再就业。仅轮驳公司就向上海市青年活动中心、城市酒家、盛东物业公司等单位输出了约 300 人。同时,鼓励下岗职工走向社区,开展非正规就业。在虹口、闸北等区的帮助下创办了家电维修、助动车维修、快递、图书租借等就业项目,安置下岗职工。

三是用好有关政策,退养一批。上港集团实施了交通部颁发的九个工种可提前五年退休的规定,并对离法定退休年龄五年以内年老体弱的下岗职工,经本人申请,领导批准,可实行企业内提前退休(即待退休)。对患有严重疾病,或就业能力低下,尚不符合待退休条件的下岗职工,用养起来的办法进行安置,待到达待退休条件时再转为待退休。

四是严格执行制度,清退一批。严格执行招工申报制度,坚决清退不规则用工和计划外农民工,继续清退返聘的退休人员,特别是超龄的退休人员,腾出岗位安置下岗职工。加强劳动合同管理。职工发生严重违法违纪的,作解除劳动合同处理。长病伤假人员在外从事有收入工作的,单位可停发疾病救济费。对每月享受下岗生活补贴待遇的下岗职工,无正当理由不服从分配或不参加转岗、转业培训的,在做好记录的前提下,可解除劳动合同。对年纪较轻有就业能力的下岗职工劳动合同期满,一般即行终止劳动合同,不再续签。

五是理顺劳动关系,剥离一批。鼓励下岗职工自谋职业,自找出路,在给予一定的经济补偿前提下,协议终止劳动合同。已在转制后的有限责任公司、股份合作制企业、外商投资企业工作的职工,原单位应终止劳动关系,将他们的劳动关系剥离出去。在此过程中,为更好地开展再就业工程,上港集团建立了再就业工程专项基金,将因工资水平发放过高单位征收的帮困基金全部转为局开展再就业工程专项基金,专款专用,对困难企业重点扶持。

2003 年,上港集团合理配置劳动力资源,制定了整建制的安置分流方案,强化基层责任,实实在在地做好职工安置工作。集团所有单位清理岗位,腾出 1 000 个就业岗位安置老港区分流人员,想方设法为职工再就业创造条件。绝大多数离岗人员生活安定,情绪稳定。有些离岗人员经过到外面闯荡一番,看到再就业有广阔天地,逐渐增强了对市场就业的心理承受和实际适应能力。

另一方面,上港集团把下属轮驳分公司的功能转换,作为集团公司的安置和管理老港区分流下岗职工的平台。此后八年间,上港集团先后对黄浦江两岸的 15 个老港区及客运公司、机械修造厂、医院等实施停产歇业、外迁重建和重组合并,对老港区实施结构调整、功能转换,实现战略转型,为上海市成功举办世博会作出了贡献。同时调整了生产结构,适应了国民经济的迅速发展和国际贸易量的迅速递增。

2004 年,开平、高阳等分公司分别退出了装卸主业。上港集团在老港区产业结构调整中,坚持"以人为本、善待职工、有情操作"的原则,积极稳妥地推进职工分流安置工作,当年腾出岗位安置分流职工 1 300 多人,与职工协商解除劳动合同 6 400 多人。

2005 年,根据上海市总体规划和世博会场馆建设的要求,积极稳妥地推进黄浦江两桥之间老港区功能转换和职工分流安置工作。完成了南栈码头等三个地块的移交,上港集团下属部分单位进行了业务调整。当年上港集团内录用地块开发单位职工 638

人,安置45周岁以下离岗职工446人,协商解除职工1657人,转岗培训985人,为538名离岗职工提供了社会劳务再就业岗位。上港集团地块开发单位在册职工总人数从2003年末的18564人减至8464人。

2006年,上港集团下属南浦、客运分公司全部退出装卸主业,南浦分公司主业装卸生产平稳转移到龙吴分公司,客运分公司客货运输业务平稳转移到国际客运中心。上港集团全年累计安排地块开发单位269名职工到集团公司其他单位重新上岗,554名职工进入上港集团安置分流平台。东昌分公司人员顺利转移到集团安置分流平台,实现了平稳过渡。上港集团地块开发单位在册职工总人数进一步减至6591人。

2007年,上港集团按照上海市总体规划和世博会筹建要求,黄浦江两桥之间的老港区顺利实施转移,老港区功能转换工作有序推进。罗泾、军工路、煤炭和新华分公司在确保完成原有码头生产任务的同时,按期实现了生产无间隙衔接的目标。上港集团在安置分流工作中,整建制转移军工路分公司、新华分公司和煤炭分公司职工1855名、招聘和录用地块开发单位职工129名,将"以置为主,以养为辅"的政策落到了实处;同时,把211名离岗职工和2866名离退休人员归入轮驳分公司实施统一管理,充分发挥了集团公司人员安置平台的功能。

2009年,上港集团按照"三统一"的原则,进一步加强人员安置平台的工作,归并了南浦、高阳和港湾等公司有关人员,保障和提高了离岗、待岗职工的生活待遇。

到2010年底,上港集团进入轮驳分公司安置平台的职工一共有2958名。其中长病伤假人员204名,协保人员21名。当年已再就业1556人,其中在集团内就业的172人,在集团外就业的1384人,占总人数的52.6%。未再就业的1178人,从年龄分析,46～50岁的250人,51～55岁的413人;从原因分析,由于健康原因未就业的为274人,要求自我再就业的151人,本人无再就业要求的725人(见表7-3-1)。

到2013年底,上港集团进入轮驳分公司安置平台职工还剩下1915人。其中长病伤假人员200名,协保人员8名。当年已再就业963人,其中在集团内就业的68人,在集团外就业的895人,占总人数的50.29%。未再就业的744人,从年龄分析,45～50岁的108人,50～55岁的239人;从原因分析,由于健康原因未就业的为210人,自我再就业的124人。至此,上港集团的职工再就业安置工作基本完成。(见表7-3-2)

表 7-3-1　2010 年上港集团离岗人员情况统计表

情况\单位	煤炭	军工路	张华浜	罗泾	宝山	龙吴	客运	复兴	轮驳	港工	引航站	海湾	公安局	教培中心	振东集箱	盛东集箱	外理	罗泾矿石	浦远	技术劳务	浦东集箱	SCT	明东集箱	合计
长病伤假	20	—	35	16	2	4	7	27	35	24	4	—	—	—	—	—	9	14	1	1	1	3	1	204
协保人员	3	—	1	—	—	—	—	1	15	1	—	—	—	—	—	—	—	—	—	—	—	—	—	21
其中　已在集团内就业	—	—	—	—	—	—	—	—	—	—	—	—	—	—	—	—	—	—	—	—	—	—	—	0
已在集团外就业	—	—	—	—	—	—	—	—	11	—	—	—	—	—	—	—	—	—	—	—	—	—	—	11
已再就业	—	—	—	2	—	—	199	—	1345	—	—	—	1	2	—	—	1	—	3	3	1	—	—	1556
其中　集团内就业	—	—	—	—	—	—	63	—	109	—	—	—	—	—	—	—	—	—	—	—	—	—	—	172
集团外就业	—	—	—	2	—	—	136	—	1236	—	—	—	1	2	—	—	1	—	3	3	1	—	—	1384
未再就业	34	1	38	65	—	—	603	2	347	3	5	4	12	9	1	1	15	2	5	—	4	22	1	1178
按年龄分　35岁以下	—	—	—	—	—	—	2	2	2	—	—	1	—	—	—	—	—	—	—	—	—	—	—	5
其中女性	—	—	—	—	—	—	2	—	—	—	—	1	—	—	—	—	—	—	—	—	—	—	—	5
35~40岁	—	—	—	—	—	—	9	—	6	—	1	—	—	1	—	—	—	—	1	—	—	—	—	17
其中女性	—	—	—	—	—	—	7	—	5	—	—	—	—	—	—	—	—	—	—	—	—	—	—	12

续　表

情况＼单位	煤炭	军工路	张华浜	罗泾	宝山	龙吴	客运	复兴	轮驳	港工	引航站	海湾	公安局	教培中心	振东集箱	盛东集箱	外理	罗泾矿石	浦远	技术劳务	浦东集箱	SCT	明东集箱	合计
按年龄分 40～45岁	1	—	—	4	—	—	44	—	26	—	—	—	—	—	—	—	—	—	—	—	—	—	—	75
其中女性	1	—	—	4	—	—	28	—	9	—	—	—	—	—	—	—	—	—	—	—	—	—	—	42
45～50岁	11	—	18	7	—	—	123	—	81	2	3	1	—	1	—	—	—	—	1	—	—	—	2	250
其中女性	2	—	18	7	—	—	47	—	22	2	—	1	—	1	—	—	—	—	—	—	—	—	2	102
50～55岁	16	—	1	20	—	—	198	3	156	—	1	1	3	7	1	—	4	2	2	—	—	—	10	413
55岁以上	6	1	19	34	—	—	227	3	76	1	2	1	9	2	1	4	1	—	2	—	—	4	10	408
按原因分 健康原因	7	1	31	—	—	—	19	—	150	3	3	—	2	7	—	4	15	2	5	—	—	4	22	274
自我再就业	18	—	7	1	—	—	25	—	97	—	—	4	2	—	1	—	—	—	—	—	—	—	—	151
本人无再就业要求	8	—	—	64	—	—	546	—	94	—	—	—	8	7	—	—	—	—	—	—	—	25	—	725
本人要求再就业	—	—	—	—	—	—	13	—	5	—	—	—	—	—	—	—	—	—	—	—	—	—	—	27
合计	57	1	74	83	2	4	809	30	1742	28	9	4	13	11	1	4	25	16	9	4	5	25	2	2958

表 7-3-2　2013 年上港集团离岗人员情况统计表

单位＼情况	煤炭	张华浜	罗泾	龙吴	客运	复兴	轮驳	中建港务	引航站	海湾	公安局	教培中心	盛东集箱	上港物流	外理	罗泾矿石	浦远	技术劳务	浦东集箱	SCT	明东集箱	合计
长病伤假	12	25	13	6	5	29	24	19	9	—	—	—	10	21	11	9	—	1	3	2	1	200
协保人员	1	—	—	—	—	—	7	—	—	—	—	—	—	—	—	—	—	—	—	—	—	8
其中　已在集团内就业	—	—	—	—	—	—	—	—	—	—	—	—	—	—	—	—	—	—	—	—	—	0
已在集团外就业	—	—	—	—	—	—	7	—	—	—	—	—	—	—	—	—	—	—	—	—	—	7
已再就业	—	—	2	—	140	—	819	—	—	—	—	1	—	—	—	—	—	1	—	—	—	963
其中　集团内就业	—	—	—	—	16	—	52	—	—	—	—	—	—	—	—	—	—	—	—	—	—	68
集团外就业	—	—	2	—	124	—	767	—	—	—	—	1	—	—	—	—	—	1	—	—	—	895
未再就业	26	30	28	—	341	—	249	5	—	2	4	5	—	13	13	5	7	—	—	14	2	744
按年龄分　35岁以下	—	—	—	—	—	—	1	—	—	1	—	—	—	—	2	—	—	—	—	—	—	4
其中女性	—	—	—	—	—	—	—	—	—	1	—	—	—	—	—	—	—	—	—	—	—	1
35~40岁	—	—	—	—	2	—	2	—	—	—	—	—	—	—	—	—	—	—	—	—	—	4
其中女性	—	—	—	3	2	—	1	—	—	—	—	—	—	—	—	—	—	—	—	—	—	3

续表

分类	情况＼单位	煤炭	张华浜	罗泾	龙吴	客运	复兴	轮驳	中建港务	引航站	海湾	公安局	教培中心	盛东集箱	上港物流	外理	罗泾矿石	浦远	技术劳务	浦东集箱	SCT	明东集箱	合计
按年龄分	40~45岁	—	—	5	—	12	—	13	—	—	—	—	1	—	1	—	—	—	—	—	2	—	34
	其中女性	—	—	5	—	10	—	4	—	—	—	—	—	—	1	—	—	—	—	—	2	—	22
	45~50岁	8	4	1	—	40	—	48	1	—	—	—	—	—	2	—	1	—	—	—	—	1	108
	其中女性	1	4	1	—	15	—	12	1	—	—	—	—	—	1	—	1	—	—	—	—	1	39
	50~55岁	7	—	17	—	87	—	111	1	—	1	4	4	—	4	—	3	—	—	—	—	—	239
	55岁以上	11	26	5	—	200	—	74	3	—	—	—	—	—	6	—	7	—	—	—	9	1	355
按原因分	健康原因	6	21	5	—	16	—	114	5	—	—	—	1	—	13	—	13	—	—	—	14	2	210
	自我再就业	17	5	1	—	12	—	89	—	—	—	—	—	—	—	—	—	—	—	—	—	—	124
	本人无再就业要求	4	—	27	—	306	—	40	—	—	2	4	4	—	—	—	—	7	—	—	—	—	394
	本人要求再就业	—	—	—	6	7	—	—	—	—	—	—	—	—	—	—	—	—	—	—	—	—	13
合计		39	55	43	6	486	29	1099	24	9	2	4	6	10	34	24	14	7	2	3	16	3	1915

第四节 劳动用工制度改革

一、装卸一线用工制度改革起始

上海港装卸一线用工制度的改革始于 1981 年,按照社会主义市场经济的要求,大胆借鉴了国外港口生产管理的做法,从上海港的实际情况出发,通过培育和发展港口装卸劳动力市场,不断探索适合中国港口装卸生产劳动特点的用工机制,构筑了由社会化、专业化的装卸劳动组织来承担港口装卸作业的劳动管理新体制,实施了装卸一线用工制度的改革。

1989 年 1 月 12 日,上海港务局决定在龙吴、宝山两个新港区的装卸一线试行承包化的用工形式。

到 1992 年,港口各单位相继开始推行全员劳动合同制的同时,上海港逐步形成了地跨七省一市的 14 个劳务基地。用劳务输出方式组建装卸劳务承包公司,以集约化、专业化的生产组织,在装卸单位推行"装卸一线生产承包化",合理配置装卸生产的人力资源,推进一线用工制度的改革。"一线装卸生产承包化"的主要内容是将港区的一线生产任务发包给装卸承包公司,它是两个经济实体间的发承包关系,从装卸生产管理到单船指导、具体操作均由承包方派遣人员组织实施。发包方则按承包协议监督检查生产完成情况,并按规定支付装卸费用。同时,还探索形成了以单船承包制为主要形式的劳务费结算机制,使港口装卸劳动新体制日趋成熟和完善。

1997 年,上海港务局完成了《关于建立港口装卸劳动新体制的探索》的课题研究,研究确定了装卸一线用工制度改革的总体设想和战略目标:用 8 年左右的时间,将上海港务局一线装卸生产任务全部发包给 20 个左右劳务基地的县(区)组建的装卸承包公司,通过一线装卸承包化替代近一万名装卸工人中的固定工、合同制工和轮换工,彻底摆脱旧生产管理模式的束缚,实行经营机制的深刻变革。该项课题被国家劳动部授予劳动部科学技术进步二等奖。

到 2000 年,在上海港务局 13 家生产单位中,共使用外来劳务工 3 872 人(男 3 863 人,女 9 人),平均年龄 27 岁。其中一线装卸工人 3 788 人,二线辅助工人 84 人;小学文化程度 1 294 人,初中 2 550 人,高中 28 人。

二、劳务装卸承包公司

2003 年,上港集团成立时,按国家规定,在上港集团的外省市劳务输出机构相继成立了劳务装卸承包公司。劳务装卸承包公司具有独立法人地位,是自主经营、自负盈亏、独立核算、自我发展的经济实体,与发包用工单位是两个经济实体间的承发包关系,具有生产经营、劳动人事、经济分配等法人地位所必需的权责制,并配备了相应的司机、关手、安全员等技术骨干,形成了具有一定规模同时又比较精干的管理层次。上港集团根据港口生产的特点,赋予装卸承包公司较强的生产、管理等经营权力,可以直接承包单船装卸作业,实行单船核算、单船考核、单船结算。上港集团下属港务公司则逐步将现场生产指挥组织权以合同的形式,交给了装卸承包公司,并逐步在装卸承包队中培养装卸司机,使承包队从单纯的劳务型向技能型全面发展,引进竞争机制,缓解装卸司机严重紧缺的状况,进一步深化一线承包化改革。农民承包工承担了装卸公司的全部装卸生产任务,初步形成了装卸工和装卸司机能进能出、优胜劣汰的竞争机制。还探索形成了单船承包制为主要形式的劳务费结算机制,使港口装卸劳动新体制日趋成熟和完善。随着上海港企业经营机制的转换和劳动用工制度改革的深化,外来承包工人数逐年增多,成为装卸生产中一支不可缺少的生力军。

从 2004 年开始,各地劳务承包公司开始改制,由集体所有制改制为民营企业,实现民营化。劳务公司与招收来的外来劳务工签订劳动合同,由劳务公司派遣到用工单位工作或进行劳务项目承包。

2006 年底,在上港集团的劳务公司共有 27 家,分别来自我国山东、安徽、重庆、湖南、贵州、江西、江苏、河南等 8 个省市和上海市的四个区县(宝山、南汇、松江、崇明)。

2009 年,在上港集团工作的外省市劳务工主要来自山东、安徽、重庆、四川、湖南、贵州、江西、江苏、河南等九个省市,分属于 26 家劳务公司。劳务公司中,进入上港集团时间最早的是 1986 年的山东临朐劳务公司,最晚的是 2005 年的江苏新淮海劳务公司。劳务工规模在 1 000 人以上有 5 家,分别是山东临朐、山东薛城、山东平邑、安徽歙县、重庆黔江,规模在 100～1 000 人的有 9 家,规模在 100 人以下的有 12 家。

到 2010 年底,来自全国 9 个省份的 28 家劳务公司均按政企分开原则与当地政府脱钩成为了独立法人。拥有劳务工 1 000 人以上的有 5 家,100～1 000 人的有 14 家,100 人以下的有 9 家。(见图 7-4-1)

发展到 2018 年,在上港集团从事劳务承包工作的各地劳务公司共有山东平邑、山东薛城、山东临朐、安徽黄山、重庆黔江、安徽枞阳、江西于都、上海进明、宝山山丰、崇明信昱、江苏新淮海、江苏涟水、港兴公司、外港劳服、汉泾劳服、江西弋阳、江苏建湖、上海莘吴、上海太福等 19 家,劳务承包工总数达到 16 592 人。

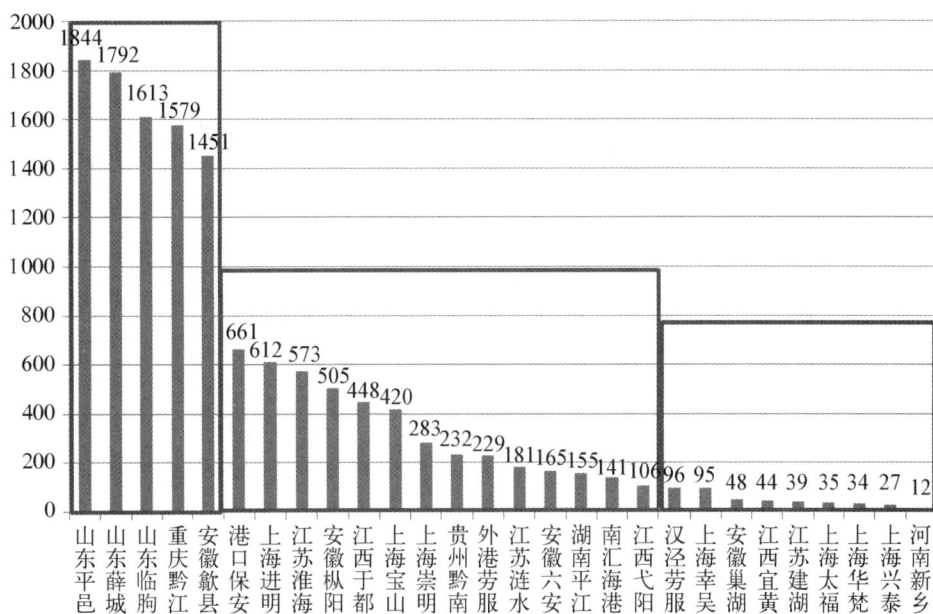

图 7-4-1　2010 年各地劳务公司拥有劳务工数量统计图

三、外来劳务承包工管理机制

(一) 管理机制和运作形式

2005 年,上港集团根据以集装箱装卸运输为主的国际航运业的发展趋势和装卸运输业务要求有较高技术含量的客观要求,对装卸一线用工制度进一步改革,逐步演化为由港口装卸企业、装卸劳务承包公司、技劳公司签订"三方合同"的管理模式,帮助承包公司提高素质,完成由劳务型承包向技术劳务型承包发展的转型,并按照市场经济法则,进一步完善公开、公正、优胜劣汰的劳动力市场竞争机制。

2005 年开始,上港集团劳务运作主要为三种形式:第一类为"三方协议劳务承包模式"。这是集团内劳务运作的基本模式,主要由用工单位与劳务公司协商签订劳务承包协议和安全操作责任协议,技劳公司作为丙方参与其中,承担甲、乙双方工作协调和劳务费的代收代发、综合保险统一缴交及为外来劳务工办理工伤认定、索赔以及大病住院索赔等。该模式从 2005 年 1 月起推行,有 27 个用工单位实行该劳务运作模式。第二类为用工单位与劳务公司双方直接签订劳务承包协议,如上港集团物流公司、外理公司等单位。第三类是用项目承包形式开展的劳务承包经营活动。

(二) 管理平台

2003 年以后,上港集团外来承包劳务工主要由成立于 1999 年的上海港技术劳务有限公司管理,上海港技术劳务有限公司作为上港集团管理外来劳务工的工作平台,在上港集团人事组织部指导下对港口装卸承包经营进行集约化管理,盘活装卸劳动力资源,以切实解决港口装卸企业间生产不平衡而产生的劳动力余缺不平衡现象,推进简单装卸作业承包发展为装卸一体化承包。把原由各港口装卸企业直接与各装卸劳务承包公司签订装卸业务合同的方式,改为由各港口装卸企业与技术劳务公司签订合同,技术劳务公司总承包装卸业务后再与各装卸劳务承包公司签订分包合同,对港外劳力实行统一管理,统一规划,统一调剂,统一结算的"四统一"管理体制。

其管理职责主要是配合用工单位承担招工、教育培训、生活后勤等,完成协议规定劳务承包业务,较好地发挥对外来劳务工集团内部市场管理作用。一是代表集团对劳务公司进行资质等方面的管理,阻止不法劳务公司进入集团;二是审核用工单位使用外来劳务工计划,合理调节配置集团各用工单位中劳务公司和外来劳务工数量的分布;三是规范劳务公司用工行为,组织劳务公司开展对外劳务工的安全知识、法律道德知识的教育培训;四是维护外来从业人员合法权益,代收代付外来劳务工每月劳务费,保证按月足额用银行卡发放,为劳务工收缴综合保险和办理工伤医疗索赔等。

用工单位对外来劳务工管理大致有三种形式:一是派出管理干部担任外来劳务队队长、支部书记等管理岗位职务,对外来劳务工队伍直接管理;二是由劳务公司对劳务承包业务的外来劳务工队伍实施管理;三是混同管理,用工单位和劳务公司在外来劳务工招工、安全法制教育、技能培训、生产现场管理、精神文明建设及生活后勤等方面区分职责,共同协作管理。

技劳公司对所有承包单位应取得的劳务费标准提出指导意见,规定每年一季度由上港集团统一公布上年度的全港装卸劳动力价格,从而建立起了较为完整的装卸劳动力价格机制,增加承包工的收入。同时运用协议的形式,建立了各承包单位之间劳动力余缺流动和调剂市场,努力解决港口生产任务的不均衡,根据港内各码头作业任务的忙闲情况,实施跨单位调剂劳动力余缺。

上港集团建立装卸业务承包的用工模式,引入了承包公司的评审机制,对承包公司进行资质评审,通过上港集团资质评审的承包公司可以承包上港集团基层单位的装卸生产业务。同时,上港集团对承包公司每年实施动态考核,对承包公司进行年度评审,实行优胜劣汰。

2010 年以后,上港集团对劳务用工体制进一步改革,通过对各类岗位的重要性、稳定性、知识技能、综合素质、劳动力供给、用工成本等要素进行六维分析、综合研判,在明确哪些岗位、业务可使用劳务承包工后,进行岗位梳理和调整,消除混岗现象,推行业务承包。

2013 年,上港集团进一步深化装卸一线业务承包工作,选取一家集装箱码头、一家散杂货码头作为试点,并对试点情况予以总结,形成可复制可推广的经验。2014 年,上港集团制定了装卸一线业务承包的实施意见,规范业务承包的原则、程序,并着手开展各项前期准备工作。2015 年开始,上港集团所有集装箱码头单位、散杂货码头单位和外轮理货公司全部正式实施装卸一线业务承包。

(三) 管理制度和措施

1997 年,上海港务局下发了《上海港使用外地劳动力的管理条例》,来协调下属基层用工单位对农民承包工的各项动态管理和帮助。确立了在组织上建机制、教育上下功夫、安全上重监察、管理上多探索、治安上下措施、培训上增内容的具体工作思路。

2007 年,上港集团制订了《关于保障外来劳务工合法权益和加强外来劳务工管理的实施意见》。2008 年,开展了对外来务工队伍管理专项调查。同时,为 13 091 名外来务工人员办理了补充医疗综合保险。

由于上港集团关心外来务工人员队伍建设,依法保障了一万多名外来务工人员的合法权益,2008 年被评为"全国工会维护农民工合法权益工作先进集体"。

2010 年,上港集团又下发了《关于进一步加强劳务工管理的意见》,明确劳务用工采用"装卸生产承包为主"的生产模式,即基层单位将装卸业务承包给承包公司,承包公司按照与基层单位签订的装卸业务承包合同,由承包公司组织人员,完成基层单位发包的装卸业务。装卸业务承包的用工模式是:基层单位按照装卸生产需要和业务量实施发包;对承包公司的整体管理(包括日常管理、生产管理、安全管理)实施监管;按照装卸业务承包合同规定,支付装卸业务承包费用,由承包公司进行薪酬福利分配。承包公司按照装卸承包的业务量,组织承包工完成合同规定的装卸业务;根据承包合同的要求,依法建立各项规章制度,对承包工实施管理;配置管理人员,负责对承包工的日常管理和安全生产管理;负责对承包工进行安全生产、生产技能和上岗培训;负责对承包工工伤处理和善后工作。

承发包管理运行方式主要有两种:一是比较彻底的劳务承包形式,用工单位通过协议将劳务业务承包给劳务公司,由劳务公司组织劳务工完成承包业务;二是协议劳务承包,根据用工单位需求实际,如技术业务类工种岗位人员等实行协议劳务承包。港口装卸生产中的安全管理须由用工单位负责。

此外,上港集团为进一步保障承包工的合法权益,由承发包双方委托上海港技术劳务有限公司实施承包工工资代收代发、综合保险代收代缴工作。每阶段公布各岗位劳务工的平均收入水平,明确在生产任务相同的情况下,对收入低于指导标准的单位进行调整,提高劳务工的收入水平。同时进一步规范福利项目和标准,具体操作办法由各用工单位根据实际情况自行制定。

2007 和 2010 年的两个《意见》通过不断深化劳动用工制度改革,进一步落实了劳务工管理,切实维护了劳务工的合法权益,使劳务工在生产建设中发挥了积极的作用。

2011 年,上港集团制订下发了《上海国际港务(集团)股份有限公司劳务工参加本市社会保险的指导意见》,明确为切实保障劳务工的合法权益,依法缴纳劳务工社会保险,并就缴纳劳务工社会保险相关问题作了规定,提出了要求。

2015 年,上港集团下发沪港务人发(2015)〔005 号〕文《上海国际港务(集团)股份有限公司关于进一步推进港口装卸业务承包工作的实施意见(试行)》(以下简称"《实施意见》")。《实施意见》共分基本原则、管理体制、主要措施三大部分。上港集团决定成立上港集团业务承包管理领导小组,明确了对承包公司日常管理的四个主要问题,并就进一步推进港口装卸业务承包工作从承包范围、生产管理、安全管理、费用给算、合同管理、承包公司管理及党群关系等七个方面提出了实施措施。

到 2018 年,上港集团装卸一线劳务用工人数中,已实现业务承包的比例达 89%。其装卸业务承包的主要措施如下:

1. 单项业务承包模式。即将装卸生产操作过程中的某一环节(捆扎业务、内场集卡运输业务、道口业务、理货业务等)发包给专业的承包公司承担。业务承包实行合同管理。

2. 生产管理。承包公司严格按照上港集团装卸生产工艺和安全操作规程,以及基层单位生产与安全的管理要求,在承包业务范围内进行装卸生产。

3. 安全管理。由基层单位对现场安全生产工作进行统一协调和管理。通过签订《安全管理协议》明确双方具体管理职责。

4. 承包费用结算。按照业务量进行承包费用结算,列支相对应的业务成本。集装箱码头主要以作业箱量、散杂货码头以作业工时为基础单价进行结算。

5. 合同管理。集团统一制定承包合同模板及相应的附件,包括《安全管理协议》《绩效评估协议》《费用结算标准》《社会责任履行承诺》等。

6. 承包公司管理。明确承包公司的资质准入标准,对经营范围、人员规模、注册资金等方面都提出明确要求。对承包公司在人员管理、薪酬分配、考核管理、培训教育等内部管理方面提出明确要求。

7. 党群关系。上港集团制定了《关于进一步加强业务承包工党员管理的指导意见》和《关于明确集团及基层单位工会与业务承包公司工会工作关系的指导意见》,要求承包公司建立相应的党群、工会组织。加强基层单位对承包公司党群组织的业务指导和管理。通过组织关系委托管理、挂靠等方法,明确双方党群管理的关系。

（四）港区内场集卡拖运业务承包体制改革

2016 年，上港集团实施了港区内场集装箱卡车（以下简称"集卡"）拖运业务承包体制改革。

2015 年前，内场集卡拖运业务由各集装箱码头单位以业务外包的模式发包给上港集团所属的物流公司，由物流公司负责内场集卡拖运业务的整个环节，包括司机队伍的日常管理和考核分配，但司机是由劳务公司以劳务承包的方式提供的，在较大程度上造成了管理关系复杂，管理职责模糊，给承发包双方带来一定的法律风险和责任风险。

随着市场经济的发展和承包公司自主管理能力的提升，为了进一步理顺管理关系、完善承发包体制、降低管理成本、提高企业经济运行质量，本着"市场化、专业化、契约化"的原则，上港集团从 2016 年起将港区内场集卡拖运业务调整为各集装箱码头单位直接发包给承包公司。相关资产权属单位对转让给承包公司的所有生产资料（主车、挂车、各类车载设备、生产办公设备、维修设备等）进行盘点，结合各集装箱码头的承包公司队伍比例规模，对生产资料进行划分。根据划分情况，由评估机构对所有转让给承包公司的资产进行评估。上港集团鼓励承包公司通过融资方案进行资产购买，符合具有较为完善的业务承包模式标准，即带生产资料、带管理、带资金。

上海港技术劳务有限公司作为集团劳务工管理的平台和载体，在内场集卡拖运业务体制改革中，梳理并设立了内场集卡运营指标统计手册，梳理各类运营指标 79 个，明确各指标定义和采集来源。拟定了统一的承包合同范本，综合考虑各码头生产作业特性及生产设施等不同情况，通过对承包公司的运营质量和经营效益的统计及结构性分析，确立合理的拖运单价调整机制，明确承包公司月度承包费用＝Σ（拖运箱量＋辅助作业）×集团标准单价±其他单项结算费用±考核奖惩。同时制定了《关于进一步推进港口装卸业务承包工作的实施意见》《港区内集装箱运输车辆承发包安全管理指导意见》《关于场内集装箱牵引车辆技术管理规定》，切实维护好集团、承包工、承包公司的利益。承包公司根据内场集卡拖运业务的承包要求，完善了相对应的公司组织结构和人员配置。

截至 2018 年，共有 5 家承包公司提供了 1 240 余台车辆、3 000 余名驾驶员从事集团内场集卡拖运业务，共同确保内场集卡拖运业务承包体制改革工作的成功实施。上港集团成功实施港区内场集卡拖运业务承包体制改革后，有效保障了港口主业生产的持续稳定发展。

四、外来劳务工人数、结构和使用情况

上港集团成立之初的 2004 年，在 22 家生产单位中，共使用外来劳务工 8 625 人（男 8 546 人，女 79 人）。外来务工人数在 10 个主要生产一线工种岗位中平均占 66%，其中

装卸(捆扎)工、外集卡司机和内集卡司机三个工种共有 8 199 人；从事的工种岗位共有 38 个，除集装箱岸边起重机司机外，几乎覆盖所有操作工种岗位。

外来劳务工 8 625 人中，20 岁以下 688 人，占 8％；21～30 岁 4 244 人，占 49.2％；31～40 岁 3 043 人，占 35.3％；41 岁以上 650 人，占 7.5％。党员 248 人，占 2.9％；团员 1 522 人，占 17.6％。

文化程度：小学 195 人，占 2.3％；初中 6 341 人，占 73.5％；高中 1 405 人，占 16.3％；中专、技校 581 人，占 6.7％；大专以上 103 人，占 1.2％。

岗位情况：装卸工 4 300 人，占 50％；司机 806 人，占 9.3％；集卡司机 1 721 人，占 20％；维修工 397 人，占 4.6％；管理人员 185 人，占 2％；后勤服务 44 人，占 0.5％。此外，有 1 172 人从事理货、消防、船职工作，占 13.6％。

据 2006 年 6 月底统计，上港集团共有外来劳务工 10 495 人，从事的工种岗位集中在三大类：第一类是装卸工，4 929 人，占总人数 46.96％。第二类是技术(业务)工，4 944 人，占总人数 47.11％，其中集卡司机 2 413 人，拖、铲、吊司机 577 人，轮胎吊司机 346 人，门机司机 82 人，修理工 531 人，理货员 411 人，集装箱专用司机 27 人，船员 210 人，消防员 132 人，现场管理员 215 人。第三类是其他辅助工，622 人，占总人数 5.93％，其中建筑工 320 人，辅助普工 302 人。外来劳务工中，按年龄分析，25 岁以下 2 858 人，占总人数 27.23％；26～35 岁 5 244 人，占总人数 49.97％；36～45 岁 2 140 人，占总人数 20.39％；46 岁以上 253 人，占总人数 2.41％。按文化程度分析，小学 93 人，占总人数 0.89％；初中 7 902 人，占总人数 75.29％；高中(含中专、技校)2 407 人，占总人数 22.93％；大专 95 人，占总人数 0.89％。按进港时间分析，1 年以下 2 019 人，占总人数 19.24％；1～5 年 6 035 人，占总人数 57.50％；5 年以上 2 441 人，占总人数 23.26％。

到 2006 年底，上港集团共使用外来劳务工 11 193 人，占上港集团在岗职工 20 439 人的 54.76％。外来劳务工已占到上港集团 10 个生产一线工种岗位全部人数的 66％，约为件杂货生产单位在册职工数的 37.6％，为集装箱、物流生产单位在册职工数的 51.2％。外来劳务工已成为上港集团装卸生产一线的主力军。(见表 7-4-1、7-4-2)

表 7-4-1　2006 年上港集团外来劳务工结构情况统计表

2006 年底劳务工总数	工种			年龄				文化程度			
	装卸工(捆扎工)	技术(业务)工	其他辅助工	25 岁以下	26～35 岁	36～45 岁	45 岁以上	小学	初中	高中(中专技校)	大专及以上
11 193	5 334	5 538	321	3 542	5 388	2 001	262	139	7 688	3 241	125
占比	47.6％	49.5％	2.9％	31.6％	48.1％	17.9％	2.4％	1.2％	68.7％	29.0％	1.1％

表7-4-2 2006年上港集团外来劳务工司机、修理工技术等级统计表

工种\等级	拖铲吊司机	轮胎吊司机	门机司机	集箱专用司机	修理工	合计
无等级	528	1	48	37	417	1 031
初级	176	437	17	7	59	696
中级	4	—	15	—	47	66
小计	708	438	80	44	523	1 793

2009年底,上港集团内有51家基层单位共使用外省市劳务工14 102人。其中上港物流使用3 456人,占全部外省市劳务工的24.5%,其他用工量较大的单位有:盛东公司778人、军工路分公司839人,龙吴分公司800人,分别占外省市劳务工的5.5%、6%和5.7%。(见表7-4-3)

表7-4-3 2004～2009年上港集团外来劳务公司承包工人数统计表

序号	劳务公司	2004年	2005年	2006年	2007年	2008年	2009年
1	山东临朐	1 242	1 483	1 934	1 916	1 912	1 610
2	山东薛城	855	1 270	1 336	1 673	1 912	1 980
3	山东平邑	1 003	1 490	1 677	1 824	1 913	1 847
4	安徽歙县	1 277	1 476	1 603	1 850	1 840	1 618
5	安徽六安	196	211	193	207	210	164
6	江西于都	467	480	519	618	512	482
7	江西弋阳	55	69	89	90	97	98
8	重庆黔江	938	934	1 096	1 595	1 807	1 668
9	湖南平江	268	272	216	327	328	249
10	贵州龙里	155	111	98	77	—	—
11	贵州黔南	203	222	225	285	280	240
12	江苏涟水	65	83	119	171	200	193
13	安徽巢湖	121	220	278	104	132	58
14	安徽灵璧	15	49	14	—	—	—

序号	劳务公司	2004 年	2005 年	2006 年	2007 年	2008 年	2009 年
15	江苏建湖	37	57	54	54	56	60
16	江西宜黄	26	49	38	43	39	33
17	河南新乡	56	64	55	82	79	17
18	江苏如皋	30	45	11	—	—	—
19	上海进明	263	259	303	336	507	506
20	上海华梵	37	12	19	22	28	31
21	上海兴泰	67	74	77	64	49	36
22	上海金良	7	7	7	7	—	—
23	安徽枞阳	72	218	360	488	616	519
24	上海翰浩	20	34	32	—	—	—
25	上海崇明	287	326	316	283	278	44
26	上海宝山	186	195	215	213	293	119
27	上海南汇	46	41				
28	江苏淮海	—	141	309	537	613	555
29	上海晋涛	—	—	—	89	—	—
30	南汇海港	—	—	—	136	130	—
31	上海幸吴	—	—	—	—	127	82
32	上海太福	—	—	—	—	52	51
33	港口保安	—	—	—	—		15
34	汉泾劳服	—	—	—	—	—	6
35	其他	—	—	—	—	—	1 821
	合计	7 994	9 892	11 193	13 091	14 010	14 102

2010 年,上港集团使用劳务工 17 803 人,其中外省市 13 768 人,上海市 4 035 人。在上港集团下属的 16 家主要基层单位(分别为散杂货单位和集装箱单位以及上港物流

和外轮理货公司)主体岗位共有劳务工 10 345 人,其中从事装卸和捆扎岗位工作的有 4 840 人,占总人数的 27.19%;从事集装箱司机等技术工作的 5 901 人,占总人数 33.15%,其中集装箱专用司机 199 人,集卡司机 3 042 人,拖、铲、吊司机 825 人,轮胎吊司机 332 人,门机司机 181 人,船员 281 人。技术岗位中具有技能等级的 784 人,占技术岗位总人数的 15%。(见表 7-4-4)

表 7-4-4　2010 年上港集团下属 16 家主要单位劳务承包工岗位分布统计表

工种	普通岗位						管理岗位			辅助岗位	
	装卸工	捆扎工	拆装箱工	道口文员	消防员	押运员	库场理货员	外轮理货员	现场管理员	保安保洁	辅助工
人数	2 763	2 077	323	378	170	77	361	597	384	1 278	352
占比	15.52%	11.67%	1.81%	2.12%	0.95%	0.43%	2.02%	3.35%	2.16%	7.18%	1.98%

工种	技术岗位										其他
	拖铲吊司机	门机司机	轮胎吊司机	集装箱专用司机	内集卡司机	外集卡司机	场内车司机	电焊工	修理工	船员	
人数	825	181	332	199	2 249	793	126	88	827	281	3 141
占比	4.63%	1.02%	1.86%	1.12%	12.63%	4.45%	0.71%	0.49%	4.65%	1.58%	17.64%

2013 年,上港集团使用的劳务承包工共计 15 462 人,其中外省市 12 384 人。到 2014 年,上港集团使用劳务承包工 15 261 人,为上港集团在册职工总人数(19 044 人)的 80.14%。

2015 年,上港集团积极推进装卸业务承包制度改革,在试点的基础上,完成了集装箱板块单位和外理公司的装卸业务承包改革,形成了散杂货和物流板块单位的装卸业务承包改革推进方案,制定实施了内场集卡承包体制改革方案,进一步提高了装卸业务承包的规范化、专业化和市场化水平,有效保障了集团港口主业的持续稳定发展。

截至 2016 年底,上港集团共使用劳务承包工 16 064 人,分别来自山东平邑、山东薛城、安徽黄山、山东临朐、重庆黔江等 19 个装卸一线业务承包公司。其中,从事装卸一线岗位(装卸工、捆扎工、内/外集卡司机、轮胎吊司机、门机司机、拖铲吊司机、集箱专用司机、理货员、道口等)的承包工共 10 077 人。(见表 7-4-5)

表 7-4-5　2016 年上港集团各劳务承包公司承包工及从事装卸一线承包工人数统计表

序号	劳务公司	承包工人数	装卸一线承包工人数
1	山东平邑	2 512	2 007
2	山东薛城	1 823	1 726
3	安徽黄山	1 525	1 366
4	山东临朐	1 454	1 414
5	重庆黔江	1 334	1 016
6	安徽枞阳	540	512
7	上海进明	517	272
8	江西于都	335	300
9	宝山山丰	306	272
10	江苏新淮海	282	240
11	崇明信昱	252	251
12	江苏涟水	175	135
13	外港劳服	152	121
14	港兴公司	134	134
15	汉泾劳服	106	106
16	江西弋阳	99	95
17	上海莘吴	54	31
18	江苏建湖	54	54
19	上海太福	27	25
20	其他	4 383	—
合计		16 064	10 077

2016 年,在上港集团 16 064 名劳务承包工中从事装卸和捆扎岗位工作的有 4 094 人,占总人数的 25.49%。从事集装箱司机等技术工作的 6 645 人,占总人数 41.37%,其中集装箱专用司机 126 人,内/外集卡司机 3 510 人,拖、铲、吊司机 787 人,轮胎吊司机 169 人,门机司机 122 人,船员 1 457 人。(见表 7-4-6)

表 7-4-6　2016 年上港集团劳务承包工岗位分布情况一览表

工种	普通岗位						管理岗位			辅助岗位	
	装卸工	捆扎工	拆装箱工	道口文员	消防员	押运员	库场理货员	外轮理货员	现场管理员	保安保洁	辅助工
人数	1 875	2 219	254	285	247	151	257	767	398	346	514
占比	11.67%	13.81%	1.58%	1.78%	1.54%	0.94%	1.60%	4.78%	2.48%	2.15%	3.20%

工种	技术岗位									其他
	拖铲吊司机	门机司机	轮胎吊司机	集装箱专用司机	内集卡司机	外集卡司机	场内车司机	修理工	船员	
人数	787	122	169	126	2 812	698	84	390	1 457	2 106
占比	4.90%	0.96%	1.05%	0.78%	17.50%	4.35%	0.52%	2.43%	9.07%	13.11%

　　截至 2017 年底，上港集团共使用劳务承包工 16 592 人。其中装卸一线岗位（装卸工、捆扎工、内/外集卡司机、轮胎吊司机、门机司机、拖铲吊司机、集箱专用司机、理货员、道口等）共使用劳务承包工 12 118 人。（见表 7-4-7）

表 7-4-7　2017 年上港集团各承包公司装卸一线承包工人数统计表

序号	承包公司	人数	序号	承包公司	人数
1	山东平邑	2 568	11	江苏新淮海	256
2	山东薛城	1 974	12	江苏涟水	179
3	山东临朐	1 501	13	港兴公司	128
4	安徽黄山	1 673	14	外港劳服	155
5	重庆黔江	1 431	15	汉泾劳服	125
6	安徽枞阳	553	16	江西弋阳	150
7	江西于都	348	17	江苏建湖	60
8	上海进明	534	18	上海莘吴	20
9	宝山山丰	323	19	上海太福	27
10	崇明信昱	204	合计		12 118

2017年,在上港集团的劳务承包工中从事装卸和捆扎岗位工作的共有4 061人,占总人数的24.48%;从事集装箱司机等技术工作的7 048人,占总人数42.48%。(见表7-4-8)

表7-4-8　2017年上港集团劳务承包工岗位分布情况一览表

工种	普通岗位						管理岗位			辅助岗位	
	装卸工	捆扎工	拆装箱工	道口文员	消防员	押运员	库场理货员	外轮理货员	现场管理员	保安保洁	辅助工
人数	1 826	2 235	273	327	283	167	278	742	454	1 070	455
占比	11.00%	13.47%	1.65%	1.97%	1.71%	1.01%	1.68%	4.47%	2.74%	6.45%	2.74%

工种	技术岗位									其他
	拖铲吊司机	门机司机	轮胎吊司机	集装箱专用司机	内集卡司机	外集卡司机	场内车司机	修理工	船员	
人数	870	141	186	217	3 007	666	118	394	1 449	1 434
占比	5.24%	0.85%	1.12%	1.31%	18.12%	4.01%	0.71%	2.37%	8.73%	8.64%

上港集团2000~2019年间使用的劳务承包工人数见表7-4-9所示。

表7-4-9　2000~2019年上港集团劳务承包工人数统计表

年份	劳务承包工	其中外来承包工	年份	劳务承包工	其中外来承包工
2000 年	4 675	3 872	2010 年	17 803	13 768
2001 年	4 873	——	2011 年	18 737	14 635
2002 年	5 178	——	2012 年	16 565	13 290
2003 年	6 236	——	2013 年	15 462	12 384
2004 年	7 994	——	2014 年	15 261	——
2005 年	9 892	——	2015 年	14 543	——
2006 年	11 193	——	2016 年	16 064	——
2007 年	13 091	——	2017 年	16 592	——
2008 年	14 010	——	2018 年	16 599	——
2009 年	15 102	14 102	2019 年	16 587	——

五、劳务承包工培训

上港集团针对用工制度改革的实际,对进港务工的农民承包工进行政治、法制、技术业务和安全生产的培训学习,不断提高农民承包工的政治、文化和技能素质。

上海港技术劳务有限公司为尊重和维护外来劳务工的合法权益,增强外来劳务工安全生产和法制的意识。2004 年,编印了《伴你走进上海港——外来从业人员法制、道德读本》和《外来从业人员港口装卸安全读本》,2007 年 8 月又编印了《上港集团外来劳务工基本知识读本》。不间断地对集团所使用的外来劳务工进行有关政策法规、安全生产规定和生产、生活中安全知识的宣传和培训。

宝山分公司立足农民承包工素质的提高,成立民工学校对农民承包工开展普法教育培训。民工学校采取自学与集中办班相结合的方法,每批共培训学习 4 天,实际脱产1 天半,既保证了学习效果,又不影响装卸生产,保质保量完成了公司承包工的普法教育任务。同时,加强对农民承包工的日常教育培训。一是开展进港教育;二是进行业务技术教育;三是进行职业道德教育;四是抓班组长教育;五是用多种形式开展"我为港区添光彩,我为港区建新功""让家乡亲人放心,为港口多作贡献"系列教育,让承包工在港区中发挥自己的积极性;六是抓好骨干教育,提高他们的管理水平;七是开展行为规范教育,逐步纠正农民承包工的不良习惯。

龙吴分公司开办民工学校,数年来坚持对农民承包工进行新工人入港教育(包括安全三级教育)和岗位培训、进行小型机械操作培训、鼓风机开关管理人员培训及卷扬机、独杆吊操作培训,提高了承包工的文化与业务素质。

上海港的劳动用工制度改革,极大地提高了上海港的劳动生产率和经济效益。同时,此项改革与党中央的扶贫工作一脉相承,具有重要的社会意义。进入各港区码头进行装卸承包的承包队,绝大部分来自老、少、边贫困的山区,他们通过与港口建立发展新型的劳务合作,从多方面促进了老、少、边地区的开发建设,促进了脱贫致富,收到了"输出一个劳动力,找到一条致富路,带进一个富裕户"的效果。青年农民通过到港口务工,开阔了视野,更新了观念,增强了商品经济意识,提高了科学文化素质;促进了劳动者素质的提高,他们普遍掌握了一至几门实用专业技术,已经返乡的青年中,有的成为个体户、专业户、科技带头户,大多数成为了发展当地农村商品经济的骨干。

第五节　企业文化建设

上港集团在企业改革发展过程中,十分重视社会主义精神文明建设和企业文化建设,着力构建和谐企业,着力打造集团的"精、气、神",大力提升文化软实力,为强港事业提供了有力的文化支撑。

(一) 企业精神、品牌、核心价值观

1. 集团企业精神

上港集团的企业精神为"忠诚敬业,强港立人"。其涵义如下:

(1) 忠诚是品格,要忠于祖国,忠于人民,坚持走中国特色社会主义道路。对社会讲信誉,积极承担企业的社会责任;对客户讲诚信,满腔热情地为客户提供优质服务。要忠于企业,热爱企业,效力企业,视集团荣誉为生命。

(2) 敬业是态度,要坚持解放思想、实事求是、求真务实、开拓创新,尊重科学、崇尚科学。要忠于职守、爱岗敬业,履行岗位责任,发挥聪明才智,以主人翁的精神努力完成和超额完成各项任务。

(3) 强港是目标,要积极当好上海国际航运中心建设的"主力军",为早日实现世界强港和"全球卓越码头运营商"的目标而奋力拼搏,以科学发展观为统领,不断提高企业的核心竞争力,确保集团经济又好又快发展。

(4) 立人是追求,要坚持以人为本,充分发扬民主,发挥工作的主观能动性、创造性,共建共享集团发展的成果,努力构建和谐企业,在建设强港中尊重人、关心人、培养人、凝聚人,使广大职工伴随集团的发展而不断成长。

2. 集团品牌

上港集团品牌为"服务创新,专业保证"。具体涵义如下:

(1) 服务创新:要始终坚持诚信至上、服务为本、"服务是第二次揽货"的理念,以客户的需求为导向,履行服务承诺,完善服务标准,规范服务行为,优化服务环境。坚持创新是集团发展和做好服务的动力源泉,牢固树立敢为人先、勇于创新的精神。以锲而不舍、敢于超越的精神,致力于管理的高效率、科技的高水平、服务的高质量和经营的高效益,确保集团经济又好又快发展。

(2) 专业保证:要注重人才的培养,重视职工的培训和发展,不断提高职工的职业技能和服务本领,加强科学管理,不断提升企业的管理水平,以高素质的专业水平和服务技能,为客户提供安全、高效、优质服务;以可靠、专业的管理措施和技术能力,满足客户的需求,保证客户目标的实现,努力塑造国际一流服务品牌。

在此同时,上港集团下发了《关于开展集团品牌建设的实施意见》,加强了品牌建设组织领导,确定了品牌建设的重点和目标,围绕发展集装箱优势产业,全力打造装卸效率、装卸质量的优质服务品牌。

2005 年 1 月,上港集团决定由上港集箱外高桥码头分公司等单位首批向社会推

出七个服务品牌。一是上港集箱外高桥码头分公司的"1、2、3"效率品牌。二是张华浜港务公司、军工路港务公司的"重大件装卸"品牌。三是上海明东集装箱码头公司与中远联手打造"上海—长滩直航"的"文明港口、精品航线"品牌。四是上港集箱外高桥码头分公司与中海联手打造"欧洲航线"的"文明港口、精品航线"品牌。五是上海集装箱码头有限公司与锦江航运联手打造"中日阪神穿梭快航"的"文明港口、精品航线"品牌。六是上海港务工程公司的"诚信港工"品牌。七是煤炭装卸公司的"富德"品牌。

2011年,上港集团又下发了《上港集团品牌管理实施办法》,以建设个性化服务品牌为重点,以推进客户服务管理工作为抓手,开展新一轮集团服务品牌评审和命名,不断深化品牌内涵,扩大品牌影响力。进一步深化同创共建文明口岸活动,不断优化口岸环境,提升集团的服务能级和对外形象。加大集团企业文化在境外战略合作港口和外地投资企业中的输出和传播力度,形成文化对接,增进价值认同,提升企业文化的影响力、感染力和辐射力。(图7-5-1)

图 7-5-1　上港集团服务品牌

3. 集团核心价值观

上港集团核心价值观为"承接历史、承载使命"。其涵义是:(1)承接百年上海港博大的文化和厚重的历史,弘扬上海港人胸有大志、报效祖国的爱国传统;任劳任怨、勤奋工作的敬业风格;多装快卸、服务社会的奉献精神;海纳百川、追求卓越的崇高品质。在承优中不断创新,在承接历史中不断超越自我,追求卓越。(2)以建设上海国际航运中心为神圣使命;以高度的历史责任感和使命感,坚持科学发展观,积极实施国家战略,主动为长三角、长江流域和全国经济社会发展服务;团结协作、承优创新、奋发有为、甘于奉献,为实现世界强港和"全球卓越码头运营商"的奋斗目标,贡献智慧、青春和力量。

(二) 企业文化

2006年,根据"十一五"发展战略规划,上港集团制定了《2006—2010年企业文化建设实施纲要》,明确了上港集团企业文化的指导思想、工作原则、目标任务和工作重点,使企业精神和核心价值观成为团结、教育和凝聚职工的精神动力。

图7-5-2　文体活动

2008年以后,又制定了集团企业文化建设三年实施纲要和《视觉识别管理手册》,初步形成了集团企业文化体系。2011年,制定了《构建上港和谐家园体系实施纲要》,立足于适应形势发展、顺应职工需求,积极推进上港和谐家园建设。上港和谐家园建设秉持"承接历史、承载使命"的集团核心价值观。其建设总体目标是:促进利益和谐,达到企业与职工、企业与社会发展的统一;促进劳动关系和谐,营造党群、干群、职工与职工之间和谐相处的人际关系;促进管理和谐,营造和谐的企业文化氛围;促进环境和谐,实现人与人、人与社会、人与自然的和谐相处,为实现强港建设目标营造温馨和谐的"家园"环境。(图7-5-2)

上港集团明确提出,上港和谐家园的特征是:强港目标清晰、海港文化鲜明、家园气息浓郁、团队合力强大、港内港外相融。

建设上港和谐家园的举措是:突出一个主题(以"温馨家园,和谐上港"为主题),深化"三大工程"(凝聚力工程、素质工程、品牌工程),促进"三大和谐"(促进劳动关系和谐、促进管理和谐、促进环境和谐),建立健全"三大保障机制"(组织领导机制、运行保障机制、动态评估机制),努力达到职工与职工、职工与企业、企业与社会和谐相处。

通过顶层设计,注重实施;分解责任,有序推进;建立机制,检测效果。上港集团积极推行诚信文化,以《职工手册》宣贯为重点,大力弘扬"诚信至上,清风扬港"的企廉核心理念,着力培育一批国家和市级诚信企业,进一步提升集团的社会形象和美誉度。并建立了"上港家园"微信平台,在努力促进劳动关系和谐、管理和谐、环境和谐中形成了一些特色做法和典型案例,得到了上海市委宣传部和市国资委党委的肯定。《上海基层党建网》等媒体也多次作了专题报道。

上港集团于 1997 年 8 月 15 日成立了"8·15"爱心基金会。是年,共有 41 313 人参加爱心捐款,共募集捐款 307.77 万元。此后,上港集团成立了爱心基金理事会,把组织开展"8·15"献爱心捐款活动作为集团的一项长期工作,每年 8 月 15 日组织开展此项活动。到 2020 年,"8·15"献爱心捐款活动已连续开展了 24 次。

2017 年 8 月 15 日,上港集团举办"8·15"爱心基金会成立二十周年系列活动,上港集团共有 45 家单位、17 569 名职工和 12 972 名业务承包工参加了第 21 次"8·15"爱心捐款活动,共捐款 518.88 万元。二十多年来,上港集团"8·15"爱心基金会累计收到职工捐款 6 409.85 万元。爱心基金会以对国家、对社会、对员工的大爱为主线,累计帮扶困难员工 65 219 人次,投入帮扶资金 5 006.9 万元,资助贵州省两所希望小学 362.2 万元(见表 7-5-1)。二十年间,上港集团对山区贫困儿童、困难员工家庭的持续扶助,不仅体现了企业的社会责任,更让集团每一名员工从具体的捐献行为中得到了思想的升华,价值观的升华。

表 7-5-1　1997～2020 年上港集团献爱心及各类捐款情况统计表

	年份	1997 年	1998 年	1999 年	2000 年	2001 年	2002 年
	次数	第 1 次	第 2 次	第 3 次	第 4 次	第 5 次	第 6 次
	合计捐款人数(人)	41 313	37 654	36 251	34 193	32 260	30 775
	捐款金额(万元)	307.77	250.91	202.18	236.67	227.01	226.28
献爱心情况	年份	2003 年	2004 年	2005 年	2006 年	2007 年	2008 年
	次数	第 7 次	第 8 次	第 9 次	第 10 次	第 11 次	第 12 次
	捐款人数(人) 员工	—	—	—	26 702	19 987	20 325
	业务承包工	—	—	—	5 963	7 808	7 999
	合计	30 179	27 877	27 439	32 665	27 795	28 324
	捐款金额(万元)	271.13	222.01	264.04	316.86	321.99	342.85
	年份	2009 年	2010 年	2011 年	2012 年	2013 年	2014 年
	次数	第 13 次	第 14 次	第 15 次	第 16 次	第 17 次	第 18 次
	捐款人数(人) 员工	20 925	19 900	18 011	18 719	18 687	—
	业务承包工	8 981	9 245	12 471	12 816	10 843	—
	合计	29 906	29 145	30 482	31 535	29 530	30 421
	捐款金额(万元)	371.39	347.52	358.60	377.66	372.99	420.95

续　表

		年份	2015 年	2016 年	2017 年	2018 年	2019 年	2020 年
献爱心情况		次数	第 19 次	第 20 次	第 21 次	第 22 次	第 23 次	第 24 次
	捐款人数（人）	员工	—	17 672	17 569	17 052	15 323	14 742
		业务承包工	—	12 456	12 972	13 671	13 789	12 756
		合计	30 908	30 125	30 541	30 723	29 112	27 498
	捐款金额（万元）		475.51	495.38	518.88	534.78	498.52	491.13

其他爱心捐款情况	贵州省黔南州长顺县同笋希望小学	从 1997 年开始，捐资 151.26 万元，电脑 25 台、校服 300 套。2015 年又捐资 20 万元，帮助同笋希望小学用于学生饮用水补贴、添置教学器材。
	贵州省黔南州荔波县水利希望小学	从 1998 年开始，捐资 159.8 万元资助学校建设。2015 年又捐资 29 万元，帮助水利希望小学用于学生早餐和午餐补贴、为学生食堂添置设备。
	上海世博会中国国家馆	2007 年 12 月 18 日，在上海世博会中国国家馆定向捐赠活动中，集团捐款 100 万元。
	汶川抗震救灾	2008 年 5 月 14 日，集团部署支援四川汶川抗震救灾工作，集团向地震灾区捐赠 100 万元。15 日，集团领导和总部机关员工踊跃捐款，参与率达 100%，共捐款 65 290 元。此后，包括外来务工人员在内的集团广大员工踊跃参与"5·12"汶川地震捐赠活动，共捐款 1 465 万元。
	玉树抗震救灾	2010 年截至 4 月 28 日，集团员工共向玉树灾区捐款 2 556 461 元。集团近 2 万名员工、万余名劳务工纷纷伸出援助之手，用爱心传递"情系玉树、大爱无疆"的博爱情怀。
	贵州省黔南州长顺县同笋希望小学、荔波县水利希望小学	2016、2017、2018 年向该两小学捐资捐物合计人民币 71.73 万元、36 万元和 171.47 万元。
	贵州省黔南百名困难大学生助学帮困	2017 年支付助学金 45.4 万元。2019 年支付助学金 42.8 万元。
	崇明县农村综合帮困	2013～2017 年向崇明县港沿镇每年捐资 500 万元，合计捐款人民币 2 500 万元。

　　上港集团的企业文化建设得到了上级的肯定和社会认可。2004 年，上港集团荣获全国"五一劳动奖状"。2006 年，获得了"国家技能人才培育突出贡献奖"。2007 年 1 月，被授予上海市"五一劳动奖状"。2010 年 6 月，上港集团被评为"首批上海市企业文化建设示范基地"荣誉称号。2011 年 8 月，全国企业文化年会在北京召开，上港集团荣获了"2010～2011 年度全国企业文化优秀成果"奖和"2011 年度全国交通运输企业文化建设优秀单位""2014 年度全国交通运输企业文化建设卓越单位"称号。

大 事 记

2003 年

1月3日　中共上海市委、市人民政府下发沪委发(2003)〔8号〕文《中共上海市委、上海市人民政府关于上海港口体制改革有关问题的批复》,决定建立上海市港口管理局,作为市政府负责港口和航运管理的职能部门,同时挂上海国际航运中心上海地区领导小组办公室的牌子;原上海港务局改制为上海国际港务(集团)有限公司,为企业性经济实体。

1月18日　上海兴华建筑工程承包公司、上海三航安装工程公司、上海三航基础工程有限公司改制合并组建成上海三航兴安基建筑工程有限公司。

1月27日　上海国际港务(集团)有限公司挂牌成立。

1月28日　上海国际港务(集团)有限公司召开党政负责干部会议,上港集团党委书记张国强主持会议。市建设党委干部处处长王景春传达了27日上海市委、市政府在上海市港口管理局、上海国际港务(集团)有限公司成立揭牌仪式上有关干部任免的通知和设立上海市港口管理局、上海国际港务(集团)有限公司的批复。

是月　上海外高桥保税物流园区开工建设。国家海关总署选定该物流园区作为"保税区港区联动试点方案"的全国唯一试点区域。2004年4月15日,外高桥保税物流园区通过国务院八部委联合验收组验收并揭牌。

2月18日　上海港外高桥港区四期码头工程投入试运行。

2月　上海港外高桥港区二期码头试行"海上国际集装箱电子装箱单"。

3月1日　由上海外高桥保税区港务公司、和记港口浦东有限公司、中远太平洋中国投资有限公司和上实基建控股有限公司共同合资组建的上海浦东国际集装箱码头有限公司正式开业。

3月28日　上海港外高桥港区五期工程正式开工建设。

4月1日　原市城市交通管理局下属的上海市航务管理处、原上海港务局下属的上海港专用码头管理处、上海港港政管理处、上海港交通卫生监督处、上海港环境保护中心(部分)、上海港口建设工程质量监督站及相关行政管理职能一并划归市港口局。

4月3日　上海港口设计研究院改建重组为上海中交水运设计研究有限责任公司。

4月11日　上海国际港务(集团)有限公司举行揭牌仪式。

4月11日　上海国际港务(集团)有限公司印鉴开始启用。

4月28日　上海港集装箱股份有限公司、上港集团澳门公司与武汉港务集团有限公司、中国外运(香港)物流有限公司、武汉长伟国际航运实业有限公司、武汉中远国际货运有限公司、武汉中理外轮理货有限责任公司签署合同,合资成立武汉集装箱有限公司。这是上港集团实施长江战略,在长江沿线投资的第一个港口项目。

5月16日　上港集团副总裁包起帆出席"上海港集装箱智能化管理成套技术"课题市级鉴定会。

5月21日　由上港集团、中化总公司和上房集团合资组建的上海港国际客运中心开发有限公司成立,负责建设和营运上海港国际客运中心项目。

5月29日　中共中央政治局常委、全国人大常委会委员长吴邦国,中共中央政治局委员、全国人大常委会副委员长王兆国等中央领导同志视察上海化学工业区复兴船务公司大件码头。

是月　上海港港政管理处、上海港环境保护中心(部分)和上海港卫生防疫站合并重组为上海港港政管理中心;上海港专用码头管理处改为上海港码头管理中心。

同月　上港集箱公司与重庆港务集团合资经营的重九物流园区和长江集装箱运输项目先后启动。

6月11日　引航站成功引领50万吨巨型油轮"海上世界"号驶入长江。

6月25日　上港集箱和浦发银行在外滩浦发银行大厦举行"上港集箱与浦发银行十亿元综合授信协议"签约仪式。

7月12日　洋山深水港区工程建设现场汇报会举行,国家发改委、交通部、南京军区、浙江省和上海市的有关领导出席。

7月21日　外高桥港区四期工程顺利通过国家竣工验收,上海港新增国际集装箱专业码头泊位6个,新增码头作业线1 436米。

7月21日　上港集团副总裁包起帆出席外高桥港区五期工程指挥部与上海海升建设开发有限公司"滩涂围垦用地使用权划拨补偿协议"签字仪式。

7月　上海市市长韩正和中国船舶工业集团公司总经理陈小津签署《关于上海地区船厂布局调整有关问题的合作备忘录》,上海市同意在长兴岛安排岸线,用于中船集团系统内船厂调整搬迁并建设上海长兴造船基地。

是月　由上海港集装箱股份有限公司与武汉港务集团合资成立的武汉港集装箱码

头有限公司正式开业,合资金额 99 100 万元人民币,其中上港集箱占 40％。

8月15日　上港集团和南通港口集团有限公司建立战略合作关系,上港集团总裁陆海祜和南通港口集团总经理王卫国代表双方签订《上海国际港务集团和南通港口集团战略合作框架协议》,并就今后狼山港区三期集装箱码头经营达成了合作意向。

9月11日　交通部批复同意设置上海港公安局洋山分局,管辖洋山深水港区陆域和水域、东海大桥和港城物流园区。

9月19日　上海港外高桥港区五期工程开始码头打桩。

9月25日　为配合黄浦江两岸开发,经报请上海市人民政府同意,自当日起,有141年历史的十六铺客运站进行功能调整,停止传统水上客运服务,原停靠十六铺客运站的上海至浙江舟山、普陀山、定海的客运班轮航线搬迁至吴淞客运中心。

10月8日　由上海国际港务(集团)有限公司与中国外轮理货总公司共同投资5 000万元,在原中国外轮理货总公司上海分公司基础上组建的上海外轮理货有限公司挂牌成立。

10月10日　洋山深水港区航道工程启动。2009年9月,航道全面建成。主航道设计通航水深16.5米,可满足10万吨级集装箱船舶及10万吨级LNG船舶双向全潮通航。

10月18日　上海市市长、洋山深水港指挥部总指挥韩正,副市长杨雄视察洋山深水港工程。

10月24日　上海市政府副市长杨雄、副秘书长张惠民赴外高桥港区调研。上港集团领导向市领导汇报了洋山深水港一期工程生产准备、外高桥港区五期工程建设、集装箱生产经营、黄浦江两桥间老港区功能转换以及集团深化改革等重点工作的进展情况。

10月28日　上海中交水运设计研究有限公司正式揭牌运作。该公司由中交水运规划设计院、上港集箱和港务工程公司共同发起并投资,按照现代企业的经营管理模式对原上海港口设计研究院实施重组改制而建立。

10月28日　上港集团多项科技项目在十四届全国发明展览会上获奖。由上港集团研发的"上海港集装箱智能化管理成套技术"项目荣获第十四届全国发明展览会金奖和国际发明家协会(IFIA)大奖;张华浜公司的"附有集装箱锁孔件的多功能吊具"等两项专利获得银奖;港口设计研究院的"碳纤维增强塑料的钢筋混凝土预制"项目获得铜奖。

10月31日　交通部洪善祥副部长视察建设中的洋山港区。

11月10日　由全国政协副主席、中共中央委员阿不来提·阿不都热西提带队的全国政协民族和宗教委员会考察组一行,对上港集团少数民族承包工管理工作进行考察指导。

11月11日　上港集团党委书记张国强陪同市政府杨雄副市长、柴俊勇副秘书长视察北外滩高阳港务公司地块。

11月11～13日　第十一届友好港研讨会在沪召开。来自美国旧金山港、纽约—新泽西州港、日本大阪港、法国勒哈佛港、澳大利亚墨尔本港、比利时安特卫普港和中国上海港七个港口的代表团以及本市的港航企业、大学物流学院、港口协会等相关单位的100余名代表出席了本次会议。

11月18日　市港口局洋山港区管理办公室和上海港公安局洋山分局挂牌成立。

11月30日　上海港第1000万箱集装箱起运仪式在上港集箱外高桥码头举行。上海市委副书记、市长韩正，交通部代表、全国政协委员、交通部原副部长刘松金出席起运仪式并讲话。

12月1日　上港集团隆重举行庆祝上海港集装箱吞吐量突破1000万标准箱庆祝大会。上港集团党委书记张国强在会上宣读了"为上海港集装箱事业作出贡献的最佳员工、优秀员工"表彰决定，集团领导在会上向被授予最佳员工荣誉称号的上海港集装箱码头有限公司韩刚等20位同志和被授予优秀员工荣誉称号的顾强生等24位同志颁奖。

12月4日　上海国际港务(集团)有限公司与丹麦Ａ·Ｐ·穆勒集团合资经营的上海沪东国际集装箱码头有限公司举行合资合同签字仪式。合资公司负责经营外高桥四期集装箱码头，合资总投资为33亿元人民币。

12月10日　上海—博多集装箱全滚装运输定期班轮新航线开航。

12月18日　外高桥港区四期配套内支线码头工程正式通过上海市竣工验收。

12月23日　由上海国际港务(集团)有限公司、上海汽车工业销售总公司、日本邮船株式会社(NYK)、上港集箱(澳门)有限公司和上海汽车工业香港有限公司合资成立的海通国际汽车码头有限公司暨外高桥四期港区内支线码头正式投入使用。

2004 年

1月3日　上海港国际客运中心开工仪式在原外虹桥国际客运码头举行，上海市副市长杨雄出席开工仪式并启动打桩按钮。

1月12日　上港集团被评为全国第六届设备管理优秀单位。

1月26日　中共中央政治局常委、国务院副总理黄菊在市委副书记、市长韩正等陪同下，视察了洋山深水港区建设工地，听取工程建设情况汇报。

是月　中国丹麦合资企业上海沪东集装箱码头公司正式成立，其中Ａ·Ｐ·穆勒—

马士基集团拥有股份 49%，上海国际港务(集团)有限公司拥有股份 51%。合资公司负责经营外高桥四期码头。

2月10日　上海市副市长周禹鹏赴由远东监理公司监理的上海市外高桥国际物流园区工程进行调研和视察。

2月　上港集团南浦分公司的开平码头退出装卸序列，被征用为上海世博园区用地。

3月15日　上港集团与上海中房置业股份有限公司、上海市两岸办签订海港医院三林城地块用地协议。

4月1日　市委副书记罗世谦赴沪东公司和外高桥港区五期工程现场考察指导工作。

4月2日　上港集箱外高桥码头分公司"集装箱无人自动堆场"专家技术咨询会召开。

4月12日　上港集团副总裁包起帆参加上港集团上报的国家级科技项目"集装箱无线生产系统"鉴定验收会。此次鉴定验收由国家发改委委托交通部组织，交通部鉴定和验收专家组一致认为该系统各个创新项目已达到了国际先进水平，部分创新性的技术达到国际领先水平。

4月20日　上港集团研究开发的"上海港集装箱智能化管理成套技术"项目获上海市科技进步奖一等奖，这是上海港首次获得市科技进步一等奖。

4月25日　洋山深水港区二期工程开工。2006年11月20日码头整体交付生产运行部门，投入试运行。12月10日工程全面完工，建成7万吨级集装箱泊位4个，设计年吞吐能力210万标准箱。

4月26日　副市长杨雄、市政府副秘书长张惠民赴上港集团调研并指导工作。

4月29日　市长韩正、市人大主任龚学平、市政协主席蒋以任及市委副书记罗世谦、殷一璀等实地检查和调研黄浦江沿江开发情况，并察看了建设中的上海国际客运中心和地处东昌公司的财富金融广场。

5月9日　上港集团6项发明成果分获第95届巴黎国际发明展金奖(3项)、银奖(1项)、铜奖(2项)。

5月9日　上港集团荣获"全国五一劳动奖状"，颁奖仪式在沪举行。

5月10日　上海海事局召开新闻发布会，对外宣布自当日起长江口深水航道9米通航水深提前两个月开通。

5月11～13日　市港口局主办的第十二届泛太平洋港口会议在沪举行。

5月12日　"北外滩滨江绿地和公共开放空间"项目开工。

5月18日　上港集箱外高桥码头分公司集装箱吞吐量累计完成1 000万标准箱起运暨荣获上海市劳模集体颁奖仪式隆重举行。

5月25日　中共中央政治局常委、国务院总理温家宝,市长韩正及中央和上海市有关部委领导视察了上海港。在上港集箱外高桥码头分公司,温家宝总理听取了上海市副市长杨雄关于上海港建设和发展的情况汇报,充分肯定了上海港在上海市委、市政府领导下在建设上海国际航运中心方面所取得的成就,并就洋山深水港区、外高桥港区五期和外高桥保税物流园区的建设,以及港、区联动加快发展作了重要指示。

5月25日　外高桥港区一期码头应用"上海港集装箱智能化管理成套创新技术",率先实现港口全数字化。

6月1日　沪东集装箱码头公司顺利完成所有合资事宜,正式对外开业。原上海沪东集装箱码头管理有限公司更名为上海沪东集装箱码头有限公司。

6月1日　上海港高阳港务公司停业。

6月2日　根据交通部关于理货体制改革的要求,上海第二家理货企业中联理货公司上海分公司在沪注册成立。

6月16日　上海港外高桥集装箱内支线专用泊位改扩建工程开工。翌年7月28日完工,形成集装箱内支线专用泊位3个、工作船泊位1个,设计年吞吐量30万标准箱。

是月　长沙新港有限公司与上海港就合资经营新港一期集装箱码头正式签署合同。双方融资1.7亿元人民币,其中上海港投资8 000万元。

7月9日　中海集团公司8 500标准箱箱位的"中海亚洲"号首航仪式在外高桥二期码头举行。

7月27日　中共中央总书记、国家主席胡锦涛一行在市长韩正的陪同下,考察了上港集箱外高桥分公司码头,听取了市政府工作汇报,上海国际港务集团总裁陆海祜向胡锦涛总书记等领导汇报了港口生产、建设情况。

7月30日　上海海关陪同美国海关人员对上港集箱外高桥分公司进行《国际船舶和港口设施保安规则》(ISPS)检查。

8月26日　市长韩正赴建设中的洋山深水港区视察调研。

8月26日　上港集箱被中国人民银行授予AAA最高信用等级。

8月31日　上港集团与美国乔治亚州港务局在沪签订合作谅解备忘录。

9月1日　市港口局与日本福冈市签署上海港与博多港建立友好港关系协议。

9月1日　外高桥五期工程内支线泊位工程全面建成,交接仪式举行。

9月10～13日　上港集团在第五届中国国际发明展览会上获得6金、2银、4铜,以及包括发明成果推广转化大奖、展团布展奖在内的 14 枚奖牌。

9 月 23 日　交通部长江口航道管理局筹备组成立。

9 月 24 日　长江口深水航道治理工程建设管理委员会第一次会议在沪召开。会议由交通部副部长翁孟勇主持。

9 月 29 日　上港集团与香港和记黄埔港口集团在上海国际会议中心联合举办外高桥港区五期码头合资合同签字仪式,上海市副市长杨雄,市有关委办局、口岸单位、部分船公司及有关部门的领导参加了签字仪式。上港集团总裁陆海祜与和记港口集团董事总经理马德富代表双方签署外高桥港区五期码头合资合同。

10 月 1 日　市港口局颁布新版《上海港口章程》。

10 月 20 日　上海国际港务(集团)有限公司与西班牙巴塞罗那港签订建立伙伴港关系合作谅解备忘录。

10 月 26～28 日　市港口局主办的第十一届环太平洋友好港研讨会在沪举行。

10 月 29 日　上海市港口管理局举办庆祝上海与西雅图缔结友好港 25 周年纪念活动。

是月　由上海国际港务(集团)有限公司制订的上海市企业标准《集装箱码头国际集装箱装卸工艺规程》获得上海市标准化优秀技术成果二等奖。

11 月 17 日　国际客运中心施工区域内的原高阳港务公司大楼成功实施定向爆破。

11 月 18 日　"洋山深水港区引航方案研究"课题顺利通过专家组评审。

11 月 27～28 日　上港集团副总裁包起帆参加由交通部委托部规划研究院在上海召开的"上海港罗泾港区二期工程可行性研究报告"审核会。

11 月 30 日　上海港外高桥港区五期码头工程完工。工程总投资 27.510 5 亿元,使用岸线长 1 320 米,建有 4 个 5 万吨级泊位和 2 个 3 000 吨级长江驳泊位,设计年吞吐能力 830 万吨,其中集装箱 70 万标准箱。荷载能力 80 吨双 40 英尺集装箱起重机首次在码头上应用。

12 月 2 日　上海港十六铺客运站候船大楼和申客饭店爆破拆除。原址将建设具有世界一流水平的水上旅游中心。

12 月 18 日　铁道部和上海市政府共同投资建设的上海芦潮港铁路集装箱中心站工程开工。翌年 11 月一期工程完工。2006 年 12 月二期工程完工,开始启用。工程总投资 14.4 亿元,设计年运输能力 186 万标准箱。

12 月 18 日　世界上最大的、可装载 8 450 标准箱的超大型集装箱货船顺利靠泊上海港浦东集装箱公司码头。

12 月 23 日　上港集团一届三次职代会召开,大会以举手表决的形式通过了《关于发起设立上海国际港务(集团)股份有限公司的改制方案》。

12 月 24 日　中共上海市委副书记、市长韩正,中共上海市委常委、浦东新区区委书记杜家毫,副市长杨雄,浦东新区区长张学兵,市政府秘书长杨定华,交通部水运司司长苏新刚等领导出席上海港外高桥五期工程建成暨试生产仪式。杨雄副市长作重要讲话,并宣布外高桥港区五期码头试生产正式开始。

12 月 29 日　由上海市国有资产监督管理委员会、招商局国际有限公司、上海同盛投资(集团)有限公司、上海国有资产经营有限公司和上海大盛资产有限公司共同发起设立的上海国际港务(集团)股份有限公司签约仪式在上海锦江饭店小礼堂举行。中共上海市委副书记、市长韩正,市委副书记王安顺,市委常委、副市长冯国勤,市委常委、市委组织部部长、市国资党委书记姜斯宪,副市长杨雄,市政府秘书长杨定华,市委副秘书长刘卫国,市政府副秘书长吉晓辉,市国资委主任凌宝亨等领导出席签约仪式。韩正市长作重要讲话,姜斯宪主持仪式。上港集团总裁陆海祜,招商局集团总裁、招商国际有限公司董事会主席傅育宁在仪式上致辞。

2005 年

1 月 6 日　中共上海市委副书记、市长韩正主持召开市政府第 62 次常务会议,专题听取市港口局关于上海市内河航运发展规划修编和内河航道建设计划情况汇报,会议通过《上海市内河航运规划(修编)》。

1 月 12 日　上海国际港务集团与上海市国资经营公司申江地块固定资产划转暨托管协议签约仪式举行,上港集团副总裁黄新与上海国资经营公司副总裁壮国平在协议上签字。本次签约涉及集团所属民生、新华、煤炭、龙吴、复兴、港工、港湾、轮驳、客运等 9 个申江地块单位的资产,划拨固定资产账面净值 1.96 亿元。

1 月 25 日　上海港国际客运中心工程开工。2007 年 12 月码头部分完工,建成邮轮位 3 个,投入试运行。2008 年 7 月客运综合楼和国际港务大楼完工。

2 月 10 日　上海港引航站租用的一架直升机"B211"在长江口水域因故坠江,深水航道通航安全受到严重影响。

2 月 24～26 日　交通部在京召开长江口深水航道治理三期工程可行性研究报告审查会。翌年 7 月 14 日,国家发改委批准三期工可报告。7 月 31 日三期工程初步设计通过交通部组织的审查会。

2 月 28 日　上港集箱与美国花旗银行上海分行等 18 家银行 10 亿元人民币的三年无抵押信用贷款合同签约仪式举行。共同参与的其他 17 家银行为美国银行、法国巴黎银行、新加坡星展银行、恒生银行、荷兰商业银行、日本瑞穗实业银行、新加坡华侨银行、英国渣打银行、日本三井住友银行、日本东京三菱银行、日本日联银行、新加坡大华银行、亚洲商业银行、荷兰合作银行、东亚银行、韩国产业银行和永亨银行。

3月3日　上海良友集团长江码头工程开工。2009年3月完工,建成5万吨级散粮泊位1个,5 000吨级多用途泊位2个,5 000吨级长江驳船泊位2个,设计年吞吐能力650万吨。

3月28日　在召开的国家科技奖励大会上,包起帆牵头研发的"现代集装箱码头智能化生产关键技术"科研项目荣获国家科技进步二等奖。

3月29日　长江口深水航道治理二期工程实现10米水深全线贯通,并于11月向上延伸至南京,长江下游430余公里主航道建成"快车道",长江沿线各省船舶运输公司和南京以下10多个沿江港口、200多个万吨级泊位直接受益。

4月4日　世界邮轮巨头美国嘉年华公司的"蓝宝石公主"号邮轮顺利靠泊外高桥沪东集装箱码头。该轮长289米、宽50.1米,是上海开埠以来造访申城最大、载客最多的国际邮轮。邮轮载有来自40个国家和地区的2 644名旅客及来自36个国家和地区的1 128名船员。

4月10日　上海港引航站成功引领吃水12.2米的"新发海"轮进入上海港,创长江口通航船舶最大吃水纪录。

4月29日　上港集团、上海港集装箱股份有限公司参与武汉港口集团有限公司整体改制合同签字仪式在武汉举行。上港集团以人民币现金20 217万元出资,占注册资本的30%;上港集箱以人民币现金16 847.5万元出资,占注册资本25%;武汉市国资委以原武港集团经评估净资产中的30 325.5万元的净资产出资,占注册资本的45%。

是月　市港口局增设上海市航道管理中心。

5月23～27日　首次在中国举办的第24届世界港口大会在上海国际会议中心隆重开幕。交通部部长张春贤、上海市市长韩正、副市长杨雄、市政府副秘书长沈骏、国际港协会长彼特·施特鲁伊斯等出席开幕式。国际港协第一副会长、美国休斯敦港务局局长托马斯·科恩盖主持召开本届大会第二次工作会议,就港口发展战略进行交流研讨。

6月9日　上海盛东国际集装箱码头有限公司成立,市人民政府副秘书长沈骏等出席挂牌仪式。该公司由上港集团和上海港集装箱股份有限公司共同投资建立,经营管理洋山深水港区一期码头。

6月9日　原中共中央政治局常委宋平一行视察洋山深水港区。

6月13日　上海港罗泾港区二期工程陆域吹填砂仪式举行。

6月14日　交通部下发《关于上海国际航运中心洋山深水港区港政和航政管理的

意见》,明确洋山深水港区的港航行政管理职能由上海市负责履行,管理工作由市港口局负责。

6月17日 交通部长江口航道管理局举行成立揭牌仪式,交通部副部长翁孟勇出席并揭牌。

6月18日 上海市副市长杨雄专程前往武汉为上港集团、上港集箱与武汉市国资委合资组建的武汉港务集团有限公司成立揭牌。湖北省委常委、常务副省长周坚卫,武汉市委副书记、市长李宪生,市委副书记叶金生,市委常委、副市长胡曙光,秘书长尹维真,副秘书长罗国凤等领导参加了成立庆典。

6月22日 国务院批复同意设立洋山保税港区。11月29日洋山保税港区通过国家验收。12月10日洋山保税港区(首期)正式启用。

6月27日 上海国际港务(集团)股份有限公司召开创立大会暨第一次股东大会。

6月28日 上海国际港务(集团)股份有限公司成立揭牌仪式在上海国际会议中心隆重举行。市委副书记、市长韩正出席仪式并为新公司揭牌。市委常委、组织部部长、市国资委党委书记姜斯宪,副市长杨雄,招商局集团董事长秦晓,市政府秘书长杨定华,副秘书长吉晓辉,市国资委主任凌宝亨,市发改委主任蒋应时,市建设交通委主任熊建平,市口岸办主任徐逸波,市港口局局长许培星,上港集团领导陆海祜等出席仪式。凌宝亨宣读了商务部关于同意设立上海国际港务(集团)股份有限公司的批复。

6月30日 上海与西安合作建设西安国际港务区协议签字仪式在上港集箱外高桥码头举行。

是月 上海与日本下关之间新开辟定期客货班轮。

7月4日 中共中央政治局常委、中纪委书记吴官正等在上海市市长韩正等市领导的陪同下视察了外高桥港区。

7月5日 罗泾二期工程正式开工建设。

8月26日 上海港集装箱股份有限公司、上港集箱(澳门)有限公司持有25%股权的南京港龙潭集装箱有限公司正式开业。该公司投资总额8.2亿元人民币,注册资本为人民币4.74亿元。

9月1日 上港集箱外高桥码头集装箱内支线专用泊位改建工程通过初步验收。

9月4日 深水港指挥部、上海海事局、上港集团等单位联合组织了大型集装箱船舶试靠洋山港码头。"马士基尊严"轮、"集海洋山"轮在洋山深水港一期码头成功试靠,标志着洋山深水港已具备船舶进港、靠泊能力。

9月13日 中共中央政治局常委、全国政协主席贾庆林在上海市市长韩正陪同下,视察上海洋山深水港区。

9月22日 洋山一期码头进行第二次试航、试靠作业。"克莱门特马士基"号轮顺利靠泊洋山一期码头2号泊位。市政府副秘书长沈骏、上港集团领导、上海市深水港建设指挥部、口岸办、各口岸单位领导及部分船公司、码头公司的代表100余人参加了试航、试靠仪式。

9月28日 由中国人民银行上海分行授权,经上海新世纪资信评估投资服务有限公司资信评级专家委员会评定,上港集团资信等级为AAA级。

10月28日 上海深水港国际物流有限公司举行成立揭牌仪式。该公司由上海盛东国际集装箱码头有限公司和上海同盛物流园区投资开发有限公司各出资50%组建,注册资金6亿元人民币。

10月31日 市港口局与美国洛杉矶港务局签署建立友好港关系协议和《空气质量协作意向书》。

10月底 长江口深水航道治理二期工程10米水深航道向上延伸建设工程完工。11月21日交通部在沪举行新闻发布会,宣布10米水深航道延伸到南京。

11月1日 交通部部长张春贤、上海市市长韩正出席国际海运(中国)2005年会,韩正市长作开幕式致词,张春贤部长发表主题演讲。

11月1日 上海航道勘察设计研究院改制为中交上海航道勘察设计研究院有限公司,为上海航道局下属子公司。

11月8日 上海深水港船务有限公司成立揭牌暨"海港101号""海港102号""海港103号"全回转拖轮交船仪式在锦江小礼堂举行。由上港集团和同盛集团共同出资组建的上海深水港船务有限公司注册资金为人民币2亿元,经营范围主要是为靠泊洋山深水港区的集装箱班轮提供拖轮协靠和重大件吊装运输服务。

11月9日 引航站洋山分站成立。

11月15日 原全国政协主席李瑞环一行在上海市副市长杨雄陪同下视察东海大桥和洋山深水港区。

11月16日 国务院批复同意上海港口岸洋山深水港区对外开放。12月8日正式开放。

11月21日 长三角区域海关通关改革试点正式启动。进口转关运输货物通过海关H2000系统作自动审核放行,跨关区通关作业程序由"两次申报、两次放行"方式改为"一次申报、一次放行"。

11月25日 下午1点50分,随着装载着40英尺出口集装箱的卡车顺利通过智能道口,盛东公司迎来了开业第一箱。

11月28日 经上港集团研究决定,成立上海盛东国际集装箱码头有限公司。该公司是上港集团和上海集装箱股份有限公司共同投资组建的外商投资企业投资的有限责任公司,实行董事会领导下的总经理负责制。

12月3日　原中共中央总书记、国家主席江泽民一行在市长韩正等陪同下,视察东海大桥和洋山深水港区。

12月10日　上海国际航运中心洋山深水港区开港暨洋山保税港区启用仪式在洋山一期码头隆重举行。中共中央政治局常委、国务院副总理黄菊出席开港仪式并宣布洋山港正式开港。时任浙江省委书记、省人大常委会主任习近平为洋山保税港区揭牌。浙江省委副书记、省长吕祖善,国家发改委副主任张国宝,交通部副部长徐祖远,海关总署署长牟新生先后致辞。上海市委副书记、市长韩正主持开港仪式。黄菊指出,洋山深水港区一期工程建成开港,标志着上海国际航运中心建设取得重大突破。韩正在致辞中说,上海将以洋山正式开港为契机,坚决贯彻落实好党中央的决策部署,坚持立足国家战略,始终站在全局高度,继续发扬"大团结、大联合、大协作"精神,运营好、管理好洋山深水港区,全力以赴加快上海国际航运中心建设。上港集团、招商局集团及招商国际的领导、机关部室负责人和基层单位党、政、工主要负责人及有关同志,盛东公司、港工公司的职工共500余人参加了仪式。

12月16日　外高桥港区六期工程吹砂及试桩仪式在外六期现场举行,外六期前期600米水工码头和吹砂成陆工程随即开始实质性施工作业。

12月16日　全国政协副主席董建华一行20余人,国务委员唐家璇一行30余人在市政协主席蒋以任、上海市副市长杨雄陪同下,分别视察了东海大桥、洋山深水港。

12月18日　中国交通建设集团有限公司成立,三航局、上海航道局、三航设计院进入中交集团,三航局和上海航道局分别更名为中交第三航务工程局、中交上海航道局。

12月19日　上海明东集装箱码头有限公司正式揭牌成立。上海市副市长杨雄、和记黄埔集团主席李嘉诚为新公司揭牌。明东公司由上港集团与和记黄埔集团合资组建,双方各占50%股份。

12月19日　市长韩正和杨雄、杨定华、沈骏等市政府领导出席洋山深水港区二期工程项目合资合同签字仪式,并会见五位合资方领导。根据签署的合资合同,洋山二期码头由和记黄埔集团、A·P·穆勒—马士基集团、上海国际港务集团、中远集团和中海集团等中外港航界五大集团共同投资经营,持股比例分别为32%、32%、16%、10%和10%。

12月26日　上海港外高桥五期工程正式通过国家验收。交通部水运司副司长肖大选主持仪式,宣布外五期工程正式通过国家验收委竣工验收投入集装箱生产运行。

是月　上海至烟台内贸集装箱运输率先进行电子标签应用示范。

是年　上海港货物吞吐量达 4.43 亿吨,同比增长 16.9%,首次超过新加坡港(4.23 亿吨),成为世界第一大货运港。其中,外贸吞吐量 1.85 亿吨,同比增长 16.8%;完成集装箱吞吐量 1 808.49 万标准箱,同比增长 24.3%,继续稳居世界第三。

2006 年

1 月 12 日　全球首条电子标签集装箱航线在上海港龙吴码头开通。

1 月 12 日　由温州首发,经铁路至芦潮港集装箱中心站转洋山深水港区出口的海铁联运获得成功。这是洋山深水港区开港后首次批量中转的海铁联运集装箱。

1 月 13 日　上海港集装箱股份有限公司参与投资的江阴苏南国际集装箱码头有限公司挂牌成立。

1 月 17 日　南通港至洋山深水港区江海直达航线开通。

1 月 26 日　韩正市长、杨雄副市长、杨定华秘书长、沈骏副秘书长及市有关部委领导视察了洋山深水港区一期码头生产现场和洋山二期建设工地。

2 月 5 日　中共中央政治局常委李长春视察洋山深水港区。

2 月 18 日　洋山深水港一期工程通过国家环保验收。

2 月 26 日　沪渝两地国企战略合作协议签约仪式在重庆举行,上港集团与重庆港务集团签署了《沪渝两港战略合作框架协议》,上海市副市长杨雄、副秘书长沈骏、重庆市常务副市长黄奇帆,以及两地相关委办、上港集团、重庆港务集团的领导出席了签约仪式。

是月　上海电气临港重型机械装备重件码头工程开工。2007 年 7 月完工,投入试运行,建成 3 000 吨级重件出运码头 1 座,可承担最大为 1 200 吨的重大件出运。这是临港新城港区内首个建成并投入使用的码头。

3 月 1 日　市港口局与西班牙瓦伦西亚港务局在沪签署进一步促进两港合作协议。

3 月 10 日　市港口局与澳大利亚墨尔本港口公司在墨尔本签署两港缔结伙伴港协议。

3 月 10 日　外高桥浦东国际集装箱码头迎来上海港开埠以来靠泊的最大邮轮“伊丽莎白二号”。

3 月 16 日　上海海通国际汽车码头正式对外开放签字仪式举行。市口岸办领导介绍了海通码头验收情况,并宣读上海市人民政府批准海通码头对外开放的批复。

3 月 28 日　包起帆牵头研发的“外高桥集装箱码头建设集成创新技术研究”项目荣获上海市科技进步二等奖。

4 月 18 日　上港集箱外高桥码头集装箱内支线专用泊位改扩建工程正式通过

验收。

4月19日　中共中央政治局常委、全国人大常委会委员长吴邦国在上海市人大常委会主任龚学平、中共上海市委副书记刘云耕等有关方面领导陪同下视察洋山深水港区。

4月23日　国内首个集装箱自动化无人堆场在沪投入试运行。该项目由包起帆团队联合上海振华港机公司和上海交通大学共同研发。

是月　洋山深水港区三期工程(一阶段)水工码头开工建设。翌年12月5日全面完工,建成7～15万吨级集装箱泊位4个,设计年吞吐能力280万标准箱。2008年6月投入试运行。11月13日通过竣工验收,交通运输部副部长徐祖远、上海市副市长沈骏出席竣工验收会议。

5月12日　包起帆牵头研发的"集装箱电子标签装置""集装箱电子标签与电子封条的连接方法"等四个科研项目在第97届巴黎国际发明展览会上获得四枚金奖。

5月14日　原中共中央政治局常委、国务院副总理李岚清等一行视察洋山深水港区。

5月16日　中远集运武汉—洋山快航在武汉阳逻港区正式开通,开创了长江中上游内支线运输的全新模式——江海直达班轮运输。

6月12日　中共中央总书记、国家主席、中央军委主席胡锦涛在市委副书记、市长韩正等市领导的陪同下视察洋山深水港区。在码头生产现场,上港集团领导向胡锦涛总书记等中央和上海市领导详细汇报了上港集团的发展情况,以及洋山深水港区建成投产以来的生产运营情况。

是月　大芦线(临港新城段)一期航道整治工程开工。至2010年底,累计完成工程总投资83.6%。

7月2日　杨雄副市长在上海港国际客运中心码头出席意大利"爱兰歌娜"号邮轮上海首航仪式,并会见嘉年华集团主席兼CEO爱瑞森、歌诗达集团主席兼CEO福斯基、意大利驻沪总领事罗丝基努等一行。

7月11日　交通部、国防科工委、农业部、国家海洋局等部委与上海市人民政府在洋山深水港区联合举办2006年中国"航海日"庆祝大会。中共中央政治局常委、国务院副总理黄菊为大会发来贺信。交通部部长李盛霖、上海市市长韩正、交通部副部长徐祖远、上海市副市长杨雄、国防科工委副主任金壮龙等领导出席了庆祝大会。

7月25日　上港集团副总裁包起帆主持召开"无线实时理货系统"(TWCS)项目推广专题会议。

7月27日　为配合世博会建设,有近百年历史的白莲泾码头(原美商大来码头)停止运营,征用为上海世博园区用地。

8月3~4日 上海国际航运中心洋山深水港区一期工程通过国家竣工验收。

8月26日 位于洋山深水港区的洋山石油储运项目一期工程开工。2009年5月完工,建成10万吨级(兼靠12万吨级)和2 000吨级成品油码头各1座,设计年吞吐能力750万吨。

8月29日 上海市领导韩正、唐登杰、张圣坤等出席瑞典"哥德堡号"仿古帆船访问上海欢迎仪式,并在上海港国际客运中心码头"友谊之桥"上迎接随"哥德堡号"仿古帆船抵沪访问的瑞典王国王储维多利亚公主、菲利普王子、哥德堡市市长约翰松、瑞典驻华大使以及"哥德堡号"船长等客人。

8月30日 由中宣部、全国总工会、科技部、交通部、上海市委联合主办的包起帆同志科技创新先进事迹报告会在人民大会堂举行。中共中央政治局委员、全国人大常委会副委员长、中华全国总工会主席王兆国,国务委员陈至立出席报告会并在会前会见了报告团全体成员。

8月30日 世界上迄今最先进的双40英尺双起升集装箱桥式起重机落户洋山深水港区二期码头。

9月4日 经商务部批准、中国证券监督管理委员会核准,上港集团首次公开发行股票暨换股吸收合并上港集箱公司。12月26日,上港集团(股票代码600018)在上海证券交易所成功上市。

9月12日 上海市口岸办召开洋山开港270天口岸工作专题会议,重点研究部署洋山二期扩大开放的准备工作。会议由市口岸办主任徐逸波主持,洋山保税港区管委会、上海海关、上海检验检疫局、上海海事局、上港集团等有关单位领导出席会议。

9月22日 上海市国资党委在市委党校召开包起帆同志先进事迹报告会,市委常委、市委组织部部长、市国资委党委书记姜斯宪出席报告会并作重要讲话。

9月22日 比利时布鲁塞尔当地时间9月22日下午,上港集团与A·P·穆勒—马士基集团在布鲁塞尔埃格蒙宫签订了关于比利时泽布吕赫码头项目合作框架协议,中共中央政治局委员、国务院副总理曾培炎,比利时副首相兼财政部长雷德斯,国家国土资源部部长孙文盛,中国驻比利时大使章启月,国家发改委副主任姜伟新,外交部部长助理孔泉出席签约仪式。

9月30日 长江口深水航道治理三期工程正式开工,交通部副部长翁孟勇、副市长杨雄等出席开工典礼。2010年2月12.5米水深航道全线贯通,可满足第三、四代集装箱船和5万吨级船舶全潮满载双向通航的要求。

10月13日 南浦分公司完成世博动迁人员安置分流工作。

10月13日　根据中国交通建设集团整体上市要求,上海航道局改制为一人有限公司,中交上海航道局有限公司成立。16日,中交第三航务工程局有限公司挂牌成立。

10月18日　洋山深水港区二期工程通过中间交工验收,投入试运行。

10月20日　上港集团申请发行57亿元短期融资券获得中国人民银行批准。首期20亿短期融资券于10月20日开始发行。

10月23日　市政府第123次常务会议通过《洋山保税港区管理办法》,11月24日起施行。

10月26日　上港集团上市挂牌仪式在上海证券交易所隆重举行。上海证监局局长张宁、上海证券交易所总经理朱从玖、上港集团董事长陆海祜、副董事长王宏、监事会主席肖义家、总裁陈戌源,国泰君安证券股份有限公司总裁陈耿、招商证券董事长宫少林、上港集团领导班子成员和高级管理人员出席。

11月3日　上海港与法国勒哈佛港结为友好港。

11月16日　上港集团召开"苏州号""新鉴真号"班轮移泊国际客运中心码头生产准备专题会议。

11月19日　上港集团客运分公司所辖汇山码头和黄浦码头地块整体歇业,退出客货运生产经营。

11月20日　洋山深水港区二期工程顺利通过有关部门的现场查验,获准投入试运行,码头整体交付生产运行部门。该工程码头岸线长1 400米,前沿水深-16米,建有4个7万吨级集装箱泊位,设计年集装箱吞吐能力为210万标准箱。码头配置12台集装箱岸边起重机,其中10台为具有世界先进水平的双40英尺双起升集装箱岸边起重机。

12月6日　洋山深水港区综合信息服务平台声讯服务中心开通运行。

12月10日　上海举行集装箱吞吐量突破2 000万标准箱暨洋山深水港区二期工程竣工启用庆典仪式。中共上海市委代理书记、市长韩正,市人大常委会主任龚学平,市政协主席蒋以任,交通部副部长徐祖远,浙江省副省长黄永明等出席。

12月27日　上港集团物流有限公司成立庆典仪式举行。

是月　市港口局发布《上海市黄浦江航道管理规定》。

2007年

1月8日　振东分公司RTG高架铜滑线供电的油改电试验项目专家论证会召开。该方案将成熟的高架铜滑线供电技术运用于港口领域,具有一定的前瞻性和可行性。

1月17日　上港集团"集装箱电子标签系统"科研项目获得国家安全生产监督管理总局颁发的"第三届安全生产科技成果奖"和"优秀推广项目"。

2月2日　中海集装箱运输股份有限公司与上海铁路集装箱中心站发展有限公司正式签订海铁联运合同,芦潮港铁路中心站至合肥西站双向班列海铁联运首发成功。

2月7日　交通部副部长徐祖远、上海市副市长杨雄出席上海港引航站揭牌仪式并为上海港引航站揭牌。

2月13日　国家商务部以商资批(2007)〔114号〕文批复,同意上海国际港务(集团)股份有限公司在上海市浦东新区设立振东集装箱码头分公司,分公司在总公司经营范围内从事经营活动。

2月27日　包起帆牵头研发的"外高桥集装箱码头建设集成创新技术研究"项目获2006年度国家科学技术进步奖二等奖。

3月1日　上海海关将洋山海关受理"属地申报、口岸验放"业务的范围从进口货物扩大到进出口货物。区域通关改革范围扩展至长江流域和中西部地区的十三省(自治区)两市。

3月1日　中心本部设在上海的中国船级社审图中心正式挂牌成立。

3月15日　上港集团副总裁包起帆出席由上海市经委组织的"集装箱码头无线实时理货系统研究"项目鉴定验收会。

3月31日　中共上海市委书记习近平,市委常委、常务副市长冯国勤等到外高桥港区和外高桥保税物流园区调研指导工作,上港集团领导陪同视察。

4月18日　中海集装箱运输股份有限公司与中铁集运有限责任公司、南昌铁路局共同开通上海芦潮港至江西南昌"五定"集装箱运输专列。

是月　洋山深水港区三期工程(二阶段)水工码头开工建设。翌年11月工程主要项目完成交工验收。建成7～15万吨级集装箱泊位3个,设计年吞吐能力220万标准箱。12月投入试运行。

5月11日　中共中央政治局常委、中央书记处书记、国家副主席曾庆红在中共上海市委书记习近平、市长韩正等领导的陪同下视察洋山深水港区。

5月11日　上海冠东国际集装箱码头有限公司成立,负责洋山深水港区三期码头经营管理。

5月16日　上港集团与江西省九江市国资委"关于九江港口集团公司整体改制合作意向书"签约仪式、推介九江暨产业对接恳谈会召开,双方签署《合作意向书》。中纪委常委、上海市委常委、市纪委书记沈德咏,上海市副市长胡延照,九江市市委书记陈安众,市长王萍等两地领导出席仪式和恳谈会。

5月31日　罗泾港区二期工程矿石码头作业区竣工试投产。码头岸线总长734米,建有大小泊位11个,配备大型装卸机械17台,陆域面积66万平方米,堆场面积

55.2万平方米,设计年吞吐能力2 200万吨。建成20万吨级矿石卸船泊位2个,码头前沿配置桥式抓斗式卸船机4台,每台每小时处理货物能力2 100吨。该码头实现了与后方钢厂物流无缝对接。

7月31日　上港集团、上海建工集团和虹口区共同举行上海港国际客运中心结构封顶暨地面绿化完工庆典仪式。

是月　世界第二大邮轮集团皇家加勒比邮轮公司上海办事处开业。至此,嘉年华邮轮、皇家加勒比邮轮、丽星邮轮等世界三大邮轮集团均在上海设立办事机构。

8月13日　新建成的罗泾港区二期工程钢杂码头通过上港集团交工验收。

8月26日　上海新洋山集装箱运输有限公司"长航洋山1"号开辟武汉—洋山的江海直达运输航线。

8月27~31日　上港集团组团赴九江、南昌、武汉、南京进行考察和合作洽谈。江西省委书记孟建柱、省长吴新雄会见了上港集团考察团一行,对考察团提出的九江沿江港口集中规划和核心主体运营的理念表示赞同,对上港集团参与九江城西新港区开发建设和九江港口集团改制表示大力支持。九江市委书记陈安众、市长王萍等领导与考察团就上港集团参与九江城西新港区开发建设与九江港口集团改制等合作事宜进行了充分的沟通,双方达成了重要共识。武汉市分管副市长尹维真、南京市常务副市长陈家宝分别会见了考察团,对港口发展规划及港口运营理念等达成一致意见。

8月31日　罗泾港区二期工程煤炭码头交工验收。至此,罗泾二期工程全部完工,工程总投资46.876 4亿元,岸线长2 720.1米,共建33个泊位,其中9个万吨级泊位,24个小船泊位,设计年吞吐能力为4 380万吨。

9月1日　上港集团民生分公司停产歇业。新华分公司搬迁至军工路码头,并撤销新华分公司名称,沿用"上港集团军工路分公司"的名称。原新华分公司经营的新华码头和华栈码头将于12月停止装卸生产。

9月9日　由交通部牵头,国家有关部委及上海市、浙江省有关部门联合组成验收委员会,对洋山二期码头进行实地勘察。10日,交通部副部长、竣工验收委员会主任委员徐祖远主持召开上海国际航运中心洋山深水港区二期工程竣工验收会议。

9月14日　外高桥港区六期上游段307米码头工程建成投产。

9月26日　中共中央政治局委员、国务院副总理吴仪在上海市委常委、副市长杨雄等陪同下,视察了洋山深水港区。

9月30日　《上港集团投资建设九江城西港区、物流园区及参与九江港口集团公司整体改制协议书》在江西南昌正式签署。

9月30日　外高桥港区六期滚装码头一期工程建成投产。码头岸线长530米,海侧能满足两艘大型滚装船同时作业,码头下游内侧为小型汽车滚装泊位和尾直跳泊位。

是月　长江口深水航道南北港分汊口河段新浏河沙护滩及南沙头通道潜堤工程开工。2009 年 2 月主体工程完工。2011 年 6 月底全面完工。

10 月 8 日　在第十七届全国发明展览会上,上港集团参展的项目获得金奖 3 项、银奖 4 项、铜奖 1 项。

10 月 30 日　江西省九江港口建设协调领导小组办公室、九江市委、市政府举行江西九江城西港区一期工程奠基暨 20 个沿江重大项目开工仪式,江西省省长吴新雄宣布工程正式开工。

11 月 1 日　上海罗泾矿石码头有限公司开业。罗泾矿石码头有限公司是上港集团与香港珏瑞投资有限公司、宝山钢铁股份有限公司和马鞍山钢铁股份有限公司以共同投资、共同经营的方式合资组建并租赁经营。新公司注册资本为 9 900 万美元,四方股比为 51∶25∶12∶12。上港集团、香港珏瑞、宝钢股份、马钢股份的领导共同为新公司开业揭牌。

11 月 20 日　包起帆牵头研发的国家科技支撑计划重点项目"现代港口物流服务示范工程"取得重大进展,智能电子标签投入中美航线进行实船测试。

12 月 12 日　上海国际港务(集团)股份有限公司接受上海同盛投资(集团)有限公司委托,经营管理洋山深水港三期一阶段码头。

12 月 21~22 日　交通部和上海市政府在沪召开《上海港总体规划(送审稿)》审查会议。

12 月 26 日　上海港外高桥五期工程正式通过国家验收。

是月　洋山保税港区(陆域)二期 0.94 平方公里封关区域围网隔离和监管设施通过上海海关等部门的验收。

是年　上港集团煤炭分公司所属北票码头、老白渡码头和中栈码头陆续停产,进行功能置换。

2008 年

1 月 2 日　中共中央政治局委员、中共上海市委书记俞正声,市委常委、市委秘书长丁薛祥视察上海港国际客运中心项目工地。

1 月 8 日　长江口航道局等 15 家单位承担的"长江口深水航道治理工程成套技术"获 2007 年度国家科学技术进步奖一等奖。

1 月 8 日　中共中央政治局委员张德江在中共中央政治局委员、上海市委书记俞正声和市长韩正的陪同下视察洋山深水港区。

1月31日 上港集团九江港务有限公司在九江市正式注册成立。江西省国资委于2008年1月24日批复九江市国资委,同意九港集团以协议方式转让产权。上港物流(江西)有限公司注册资本为4 000万元人民币,由上港物流全额出资并持有100%股权。

2月3日 中共中央政治局委员、上海市委书记俞正声,市委常委、市委秘书长丁薛祥赴外高桥港区调研指导工作。

2月15日 中共上海市委确定"加快上海国际航运中心建设"为2008年重要调研课题总体安排内容之一,市政府相关部门、中央驻沪单位和大型港航企业共55个部门和单位共同参与课题调研。

2月18日 上港集团九江港务有限公司和上港物流(江西)有限公司在江西九江揭牌,正式运营。

3月10日 交通部副部长徐祖远、上海市副市长沈骏等在振东分公司码头"中海宁波"轮靠泊现场出席上海—萨瓦纳集装箱电子标签中美航线开航仪式。徐祖远副部长和沈骏副市长分别发表了重要讲话。

4月初 在德国汉堡举办的国际标准化组织(ISO)集装箱标准会议上,包起帆代表中国向大会申请建立新的国际标准"用于供应链监控的集装箱电子封条应用技术规范"。

5月10日 中共中央政治局委员、国务院副总理王岐山一行,在上海市委副书记、市长韩正等陪同下视察洋山深水港区。上港集团领导向王岐山副总理等领导汇报了集团和洋山一、二期及三期A标码头生产经营情况。

5月22日 上海港罗泾港区二期工程顺利通过上海市港口管理局组织的竣工初步验收。

5月22日 上港集团罗泾分公司与长江沿线武汉钢铁(集团)公司、南京钢铁集团有限公司、新余钢铁有限责任公司、马鞍山钢铁股份有限公司、湖南华菱涟源钢铁集团有限公司、湖南华菱湘潭钢铁集团有限公司等六大钢铁公司战略合作框架协议签约。

6月26日 副市长沈骏主持召开上海国际航运中心洋山深水港区西港区规划研究专题会议。

是月 中国标准化委员会正式向国际标准化组织(ISO)集装箱通信与识别技术委员会提交了由上海港起草的国际标准提案和标准草案《可重复使用的多功能电子封条》。

7月5日 中共中央政治局常委、国务院总理温家宝在中共中央政治局委员、上海市委书记俞正声,市委副书记、市长韩正陪同下视察洋山深水港区码头,并看望慰问工人。温家宝指出,把上海建成中国的一个航运中心,大小洋山港是重要标志。

7月14日　上海港罗泾港区二期工程通过国家竣工验收。罗泾港区二期散杂货码头创新引入"前港后厂"的物流工艺组织系统,实现了港区和工厂间运输方式的全新转变,提高了公共码头物流系统的运行效率。

7月15日　上港集团联合投资建设经营的重庆东港集装箱码头有限公司在南岸茶园码头举行签约仪式。该公司由上港集团投资55％、重庆航运建设发展有限公司投资35％、重庆南岸交通项目建设有限公司投资10％共同出资组建。公司成立初期将负责项目申报及码头建造等工作,前期注册资本1亿元人民币,首次出资2 000万元。

7月28日　郑州至上海的国际集装箱班列顺利开通。

8月2日　中共上海市委副书记、市长韩正主持召开专题会议,研究洋山深水港区小洋山西港区建设规划方案。

8月5日　上海港国际客运中心建成,开门迎客。上港集团在国客中心举行歌诗达邮轮中国第100个航次庆典仪式。

9月10日　外高桥港区五期码头和罗泾港区7～13号码头通过对外轮开通启用正式验收。10月13日经市政府批准对外开通使用。

9月24日　上港集团研发的"现代港口智能图像安保系统"通过上海市科委技术鉴定。

9月26日　长三角港口管理部门合作联席会议第三次会议在沪召开,会议期间,"长三角港口合作网"开通启用,复旦大学长三角港口发展研究中心挂牌成立。

10月17日　上港集团参展的六个科技项目在第六届中国国际发明展览会上荣获4枚金奖、1枚银奖和1枚铜奖。其中,"集装箱物流全程在线信息和安全系统""集装箱起重机实时在线安全监测系统""散货自动化装船和卸船系统""激光对多通道集卡自动对位装置"四个项目获得金奖,张华浜分公司的"变距式大件吊具"和"变距式矩形吊架"分获银奖和铜奖。同时,"集装箱物流全程在线信息和安全系统"还获得了由日内瓦国际新发明新技术展览会唯一特设的"最新发明创造大奖"。

10月23日　首届亚洲邮轮大会在上海国际客运中心召开。

是月　上海市组建成立市交通运输和港口管理局,同时撤销市港口局。

11月13日　洋山三期工程A标码头通过国家竣工验收。洋山三期工程A标码头岸线长1 350米,建设4个7万吨至15万吨级集装箱专用泊位,设计年吞吐能力为280万标准箱。至此,洋山深水港区已建成13个大型集装箱深水泊位,码头岸线长4.35千米,有效缓解了上海港深水泊位紧缺和集装箱吞吐能力不足的问题。

11月15日　中共上海市委副书记、市长韩正,市政府秘书长姜平赴上海港国际客运中心视察工程建设进展情况,并会见首批入驻北外滩航运服务集聚区的中化、中海、中远、上港、上海地产、上海建工、地中海航运(MSC)等国内外大型企业集团的主要负责人和代表。七大集团进驻北外滩航运服务集聚区签约仪式在国客中心隆重举行。

11月16日 包起帆牵头研发的"集装箱轮胎吊高架滑触线供电方式油改电研制"项目获2008年度中国港口科技进步一等奖。

11月19日 上港集团所属新华、民生分公司地块及相关资产移交协议签字。

是月 长江口深水航道治理二期工程获第八届詹天佑土木工程大奖、国家优质工程金质奖;洋山深水港区二期工程获第八届詹天佑土木工程大奖;洋山深水港区一期工程获国家优质工程银质奖和全国优秀工程设计银奖。

12月1日 上海电子口岸与浙江电子口岸在全国电子口岸间率先实现互联互通。

12月4日 国际标准化组织(ISO)集装箱通信与识别技术委员会在上海召开第16次会议,通过由中国提出的修订集装箱电子标签国际标准议案,并任命上港集团副总裁包起帆主持标准起草工作,这是中国在获准制定航运国际标准方面首次实现零的突破。

12月6日 上海国际航运中心洋山深水港北港区主体工程全面建成仪式在洋山三期B标码头现场举行。中共中央政治局委员、上海市委书记俞正声启动了启用按钮,上海市委副书记、市长韩正致辞,国家交通运输部总工程师蒋千宣读了贺信,上海市领导刘云耕、冯国勤、杨雄,浙江省副省长王建满等出席仪式,上海市副市长沈骏主持仪式。至此,洋山北港区已建成码头总长5 600米、大型集装箱码头泊位16个,集装箱吞吐能力930万标准箱。

12月8日 罗泾二期尾留工程通过竣工验收并正式交付使用。罗泾二期尾留工程主要包括钢杂码头2号仓库,煤炭码头抓斗卸船机、装船机,煤炭码头皮带机系统改造,煤炭码头管控系统改造等。

12月12日 中共中央政治局常委、国务院副总理李克强在中共中央政治局委员、上海市委书记俞正声,市长韩正等陪同下视察洋山深水港区。

12月15日 两岸海上直接通航首航仪式在洋山深水港区举行,上海市市长韩正和中国国民党副主席蒋孝严、国台办常务副主任郑立中、交通运输部副部长翁孟勇、海协会副会长安民等出席。中国远洋运输(集团)总公司的"远河"轮和中国海运(集团)总公司的"新非洲"轮担任两岸海上直航首发船,从洋山深水港区出发,首航台湾高雄港。

12月16日、17日 万海航运与民生轮船共营航线"宏春"轮、阳明海运"宇明"轮两岸海上直航首航仪式在沪东集装箱码头举行。

12月20日 吴淞口国际邮轮港建设工程启动,上海市副市长沈骏出席开工仪式。2010年7月,码头水工部分完工,建成码头长度774米,10万吨级邮轮泊位和20万吨级邮轮泊位各 1 个。

12 月 20 日　市交通港口局会同上港集团完成设计开发内贸集装箱负荷信息系统。

12 月 25 日　由重庆市南岸区区委、区政府主办的重点项目集中开竣工暨东港集装箱码头项目启动仪式在重庆南岸区举行,旨在加快推进南岸区重点项目的实施。

12 月 27 日　上港集团九江城西港区集装箱码头暨物流园区开港运营。九江城西港区集装箱码头由上港集团控股,一期工程拥有两个 5 000 吨级的集装箱泊位,设计年通过能力为 30 万标准箱。

是月　《上海港总体规划》历时 5 年编修,获交通运输部和上海市政府正式批准。

同月　黄浦江老港区结构调整任务基本完成,涉及上港集团下属 11 家企业的关并转移,老港区涉及总面积 140 万平方米的 42 幅地块完成动迁交付。

2009 年

年初　市航务处制订发布《市区内河港口危险货物作业申报管理办法(试行)》,分别在市区和金山区内河港口试行。

1 月 2 日　由上海航道局承建的上海市民心工程"青草沙水库工程"东堤 800 米主龙口胜利实现抛石截流,总长超过 48 公里的环库大堤联成一体,为水库工程按期完工奠定基础,市长韩正发来贺信。

1 月 21 日　上海港外高桥港区六期工程全面开工建设。

2 月 4 日　皇家加勒比游轮公司旗下精钻邮轮(AZAMAZA)"探索号"首航上海。

2 月 14 日　皇家加勒比"海洋神话号"邮轮举行 2009 年中、日、韩三国航线上海母港首航仪式。

2 月 28 日　武汉长海集装箱航运有限公司开通武汉阳逻到上海洋山的江海直达航线。

是月　上港集团与中铁集装箱运输公司签署战略合作框架协议,双方同意合作开发上海与南昌、成都、郑州、西安、合肥、苏州相互间开行集装箱"五定"班列,进一步加强港站联动,充分发挥铁路芦潮港中心站与洋山深水港的配套作用,实现港铁共赢。

3 月 21 日　上海国际航运服务中心开工仪式在北外滩建设现场隆重举行。

3 月 25 日　国务院常务会议审议并原则通过《关于推进上海加快发展现代服务业和先进制造业、建设国际金融中心和国际航运中心的意见》。4 月 14 日国务院办公厅正式下发。

4 月 14 日　由市委副书记、市长韩正,副市长胡延照率领的上海市政府代表团在湖南省副省长甘霖、长沙市市长张剑飞等陪同下,专程考察了上海港参与投资的长沙集星集装箱码头。

4月30日　上港集团举行国际港务大厦落成暨集团总部入驻庆典仪式。

5月4日　在加拿大温哥华举行的亚太经合组织（APEC）港口服务网络特别理事会上，上港集团获批加入APEC港口服务网络。

5月8日　市政府制订发布贯彻国务院关于推进上海加快发展现代服务业和先进制造业、建设国际金融中心和国际航运中心意见的实施意见。

5月10日　由包起帆代表中国发起的制定集装箱电子标签国际标准的提案在德国投票获得通过。5月27～29日，在国际标准化组织第17次工作组会议上确认上述结果。

5月22日　上海国际航运服务中心项目45亿元银团暨60亿元保险金融服务框架协议签约仪式举行。

6月11日　由包起帆牵头研发的国家科技支撑计划项目"现代港口物流服务示范工程"通过科技部验收。该课题同时通过了交通运输部组织的专家鉴定，部分技术达到国际领先水平。

6月25日　中共中央政治局委员、上海市委书记俞正声，市委副书记、市长韩正等一行视察上海港国际客运中心并检查迎世博工作。

6月30日　上海市市长韩正主持专题会议，研究内河航道建设管理工作，明确原市城投总公司承担的内河航道建设工作划归同盛集团。

是月　铜陵至上海集装箱始发港班轮首航，由武汉长伟公司、上海申舟公司每周开通一班。

7月18日　由上海长江轮船公司和宝山区政府共同出资组建的上海吴淞口国际邮轮港有限公司揭牌成立。

是月　铜陵至上海集装箱始发港班轮首航，每周开通一班。

同月　上海海关在洋山深水港区启动保税货物经水路运输至保税港区仓储的水水中转业务模式试点，上港集团等成为首批试点企业。

8月5日　经上海市人民政府批准，位于北外滩的上海港国际客运中心码头及其客运综合楼正式对外开通启用。

8月21日　由宜宾市国有资产经营有限公司与上海国际港务（集团）股份有限公司合资组建的宜宾港有限责任公司揭牌成立。

9月4日　有华东水运第二通道之称的芜（湖）申（上海）运河航道整治工程全面展开。整治完工后，常年可通航1000吨级船舶，由芜湖到上海的水运距离比长江水运缩短100余公里。

9月8日　九江公司两港两航战略合作签约暨南昌—九江集装箱支线通航仪式在九江城西港区集装箱码头举行。

9月16日　洋山深水港区三期工程二阶段3个7～15万吨级集装箱专用泊位通过国家竣工验收并投入运行。至此,上海国际航运中心洋山深水港区北港主体工程(即一、二、三期工程)基本建成,设计年吞吐能力达930万标准箱。

9月16日　由市交通港口局与市规划国土资源局联合编制的《上海市内河港区布局规划(2007—2020年)》获市政府批准。

9月21日　长江口深水航道12.5米水深向上延伸至江苏太仓工程正式开工。12月30日深水航道顺利贯通,2011年1月8日试通航。

是月　上港集团与嘉兴市物流产业投资集团有限公司、平湖市独山港港务投资有限公司签署合作协议,三方合资建设嘉兴港独山港区B区。

同月　上港集团、中国国际海运网和西安国际港务区签订了联合打造西安国际港务区物联信息港合作的战略框架协议,三方将发挥各自的优势,将西安国际港务区打造成为中国内陆物联信息港示范区。

10月12日　中共中央政治局常委、中央纪律检查委员会书记贺国强在上海市市长韩正,市委常委、市纪委书记董君舒,副市长沈骏等陪同下视察洋山港区。

10月25日　洋山深水港液化天然气码头开始投产运营。该码头一期工程建设16.5万立方米储罐3座,年供气40亿立方米,约占上海全市供气量的一半。

11月9日　上港集团与皇家加勒比游轮公司战略合作备忘录签字仪式在国客中心举行。

11月18日　上海综合保税区管理委员会挂牌成立,中共上海市委副书记、市长韩正为其揭牌。

11月23日　市长韩正视察上海航道局横沙东滩五期工程。

12月16日　意大利地中海游轮公司在上海北外滩成立地中海游轮旅行社(上海)有限公司。

12月22日　由重庆民生实业(集团)有限公司与上港集团共同出资建立的民生轮船股份有限公司在重庆成立。公司注册资本为2.05亿元,计2.05亿股,其中,民生集团持有1.64亿股,上港集团占0.41亿股。

12月31日　苏申外港线(上海段)整治工程完工,达到三级航道标准。

2010年

1月5日　中共中央政治局委员、上海市委书记俞正声赴上港集团调研指导工作。

1月28日　交通运输部部长李盛霖和市长韩正在沪签署交通运输部、上海市政府加快推进国际航运中心建设深化合作备忘录。李盛霖和上海市副市长沈骏一行视察上海港国际客运中心。

3月13日　排水量9万余吨的"维多利亚女王号"豪华邮轮首次访沪，靠泊海通码头。

3月20日　上海港国际客运中心再次迎来四艘国际邮轮同时靠泊码头。上午6时至7时，国客中心陆续迎来马绍尔籍豪华邮轮"娜蒂卡号"、美国豪华邮轮"海洋公主号"；此外，马耳他籍豪华邮轮"精钻探索号"、往返于中日之间的国际客轮"新鉴真号"已经先期抵沪。这是继2009年3月26日之后，上海港再次迎来四艘大型邮轮同时靠泊北外滩邮轮码头。

3月23日　中共中央政治局常委、国务院总理温家宝，政治局委员、副总理张德江就长江口深水航道治理三期工程通过交工验收、长江口12.5米深水航道试通航作出重要批示。

3月29日　上港集团与宁波港集团合资成立的上海港航投资有限公司正式挂牌，双方各持有50％的股份，公司主要为中小港航企业融资、上市提供资金帮助和咨询服务。

4月27日　吴淞口国际邮轮码头（一期）成功试靠大型国际邮轮"钻石公主"号。

4月28日　上海市委、市政府隆重召开上海市劳动模范、先进工作者表彰暨纪念"五一"国际劳动节大会。上港集团包起帆、蒋工圣荣获2010年全国劳动模范荣誉称号。

5月12日　上港集团召开劳模表彰大会暨劳模事迹报告会，宣读了《关于开展向全国劳动模范包起帆、蒋工圣和2007～2009年度上海市劳动模范江伟国等同志学习的决定》。

5月28日　上港集团—埃彼穆勒码头公司比利时泽布吕赫集装箱码头公司成立揭牌仪式在国客中心举行。上海市副市长沈骏为新公司揭牌，并与上港集团董事长陆海祐、APM码头公司亚太区总裁纪奕信共同启动泽布吕赫集装箱码头公司首只集装箱起吊。上港集团收购马士基集团在泽布吕赫码头公司中25％的股份，成为该码头公司第二大股东。

6月1日　上港集团长江港口物流有限公司揭牌成立仪式在上海港国客中心举行。上港集团独资成立长江港口物流有限公司，整合了旗下长江沿线18家公司近100亿元资产，涵盖了上港集团在长江流域的船队、港口码头、物流园区、仓库等资源。

6月24～25日　2010亚洲邮轮大会在苏州举行。

6月25日　吴淞口国际邮轮港与新加坡邮轮中心在沪签署"姊妹港协议",共同倡议发起成立亚洲邮轮港口协会。

7月4日　邮轮"海洋神话号""富士丸号""海荣号"、国际客轮"苏州号"和西班牙籍仿古帆船"安达卢西亚号"同日靠泊上海港国际客运中心。

7月5日　"上港集团、中国海运集团港航携手共建绿色水运宣言"发布暨上海港移动式岸基船用变频变压供电系统启用仪式在上港集团振东分公司举行。交通运输部副部长徐祖远、副市长沈骏出席并讲话。

7月20日　中共中央政治局委员、上海市委书记俞正声视察吴淞口国际邮轮码头施工现场。

7月26日　日本大阪市帆船"憧憬号"入港欢迎仪式在上海港国客中心举行。

是月　市交通港口局与舟山市港航局协商签署关于洋山深水港油品码头监管协议,正式将洋山油品码头港政管理纳入上海港口日常监管范围。

8月5日　黄浦江三里湾航道裁弯取直工程正式开工。至年底,分水龙王庙至大涨泾河口 8.85 公里航道能满足三级航道通航要求。

是月　交通运输部批准《长江口航道发展规划》。

10月13日　2010中国邮轮产业发展高峰论坛在上海举行。

10月22日　中共中央政治局常委、国务院总理温家宝到武汉新港阳逻集装箱港区调研考察。在阳逻港区,温家宝详细了解了武汉新港的建设和运营情况。温家宝指出,长江黄金水道的建设和利用要遵循"科学规划、合理布局、河道整治、生态保护、永续利用"的方针。水运码头的建设要从经济社会发展需要出发,与当地经济社会状况相适应。要高度重视生态保护,充分发挥长江黄金水道的重要作用,使长江成为一条清澈的江河,使子孙后代都能永续利用这条黄金水道。温家宝与码头工人合影留念。

10月22日　国家发展改革委在沪牵头召开上海国际金融中心、国际航运中心建设部际协调机制联络员会议,20家部委代表出席会议。

11月1日　由包起帆牵头组织研发的"一种可移动式岸电变频供电装置"和"集装箱全球跟踪管理方法和实施该方法的电子装置和读写装置"两项科技成果在2010年德国纽伦堡国际创新发明展览会上获得1金1银两枚奖牌。

11月23日　外高桥港区六期工程口岸对外开通启用。

12月6日　上海港外高桥六期港区开港投产。该港区使用岸线长 1 538 米,共建设 2 个 7 万吨级、1 个 10 万吨级集装箱专用泊位(水工结构可满足 15 万吨级集装箱船靠泊),2 个 5 万吨级滚装船泊位以及 2 个长江驳泊位,设计年吞吐能力集装箱 210 万标准箱和汽车 73 万辆。

12月9日　洋山深水港区开港五周年庆祝大会召开,中共中央政治局委员、上海市委书记俞正声,交通运输部部长李盛霖,上海市委副书记、市长韩正发来贺信。上港集团党委副书记、纪委书记张有林在会上宣读了上海市委、市政府和交通运输部领导发来的贺信。

12月15日　海天航运上海至美国班轮首航仪式在沪东集装箱码头举行。

12月31日　由上海组合港管理委员会办公室、上海市交通运输协会、上海国际航运仲裁院、上海航交所、上港集团等12家单位联合发起的社团组织"上海国际航运中心发展促进会"成立。经交通运输部党组研究,同意上海组合港管理委员会办公室作为促进会的理事长单位。

是年　上海港货物吞吐量达到65 339.4万吨,集装箱吞吐量达到2 906.9万标准箱。货物吞吐量连续第6年位居世界第一,集装箱吞吐量首次超过新加坡港名列世界第一。

2011 年

3月28日　重庆东港集装箱码头开港。

3月31日　外高桥和罗泾港区支航道疏浚工程通过上港集团验收。

3月31日　上港集团获得中国证券监督管理委员会《关于核准上海国际港务(集团)股份有限公司非公开发行股票的批复》《关于核准豁免上海同盛(集团)有限公司及一致行动人要约收购上海国际港务(集团)股份有限公司股份义务的批复》。批复核准上港集团向同盛集团非公开发行不超过1 764 379 518股新股收购洋山港区二、三期资产。

4月7日　上海市市长韩正会见了阿联酋迪拜环球港务上港集团总裁沙磊夫一行。

4月18日　上港集团、上海海事局举行上海港外高桥集装箱码头深水航道开通仪式。这标志着长江口深水航直通外高桥码头,凭借长江口潮位的最大利用优势,可以确保载货5 000标准箱的第五代集装箱船乘潮满载靠泊外高桥港区。

4月21日　上海市市长韩正会见出席"十二五"规划与沪台经贸发展研讨会的台湾嘉宾,上海市委常委杨晓渡、副市长赵雯会见时在座,上港集团党委副书记、总裁诸葛宇杰参加了会见。

5月11日　上港集团副总裁严俊、宝钢股份副总经理周建峰出席上港集团与宝钢股份大宗冶金原辅料中转配送合同签约仪式。

6月15日　江西省九江港外贸直航首航仪式举行。

6月28日　在市国资委纪念建党90周年系列评选活动中,包起帆同志荣获"上海市国资委系统新世纪最具影响力先进人物"称号。

7月15日　上港集团2011年公司债券(第二期)在上海证券交易所挂牌交易。本期债券简称为"11上港02",上市代码"122079"。债券发行规模为30亿元,票面利率为5.05%。本期债券为5年期债券,附第3年末发行人上调票面利率和投资者回售选择权,债券评级为AAA级。

8月17日　上海市委副书记、市长韩正,市政府秘书长洪浩,副秘书长尹弘,市政府办公厅、研究室、市国资委、市交通港口局负责同志到上港集团调研指导工作。

8月26日　外高桥港区六期工程通过市交通港口局组织的竣工初步验收。

9月7日　上港集团党委副书记、纪委书记张有林,虹口区副区长应名勇,歌诗达副总裁莫兴莘出席上海邮轮文化周开幕暨上港花园启用仪式。

9月19日　中共中央政治局委员、上海市委书记俞正声,市委副秘书长李强,李逸平赴上港集团调研指导工作。

10月13~14日　交通运输部在上海组织召开上海港外高桥港区六期工程竣工验收会。

11月18日　歌诗达邮轮船务(上海)有限公司成立庆典仪式举行。

11月22日　上海港罗泾港区二期工程荣获2010~2011年度国家优质工程金质奖。

12月11日　中央电视台"中国入世十周年特别报道"在上港集团沪东公司设立直播点,见证上海港十年来抓住机遇、跨越式发展取得的成就。

12月22日　交通运输部部长李盛霖等出席中国港口协会成立30周年座谈会。

12月23日　上港集团隆重举行上海港2011年集装箱吞吐量突破3000万标准箱庆典仪式。交通运输部部长李盛霖,上海市委副书记、市长韩正共同启动第3000万只集装箱起吊,上海市副市长沈骏讲话。

2012年

3月1日　上港集团与虹口区政府举行《关于共同推进北外滩地区建设发展深化战略合作的框架协议》签约仪式。

3月2日　"海洋玫瑰号"上海—长崎海上航线首航仪式在国客邮轮码头举行。

3月28日　上海国际航运服务中心落成庆典仪式举行,上海市委常委、常务副市长杨雄宣布上海国际航运服务中心正式启用。

5月23日　交通运输部在北京召开由上港集团为主承担的国家第一批信息化试点项目"中美集装箱电子标签国际航线应用项目"验收会。

6月28日　外高桥六期尾留工程通过市交通港口局组织的竣工验收。

7月18日　上海海通洋山汽车码头公司签约成立。

8月9日　上港集团和宝山区人民政府隆重举行上港十四区整体转型开发协议签约暨上港集团瑞泰发展有限责任公司揭牌仪式。

8月10日　交通运输部、上海市政府在上海共同签署加快推进国际航运中心建设深化合作备忘录,并举行合力建设上海国际航运中心阶段总结推进会。交通运输部部长李盛霖,上海市委副书记、市长韩正出席签字仪式并致辞,交通运输部副部长徐祖远、上海市副市长沈骏代表双方签署合作备忘录。

9月27日　2012年第三届亚洲邮轮大会在国客中心邮轮码头举行。

10月17日　首届环球港口领导人峰会在上海举行。上港集团、新加坡国际港务集团有限公司、马士基码头公司、迪拜环球港务集团、和记港口集团有限公司、长滩港务局、鹿特丹港务局等七大全球海运航线重要枢纽港运营商或管理当局的主要领导人出席会议。

12月6日　长江沿岸中心城市经济协调会第十五届市长联席会议在沪举行,中共中央政治局委员、上海市委书记、市长韩正出席并致辞,市委常委、市委秘书长尹弘出席,副市长姜平主持会议,重庆、武汉、南京、合肥等27个成员城市领导出席会议,国家发改委、交通运输部、工信部有关负责同志出席并致辞。

12月17～19日　交通运输部水运局在上海召开码头结构加固改造工程方案审查会议。

2013 年

2月25日　交通运输部副部长徐祖远在上港集团召开合力推进上海国际航运中心建设及航运发展现状调研座谈会。

2月28日　中建港务建设有限公司成立。

3月28日　中共中央政治局常委、国务院总理李克强视察上海港,中共中央政治局委员、上海市委书记韩正,市委常委、浦东新区区委书记徐麟,市委常委、副市长艾宝俊,市委常委、市委秘书长尹弘陪同,上港集团领导作工作汇报。李克强总理听取港区运行汇报,对上港集团近年来取得的成绩表示充分肯定,希望上海港更好地发挥辐射带动作用,并勉励集团广大干部职工为上海国际航运中心建设作出更大的贡献。

3月30～31日　交通运输部在上海主持召开部分港口集装箱码头靠泊能力论证专家评审会议,交通运输部总工程师徐光、安全总监宋家慧、水运局副局长李天碧、上港集团领导诸葛宇杰、严俊、王海建等出席。

4月6日　云顶香港旗下丽星邮轮"双子星号"2013年航季首航仪式在国客中心举行。

4月22日　上港集团与同盛集团召开洋山四期工程合作建设第一次领导小组会议,并举行合作建设协议签约暨洋山四期工程建设指挥部揭牌仪式。

6月15日　中共中央政治局委员、上海市委书记韩正陪同海南省委书记、省人大常委会主任罗保铭率领的海南省党政代表团一行考察浦东集装箱码头公司。

7月19日　马士基3E级18 000标准集装箱船洋山港区首航仪式在盛东公司举行。

7月21日　习近平总书记冒雨考察由上港集团参与合资经营的武汉新港阳逻集装箱港区。

9月27日　上海港国际客运中心北外滩公用型保税仓库举行启用仪式。

10月15日　上海市政府新闻办召开新闻通气会,介绍上海洋山深水港双向通航及集装箱货运等情况。

10月29～30日　第二届环球港口领导人峰会在新加坡召开。

11月3日　中共中央政治局常委、国务院副总理张高丽视察浦东公司,中共中央政治局委员、上海市委书记韩正,市委副书记、市长杨雄等陪同。

11月7日　洋山深水港区四期工程建设超大型集装箱码头泊位专家论证会在沪举行。

12月11日　2013年两岸海运论坛在上海召开。

2014 年

1月20～21日　"中国上海"政府网站、解放日报、文汇报、新民晚报、上海电视台分别以《改革给上港集团带来市场基因,活力倍增连续四年居世界首位》《活力,靠整体上市这步好棋》《上市七年,再造一个上海港》等为标题,在显著位置以较大篇幅,专门报道了深化国资国企改革、国企整体上市案例——上港集团2006年整体上市以来取得的优异成绩。

4月10日　2014中国(上海)国际游艇展水上展区开幕式暨游艇港池启用仪式在国航服务中心举行。

5月9日　上海港—独山港"两港一航"业务推介会在平湖市独山港召开。

7月8日　上港集团与中国银行上海分行签署战略合作协议。

7月10日　上港集团在太仓召开长江内支线工作会议。

7月11日　上港集团与芜湖港合作签约仪式暨芜湖港务有限责任公司成立揭牌仪

式在安徽芜湖举行。

7月16日　安吉上港国际港务有限公司揭牌。

7月21日　武港集团与上汽集团安吉物流签订合资合作协议。

8月14日　市委副书记、市长杨雄一行赴上港集团调研，上午察看外高桥八期码头选址、明东集装箱码头、海通公司现场，下午在海通公司召开座谈会，听取上港集团工作汇报。

10月30日　交通运输部部长杨传堂视察上海港外高桥五期、六期港区，上海市副市长蒋卓庆、交通运输部副部长何建中、上海市政府副秘书长黄融、市交通委员会主任孙建平等陪同。

11月1日　交通运输部部长杨传堂在上海召开上海综合交通运输改革与发展座谈会，上海市副市长蒋卓庆、市政府副秘书长黄融出席会议。

11月14日　上港集团党委副书记、总裁严俊带队分别考察南通港、太仓港相关港区，并分别与南通市委副书记、市长张国华、太仓港管委会主任王竹鸣会谈。

11月19日　上港集团副总裁王海建出席达飞、韩进等船公司与宜宾港合作交流座谈会，宜宾市政府副市长、宜宾临港经济技术开发区党工委书记、管委会主任李学焦出席会议并致辞。

12月4日　上港集团与申能集团双方《合作框架协议》签约。

12月23日　上海国际航运中心洋山深水港区四期工程正式开工建设。开工仪式上，上港集团党委书记、总裁严俊，同盛集团总裁万大宁，市交通委副主任刘军，嵊泗县常务副县长解延海致辞，并共同启动洋四期开工按钮。上港集团、市国资委、市口岸办、国家海洋局东海分局、上海海事局、中交三航院、三航局、上海航道局等单位的领导出席仪式。

12月23日　上港集团冷链物流项目冷库工程启动。

12月29日　湖南省人民政府与上港集团合作框架协议签约仪式在上港集团举行。

12月30日　"制度创新——上海国际航运中心建设的新引擎"研讨会暨"中资非五星旗船沿海捎带"试点运营座谈会在上海召开。

2015 年

1月8日　上港集团与泸州市人民政府举行港口物流发展战略合作框架协议签约仪式。

1月9日　上海市码头管理中心（上海市航道管理中心）召开成立大会。上海市交通委员会党组书记、主任孙建平，副主任张林应邀出席成立仪式。

1月9日　上港外运集装箱仓储服务有限公司正式开业。

2月5日　上港集团上港融资租赁有限公司揭牌。

3月23日　2015年上海市国际航运中心建设工作推进小组工作会议召开。副市长、市国际航运中心建设工作推进小组副组长蒋卓庆主持会议,市政府副秘书长黄融、陈寅出席会议。

3月30日　上海市副市长蒋卓庆、市政府副秘书长黄融赴外高桥港区调研沪通铁路项目,市交通委、市发改委、市规土局等负责同志参加。上港集团党委副书记、总裁严俊陪同。

4月9日　2015星外滩游艇文化节暨第20届中国(上海)国际游艇展水上展区开幕式仪式在国航服务中心举行。

4月17日　上港集团上港融资租赁公司和中谷海运集团签订船舶融资战略框架协议。

5月13日　湖南城陵矶国际港务集团有限公司揭牌暨21世纪海上丝绸之路岳阳—东盟接力航线开通仪式在湖南岳阳城陵矶国际集装箱码头举行。湖南省委副书记、省长杜家毫,上海市委常委、常务副市长屠光绍为湖南城陵矶国际港务集团有限公司揭牌。

5月25日　即日起上海港全面推行国际航行船舶进出口岸查验电子化。船舶或其代理只需将国际航行船舶的进出口岸信息通过EDI平台发送至上海海事局,经审核通过后,即可自行打印相关许可文件,不再需要携带申请材料到政务窗口办理进出口岸查验手续。

当地时间5月28日　上港集团党委书记、董事长陈戌源参加以色列港口开发投资有限公司举办的海法、阿什多德项目签约仪式。

6月1日　《上海港船舶污染防治办法》正式施行,进一步规范船舶污染防治行为,减轻船舶在上海港航行、停泊、作业产生的污染,改善上海城市环境。

6月1~4日　上海市委书记韩正率团访问德国考察工业4.0等领域最新成果,推动上海与德国重要城市之间经贸、科技创新、新兴产业等领域的交流合作,并出席上海—汉堡投资贸易论坛和上海—安特卫普投资贸易论坛。汉堡市长、安特卫普市长出席论坛。

7月1日　即日起,上海海关对自贸区内海关特殊监管区域进出口/境货物实施通关单实施无纸化,海关凭检验检疫部门发送的《出/入境货物通关单》电子数据为企业办理通关手续。

7月8日　上海港口能源有限公司揭牌仪式举行。上海港口能源有限公司由上港集团和申能集团合资设立,双方各持股50%,主营天然气加气站建设和运营。

7月14日 上港集团发布公告,将以19亿元的价格收购上海另一家航运企业——上海锦江航运(集团)有限公司。

7月22日 上海市委副书记、市长杨雄赴横沙调研,对长江口航道疏浚和滩涂围垦造地工作提出具体要求。

7月22日 上海市政府办公厅转发上海市交通委制定的《上海绿色港口三年行动计划(2015—2017)》。《计划》明确,到2017年底,上海港港口生产作业单位吞吐量综合能耗较2010年下降7%,港口生产作业单位吞吐量碳排放较2010年下降9%,主要港区细颗粒物(PM2.5)年平均浓度比2013年下降20%。

8月31日 深水港物流危险货物仓储部危险品专题会议召开。

9月1日 上港集团携手全球六大港口集团举办绿色环保周活动。

10月20日 上港集团党委副书记、总裁严俊与中国交通运输协会会长钱永昌、虹口区政协主席管维镛、上海海事大学校长黄有方共同为亚洲邮轮学院理事会揭牌。

11月1日 上海电视台、东方卫视专题报道了洋山港坚持创新之路,十年屡创世界纪录,缔造世界强港的光辉业绩。

11月12日 市交通委立足改善上海港环境空气质量,结合上海港实际,制定实施《上海市码头堆场扬尘污染防治工作推进方案》,以减少码头堆场扬尘污染。

12月10日 中共中央政治局委员、上海市委书记韩正出席洋山深水港区开港十周年总结报告大会并作重要讲话,市委副书记、市长杨雄为洋山十大功臣颁奖。市委常委、市委秘书长尹弘,副市长蒋卓庆,市政府秘书长李逸平,市委副秘书长林龙斌,市政府副秘书长黄融出席。杨浦区区委书记诸葛宇杰、市发改委党委书记沈晓初和市交通委、市住建委、市国资委、上海海关、上海海事局、上海检验检疫局、上海边检总站、同盛集团、上港集团领导以及国内外主要船公司代表等参加。

12月29日 我国首家专业性航运保险公司东海航运保险股份有限公司在宁波正式揭牌成立。东海航运保险公司是宁波市首家保险总部法人机构,由宁波市人民政府倡议,中国人民财产保险股份公司、上港集团、宁波港集团、宁波开发投资集团按照40%、20%、20%、20%股比联合向中国保险监督管理委员会发起设立申请。

2016年

1月7日 中共中央政治局委员、上海市委书记韩正赴上港集团调研指导工作并作重要讲话。副市长周波,市委副秘书长、研究室主任张道根,市委副秘书长林龙斌,市政府副秘书长、市国资委党委书记、主任徐逸波出席会议,上港集团作专题汇报。市委、市政府有关部门和上港集团领导出席会议。

1月8日　湖南城陵矶国际港务集团有限公司与上港集团合作运营启动暨中国远洋岳阳—澳大利亚接力航线开通仪式在岳阳举行。

1月24日　上海国际贸易"单一窗口""货物申报"系统2.0版正式上线运行，提升了港口国际贸易便利化水平。

2月18日　中国远洋海运集团有限公司在上海正式宣告成立。中共中央政治局委员、上海市委书记韩正，国务院国资委党委书记张毅出席成立大会并共同转动舵轮为中国远洋海运集团启航。

2月19日　上海市政府召开上海市推进国际航运中心建设2016年度工作会议。近百名市有关委、办、局、管委会和相关局、企业集团及协会领导或代表参加了会议。市政府副秘书长黄融出席并主持会议，副市长蒋卓庆到会并讲话。

4月1日　即日起，根据交通运输部、上海市政府的统一部署，上海港设立排放控制区，率先实施船舶减排，船舶在上海港靠岸停泊期间，使用硫含量不高于0.5% m/m（质量百分比）的燃油，并在评估后适时启动更严格的管控措施。

4月29日　市委组织部、市国资委党委在上港集团召开上港集团与锦江航运战略重组会议。

5月24日　上港集团召开长江战略实施情况专项检查工作专题会。

6月1日　即日起全国通关一体化改革在上海启动试点，建立海关总署风险防控中心（上海）和海关总署税收征管中心（上海）。"两个中心"对试点范围内进出口货物实施"一次申报、分步处置"的通关管理模式。

6月23日　上海市人大常委会召开第三十次会议，审议通过了《上海市推进国际航运中心条例》。

6月25日　上海市副市长蒋卓庆调研外高桥八期和外高桥危险品堆场现场，市政府副秘书长黄融，上港集团及市发改委等单位领导出席会议。

6月28日　上港集团与南钢集团战略合作签约。

7月20日　上港集团召开锦江航运与集团管理对接专题工作会议。

8月4日　上海市委副书记、市长杨雄，副市长蒋卓庆赴洋山港区调研。

8月12日　独山公司B23、B24多用途码头工程竣工验收。

9月1日　中共中央政治局委员、上海市委书记韩正到北外滩滨江和国航服务中心调研，市领导尹弘、蒋卓庆参加调研，虹口区委区政府和上港集团主要领导陪同。

9月8日　上海市政府召开新闻发布会，正式发布《"十三五"时期上海国际航运中心建设规划》。市交通委、市国际航运中心建设工作推进小组办公室副主任张林在发布会上就规划主要内容作介绍。

9月8日　中共中央政治局委员、上海市委书记韩正,市委副书记、市长杨雄,市委副书记应勇等市领导赴北外滩国际航运中心段滨江开展调研,上港集团领导作相关工作情况汇报。

10月26日　上港集团召开"十年同行路,共铸强港心"上港集团上市十周年大会。

11月2日　交通运输部副部长何建中赴洋山四期工程现场调研。交通运输部水运局局长李天碧、规划司副司长苏杰、中远海运集团副总裁孙家康、上海组合港管委会办公室主任徐国毅、上海市交通委副主任张林等参加调研。

11月3~4日　2016国际海运年会在上海举行。中共中央政治局委员、上海市委书记韩正出席,上海市委副书记、市长杨雄在会上致辞。会上,交通运输部副部长何建中、美国联邦海事委员会主席科尔德罗作主旨发言,国务院国资委副主任孟建民、国家口岸管理办公室主任黄胜强、中远海运董事长许立荣分别致辞。此次年会是中远、中海两大集团重组后的中国远洋海运集团首次牵头组织的国际航运高端论坛。

11月15日　上海上港瀛东商贸有限公司合资成立举行签约仪式。

11月17日　中共中央政治局委员、全国人大常委会副委员长、中华全国总工会主席李建国一行赴洋山深水港区参观考察,中华全国总工会党组书记、副主席、书记处第一书记李玉赋,上海市委副书记、常务副市长应勇,市人大常委会副主任、市总工会主席、党组书记洪浩参加考察。

12月9日　由中远海运集团、上港集团、和记黄埔港口、PSA港务集团、迪拜环球港务集团等17家港口、航运企业参加的"共建港航合作新生态"座谈会在博鳌举行,会上共同发布了"博鳌共识"。

12月15日　上海市委副书记、常务副市长应勇一行赴洋山深水港区调研,市政府副秘书长俞北华、市发改委副主任王扣柱、市交通委副主任张林、市政府研究室副主任祁彦参加调研,上港集团和同盛集团负责同志陪同。

12月17日　上海市副市长陈寅、市政府副秘书长黄融赴国客中心调研北外滩滨江公共空间贯通工作。

12月30日　上海市交通委等6部门联合印发《关于禁止在黄浦江及其支流设置浮吊设施的通告》,开展以黄浦江等重要骨干航道为主的浮吊设施整治工作。

2017年

2月14日　上海市副市长赵雯赴吴淞口国际邮轮码头调研邮轮旅游发展和知识产权工作。

3月18日　上海市委副书记、市长应勇,副市长陈寅赴国航中心地块、国客中心码头调研滨江贯通工作推进情况。

4月12日　上海市有关部委召开吴淞邮轮口岸混合验放通关模式暨便捷通关条形码试点启用专题工作会议。会议通过了吴淞邮轮口岸混合验放通关模式实施方案,确定从4月16日起正式启动便捷条形码试点工作,5月1日起全面实施。

4月19日　中共中央政治局委员、上海市委书记韩正一行赴宝山区调研,察看上港十四区整体转型开发推进情况。

5月24日　市委组织部、市国资委、市发改委在上港集团召开上港集团托管同盛集团工作会议,市政府副秘书长金兴明、市委组织部副部长冷伟青出席会议并分别就托管工作、领导班子和人才队伍建设、国企党建等提出要求,上港集团就落实市委、市政府决定,全力做好托管相关工作作出部署。

5月26日　上海市召开黄浦江上游浮吊整治工作总结大会。市政府副秘书长黄融,交通、海事、公安等部门分管领导以及闵行区、松江区分管领导出席大会。黄融指出,浮吊整治工作是今年市政府消除城市安全重大隐患和饮用水源污染风险的重大举措,上海市政府充分肯定浮吊整治工作取得的成果,中央环保督查组也对此表示肯定。截至2016年底,黄浦江上游浮吊总数达到196艘。上海市从2017年初开始全面清退黄浦江上游浮吊设施,启动执法行动。到2017年4月24日21时最后一艘浮吊正式撤离上海,浮吊整治工作顺利结束。浮吊的全面清退改善了原作业水域的通航环境,保障了本市居民的饮用水源安全。

5月31日　在上海召开的"一带一路"与邮轮经济发展专题座谈会上,中国船舶工业集团公司与意大利芬坎蒂尼集团、上海市宝山区正式签署发展邮轮配套产业合作意向书。三方将共同推进中国大型邮轮产业发展,携手打造已于去年10月在宝山区揭牌成立的上海中船国际邮轮产业园。中国邮轮配套产业合作项目正式启动。

6月9日　上海市政府与中远海运集团在沪签署战略合作框架协议。上海市委副书记、市长应勇出席签约仪式。上海市委常委、常务副市长周波与中远海运集团董事长、党组书记许立荣代表双方签约。上港集团与中远海运集团签署相关协议。

希腊当地时间6月12日　中共中央政治局委员、上海市委书记韩正率团考察希腊最大港口比雷埃夫斯港的建设运营情况,推动上海与"一带一路"沿线重要国家希腊之间的务实合作。中联部副部长李军,我国驻希腊大使邹肖力,上海市委常委、常务副市长周波,市委常委、市委秘书长诸葛宇杰等陪同考察并共同见证了上港集团与中远海运集团签署全面战略合作框架协议、全面合作备忘录,上海港与比雷埃夫斯港签署合作备忘录。上港集团党委书记、董事长陈戌源与中远海运集团董事长许立荣、希腊共和国发展基金股东代表兼中远海运比雷埃夫斯港口有限公司顾问阿萨纳西奥斯·利亚古斯分别签署相关协议。

当地时间6月13～17日　由中共中央政治局委员、上海市委书记韩正率领的中国共产党代表团访问意大利,推动上海与意大利各地交流合作,期待以"一带一路"建设为契机,开展更紧密更深入更广泛合作。在意期间,韩正参观了意大利足球甲级联赛劲旅尤文图斯俱乐部的专业球场,听取建设运行情况介绍。中联部副部长李军,我国驻意大利大使李瑞宇,上海市委常委、常务副市长周波,市委常委、市委秘书长诸葛宇杰陪同访问。上港集团党委书记、董事长陈戌源,尤文图斯俱乐部总经理马洛塔等参加。

7月5日　中共中央政治局委员、上海市委书记韩正,市委常委、市委秘书长诸葛宇杰,副市长时光辉赴国航中心地块、国客中心码头实地调研滨江公共空间贯通工程推进情况。市委副秘书长、市委研究室主任张道根,市委副秘书长林龙斌,市政府副秘书长黄融参加调研,虹口区委、区政府主要负责同志等陪同。

7月20日　长江经济带航运联盟成立大会暨长江航运发展研讨会在上海举行。国家发展改革委副主任胡祖才和上海市委常委、常务副市长周波出席会议,上港集团党委副书记、总裁严俊和长江经济带九省二市发展改革委、海关、国检、上海铁路局、上海市交通委、中外运长航集团和中远海运集运相关领导等参加大会。

7月21日　国家发改委副主任胡祖才一行赴洋山深水港区调研小洋山北侧合作开发、洋山四期全自动化码头、江海联运码头及船舶等工作。国家发改委基础司司长罗国三、副司长周小棋、规划司副司长岳修虎参加调研,市政府副秘书长、市发改委主任沈晓初,市交通委和上港集团领导陪同调研。

7月28日　浙江嘉兴举行加快推进浙江省全面接轨上海示范区建设大会,上港集团领导参加会议。

8月29日　上海市委书记韩正带领各区党政负责同志和市有关委办局负责同志,深入上海吴淞口国际邮轮港一线调研,实地了解重点工作落实推进情况。

9月22日　中共中央书记处书记、全国政协副主席杜青林前往洋山深水港区参观考察,中远海运集团董事长、党组书记许立荣等参加接待。

10月11～13日　交通运输部副部长何建中在上海调研利用长江口深水航道边坡自然水深提升通航效率等相关工作。

11月1日　上港集团、江苏港口集团与中远海运集团三方共同签署《战略合作谅解备忘录》。

11月3日　长江经济带航运联盟第一次理事会议在四川宜宾召开,国家发改委基础产业司副司长周小棋出席并讲话,上港集团党委副书记、总裁严俊主持会议。

11月29日　中远海运集团暨海洋联盟2018年港航交流会——"打造港航命运共同体,共创港航合作新时代"博鳌论坛举行,16家全球港航企业联合发布《博鳌宣言》。

11月30日　上海市委副书记、市长应勇和副市长时光辉一行在宝山区委书记汪泓、区长范少军的陪同下,深入上海吴淞口国际邮轮港一线调研,实地了解邮轮港设施、服务和重点工作落实推进情况。

12月4日　2017年中国国际海事会展在上海开幕。

12月10日　中共中央政治局委员、上海市委书记李强调研洋山深水港区发展和自动化码头现场运行情况,出席上海国际航运中心洋山深水港区四期工程开港大会并宣布开港。上海市委副书记、市长应勇在开港大会上作重要讲话,市委常委、市委秘书长、市委办公厅主任诸葛宇杰,副市长时光辉,浙江省副省长高兴夫,交通运输部总工程师姜明宝,上海市委副秘书长、市政府秘书长、市政府办公厅主任肖贵玉,上海市委副秘书长、市委研究室主任康旭平,上海市政府副秘书长、市国资委党委书记、主任金兴明,市政府副秘书长黄融,市政府副秘书长、市发展改革委主任汤志平等参加开港大会。上港集团党委书记、董事长陈戌源,中远海运集团党组书记、董事长许立荣分别致辞。上港集团党委副书记、总裁严俊主持大会。浙江省舟山市、省海港委,上海市交通委、市口岸办、上海海关、上海出入境检验检疫局、上海海事局、上海出入境边防检查总站、浙江省舟山市嵊泗县等有关方面领导出席开港大会。

2018年

1月4日　上海市交通委与江苏省交通厅在江苏省昆山市召开座谈会,就两地间深化交通领域合作进行交流研讨。今后一个时期沪苏两地将进一步建立完善沟通协调机制,重点从设施连通、政策协同、信息互通、执法联动等方面深化合作,以交通领域先行先试,共促长三角一体化发展。

1月18日　上海海关、中远海运集团、上港集团在上海举行全面推进跨境贸易管理大数据平台建设战略合作协议签字仪式。

1月29日　财政部、海关总署、税务总局联合发布启运港退税政策相关通知,从扩大启运港、离境港范围等方面,优化启运港退税政策体系和操作流程。

3月2日　上海市2018年上海交通工作会议召开。2018年全市交通工作将突出抓重点、补短板、强落实,以落实综合交通和国际航运"十三五"规划为主线,以交通发展中的重点问题为突破口,按照高质量发展要求,不断完善和提升"枢纽型、功能性、网络化"的国际大都市一体化交通体系。

3月30日　上海市委副书记、市长应勇,市委常委、常务副市长周波赴上港集团业务受理中心考察调研,充分肯定了上港集团运用互联网信息技术提升口岸服务效率所取得的成效,希望积极探索降低客户成本的服务模式,依托现代信息技术手段,实现让信息多跑路,客户少跑路,不断优化上海口岸营商环境。

3月31日　即日起上海将全面推行邮轮旅游凭票进港、凭票登船,上海港将成为全国首家全面试点邮轮船票制度的港口。

4月10日　中共中央政治局常委、国务院总理李克强在上海考察期间,通过视频连线查看洋山四期自动化码头。李克强总理指出,上海港是上海和全国对外开放的标志性窗口。通过扩大进出口让中国的经济更深入地融入世界经济,希望上海港站在全球化的潮头,用一流的硬件、一流的服务打造世界一流的现代化、自动化港口,为上海长江经济带乃至全国的发展起到重要的助推作用。希望上海进一步优化服务水平,把洋山港四期码头打造成我国扩大开放的重要窗口。

5月3日　上海市政府举行"四大品牌"系列首场新闻发布会,上海国际航运中心服务功能专项行动计划出炉。上海市交通委相关人士介绍了提升上海国际航运中心服务功能专项行动计划相关内容。

5月8日　长江南京以下12.5米深水航道二期工程正式试运行,南京至长江出海口431公里的12.5米深水航道全线贯通。建成后,长江南京以下航道水深从10.5米提高到12.5米,通航海轮吨位从3万吨级提高到5万吨级,航道通过能力提升一倍。

5月17日　中共中央政治局常委、国务院副总理、推动长江经济带发展领导小组组长韩正17日主持召开推动长江经济带发展领导小组会议,学习贯彻落实习近平总书记在深入推动长江经济带发展座谈会上的重要讲话精神,明确目标、分解任务,部署下一阶段重点工作。

6月1日　自今日起海关总署全面取消《入/出境货物通关单》。取消通关单既可在关检业务全面融合方面发挥示范作用,也可简化企业申报,减少通关环节,加速货物放行,为守法企业提供通关便利,降低通关成本。

6月5日　第八届上海市职工科技节闭幕式上,引航站洋山分站"双套泊拓展"荣获上海市先进操作法优秀成果奖。

6月5～7日　上海市委副书记市长应勇率领上海市代表团访问以色列,访问期间应勇市长与以色列海法市长亚哈维共同出席了上海集团海法新港工程建设签约仪式。上港集团党委书记、董事长陈戌源与以色列港口资产管理公司首席执行长官什洛莫布雷曼分别致辞,并签署第一块施工土地交接协议。

6月14日　在上海市政府新闻发布会上,市交通委主任谢峰介绍了《上海国际航运中心建设三年行动计划(2018—2020)》相关情况。

7月1日　上海口岸沿用近30年的集装箱设备交接单全面实行电子化。

7月11日　交通运输部部长李小鹏一行赴上海航运交易所调研,对上海航交所通过改革创新发展取得的成就表示肯定。

8月7日　上海市副市长时光辉一行赴振东分公司调研函海铁联运工作,指出各单位要充分论证海铁联运建设方案的可操作性,深入推进落实"一带一路"倡议。

10月12日　上海市人民政府印发了《关于促进本市邮轮经济深化发展的若干意见》,旨在促进邮轮全产业链发展,全力打造上海邮轮经济发展新高地,建设国际一流邮轮港。

11月6~7日　中共中央总书记、国家主席、中央军委主席习近平在上海考察期间,视频连线洋山四期自动化码头听取码头建设和运营情况介绍,充分肯定了上港集团近年来改革发展的成绩。嘱咐一定要把洋山港建设好,管理好,发展好,在我国全面扩大开放,共建"一带一路"中发挥更大作用。

11月29日　上海海事局召开新闻通气会。从12月起,上海港海事政务正式启动"一网通办",上海海事局辖区涵盖6大类76项海事业务,均可通过电脑、手机端在"网上政务中心"高效办理。

12月1日　即日起,长江口深水航道大型邮轮和大型集装箱船舶"超宽交会"由试运行转为常态化运行。此项政策的实施,将有效缓解长江口深水航道大型邮轮与大型集装箱船的船期延误问题,对于提升黄金水道通航效率,助推上海国际航运中心和邮轮母港建设具有深远影响。

12月12日　小洋山综合开发合作协议签约仪式在上港集团举行。该项目对推动长江三角洲一体化发展,更好地服务于"一带一路"建设和长江战略都具有十分重要的意义。

12月25日　上海国际航运中心洋山深水港区四期工程通过上海市交通委组织的竣工验收。

12月29日　总投资18.77亿元人民币的长江口南槽航道治理一期工程正式开工建设。为期一年半的工程建成后,长江口在现有12.5深水主航道的基础上,新增一条优质辅助航道。

2019年

1月1日　即日起,上海市码头中心实现全国首例出口危险货物无纸化放行,基本解决了传统模式下存在的流程繁琐等弊端。

1月9日　上海期货交易所与上海航运交易所在上海签署战略合作框架协议,推动航运运价衍生品开发,稳定航运市场,提升中国的航运定价权。

2月14日　上海港口电子设备交接单全面上线,各船公司全面停止发放纸质设备交接单。

2月19日　上港集团与浙江海港集团签署小洋山港区综合开发合作协议,中共中央政治局委员、上海市委书记李强,上海市委副书记、市长应勇,浙江省委书记、省人大常委会主任车俊,省委副书记、省长袁家军等沪浙两地领导共同见证签约。

3月20日　上海港与大丰港签署协议,设立盐城上港国际港务有限公司。注册资金1.4亿元,由大丰海港港口有限责任公司控股,共同经营大丰港的集装箱业务。

3月29日　上海组合港管委办组织召开长三角区域船舶污染防治协同推进工作组会议。会议审议通过了长三角区域船舶污染防治协作小组升级扩容方案并明确了工作组成员,会议就《中华人民共和国水污染防治法》《推进运输结构调整三年行动计划(2018—2020年)》《船舶大气污染物排放控制区实施方案》实施以来,对船舶污染防治相关工作开展情况和存在问题进行了汇报交流。

4月8日　上海市委副书记、市长应勇主持召开市政府常务会议,制订《上海市推进海铁联运发展工作方案》,研究推动上海市运输结构调整,促进海铁联运发展,进一步优化上海市交通运输结构,推进集装箱公铁联运、海铁联运发展。

4月11日　上海市公安局港航公安局正式揭牌成立,实现了公安机关对本市水域、码头、港口等区域的水、船、岸一体化管理。新成立的港航公安局由原上海市公安局水上公安局、上海港公安局、上海海事公安局合并而成,是上海市公安局党委深入贯彻中央司法体制改革部署精神的一项具体实践。

4月18日　由51车集装箱组成的苏州铁路西站至上海洋山港海铁联运项目的班列从苏州起运,三小时后到达芦潮港集装箱中心站。之后,集装箱将通过短驳运送至上海洋山港,再发运至世界各地。

5月20日　经过一年试运行,长江南京以下12.5米深水航道二期工程顺利通过竣工验收,进入正式运行阶段。长江南京以下12.5米深水航道工程完成全部建设任务,实现工程预期目标。工程建设范围为长江干线南京至太仓河段,全长约283公里。

6月4～11日　上港集团管理层赴香港、新加坡和伦敦进行集团首次境外美元债的发行,共计募集资金7亿美元。

6月5日　为融入长三角一体化发展,湖州至上海开通海铁联运。

6月　上海市发布《上海市港口岸电建设方案》,明确集装箱、客货滚装等5类泊位的岸电建设任务,并配套岸电建设补贴、岸电设施运营补贴、靠港船舶岸电服务费优惠、港口建设岸电电价优惠等相关政策。

7月1日　独山港至洋山港外贸集装箱中转业务正式启动,实现通关手续当地化,大幅降低了企业物流成本,缩短了通关时间和退税周期,为促进长三角一体化发展发挥积极作用。

7月11日　2019新华—波罗的海国际航运中心发展指数在沪发布,上海继续位列全球国际航运中心第四位。

7月12日　上海市政府发布《上海市推进海铁联运发展工作方案》,进一步优化上海市交通运输结构,推进集装箱公铁联运、海铁联运发展,全面实现多式联运年均增长20%、海铁联运年均增长10%的任务目标。本方案自2019年7月1日起施行,有效期至2024年6月30日。

是月　长三角航运一体化发展论坛在虹口北外滩召开,成立了长三角航运创新发展联盟。

8月6日　国务院发布《关于印发中国(上海)自由贸易试验区临港新片区总体方案的通知》。

是月　联合国贸发会议发布《2019年世界最佳连接港口排名》,中国上海港排名第一。

9月5日　国务院国资委与上海市政府深化合作共同推进落实国家战略合作框架协议签约。中共中央政治局委员、上海市委书记李强出席并讲话。国务院国资委党委书记、主任郝鹏讲话,并与上海市委副书记、市长应勇代表双方签署协议。上港集团党委书记、董事长顾金山出席。

9月19日　上港集团发布《关于收购中远海运港口持有的部分长江码头资产暨关联交易的公告》,上港集团拟通过境外全资子公司上港集团(香港)有限公司(上港香港)以不高于10.65亿元的等值美元现金,收购中远海运港口持有的Win Hanverky、COSCO Yangzhou、COSCO Nanjing三家企业100%的股权,间接持有该三家企业持有的张家港永嘉集装箱码头51%的股权、扬州远扬国际码头51%的股权和南京港龙潭集装箱码头16.14%的股权。

9月21日　上海国企走进自贸区临港新片区对接交流会举行,上海市委副书记、市长应勇为临港新片区企业发展合作联盟揭牌。上港集团党委书记、董事长顾金山出席对接交流会并代表集团与上海银行签署战略合作协议。双方将充分发挥自身优势资源,扩大合作领域,共助自贸新片区高质量发展。

10月10日　中国工商银行举办"聚力一体化,聚焦高质量,金融助力长三角"活动,上港集团与工商银行上海分行签署《助力长江三角洲区域一体化发展战略合作协议》,共同促进长三角一体化高质量发展。

10 月 15 日　全国政协副主席、交通运输部党组书记杨传堂,交通运输部安全总监、水运局李天碧局长等领导在上海市副市长汤志平、副秘书长黄融、市交通委主任谢峰等同志陪同下视察上海航运交易所。杨传堂书记对上海航交所多年来的奋斗创新表示肯定,指出运价备案工作是规范市场和优化营商环境的重要手段,要继续坚持公平、公正原则;运价指数具有表征性和预见性的,要用好大数据,对经济运行予以诠释和进行预判;运价交易要坚定信心,坚持创新,最终走在世界前列。

11 月 6 日　上港集团继实现设备交接单和装箱单无纸化之后,全面实现了提单无纸化,终于迎来了港口业务全程无纸化。传统的装箱单、设备交接单、和提货单通过"互联网＋港口",每单可节约流程时间 2 小时,降低了物流成本。

11 月 6 日　上港集团党委副书记、总裁严俊接待常州市市委常委、常务副市长曹佳中一行,双方就进一步落实长三角一体化国家战略,推动常州市高质量发展进行了深入的沟通和交流。

11 月 28 日　上海市决定成立上海市推进上海国际航运中心建设领导小组。上海市市长应勇任组长,副市长汤志平任副组长。领导小组办公室设在上海市交通委。

12 月　第 20 届中国国际海事会展在沪举办,共有来自 30 多个国家和地区的 2 200 多家企业参展和 7 万多名观众参观,中国国际海事展会成为全球最大的海事展之一。

2020 年

1 月 7 日　中共中央政治局委员、上海市委书记李强赴洋山深水港调研考察。

1 月 14 日　上海洋山特殊综合保税区创新论坛举行。

1 月 15 日　"沪渝直达快线"合作备忘录暨国际贸易"单一窗口"合作备忘录签约仪式在沪举行。上海市商务委(口岸办)、市交通委、上海海关、上海海事局、上港集团和重庆市政府口岸物流办、重庆港务物流集团等 9 家单位共同签署合作备忘录。上海市副市长许昆林、重庆市委常委、常务副市长吴存荣出席签约仪式。

2 月 1 日　上海港针对突如其来的新冠疫情推出"安商、稳商"库场使用费减免政策。对客户于 2020 年 2 月 2 日零时起申请提进港重箱(内外贸集装箱)计划的,免除自 2020 年 1 月 24 日至 2 月 9 日期间,在码头堆存的进港集装箱重箱库场使用费。

2 月 10 日　根据国家发改委会同财政部、商务部的研究部署,经上海港装卸进口的 2 000 吨中央储备冷冻猪肉共有 83 个冷冻集装箱,分成 5 批次转运至武汉市。

是月　中远海运集运、上港集团等船公司和码头运营商完成全球航运业务网络(GSBN)股东协议书签署,标志着航运业首个区块链联盟 GSBN 向着正式成立迈出重要一步。

3月16日　财政部、交通运输部联合发布《关于减免港口建设费和船舶油污损害赔偿基金的公告》，提出免征出口国外和国外进口货物的港口建设费，减半征收船舶油污损害赔偿基金。

3月24日　上港集团与宁波舟山港在宁波市签订了《宁波舟山港股份有限公司与上海国际港务（集团）股份有限公司之战略合作协议》。根据协议，双方将在港口综合开发、建设、运营、管理等领域本着互惠互利的原则展开战略合作。上港集团认购宁波舟山港非公开发行的股份；宁波舟山港将与上港集团协商参与小洋山港区综合开发；双方将以上海港航股权投资有限公司为平台，在港航、交通、能源等领域及相关项目开展投资合作。

3月26日　中共中央政治局委员、上海市委书记李强主持召开企业座谈会，听取中外企业负责人关于复工复产复市的意见建议，上港集团出席并汇报上海港复工复产情况。

4月3日　上港集团对外公开发布《上港集团优化跨境贸易营商环境、提升港口效率与服务的10条措施》。

4月10日　上海市人大审议通过《上海市优化营商环境条例》，并自即日起施行。《条例》提出，以市场主体获得感为评价标准，践行"有求必应、无事不扰"的服务理念，当好服务企业的"店小二"；对标最高标准、最高水平，并在上海自贸试验区（包括临港新片区）、张江国家自主创新示范区、虹桥商务区等区域发挥引领示范作用，积极先行先试。

4月22日　上海市推进自由贸易试验区、国际金融中心、国际贸易中心、国际航运中心建设领导小组视频会议召开。上海市委副书记、代市长龚正指出，今年自贸试验区建设要有更大突破，国际金融、贸易、航运中心要基本建成。

4月23日　长江港口发展专题会第七次会议召开。

5月19日　由原上海市公安局边防总队与港航公安局合并而成的上海市公安局边防和港航公安分局揭牌成立，实现上海公安机关对全市水域、码头、港口和沿海地区等区域的水、船、岸一体化管理，将更好地服务于上海国际航运中心建设，保障水域平安。

5月20日　上海海事局驻中国（上海）自由贸易试验区临港新片区办事处在临港新片区管委会挂牌成立。

6月5～6日　2020年度长三角地区主要领导座谈会在浙江湖州召开，会上举行了长三角一体化发展重大合作事项签约仪式。上港集团与江苏省交通厅、上海市交通委、江苏省南通市、江苏省港口集团共同签署通州湾新出海口开发建设战略合作框架协议。

6月8日　交通运输部综合规划司会同浙江省交通厅、上海市交通委在杭州组织召开《上海国际航运中心洋山深水港区小洋山北作业区规划方案》和《上海国际航运中心洋山深水港区沈家湾作业区规划调整方案》联合审查会,通过了两个方案,标志着沪浙共建小洋山北侧集装箱码头项目工作取得实质性进展。小洋山北作业区规划陆域面积为12.16平方千米,陆域布置分为集装箱码头作业区、现代港口物流区等。集装箱码头共布置12个2万吨级集装箱泊位和5个7万吨级集装箱泊位。

6月23日　上港集团联合THE联盟四家成员单位举办"上港临港场站集并试点项目"签约仪式及项目发布会。该项目于2020年7月1日正式启动,通过引导集卡将部分航线出口集装箱先集并芦潮港中心站堆场,再由上海港集中预约二次送港方式,安排合理时间送港,以此提升洋山港区整体运作效率及集卡周转效率,并削峰填谷,均衡东海大桥通过能力。

7月11日　以"携手同行　维护国际物流畅通"为主题的2020年中国航海日论坛在上海北外滩举行,同时还举办了舰船开放、帆船展示、航海嘉年华和上海国际航运中心建设成果展等活动。

8月20日　上港集团尚东分公司—海洋网联精品航线云签约仪式举行,海洋网联首席执行官杰里米·尼克松等高级管理人员通过视频连线上海主会场,参加会议并见证签约。

9月1日　上海口岸正式启动"跨境电商B2B出口"试点。上海义达国际物流有限公司通过"单一窗口"向海关申报首票"跨境电商B2B出口",货物相比一般贸易出口模式,跨境电商B2B出口对随附单证的要求更简单,申报手续更便捷。

9月14日　唐山港—上海港集装箱班轮航线开通首航仪式举行。

9月15～16日　第五届资本链接(中国)国际航运论坛在线上召开。本次论坛为船东和金融机构搭建接了融合对接平台。

9月28日　"长江港航区块链综合服务平台"发布会举行。交通运输部、上海市交通委、上海市商委、上海海关、上海海事局相关领导共同出席。在发布会上,上港集团与干线船公司代表、支线代表、港口代表共同签署《"长江港航区块链综合服务平台"合作框架协议》并见证启动上线仪式。

9月28日　长江经济带航运联盟第三次会议在上海召开。

10月30日　沪盐港航合作活动暨盐城港集装箱海河联运航线推介会召开,江苏盐城港上港国际港务有限公司揭牌。

11月2日　上海航运交易所正式发布上海出口集装箱结算运价指数(SCFIS)。SCFIS表征上海出口集装箱即期海运市场结算运价的变动,反映即期市场欧洲和美西航线集装箱船出发后的结算运价平均水平。

11月22日　上海保险交易所与上海亿通国际股份有限公司联合人保财险、太平洋财险、平安财险、中远自保、三井住友海上（中国）、上海对外经贸大学共同发布了"上海国际贸易单一窗口智能跨境贸易保险平台"的成果并签署平台合作备忘录。

12月1日　交通运输部批复《上海市交通委员会关于审批〈交通强国建设上海试点实施方案〉（送审稿）及交通强国建设试点任务申报表的请示》。原则同意在推进长三角交通一体化、打造世界一流国际航运中心、提升城市交通服务体系系统协同能力、提升交通创新发展能力、提高交通运输治理体系精细化管理能力等方面开展试点。

12月10日　洋山四期开港三周年暨900万箱起吊仪式在上港集团尚东分公司举行。

2020年　海贸国际海事颁奖典礼首次落户上海。中国航海博物馆在2020年荣获文博界最高荣誉——国家一级博物馆。

附录一　单位简称表

序号	单位全称	简称	表格中简称
1	上海国际港务(集团)有限公司 上海国际港务(集团)股份有限公司	上港集团	上港集团
2	上海港东昌港务公司 上港集团东昌分公司	东昌公司	东昌
3	上海港民生港务公司 上港集团民生分公司	民生公司	民生
4	上海港汇山装卸公司 上海港客运服务总公司	汇山公司	汇山 客运
5	上海港木材装卸公司	木材公司	木材
6	上海港高阳港务公司 上港集团高阳分公司	高阳公司	高阳
7	上海港南浦港务公司 上港集团南浦分公司	南浦公司	南浦
8	上海港煤炭装卸公司 上港集团煤炭分公司	煤炭公司	煤炭
9	上海港新华港务公司 上港集团新华分公司	新华公司	新华
10	上海港张华浜港务公司 上港集团张华浜分公司	张华浜公司	张华浜
11	上海港军工路港务公司 上港集团军工路分公司	军工路公司	军工路
12	上海港宝山港务公司 上港集团宝山分公司	宝山公司	宝山
13	上海港共青装卸公司 上港集团物流有限公司共青装卸分公司	共青码头	共青

序号	单位全称	简称	表格中简称
14	上海港龙吴港务公司 上港集团龙吴分公司	龙吴公司	龙吴
15	上海港机械修造厂	上海港机厂	机修厂
16	上海港罗泾散货码头有限公司 上港集团罗泾分公司	罗泾分公司	罗泾
17	上海罗泾矿石码头有限公司	罗矿公司	罗矿
18	上海港集装箱股份有限公司	上港集箱	上集
19	上海集装箱码头有限公司	SCT	SCT
20	上海港外高桥保税区港务公司	外高桥分公司	外高桥
21	上海浦东国际集装箱码头有限公司	浦东公司	浦集
22	上港集团振东集装箱码头分公司	振东分公司	外二期、振东
23	上海沪东集装箱码头有限公司	沪东公司	沪东
24	上海明东集装箱码头有限公司	明东公司	外六期、明东
25	上海盛东国际集装箱码头有限公司	盛东公司	盛东
26	上海冠东国际集装箱码头有限公司	冠东公司	冠东
27	上港集团宜东分公司	宜东分公司	宜东
28	上港集团尚东分公司	尚东分公司	尚东
29	上海港复兴船务公司	复兴船务	复兴
30	上海深水港船务有限公司	深水港船务	
31	上海港引航站	引航站	引航站
32	中国外轮理货总公司上海分公司 上海外轮理货有限公司	外理公司	外理
33	上海港轮驳公司 上港集团轮驳分公司	轮驳分公司	轮驳
34	上海海通国际汽车码头有限公司	海通公司	海通
35	上海海通国际汽车物流有限公司	海通汽车物流公司	海通物流
36	上港集团物流有限公司	上港物流	上港物流
37	上港集团长江港口物流有限公司	长江公司	长江公司
38	上海锦江航运(集团)有限公司	锦江航运公司	锦江航运

序号	单位全称	简称	表格中简称
39	上港集团冷链物流有限公司	冷链公司	
40	上海深水港国际物流有限公司	深水港物流	
41	上海外高桥物流中心有限公司	外高桥物流	
42	上海港城危险品物流有限公司 上海港城危险品仓储有限公司	港城物流	
43	上海港浦东集箱物流有限公司	浦东集箱物流	
44	上海海华轮船有限公司	海华公司	
45	上海浦远船舶有限公司	浦远公司	浦远
46	上港集团瑞泰房地产发展有限责任公司	瑞泰公司	
47	上海港房地产经营开发公司	房地产开发公司	
48	上海港国际客运中心开发有限公司	国客中心	客运、国客
49	上海国际航运服务中心开发有限公司	国航服务中心	
50	上海港务工程公司	港工公司	港工
51	中建港务建设有限公司	中建港务	中建港务
52	上港集团海湾分公司	海湾分公司	海湾
53	上海港湾实业总公司	港湾公司	港湾
54	上海港房地产经营开发公司	房产公司	
55	上海海勃物流软件有限公司	海勃公司	
56	上海港技术劳务有限公司	技劳公司	
57	上海港教育培训中心	教培中心	
58	上海远东水运工程建设监理咨询公司	上海远东监理	
59	上海东方饭店管理有限公司	东方饭店	
60	上海港航股权投资有限公司	港航投资	
61	东海航运保险股份有限公司	东海保险	
62	上海盛港能源投资有限公司	盛港能源	
63	上海港口能源有限公司	港口能源	
64	上海新海龙餐饮管理有限公司	新海龙公司	
65	上港集团工程建设指挥部	工程建设指挥部	

序号	单位全称	简称	表格中简称
66	上海港公安局	公安局	
67	上海港共青装卸公司平凉码头	平凉码头	平凉
68	上海港民生港务公司洋泾港码头	洋泾港码头	洋泾
69	洋山石油供应有限公司	洋山石油公司	洋山石油
70	上海港职工疗养院	疗养院	
71	上海港医院	医院	
72	上海同盛投资(集团)有限公司	同盛投资	
73	上港外运集装箱仓储服务有限公司	集箱仓储	
74	上港集团港口业务受理中心有限公司	受理中心	
75	上海集盛劳动服务有限公司	集盛劳务	
76	上海亿通国际股份有限公司	亿通国际	
77	上海港口能源有限公司	港口能源	
78	上海银汇房地产发展有限公司	银汇公司	
79	上海东点企业发展有限公司	东点公司	
80	上海航交实业有限公司	航交实业	
81	上港集团瑞祥房地产发展有限责任公司	瑞祥公司	
82	上海星外滩开发建设有限公司	星外滩公司	
83	上海上港集团足球俱乐部有限公司	足球俱乐部	
84	上海上港物业服务有限公司	上港物业	
85	上海科创中心股权投资基金管理有限公司	科创基金	
86	上港集团平湖独山港码头有限公司	独山公司	

附录二　上港集团总裁严俊给作者的信

顾先生[①]转国治先生：

意图甚佳。因时间精力关系，我只匆忙拜读了一小部分。

提二点建议：

一、大事记略微凌乱，拟按类别、重要性作必要增删。集团档案室可向国治先生开放。

二、整体篇幅过于冗长，拟作适当删减。

严　俊

二〇二〇年六月

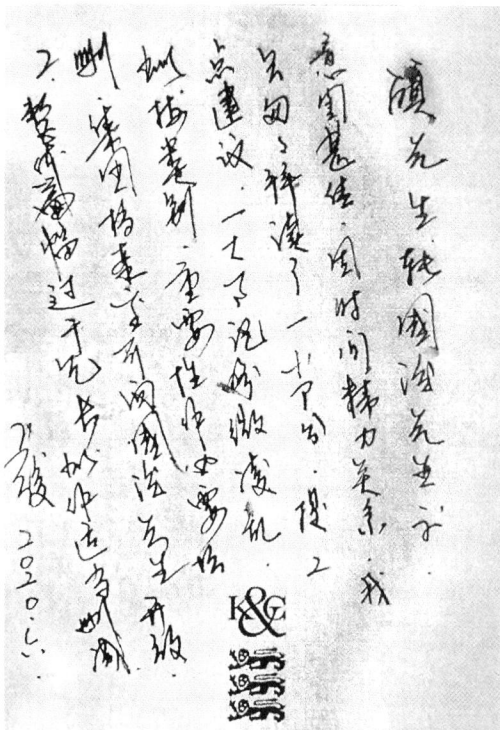

---

① 顾先生即顾强生同志。

主要参考文献

《上海市志交通运输分志(港口卷)》,上海市地方志编纂委员会编,上海交通大学出版社,2017年。

《上海港引航史》,上海港引航管理站编,2018年。

《可持续发展报告》,上海国际港务(集团)股份有限公司编,2009~2020年。

《上海海港报》,上海国际港务(集团)股份有限公司编,2009~2019年。

《上港集团改革开放30年大事记》,上海国际港务(集团)股份有限公司编。

《上海现代服务业发展报告》,学林出版社,2016~2021年。

《上海港口行业发展报告》,学林出版社,2015~2020年。

《上海市港口与航运发展报告》,上海人民出版社,2003~2010年。

《腾飞的上海口岸》,上海口岸办公室编。

《上海港今昔》,唐国治著,中西书局,2019年。

后 记

2020 年春天，漫步在上海黄浦江北外滩的滨江步道上——这里是上海国际航运中心具有全球航运资源配置能力的聚集地。江中波光粼粼，江水奔腾不息，舟楫便往，港通天下；岸边绿意盎然，春风轻拂面庞，高楼林立，游人如梭。花似景，景如画，母亲河向世人展示了美丽绿色的上海国际航运中心一派崭新面貌。

建设上海国际航运中心是一项宏伟事业，许多同志和朋友都希望把上海港从建设大港到强港的艰辛历程全景式地记录下来，全方位地展示上海港的改革、开放和发展，从而更好地承载历史，继往开来。2010 年，在参与编纂上海市志交通运输分志《港口卷》时，我就有此奢望，梦想着完成这一记述，以飨读者。为此，在《港口卷》编纂过程中，与港史专家茅伯科商议，得到了他的支持。十年来，在茅伯科先生和各方同志及朋友的支持下，充实了许多资料。

上海港的今天是一代又一代海港人不怕牺牲、艰苦奋斗、改革创新、努力奋进的结果，无数奋斗者的牺牲铸就了今日上海国际航运中心的辉煌，也成就了数不清脍炙人口的传奇。站在新旧交替的历史当口，让我们致敬过去，致敬为上海港进步而奋斗的精神，致敬为上海港繁荣而无私奉献的千千万万的名字！进而承载历史，以梦为马，砥砺前行。

在书稿行将杀青时，又得到了我国"改革先锋"、全国劳模包起帆高瞻远瞩的启示和嘱咐，并拨冗为本书惠赐序言，我深深地感谢他！

本书写作过程中，得到了中国港口协会秘书长丁莉和上海申光洗涤机械集团董事长钱志根的支持，得到了上海港相关单位许多朋友的帮助，在此深表谢意！

水平所限，难免有疏漏和错误，敬请谅解。

2020 年 7 月 14 日于上海得益斋

图书在版编目(CIP)数据

强港之路：国际航运中心建设中的上海港 / 唐国治
编著. —上海：中西书局，2022
ISBN 978 - 7 - 5475 - 1995 - 0

Ⅰ.①强… Ⅱ.①唐… Ⅲ.①国际航运—航运中心—
建设—研究—上海 Ⅳ.①F552.751

中国版本图书馆 CIP 数据核字(2022)第 158868 号

强港之路
——国际航运中心建设中的上海港
唐国治 编著

责任编辑	徐 衍	
装帧设计	黄 骏	
责任印制	朱人杰	
出版发行	上海世纪出版集团 中西書局(www.zxpress.com.cn)	
地 址	上海市闵行区号景路 159 弄 B 座(邮政编码：201101)	
印 刷	常熟市人民印刷有限公司	
开 本	787×1092 毫米　1/16	
印 张	36.25	
字 数	694 000	
版 次	2022 年 10 月第 1 版　2022 年 10 月第 1 次印刷	
书 号	ISBN 978 - 7 - 5475 - 1995 - 0 / F·035	
定 价	268.00 元	